6. Saarbrücker Arbeitstagung

Rechnungswesen und EDV

Saarbrücker Arbeitstagung /85

Personal Computing * Kostenrechnung und Controlling * Forschung und Entwicklung * Standardsoftware * Erfahrungsberichte

Herausgegeben von W. Kilger und A.-W. Scheer

Springer-Verlag Berlin Heidelberg GmbH

CIP-Kurztitelaufnahme der Deutschen Bibliothek

Rechnungswesen und EDV / . . . Saarbrücker Arbeitstagung. – Würzburg ; Wien : Physica-Verlag

NE: Saarbrücker Arbeitstagung

6. Personal computing, Kostenrechnung und controlling, Forschung und Entwicklung, Standardsoftware, Erfahrungsberichte. – 1985.
ISBN 978-3-7908-0337-2 ISBN 978-3-662-00403-6 (eBook)
DOI 10.1007/978-3-662-00403-6

Ursprünglich erschienen bei Physica-Verlag, Würzburg 1985

ISBN 978-3-7908-0337-2

Vorwort

Schwerpunkte der 6. Saarbrücker Arbeitstagung *Rechnungswesen und EDV/85* sind die Unterstützung von Kostenplanung und -steuerung durch Mikrocomputer, Entwicklungstendenzen des innerbetrieblichen Rechnungswesens, die Planung und Verrechnung von Forschungs- und Entwicklungskosten, die Diskussion von Standardsoftwarelösungen im Rechnungswesen sowie Controlling-Probleme in verschiedenen Branchen.

Wie in den vorangegangenen Tagungen wird dabei anhand von Vorträgen von Wissenschaftlern sowie von Anwendungsberichten aus Industrie, Handel und Dienstleistung das gesamte Spektrum der Problematik behandelt. Hersteller von Hard- und Software stellen neue Lösungen vor.

Die Saarbrücker Arbeitstagungen haben sich zu einem Forum der Diskussion von Forschung, Entwicklung und Anwendung auf dem Gebiet des innerbetrieblichen Rechnungswesens entwickelt. Von ihr gehen wesentliche Impulse zur Weiterentwicklung und Neukonzeption von Anwendungssoftware aus.

Während auf der Tagung *Rechnungswesen und EDV/84* erst zaghafte Versuche zum Einsatz von Personalcomputern im Rechnungswesen vorgestellt werden konnten, kann nun bereits auf eine breitere Anwendungserfahrung übergegriffen werden. Auch ist das Problem der Anwendung von zentralen Computern mit ihren bereichsübergreifenden Datenbasen und den Workstations des Rechnungswesens gelöst worden. Damit ist die Voraussetzung geschaffen, daß die Vorteile einer mit hohem Benutzerkomfort versehenen dezentralen Verarbeitung und der hohen Verfügbarkeit zentraler Datenbestände miteinander kombiniert werden können.

Wie auch in den Vorjahren danken die Herausgeber den Referenten für die Bereitschaft, ihren Vortrag zur Veröffentlichung in schriftlicher Form vorzulegen. Weiter danken die Herausgeber ihren Mitarbeitern Lucie Bender, Ulrike Gräff, Dipl.-Kfm. Hubert Jäger, Dipl.-Kfm. Richard Lackes, Dipl.-Ing. Elmar Sick, Dipl.-Kfm. Udo Venitz und stud. rer. pol. Peter Francois für die vielfältigen Hilfen bei der Vorbereitung dieser Veröffentlichung.

Saarbrücken, im August 1985

Prof. Dr. W. Kilger — Prof. Dr. A.-W. Scheer

Inhaltsverzeichnis

A. Controlling, PC-Einsatz, Kostenrechnungssoftware

B. Standardsoftware, Controlling, Schwachstellenanalyse, Anwenderberichte

C. Forschung und Entwicklung, Personal Computing, Anwenderberichte

D. Planung und Steuerung, Controlling, Standardsoftware

A. Controlling, PC-Einsatz, Kostenrechnungssoftware

Planung und Kontrolle der Herstellkosten im Fertigungswerk (Cost Center) eines Großunternehmens der Elektroindustrie

Dr. *H. Meyer*, Robert Bosch GmbH, Blaichach

1. Vorbemerkung

In Unternehmen mit mehreren Werken kann in den einzelnen Werken vielfach keine komplette Erfolgsrechung durchgeführt werden. Es handelt sich dabei häufig um reine Lieferwerke ohne eigenen Verkauf, denen keine Erlöse zugeteilt werden (z.B. weil Teile von Erzeugnissen in mehreren Werken gefertigt werden und eine Erlöszurechnung willkürlich wäre). Eine vollständige Erfolgsrechnung mit differenzierten Deckungsbeiträgen kann in solchen Fällen erst auf der den Werken übergeordneten Ebene der ergebnisverantwortlichen Geschäftsbereiche durchgeführt werden.

Auch wenn keine vollständige Erfolgsrechnung möglich ist, muß in einem solchen Lieferwerk die Wirtschaftlichkeit sichergestellt werden. Der Controller des Werks muß sich ein auf das Werk zugeschnittenes Instrumentarium schaffen, mit dem er seiner "Navigations-Funktion" gerecht werden kann, d.h. frühzeitig Unwirtschaftlichkeiten erkennen und Maßnahmen zur Gegensteuerung erwirken.

Kernpunkt eines solchen Instrumentariums ist insbesondere eine konsequente Planung und Kontrolle der Herstellkosten im Werk. Basis dazu ist das auch im Werk eingesetzte System der Plankostenrechnung (bei uns "Standardkostenrechnung"). Für eine wirksame Kostensteuerung sind zusätzliche Instrumente erforderlich, die folgende Anforderungen erfüllen müssen: (Folie 1)

- Zuschnitt auf die speziellen Bedingungen eines Lieferwerkes (ohne komplette Erfolgsrechnung)

- ausreichende Aussagefähigkeit, gut messbar (leichte Zielvorgaben und -kontrollen erlauben)

- einfach, benutzerfreundlich

- Zeitvergleiche und Werk - Werk - Vergleiche ermöglichen

- leicht integrierbar in das Planungssystem des Werkes

Die wichtigsten zusätzlichen Instrumente zur Planung und Kontrolle der Werkkosten, die diese Anforderungen weitgehend erfüllen, und die sich in der praktischen Arbeit bewährt haben, sind (Folie 2):

- spezieller Aufbau der Werkleistungsrechung[1)] mit besonderem Ausweis und Analyse der vom Werk zu verantwortenden Kostenabweichungen unter Zugrundelegen spezifischer Verrechnungskosten des Lieferwerkes pro Erzeugnis

- Verwendung von Kostenindices (für Plankosten, für Istkosten) die Zeitvergleiche, Werk - Werk - Vergleiche und zahlreiche Verdichtungen (Werk gesamt, nach Erzeugnisgebieten) ermöglichen

- Verwendung von Kosten-Budgets auch für den Fertigungsbereich, die auf Verantwortungsbereiche (Kostenverursacher) außerhalb der Meisterbereiche abheben.

Inhalt, Anwendung und Wirksamkeit dieser Instrumente stehen im Zentrum dieses Vortrages.

1) In der Literatur auch als Betriebsleistungsrechnung bezeichnet, vgl. zur Betriebsleistungsrechnung in der Plankostenrechnung Kilger (1976), S. 432 ff

Werkleistungsrechnung (Betriebsleistungsrechnung) im Lieferwerk

Grundlage der nachfolgenden Betrachtungen sind Unternehmen mit Mittel- und Großserienfertigungen, in denen Plankalkulationen für die einzelnen Erzeugnisse im Regelfall einmal jährlich erstellt und deren Kalkulationsergebnisse dann für ein Jahr (Planjahr) konstant gehalten werden.

Neben den Zielen der absoluten Liefer- und Termintreue, sowie dem Sicherstellen der Qualität der gelieferten Erzeugnisse liegt die wirtschaftliche Zielsetzung eines Lieferwerks in ausreichender Kostensenkung/Rationalisierung. Die Verfolgung von Kostensenkungen und Rationalisierungsfortschritten im Laufe eines Jahres stehen damit im Zentrum der Werkleistungsrechnung, die dazu vor allem folgende Besonderheiten aufweist:

- spezielle Ausgestaltung der Verrechnungskosten eines Lieferwerkes

- spezifische Differenzierung der vom Lieferwerk zu vertretenden Kostenabweichungen.

Die für das Planjahr vorab zu kalkulierenden Verrechnungskosten pro Stück eines Lieferwerkes haben insbesondere folgende Verwendungen:

- wichtiges Instrument zur Kostensteuerung des Werkes (im Werk selbst und durch den Geschäftsbereich)

- Bewertung der Istproduktion des Werks zur Ermittlung der wertmäßigen Werkablieferung als Kernbestandteil der Werkleistungsrechnung

- Verrechnung der Ablieferung an den abnehmenden Geschäftsbereich und Weiterverarbeitung in der kompletten kurzfristigen Erfolgsrechnung auf der Ebene des Geschäftsbereichs (wird nachfolgend nicht weiter behandelt).

In der Werkleistungsrechnung dienen die Verrechnungskosten als Meßlatte für den Rationalisierungsfortschritt; dazu ist das Mengengerüst (Vorgabezeiten, Einsatzgewichte) der Verrechnungskosten für ein Planjahr in besonderer Weise festgelegt:

Das aktuelle Mengengerüst am Beginn des Planjahres, d.h. Arbeitspläne, Stücklisten mit dem Stand 1. Januar, werden den Verrechnungskosten für das Planjahr zugrundegelegt.

Alle Reduzierungen der Kostengüter-Mengen während des Jahres werden als Unterschreitung der Verrechnungskosten erfaßt und im Werk als Rationalisierungsfortschritt ausgewiesen; im Folgejahr werden die Verrechnungskosten um diese realisierten Einsparungen verringert. Solche Rationalisierungsfortschritte werden z.B. erzielt durch:

- Einführung kostengünstiger Fertigungsverfahren

- Verringerung der Kosten für Ausschuß, Nacharbeit

- Senkung Materialverbrauch, Materialsubstitution

- Projekte im Gemeinkostenbereich (Senkung Energiekosten, Werkzeugkosten, Instandhaltungskosten, Abbau indirekter Strukturen)

Diese Rationalisierungsfortschritte werden im Rahmen der Werkleistungsrechnung als spezielle Kostenabweichungen erfaßt, auf die ich noch detaillierter eingehen werde.

Im übrigen werden die im Lieferwerk auftretenden Kostenkomponenten nach den gleichen Grundsätzen geplant, wie in den heute eingesetzten Systemen der Plankostenrechnung üblich. Insbesondere werden die Gemeinkosten mit nach Kostenstellen differenzierten Kostensätzen analytisch geplant (z.T. mit der Praxis entsprechenden Vereinfachungen). Die strukturellen (fixen) Gemeinkosten werden auch bei uns neben den reinen Grenzkostensätzen in die Kalkulation einbezogen, um auch die im Werk anfallenden Vollkosten pro Stück aufzuzeigen.[1)]

1) Vgl. hierzu und zu den Begründungen im einzelnen Kilger (1981) S. 607

Vom Werk zu verantwortende Kostenabweichungen

Ausgangspunkt der Werkleistungsrechnung für einen bestimmten Zeitraum (Monat, Jahr) ist die Istproduktion fertiger Erzeugnisse (= abgelieferte Mengen an den Geschäftsbereich) bewertet mit den Verrechnungskosten.

Entscheidend für die Kostensteuerung im Werk ist es, die zahlreichen Abweichungen von den geplanten Verrechnungskosten möglichst präzis zu erfassen und so differenziert auszuweisen, daß die wichtigsten Ursachen solcher Abweichungen klar und rasch erkannt werden. In der Werk-Praxis hat sich dabei die in Folie 3 gezeigte Differenzierung als zweckmäßig erwiesen:

- Verbrauchsabweichungen: Erfassung und Kontrolle der Gemeinkosten nach Kostenstellen mit Soll - Ist-Vergleich wie im System der Plankostenrechung üblich[1)]

- Kostenträgerabweichungen: hier werden insbesondere die Abweichungen bei Einzelkosten (Material, Lohn) erfaßt. Die für die Verfolgung von Kostensenkungen/ Rationalisierungsfortschritten wichtigste Abweichungsart im Lieferwerk ist der Verfahrensfortschritt der insbesondere die Veränderungen im Mengengerüst der Einzelkosten erfaßt; d.h. die Auswirkungen beispielsweise einer Reduzierung von Vorgabezeiten (aufgrund verbesserter Fertigungsverfahren) werden festgestellt und als Rationalisierungsfortschritt im engeren Sinne ausgewiesen. Der Verfahrensfortschritt wird prinzipiell ermittelt indem das aktuelle Mengengerüst der Einzelkosten (Iststand der Arbeitspläne, Stückkosten) verglichen wird mit dem Mengengerüst, das den geplanten Verrechnungskosten zugrunde liegt; aus der Differenz wird der Verfahrensfortschritt abgeleitet und differenziert nach Einzeltypen, Erzeugnisgebieten sowie Werk gesamt ausgewiesen (Vgl. Folie 4)

1) Vgl. hierzu Kilger (1981), S. 536 - 604

- Verrechnungsabweichungen: im wesentlichen Erfassung der Unterschiede zwischen kalkulierten Wagniskosten (Nachbezüge, Mehrlöhne) und den im Ist eingetretenen Wagniskosten.

- Preisabweichungen: Ausweis der Unterschiede zwischen den in die Verrechnungskosten eingeplanten Einkaufspreisen und den tatsächlich realisierten Werten. Die Summe dieser Preisabweichungen wird neben anderen Kriterien zur Beurteilung der Erfolge unseres Werkeinkaufs herangezogen.

Die Summe der bisher beschriebenen Kostenabweichungen sind vom Werk zu verantworten; sie sind der entscheidende Maßstab für die im Werk realisierten Fortschritte bei Kostensenkung/Rationalisierung.

Vom Werk nicht zu verantwortende Kostenabweichungen

Im Kostengefüge des Werkes treten regelmäßig weitere Abweichungen von den geplanten Verrechungskosten auf, die jedoch vom Werk nicht beeinflußbar sind, und daher auch getrennt ausgewiesen werden; dazu zählen:

- Tarifabweichungen

- Preisabweichungen bei börsenabhängigen Metallen (z.B. Kupfer, Blei)

- Beschäftigungsabweichungen: wie bereits erwähnt, sind die Verrechnungskosten pro Stück als Vollkosten (d.h. einschließlich struktureller Gemeinkosten) geplant. Sobald aufgrund der aktuellen Auftragslage die Standard-Beschäftigung unterschritten wird, wird ein Teil der strukturellen Gemeinkosten nicht abgedeckt; dieser Teil wird als Beschäftigungsverlust ausgewiesen. Die Höhe der Beschäftigungsverluste differenziert nach Kostenstellen liefert wertvolle Ansatzpunkte zur Überprüfung der Kapazitätsplanung in den betroffenen Bereichen. Insbesondere bei auslaufenden Fertigungen und neuanlaufenden Erzeugnissen können Beschäftigungsverluste wegen mangelnder Teilbarkeit der Betriebsmittel durchaus auch bereits geplant sein.

Die Erfassung und Differenzierung all dieser Kostenabweichungen ist äußerst aufwendig und wird bei uns maschinell durchgeführt. Besonderen Aufwand erfordert - wenn sie hinreichend aussagefähig sein soll - die Erfassung der Kostenträgerabweichungen, die prinzipiell bei jedem Einzelteil ansetzen muß. Dies verlangt einen speziellen Ablauf maschineller Kalkulationen, wie in Folie 5 skizziert.

Die Summe aller Kostenabweichungen wird monatlich erfaßt und dient dem Controller als wichtiges Instrument zur Kostensteuerung des Werkes (Einzelheiten hierzu, s. unten). Ergänzend wird diese Werkleistungsrechnung dem Geschäftsbereich monatlich übergeben und dort zur Beurteilung der Kostenentwicklung des Werkes sowie als wichtiger Bestandteil für die komplette kurzfristige Erfolgsrechung herangezogen.

Bestandsrechnung

Ergänzend zur Werkleistungsrechnung werden im Werk die Halbfabrikatebestände rechnerisch fortgeschrieben (Wertansatz: Verrechungskosten), während die Fertigwarenbestände beim Geschäftsbereich geführt werden. Eine möglichst genaue Erfassung aller Kostenabweichungen während des Jahres ist wichtige Voraussetzung um:

- Inventurdifferenzen am Jahresende bei den Halbfabrikatebeständen zu vermeiden

- die Bestandshöhe während des Jahres richtig auszuweisen. Dieser Punkt erlangt besondere Bedeutung, da überhöhte Halbfabrikatebestände im Fertigungswerk wichtiger Indikator für Unwirtschaftlickeiten sein können (überhöhter Personalstand, ungeeignete Materialplanung, schlechter Materialfluß, Qualitätsanstände, vgl. im einzelnen Meyer (1980)).

3. Verwendung von Kosten-Indices

Um die Wirksamkeit der dargestellten Werkleistungsrechnung zu verbesseren, hat es sich als zweckmäßig erwiesen, ihre Ergebnisse mit Hilfe von Kostenindices noch gezielter auszuwerten, mit dem Ziel:

- Zeitvergleiche zu erstellen, d.h. die Kostenentwicklung des laufenden Jahres mit einem oder mehreren Vorjahren zu verknüpfen

- zwischenbetriebliche Vergleiche vorzunehmen; insbesondere die Kostenentwicklungen aller ähnlich strukturierten Werke eines Geschäftsbereichs/eines Unternehmens gegenüberzustellen

- die Kostenentwicklung des gesamten Werkes mit Hilfe einer Kennziffer darzustellen, die damit zugleich gut geeignet für Zielvorgaben und -kontrollen ist.

Die Kosten-Indices sind integrierter Bestandteil des Kostenplans im System der Werkwirtschaftsplanung. Die Anwendung der Kosten-Indices werde ich daher anhand der Erstellung des Kostenplans erläutern, dessen schematischer Ablauf in Abbildung 1 skizziert ist.

KOSTENPLANUNG IM LIEFERWERK
- Grobablauf -

Abbildung 1

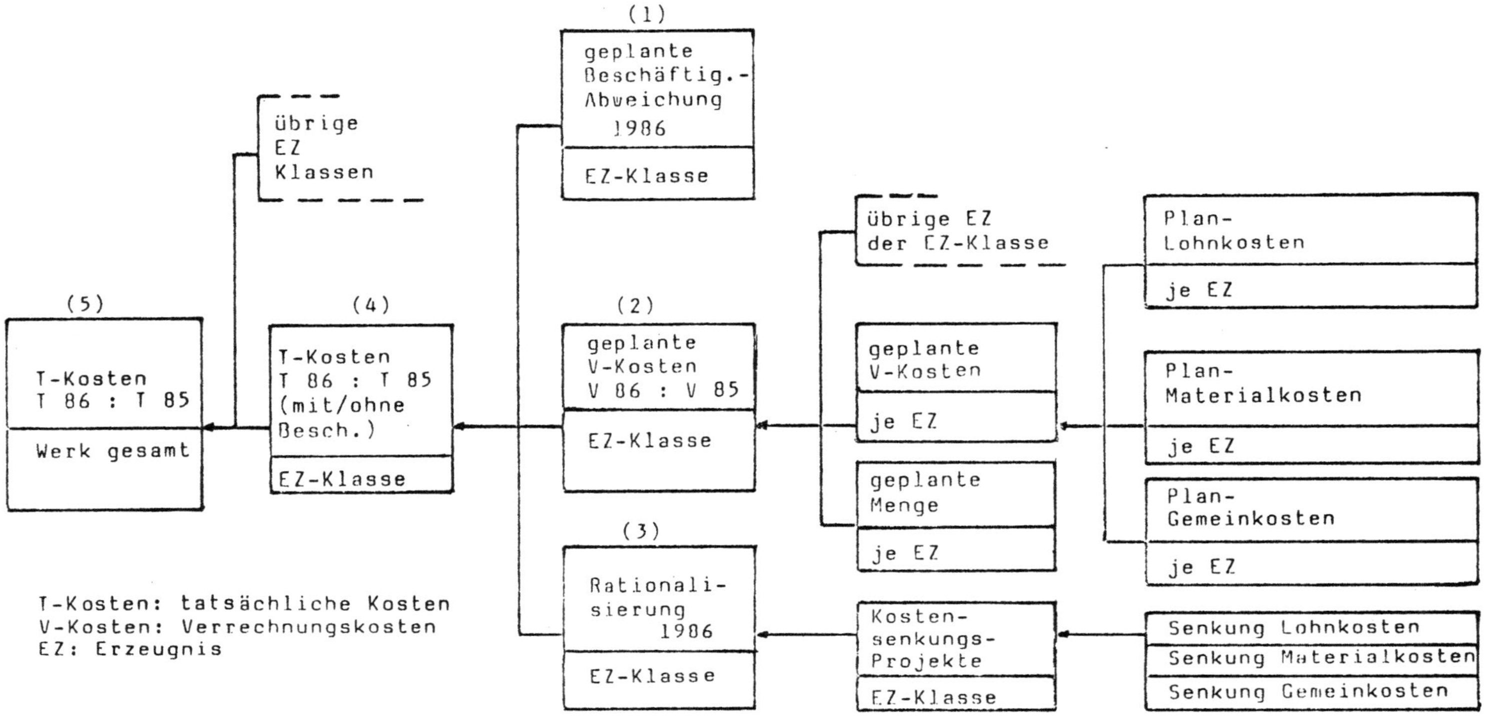

Index der Verrechnungskosten (V-Index):

Der Kostenplan wird im 3. Quartal des Vorjahres erstellt. Im ersten Schritt werden die Verrechnungskosten pro Erzeugnis geplant, wie eingangs beschrieben. Nach Vorliegen der Verrechnungskosten für alle Erzeugnisse werden die für das Planjahr vorgesehenen Liefermengen mit den Verrechnungskosten des Vorjahres und zugleich mit den neuen Verrechnungskosten des Planjahres bewertet. Aus dieser Doppelbewertung ergibt sich der Index der Verrechnungskosten:

$$\text{V-Index} = \frac{\text{Verrechnungskosten Planjahr}}{\text{Verrechnungskosten Vorjahr}}$$

für das Werk gesamt und differenziert nach Erzeugnisklassen (vgl. (2) in Abb.1).

Dieser Index gibt dem Controller wichtige Hinweise auf die Plausibilität der Planung der Verrechnungskosten; der V-Index darf im Regelfall bei weitem nicht solche Kostenerhöhungen anzeigen wie die bekannten Materialpreis- und Lohnsatzsteigerungen, da diese durch Kostensenkungsmaßnahmen (des Vorjahres) teilweise auszugleichen sind.

Index der tatsächlichen Kosten (T-Index)

Der nächste Schritt besteht in der Planung der zu erwartenden Kostenabweichungen. Dazu wird im wesentlichen die Werkleistungsrechnung (wie in Ziffer 2 dargestellt) für das gesamte Planjahr mit den voraussichtlichen Abweichungen von den geplanten Verrechnungskosten erstellt. Hierzu zählen insbesondere die Kostenträgerabweichungen, die den für das Planjahr angestrebten Rationalisierungsfortschritt aufzeigen (vgl. (3) in Abb.1), sowie die geplanten Beschäftigungsabweichungen (vgl. (1) in Abb. 1).

Aus den geplanten Verrechnungskosten und den geplanten Kostenabweichungen ergeben sich die für das Planjahr zu erwartenden tatsächlichen Kosten (T-Kosten). Daraus läßt sich jetzt wiederum analog zum Index der Verrechnungskosten folgender Index der T-Kosten ableiten:

$$\text{T-Index} = \frac{\text{T-Kosten Planjahr}}{\text{T-Kosten Vorjahr}}$$

für das Werk gesamt und differenziert nach den einzelnen Erzeugnisklassen (vgl. (4) und (5) in Abb. 1).

Mit dem T-Index für das Werk gesamt wird in <u>einer</u> Kennziffer die gesamte Kostenentwicklung des Planjahres zum Ausdruck gebracht. Die Kostenplanung, die letztlich zu diesem T-Index führt, erfolgt, wie Abbildung 1 zeigt, prinzipiell anhand einer "Baumstruktur". Dieser Aufbau hat den Vorteil, daß der T-Index sehr gezielt mit Hilfe der einzelnen "Verästelungen" analysiert und in seine wichtigsten Einflußfaktoren zerlegt werden kann.

Sobald der T-Index eine zu hohe Kostensteigerung gegenüber Vorjahr aufweist, können die einzelnen Einflußfaktoren gezielt überprüft und korrigiert werden. So werden im Regelfall als erstes die Rationalisierungsprojekte überprüft mit dem Ziel, weitere Kostensenkungsmaßnahmen als bisher vorgesehen zu definieren und einzuplanen.

<u>Kostenziele: Vorgaben und Zielhierarchie</u>

Nach Annahme des T-Index durch die Werkleitung wird der Kostenplan im Werk verabschiedet und im Rahmen des gesamten Werkwirtschaftsplans beim Geschäftsbereich vorgelegt. Wichtigstes Beurteilungskriterium des Werk-Wirtschaftsplans dort ist wiederum der T-Index, der dem Werk als verbindliches <u>Ziel</u> für das Planjahr vorgegeben wird.
Um das in Form des T-Index vorgegebene Kostenziel einhalten zu können, müssen werkintern entsprechende Unterziele für die einzelnen Bereiche vorgegeben werden. Diese Unterziele lassen sich zwangsläufig aus der Baumstruktur des Kostenplanes ableiten: so werden die Kostensenkungsziele (Rationalisierung) in Unter-Ziele für Senkung der Material-, Lohn- und Gemeinkosten aufgesplittet, diese werden wiederum in Einzelprojekte zur Kostensenkung heruntergebrochen.

Für diese Einzelprojekte werden die Verantwortlichen festgelegt; es werden Projektblätter angelegt, in denen die erforderlichen Maßnahmen im Detail mit Terminangaben fixiert sind.

Die zweite wichtige Voraussetzung zur Erreichung dieser Kostenziele ist die laufende (monatliche) Verfolgung der Zielerreichung auf allen Ebenen. In der gleichen Form wie der Kostenplan zum Wirtschaftsplan erstellt wird, wird er im laufenden Jahr monatlich verfolgt und überarbeitet. So werden monatlich der T-Index ermittelt (im Jahresteil), die Werkleistungsrechnung mit den einzelnen Kostenabweichungen erstellt und die Einzelprojekte zur Kostensenkung verfolgt.

In dieser Weise überprüft der Controller monatlich den Grad der Zielerreichung. Sobald Abweichungen vom Kostenziel erkennbar werden, sind entsprechende Gegenmaßnahmen einzuleiten; dabei wird überprüft, welche Einzelprojekte nicht planmäßig laufen; die Ursachen werden analysiert und weitere Projekte gesucht, um das gesetzte Ziel doch noch zu erreichen.

Langfristige Kostenplanung für wichtige Erzeugnisse

Neben dieser jährlichen Planung des T-Index für alle Erzeugnisklassen wird für wichtige Erzeugnisse die Kostenentwicklung über mehrere Jahre geplant; dies gilt insbesondere für neu anlaufende Produkte. In der jährlichen Kostenplanung wird bei diesen Erzeugnissen überprüft, ob die Mehrjahresplanung erreicht wird oder stärkere Kostensenkungen als zunächst geplant möglich sind.

4. Planung und Kontrolle der Gemeinkosten mit Kosten-Budgets

Wie eingangs erwähnt, werden auch in der bei uns eingesetzten Plankostenrechnung die Gemeinkosten differenziert nach Kostenstellen geplant und monatlich kontrolliert. Die mehrjährige Anwendung des Soll - Ist - Kostenvergleichs im Fertigungsbereich hat zwei Nachteile dieses Verfahrens offengelegt:

- Zahlreiche Kostenarten einer Fertigungskostenstelle werden nicht von deren Leiter (Meister) verursacht und sind daher auch vom Meister nicht zu verantworten

- Der Soll - Ist - Kostenvergleich stellt nur im Nachhinein fest, daß vorgegebene Kostenansätze überschritten wurden; es fehlt ein Instrument, das während des Jahres vor der Kostenentstehung deren Berechtigung/Angemessenheit überprüft.

Um diesen beiden Nachteilen zu begegnen, gibt es bei uns ergänzend Kostenbudgets. Dazu wird das Gefüge der Gemeinkosten ergänzend nach Verursachern aufgegliedert und zwar wie folgt (beispielhafter Überblick):

Kostenarten	Verursacher
- Werkzeugkosten (eigen)	technische Planung
- Kosten für Instandsetzung/ Wartung	technische Planung
- Werkzeugkosten bei Zulieferern	Einkauf
- Umstellungen, Umzüge, Arbeiten an Bauten, Betriebsanlagen	Werkerhaltung
- Personalkosten im Gemeinkostenbereich	alle Abteilungen im Werk

Rund 70 % unserer Gemeinkosten entfallen auf Personalkosten; dies belegt die Bedeutung der Planung und Kontrolle dieser Kostenart, die bei uns vom Mengengerüst (d.h. von "Kopfzahlen") ausgeht. In der Planung werden jedem Werksbereich klare Ziele für die Anzahl der indirekten Lohnempfänger und Angestellten vorgegeben.

Jede beantragte personelle Veränderung läuft über den Controller, der die Übereinstimmung mit den geltenden Zielen prüft. Somit werden Kosten vor ihrer Entstehung nochmals überprüft. Dies gilt in ähnlicher Weise auch für die übrigen Kostenbudgets.

Zugleich heben diese Kostenbudgets auf die eigentlichen Verursacher ab. So kann der einzelne Meister die Werkzeugkosten in seiner Kostenstelle kaum beeinflussen, während die technische Planung aufgrund der geplanten Investitionen in einer Kostenstelle und aufgrund der geplanten Neuanläufe von Erzeugnissen entscheidend die Höhe der Werkzeugkosten bestimmt. Die ergänzende Planung und Kontrolle solcher Kostenbudgets trägt der Tatsache Rechnung, daß die einzelnen Fertigungswerkstätten zunehmend weniger autonom sind, da die Werkstätten untereinander immer stärker verkettet werden, die Automatisierung der Fertigung weiter zunimmt und somit die technische Planung in einem immer stärkeren Ausmaß die Kosten der Fertigungsbereiche beeinflußt.

Wichtig bei diesen Kostenbudgets ist, daß sie die Gemeinkosten möglichst vollständig erfassen. Anderenfalls besteht die Gefahr, daß bei Vorgabe von Kostenzielen die Verantwortlichen in andere Kostenbereiche ausweichen, die weniger streng kontrolliert werden.

Literatur:

Kilger, W.: Einführung in die Kostenrechnung. Opladen 1976

Kilger, W.: Flexible Plankostenrechnung und Deckungsbeitragsrechnung. Wiesbaden 1981

Meyer, H.: Bestände-Controlling. In: controller magazin Nr. 1/1980, S. 15 - 22.

PC-Einsatz in der Unternehmensplanung

Dipl.-Wirtsch.-Ing. *J. Wiehenbrauk* / Dipl.-Wirtsch.-Ing. *W. Hampf*, Krauss-Maffei AG, München

Gliederung:

1. Der Prozess Unternehmensplanung bei Krauss-Maffei

Vor 4 Jahren begann bei Krauss-Maffei der PC-Einsatz in der Unternehmensplanung. PC-Einsatz ist hier als Personal Computing zu verstehen, d.h. sowohl Einsatz von Personal Computern als auch Nutzung von anwendernahen Abfrage- und Planungssprachen auf der Groß-EDV. Wir verwenden diesen umfassenden Begriff, weil zum Zeitpunkt unserer ersten Überlegungen dazu im Jahr 198o noch kein brauchbarer Personal-Computer mit sinnvoller Software für diese Problemstellung auf dem Markt war.

Es soll hier gleich darauf hingewiesen werden, daß kein perfektes Unternehmensplanungssystem mit Hilfe des Personal-Computing vorgestellt werden soll, sondern vielmehr beschrieben wird, welchen Stand wir nach 4-jährigem PC-Einsatz auf pragmatischem Weg erreicht haben und wie wir uns die nähere Zukunft vorstellen.

Wir, das ist die Krauss-Maffei AG, die zunächst kurz vorgestellt werden soll, um den Hintergrund für die Problemstellung zu verdeutlichen.

Die KM AG ist ein Unternehmen des Maschinen- und Fahrzeugbaus mit ca. 5.ooo Mitarbeitern und einem Umsatz, der von Jahr zu Jahr stark schwankend zwischen 1 und gut 2 Mrd. DM liegt.

Das Unternehmen ist in 5 operative Geschäftsbereiche untergliedert, die ergebnisverantwortlich geführt werden und die strategisch nahezu unabhängig voneinander operieren.

Es sind dies:

- Kunststofftechnik

- Verfahrenstechnik

- Verkehrstechnik

- Gießerei und Schmiede

- Wehrtechnik

Die Geschäftsbereiche werden bei der Ausübung ihrer Geschäfte von Zentralbereichen unterstützt, von denen die gewichtigsten die zentrale Fertigung (ein Teil der Fertigung ist außerdem den Geschäftsbereichen direkt unterstellt), die Qualitätssicherung, die Materialwirtschaft, das Personal- und Sozialwesen, das Informationswesen, die technische Planung und das Finanzwesen und Controlling sind.

Zusammengehalten wird das ganze durch den zentralen Vorstand, der die Richtlinien der Firmenpolitik bestimmt und in dem jeder Bereich durch ein Vorstandsmitglied vertreten ist.

Unter der Unternehmensplanung verstehen wir ein ganzes Bündel verschiedener Verfahren, die dazu dienen, die wirtschaftliche Zukunft des Unternehmens als ganzes oder seiner Teilbereiche zu durchleuchten.

Dazu zählt zunächst die strategische Planung, die wir auf der Ebene der Geschäftsbereiche bzw. - wenn innerhalb eines Geschäftsbereichs mehrere strategische Geschäftseinheiten (SGE) definierbar sind - der SGE durchführen. Sie beinhaltet in weitgehend qualitativer Form ausgedrückt, die Positionierung der SGE im jeweiligen Konkurrenzfeld und die Zukunftschancen aufgrund der Ausgangsposition, der erkennbaren Stärken und Schwächen gegenüber der Konkurrenz und der geschätzten zukünftigen Marktentwicklung. Daraus abgeleitet wird die strategische Stoßrichtung.
Für die strategische Planung gibt es keinen festen Turnus, vielmehr wird sie grundlegend nur dann neu erstellt, wenn vermutet wird, daß sich entscheidende Einflußfaktoren gegenüber der bisherigen Einschätzung gravierend verändert haben.

Aus der strategischen Planung der Geschäftsbereiche ergibt sich für das Gesamtunternehmen die Prioritätsliste, nach der verfügbare Ressourcen den Geschäftsbereichen zugeteilt werden.

Der Einsatz von Personal-Computing in der strategischen Planung ist aufgrund der weitgehend qualitativen Ausrichtung noch gering.

Das Haupteinsatzfeld für Personal-Computing ist die operative Planung. Hier untergliedern wir in die rollierende Mittelfristplanung über 5 Jahre, die Jahresplanung und Projektplanungen.

Ziel der Mittelfrist_ und Jahresplanung ist auf Basis von Umsatz und Kosten der Produktbereiche das jeweilige Jahresergebnis der KM AG abzuschätzen. Der Unterschied zwischen den beiden liegt in der Genauigkeit und im Detaillierungsgrad. Während wir uns in der Mifriplanung mit der Schätzung der Jahresumsätze und -kosten - letztere in Kostenblöcken der Ergebnisrechnung - begnügen, wird bei der Jahresplanung ein Kostenbudget aller Kostenstellen und -arten zugrunde gelegt und eine Aufteilung auf die einzelnen Monate vorgenommen. Außerdem wird die Jahresergebnisplanung bis auf die Fabrikategruppen heruntergebrochen.

Aus der Vielzahl der bearbeiteten Märkte und der divisionalen Aufbauorganisation folgt zwangsläufig, daß die Unternehmensplanung dezentral durchgeführt werden muß. Verantwortlich für das Planungssystem, für die Abläufe und letztlich die Koordinierung und Konsolidierung ist der Bereich Controlling. In den Geschäftsbereichen und wichtigen Zentralbereichen wird die Planung von einer Stelle "Planung und Controlling" gesteuert, die wiederum die Bereichsdaten an das zentrale Controlling weitergibt (Abb. 1). Aufgrund der Interdependenzen lassen sich Schleifen und Rückkoppelungen nicht vermeiden, so daß der Zeitaufwand und auch die Anzahl der Fehlerquellen relativ hoch ist.

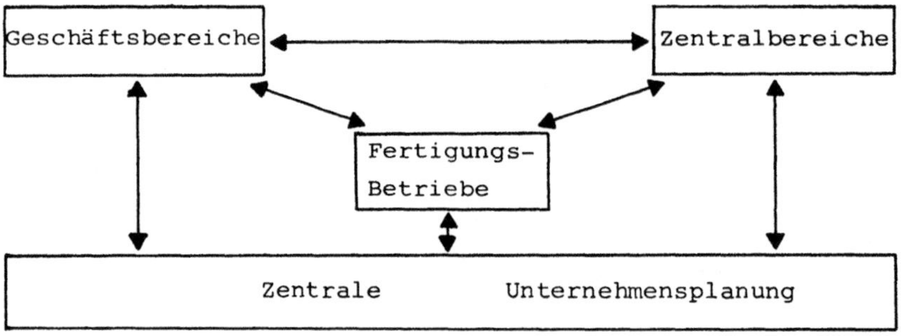

Abb. 1: Planungsstellen

Die einzelnen Planungsphasen innerhalb der Jahresplanung sind inhaltlich und in ihrem zeitlichen Ablauf in Abb. 2 dargestellt. Erst bei Abschluß der letzten Phase, der endgültigen Ergebnisplanung sind auch alle vorausgegangenen Planungsschritte abgeschlossen. Bis dahin sind immer noch Rückkoppelungen auf die Inhalte früherer Phasen möglich und notwendig.

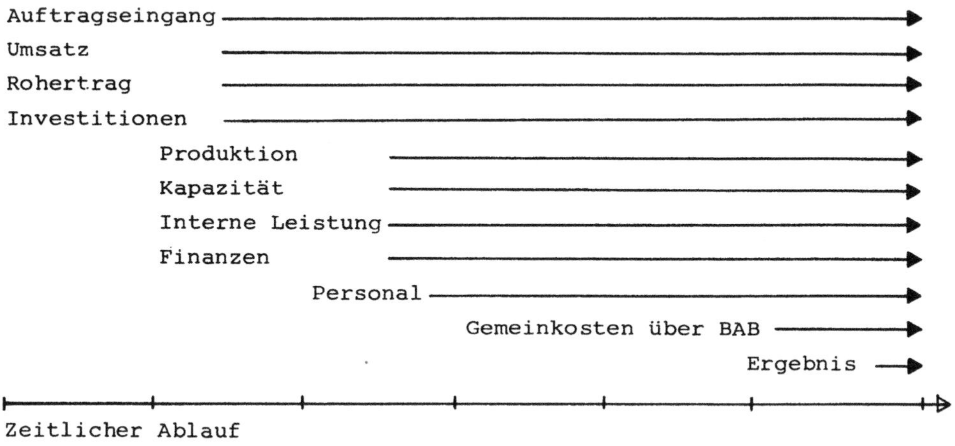

Abb. 2: Planungsphasen

Diese Komplexität des Prozesses Unternehmensplanung führte in der Vergangenheit bei ausschließlich manueller Abwicklung teilweise soweit, daß man bei Abgabe einer Planung schon wußte, daß sie nicht mehr aktuell war, eine Planänderung aber wegen des hohen Zeitaufwands ausgeschlossen war.

Mit Hilfe verschiedener DV-Werkzeuge ist es uns gelungen das Planungsverfahren beträchtlich zu beschleunigen und Fehlerquellen weitgehend auszuschalten:

1. Auf der Groß-EDV stand uns für die detaillierte Planung aller Kostenarten und Kostenstellen, sowie deren Verrechnung über den Plan-BAB bisher ein Batch-Programm zur Verfügung. Seit kurzem, d.h. erstmals für den Jahresplan 1986, benutzen wir dafür ein Online-Programm, wovon wir uns eine wesentliche Beschleunigung erwarten.

2. Für die individuelle Datenverarbeitung (IDV) stehen der Unternehmensplanung bei Krauss-Maffei heute zwei Werkzeuge zur Verfügung:

2.1 Das IBM-Anwendungssystem AS, ein sehr leistungsfähiges Endbenutzersystem, wird seit 4 Jahren eingesetzt, insbesondere bei großen Datenmengen, sehr komplexen Planungs- und Berechnungsvorgängen, sowie bei notwendigen Schnittstellen zu Produktionsdatenbanken.

2.2 Personalcomputer werden seit ca. 1 Jahr als isolierte, dedizierte Workstations eingesetzt. Als Software für Planungszwecke werden die integrierten Pakete Lotus 1-2-3 und Synphony angewendet.

Innerhalb des Controlling wird der PC, als derzeit noch isoliertes System, vor allem für Ad hoc-Analysen eingesetzt. Dabei benutzen wir insbesondere die Tabellenkalkulation, die Simulationsmöglichkeiten und die graphische Darstellung.

In diesem Beitrag soll jedoch nicht auf die generellen Einsatzmöglichkeiten und die Vorteile der IDV eingegangen werden. Dies ist sicher in vielen Veröffentlichungen, insbesondere auch des Instituts für Wirtschaftsinformatik der Universität des Saarlandes, besser beschrieben. Vielmehr sollen hier nur einige praktische, bereits realisierte Beispiele für den PC-Einsatz in der Unternehmensplanung aufgezeigt werden - ein Erfahrungsbericht aus der Sicht des Endbenutzers.

2. Anwendungsbeispiele

2.1 Planungshilfen für die Geschäftsbereiche

In der ersten Planungsphase sind von den einzelnen Geschäftsbereichen die Auftragseingänge, die Umsätze und der Rohertrag zu planen. Diese Werte sind nach Produktgruppen zu detaillieren. Planungsperioden sind:

- die Erwartung für das laufende Berichtsjahr,

- der Plan für das Folgejahr,

- die mittelfristige 5-Jahres-Planung.

Als Hilfe für die Bereichsplaner werden von der zentralen Unternehmensplanung dazu Formulare bereitgestellt, in denen Zeitreihen für die Vergangenheitswerte dargestellt sind und freie Felder für die zu planenden Werte vorgesehen sind.

Diese Formulare wurden in der Vergangenheit von den Sachbearbeitern der zentralen Unternehmensplanung entworfen, von der Sekretärin getippt, kopiert und an die Geschäftsbereiche verteilt.

Heute entwirft der Sachbearbeiter diese Formulare am PC, unter Verwendung von bereits vorhandenen Dateien für die Vergangenheitswerte. Diese Formulare werden derzeit noch auf Disketten kopiert und den Bereichsplanern zur Verfügung gestellt. Wenn wir die Vernetzung der PC realisiert haben werden, kann dieser körperliche Datentransport entfallen.

Die Bereichsplaner setzen nun ihre Plandaten in die vorgegebenen Masken ein und schicken die Disketten wieder zurück.

Die Konsolidierung der Einzelpläne zum Gesamtplan erfordert nun praktisch nur noch einen Knopfdruck. Summierungs- und Übertragungsfehler werden auf diese Weise minimiert. Änderungen einzelner Plandaten, die sich in späteren Planungsphasen als notwendig erweisen werden, verursachen keine aufwendigen manuellen Rechnungen mehr, sondern beschränken sich auf die Korrektur einzelner Zahlenwerte. Die Durchrechnung übernimmt der Computer.

Ähnliche Planungshilfen werden in den folgenden Phasen für die Finanzplanung (Anzahlungen, Forderungen, Vorräte), die Personalplanung und die Ergebnis-Grobplanung zur Verfügung gestellt.

2.2 Planung ausländischer Tochtergesellschaften

Mittelfristige Umsatzplanung

Die Mittelfristplanung erstreckt sich sowohl auf die Krauss-Maffei AG, als auch auf die Krauss-Maffei-Gruppe. Die ausländischen Tochtergesellschaften erstellen derzeit ihre Planungsunterlagen in Landeswährung. Am Beispiel der Gruppenumsatzplanung lassen sich die Vorzüge des PC-Einsatzes demonstrieren.

Die einzelnen Gesellschaften melden die Planwerte für ihre Aussenumsätze pro Produktgruppe und Jahr an das zentrale Controlling. Hier werden mit Hilfe eines PC

- die Landeswährungen in DM umgerechnet,
- die Konsolidierung durchgeführt,
- und die Zulieferungen der Krauss-Maffei AG ermittelt.

Ähnliches gilt für die Auftragseingänge, Ergebnisse und Personalstände. Die Vorlaufzeit für die Planungen der Tochtergesellschaften konnte damit praktisch auf Null reduziert werden.

Monatsplanung

Das Beispiel der Monatsplanung zeigt die Integrationsmöglichkeiten durch den PC an der Schnittstellen Planung und Kontrolle.

Wie oben für die mittelfristige Planung beschrieben, wird auch für die Monatsplanung der Tochtergesellschaften, die Währungsumrechnung, die Ermittlung der Zulieferungen und die Konsoldierung auf PC durchgeführt.

Diese Plandaten werden als Datei im PC gespeichert und zusammen mit den Ist-Daten in das Berichtswesen übernommen. Damit ist nach Eingabe der monatlichen Istwerte sofort ein Soll-Ist-Vergleich für den Berichtsmonat und den kumulierten Zeitraum möglich. Spätere Planüberarbeitungen können auf die gleiche Weise gegenübergestellt werden.

Die Währungsumrechnung am Ende des Berichtsjahres erfolgt mit den durchschnittlichen Ist-Kursen des Jahres. Der Aufwand für diese Umrechnung der Statistiken von Plan-Kursen auf Ist-Kurse reduziert sich auf die Eingabe der neuen Kurse.

2.3 Wehrtechnik: Von der Projekt- zur Unternehmensplanung

In unserem Geschäftsbereich Wehrtechnik werden jährlich ca. 22oo Aufträge bearbeitet, wovon ca. 3oo einzeln geplant werden. Zur optimalen Abwicklung dieser meist sehr komplexen Projekte, die mit knapp bemessenen Mitteln in kurzer Zeit durchzuführen sind, haben wir ein Projektmanagementsystem eingeführt. Abb. 3 zeigt den Projekt-Management-Ablauf.

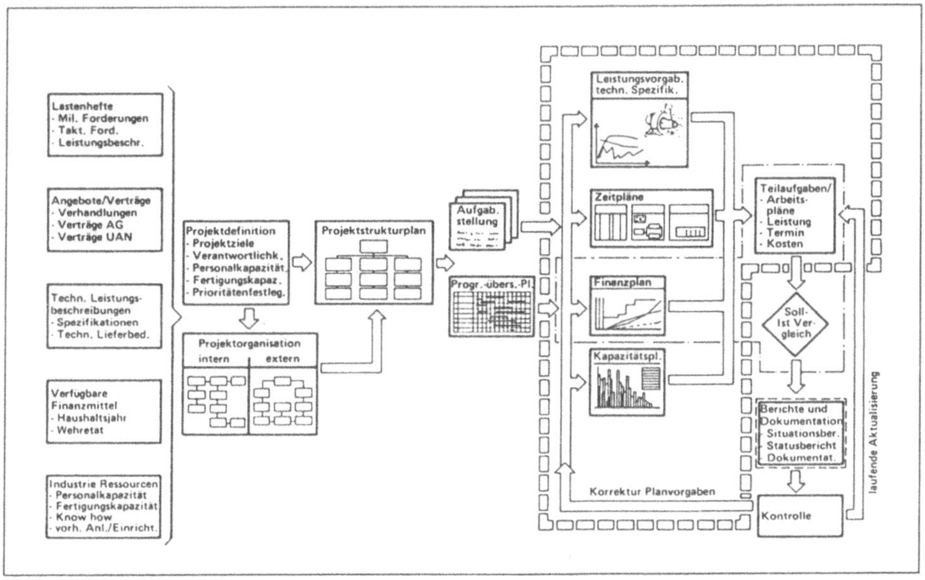

Abb. 3: Projektmanagement-Ablauf

Da der Umfang der dabei zu verarbeitenden Datenmengen die Kapazität von Personalcomputern übersteigt, trotzdem jedoch nicht auf individuelle Planungs- und Steuerungsmethoden für die unterschiedlichen Projekte verzichtet werden sollte, entschied man sich für den Einsatz des IBM-Anwendungssystems AS.

Im Rahmen dieses Beitrags soll nur auf die Schnittstelle zwischen dem Projektmanagement-System und der Unternehmensplanung eingegangen werden.

Jedes Projekt wird einzeln nach Auftragseingang, Umsatz, Herstellkosten, Rohertrag, Verwaltungs- und Vertriebskosten, Garantie usw. geplant. Darüber hinaus werden auch die Auswirkungen auf die Bilanz geplant: Investitionen, Vorräte, Forderungen, geleistete und erhaltene Anzahlungen, Rückstellungen, Verbindlichkeiten.
Planungsperioden sind für die Mittelfristplanung jeweils Quartale, für die Jahresplanung Monate und für die Taktplanung steht im AS ein arbeitstäglicher Planungskalender bis in die neunziger Jahre zur Verfügung.

Jedes Einzelprojekt wird zudem hinsichtlich seiner Realisierungssicherheit bewertet (1oo %, wenn der Auftrag schon im Hause ist). Alle Projekte mit einer Sicherheit > 5o % werden gewichtet und zusammengefaßt.

Es können unterschiedliche Verdichtungen z.B. nach Fabrikate-Gruppen oder nach Projektverantwortlichen gebildet werden. Die Endsummen für die einzelnen Produktbereiche und den Geschäftsbereich gehen in die Planungsformulare ein, die unter Pkt. 2.1 beschrieben wurden.

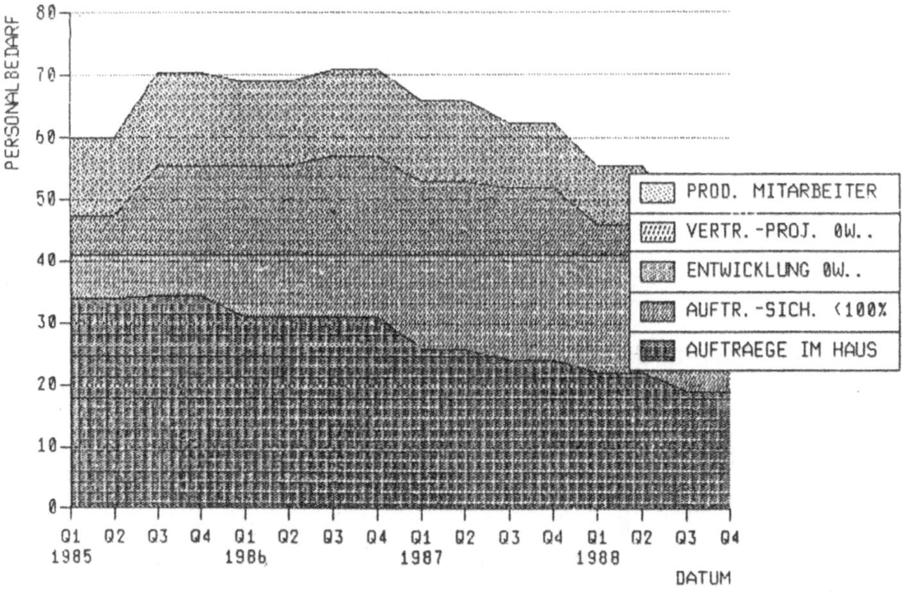

Abb. 4: Personalbedarfsplanung

Analoges gilt für die Personalplanung. Mit Hilfe der pro Projekt geplanten Stunden wird die Entwicklung der Kapazitätsauslastung der einzelnen Kostenstellen ermittelt. In Abb. 4 ist die graphische Auswertung dargestellt.

Im Rahmen des Projekt-Controlling stehen diese Plandaten in der Datenbank des AS für spätere Soll-Ist-Vergleiche zur Verfügung.

2.4 Kapazitätsplanung der Fertigungsbetriebe

In der zweiten Planungsphase entwickelt die zentrale Kapazitätsplanung aus den Umsatzplänen die entsprechenden Produktionspläne. Der Abstimmungsvorgang mit den Geschäftsbereichen läßt sich etwas vereinfacht folgendermaßen beschreiben:

→ Umsatzplan

↓

→ Produktionsplan

↓

Auflösung nach Aufträgen
- Typ
- Stückzahl
- Liefermonat

↓

Bewertung mit "Typ-Konserven", d.h.
- Fertigungsstunden je Kostenstelle
- Vorlaufzeit
- Bearbeitungsdauer

↓

Belastungsübersicht, d.h. geplante Fertigungsstunden
- je Kostenstelle
- je Monat
- je Fabrikategruppe / Geschäftsbereich

↓

→ Vergleich mit Ist-Kapazität

↓

Personalplanung

Abb. 5: Kapazitätsplanung

Mit Hilfe eines auf dem IBM Anwendungssystem AS entwickelten Kapazitätsplanungsprogramms wird zunächst die Produktionsplanung in Einzelaufträge aufgelöst. Diese sind spezifiziert nach Typ, Stückzahl und Liefertermin. Jeder dieser Aufträge wird mit einer in der AS-Datenbank vorhandenen "Typ-Konserve" bewertet. Eine solche "Typ-Konserve" enthält entsprechend dem Arbeitsplan die Fertigungsstunden je Kostenstelle für 1 Stück des betreffenden Typs und die notwendige Vorlaufzeit.

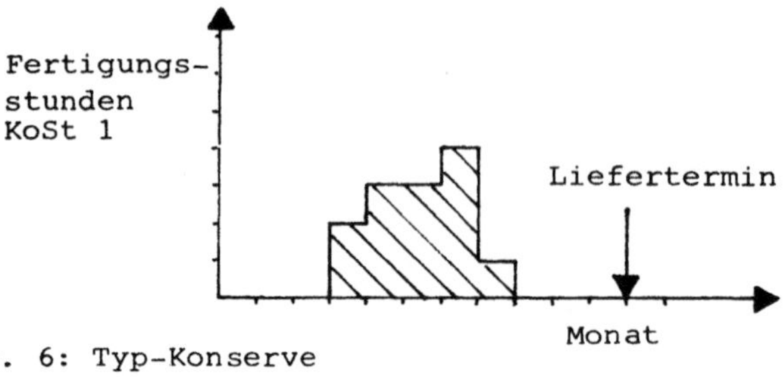

Abb. 6: Typ-Konserve

Diese Typ-Konserven sind noch in Teilkonserven unterteilt, geordnet nach Werkstattbereichen (z.B. Mechanische Fertigung, Blech, Montage).

Die Auswertung all dieser bewerteten Aufträge ergibt eine Belastungsübersicht für die Fertigungsbetriebe, detailliert nach Kostenstellen und Monat. Diese aufgrund des Produktionsplans ermittelte Belastung wird daraufhin mit der Plan-Stundenkapazität verglichen. Die Folge ist eine Rückkoppelung und ein Abgleich mit dem Produktions- und Umsatzplan, sowie mit dem Personalplan der Fertigungsbetriebe.

2.5 Ergebnisrechnung

In Abb. 2 wird als letzter Planungsschritt die Ergebnisrechnung gezeigt. Dies hat seinen Grund darin, daß das Planergebnis erst dann festgeschrieben werden kann, wenn alle dazu notwendigen Input- Faktoren aus den vorangegangenen Planungsphasen feststehen. Da jedoch insbesondere die Gemeinkostenplanung und deren Verrechnung über den BAB ein sehr zeitaufwendiger Prozess ist, sind in allen Planungsphasen schon grobe Ergebnisrechnungen notwendig um eine frühzeitige Rückkoppelung zu ermöglichen.

Die Struktur der bei Krauss-Maffei verwendeten Ergebnisrechnung ist in Abb. 7 dargestellt. Solange für einzelne der insgesamt 43 Zeilen noch keine Planwerte vorliegen, da diese erst in späteren Planungsschritten ermittelt werden, müssen für Grobplanungen Hochrechnungen an ihre Stelle treten.

Zeile	
o1	Umsatz
o2	Sonderkosten Vertrieb
o3	Herstellkosten
.	
.	(Über-/Unterdeckungen)
.	
11	Rohertrag
.	
.	(Bereichsgemeinkosten)
.	
16	Zentralstellenkosten
.	
.	(Sonstige Kosten)
.	
37	Betriebsergebnis
.	
.	(Neutrales Ergebnis)
.	
43	Bilanzergebnis (v. KöSt)

Abb. 7: Struktur der Ergebnisrechnung

Die Ergebnisrechnung wird zudem in unterschiedlichen Planungstiefen erstellt.

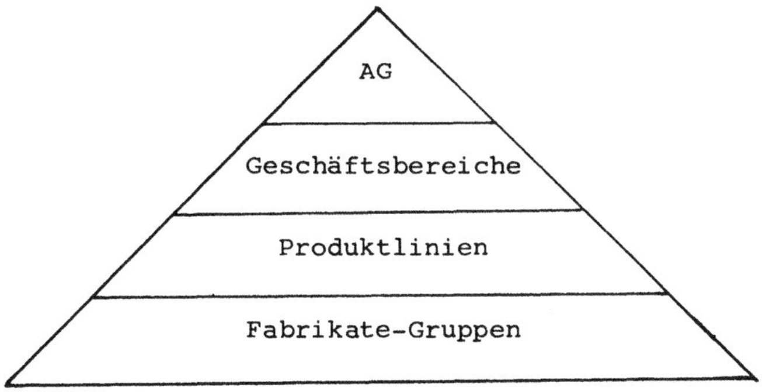

Abb. 8: Planungstiefe

Für die Mittelfrist-Planung und die Grobplanung des nächsten Geschäftsjahres setzt die Ergebnisrechnung erst auf der Ebene der Geschäftsbereiche auf und wird mit Hilfe eines Personal-Computers erstellt.

Die Detailplanung für das nächste Geschäftsjahr beginnt schon auf der Ebene der Fabrikate-Gruppen und wird auf dem IBM Anwendungssystem AS durchgeführt. Dort stehen diese Plandaten in Folge auch für die ebenfalls über AS erstellten Soll-Ist-Vergleiche der laufenden monatlichen Berichterstattung zur Verfügung.

2.6 Verteilung der Zentralstellenkosten

Die Zeile 16 unserer Ergebnisrechnung zeigt die sogenannten Zentralstellenkosten. In dieser Position werden alle diejenigen zentralen Kostenstellen zusammengefaßt, deren Kosten nicht in der Betriebsabrechnung weiterverrechnet werden. Beispiele dafür sind die Rechnungskontrolle, die Betriebs- und die Finanzbuchhaltung, die Lehrlingsausbildung, die Telefonzentrale usw. Zwei Schlüssel dienen zur Verteilung dieser Zentralstellenkosten: Mit Hilfe des ersten Schlüssels werden die Werte aller betroffenen Kostenstellen einzeln auf die fünf Geschäftsbereiche verteilt. Die Summe der somit ermittelten Zentralstellenkosten jedes Geschäftsbereichs wird mit Hilfe des zweiten Schlüssels auf die einzelnen Fabrikategruppen verrechnet. Diese Vorstufe zur Ergebnisrechnung wird ebenfalls auf dem PC erstellt.

TDM	Gesamt-betrag	davon verrechnet auf Geschäfts-bereich 1	Geschäfts-bereich 2	...
KoSt 1	1oo	2o	1o	
KoSt 2	2oo	7o	4o	
.	.	.	.	
.	.	.	.	
.	.	.	.	
KoSt 33	5o	2o	5	
Summe Z-Kosten	1.ooo	25o	65	

Geschäfts-bereich	Z-Kosten gesamt	davon verrechnet auf Fabrikategruppe 1.1	1.2 ..	1.9	2.1	2.2 ..	2.8	..
1	25o	3o	55 ..	4o				
2	65				5	1o ..	12	
3								

Abb. 9: Verteilung d. Zentralstellenkosten

In dem hier gezeigten Beispiel entfallen von insgesamt 1 Mio DM Zentralstellenkosten anteilig 25o TDM auf den Geschäftsbereich 1. Diese 25o TDM verteilen sich dann auf die Fabrikategruppen 1.1 - 1.9 des Geschäftsbereichs.

Änderungen der Etats für die einzelnen zentralen Kostenstellen können sofort erfaßt und ihre Auswirkung auf die Ergebnisrechnung simuliert werden. Mit Hilfe der ebenfalls abgespeicherten Vergangenheitswerte kann in einer Zeitreihe die Entwicklung der Zentralstellenkosten je Geschäftsbereich oder je Fabrikategruppe dargestellt werden.

Darüber hinaus wird der für die Planung festgelegte Schlüssel auch für die Verrechnung der Ist-Kosten verwendet.

3. Der Weg zur Integration

Dieser Beitrag hat sich bewußt auf Beispiele beschränkt die von Endbenutzern in der Fachabteilung realisiert wurden. Dabei handelte es sich weitgehend um Personen ohne spezielle DV-Vorkenntnisse. Die Akzeptanz insbesondere des Personal-Computers als persönliches Arbeitsmittel hat unsere Erwartungen übertroffen. Weitgehend autodidaktisch hat sich ein großer Kreis von Mitarbeitern durch on-the-job-training, Bearbeitung konkreter Problemstellungen, mit diesen neuen DV-Werkzeugen vertraut gemacht. Die Einstiegsschwelle war aufgrund der anwenderfreundlichen Software nur sehr gering.

Da der Einsatz von Datenverarbeitungsgeräten an den Büroarbeitsplätzen bei Krauss-Maffei immer stärker zunimmt, ergab sich die Notwendigkeit diese Entwicklung zu steuern, um Wildwuchs zu verhindern und die rationelle Anwendung der DV-Hilfsmittel zu gewährleisten. Zu diesem Zweck wurde im letzten Jahr ein Benutzerservice eingerichtet, der den Bearbeiter in der Fachabteilung bei der Strukturierung des Informationsflusses sowie bei der Auswahl geeigneter Hard- und Software unterstützen soll, ferner für Schulungen und zur Hilfestellung bei speziellen Problemen zur Verfügung steht.

Der nächste Schritt für die Unternehmensplanung wird die Vernetzung der einzelnen Planungsstellen sein. Werden heute die Daten noch schriftlich oder per Diskette ausgetauscht, so soll dies in Zukunft im direkten Zugriff möglich sein, ebenso wie die Kommunikation mit den Systemen der ausländischen Tochtergesellschaften.

Obwohl die Unternehmensplanung in einem weitgehend divisionalisierten Unternehmen ein äußerst komplexer Prozess ist, bietet das Personal-Computing die Möglichkeit der schrittweisen Integration von DV-Hilfsmitteln in diesem Ablauf. In den vergangenen 4 Jahren hat das Personal Computing bei Krauss-Maffei diesen Prozess bereits stark beeinflußt. Die Fortsetzung dieser Entwicklung erscheint uns immer selbstverständlicher.

Erfahrungen eines Pilotanwenders mit dem dialogorientierten integrierten Standardsoftware-System "RK" zur Kostenrechnung

Dipl.-Kfm. *H. Rappenecker*, Pfaff Industriemaschinen GmbH, Kaiserslautern

Inhaltsübersicht

1. Vorbemerkungen

1.1 Darstellung des Unternehmens

Die Pfaff Industriemaschinen GmbH ist innerhalb der Pfaff-Gruppe - mit der G. M. Pfaff AG als Holding-Gesellschaft - die größte Einzelgesellschaft und zuständig für die Produktion von Handwerker- und Industrienähmaschinen, Nähautomationsanlagen, Stickmaschinen, Schweißmaschinen und Kundenteilen (Grauguß, Feinguß, sonstige Präzisionsteile). Der Vertrieb erfolgt im In-und Ausland hauptsächlich über eigene Vertriebsgesellschaften sowie über Vertragsvertretungen. Die Zahl der Mitarbeiter beträgt z. Z. rd. 4.100 in der Produktionsgesellschaft; der Umsatz belief sich in 1984 auf rd. DM 300 Mio.

Neben der Industriemaschinen-Sparte besteht der Pfaff Haushaltmaschinen-Bereich mit Sitz von Produktion und Vertrieb in Karlsruhe-Durlach. Der Gesamtumsatz der Pfaff-Gruppe betrug in 1984 rd. DM 940 Mio bei einer Belegschaft von rd. 9.300 Mitarbeitern.

Zur EDV-Installation folgende Angaben:

Im Einsatz sind zur Zeit als Dialog-Produktionsmaschine eine IBM 4381 P02 (16 MB) sowie für Programmentwicklung, Batchbetrieb und technische Anwendungen eine IBM 4341 M02 (8 MB) und eine IBM 4341 L01 (4 MB); umfangreiche Platten- und Bandperipherie, insgesamt rd. 250 Datenstationen (Bildschirme und Drucker). Als Systemsoftware werden verwendet VM, DOS/VSE, CMS, CICS/DL1 und VSAM; Umstellung auf MVS ist geplant.

1.2 Abgrenzung des Themas

Ein Anwenderbericht ist charakterisiert durch den Praxisbezug seines Inhaltes. Dies bedeutet für die folgenden Ausführungen, daß allgemeine oder theoretische Erörterungen und Darstellungen vermieden werden, insbesondere in Richtung der betriebswirtschaftlichen Theorien und Gestaltungsformen der Kostenrechnungssysteme. Diese werden als bekannt vorausgesetzt. Ebenso wird auf die Darstellung von Details der EDV-Technik verzichtet.

Mit dem Themeninhalt sollen demzufolge die praktischen Erfahrungen und Erkenntnisse bezüglich des Systems "RK" von der Auswahlentscheidung bis nach der Einführung dargestellt werden. Den Interessenten kann und soll sich daraus die Möglichkeit bieten, diesen Anwenderbericht als Entscheidungshilfe für die Neugestaltung ihrer Kostenrechnungssysteme zu verwenden.

2. Ausgangslage

2.1 Ist-Zustand der Kosten- und Leistungsrechnung

Die gegebenen Kostenrechnungsverfahren bzw. -systeme waren charakterisiert dadurch, daß sie über viele Jahre gewachsen und durch Änderungen bzw. Erweiterungen organisatorisch recht unübersichtlich und damit auch unflexibel geworden waren. Dies galt schwerpunktmäßig für die Kostenstellenrechnung (mit BAB) und Kostenplanung, aber auch für die interne Auftragsabrechnung. Ein geschlossenes Abrechnungssystem war zwar vorhanden, entsprach aber den Ansprüchen modernen Controllings nur noch bedingt.

Den Schwerpunkt bildete die Ist-Kostenrechnung mit den Abrechnungsbereichen:

- Kostennachweise pro Kostenstelle mit hierarchischer Verdichtung bis zum Gesamtunternehmen und mit Ausweis der Über-/Unterdeckungen der auf die Leistungserbringung in der Kalkulation verrechneten Fertigungsgemeinkosten;
- Interne Leistungsabrechnung nach dem Kostenträgerverfahren;
- Nachkalkulation mit normalisierten Gemeinkostensätzen (Voll- und Grenzkosten); Fertigungsgemeinkosten unterteilt in maschinengruppenabhängige und Rest-Gemeinkosten;
- Betriebsergebnisrechnung mit zeitlicher Abgrenzung unregelmäßig anfallender Periodenkosten nach dem Gesamtkostenverfahren;
- Umsatzträger-Ergebnisrechnung in Form der stufenweisen Deckungsbeitragsrechnung bis zum Vollkosten-Ergebnis der Erzeugnisgruppen.

Im Rahmen der Planungsrechnung (Umsatz-, Investitions-, Personal-, Finanz-, Ergebnis- und Bilanzplanung) erfolgte:

- die Kostenplanung auf Kostenstellen-, teilweise nur auf Abteilungsebene mit hierarchischen Verdichtungsstufen und
- der Soll/Ist-Vergleich monatlich auf allen Planungsebenen in Budgetform und - in den Fertigungsstellen - leistungsbezogen.

2.2 EDV-Unterstützung für die Kosten- und Leistungsrechnung

Der geschilderten Situation entsprach spiegelbildlich die EDV-Unterstützung, die zwar umfänglich vorhanden, aber im Zeitablauf veraltet und unbeweglich geworden war:

- Kostenstellenrechnung einschließlich diverser Auswertungen mit veralteten Programmen;
- das gleiche galt für die interne Auftragsabrechnung;
- Kostenplanung mit Soll/Ist-Vergleich zwar neueren Datums, durch Schnittstellenprobleme und im Handling aber ebenfalls änderungsunfreundlich.

Die wegen der differenzierten Produktstruktur des Unternehmens wichtige Vor- und Nachkalkulation (Auftragsabrechnung) war vor wenigen Jahren überarbeitet worden und entspricht heute im wesentlichen den Anforderungen des Fachbereiches.

3. Zielsetzungen für die Neuorganisation

3.1 Ausbau des Controllings

Die geschilderte Ist-Situation machte es notwendig, Überlegungen anzustellen, wie durch eine Neuorganisation die Kostenrechnung ihrer Aufgabe besser gerecht werden konnte, ein Instrument eines wirksameren Controllings zu werden. Kostenplanung, Kosteninformation und Kostenanalyse mit -kontrolle als unerläßliche Bestandteile der wirtschaftlichen Unternehmensführung brauchen an dieser Stelle nicht begründet oder gerechtfertigt zu werden. Zum praktischen Vollzug dieser Aufgabenstellungen bedarf es nun aber in erster Linie der Unterstützung durch die Unternehmensleitung bei der Bereitstellung der notwendigen Ressourcen und der Organisationsmittel.

Zu diesen betriebswirtschaftlichen Aufgabenstellungen suchten wir nach einem Kostenrechnungssystem,

- das den betriebswirtschaftlichen Standard der flexiblen Kostenplanung abdeckt;
- das vor allem eine flexible Gestaltung der Kosteninformationen für die Fachabteilungen ermöglicht und damit auch
- für Kostenanalysen einen arbeitssparenden Rückgriff auf die Urbelege erlaubt.

3.2 Dazugehörige EDV-Unterstützung

Die geschilderte veraltete EDV-Organisation im Bereich der Kostenrechnung war - unabhängig von der betriebswirtschaftlichen Aufgabenstellung - Anlaß genug, schon aus diesen Gründen eine Neuorganisation in Angriff zu nehmen. Rechnungswesen und EDV waren im gleichen Boot, und es bestanden in der Zielsetzung daher auch keine Meinungsunterschiede.

Aus EDV-Sicht waren folgende Kriterien ausschlaggebend:

- Die Neuorganisation sollte - zwecks Minimierung der Schnittstellen - in die EDV-Organisation des Rechnungswesens integriert werden mit weitestgehender Redundanzfreiheit der Daten.
- Durch die Ablösung der alten Programme sollte der Wartungsanfall für die Kostenrechnung minimiert, überhaupt die Pflege flexibler gestaltet werden.
- Eine Anwendungserweiterung durch weitere zukünftige Systemkomponenten sollte möglich sein.

4. Kriterien der Systemauswahl

4.1 Im Fachbereich

Den betriebswirtschaftlichen Zielsetzungen folgend, wurden zunächst die auf dem Markt verfügbaren Standardsoftware-Systeme einer Analyse unterzogen. Bei den vorhandenen Produkten stellte sich nach näherer Betrachtung bald heraus, daß sowohl die Schnittstellenprobleme zur gegebenen EDV-Organisation im Rechnungswesen zahlreich und kompliziert waren als auch die geforderte Flexibilität der Systemhandhabung nicht den Vorstellungen entsprach.

Es muß an dieser Stelle nun erwähnt werden, daß wir - beginnend in 1979 - bereits die Real-time-Systeme ("Systeme R")

RF, RM und RA der SAP-GmbH/Walldorf

für Finanzbuchhaltung, Materialwirtschaft und Anlagenverwaltung im Einsatz haben. SAP hatte zum Zeitpunkt der genannten Marktanalyse in 1981 noch kein System für die Kostenrechnung im Angebot. Gerade aber zu dieser Zeit hatte sich SAP zu einer Erweiterung ihrer Systeme um den Baustein "Kostenrechnung" entschlossen. Von unserer Absicht einer Neuorganisation der Kostenrechnung wissend, trat die SAP-Geschäftsführung an uns heran wegen einer Beteiligung als Pilotfirma am Systemaufbau. Infolge der durch die applizierten SAP-Systeme bereits gegebenen engen Verbindung, aber auch wegen der positiven Erfahrungen mit den SAP-Produkten lag die Entscheidung auf der Hand. Ausschlaggebend waren dabei:

- die bereits vorhandenen SAP-Systeme und damit die Integrationsfähigkeit eines weiteren Produktes zur Kostenrechnung;
- die Möglichkeit, als Pilot-Anwender unsere Belange ohne eigenen Aufwand in das neue System einbringen zu können;
- die Erwartung, spätere Erweiterungen des SAP-Systems ebenfalls nutzen zu können.

Der angestrebte Systemumfang bezog sich auf die Komponenten:

- Kostenarten- und Kostenstellenrechnung mit BAB;
- Kostenplanung (Grenzplankostenrechnung) mit Soll/Ist-Vergleich;
- Interne Auftragsabrechnung.

Die "Projektabrechnung" sowie die "Betriebsergebnis- und Deckungsbeitragsrechnung", deren Entwicklungen ohnedies erst in späterer Phase von SAP vorgesehen waren, wurden ausgeklammert, da die firmenindividuellen Voraussetzungen und Gegebenheiten diese Systembestandteile als zunächst nicht übernehmbar erscheinen ließen.

4.2 Im EDV-Bereich

Die Systemauswahl und Entscheidung wurde selbstverständlich in Abstimmung mit dem EDV-Bereich vorgenommen. Die Entscheidung zu einem Standard-System ergab sich dort a priori schon aus der Tatsache, daß keine freie bzw. fachlich fundierte Entwicklungskapazität verfügbar war, um in absehbarer Zukunft die seit langem anstehende Neuorganisation realisieren zu können.

Die Interessen lagen auch hier darin,

- das vorhandene SAP-Basiswissen in Organisations-, Daten- und Programmtechnik für das neu aufzubauende System der Kostenrechnung zu nutzen;
- dieses System in die bestehenden Real-time-Anwendungen zu integrieren mit bereits zum Teil vorhandener gemeinsamer Datenbasis, da ein Großteil des benötigten Datenvolumens über die vorgelagerten System RFMA bereits erfaßt wird (Belegprinzip bleibt erhalten);
- das System in das bestehende Betriebssystem und die Datenbank-Verwaltung integrierbar zu machen.

Der Kaufpreis des gewählten Systemumfangs war unter den gegebenen Umständen kein entscheidender Faktor, da eine theoretische entsprechende Eigenentwicklung zu erheblich höheren Kosten geführt hätte.

5. Systementwicklung

5.1 Aufgabenstellungen an Systemhersteller

Aus den Zielsetzungen abgeleitet, ergaben sich für unser Haus folgende wesentlichen Aufgabenstellungen:

- Möglichst individuelle Auswertbarkeit der Kostenrechnungsdaten für BAB, Soll/Ist-Vergleich usw.
- Leichte Änderbarkeit der hierarchischen bzw. funktionellen Zuordnung der Kostenstellen und Kostenarten.
- Möglichkeit der Kostenplanung in Vereinfachungsfällen nur auf Bereichs-, statt auf Kostenstellen-Ebene.
- Veränderbarkeit der Plandaten für nach Planerstellung bekanntgewordene Preis- bzw. Kostenerhöhungen.
- Maschinelle Verteilung der Sozialkostenanteile pauschal im Plan und Ist auf definierte Bezugsbasis.
- Übliche Batchauswertungen periodisch.
- Deckungsrechnung der Fertigungsgemeinkosten für die Kalkulation.

Diese Kriterien sahen wir für die praktische Handhabung des Kostenrechnungssystems als wichtig an, wobei wir die Erfüllung des modernen Standards eines Kostenrechnungssystems durch den Systemhersteller von vornherein unterstellten. Dabei war uns bekannt, daß SAP für diesen konzeptionellen Teil kompetente Beratungskapazität hinzuziehen würde.

5.2 Projektorganisation

In die Systementwicklung wurden von SAP insgesamt 10 Pilotanwender aus Industrie, Chemie, Versicherungen, Dienstleistungen und Handel einbezogen. Die Industriegruppe umfaßte einschließlich Pfaff vier Teilnehmer. Zur betriebswirtschaftlichen Konzeptionsberatung wurden Professor Männel und Professor Riebel hinzugezogen, später auch die Unternehmensberatung Plaut.

Zweck dieser differenzierten Projekt-Zusammensetzung war es, eine breite Funktionsbasis des zu entwickelnden Systems zum Nutzen der künftigen Anwender zu gewährleisten.

Im Verlauf der Entwicklungszeit wurden in mehreren Besprechungen:

- der Projektfortschritt beim Hersteller verfolgt,
- die Systemrealisierung am Bildschirm demonstriert und
- die eigenen Aufgabenstellungen diskutiert und ihre Berücksichtigung verifiziert.

Dies geschah teilweise durch Einzelbesprechungen, teilweise durch gemeinsame Pilotanwender-Veranstaltungen.

Neben dem Projektleiter des Herstellers waren mehrere Systementwickler eingesetzt und bei den Projektbesprechungen im gegebenen Fall Gesprächspartner. Dieses Team und damit die Ansprechpartner wechselten allerdings im Zeitverlauf teilweise.

5.3 Mitgestaltung durch Pilotanwender

Die Mitgestaltung durch die Pilotanwender erstreckte sich grundsätzlich nicht auf den konzeptionellen Teil des betriebswirtschaftlichen Grundsystems und der EDV-Technik. Dies geht aus den bisherigen Ausführungen bereits hervor.

Die Pilotanwender-Mitarbeit bestand im wesentlichen darin,

- den Konzeptionsstand kennen zu lernen und seine systemtechnische Realisierung zu verfolgen;
- die eigenen Aufgabenstellungen zu formulieren, praktisch zu untermauern und den Erledigungsstand laufend zu beurteilen;
- in den gemeinsamen Sitzungen der Pilotanwender eine Koordinierung der Einzelwünsche herbeizuführen.

An dieser Stelle sind nun erste Aussagen zur "Dialogorientierung" des Systems RK notwendig. Diese war zum Projektbeginn ein wesentliches Diskussionsthema, da wir als Anwender traditionell die Kostenrechnung als periodische Stapelverarbeitung kannten und in der Dialogisierung zunächst Probleme im Hardware-Bereich (Speicherbedarf, Systembelastung) sahen. Die Real-time-Konzeption der SAP und all ihrer Systeme war hier jedoch von vornherein als unverrückbares Datum vorgegeben. Deren Begründung von Notwendigkeit und Vorteilen für das System RK ist von SAP in einschlägigen Veröffentlichungen beschrieben. Auf die Kriterien wird im folgenden noch eingegangen werden.

5.4 Projektabwicklung

Nach einigen Informationsvorläufen nahm die Projektarbeit etwa Anfang 1982 konkrete Formen an. Die Vorstellungen über die Realisierungsdauer bis zur Übergabe eines funktionsfähigen Testsystems waren - nicht ungewöhnlich bei EDV-Projekten - anfänglich zu optimistisch. Im nachhinein ist festzustellen, daß die Verzögerung bei gut einem halben Jahr lag.

Es muß dazu aber erwähnt werden, daß lauffähige Systeme für Pilotanwender aus den Bereichen Dienstleistung und Versicherung schon früher vorlagen. Dies war naheliegend, da sich hier naturgemäß eine einfachere betriebswirtschaftliche Problematik ergab als in der komplexeren Fertigungsindustrie-Gruppe. Bei dieser wirkten sich:

- Anlaufprobleme in der konzeptionellen Beratung,
- die Heterogenität der Gruppe,
- vor allem der Eintritt der Unternehmensberatung Plaut mit zusätzlichen Anforderungen (insbesondere sollte das System "M 11" mit abgedeckt werden)

verzögernd auf den Projektfortschritt aus.

Die für unser Haus lauffähige Testversion ist im August 1983 installiert worden. In der Folge begann die erste Testphase als Systementwicklungsphase vor Ort beim Pilotanwender mit den folgenden Aktivitäten:

- Aufbau einer Testfirma mit geringem Datenbestand und nur wenigen Kostenstellen;
- Testen der RK-Funktionen und daraus
- Einflußnahme auf die Programmgestaltung in Detailfragen und
- Beseitigung von Programmfehlern.

Schwierigkeiten und Zeitverzögerungen ergaben sich in der Folge hausintern daraus, daß die Produktionssysteme RFMA von Releasestand 1.4 auf 1.6 hochgerüstet wurden. Während der Modifikationsdauer war wegen mehrerer Putlevels öfters das Testsystem nicht verfügbar oder es gingen die Testdatenbestände verloren und mußten neu aufgebaut werden. Die Synchronisation der Freigaben zwischen den Produktionssystemen RFMA und den Testversionen RK war seitens des Herstellers, technisch bedingt, nicht möglich und erschwerte die parallelen Umsetzungen erheblich. In der Entwicklungsphase hinkte zudem zwangsläufig die Dokumentation hinterher, so daß zunächst nur durch die Methode "trial and error" im Dialog die nötigen Erkenntnisse gewonnen werden konnten.

Diese dargestellten Schwierigkeiten müssen von einem Pilotanwender wohl unausweichlich bei der Integration eines Entwicklungssystems in Kauf genommen werden.

Der einheitliche Releasestand aller Systeme auf Version 1.65 ist im Hause Mitte 1984 erreicht worden. Damit war die Voraussetzung für die zweite Testphase zur Vorbereitung der Übernahme in das Produktionssystem gegeben.

In diesem Stadium bzw. im weiteren Verlauf wurde die bis dahin mehr lose interne Projektorganisation gestrafft durch

- vollzeitliche Freistellung je eines Mitarbeiters aus EDV- und Fachbereich;
- regelmäßige Besprechungen der vorgesetzten Projektleitung über den Projektfortschritt und
- mehrfache Anwesenheiten des Projektleiters der SAP zur Lösung der aufgetretenen Fragen und Probleme.

Es muß an dieser Stelle nachgetragen werden, daß im Laufe der Entwicklungszeit die in das Projekt einbezogenen Mitarbeiter des EDV- und Fachbereichs durch einschlägige Schulungsveranstaltungen der SAP in das System RK eingeführt worden sind.

5.5 Systemfreigabe

Mit der Installation der integrierten Testversion setzte im August 1984 die echte Phase der Einführung ein mit den folgenden wesentlichen Aufgaben:

- Aufbau der gesamten organisatorischen bzw. hierarchischen Struktur durch Anlegen der Kostenarten- und Kostenstellen-Stammsätze und ihrer Zuordnungen;
- Anlegen der für die Auswertungen benötigten Tabellen;
- Testen aller RK-Funktionen mit umfangreichen Testdaten;
- Programmieren und Testen der Schnittstellen zu den Systemen RFMA ("RK IN"), da diese zu diesem Zeitpunkt noch nicht standardmäßig enthalten waren (heute realisiert);
- Programmieren und Testen der Schnittstellen zu den übrigen Systemen (Lohn- und Gehaltsabrechnung, Erlöseabrechnung usw.);
- Einarbeitung der Fachbereichsmitarbeiter und Anwendertests.

Auch im Praxistest traten nochmals Programmfehler auf oder Funktionen waren fehlerhaft. Diese wurden in ständigem Kontakt mit dem Hersteller vor Ort oder telefonisch ausgetauscht und Zug um Zug korrigiert. Teilweise waren diese Fehler in den neuesten SAP-Versionsständen bereits berichtigt, aber rückwirkend in der installierten Version nicht nachgezogen worden.

Die Freigabe des Systems RK zur Praxiseinführung erfolgte im November 1984. Nach Übernahme in das Produktionssystem begannen als erste Echtarbeiten die Eingabe der Plandaten für die Kosten- und Leistungsplanung 1985 sowie das Anlegen aller Tabellen. Die Gesamtfreigabe erfolgte zum 1. Januar 1985.

Es muß an dieser Stelle hervorgehoben werden, daß die Übernahme des Standardsystems RK ohne jede benutzerspezifische Modifikation erfolgte. Als Pilotanwender war dieses Ziel von der Geschäftsführung unverrückbar dem Fachbereich vorgegeben worden. Der betriebswirtschaftliche Funktionsumfang und die Tabellentechnik machten es nicht nötig, und die Komplexität des Systems mit den zahlreichen Funktions- und Daten-Vernetzungen verbot es prinzipiell, Änderungen der Standardversion vorzunehmen. Im Gegensatz dazu haben wir die Systeme RFMA - teilweise nicht unwesentlich - zur Anpassung an die betrieblichen Erfordernisse modifiziert.

6. Systemeinführung

6.1 Systemkomponenten mit Funktionsübersicht

Es kann in diesem Bericht nicht Aufgabe sein und würde zu sehr ins Detail führen, alle Komponenten, Funktionen und Auswertungsmöglichkeiten des Systems RK darzustellen. Es muß dazu auf die einschlägigen SAP-Veröffentlichungen verwiesen werden. Hier kann nur ein Überblick gegeben werden.

Das Gesamtsystem RK umfaßt auf Voll- und Grenzkostenrechnungs- sowie Plan- und Ist-Kosten-Basis die Bausteine:

- Kostenartenrechnung,
- Kostenstellenrechnung,
- Interne Auftragsabrechnung,
- Projektabrechnung (Kontrolle und Abrechnung von Investitions-, Instandhaltungs- und sonstigen Kostenprojekten),
- Betriebsergebnis- und Deckungsbeitragsrechnung.

Das Systemkonzept macht die Dialogverarbeitung bzw. Real-time-Technik für die Kostenrechnung nutzbar. Es basiert im wesentlichen auf:

- einer einfachen Daten-Erfassung möglichst direkt am Entstehungsort mit umfangreichen Plausibilitätsprüfungen, mit unmittelbarer Fortschreibung von summarischen Informationen auf den verschiedensten Aggregationsstufen in Datenbanken;
- einer direkten zeitnahen Kontrolle durch direkte, selektive Anzeigen abgespeicherter Kostenberichte;
- einer freien Wahl verschiedenster Auswertungsmöglichkeiten durch Parametrisierung und Tabellentechnik mit weitestgehender Steuerung durch die Fachabteilung.

Die Auswertungsmöglichkeiten in Listenform (BAB, Soll/Ist-Vergleiche usw.) sind ergänzend oder alternativ zahlreich und durch die Tabellentechnik vom Fachbereich variabel steuer- und abrufbar.

Nach Aussage der SAP sind derzeit nahezu 100 RK-Systeme verkauft. Davon sind bereits ein Drittel im Echteinsatz, und zwar in Standardversion, also ohne Notwendigkeit von Modifikationen. Das Modul "Projektabrechnung" ist inzwischen ebenfalls freigegeben worden, während dies für die "Betriebsergebnis- und Deckungsbeitragsrechnung" Mitte 1986 erwartet wird.

6.2 Realisierter Anwendungsumfang

Wie erwähnt, erstreckte sich der Einsatzumfang bei Pfaff auf die Kostenarten- und Kostenstellenrechnung als Planungs- und Ist-Rechnungen mit den wesentlichen Funktionen:

- Stammdatenpflege der Kostenarten, Kostenstellen und Leistungsarten;
- Standardauswertungen, insbesondere Kostenarten- und Kostenstellen-Verzeichnisse, Umlagen, Einzelposten;
- Kostenstellenberichte, individuell gestaltbar;
- Interne Verrechnungen, insbesondere Umlagen und direkte Leistungsverrechnung;
- Planung der Kostenarten und Leistungsarten;
- Planumwertungen, zeitliche Planabgrenzungen.

Online sind aus diesem Funktionsumfang realisiert:

- Stammdatenpflege;
- Auswertungen auf Kostenstellenebene (Soll/Ist-Vergleich, Kostenstellenblatt);
- abgespeicherte Berichte (Soll/Ist-Vergleich, Kostenstellenblatt);
- Einzelposten zur Abweichungsuntersuchung;
- Soll- und Ist-Kosten-Verläufe in graphischer und tabellarischer Form;
- Umlagenrechnung durch Tabelleneingabe;
- Erfassung der sekundären Kosten (z. B. Energie)
- Planung, insbesondere Erfassung der Plandaten, Planumwertungen (z. B. Tariferhöhungen) und Planabgrenzung (Verteilung auf Einzelmonate).

Im Batch sind realisiert:

- Auswertungen zum Monatsabschluß, insbesondere BAB, Kostenstellenblätter, Soll/Ist-Vergleiche, Umlagenabstimmung, Einzelpostennachweise.
- Auswertungen zur Planung, insbesondere Hochrechnungen zur Planungsunterstützung (Erwartungsrechnung aus den aufgelaufenen Istdaten).

Das Modul "Interne Auftragsabrechnung" befindet sich derzeit noch in der Vorbereitungsphase zur Einführung.

Zum Mengengerüst ist zu sagen, daß rund 300 Kostenarten- und rund 560 Kostenstellen-Stammsätze im System verwaltet werden. Die für den Realisationsumfang notwendige Erweiterung der EDV-Plattenkapazität betrug ca. 200 MB. Die Dialogverarbeitung erforderte zwangsläufig eine Vergrößerung von CICS-Bereichen.

Die Integration des Systems RK mit den bereits eingesetzten Systemen RFMA ist - wie erwartet - durch:

- durchgängige und einheitliche interne Belegstruktur,
- anwendungsübergreifende Stammdaten (Material, Konten, Tabellen usw.),
- gemeinsames Restart-Verfahren und
- einheitliche Periodenabgrenzung

vollständig gegeben. Das hatte zur Folge, daß von der eigenen EDV-Abteilung nur noch die Schnittstellen zu den Nicht-SAP-Systemen (insbesondere Personal- und Erlöseabrechnung) zu definieren und programmtechnisch zu realisieren waren.

6.3 Praxiserfahrungen nach Einführung

Trotz Testvorbereitung und Bildschirm-Übung aus den Systemen RFMA mußten sich die Mitarbeiter in der Praxis an die grundsätzliche Umstellung der bisherigen Abläufe und Inhalte der Kostenrechnung gewöhnen. Dies ist keine außergewöhnliche Praxiserfahrung und brachte auch keine größeren Probleme. Es zeigte sich allerdings, daß die Schulung in den organisatorischen Grundlagen und Systemkenntnissen im Fachbereich nicht ausreichend gewesen war, zumal auch anfänglich die Dokumentationen nicht aktuell waren. Es offenbarte sich ferner, daß Funktionen und Abläufe, die im Test einwandfrei gelaufen waren, im Echtsystem dies mit dem gesamten Datenbestand nicht immer taten. Es traten also nochmals Programmfehler zutage, die allerdings verhältnismäßig kurzfristig vor Ort bereinigt werden konnten.

Eine Überraschung bereiteten nach dem Praxisstart lange Laufzeiten bei einzelnen Funktionen bzw. Auswertungen. Beispielhaft zu nennen ist die - im Dialog angestoßene - Umlageniteration mit Laufzeiten von über sechs Stunden bei erheblicher System- und Antwortzeit-Belastung.

In dieser Anfangsphase war eine gezielte Unterstützung vor Ort durch den Hersteller notwendig. Hierbei erwies sich die Mithilfe durch die Systementwickler selbst als sehr vorteilhaft, da damit unmittelbare Programmkenntnisse verfügbar waren. Das Problem der Laufzeiten wurde durch geänderte Parameter - also ohne Programmänderungen - gelöst. Daraus ergab sich die Erkenntnis, daß die geeignete Parameterauswahl tiefergehende Systemkenntnisse verlangte. Im Beispielsfall ging die Laufzeit der Umlagenrechnung auf knapp eine halbe Stunde zurück, wobei diese Transaktion zweckmäßig in eine Zeit geringer Systembelastung des Online-Betriebes gelegt wird.

Ein weiteres Problem waren die Speicherkapazität und die Systembelastung. Hier mußte ein Kompromiß zwischen Aktualität und Speicherbedarf gefunden werden. Zur Zeit beschränken wir uns bei der Einzelpostenanzeige auf den laufenden und den Vormonat. Desweiteren dürfen aktuelle Auswertungen online nur auf Kostenstellenebene durchgeführt werden, sofern sie also nicht als Vormonatsberichte über die gesamte Hierarchie abgespeichert sind (z. B. Soll/Ist-Vergleiche). Laut Aussage der SAP werden in Release 4.1 Online-Auswertungen auch auf Bereichsebene bei drastisch reduziertem Speicherbedarf und etwa 5-facher Beschleunigung möglich sein, da nur Verdichtungsebenen abgespeichert werden.

Einige Transaktionen, z. B. Umlagen und Umwertungen, bräuchten unseres Erachtens im produktiven Betrieb prinzipiell nicht unbedingt im Dialog abzulaufen. Laut Aussage der SAP wird dieser Vorstellung in Release 4.1 Rechnung getragen, wo wahlweise Batch-Abwicklung möglich sein wird. Dieses Problem hat für uns nach der genannten Laufzeitverkürzung allerdings an Bedeutung verloren. An dieser Stelle ist aber zu erwähnen, daß in der Einführungsphase die Möglichkeit der Durchführung dieser Transaktionen im Dialog mit den vergleichsweise kleinen Datenbeständen der Testfirma recht hilfreich war. Als vorteilhaft erwies sich auch, daß durch die Möglichkeit mehrmaliger Wiederholungen solcher Transaktionen verschiedene betriebswirtschaftliche Varianten schnell durchgespielt und geprüft werden konnten.

Abschließend zu den bisherigen Praxiserfahrungen ist als wesentliche Eigenschaft des Systems RK die hohe Flexibilität in der Gestaltung der Abläufe und Auswertungen hervorzuheben - erreicht durch Parametrisierung bzw. umfassende Tabellentechnik zur Steuerung durch die Fachabteilung im Dialog. Als Ergebnis ist der Betreuungsaufwand seitens der EDV-Abteilung nur noch in geringem Umfang erforderlich. Demgegenüber bedarf es naturgemäß in der Fachabteilung der erhöhten Qualifikation für die erweiterten Aufgabenerledigungen und die dezentrale Systemsteuerung.

7. Gesamtbeurteilung und Ausblick

7.1 Erfüllungsgrad der Aufgabenstellungen

In der abschließenden Beurteilung läßt sich vorbehaltlos sagen, daß unsere Aufgabenstellungen nach unseren Vorstellungen erfüllt worden sind. Dies gilt sowohl für die betriebswirtschaftlichen Inhalte als auch für die Integration in die EDV-Organisation.

Nach den ursprünglichen Bedenken bezüglich der Dialogisierung überwiegen heute die Erkenntnisse der Vorteile gegenüber den Nachteilen, zumal sich letztere in den neuen Releaseständen noch vermindern werden.

Die im Zeitablauf der Systementwicklung aufgetretenen Probleme und Schwierigkeiten hätten möglicherweise bei einer strafferen Projektorganisation gemindert werden können. Dem standen aber die Komplexität der Systeminhalte, die Heterogenität der Mitwirkenden und die technischen Probleme der Systemintegrationen des Herstellers entgegen.

7.2 Nutzenbetrachtung

Der Nutzen einer wirkungsvollen Kostenrechnung zur Kostenüberwachung kann an dieser Stelle nicht in Zweifel gezogen werden. Das System RK bietet dem Controlling breite Möglichkeiten. Selbst wenn eine Eigenentwicklung personell möglich gewesen wäre, sie wäre weder systemtechnisch noch mit den betriebswirtschaftlichen Inhalten zu angemessenen Kosten realisierbar gewesen.

Der Preis für die einzelnen RK-Module ist vergleichsweise zu anderen Angeboten und deren Inhalte als günstig zu beurteilen. An dieser Stelle ist zu erwähnen, daß auch die Pilotanwender den Listenpreis zu bezahlen hatten, ihr Kostenvorteil also nur in der Einbringung und Erfüllung ihrer eigenen besonderen Aufgabenstellungen bestand.

Neben der Entlastung der Systembetreuung durch die EDV-Abteilung sind in der Fachabteilung durch die Systemunterstützungen manche bisherige Tätigkeiten entfallen, erleichtert oder beschleunigt worden. Damit ist Kapazität für die eigentlichen Aufgaben der Kostenrechnung freigeworden.

7.3 Systemerweiterungen

Auch nach der Praxiseinführung hat sich bei den installierten RK-Modulen noch keine Notwendigkeit einer Modifikation der Standardversion ergeben. Die Systeminhalte decken alle Anforderungen ab. Es wird in Zukunft interne Aufgabe sein, die im System gebotenen Möglichkeiten in vollem Umfang auszunutzen, insbesondere durch Ausdehnung der Kosten- und Leistungsplanung auf alle betrieblichen Bereiche und Kostenstellen. Dazu erwarten wir keinen Änderungsbedarf des Funktionsangebotes.

Die Einsatzmöglichkeiten der Module "Betriebsergebnis- und Deckungsbeitragsrechnung" waren - wie eingangs erwähnt - wegen der differenzierten Voraussetzungen und betrieblichen Gegebenheiten von uns zunächst skeptisch beurteilt worden. Nach zwischenzeitlicher Prüfung des Systemkonzeptes und -inhaltes haben wir den Einsatz - nach Freigabe für die Fertigungsindustrie - nunmehr konkret ins Auge gefaßt.

7.4 Einbindung des Personal Computers

Abschließend noch eine Aussage zur Frage der Einbindung des Personal Computers in das System RK für Zusatzfunktionen:

Wir verwenden speziell im Finanz- und Rechnungswesen den PC - IBM-PC's mit Softwarepaket "Lotus" - auf breiter Front für arbeitsplatzbezogene Aufgaben der individuellen Datenverarbeitung im Berichtswesen, für Kalkulationen, Berechnungsaufgaben, Text- und Tabellenverarbeitungen. Bis heute hat sich - aufgrund der dargestellten vielfältigen und flexiblen Auswertungsmöglichkeiten des RK-Systems - keine Notwendigkeit eines zusätzlichen PC-Einsatzes für diese Zwecke ergeben.

SAP hat neuerdings, um auch solchen Anforderungen gerecht zu werden, eine PC-Schnittstelle entwickelt zur Übernahme von Daten aus den R-Systemen (download) zwecks individueller PC-Verarbeitung und umgekehrt zur Übertragung von PC-Dateien in die SAP-Systeme (upload). Es können sich für die Vielzahl der SAP-Anwender daraus in Zukunft interessante neue Anwendungsaspekte ergeben.

Die Ansatzpunkte scheinen - aufgrund der umfangreichen Funktionsinhalte und flexiblen Auswertungsmöglichkeiten der SAP-Systeme für das Rechnungswesen und die Materialwirtschaft - a priori zunächst allerdings nur gering zu sein. Diese persönliche Meinung kann durch die künftige Praxisentwicklung möglicherweise widerlegt werden. Im übrigen kann zur grundsätzlichen Problematik der PC-Einbindung in zentralorientierte Systeme auf das einschlägige SAP-Referat anläßlich der vorjährigen Saarbrücker Arbeitstagung verwiesen werden. -

B. Standardsoftware, Controlling, Schwachstellenanalyse, Anwenderberichte

Einsatzmöglichkeiten von Integrierter PC-Software im Rechnungswesen insbesondere am Beispiel von SYMPHONY und KnowledgeMan

Prof. Dr. *L. Nastansky* / Dr. *W.F. Finke*, Hochschule St. Gallen / Universität GH Paderborn

0. EINFÜHRUNG

Die Entwicklung von technischen Geräten und Softwaresystemen zur Unterstützung und Automatisierung von Informationsverarbeitungsvorgängen, zur Datenverwaltung und zur Kommunikation schreitet mit unverminderter Geschwindigkeit fort. Hierdurch eröffnen sich immer neue Perspektiven für die Lösung von Problemstellungen in allen Teilbereichen betrieblicher Informationssysteme.
Die historische Entwicklung von Organisationsformen betrieblicher Informationsverarbeitung und der technischen Mittel zur Unterstützung von Verarbeitungs- und Kommunikationsvorgängen weisen dabei Parallelen auf. Frühe, durch den Stand der Technik erzwungene, vorwiegend zentralisierte Computer-Konzepte scheinen sich allgemein als ungeeignet zur Unterstützung der in den verschiedensten Dimensionen notwendigerweise dezentralen Strukturen der Informationssysteme von Unternehmen und Verwaltungsorganisationen erwiesen zu haben. Seit breiter Einführung des Computereinsatzes sind Dezentralisierungsbestrebungen zu beobachten. Zuerst wurden Ein-/Ausgabe-Geräte (Terminals, Drucker) in die Fachbereiche verlagert. Anfang der 80er Jahre begann dann mit dem Einsatz von Arbeitsplatzcomputern (PC, Personal-Computer) die Dezentralisierung von Verarbeitungsleistung und Speicherkapazität. Insbesondere über Systementwicklungskonzepte, die mit der Verteilung der Verarbeitungsleistung zusammenhängen, wird im weiteren die Rede sein.

Durch die immer breitere Computerunterstützung von Verarbeitungstätigkeiten erfährt der Informationsverarbeitungssektor von Unternehmen dabei ähnlich starke Veränderungen, wie der Bereich Produktion sie beim Übergang von der manuellen zur Maschinen- und Fließfertigung erfahren hat und z.Zt. wiederum beim Übergang zu computergestützter Fertigung erlebt. Es scheint, daß im Verlauf dieser Entwicklungen im Informationssystembereich durch den Maschineneinsatz zukünftig ähnlich große Produktivitätsfortschritte erzielbar sind, wie sie in der Vergangenheit im Produktionsbereich realisiert werden konnten. Dies gilt naturgemäß gerade für das betriebliche Rechnungswesen mit einem hohen Anteil quantitativ-analytischer Informationsverarbeitungsaufgaben, deren Computerimplementierung vergleichsweise geringere Probleme aufwirft als die Berücksichtigung "weicher" Informationen in anderen betrieblichen Teilbereichen. "Produktivität" beinhaltet dabei vor allem, daß die Qualität und Quantität bereitstellbarer Informationen erheblich zunehmen wird, und nicht, daß jetzt vorhandene Informationsbedürfnisse eingefroren werden und zukünftig mit geringeren Ressourcen bereitgestellt werden.

Seit etwa zwei Jahren sind insbesondere beim betrieblichen Einsatz neuer Kommunikationstechniken starke Entwicklungen zu beobachten. Allgemein scheint die Tendenz bei computerunterstützten betrieblichen Informationssystemen eindeutig in Richtung auf die Nutzung von Computernetzwerken und Konzepten des Cooperative Processing zu gehen. Mit Cooperative Processing (CP) ist dabei die an technischen, organisatorischen und wirtschaftlichen Überlegungen ausgerichtete Aufteilung von voll-automatisierten Verarbeitungsvorgängen bei Integration teil-automatisierter Funktionen gemeint. Die Aufteilung erstreckt sich auf die

Verarbeitungsleistungen wie auch Datenhaltung auf verschiedene Service-Knoten in computergestützten, vernetzten Informations- und Kommunikationssystemen (z.B. Aufteilung auf verschiedene Großrechner/Hosts, Datenbank-Server und Arbeitsplatzsysteme).

Die Entwicklung bei den Kommunikations- und Verarbeitungsgeräten wird ergänzt durch neuartige Softwarewerkzeuge. Dazu zählen insbesondere Anwendersprachen oder Programmiersprachen der vierten Generation. Diese neuartigen Systementwicklungskonzepte werden im Zusammenwirken mit den weiterentwickelten Gerätegenerationen die Entwicklung von computergestützten Anwendungssystemen wiederum näher an den Endnutzer heranbringen. Neben der Entwicklung von Anwendungskonzeptionen durch professionelle Softwarentwickler werden die Anwender selbst zunehmend einen Teil der Entwicklungs- und Systempflegearbeiten übernehmen müssen, um ihre wachsenden Anforderungen an Informationsdienstleistungen gewährleistet zu sehen. Innovativen Softwarelösungen in dem sich besonders schnell fortentwickelnden Bereich der an Industriestandards orientierten PCs/Arbeitsplatzcomputer kommt im Rahmen dieser Entwicklungen eine besondere Bedeutung zu. Nur durch die Ausnutzung neuartiger mächtiger Werkzeuge und einer leistungsfähigen Informationsverarbeitungs- und Kommunikationsinfrastruktur direkt am Arbeitsplatz sind Qualitätssprünge denkbar, kaum in einem alleinigen Fortschreiben bisheriger oft allzu zentral ausgerichteter Systementwicklungskonzepte.

Zu diesen Werkzeugen zählen die seit etwa einem Jahr angebotenen sog. "Integrierten PC-Softwarewerkzeuge" (IPCSW), die zwischen dem Abrufen einfachster Menüdienstleistungen bis zu komplexer Codierung in Hochsprachen der 4. Generation nutzbar sind. Ziel des Beitrages ist es, beispielhaft aufzuzeigen, wie auf der Basis dieser IPCSW eingebettet in die vorhandenen Strukturen computergestützter betrieblicher Informations- und Kommunikationssysteme Lösungen für flexiblen Design von Informationsverarbeitungsaufgaben im betrieblichen Rechnungswesen konzipiert werden können. Dies gilt sowohl für Individuelle Datenverarbeitung am Arbeitsplatz wie auch im Rahmen eines umfassenden Cooperative Processing.
Dazu werden zuerst Eckmerkmale der Situation an Arbeitspätzen dargestellt. Anschließend werden Charakteristika und Leistungsprofile von Integrierten PC-Softwarewerkteugen wie auch Werkzeugen zur Kommunikationsanbindung von PCs vorgestellt. Im Sinne einer weitgehenden Konkretisierung erfolgt diese Diskussion anhand von zwei auf dem Markt verfügbaren Softwareprodukten (SYMPHONY der Lotus Development Corp. und KnowledgeMan der MDBS-Corp.). Wir werden dabei vor allem beispielhaft Anwendungsfälle aus dem Betrieblichen Rechnungswesen aufzeigen.

1. Zum Profil der Informationsbereitstellung am Arbeitsplatz im Betrieblichen Rechnungswesen

Betriebliche Informationsverarbeitungsaufgaben sind im Hinblick auf ihre inhaltliche Komponente und ihre Arbeitsablaufstrukturen sehr vielfältig. Weiterhin ist gleichfalls das Profil der Anwendergruppen vom Operator bis zum Manager sehr unterschiedlich (vgl. z.B. NASTANSKY, 1984, S. 79f.).

Ein Ansatzpunkt für die Klassifikation typischer Aufgabengruppen besteht z.B. darin, auf unterschiedliche Problemlösungscharakteristiken sowie Unterschiede in der Art und Nutzung von Informationsbeständen abzustellen. Eine derartige Differenzierung führt etwa zu den vier Grundtypen (vgl. SCHÄFER/SPENGLER-RAST, 1985, S. 160 f.):

- Fachaufgaben,
- Führungsaufgaben,
- Sachbearbeiteraufgaben,
- Unterstützungsaufgaben.

Die Computerunterstützung insbesondere für die dispositiv orientierten Aufgabenstellungen des Betrieblichen Rechnungswesens (Fach- und Führungsaufgaben) ist sowohl gemessen an den technischen Möglichkeiten wie auch an den Anforderungen unzureichend. Das Informationsverarbeitungsprofil von Aufgabenträgern im Managementbereich ((höherqualifizierte) Fach- und Führungskräfte) umfasst i.d.R. einen hohen Anteil schwach strukturierter Aufgabenstellungen, die sich durch ihre Situationsabhängigkeit (z.B. bei Entscheidungsproblemen), Faktoren wie Schwierigkeitsgrad, Unsicherheit, Kommunikationsintensität und Zeitdruck sowie durch ein geringes Maß an Routine auszeichnen (vgl. SCHÄFER/SPENGLER-RAST, 1985, S. 160-164). Zur Lösung dieser Aufgaben werden teilweise quantitativ-analytische Methoden eingesetzt und/oder neuartige, situationsadquate Problemlösungsmuster entworfen.

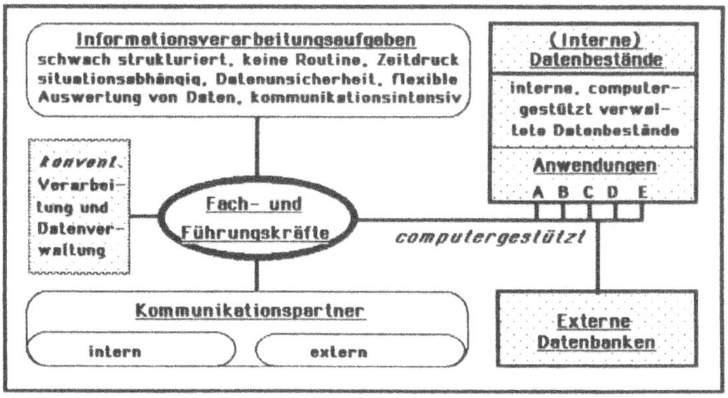

Abb. 1: Informationsbasis von Fach- und Führungskräften

Entscheidungsträger stehen bei der Bearbeitung der beschriebenen Aufgaben inzwischen regelmäßig einer Fülle von unternehmensinternen und -externen Informationsbeständen gegenüber (vgl. Abb. 1). Diese Informationsbestände lassen sich zwar prinzipiell zur Fundierung von Entscheidungen heranziehen und auswerten. Ihre Nutzung im Rahmen einer konkreten Aufgabenstellung - sei dies nun beispielsweise die Entscheidung über ein Investitionsprojekt oder über die Veränderung der Marketingstrategie für ein Produkt - ist jedoch häufig nur unzureichend möglich. Das Problem einer unter wirtschaftlichen Gesichtspunkten vertretbaren Bereitstellung von erforderlichen und auch vorhandenen Informationen (zielgerichtetes Retrieval aus Datenbanken) sowie ihre Aufbereitung im Hinblick auf eine konkrete betriebliche Entscheidung oder Problemstellung (leistungsfähiges und flexibles Processing) erweist sich zunehmend unter den Bedingungen der betrieblichen Praxis als nicht oder nur schwer lösbar.

Ursachen für die skizzierte Situation können u.a. in folgenden Bereichen vermutet werden:

- Die Verwaltung und fallweise Auswertung von Datenbeständen wird nur teilweise mit Computerleistung unterstützt. Eine häufig zusätzlich erforderliche manuelle Auswertung von Karteien, Listen etc. ist zeit- und kostenintensiv.
- Vorhandene Anwendungssysteme sind vielfach für eine situationsspezifische und flexible Datenanalyse und Ergebnisaufbereitung im Rahmen von Entscheidungsproblemen ungeeignet.
- Ein großer Teil der Systementwicklungs- und Programmierkapazität ist bereits durch die Pflege bestehender Systeme gebunden und der oft

beklagte Anwendungsstau verhindert die kurzfristige Erstellung von neuen Anwendungen.

- Der regelmäßig geringe Routinecharakter und die wechselnden Zielsetzungen dispositiver Aufgaben im Entscheidungsbereich lassen klassische Methoden der Anwendungsentwicklung im Umfeld von Großrechnern und prozeduralen Programmiersprachen der dritten Generation i.d.R. aus Wirtschaftlichkeitsüberlegungen unvertretbar erscheinen.
- Kommunikationsprobleme zwischen EDV- und Anwendungsspezialisten sind im Rahmen schlecht strukturierter Entscheidungsaufgaben als besonders schwerwiegend einzuschätzen.
- Die bei dispositiven Aufgabenstellungen erforderlichen vielfältigen Kommunikationsprozesse werden bisher nicht ausreichend unterstützt (Kommunikationsinfrastruktur, Bürokommunikation).

Zusammenfassend lassen sich aus den aufgezeigten Schwachstellen die folgenden Anforderungen an arbeitsplatzbezogene Informationssystemlösungen stellen:

- Durch eine ausreichende Kommunikationsinfrastruktur muß der flexible Zugriff auf Datenbestände und die Einbindung in das Bürokommunikationssystem unterstützt werden (Verbesserung Datenretrieval aus Datenbanken)
- Flexible und vom Endanwender beherrschbare Datenverwaltungs-, Informationsverarbeitungs- und Darstellungswerkzeuge müssen direkt am Arbeitsplatz verfügbar sein (Verbesserung Processing am Arbeitsplatz).

2. Individuelle Datenverarbeitung und Cooperative Processing

20. Problem

Die angesprochenen Informationsbereitstellungsprobleme können mit unterschiedlichen Organisationsformen und DV-Werkzeugen angegangen werden. Prinzipiell bietet sich für die Implementation neuer Anwendungssysteme eine Vielzahl von Systemlösungen an, beispielsweise die Programmierung neuer Anwendungen in Programmiersprachen der dritten Generation oder der Einsatz konfektionierter Software in einer Großsystemumgebung. Weiterhin können etwa Anwendersprachen der vierten Generation können mit Hilfe von zentralen Datenspeicherungs- und Verarbeitungseinrichtungen über Terminalschnittstellen in Anwendungsbereichen bereitgestellt werden.
Im Mittelpunkt der weiteren Diskussion stehen hier jedoch Systemlösungen mit Integrierten PC-Softwaresystemen, bei denen die Verarbeitungsressourcen im PC angesiedelt sind. Derartige IPCSW werden weitgehend (Hardware-) herstellerunabhäng auf dem Mikrocomputer-Massenmarkt angeboten und haben typischerweise Beschaffungspreise zwischen DM 1.600,- und DM 5.000,-.

Derartige IPCSW-gestützte Konzeptionen zeichnen sich durch ihre besondere Flexibilität im Hinblick auf ihre Anpassung an unterschiedliche Arbeitsplatzerfordernisse sowie im Hinblick auf ihre Einbindung in bestehende EDV-Großsystemkonzepte aus. Sie ermöglichen einen weiteren Schritt hin auf Systeme mit vollständig vernetzten Computerressourcen und des Cooperative Processing (Konzept: Abb. 2). Sie bieten Anwendungswerkzeuge der vierten Generation für die "Individuelle Datenverarbeitung" (IDV) auf den Arbeitsplatzsystemen.
Mit Individueller Datenverarbeitung ist dabei folgendes angesprochen: Endanwender erstellen und pflegen Anwendungen selbständig oder mit Unterstützung eines Anwender-Servicezentrums (vgl. DAHNCKE, 1985, S. 27). Sie benutzen dabei am Arbeitsplatz verfügbare Funktionen zur Verarbeitung, Datenverwaltung, Informationsdarstellung und Kommunikation. Insbesondere geht es dabei um den Zugriff auf operative Daten, die eigenverantwortliche Verwaltung kleinerer Datenbestände

durch Endanwender (Karteien, Listen etc.), Tabellenkalkulationsanwendungen, Dokumentenaufbreitungsfunktionen, Business Graphics, individuelles Termin-/Projektmanagement sowie interne und externe (Daten-) Kommunikation.

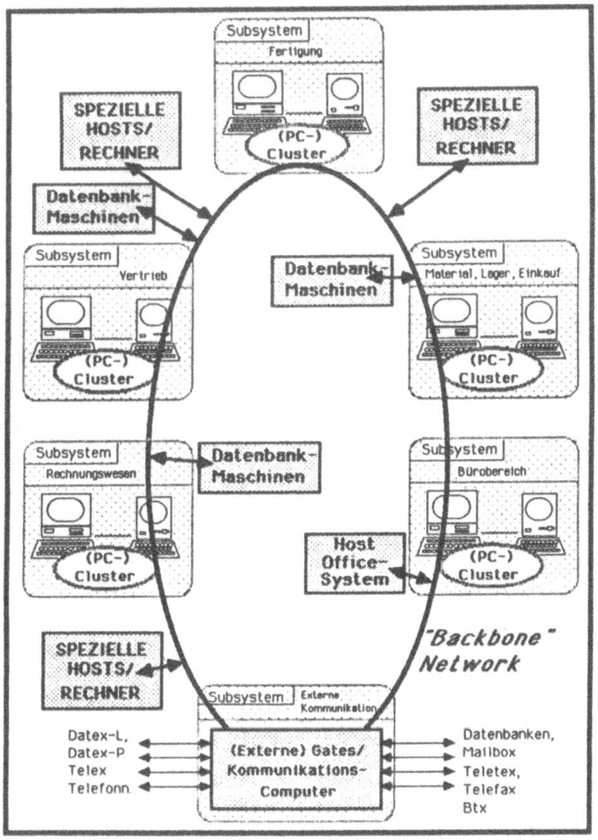

Abb. 2: Konzept eines Cooperative Processing Informationssystems

Beim Einsatz derartiger CP-Konzepte an Arbeitsplätzen von Fach- und Führungskräften des Kostenrechnungsbereiches sind zwei Aspekte auseinanderzuhalten. Zum einen geht es um den Zugriff auf i.d.R. zentral auf Großsystemen verwaltete Datenbestände, die Selektion/Verdichtung dieser Daten und ihre Übertragung zum Arbeitsplatzsystem. Zum anderen geht es um die flexible Auswertung/Darstellung der am Arbeitsplatz verfügbaren Datenbestände mit mathematischen, statistischen und grafischen Verfahren sowie die Aufbereitung (z.B. in Berichtsform) und Kommunikation der Arbeitsergebnisse.

Das erforderliche Spektrum an Kommunikations- und Verarbeitungsleistungen läßt sich dabei mit PC-Kommunikationssystemen und Integrierten Softwaresystemen abdecken. Während Abbildung 2 mehr eine grundsätzliche Designskizze zukünftiger CP-Strukturen wiedergibt, vermittelt Abbildung 3 einen groben Überblick über eine jetzt pragmatisch mögliche und häufig im Einsatz befindliche typische HardwareKonfigurationsform derartiger Systeme. Es sei darauf hingewiesen, daß es sich bei der dort beispielhaft angeführten Konfiguration nicht um ein herstellerspezifisches Konzept handelt. Zwar werden firmenspezifische Bezeichnungen gewählt, es geht jedoch dabei nur um die Identifikation in der Praxis breit eingeführter Industriestandards.

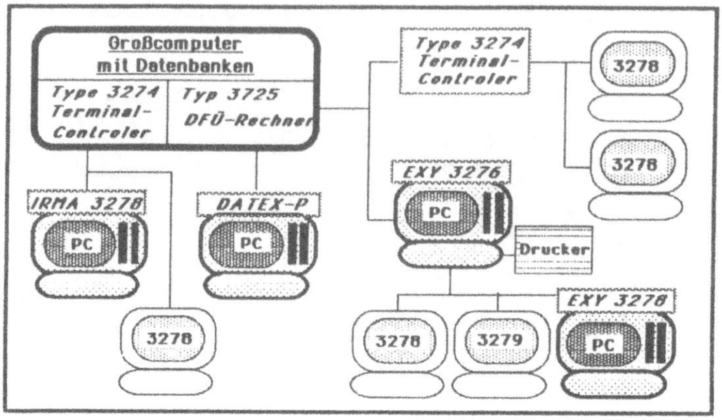

Abb. 3: Praktisches Beispiel der Hardwarestrukturen verbreiteter CP-Systeme

Arbeitsplatzcomputer können im Rahmen einer derartigen Konfiguration auf unterschiedliche Weise an im Netz verfügbare (Großrechner-) Datenbanken angehängt werden. Die PCs müssen dabei z.T. mit zusätzlichen am Markt angebotenen (Standard-) Modulen/Steckkarten ausgerüstet werden. Diese Module decken die ersten beiden Kommunikationsschichten des ISO/OSI-Modells bzw. von SNA ab. Auf der Basis dieser Hardwaremodule bieten Softwarehersteller die zur Kommunikation mit den Datenbanksystemen erforderlichen weiteren Systemschichten (realisiert als Programme) an.

Diese Kommunikationssysteme ermöglichen dem Anwender einen von EDV-technischen Details befreiten, transparenten Zugriff auf die für seine Arbeit erforderlichen Daten. Die Daten werden beispielsweise über eine Menüschnittstelle am Arbeitsplatz ausgewählt, auf dem Großsystem bereitgestellt und zum Arbeitsplatz übertragen. Dort stehen sie dann in standardisierten Datenformaten bereit und können in verschiedene PC-Anwendungssysteme und Programmpakete eingeschleust werden.
Das Leistungsspektrum und die Arbeitsweise der für CP einsetzbaren PC-Softwaresysteme soll nachfolgend am Beispiel der Softwarepakete pc-db-link und KnowledgeMan erfolgen. Für andere vergleichbare Systeme ist die technische Struktur und Philosophie ähnlich. Es sei wiederum darauf hingewiesen, daß diese Vorgehensweise auf eine weitgehende Konkretisierung der Darstellung abzielt. Die Auswahl des genannten Systems im Rahmen dieser Arbeit ist jedoch eher zufällig und es ist damit keine Wertung im Hinblick auf die Leistungsfähigkeit beabsichtigt.

21. Kommunikationsanbindung von Arbeitsplatzcomputern an externe Großdatenbanken

Das Programmsystem pc/db-link verbindet Anwendungssysteme von Arbeitsplatzcomputern mit zentralen und häufig durch Großrechner-Datenbanksysteme verwalteten Datenbeständen (vgl. ADV/ ORGA, 1985, S. 1, 6; vgl. auch Abb. 4). Unterschiedliche Kommunikationsmedien (z.B.

Koaxial-Kabel, Telefon, DATEX-P) können dabei benutzt werden. Das System ist für verschiedene Betriebssystemumgebungen verfügbar (IBM OS/DOS und SIEMENS-BS2000 bzw. PC-DOS/MS-DOS).

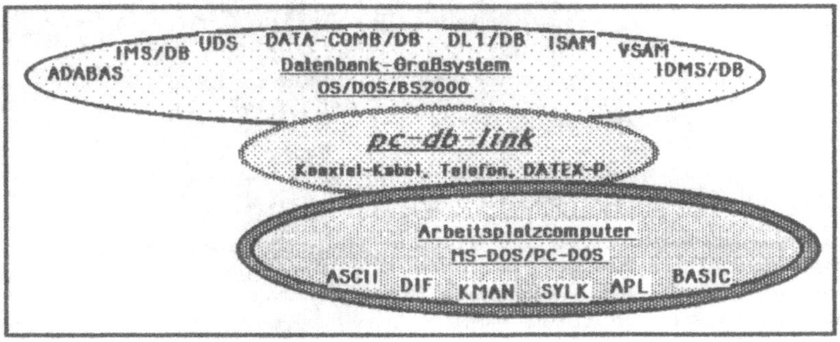

Abb. 4: Kommunikationsmöglichkeiten mit pc-db-link

Auf der Seite des Datenbankcomputers wird ein Softwaremodul (pc-db-link Anfrageinterpreter) installiert, welches Anfragen von den angeschlossenen Arbeitsplatzsystemen entgegennimmt, interpretiert und den Anschluß zur Datenbank (z.B. IMS, IDMS, ADABAS) herstellt. Aus den Datenbeständen extrahierte Daten werden zurück zum Arbeitsplatzcomputer geleitet und stehen dort in einer Datei in einem vorher vom Anwender festgelegten Datenaustauschformat (z.B. DIF, ASCII, SYLK) für die Weiterverarbeitung zur Verfügung (vgl. Abb. 5). Ein auf der PC-Seite installiertes Softwaremodul wickelt den Dialog mit dem Anwender ab und führt die Kommunikation mit dem auf dem Großsystem installierten Anfrageinterpreter durch. Die Anwenderschnittstelle ist menügesteuert und weitgehend gegen eine Fehlbedienung abgesichert.

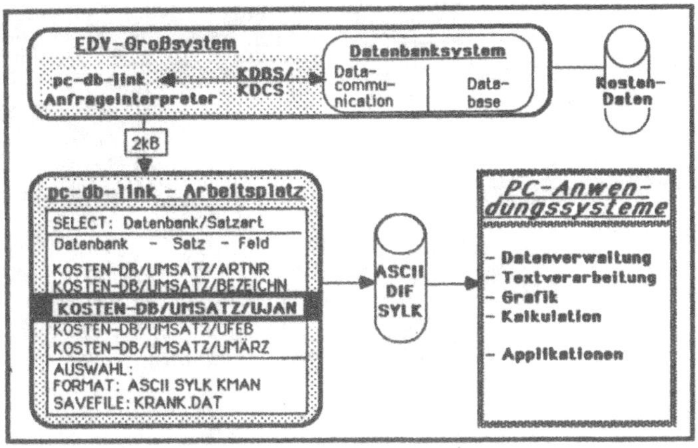

Abb. 5: Datenauswahl und Datenaustausch zwischen Datenbank-Host und Arbeitsplatzcomputer

Einer der Nachteile des Kommunikationsprogramms ist, daß bisher keine Datenverdichtunsvorgänge auf dem EDV-Großsystem durchgeführt werden können. Es besteht somit die Möglichkeit, daß in Einzelfällen große Datenmengen auf das Arbeitsplatzsystem übertragen werden müssen und bei den jetzt oft üblichen vergleichsweise geringen Übertragungsgeschwindigkeiten Kommunikationswege stark beansprucht werden.

22. Integrierte PC-Softwarepakete auf dem PC/Arbeitsplatzcomputer

Auf dem deutschen Markt werden z.Zt. u.a. die IPCSW-Systeme SYMPHONY, KnowledgeMan, FRAMEWORK und OPEN ACCES angeboten. Die Systeme unterscheiden sich in Konzept und Feinabstimmung z.T. erheblich. Eine zusammenfassende vergleichende Beurteilung ist (im Gegensatz zu der oft oberflächlichen Suggestion der PC-Kioskpresse) als äußerst komplex und schwierig anzusehen und hier nicht beabsichtigt. Dabei spielen bei weitem nicht nur die einzelnen Funktionen eine Rolle, sondern vor allem der Synergieeffekt im Rahmen des Gesamtsystems. Gerade in diesen schwer faßbaren und operationalisierbaren Auswirkungen des Synergieeffekts für die einzelnen Teilfunktionen liegt aber die essentielle Stärke Integrierter PC-Softwarewerkzeuge.

Das Leistungsspektrum der hier im weiteren beispielhaft angeführten IPCSW-Systeme SYMPHONY und KnowledgeMan umfaßt im einzelnen die Funktionsbereiche Datenmanagement, Business Graphics, Textverarbeitung und Tabellenkalkulation sowie zusätzlich Kommunikation bei SYMPHONY (Abb. 6; SYMPHONY 1984, MDBS 1984).

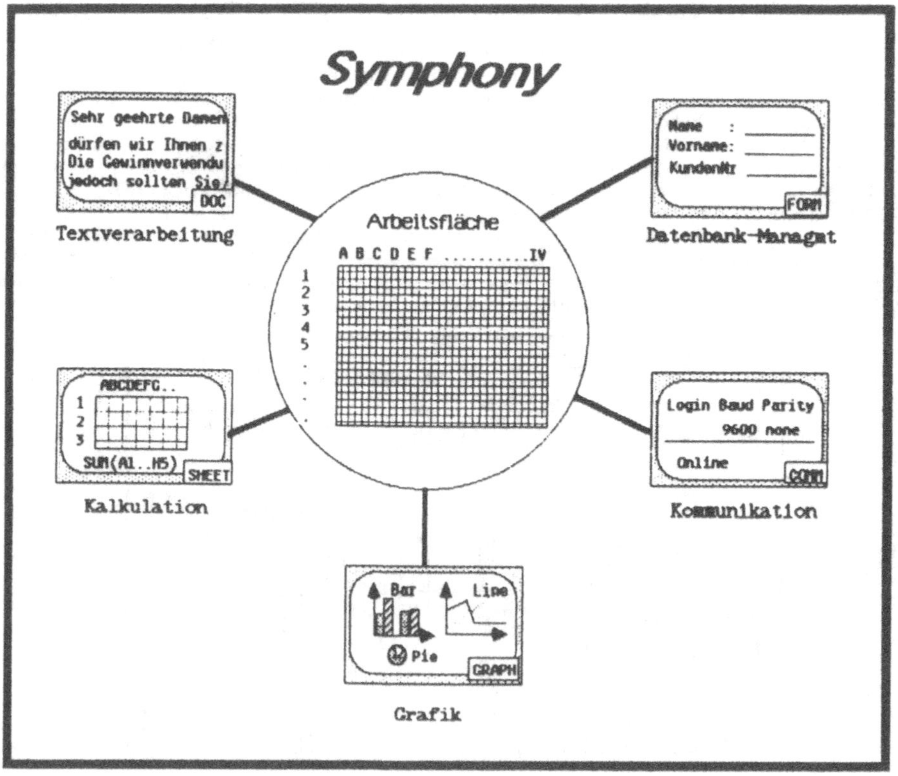

Abb. 6: Typische Teilfunktionen eines Integrierten PC-Softwarewerkzeuges am Beispiel von SYMPHONY

Diese Funktionen sind eingebettet in Systemmerkmale wie: Fenstermanagement, menü- und kommandogetriebene Benutzerschnittstellen für Endnutzer oder Systementwicklungsumgebungen für Systemdesigner.

Als Systementwicklungswerkzeuge sind beispielsweise zu nennen: prozedurale Sprachkonstrukte (subroutine Module, loops, if-then-else Konstrukte, Funktions- und Makrobibliotheken, etc.) mit Umgebung für (Makro-) Codemanagement wie learn-modus, Masken-/Formularprozessoren, Reportgeneratoren, Subsystem für Dateimanagement oder Befehle zur Mousesteuerung (vgl. z.B. NASTANSKY, 1985). Die Systeme sind offen, d.h. mit (anderen) Programmiersprachen erstellte Programmmodule oder geschlossene Programmsysteme können in IPCSW-Anwendungslösungen eingebunden werden.
Im Rahmen dieser Arbeit ist eine detaillierte Darstellung des gesamten Leistungsspektrums der angeführten IPCSW-Systeme weder möglich noch beabsichtigt. Es wird nur ein grober überblick über den von dem Umfang der Systemleistungen zu geben. Dieser überblick wird zudem an dieser Stelle auf die Module beschränkt, die vorrangig unmittelbar durch den Endanwender am Arbeitsplatz benutzt werden können. Einen Eindruck von der Leistungsfähigkeit derartiger Systeme im Bereich der Anwendungsentwicklung vermittelt das im nächsten Abschnitt vorgestellte menügesteuerte Anwendungssystem.

Benutzereroberfläche. Die System-Benutzeroberfläche ist bei SYMPHONY primär menüorientiert und sekundär kommandobetreibbar, KnowledgeMan ist umgekehrt vor allem kommandogetrieben. SYMPHONY ist essentiell fensterorientiert.
Zusammen mit den prozeduralen Sprachkomponenten steht Anwendungsentwicklern eine Vielzahl von Verarbeitungs-, Datenverwaltungs- und Darstellungsfunktionen zur Verfügung. Für die professionelle Entwicklung von Anwendungssystemen bietet eine derartige Systemumgebung im Kontext der gesamten IPCSW-Funktionen wesentlich mächtigere Werkzeuge als Programmiersprachen der dritten Generation (z.B. COBOL, PL/1). Es bietet sich somit zum einen die Möglichkeit, vollständig menügesteuerte Anwender-Benutzeroberflächen zu gestalten, zum anderen können die Kommandofunktionen (in Art von Hochsprachen der 4. Generation) auch direkt vom Anwender zur Informationsverarbeitung am Arbeitsplatz genutzt werden.

Datenverwaltung. Dem Anwender wird bei KnowledgeMan eine am relationalen Modell orientierte Datensicht (Organisation von Daten in Tabellenform) präsentiert. Datentabellen können auf einfache Weise definiert und verändert werden. Für den Zugriff auf Datenbestände steht eine am SQL-Sprachsystem orientierte Datenbankabfragesprache zur Verfügung. Obgleich das System in Bezug auf die maximal zu verwaltende Datenmenge begrenzt ist (65.ooo Datensätze), wird dies i.d.R. für arbeitsplatzbezogene Anwendungen keine Restriktionen beinhalten. Die Datenhaltung ist für externe Speichermedien (Festplatten, Disketten) organisiert und im Hinblick auf die Datenmenge vor allem durch diese Massenspeicherkapazitäten begrenzt.
SYMPHONY bietet dem Anwender wahlweise eine satzbezogen formularorientierte Datensicht, dateibezogen eine tabellarische Sicht. Die Datenmanagementfunktionen sind (nicht SQL-kommandogetrieben) primär menügesteuert in Formularmasken verfügbar. Alle Datenbankdaten werden in RAM-residenten Arbeitsblattzellen gehalten, entsprechend sind die Datenmangementfunktionen vergleichsweise schnell und hochintegriert mit den anderen Systemfunktionen. Dies ist ein äußerst interessantes Designmerkmal für CP-Konzepte, da mittlerweile mit dem neuen SYMPHONY-Release VS-1.1 damit 4 - 8 MB-RAM (!) für Daten wie auch Verarbeitungscode verwaltet werden können.
Der Anschluß zu Daten, die aus externen Großdatenbanken selektiert und in die PC-Umgebung übertragen, wurden läßt sich über verschiedene Datenaustausch- und Dateiformate herstellen.

Tabellenkalkulation. Das Tabellenkalkulationsmodul von KnowledgeMan kann eine mittlere Anzahl von Datenzellen verwalten (je 255 Spal-

ten sowie Zeilen), SYMPHONY bietet eine Arbeitsblattgröße von 256 x 8192 (Spalten x Zeilen). Die Zellen können neben Konstanten und Verknüpfungsformeln auch Makrokommandos und ganze Programmprozeduren aufnehmen.
Vielfältige und flexible Gestaltungsalternativen von Anwenderschnittstellen bieten sich durch leistungsfähige und detaillierte Spezifikationsmöglichkeiten für die Darstellungsweise von Zelleninhalten. So kann beispielsweise ein Zelleninhalt in Abhängigkeit von seinem Wert unterschiedlich formatiert werden oder unterschiedliche visuelle Attribute annehmen (z.B. sichtbar/unsichtbar; Farben, wie z.B. rot bei Budgetüberschreitungen).
KnowledgeMan bietet ausgezeichnete Farbdarstellungsmöglichkeiten, SYMPHONY ist sehr schnell (Unterstützung mathematischer Coprocessor) und mächtig in den Funktionsbibliotheken. Die Art der kommandoorientierten Bedieneroberfläche macht KnowledegeMan für den gelegentlichen Nutzer wesentlich schlechter handhabbar als das den Standards vieler anderer Spreadsheet-Systeme entspricht (z.B. Lotus-1-2-3, SuperCalc3). SYMPHONY ist in seinen Menüs sehr umfangreich sowie feinabgestimmt und für einen trainierten Benutzer äußerst elegant bedienbar.
Abbildung 7 gibt ein Beispiel für die Verbindung zwischen dem Kalkulationsmodul, Datenbankfunktionen, Datenbeständen und der MS-DOS Außenwelt sowie für (Makro-) Code bei KnowledgeMan.

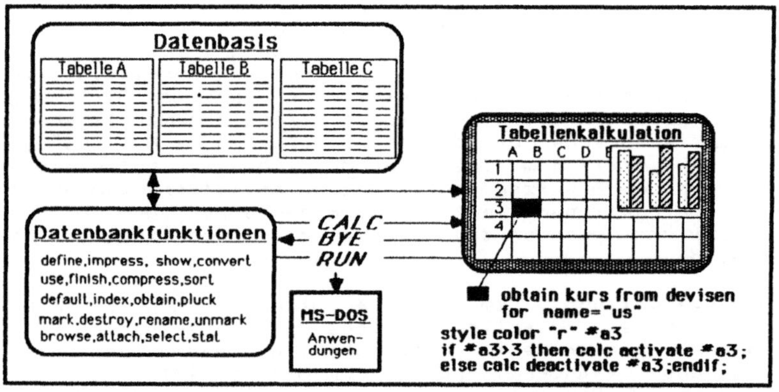

Abb. 7: Integrationsbeispiel für Tabellenkalkulation bei KnowledgeMan

Textverarbeitung. Als Textverarbeitungsmodule sind seitenorientierte Editoren und Druck-Formatierer für Dokumentausgabe implementiert. Es sind die üblichen Editorfunktionen verfügbar, wie Löschen, Verschieben, Suchen oder Korrektur von Textteilen.
Für die flexible Formatierung und Layout-Gestaltung von Dokumenten sind vielfältige Optionen gegeben. Diese werden entsprechend dem unterschiedlichen Design beider hier vorgestellter IPCSW-Konzeptionen bei KnowledgeMan durch zusätzlich zum Text einzugebende Kommandos abgerufen, sind bei SYMPHONY vor allem über menügesteuerte Formatierungs- und Parametertabellen verfügbar. Abbildung 8 (oben) vermittelt einen Eindruck von der Benutzeroberfläche dieses Systembereiches bei der Gestaltung eines Bausteinbriefes (unten) mit KnowledgeMan.
Für die Leistungsbeurteilung dieses Systembereichs bei IPCSW ist wiederum der integrierte Kontext entscheident. So lassen sich etwa flexible Reportgeneratoren durch die Verbindung zum Datenmanagementteil gestalten, in der Textverarbeitung sind Rechenfunktionen durch die Verbindung zum Kalkulationsteil abrufbar oder die gesamte Messageverwaltung eines externen elektronischen Mailsystems läßt sich durch

die Verbindung zum Kommunikationsteil realisieren.

```
. ll 65
. bl 2
. ss
. nf
Fritz Müller - Malermeister
Dorfstraße 198, 5 Köln-Pölzenich                    18. Juli 1985
. bl 3
. ev ?trim(vorname), " ", name
. ev ?strasse
. ev ?trim(plz), " ", stadt
. bl5
. ev ?anrede, " ", trim(name) + "!"
. ll 70
. fi
. bl 2
Im Rahmen unserer Werbeaktion "Neuer Anstrich - Neues Haus"
möchten wir Sie gerne über die Vorteile unterrichten, die
neuartige Bautenschutzmittel zur Konservierung von Hausfassaden
bieten. Nähere Informationen fügen wir bei.
. bl 3
Mit freunlichen Grüßen
```

Fritz Müller - Malermeister
Dorfstraße 198, 5 Köln-Pölzenich 18. Juli 1985

Fritz Fromm

Kirchgasse 23

5000 Köln

Sehr geehrter Herr Fromm!

Im Rahmen unserer Werbeaktion "Neuer Anstrich - Neues Haus" möchten wir Sie gerne über die Vorteile unterrichten, die neuartige Bautenschutzmittel zur Konservierung von Hausfassaden bieten. Nähere Inforamtionen fügen wir bei.

Mit freundlichen Grüßen

Abb. 8: Beispiel eines Bausteinbriefes mit KnowledgeMan

Business Graphics. Die implementierten Grafik-Konzeptionen ermöglichen das Umsetzen von Daten aus unterschiedlichen Datenquellen (z.B. Tabellenkalkulation, Datenbank) in grafische Darstellungen. Die Systeme unterstützten dabei die im Präsentationsgrafikbereich üblichen Darstellungen, wie beispielsweise Balken-, Kuchen-, Linien-, Flächen- und X/Y-Diagramme.
Auch diese Funktionen können angemessen nur im Kontext des Gesamtsystems beurteilt werden. Bei SYMPHONY eröffnet die allgemeine Konzeptionelle Einbettung der Graphikfunktionen im Detail erstaunlich flexible graphische Darstellungsmöglichkeiten in der X/Y-Option (siehe z.B. NASTANSKY, 1985).

Kommunikation. Die Kommunikationsfunktionen bei SYMPHONY ermöglichen einen Terminal-Emulationsmodus und (gesicherten) Filetransfer. Parametersetzungen, wie sie z.B. für das Einwählen in öffentliche Datennetze notwendig sind, können im Dialog durchgeführt werden oder durch Makroprozeduren vorbereitet werden.

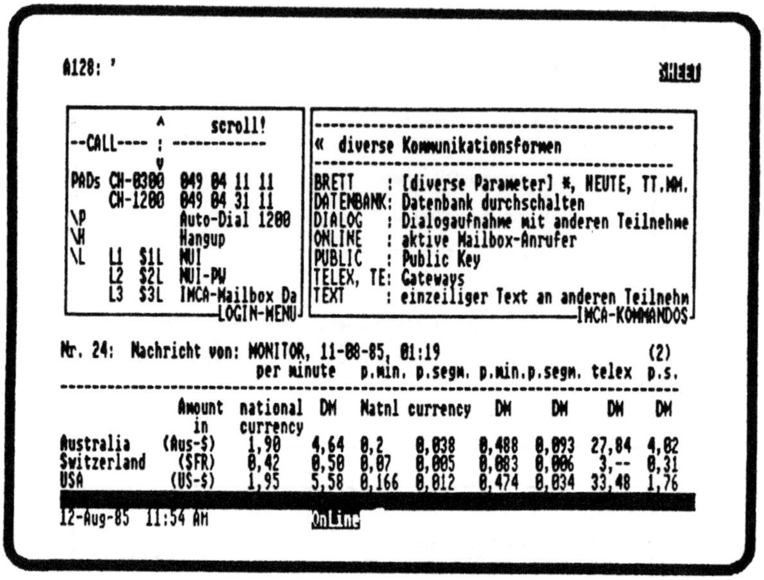

Abb. 9: Beispiel einer Mailbox-Kommunikation in öffentlichen Paketnetzen mit SYMPHONY

Auch diese Einzelfunktion ist wieder im Gesamtkontext des IPCSW-Paketes zu sehen. Insbesondere ermöglicht die Makrofunktion die Gestaltung hoch bedienungsfreundlicher Kommunikationswerkzeuge mit Teilfunktionen wie: automatisches Login, intelligente Anwahlwiederholung, verdeckte Passwortübergabe oder Durchwählen über verschiedene Netze. Abbildung 9 gibt ein Beispiel für die Nutzung von SYMPHONY zur Kommunikation in internationalen paketvermittelnden Netzen. Die Bildschirm-Hardcopy enthält einen Schnappschuß eines konkreten Dialogs mit einem professionellen Mailbox-System in der BRD (IMCA Mailbox). SYMPHONY ermöglicht dabei z.B. - wie in diesem Fall durchgeführt - automatisches Durchschalten ausgehend vom schweizerischen Telefonnetz, über das Schweizer Telepac-Netz und Gates zum deutschen Datex-P Netz.
Im Fenster oben links sind Bedienerhinweise für die Netzkommunikationsfunktionen eingeblendet, im Fenster oben rechts sind zur Benutzerunterstützung Mailbox-Kommandos angegeben und im Fenster unten rollen die aktuell übertragenen Informationen durch. (Nebenbei: hier wird gerade ein Kostenvergleich für die übertragung einer vollen Normalseite Text via Telex (Kostenbetrag vorletzte Spalte) bzw. via paketvermittelnde Netze (Kostenbetrag letzte Spalte) von einem öffentlichen bulletin-board der Mailbox heruntergeladen. Wie man sieht, bieten paketvermittelnde Netze erhebliche Kostenvorteile!)

Makrosprachen. In den beiden vorgestellten IPCSW-Paketen stehen zur Entwicklung von (teil-) automatisierten Anwendungslösungen sowohl mächtige nicht-prozedurale Kommandos wie auch prozedurale Sprachelemente für die Anwendungsprogrammierung zur Verfügung (vgl. z.B. NASTANSKY 1985). Mit den Makrosprachen können Anwendungen für Endnutzer am Arbeitsplatz vorbereitet werden. Von geschulten Mitarbeitern können diese Makrosprachen auch für die Eigenentwicklung einfacher Anwendungen am Arbeitsplatz direkt genutzt werden, z.B. Führen von Karteien und Listen. Für anspruchsvolle Nutzung in dieser Form professionell vorbereiteter Anwendungen ist regelmäßig eine PC-Hardwareausstattung von ca. 640 kB RAM, Farbgraphik und Festplattenlaufwerk zumindest sinnvoll, wenn nicht notwendig.

Einsatzentscheidung. Die Entscheidung für den betrieblichen Einsatz eines IPCSW-Paketes ist ein komplexes Problem, bei dem nicht nur DV-technische sondern vor allem auch DV-organisatorische Grundfragen abzuklären sind. Derartige Systeme versuchen ein breites Spektrum unterschiedlicher Funktionen (z. B. Text, Datenmanagement, Tabellenkalkulation, Business Graphics, Kommunikation) bereitzustellen. Dabei zeigt sich häufig, daß in einigen Teilfunktionen sehr leistungsfähige Konzepte bereitgestellt werden, die Implementation anderer Teilfunktionen hingegen nicht den jeweiligen Standards entspricht, die insbesondere in Einzelpaketen für die vergleichbaren Funktionen realisiert sind. Es ist nicht einfach, in diesem Zusammenhang den fraglos äußerst wichtigen Synergieeffekt im Zusammenwirken der Teilfunktionen, gerade auch unter Berücksichtigung der integrierten Makrosprachen, zusätzlich abzuwägen.
Ein hoher Stellenwert kommt der Bedienung des komplexen Instrumentariums zu: IPCSW-Funktionsmodule sollten eine vereinheitlichte und gegen Bedienungsfehler weitgehend tolerante Oberfläche besitzen, da sie sonst gerade bei einer gelegentlichen Nutzung durch Anwender nur schwer beherrschbar sind. Systeme, die über eine umfangreiche Kommandosprache bedient werden - wie etwa KnowledgeMan -, erfordern i.d.R. einen hohen Schulungsaufwand. Die Systeme sind auch daran zu beurteilen, inwieweit professionelle Systementwickler turn-key Anwendungen für Endnutzer oder Bediener/Operateure mit den IPCSW-Paketen vorbereiten können. Gerade SYMPHONY zeichnet sich in der Feinabstimmung der Bedienerführung und dabei besonders der Menüfunktionen durch Eleganz und Geschlossenheit aus. Gemeint ist dabei vor allem, daß sowohl die Benutzerführung in der Bedienung des Systems selber wie auch die mit dem System entwickelter turn-key Anwendungen den gleichen Konzepten gehorchen.

3. Anwendungsbeispiele von IPCSW-Paketen im Betrieblichen Rechnungswesen

30. Anwendungsbeispiel von KnowledgeMan für Deckungsbeitragsanalyse

Das nachfolgend beschriebene Beispiel dient insbesondere dazu, die Einsatzmöglichkeiten von IPCSW für die (professionelle) Anwendungsentwicklung in betrieblichen Informationssystemen zu verdeutlichen. Es geht dabei weniger um die Implementation aus theoretischer Sicht interessanter Rechenverfahren, als vielmehr darum, daß Zusammenwirken von integrierten PC-Softwarewerkzeugen und Kommunikationseinrichtungen an einem konkreten Beispiel zu demonstrieren. Zusätzlich wird beabsichtigt zu demonstrieren, daß auch umfangreichere Anwendungen inzwischen ohne den Einsatz von Programmiersprachen der dritten Generation (z.B. COCOL) implementiert werden können. Das Beispiel stützt sich sowohl im Großrechner- als auch im Kommunikations- und PC-Bereich ausschließlich auf am Markt verfügbare Standardsoftware.

Hier ist konkret eine Anwendung aus der kurzfristigen Erfolgsrechnung gewählt. Es wurde dabei ein Konzept zur interaktiven Ermittlung von Plan-Verkaufspreisen und Solldeckungsbeiträgen implementiert, wie es in Standardwerken der Betriebswirtschaftslehre beschrieben wird (vgl. KILGER, 1985, S. 394-398). Ein besonderes Merkmal dieser Anwendung ist u.a. die Verknüpfung von Großrechner-Datenbanken mit PC-Anwendungssystemen. Daten aus zentral geführten Datenbeständen werden selektiert, zum Arbeitsplatzsystem übertragen und dort in unterschiedliche Anwendungsmodule (z.B. Grafik, Datentabellen, Menüführung) eingeschleust.

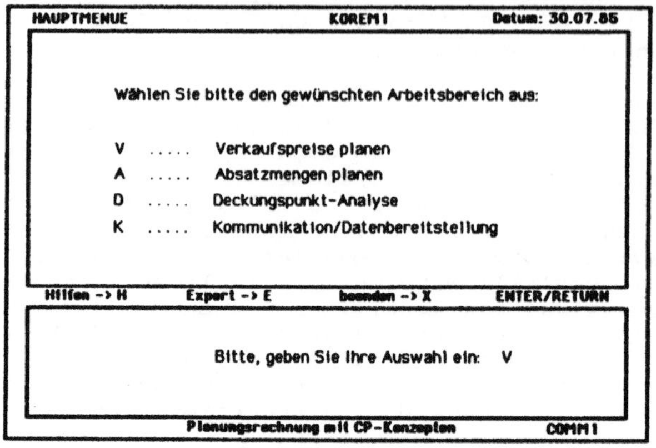

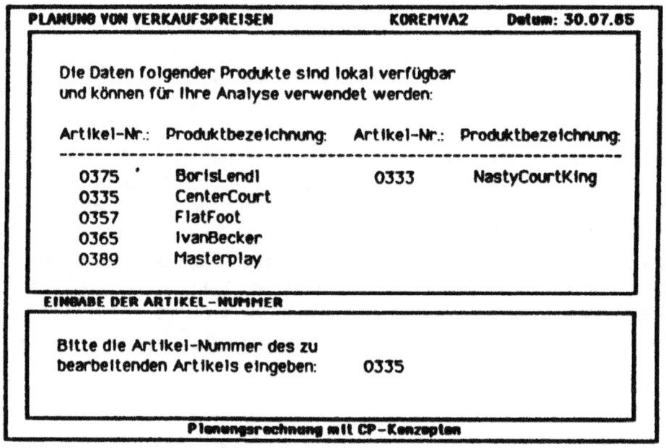

Abb. 10: Menübeispiel und Bildschirmformular bei KnowledgeMan

In der Bedienerführung sind unterschiedliche Methoden implementiert. Bei der Ablaufsteuerung wird hauptsächlich die Auswahl aus vorgegebenen Bildschirmmenüs und das Eintragen in Bildschirmformulare benutzt (vgl. Abb. 10). Zur Erhöhung der Rezeptivität des Bedieners sind die verwendeten Menüs und Formulare mit Farbfeldern unterlegt.

Das System ist gegen Bedienungsfehler weitgehend gesichert und erlaubt geübten Anwendern, den festgelegten Menüablauf in einem Experten-Modus zu umgehen, wenn Anwendungsfunktionen direkt angesteuert werden sollen (vgl. Abb. 11). Durch die Möglichkeit des automatischen Startens kann der Bediener von jeglicher EDV-spezifischer Tätigkeit/Overhead entlastet werden. Das System wird in diesem Fall durch das Einschalten des PCs automatisch gestartet.

Der Arbeitsablauf bei der Planung von Verkaufspreisen und Deckungsbeiträgen vollzieht sich wie folgt: Zuerst wird der Kommunikationsbereich angewählt und aus der Großdatenbank werden Daten selektiert. Bei der Anwahl der entsprechenden Funktion im Kommunikationsmenü geht die Ablaufsteuerung auf das Modul pc-db-link über. Der Anwender selektiert mit Hilfe dieses Systems die Daten einer Produktgruppe, für die die Planung durchgeführt werden soll. Diese Daten werden am

EXPERT-MODUS	EXPERT	Datum: 30.07.85
KOMMUNIKATION	VK-PREIS-PLANUNG	MENÜS
KA <- DatenImport	VA <- DB-Planung	MA <- Hauptmenü
KB <- DatenExport	VB <- Iso-DB (Grafik)	MB <- VK-Preis-Planung
KC <- Großdatenbank	VC <- Soll-DB (Grafik)	MC <- Kommunikation
KD <- Import in DB-Plan	VD <- Ges.-DB (Grafik)	
DECKUNGSPNKT-ANALYSE		
<-		
<-		
MENGEN-PLANUNG		SYSTEM
<-		X <- beenden
<-		XX <- Sys. verlassen

FEHLERHAFTE EINGABE Expert -> E beenden -> X ENTER/RETURN

Sie haben folgendes eingegeben:
PP falsch!
Diese Eingabe war fehlerhaft. Bitte korrigieren Sie sie.
Zurück mit: --> ENTER/RETURN

Planungsrechnung mit CP-Konzepten ERROR1

Abb. 11: Expert-Modus und Fehlermeldung

KOMMUNIKATION/DATENBEREITSTELLUNG KOREMK Datum: 30.07.85

Wählen Sie bitte den gewünschten Arbeitsbereich aus:

S ..... DatenSelektion aus Großdatenbank
I ..... DatenImport in Kman-Datenbank
A ..... DatenAusgabe aus Kman-Datenbank
V ..... DatenImport in VK- und DB-Planung

Hilfen -> H Expert -> E beenden -> X ENTER/RETURN

Bitte, geben Sie Ihre Auswahl ein: I

Planungsrechnung mit CP-Konzepten COMM1

0364	0375	0333	0389
Ivan Becker	BorisLendl	NastyCourtKing	Masterplay
1593	3579	689	893
67.5	67.5	67.5	69.5
56.3	56.3	56.3	56.3
62.10	62.10	62.1	72.10
43.05	43.05	43.05	43.05
1590	3950	438	950
68.0	68.0	68.0	70.0
56.80	56.80	56.80	56.80
62.50	62.50	62.50	62.5
43.05	43.05	43.05	43.05
1590	3900	876	900
67.0	67.0	67.0	67.0
57.0	57.0	57.0	57.0
62.0	62.0	62.0	62.0
43.05	43.05	43.05	43.05
1537	4037	965	1037
72.0	72.0	72.0	72.0
56.5	56.5	56.5	56.5
65.0	65.0	65.0	65.0
43.05	43.06	43.05	43.05

Abb. 12: Kommunikationsfunktionen und Standard-Datenformat

Arbeitsplatz in einem Standard-Datenformat (unquoted ASCII) bereitgestellt (vgl. Abb. 12). Nach Abschluß dieser Datenselektion und -übertragung steht das Kommunikationsmenü wieder zur Verfügung. In einem weiteren Arbeitsschritt sind jetzt die lokal verfügbaren Großsystemdaten in Datentabellen einzuschleusen, auf die im Rahmen des Planungsablaufes zurückgegriffen wird.

Nachdem die erforderlichen Daten verfügbar sind, kann die Planung für die einzelnen Produkte durchgeführt werden. Nach der Auswahl des entsprechenden Produktes, werden Produktdaten des vergangenen Halbjahres eingeblendet und Planungsgrößen werden abgefragt (vgl. Abb. 10, 13).

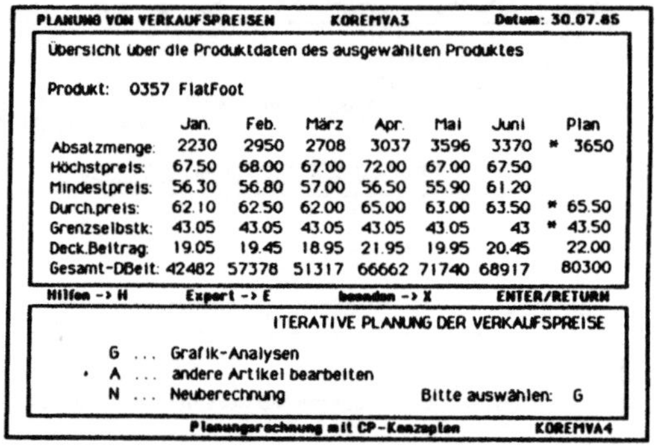
PLANUNG VON VERKAUFSPREISEN KOREMVA3 Datum: 30.07.85

Übersicht über die Produktdaten des ausgewählten Produktes

Produkt: 0357 FlatFoot

	Jan.	Feb.	März	Apr.	Mai	Juni		Plan
Absatzmenge:	2230	2950	2708	3037	3596	3370	*	3650
Höchstpreis:	67.50	68.00	67.00	72.00	67.00	67.50		
Mindestpreis:	56.30	56.80	57.00	56.50	55.90	61.20		
Durch.preis:	62.10	62.50	62.00	65.00	63.00	63.50	*	65.50
Grenzselbstk:	43.05	43.05	43.05	43.05	43.05	43	*	43.50
Deck.Beitrag:	19.05	19.45	18.95	21.95	19.95	20.45		22.00
Gesamt-DBeit:	42482	57378	51317	66662	71740	68917		80300

Hilfen -> H Export -> E beenden -> X ENTER/RETURN

ITERATIVE PLANUNG DER VERKAUFSPREISE

G ... Grafik-Analysen
• A ... andere Artikel bearbeiten
N ... Neuberechnung Bitte auswählen: G

Planungsrechnung mit CP-Konzepten KOREMVA4

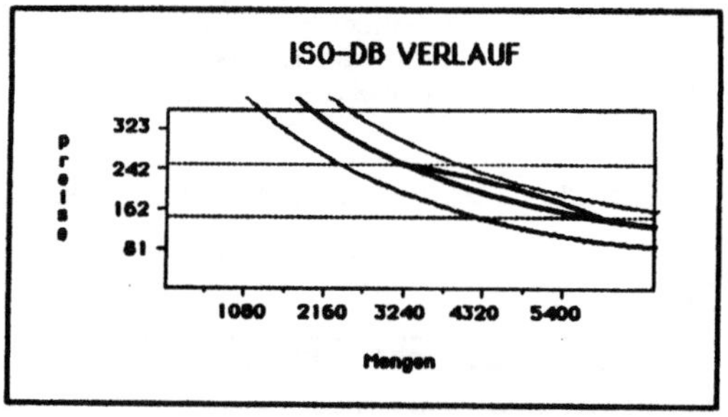

Abb. 13: Planung der Verkaufspreise und des Deckungsbeitrages

Die Ergebnisse der eingegebenen Schätz- oder Planwerte werden zur Ermittlung des geplanten Deckungsbeitrages verwendet. Eine grafische Aufbereitung der Ergebnisse kann angefordert werden und zeigt beispielsweise die Iso-Deckungsbeitragskurve oder die Entwicklung des Deckungsbeitrages im Vergleich mit den anderen Produkten der Produktgruppe (vgl. Abb. 14).

Der Planungsvorgang kann beliebig oft wiederholt werden. Im Gegensatz zu einer Optimierung wird hier ein interaktives, heuristisches Verfahren angewendet. Nach Abschluß der Planungsarbeiten wird eine Liste mit den Plandaten ausgedruckt (vgl. Abb. 14).

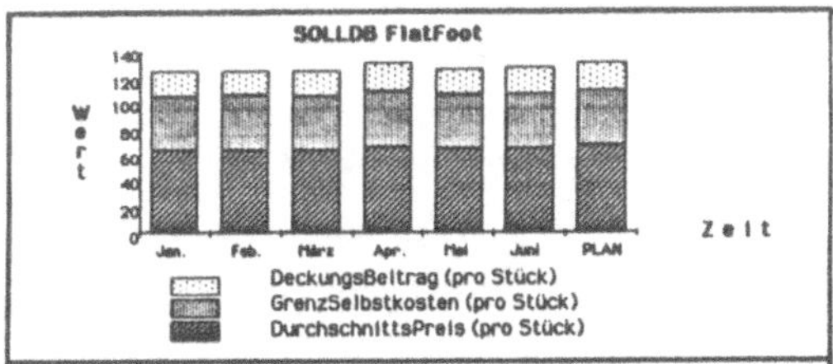

KRLISTI Kurzinformation-Plandaten Ver.:1.0/24.07.85

Art.-Nr.:	Bezeichnung	Plan-Daten Grenz-SK:	VK-Preis:	Stand: 30.07.85 Plan-Absatz:	Plan-DB
0375	BorisLendl	0	0	0	0
0335	CenterCourt	44	63	2490	47310
0357	FlatFoot	46	66	3730	73854
0364	IvanBecker	0	0	0	0
0389	Masterplay	45	68	2170	49259
0333	NastyCourtKing	0	0	0	0

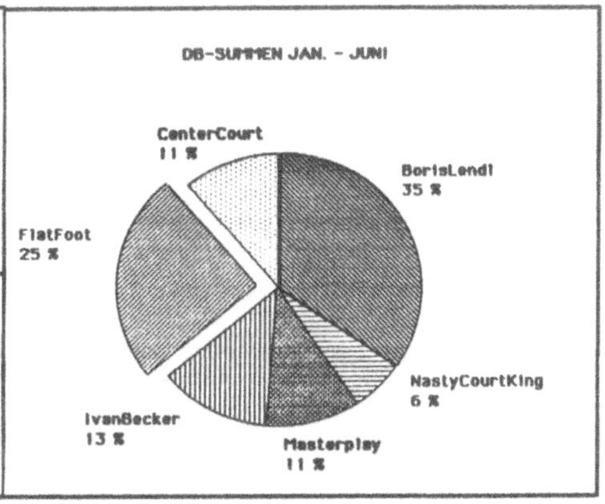

Abb. 14: Grafische Aufbereitung der Planwerte und Ausgabeliste

31. Anwendungsbeispiele von SYMPHONY

Überblick

SYMPHONY bietet einmal dem PC-Anwender in der Fachabteilung einen Werkzeugkasten zur Lösung von einfachen bis komplexeren Einmalanwendungen bei Textverarbeitung, Datenmanagement, Tabellenkalkulation, Business Graphics und Kommunikation (siehe auch Abb. 6). Zum Lösungsdesign wird der Anwender dabei vor allem die standardmäßigen Menüfunktionen des Systems verwenden. Wenn eine Wiederholung der Datenverarbeitungsaufgabe absehbar ist, kann der Anwender die aktuelle Lösung als Template (Schablone) wegspeichern und bei einer erneuten Arbeit am gleichen oder ähnlich gelagerten Problem das bereits vorhandene Template als Prototyp verwenden und gegebenenfalls aktualisieren. Für diesen Typ von Aufgabenstellung, bei der durch Endanwender genutzte Werkzeugfunktionen des IPCSW-Paketes im Vordergrund stehen, ist KnowledgeMan in der bisher vorliegenden kommandoorientierten Version sicherlich schlechter geeignet als SYMPHONY.

Daneben - das haben die bisherigen Ausführungen und auch das vorstehende KnowledgeMan-Anwendungsbeispiel gezeigt - sind IPCSW-Pakete zum zweiten vor allem als professionelle Systementwicklungswerkzeuge nutzbar. Diese Möglichkeit wird bisher durch qualifizierte Systementwickler in den EDV-Abteilungen viel zu wenig ausgeschöpft! Dazu werden dann insbesondere die Makro-Codierungsfunktionen der Pakete ausgenutzt.
SYMPHONY bietet hier Designmöglichkeiten, die nahtlos von der Automatisierung immer wieder gleichartig wiederholter Menü-Tastenbetätigungen bis zu prozeduraler Programmierung mit den wichtigsten Konstrukten höherer prozeduraler Programmsprachen reicht. Alle Tastenbetätigungen sind bei SYMPHONY auf Tastaturmakro-Sequenzen abbildbar, strukturierte prozedurale Codierung ist z.B. durch loop-Konstrukte und Subroutinedefinitionen mit Parameterübergabe möglich. Die Makrosprache vereinheitlicht die vielfältigen Standardfunktionen, das Tastatur-Bedienungskonzept und die prozeduralen Makros in einem geschlossenen Konzept.
An der Endnutzeroberfläche (Bildschirm, Drucker, Tastatur) derartig mit IPCSW entworfener Applikationen sind die dahinterstehenden IPCSW-Systeme regelmäßig sowenig und soviel erkennbar wie die Programmsprache hinter Applikationen, die in höheren prozeduralen Sprachen wie

COBOL oder PL/1 entwickelt wurden. Allerdings sind die Entwicklungsfunktionen von IPCSW-Paketen als erheblich mächtiger einzustufen.

Abbildung 15 enthält eine Reihe von Bildschirm-Hardcopies mit Anwendungen aus der Finanzbuchhaltung (siehe auch NASTANSKY/WICHERT 1985).

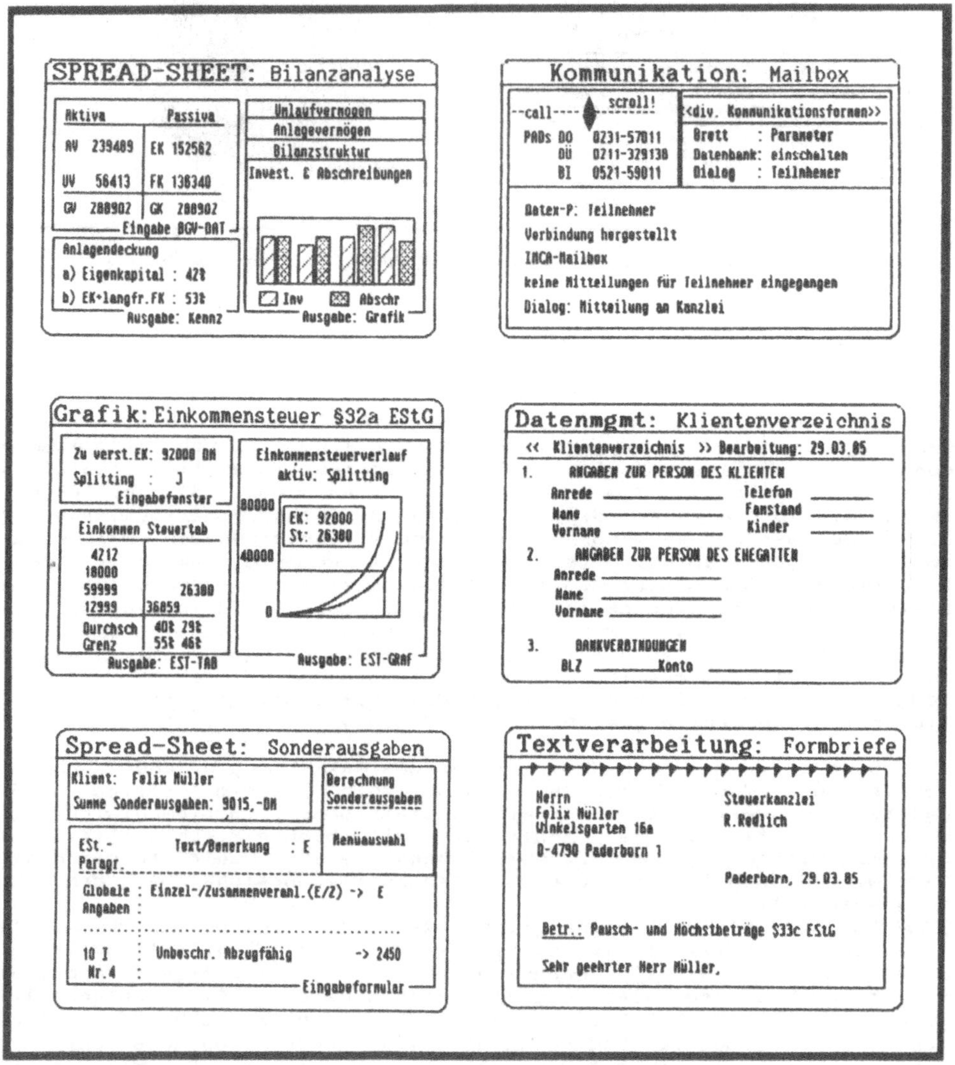

Abb. 15: Applikationsbeispiele aus der FIBU mit SYMPHONY

In der Anwendung "Bilanzanalyse" (o.l.) wird der Jahresabschluß eines Betriebes analysiert. Die Bilanzstruktur wird durch unterschiedliche Grafiken visualisiert. Interessant ist als Designmerkmal der Applikation, daß das IPCSW-Paket hier mit seinen Datenbankfunktionen verschiedene Diagramme verwaltet. Das Fenstermanagement von SYMPHONY

erlaubt es darüberhinaus, diese Diagramme als Stapel von Grafiken auf dem Bildschirm sowohl im überblick darzustellen wie auch nacheinander aufzublättern und individuell zu betrachten.
In der Anwendung "Einkommenssteuer" (m.l.) ersetzt das IPCSW-Paket auf dem PC die üblichen ESt-Tabellenwerke. Die Berechnung der "Sonderausgaben" (u.l.) gibt ein Beispiel für die Implementierung einer (von den zugrundeliegenden gesetzlichen Bestimmungen her) dialogtechnisch nur umständlich darstellbaren Datenverarbeitungsaufgabe.

Zuschlagskalkulationsbeispiel

In Abbildung 16 findet sich die Bildschirmdarstellung einer Parallelkalkulation in der Grenzplankostenrechnung (vgl. KILGER 1974, S. 615). An diesem Beispiel läßt sich der konzeptionelle Fortschritt des IPCSW-Paketes SYMPHONY gegenüber dem Vorläuferprodukt LOTUS 1-2-3 aufzeigen (siehe dazu: NASTANSKY 1984, S. 92 f.).

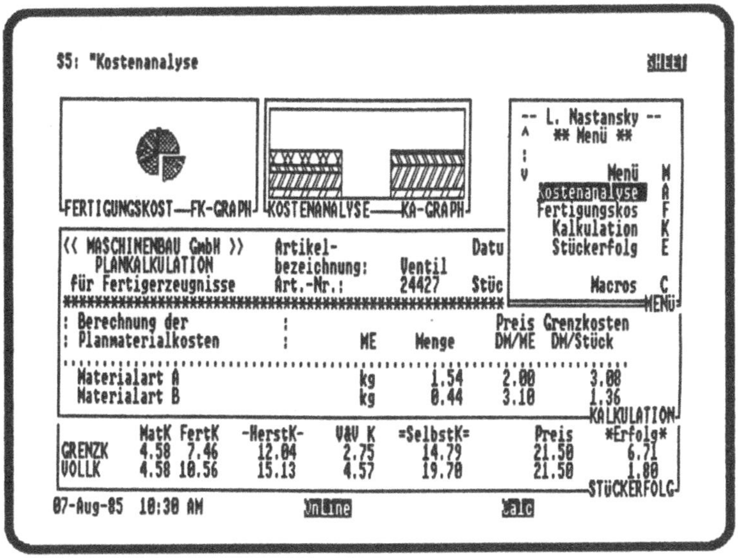

Abb. 16: Parallelkalkulation in der Grenzplankostenrechnung

Das Fenstermanagement von SYMPHONY verwaltet konsistent die verschiedenen Teilfunktionen des Systems. Die Applikation wird über fünf Fenster ausgewertet. Oben finden sich zwei Grafikfenster, eines für Voll- und Grenzkostenanalyse und eines für eine Gegenüberstellung der Fertigungskosten in den 5 Fertigungskostenstellen. Oben rechts wird die Menüsteuerung, hier als eine der vielen möglichen Darstellungsoptionen bei SYMPHONY über ein einfaches Textdokument, verwaltet. Im Fenster unten sind die üblichen Summeninformationen einer Zuschlagskalkulation mit Stückerfolgsanalyse ausgewiesen. Im Fenster in der Mitte werden die Details der Bezugsgrößenkalkulation in einem Tabellenkalkulationsfenster abgewickelt.

Die vorhandenen Fenster lassen sich im Dialog beliebig aktivieren und gegebenenfalls auf volle Bildschirmmaße vergrößern (Zoom). Alle diese Manipulationsmöglichkeiten können als Tastatur-Makros vorbereitet sein und sind dann auf einen Tastendruck verfügbar. Das Kuchendiagramm zur Analyse der Fertigungskosten läßt sich - wie aus dem Menüfenster zur Benutzerführung o.r. ersichtlich - durch Aufruf der Funktion "A" auf voller Bildschirmgröße dargestellt in den Vordergrund holen (vgl. Abb. 17).

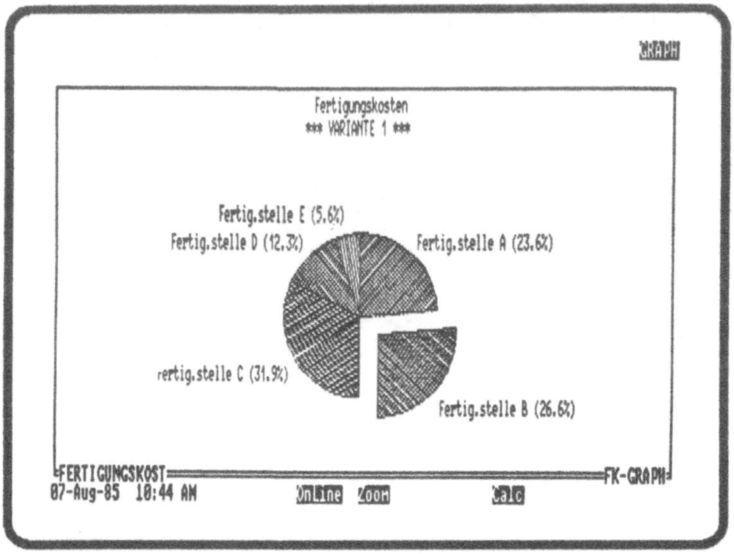

Abb. 17: Zoom des Kuchendiagramms zur Fertigungsstellen-Kostenanalyse

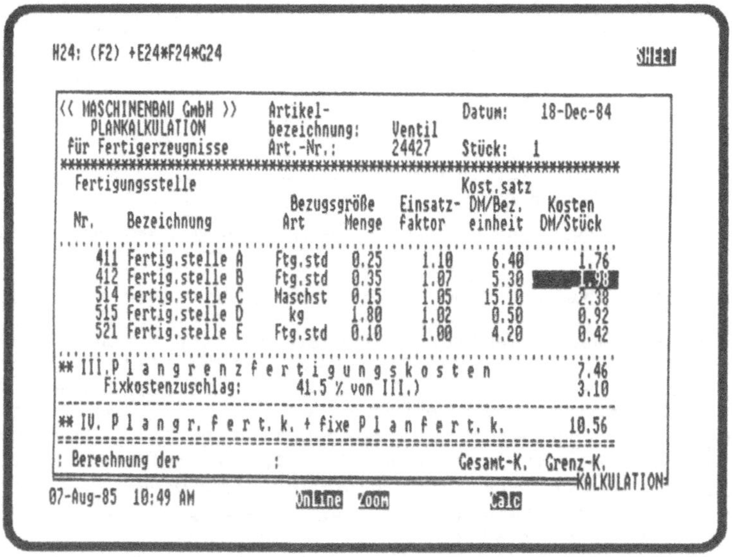

Abb. 18: Zoom des Eingabe-Fensters für Kalkulationsdaten

Die verschiedenen Fenster stellen konzeptionell simultane Sichtweisen auf ein gegebenes Problem unter alternativen Auswertungsgesichtspunkten dar. Insofern projizieren die Fenster also konsistente Sichten einer bestimmten Datenkonstellation des zugrundeliegenden

Anwendungsproblems auf den Bildschirm. Die Daten lassen sich z.B. über Eingabefenster im Dialog verändern. Ausgabefenster reflektieren gegebenenfalls die Auswirkungen auf den im Fenster dargestellten Teilausschnitt der Applikation.
Konkret bedeutet dies z.B. bei der dargestellten Kalkulationsanwendung: Wenn etwa im mittleren Eingabe-Fenster (siehe Abb. 18 als Zoom des Fensters Abb. 16 m.) bei den Fertigungsstellen Daten (Faktormenge, Einsatzfaktor oder Kalkulationssatz) geändert werden und entsprechend Verschiebungen der Stückkostenanteile für die einzelnen Fertigungsstellen resultieren, wird neben den entsprechenden Zahlen im Eingabe-Fenster selbst sofort auch das Kuchendiagramm im Fenster o.l. aktualisiert.

4. Quellenverweise

ADV/ORGA (1985): advor-pc/db-link - Ein System zur Integration von Großrechner-Datenbanken mit PC-Softwarewerkzeugen, o.O. 1985. ADV/ORGA Microsysteme GmbH, Kurt-Schumacher-Straße 241, 2940 Wilhelmshaven 1.

DAHNCKE, Klaus (1985): IS-Management und IDV, in: IBM Nachrichten, Heft 275/1985, S. 27-31.

KILGER, Wolfgang (1974): Flexible Plankostenrechnung. 6. Aufl., Opladen (Westdeutscher Verlag) 1974.

KILGER, Wolfgang (1985): Einführung in die Kostenrechnung. 2. Aufl., unveränd. Nachdr. der 1. Aufl., Köln-Opladen (Westdeutscher Verlag) 1985.

MDBS (1984): Knowledge Manager - ein integriertes Datenverarbeitungssystem, Version 1.07, deutsche übersetzung durch ADV/ORGA Microsysteme GmbH, Kurt-Schumacher-Straße 241, 2940 Wilhelmshaven 1, o.O. 1984.

NASTANSKY, Ludwig (1984): Interaktive Kostenplanung und -kontrolle mit Tabellenkalkukationssystemen auf integrierten Personal-Computern. In: Rechnungswesen und EDV. Hrsgb. W. Kilger und A.-W. Scheer, Würzburg-Wien (Physica) 1984, S. 73 - 97.

NASTANSKY, Ludwig (1985): Standardsoftware und Programmentwicklung für Personal-Computer. In: Proceedings GI-Jahrestagung 1985, Hrsgb. H. R. Hansen, Berlin-Heidelberg-New York (Springer) 1985. (12 S.; im Druck, ersch. 9/85)

NASTANSKY, Ludwig und Dirk WICHERT (1985): Integrierte Standard-Softwarepakete auf PCs. Anwendungsmöglichkeiten und Konzepte am Beispiel von SYMPHONY. In: DSWR, Beitragsfolge, ersch. ab 9/85.

SCHÄFER, Gunter und Christa SPENGLER-RAST (1985): Speicherung und Retrieval persönlicher Datenbestände mit Personal Computern. In: Helmut Weber und Hans H. Oppermann (hg), PC-Betriebliche Anwendungen und Praxis - Beiträge des 2. deutschen PC-Kongresses 1984, Braunschweig-Wiesbaden 1985.

SYMPHONY (1984): 1. Introduction; 2. How-to Manual; 3. Reference Manual. Cambridge MA (Lotus Developm. Corp.) 1984.

Prof. Dr. Ludwig Nastansky
Wirtschaftsinformatik
Hochschule St. Gallen
Dufourstr. 50
CH-9000 St. Gallen

Dr. Wolfgang F. Finke
Fachbereich Wirtschaftswissenschaft
Universität GH Paderborn
Warburger Str. 100
D-4790 Paderborn

Kontrolle und Verrechnung der Leerkosten in der Bayer AG

Dipl.-Kfm. *A. Schwall*, Direktor, Bayer AG, AV-Rechnungswesen / Betriebsabrechnungen, Leverkusen

1. Bestimmung und Bedeutung der Leerkosten

1.1 Definition der Leerkosten

Der Begriff der Leerkosten wurde von Bredt[1] in die Betriebswirtschaftslehre eingeführt und von Gutenberg[2] mit dem Begriff der Nutzkosten kombiniert. Die folgende Darstellung der Nutz- und Leerkosten

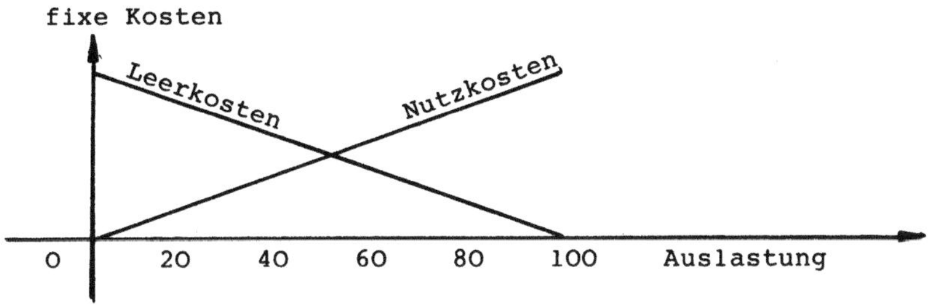

ist allgemein bekannt und leicht verständlich. Man kann daraus unschwer erkennen, daß Leerkosten solche sind, die der Unterauslastung von Kapazitäten entsprechen. Die einfache grafische Darstellung und Verbaldefinition könnten die Vermutung aufkommen lassen, daß mit dem Leerkostenproblem keine allzu schwierige Materie angesprochen wäre.

---

1 Dredt, O.: "Der endgültige Ansatz der Planung" in "Technik und Wirtschaft 1939"

2 Gutenberg, E.: "Die Produktion, 1951"

Zur Bestimmung der Leerkosten benötigt man ja lediglich

die Fixkosten und
den Auslastungsgrad

der jeweiligen Betrachtungseinheit.

1.2 Bestimmung der fixen Kosten

Der sogenannte "Proportionale Satz" von Schmalenbach[3] und auf ähnlichen Ansätzen beruhende mathematische Verfahren zur Bestimmung der Fixkosten auf Basis der Gesamtkosten setzen einen linearen Gesamtkostenverlauf und eine Konstanz der Fixkosten voraus. Diese Bedingungen dürften jedoch selten erfüllt sein. Deshalb erweisen sich diese Verfahren für die Praxis nicht geeignet.

Praktische Bedeutung hat lediglich die analytische Methode der Kostenauflösung, bei der man kostenartenweise über die Zurechnung zur Gruppe der fixen oder variablen Kosten entscheidet. Dabei gibt es nur wenige Kostenarten, die eine generelle Zuordnung zur einen oder anderen Kategorie zulassen (z.B. Rohstoffverbrauch, Gehälter, Abschreibungen, soweit zeitabhängig erfaßt).

Beim überwiegenden Teil der Kostenarten ist die Zuordnung im Einzelfall in Abhängigkeit der individuellen Gegebenheiten zu treffen. Häufig geht die Grenze zwischen fixen und variablen Kosten mitten durch eine Kostenart. Diese Tendenz verschärft sich, je größer sich der Eigenleistungsanteil an der Gesamtleistung erweist. Baut sich der Eigenleistungsanteil über mehrere Stufen auf, muß man in der Praxis häufig zur Schätzung des Fixkostenanteils einer Kostenart übergehen.

1.3 Bestimmung des Auslastungsgrads

In der betriebswirtschaftlichen Theorie bestehen in dieser Frage kaum Probleme, da in der Regel ein Ein-Produktbetrieb oder ein Mehrproduktebetrieb mit homogener Produktionsstruktur

---

[3] Schmalenbach, E.: "Kostenrechnung und Preispolitik"

unterstellt wird. Die Kapazität des Betriebes und seine Auslastung läßt sich eindeutig durch Produktionsmengen bestimmen.

In der Wirklichkeit der Chemischen Industrie liegen diese einfachen Bedingungen nur in Ausnahmefällen vor. Der gesamte Produktionsbereich ist in eine Vielzahl von Kostenstellen (Betriebe) aufgeteilt. In der Regel erfolgt je Kostenstelle nicht die Herstellung eines Produktes, sondern einer Vielzahl heterogener Erzeugnisse. Diese beanspruchen die vorhandenen Kapazitäten in unterschiedlicher Reihenfolge und Intensität.

Die Auslastung eines Betriebes (Kostenstelle), in welchem in der Regel mehrere Aggregate zu einer Produktionseinheit zusammengefaßt sind, läßt sich mit hinreichender Genauigkeit nur auf Basis des einzelnen Aggregats bzw. einer homogenen Aggregatgruppe bestimmen. Aus den Auslastungsgraden der Einzelaggregate (Aggregatgruppen) ist dann die Gesamtauslastung des Betriebs (Kostenstelle) zu entwickeln (Gewichtung der Aggregate mit Wiederbeschaffungswerten).

Für unsere Fragestellung wird die Gesamtauslastung des Betriebs benötigt, weil der überwiegende Teil der zur Debatte stehenden Fixkosten mit vertretbarem Aufwand nicht für das Einzelaggregat, sondern nur auf Ebene des Betriebs ermittelt werden kann. Somit ist die Ermittlung der Leerkosten nur auf dieser Ebene möglich.

1.4 Abgrenzung der Leerkosten von der Beschäftigungsabweichung

Die Beschäftigungsabweichung, die im Soll-Ist-Vergleich der Plankostenrechnung ausgewiesen wird,zeigt lediglich die auf den Unterschied zwischen geplanter und effektiver Auslastung entfallenden Fixkosten. Demgegenüber stellen die hier behandelten Leerkosten auf den Unterschied zwischen effektiver und voller Kapazitätsauslastung ab.

1.5 Wachsende Bedeutung der Leerkosten

Die Leerkosten sind bestimmt durch die fixen Kosten und den Auslastungsgrad der Kapazitäten. Beide Einflußfaktoren haben in den letzten Jahren zunehmend an Bedeutung gewonnen. Die vielseitigen Ursachen der Fixkostensteigerung (u.a.

Sozialgesetzgebung, Anstieg der Personalkosten, insbesondere Personalnebenkosten, kapitalintensive Automation) müssen hier nicht näher erläutert werden.

Hinsichtlich der Leerkosten spielt ohnehin der Auslastungsgrad der Anlagen die bedeutendere Rolle, da bei noch so starkem Anstieg der fixen Kosten in der Phase der Vollauslastung keine Leerkosten entstehen. Die Vollauslastung oder die annähernde Vollauslastung ist in den letzten Jahren jedoch selten realisiert worden.

In der Phase des mehr oder weniger regelmäßigen Wirtschaftswachstums nach dem Krieg bis zur 1. Erdölkrise 1973/74 spielte die Unterauslastung von Kapazitäten meist nur eine zeitlich begrenzte Rolle. Die konjunkturellen und strukturellen Einbrüche in den letzten 10 Jahren haben die Bedeutung der Leerkosten stetig vergrößert und den Blick für diesen Fragenkomplex und ihre Auswirkungen auf die Ertragssituation geschärft.

2 Verrechnung der Leerkosten

2.1 Begründung der Leerkostenverrechnung

2.1.1 Unternehmensspezifische Voraussetzungen

Um die Verteilung der Leerkosten zu verstehen, muß man einige bei Bayer bestehende Voraussetzungen kennen:

- Das Unternehmen ist gegliedert nach Geschäftsbereichen (profit-center)

- Es besteht ein ausgeprägter Leistungsverbund zwischen den Geschäftsbereichen

- Die Produktlieferungen zwischen den Geschäftsbereichen werden zu Herstellungskosten (nicht zu Transferpreisen) abgerechnet

- Die Kostenrechnung wird als Vollkostenrechnung mit eingebauten Deckungsbeiträgen praktiziert

2.1.2 Leerkostenverrechnung trotz Deckungsbeitragsrechnung

Die Theorie der reinen Deckungsbeitragsrechnung verzichtet vollkommen auf eine Verteilung der Fixkosten. Für die Ermittlung der Deckungsbeiträge erfolgt eine Zuordnung der variablen Kosten. Die fixen Kosten gehen in einen Deckungsblock ein, der von der Summe der Deckungsbeiträge abzudecken ist.

In einem derartigen Kostenrechnungs-System besteht kein Raum für die Verrechnung der Leerkosten. In der betrieblichen Praxis kommt man jedoch häufig ohne eine Fixkosten- und damit auch Leerkostenverteilung nicht aus. In unserem Unternehmen ist sie aus folgenden Gründen notwendig:

- Deckungsbeitragsrechnung im Rahmen einer Vollkostenrechnung

- Beachtung des Verursachungsprinzips im Rahmen des Leistungsverbundes

- Aufzeigen von Entscheidungsfolgen für product-manager

Wie in vielen anderen Unternehmen wird bei Bayer die Deckungsbeitragsrechnung im Rahmen einer Vollkostenrechnung praktiziert. Dies hat zur Folge, daß die Fixkosten, also auch die Leerkosten, verrechnet werden müssen.

Es ist vorstellbar, daß bei einem System der stufenweisen Fixkostendeckung die Ergebnisdarstellung auf der Produktebene mit dem Deckungsbeitrag endet. Die anfallenden Fixkosten werden nicht mehr produktweise aufgeschlüsselt, sondern in Abhängigkeit genauer Erfassungsmöglichkeiten ohne Schlüsselung nur noch Verantwortungsbereichen (z.B. Produktgruppen, Sparten, Unternehmen) zugeordnet. Auch bei einem derartigen Kostenrechnungssystem wäre in unserem Unternehmen eine Verrechnung der Fixkosten (und Leerkosten) notwendig, weil wegen des starken Leistungsverbundes für Anfall und Verursachung der Leerkosten unterschiedliche Bereiche verantwortlich sein können.

Uns erscheint nicht nur die Leerkostenverrechnung nach Geschäftsbereichen wichtig, sondern auch die Verteilung auf das einzelne Produkt. Wird zum Beispiel eine Erhöhung des Verkaufspreises durchgesetzt, und ist damit ein Absatzrückgang verbunden, soll der product manager als Folgen seiner Entscheidung in der Produktergebnisrechnung neben der Veränderung des Deckungsbeitrags auch die entstandenen Leerkosten sehen.

2.2 Prinzipien der Leerkostenverrechnung

Wie in der gesamten Kostenrechnung gilt auch für die Leerkostenverrechnung das Verursachungsprinzip. Die Leerkosten werden im Rahmen der Kostenstellenrechnung ermittelt und unter Umgehung der Kostenträgerrechnung dem Verursacher direkt in der Ergebnisrechnung angelastet.

Die Frage nach dem Verursacher beantwortet sich mit der Entstehungsursache der Fixkosten überhaupt. Diese liegt in der Investitionsentscheidung. Die Investitionsentscheidung aber wird getragen von der Absatz- bzw. Bedarfsprognose, an deren Höhe auch die Kapazitätsgröße ausgerichtet wird. In der Mehrzahl der Fälle sind mehrere Abnehmer beteiligt.

Für die Verursachung der Leerkosten sind drei Fälle denkbar:

- Die Kapazität muß aus technischen Gründen größer ausgelegt werden als es die Absatzprognose bedingt; die entstehenden Leerkosten sind von allen Abnehmern im Verhältnis ihrer Absatz-/Bedarfsprognose verursacht.

- Die Absatz-/Bedarfsprognose war höher als der tatsächliche Bedarf; die Leerkosten sind im Verhältnis der Mindermengen aufzuteilen.

- Aus übergeordneten Gesichtspunkten wird eine strategische Kapazitätsreserve mit Zustimmung des Vorstands auf- bzw. nicht abgebaut; die darauf entfallenden Leerkosten werden auf Konto "Zentrale Verwaltungskosten" gebucht.

Vorstehende Fälle können einzeln, aber auch in Kombination auftreten. Im folgenden erfolgt eine Beschränkung auf den zweiten Fall, dem auch vom Ausmaß der Leerkosten die erste Bedeutung zukommt.

2.3 Schwierigkeiten bei der Leerkostenverrechnung

2.3.1 Vielstufige Produktionsprozesse

Die Leerkosten werden je Kostenstelle festgestellt und dem (den) verursachenden Abnehmer(n) (Minderabnahme im Vergleich zur Bedarfsprognose) angelastet. Bei vielstufigen Produktionsprozessen hat man damit aber erst den unmittelbaren, nicht aber den endgültigen Verursacher, das Verkaufsprodukt gefunden.
Bei solchen Produktionsprozessen muß man den Produktfluß bis zur Verkaufsstufe verfolgen, um auf dieser Ebene den / die eigentlichen Verursacher zu finden:

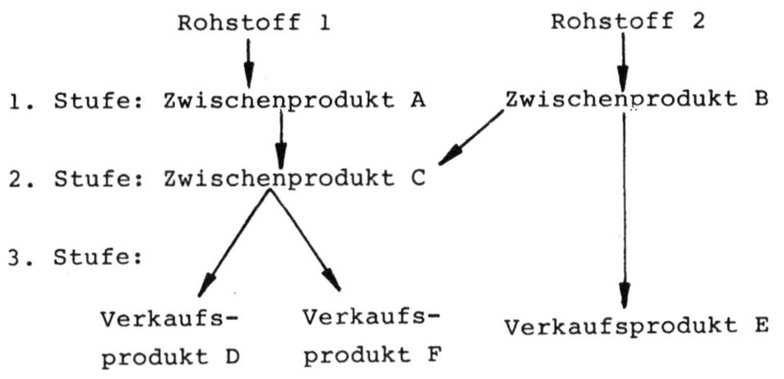

Die Unterauslastung in der 1. Produktionsstufe bei Zwischenprodukt B kann zum Beispiel nur dadurch verursacht sein, daß Verkaufsprodukt F aus der 3. Produktionsstufe seine Absatzprognose nicht erreicht.

2.3.2 Komplexe interdependente Produktionszusammenhänge

Die Leerkosten werden im Normalfall verursacht durch Minderabnahmen der Abnehmer. Es gibt jedoch auch Produktionsprozesse, bei denen sich der Verursacher der Unterauslastung nicht unbedingt auf der Abnehmerseite befinden muß. An dem Beispiel Salzsäure / Chlor wird ein solcher Sachverhalt dargestellt:

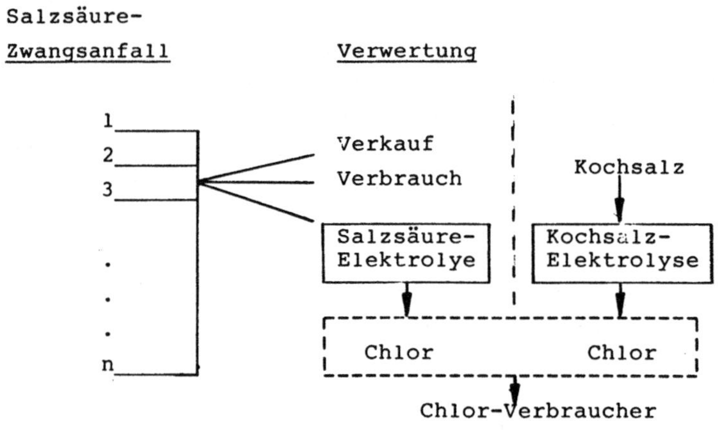

Salzsäure fällt im Zwangsanfall als Kuppelprodukt an. Die Anfallmenge ist abhängig von der Produktionsmenge einer Vielzahl von Hauptprodukten. Die Salzsäure wird verbraucht und verkauft. Verbleibt danach ein Überschuß, wird hieraus in der Salzsäure-Elektrolyse Chlor hergestellt. Daneben läuft eine normale Chlorproduktion in der Kochsalz-Elektrolyse, die bei Stillstand der Salzsäure-Elektrolyse in der Lage sein muß, den gesamten Chlorbedarf zu decken.

Sobald die Salzsäure-Elektrolyse produziert, entstehen in der Kochsalz-Elektrolyse Leerkosten, die nicht durch die Chlorabnehmer verursacht sind. Diese könnten ggfs. noch parallel dazu die Auslastungs-Situation verschärfen.

Ist jedoch die Salzsäure-Elektrolyse schlecht ausgelastet, sind hierfür die Chlorabnehmer ebenfalls nicht verantwortlich. Die hierbei entstehenden Leerkosten können folgende Ursachen haben:

- geringer Zwangsanfall Salzsäure
- überhöhter Verkauf Salzsäure
- überhöhter Verbrauch Salzsäure

2.3.3 Nicht eindeutige Verursachung

Außerhalb des Produktionsbereichs (Hilfs- und Nebenbetriebe) kommt es häufig vor, daß Anlagen betrieben werden, deren Kapazitäten nicht nach eindeutigen Bedarfsangaben der Abnehmer errichtet wurden. Das kann folgende Gründe haben:

- Kombination zwischen eigener und fremder Bedarfsdeckung (z.B. Werkstätten)

- unübersichtliche und unregelmäßige Beanspruchung (z.B. Gästebewirtung)

- Vorrangiges Sicherheitsdenken (z.B. Dampferzeugung)

In solchen Fällen ist eine direkte Zuordnung der Leerkosten nicht möglich, da man an eine verbindliche Bedarfsprognose nicht anknüpfen kann. Im Sinne der im Unternehmen praktizierten Kombination von Vollkosten- und Deckungsbeitragsrechnung erfolgt eine Schlüsselung. Diese ergibt sich aus einem linearen Zuschlag auf die entsprechend der Einzelverursachung verrechneten Leerkosten des Produktionsbereichs. Diesem Schlüssel liegt die Annahme zugrunde, daß die Unterauslastung im Bereich der Hilfs- und Nebenbetriebe eine Folge der schlechten Auslastung der Hauptbetriebe darstellt.

3. Kontrolle der Leerkosten

Die Beobachtung der Leerkosten vollzieht sich in externer wie auch in interner Kontrolle

3.1 Externe Kontrolle

Die externe Kontrolle beruht darauf, daß Leerkosten aus handelsrechtlicher Sicht ohne Zweifel und aus steuerrechtlicher Sicht (gem. Abschnitt 33, 8 EStR) mit gewissen

Einschränkungen bei den Herstellungskosten zur Vermögensbewertung nicht anzusetzen sind. Wirtschaftsprüfung und Betriebsprüfung sind in diesem Zusammenhang an der Bestimmung der Leerkosten interessiert, wenn auch, was ihre Höhe betrifft mit unterschiedlicher Zielrichtung.

In dem möglichst niedrigen Ansatz von Leerkosten ist die Betriebsprüfung in unserem Unternehmen allerdings zu weit gegangen. In der Begründung zum BFH-Urteil vom 15.2.1960 ist festgehalten, daß man von nicht-aktivierungspflichtigen Leerkosten erst sprechen kann, wenn eine bestimmte (z.B. vom Unternehmer von vornherein einkalkulierte) Schwankungsbreite der Kapazitätsausnutzung unterschritten ist.

Die Oberfinanzdirektionen Köln, Düsseldorf und Münster haben ihre Prüfer in der Betriebsprüfer-Kartei (Lfg. Dezember 1981) angewiesen, diese Schwankungsbreite so zu interpretieren, daß sie erst unterschritten ist, wenn die Unterbeschäftigungs-Situation dazu führt, daß die Verkaufserlöse die Selbstkosten zuzüglich durchschnittlicher Gewinnspanne nicht mehr decken. Diese Anweisung ist offensichtlich eher vor dem Hintergrund schlecht gefüllter Staatskassen als auf der Grundlage betriebswirtschaftlichen Sachverstands entstanden. Offenbar findet hier eine unzulässige Vermischung des Teilwertgedankens (verlustfreie Bewertung) mit der Definition der Herstellungskosten statt. Leerkosten sind Kosten der "Nicht-Herstellung". Sie sind bei der Vermögensbewertung zu eliminieren.

3.2 Interne Kontrolle

Die unternehmensinterne Kontrolle der Leerkosten vollzieht sich auf drei Ebenen:

- im Rahmen der Kostenstellenrechnung (Anfall)
- im Rahmen der Ergebnisrechnung (Verbleib)
- im Rahmen des Zentral-Controlling

3.2.1 Kontrolle in der Kostenstellenrechnung

Die Leerkosten-Kontrolle ist Bestandteil der allgemeinen Kostenkontrolle und der Berichterstattung über besondere

Kostenentwicklungen. Sowohl in der Kostenplanung wie in der Istrechnung werden die Leerkosten kostenstellenweise ermittelt und zu höheren Hierarchie-Stufen verdichtet.

Die Berichterstattung über die Leerkosten kann auch im Rahmen der Abweichungsanalyse des Soll-/Ist-Vergleichs erfolgen:

geplante Leerkosten (für Differenz Vollauslastung ./. Planauslastung

± Beschäftigungsabweichung (für Differenz Planauslastung ./. Effektivauslastung)

= Leerkosten zu Plankosten-Ansätzen

± darauf entfallende übrige Abweichungen

= Ist-Leerkosten

Eine derartige Darstellung scheint sehr arbeitsaufwendig zu sein. Auf Basis der heutigen Technik in der Datenverarbeitung hält sich der Aufwand jedoch in vertretbaren Grenzen. Um zu einigermaßen genauen Ergebnissen zu kommen, muß die Erreichnung der Werte allerdings kostenartenweise erfolgen. Für die Kostenkontrolle würde die Position "Leerkosten zu Plankosten-Ansätzen" ausreichen. Die Ist-Leerkosten dürften jedoch für die Vermögensbewertung relevant sein.

3.2.2 Kontrolle in der Ergebnisrechnung

Die Ergebnisrechnung zeigt den Verbleib der Leerkosten nach ihrer eigentlichen Verursachung. Der Ergebnis-Verantwortliche erhält den Hinweis, daß sein Ergebnis durch die Unterauslastung negativ beeinflußt wird. Er wird den Ursachen nachgehen und die Diskussion über den Abbau der Leerkosten forcieren.

3.2.3 Kontrolle durch Zentral-Controlling

Ebenso wie die Kostenstellen-Verantwortlichen wird auch das zentrale Controlling über die Leerkosten und Auslastungsgrade in Kenntnis gesetzt. Hält eine wesentliche Unterauslastung einer Kostenstelle länger an (z.B. 6 Monate), muß der Kostenstellen-Leiter eine Erklärung an Controlling darüber abgeben, ob es sich nach seinem Urteil dabei um einen temporären oder dauerhaften Beschäftigungseinbruch handelt. Hierzu wird der natürlich vorher eine Befragung der internen Abnehmer durchführen bzw. eine Analyse des externen Marktes anfertigen.

Ist eine dauerhafte Unterauslastung zu erwarten, muß der Kostenstellen-Leiter Möglichkeiten der alternativen Kapazitätsnutzung bzw. des Kapazitätsabbaus aufzeigen. Hierbei ist zu entscheiden, ob in Erwartung zukünftig besserer Entwicklungen eine Stillegung oder ein endgültiger Abbruch der Anlagen erfolgen soll.

3.2.4 Ziele der Kontrolle und des Ausweises von Leerkosten

Ausweis und Kontrolle der Leerkosten auf allen drei Ebenen verfolgen im wesentlichen folgende Ziele:

- verursachungsgerechte Belastung der Leerkosten

- Information über Kapazitätsreserven

- Diskussion über alternative Kapazitätsausnutzung

- Diskussion über Leerkostenreduzierung

- Verbesserung der Qualität der Absatz-/ Bedarfsprognose (wegen daraus evtl. folgender Leerkostenbelastung)

- Erhöhung der Transparenz der Ergebnisrechnung

Optimale Strategien zum kombinierten Einsatz von Großrechnern und Personal-Computern für das Controlling

Dipl.-Volkswirt *W. Ambs*, ADV/ORGA F.A. Meyer AG, Düsseldorf

In einem eindrucksvollen Siegeszug haben Personal-Computer und die benutzerorientierten Personal-Computer-Software-Werkzeuge in den vergangenen Jahren - ja Monaten - Einzug in die Controlling- und Betriebswirtschaftsabteilungen der Unternehmen gehalten. Dies ist eine Folge der äußerst benutzerfreundlichen Personal-Computer-Software sowie der inzwischen hohen Speicher- und Verarbeitungskapazität der Personal-Computer. Nie vorher standen dem Controller derart mächtige und benutzerfreundliche Werkzeuge - wie Kalkulationsprogramme, Spread Sheet, Graphik-Systeme - aus dem Bereich der EDV zur Verfügung. Der umständliche, aufwendige und oft zähe Weg über die Programmierabteilung der Datenverarbeitung ist auf einmal überflüssig geworden. Beim Einsatz des PC mag sich mancher Controller angesichts der Erfahrungen der Vor-PC-Zeit durchaus wie ins "EDV-Paradies" versetzt fühlen.

Als Controller ist man nun selbst der Mann, der in unvergleichlich kurzer Zeit mal eben eine Break-Even-, eine Sensitivitäts- oder eine Rentabilitätsanalyse für den Personal-Computer "programmiert" und durchführt. Deckungsbeitrags-Analysen alternativer Absatzstrategien oder Risikoanalysen bei unterschiedlicher Kostenentwicklung sind ebenfalls in kürzester Zeit - d. h. in wenigen Stunden - "programmiert" und durchgerechnet. Die Liste der Beispiele läßt sich beliebig verlängern. Neben diesem Rechenwerkzeug bietet der PC eine in der Form bisher nicht gekannte zusätzliche Möglichkeit durch die - farbige - graphische Darstellungsmöglichkeit aller Ergebnisse. Dies ist eine erhebliche Verbesserung der "Controller's Tool Box", sind doch die "Kunden" des Controller's im Unternehmen durch visuelle Darstellung wesentlich nachhaltiger zu überzeugen als durch umfangreiche Zahlen-Statistiken.

Und dennoch: Hier und da werden bereits erste Probleme des PC-Einsatzes sichtbar, manchmal ist - und dies besonders in großen Organisationen - sogar der ersten PC-Euphorie ein gewisser PC-Katzenjammer gefolgt. Was ist es denn, das angesichts der unbestreitbaren Vorteile des PC einen solchen Katzenjammer erzeugen kann?

Auf zwei Gebieten werden diese Probleme sichtbar und drückend:

- Bei der Beschaffung und Verwaltung der für die Rechnungen benötigten Daten,

- der Erstellung von Programmen, sobald nicht mehr die äußerst komfortablen "Endbenutzer-Software-Systeme" der Personal-Computer eingesetzt werden können.

Schauen wir zunächst auf das "Datenproblem". Die herkömmliche Basis der für die Analysen des Controller's erforderlichen Informationen sind die Systeme der Finanzwirtschaft, der Kosten- und Ergebnisrechnung und teilweise der Materialwirtschaft. Analysen und Planungsrechnungen über den Personal-Computer werden gegenwärtig in der Regel so durchgeführt, daß Daten aus diesen "herkömmlichen" Systemen aus Listen und Tabellen übernommen und in den Personal-Computer manuell eingegeben werden. Zusätzlich werden dann weitere Daten, die nicht aus diesen Basis-Systemen gewonnen werden können - seien es z. B. Planungsdaten oder unternehmensexterne Daten -, für die Rechnungen mit dem PC hinzugefügt.

Der problematische, aufwendige und die Übersicht erheblich mindernde Aspekt ist bei dieser Art der Dateneingabe nicht so sehr die Tatsache der manuellen Abwicklung, das größere Problem besteht in der Verwaltung und Dokumentation der Daten auf den Speichern des PC. Hier stehen nicht mehr die mächtigen und flexibel einsetzbaren Speicherkapazitäten und Datenbank-Systeme der Großrechner zur Verfügung.

Das "Programmproblem" beim Einsatz der Personal-Computer ergibt sich sofort dann, wenn nicht mehr die äußerst benutzerfreundlichen "End-User-Systeme" der PC für die Lösung der Controller-Aufgaben ausreichen. In diesem Fall müssen - und das passiert in der Praxis bereits sehr häufig - für den PC individuelle Anwendungsprogramme mit herkömmlichen Software-Sprachen, wie z. B. Basic oder Cobol, erstellt werden. Um für diese Aufgaben den Weg über die Datenverarbeitungs-Abteilungen der Unternehmen umgehen zu können, haben sich manche Controlling- oder Betriebswirtschaftsabteilungen bereits eigene Programmierkapazität geschaffen, indem Programmierer in diesen Abteilungen eingesetzt werden, oder die betriebswirtschaftlichen Mitarbeiter der Abteilungen - was noch problematischer ist - sich selbst diese Programmiersprachen aneignen.

Diese Arbeitsweise ist nicht nur sehr unwirtschaftlich, es werden auch zahlreiche der Fehler wiederholt, die bei der Einführung der dritten Generation der Groß-DV in die Unternehmungen von den Datenverarbeitungsabteilungen selbst gemacht wurden. Einige Beispiele solcher Fehler sind: Individueller Wildwuchs der Programme, unsystematische und nicht standardisierte Programmerstellung, mangelhafte Programm-Dokumentation, usw.. Die Folge: Die Betriebswirtschafts- und Controlling-Abteilungen blähen sich auf und werden zu kleinen Dependancen der Datenverarbeitung mit allen kostensteigernden Konsequenzen.

Wo muß der Ausweg liegen?

Dieser Ausweg kann nur darin bestehen, daß jedes der beiden Werkzeuge "Groß-DV" und "Personal-Computer" jeweils für die Gebiete eingesetzt werden, auf denen ihre besonderen Vorteile liegen, und daß - darin liegt nun der entscheidende qualitative Schritt - beide Werkzeuge miteinander verbunden werden.

Auf die Qualität, Flexibilität und Portabilität dieser Verbindung kommt es an! Das einfache Kopieren von Datenbeständen aus dem Großrechner in den PC ist sicher nicht ausreichend. Erforderlich ist, daß aus den "End-User-Systemen" der PC direkt auf die Datenbestände der Groß-DV zugegriffen werden kann, daß aber auch umgekehrt vom PC her Daten in die Bestände der Groß-DV eingestellt werden können.

GESAMT-INFORMATIONS-SYSTEM DES CONTROLLER'S

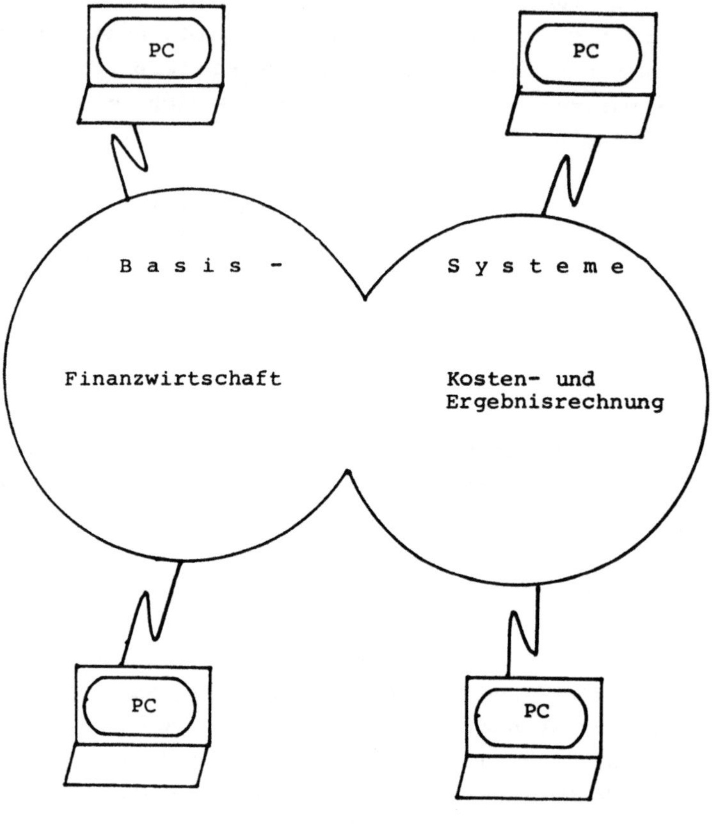

Schaubild 1

Bei einem solchen kombinierten Einsatz dieser beiden Werkzeuge wird der Controller seine Informationssysteme zweckmäßigerweise dann wie folgt gestalten:

- Die Basissysteme der Finanzwirtschaft, der Kosten- und Ergebnisrechnung sowie der Materialwirtschaft bleiben die umfassende Quelle an Basis-Informationen für das Controlling. Sie werden auf der Groß-DV abgebildet. Alles, was in den letzten zehn Jahren als Anforderungen des Controlling an diese Systeme entwickelt wurde, behält weiterhin Gültigkeit und muß in diesen Systemen dargestellt werden. Sei es die Forderung der Integration dieser Systeme, sei es die vielseitige Ausgestaltung mit betriebswirtschaftlichen Verfahren - wie z. B. flexibler Plankostenrechnung, unterschiedlicher Ergebnis- und Abschlußdefinitionen, Kennzahlen-Gewinnung, usw. -, sei es der parametrisierbare Einsatz.

  Maßgebend für die Abgrenzung dieser "Basis-Systeme" gegenüber der Einsatzsphäre der Personal-Computer ist ein organisatorischer Aspekt. Die für die Organisation der Aufgabenabwicklung und für die Führungsinformation als <u>regelmäßige Informationen</u> nach festen Informationsperioden definierten Berichte, Darstellungen und Auswertungen sind Aufgabe der "Basis-Systeme" auf der Groß-DV. Das bedeutet: Die Groß-DV ist "zuständig" für das organisatorisch festgeschriebene Informationskorsett und Berichtswesen der Unternehmen. Damit übernimmt sie auch die Aufgabe der detaillierten, nach organisatorischen Regeln und betriebswirtschaftlichen Verfahren vorgedachten Speicherung. Sie gewährleistet die Sicherheit einer ungestörten Datenverwaltung und laufenden Verfügbarkeit aller überhaupt definierten Basis-Daten.

- Der Personal-Computer dagegen ist das flexible und schnelle Analyse-Werkzeug des Controller's. Bei diesen Analysen kommt es darauf an, unaufwendig und schnell neue - in der Standard-Berichtslegung nicht enthaltene - Kombinationen und Zusammenfassungen der Basis-Daten durchzuführen. Es ist z. B. "mal schnell" eine Sensitivitätsanalyse in Bezug auf die Rentabilität des betriebsnotwendigen Vermögens bei wechselnden Einschätzungen der zu erwartenden Absatzpreise oder der zu erwartenden Absatzvolumina bzw. der zu erwartenden Einkaufspreise usw. durchzuführen. Das ist die Domäne des PC und seiner benutzerfreundlichen Software-Werkzeuge.

- Dabei aber muß sichergestellt sein, daß die verwendeten unternehmensinternen Daten absolut mit denen des Standard-Informations-Systems des Unternehmens identisch sind, soweit nicht durch neue Annahmen während der Analyse Änderungen durchgeführt wurden. Nur dies kann das nötige Vertrauen in die Verwendbarkeit derartiger Analysen sicherstellen. Wie anders aber ist dies erreichbar als durch eine direkte Kopplung des Personal-Computers an die Systeme des Großrechners. Eine zufriedenstellende Kopplung dieser Art setzt den analysierenden Controller in die Lage, direkt aus seinem Endbenutzer-Werkzeug auf dem PC heraus, mit dem er die Analyse durchführt, die Daten aus den Basis-Systemen auf dem Großrechner abzurufen.

SYSTEMPYRAMIDE DES CONTROLLER'S

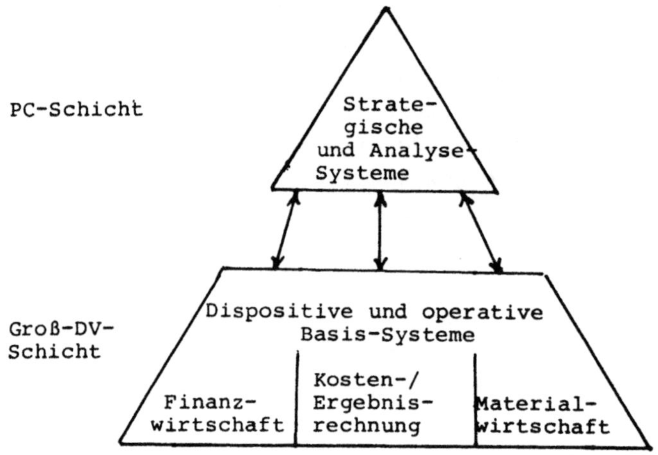

Schaubild 2

Ein derart kombinierter Einsatz der beiden Werkzeuge "Personal-Computer" und "Groß-DV" nutzt nicht nur die Vorteile beider, er führt darüber hinaus zu einer neuen Qualität der Informationsverarbeitung für Führungs- und Controlling-Aufgaben. Das unbedingt erforderliche feste organisatorische Gerüst in den Standard-Abläufen und -Berichten bleibt unangetastet und durch - die organisatorischen Regeln abstützende - dv-technische Vorkehrungen erhalten. Die Vielfalt und infolge dauernd wechselnder Fragen nicht vorstrukturierbare Analyse-Tätigkeit des Controller's erfährt durch die benutzerorientierten Werkzeuge des PC eine erhebliche Erleichterung. Die Möglichkeit, auf die stets "richtigen" und aktuellen Daten der Basissysteme zugreifen zu können, gibt den Analysen des Controller's das erforderliche Maß an Sicherheit und Vertrauenswürdigkeit.

Und eine Nebenfolge: Der Controller baut in seiner Abteilung keine umfangreiche Organisation für Datenverwaltung und Programmierung individueller PC-Programme auf. Er beschränkt sich auf die Nutzung der "End-User-Systeme", die für den PC angeboten werden. Die Controlling-Arbeit bleibt so kostengünstig, was der Controller - als Lotse für Wirtschaftlichkeit - insbesondere von seiner eigenen Arbeit fordern muß.

Konzernabschluß unter Einsatz von Abfragesprachen

Dipl.-Kfm. *D. Schmidt* / Dipl.-Kfm. *K.-H. Ziegler*, Saarbergwerke AG, Saarbrücken

Eine sehr zeitaufwendige Tätigkeit der Fachabteilungen insbesondere im Rechnungswesen besteht darin, Daten auszuwählen, neu zu strukturieren und zu verknüpfen.

Im Zusammenhang mit Datenbanksystemen wurden deshalb spezielle Datenbankanfragesprachen entwickelt, die auch dem EDV-Laien einen eigenständigen Zugriff auf die Daten erleichtern sollen.

Um sowohl auf Datenbanken als auch auf konventionell organisierte Dateien zuzugreifen, werden Reportgeneratoren eingesetzt, die ähnliche Funktionen erfüllen wie die Datenbankanfragesprachen.

Im folgenden wird der Einsatz einer Abfragesprache zur Erstellung und Prüfung des Konzernabschlusses vorgestellt.

1. Der Saarberg-Konzern

In den Konzernabschluß der Saarbergwerke AG wurden zum 31. 12. 1984 35 inländische und 9 ausländische Gesellschaften einbezogen.

Der Saarberg-Konzern stellt eine historisch gewachsene Einheit dar, die eine sehr heterogene Aktivitätenstruktur aufweist (vgl. Anlage I).

Neben dem Kernbereich Bergbau und Strom ist Saarberg vor allem auf den Sektoren Fernwärme, Öl, Werkzeuge und Gummiprodukte tätig. Gemäß dieser Struktur wurden bis 1982 rund zwei Drittel der Gesellschaften bei Teilkonzernen vorkonsolidiert, so daß für die zentrale Konsolidierungsstelle eine manuelle Erstellung eines aktienrechtlichen Gesamtabschlusses in vollkonsolidierter Form ausreichend war.

Auslöser für den Einsatz eines EDV-Systems war im wesentlichen die Anforderung, alle Gesellschaften direkt zu konsolidieren und die Voraussetzung für unterjährige Abschlüsse zu schaffen.

2. Die Konzeption

2.1 EDV-Systeme im Saarberg-Konzern und mögliche Konzeptionen

Entsprechend der heterogenen Struktur des Konzerns sind unterschiedliche Hardware-Konfigurationen im Einsatz. Während die Saarbergwerke AG hauptsächlich mit Siemens-Anlagen arbeitet, kommen bei den Tochtergesellschaften auch Systeme von IBM, Nixdorf, Univac, MAI, ICL usw. zum Einsatz. Schon deshalb mußte statt eines integrierten Systems eine zentrale Lösung auf der Siemens-Anlage (mit BS 2ooo als Betriebssystem) der Muttergesellschaft gefunden werden.

Die am Softwaremarkt angebotenen Programme schieden aus unterschiedlichen Gründen aus, insbesondere sollte unser Konsolidierungssystem möglichst unverändert beibehalten werden. Eine Eigenerstellung durch konventionelle Programmierung entfiel aus zeitlichen Gründen, so daß sich der Einsatz eines Endbenutzersystems anbot.

2.2 Die Modellbeschreibung

Zur Verfügung stand die Abfragesprache SIROS als Dateiauswertungsgenerator für universelle Anforderungen, die in Abstimmung mit unseren Abschlußprüfern ausgewählt wurde.

Die Konzeption des SIROS-Einsatzes bei Saarberg ist sachgebietsunabhängig ausgelegt, so daß es dem Anwender möglich ist, mittels einfacher Kommandos über Terminal Abfragen zu formulieren, zu testen und die Ergebnisse über Bildschirm und/oder Drucker abzurufen.

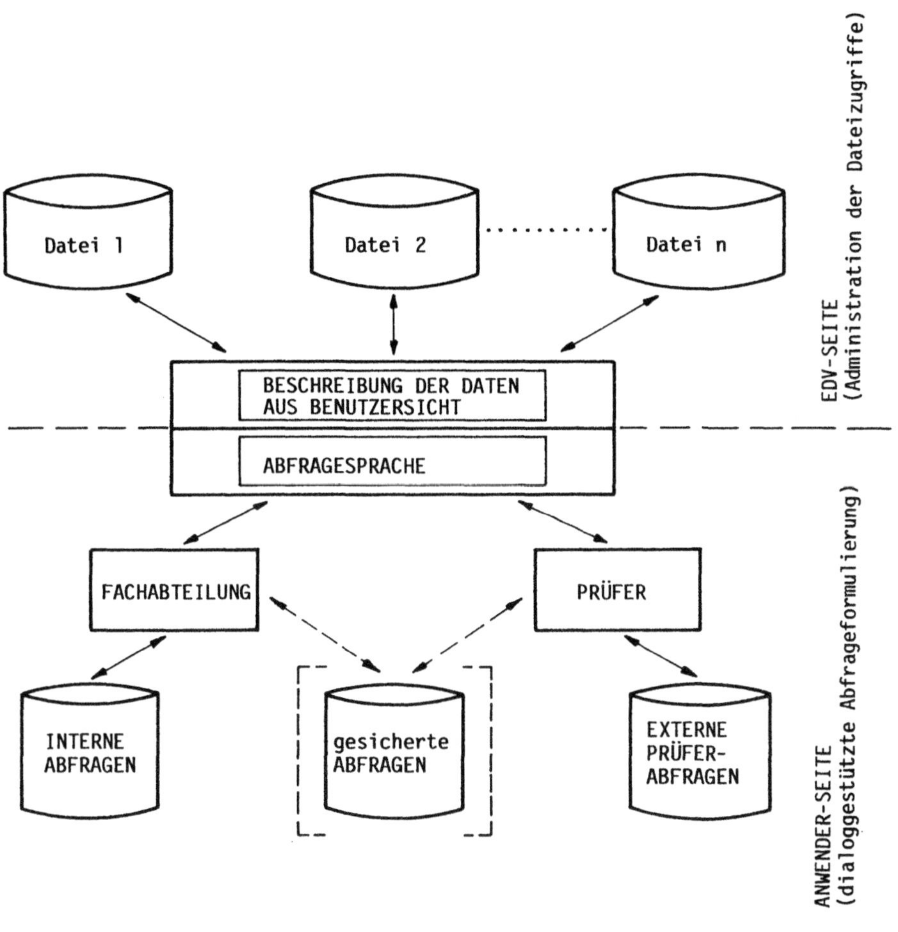

Abb. 1

Beim Zugriff auf die erforderlichen in der Zentralen EDV gespeicherten Daten werden die Fachabteilungen vom Endbenutzerservice der Hauptabteilung Organisation und Datenverarbeitung unterstützt. Er legt die erforderlichen Adreßtafeln (individuelle benutzerorientierte Dateibeschreibungen) an und unterstützt wenn nötig die Fachbereiche bei der Formulierung der Abfragen.

BENUTZER-PROTOKOLL

DATEINAME : KONZERN

STUFEN-NR	BEZEICHNER	ATTRIBUT	STELLEN /ZEICHEN	.KOMMA-STELL.
2	TK	TEXT	2	
2	KZ2	TEXT	2	
2	BELEGNR			
3	BELEGART	TEXT	2	
3	ZAEHLNR	TEXT	2	
2	KENNZIFFER	TEXT	2	
2	KONTONUMMER			
3	KONTO	TEXT	5	
3	GESNR	TEXT	2	
3	KI	TEXT	2	
2	BETRAG	ZAHL	14.2	
2	KZ1	TEXT	1	

Abb. 2: Auszug aus dem Benutzer-Protokoll

Über eine Eingabemaske kann der Benutzer das System anstoßen, Abfragen neu formulieren oder auf vorhandene Abfragen zurückgreifen.

```
SAARBERG / SIROS                                                             001

     SCHUTZWORT : ^^^^


     SOLL EINE GESPEICHERTE ABFRAGE GESTARTET WERDEN ? : # ( J / N )


     WENN JA AUS WELCHER DATEI ? :


     && PRIVATE ABFRAGEBIBLIOTHEK DES BENUTZERS


     && ZENTRAL VERWALTETE ABFRAGEBIBLIOTHEK


    DIE EINGABE BITTE NUR MIT DUE1 BEENDEN

```

Abb. 3: Eingabemaske

2.3 Konsolidierungsanforderungen und Abfragesprache

Das vorhandene Melde- und Konsolidierungsverfahren sowie die Abschlußerstellung nach dem System der doppelten Buchführung umfaßte 4 Stufen:

I. Zumelden der Konzerninformationen

II. Erstellen der Konsolidierungsbuchungen

III. Erfassung/Buchung der Daten

IV. Verdichtung aller Informationen zu den entsprechenden Abschlußunterlagen.

Die Zumeldung der Konzerninformationen blieb in der neuen Konzeption unverändert.

Auch das eigentliche Konsolidierungsverfahren, das in der Kontierung des Buchungsbelegs enthalten ist, wurde nur geringfügig angepaßt.

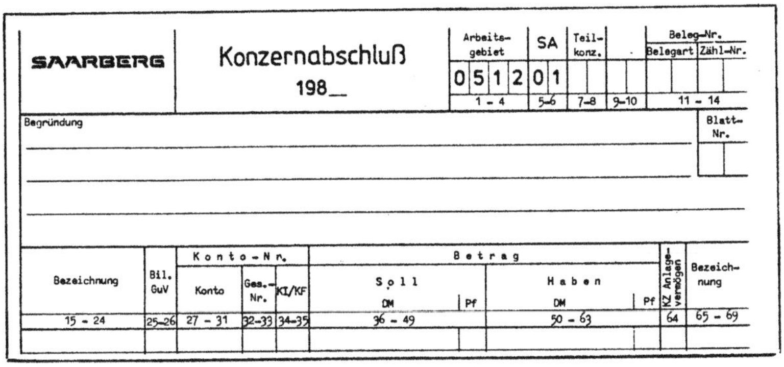

SAARBERG | Konzernabschluß 198__

Arbeitsgebiet				SA		Teil-konz.				Beleg-Nr. Belegart		Zähl-Nr.	
0	5	1	2	0	1								
1 - 4				5-6		7-8		9-10		11 - 14			

Begründung

Blatt-Nr.

Bezeichnung	Bil. GuV	Konto-Nr.: Konto	Ges.-Nr.	KI/KF	Betrag: Soll DM	Pf	Haben DM	Pf	KZ Anlagevermögen	Bezeichnung
15 - 24	25-26	27 - 31	32-33	34-35	36 - 49		50 - 63		64	65 - 69

Abb. 4: Kopfdaten des Buchungsbelegs

Die Eingabe der Belegdaten in die Zentrale EDV erfolgt durch ein eigenerstelltes Programm, entweder über zentrale Erfassung oder Dialogerfassung am Arbeitsplatz.

Durch die Erfassung von Teilkonzernr., Belegart (differenziert nach Konsolidierungsvorgängen und innerhalb dieser Vorgänge nach Auswirkungen auf das Konzernergebnis), Bilanz-/GuV-Kennziffer, Konto- und Gesellschaftsnummer sowie Zuordnung der Buchungsdaten nach konzernintern (KI) bzw. konzernfremd (KF) sind die Konzerndaten schon weitgehend strukturiert. Dadurch ergibt sich die Möglichkeit, alle Informationen relativ leicht zu den benötigten Unterlagen zu verdichten.

Hier hatte die Abfragesprache folgende Vorteile:

1. Nutzung eines vorhandenen Systems

2. Möglichkeit die Anforderungen in der Fachabteilung (mit deutschen Sprachbefehlen) zu formulieren

3. Flexibilität und Schnelligkeit der Auswertungen

4. Gegebenenfalls Unterstützung durch Endbenutzerservice und Erfahrungsaustausch der Fachabteilungen untereinander

5. Einsatz des gleichen Instrumentariums durch die Prüfer als Prüfungssprache und damit Minderung des Prüfungsaufwandes.

3. Konzernabschluß und Abfragen

3.1 Die Abfragen

Die Bewegungsdaten der Konzerndatei werden unter Hinzuziehung der Kontenstammdatei und der Gesellschaftsstammdatei durch Abfragen zu den gewünschten Ergebnissen (Auswertungen) aufbereitet, wie zu:

a) Journalen (geordnete Auflistung aller Buchungsbelege)

b) Bilanz- und GuV-Konten

c) Konzernbilanz (in aktienrechtlicher Form)

d) Konzern-Gewinn- und Verlustrechnung (in vollkonsolidierter aktienrechtlicher Form)

e) Konten für den Anlagespiegel (der Anlagespiegel wird im vorliegenden Fall gesondert, d. h. außerhalb der eigentlichen Konsolidierung erstellt)

f) Anlagespiegel (in Form des aktienrechtlichen Einzelabschlusses)

g) Belegkontrolle (Auflistung aller in der Datei befindlichen Belegnummern)

h) Struktur-Bilanz (im vorliegenden Konsolidierungssystem wird nicht gegen Summenabschlußkonten, sondern gegen Einzelgesellschaftskonten gebucht; diese Auswertung enthält die Bilanzposten aufgegliedert nach Gesellschaften)

i) Struktur-Gewinn- und Verlustrechnung
k) Gegenüberstellung Konzernbilanz/Summenbilanz
l) Gegenüberstellung Konzern-GuV/Summen-GuV
m) Entwicklung des Jahresergebnisses (diese Auswertung zeigt die Entwicklung von der Summe der Einzelergebnisse über die nach einzelnen Konsolidierungsvorgängen geordneten ergebniswirksamen Buchungen hin zum ausgewiesenen Konzernjahresergebnis)
n) Entwicklung des Ergebnisvortrages
o) Entwicklung des Konzern-Bilanzergebnisses.

Die Auswertungen a) - g) beinhalten das System zur Erstellung des Konzernabschlusses, wobei mit e) und f) über die gesetzlichen Anforderungen hinausgegangen wird; die Auflistungen n) - o) dienen der Auswertung und Erläuterung des Abschlusses.

Im vorliegenden Fall wird darüber hinaus mit den gleichen (geringfügig angepaßten) Abfragen ein freiwillig erstellter, jedoch geprüfter und testierter Teilkonzernabschluß erstellt; weitere Teilkonzern-/Gruppenabschlüsse sind ohne Schwierigkeiten möglich.

3.2 Das Formulieren der Abfragen

Das folgende Beispiel soll die Formulierungstechnik nicht umfassend erläutern; es kann jedoch einen Eindruck vermitteln, wie einfach und schnell eine der zentralen Fragen der Abschlußerstellung, die Strukturierung der Konzerndaten zur Konzern-Gewinn- und Verlustrechnung, gelöst werden kann.

```
1)   | HOLE KONZERN
-----| SOFERN KENNZIFFER = '02' UND BELEGART NE '81'
2)   |          UND BELEGART NE '83' UND BELEGART NE '84'
     |        UND BELEGART NE '86' UND BELEGART NE '88'
3)---| MERKE ( BETRAG1 = BETRAG * -1 , KONZJAHR = JAHR - 1 )
-----| DANN
1)   | LIES KTOSTAMM MIT KONTO
-----|
4)   | SORT A1
-----| DANN
     | LISTPARA 0 LEERSPALTEN,OHNE KOPF
     | TITEL (
     |   'KONZERN',KONZJAHR, '   *** KONZERN-GUV /A4/1.12.83 ****',
5)   |   61 'DATUM: ',DATUM,
     |   ZEILE,
     |   61 'SEITE: ',SEITENZ1,
     |   ZEILE, '-'(78), ZEILE(2),
     |   60 'DM', 40 '-'(38),
     |   ZEILE
     |   )
-----| BEI WECHSEL
     | VON DATEI DRUCKE ( ZEILE(2), '*****BILANZERGEBNIS*****',
6)   |   60 (14.2T)SUM BETRAG1 )
     |   VON A2 DRUCKE ( '**SUMME', 40 (14.2T)SUM BETRAG1,
     |   60 (14.2T)KUM BETRAG1, ZEILE(2) )
     |   VON A1 DRUCKE ( TEXT, 40 (14.2T)SUM BETRAG1 ) !
```

Abb. 5: Abfrage GuV

1) Angabe der benötigten Dateien

2) Angabe der erforderlichen (alle GuV-Buchungen werden mit "o2" kodiert) und der nicht (NE) erforderlichen Buchungen (z. B. statistische Buchungen, Buchungen des Anlagespiegels)

3) Vorzeichendefinition / Jahresangabe

4) Sortierungsanweisung; in der Sortierungstabelle A 1 ist jedem Einzelkonto die Abschlußposition zugeordnet

5) Anweisung zur Listbildaufbereitung der Kopfzeilen

6) Definition der Zwischensummen (z. B. Rohertrag / Bilanzergebnis) mit Formatangabe.

Das Ergebnis der Abfrage in verkürzter Form stellt sich wie folgt dar:

KONZERN 1983 *** KONZERN-GUV /A4/1.12.83 **** DATUM: 09.05.1984
SEITE: 1

	DM	
UMSATZ	7.000.000.000	
BESTANDSVERAENDERUNGEN	34.000.000	
**SUMME		7.034.000.000
AKTIVIERTE EIGENLEISTUNGEN	57.000.000	
**SUMME		7.091.000.000
GEWINN KF-GESELLSCHAFTER	443.000	
VERLUST KF-GESELLSCHAFTER	111.000	
*****BILANZERGEBNIS*****		23.000.000

Abb. 6: Auswertung GuV (Auszug)

Die Schnelligkeit und Flexibilität aber auch die Gefahren der Abfragetechnik (vgl. jedoch S. 3, gesicherte Abfragen) können an einem einfachen (Nonsens-)Beispiel verdeutlicht werden. Die Abfrage für eine GuV ohne den Einzelbeleg "4711" ist wie folgt zu ändern:

Ergänzung zu 2: .... Belegart NE "88" und (Belegart NE "47" oder Zähl-Nr. NE "11")

4. Ausbaumöglichkeiten

Grundsätzlich können durch die Flexibilität des Systems Zusatzabfragen wie z. B. verkürzte Abschlüsse, Bewegungsbilanzen und Kennzahlen in der Fachabteilung in beliebiger Form und Anzahl formuliert werden.

Eine weitere Ausbaumöglichkeit besteht darin, Abfragen zu formulieren, deren Ergebnisse unmittelbar als Buchungsbelege verwendbar sind. Hierbei ist berücksichtigt, daß im vorgegebenen Konsolidierungssystem das System der doppelten Buchführung nicht aufgegeben werden darf, d. h. kein Übergang zur statistischen Methode erfolgen soll.
Daneben können die Abschlußprüfer im Rahmen der Konzernprüfung zusätzliche Auswertungen erstellen und/oder von der Fachabteilung anfordern.

5. Zusammenfassung

Durch die Eingliederung des Konzernabschlusses in die bei der Muttergesellschaft vorhandene sachgebietsunabhängige Endbenutzerkonzeption wurde folgendes erreicht:

Der Einsatz der Abfragesprache zur Erstellung des Konzernabschlusses baut auf dem vorhandenen Melde- und Konsolidierungssystem auf und trägt den spezifischen Anforderungen des Saarberg-Konzerns Rechnung.

Die Konsolidierungsstelle konnte ihre Auswertungen (wobei auch die Zusammenfassung der Einzeldaten z. B. zur Konzern-GuV eine Auswertung in diesem Sinne darstellt) selbst am Bildschirm formulieren und in relativ kurzer Zeit (3 MM) eine kostengünstige Lösung realisieren.

Der Endbenutzer wird Mitgestalter des EDV-Systems. Er kennt sein Sachgebiet am besten und kann die anfallenden Probleme auch am besten formulieren.

Somit sind auch zukünftige andere Fragestellungen z. B. durch Bilanzrichtlinie-Gesetz/7. EG-Richtlinie unproblematisch.

Anlage 1

Tochter- und Beteiligungsgesellschaften des Saarberg-Konzerns

(Stand 01.02.1984)

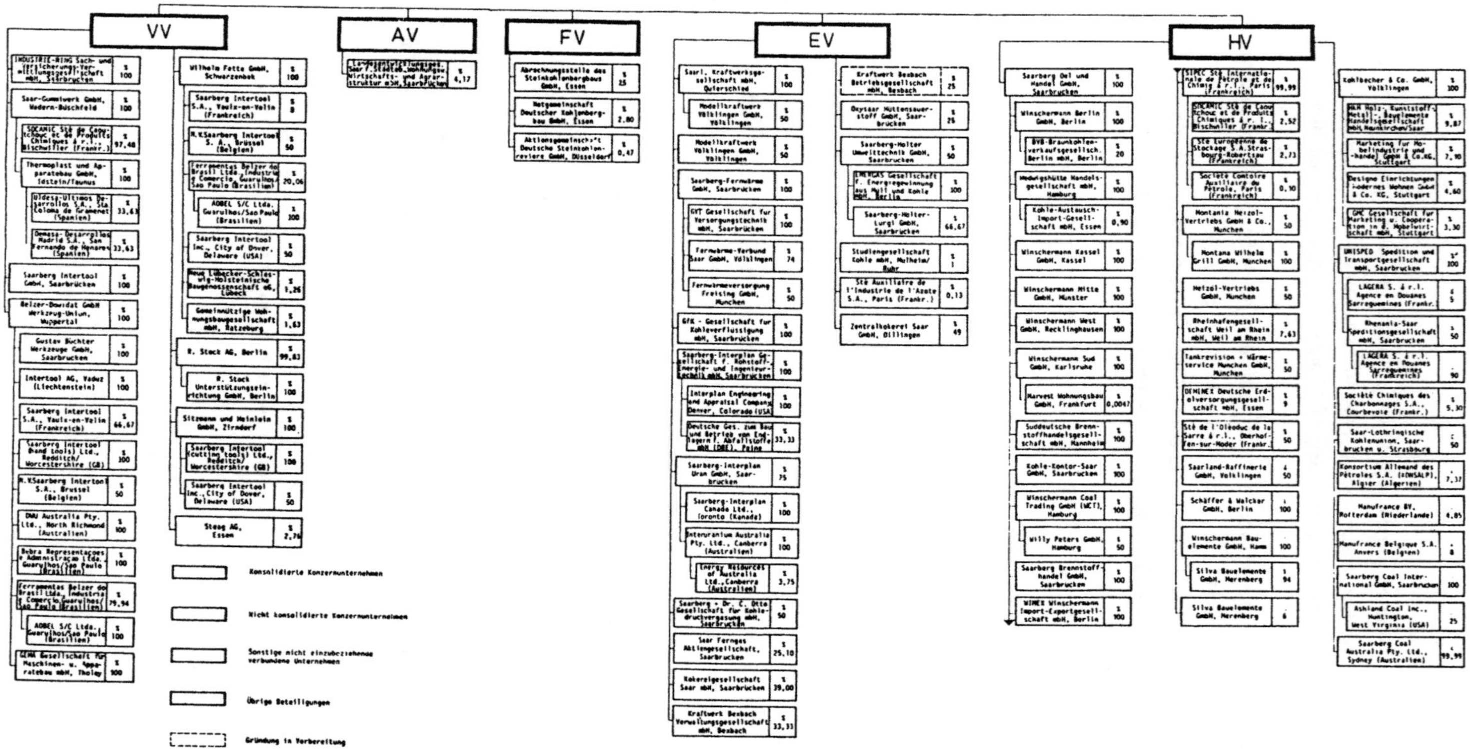

Anlage 2

KONZERN 1984 *** KONZERN-GUV /A4/1.02.85 ****

DATUM: 16.07.1985
SEITE: 1

	1984 DM		1983 TDM	VERAEND TDM
UMSATZ	15,90		3	2
BESTANDSVERAENDERUNGEN	84,83-		1-	6
***	31,07		2	8
*** SUMME		31,07	2	8
AKTIVIERTE EIGENLEISTUNGEN	72,64		3	8
***	72,64		3	8
*** SUMME		3,71	5	7
AUFWENDUNGEN RHB	79,53-		2-	7-
***	79,53-		2-	7-
*** SUMME		24,18	3	0
ERTRAEGE EAV	55,77		0	4-
BETEILIGUNGSERTRAEGE	32,66		5	7
ERTRAEGE FINANZANLAGEN	69,63		6	6-
ZINSEN U.AE. ERTRAEGE	16,22		7	1-
GEWINNE ANLAGENABGAENGE U.A.	94,38		0	3
ERTRAEGE AUFLOESUNG RUECKSTELL	15,19		9	6
AUFLOESUNG SONDERP.RL-ANTEIL	33,32		2	9-
SONSTIGE ERTRAEGE / A.O.	41,82		7	5-
SONSTIGE ERTRAEGE / ORDENTLICH	35,14		1	5-
ERTRAEGE AUS VERLUSTUEBERNAHME	0,00		0	0
***	94,13		9	4
*** SUMME		18,31	3	5
LOEHNE UND GEHAELTER	99,98-		7-	2-
SOZIALE ABGABEN	45,87-		4-	1-
ALTERSVERSORGUNG,UNTERSTUETZUN	80,92-		6-	4-
ABSCHREIBUNG SACHANLAGEN	3,16-		7-	5-
ABSCHREIBUNG FINANZANLAGEN	50,00-		6-	6
ABSCHREIBUNG ANDERES UV	13,26-		3-	0
VERLUSTE ANLAGENABGAENGE	11,20-		6-	4-
ZINSEN U.AE.AUFWENDUNGEN	81,89-		9-	2-
STEUERN/EINKOMMEN U.A.	21,81-		3-	1
STEUERN/MINERALOEL	22,50-		8-	4-
STEUERN/SONSTIGE	55,98-		6-	9-
AUFWENDUNGEN VERLUSTUEBERNAHME	18,00-		9-	1
EINSTELLUNG SONDERP.RL-ANTEIL	64,40-		3-	9
SONSTIGE AUFWENDUNGEN	86,08-		7-	1
ABGEFUEHRTE EAV-GEWINNE	0,00		0	0
***	55,05-		0	4-
*** SUMME		36,74-	7-	0
ERGEBNISVORTRAG	16,17-		7-	0
ENTNAHME GESETZL.RUECKLAGE	0,00		8	8-
ENTNAHME FREIE RUECKLAGE	0,00		5	5-
ERTRAEGE AUS KAPITALHERABSETZU	0,00		0	0
MINDERUNG KONS.AUSGL.POSTEN	99,00-		0	9-
MEHRUNG KONS.AUSGL.POSTEN	99,00		0	9
GEWINN KF-GESELLSCHAFTER	47,54-		6-	0
VERLUST KF-GESELLSCHAFTER	56,50		3	3
***	7,21-		3	0
*** SUMME		43,95-	3-	0
*****BILANZERGEBNIS*****		43,95-	3-	0

(Die der Auswertung zugrundeliegenden Echtdaten wurden durch spezielle Abfragegestaltung verändert, so daß auch Summen- und Differenzenbildungen nicht mehr möglich sind)

Anlage 3

KONZERN 1984 *** STRUKTUR-GUV / A7/1.02.85 ***

DATUM: 16.07.1985
SEITE: 1

UMSATZ	1984 /DM	1983 /TDM	VERAEND / TDM
SBW	1,56	7	4
SKWG	8,65	9	8
SIPE	9,91	3	5
KOHLBECHER	6,00	4	1
UNISPED	4,54	9	4-
INDUSTRIE-RING	9,41	4	4-
SCI	0,00	0	0
*** SUMME 00	0,07	8	1
SFW	9,59	0	8
GVT	2,76	2	0
FVS	9,94	5	4
*** SUMME 01	2,29	9	3
SDHAG	5,31	7	7
WIMA BERLIN	6,31	5	0
HEDWIGSHUETTE	9,29	6	6-
WIMA MITTE	2,99	0	2
WIMA WEST	9,50	4	5
WIMA SUED	5,29	0	4
SUEDBRENNSTOFF	9,42	3	6
KKS	1,35	9	8-
WCT	0,00	9	9-
SBS	7,82	8	9
WIMEX	9,48	8	9-
BAUELEMENTE	4,81	5	0
SILVA	0,00	1	1-
WIMA KASSEL	0,00	9	9-
SIPEC	7,75	5	2
SLR	4,13	9	4-
SOS	7,62	8	8
*** SUMME 02	1,07	3	7
SI	0,00	0	0
FETTE	8,89	9	9
STOCK	9,16	2	3-
S+H	6,84	5	8-
SIC	9,54	9	0
B-D	5,48	6	8
BUECHTER	3,03	0	2
INTERTOOL AG	0,00	3-	3
SI FRANCE	2,07	5	6
SIH	1,81	8	6-
SI BELGIEN	4,05	4	9
*** SUMME 03	0,87	8	2
SGW	7,97	2	5
THERMOPLAST	9,57	4	4-
SOCAMIC	4,06	5	1-
*** SUMME 04	1,60	3	8
*** INSGESAMT ***	5,90	3	2

(Die der Auswertung zugrundeliegenden Echtdaten wurden durch spezielle Abfragegestaltung verändert, so daß auch Summen- und Differenzenbildungen nicht mehr möglich sind)

Anlage 4

KONZERN 1984 *** KONZERNGUV / SUMMENGUV /A9/1.12.83 *** DATUM: 16.07.1985
SEITE: 1

	KONZ.GUV	SUM.GUV	ABWEICHUNG *)
UMSATZ	15,90	0,69	84,79-
BESTANDSVERAENDERUNGEN	84,83-	29,45-	44,62
*** SUMME	31,07	71,24	40,17-
AKTIVIERTE EIGENLEISTUNGEN	72,64	25,70	46,94
*** SUMME	3,71	96,94	93,23-
AUFWENDUNGEN RHB	79,53-	98,79-	19,26
*** SUMME	24,18	98,15	73,97-
ERTRAEGE EAV	55,77	70,72	14,95-
BETEILIGUNGSERTRAEGE	32,66	32,66	0,00
ERTRAEGE FINANZANLAGEN	69,63	69,63	0,00
ZINSEN U.AE. ERTRAEGE	16,22	35,36	19,14-
GEWINNE ANLAGENABGAENGE U.A.	94,38	68,09	73,71-
ERTRAEGE AUFLOESUNG RUECKSTELLUNG	15,19	32,67	17,48-
AUFLOESUNG SONDERP.RL-ANTEIL	33,32	33,32	0,00
SONSTIGE ERTRAEGE / A.O.	41,82	5,87	64,05-
SONSTIGE ERTRAEGE / ORDENTLICH	35,14	53,18	18,04-
ERTRAEGE AUS VERLUSTUEBERNAHME	0,00	49,54	49,54-
*** SUMME	18,31	49,19	30,88-
LOEHNE UND GEHAELTER	99,98-	99,98-	0,00
SOZIALE ABGABEN	45,87-	45,87-	0,00
ALTERSVERSORGUNG,UNTERSTUETZUNG	80,92-	18,27-	37,35
ABSCHREIBUNG SACHANLAGEN	3,16-	49,08-	45,92
ABSCHREIBUNG FINANZANLAGEN	50,00-	49,00-	99,00
ABSCHREIBUNG ANDERES UV	13,26-	8,05-	94,79
VERLUSTE ANLAGENABGAENGE	11,20-	11,20-	0,00
ZINSEN U.AE.AUFWENDUNGEN	81,89-	63,00-	81,11
STEUERN/EINKOMMEN U.A.	21,81-	21,81-	0,00
STEUERN/MINERALOEL	22,50-	22,50-	0,00
STEUERN/SONSTIGE	55,98-	55,98-	0,00
AUFWENDUNGEN VERLUSTUEBERNAHME	18,00-	67,54-	49,54
EINSTELLUNG SONDERP.RL-ANTEIL	64,40-	64,40-	0,00
SONSTIGE AUFWENDUNGEN	86,08-	9,56-	23,48
ABGEFUEHRTE EAV-GEWINNE	0,00	14,95-	14,95
*** SUMME	36,74-	52,00-	84,74-
ERGEBNISVORTRAG	16,17-	36,02-	80,15-
ERTRAEGE AUS KAPITALHERABSETZUNG	0,00	0,00	0,00
MINDERUNG KONS.AUSGL.POSTEN	99,00-	0,00	99,00-
MEHRUNG KONS.AUSGL.POSTEN	99,00	0,00	99,00
GEWINN KF-GESELLSCHAFTER	47,54-	0,00	47,54-
VERLUST KF-GESELLSCHAFTER	56,50	0,00	56,50
*** SUMME	43,95-	88,02-	55,93-
***BILANZERGEBNIS**	43,95-	88,02-	55,93-

*) zeigt die Auswirkung aller Konsolidierungsbuchungen auf den jeweiligen GuV-Posten

(Die der Auswertung zugrundeliegenden Echtdaten wurden durch spezielle Abfragegestaltung verändert, so daß auch Summen- und Differenzenbildungen nicht mehr möglich sind)

Anlage 5

SOHAG-TK 1984 *** KONTEN-GUV /A15/1.12.83 **** DATUM:16.07.1985
SEITE: 1

UMSATZ - SOHAG

KONTO	GE	BELNR	KI	TK	SOLL	HABEN
04500	30	1305	00	02	0,00	105,95
04500	30	1305	01	02	0,00	299,70
04500	30	1305	31	02	0,00	959,69
04500	30	1305	32	02	0,00	346,85
04500	30	1305	33	02	0,00	637,81
04500	30	1305	34	02	0,00	749,29
04500	30	1305	35	02	0,00	146,16
04500	30	1305	36	02	0,00	26,76
04500	30	1305	39	02	0,00	707,85
04500	30	1305	45	02	0,00	422,54
04500	30	1305	46	02	0,00	828,72
04500	30	4302	46	02	0,00	0,00
04500	30	5105	33	02	637,81	0,00
04500	30	5106	35	02	146,16	0,00
04500	30	5108	31	02	959,69	0,00
04500	30	5114	32	02	346,85	0,00
04500	30	5124	45	02	938,68	0,00
04500	30	5127	34	02	749,29	0,00
04500	30	5132	46	02	973,33	0,00
04500	30	5133	39	02	707,85	0,00
04500	30	5135	36	02	26,76	0,00
04500	30	6302	45	02	0,00	0,00
04500	30	8402	45	02	111,28	0,00
04500	30	8404	46	02	855,39	0,00
04500	30	8408	45	02	372,58	0,00

*** 04500 30 405,65-

****04500 405,65-

(Die der Auswertung zugrundeliegenden Echtdaten wurden durch spezielle Abfragegestaltung verändert, so daß auch Summen- und Differenzenbildungen nicht mehr möglich sind)

Systematische Schwachstellenanalyse und Reorganisation der Kosten- und Leistungsrechnung

Prof. Dr. *W. Kilger*, Universität des Saarlandes, Saarbrücken

GLIEDERUNG:

1. Schwachstellen der Kosten- und Leistungsrechnung und ihre Ursachen
   11. Ziele und Aufgaben der Kosten- und Leistungsrechnung als Grundlage einer systematischen Schwachstellenanalyse
   12. Die Kosten- und Leistungsrechnung als System interdependenter Teilrechnungen
   13. Ursachen für das Entstehen von Schwachstellen der Kosten- und Leistungsrechnung
2. Schwachstellenanalyse und Verbesserungsmöglichkeiten für die Kostenartenrechnung
   21. Die Kostenarteneinteilung
   22. Die Erfassung und Verrechnung primärer Kostenarten
   23. Die Erfassung und Verrechnung kombinierter Kostenarten (innerbetriebliche Auftragsabrechnung)
3. Schwachstellenanalyse und Verbesserungsmöglichkeiten für die Kostenstellenrechnung
   31. Kostenstelleneinteilung
   32. Bezugsgrößenwahl und Leistungserfassung
   33. Planung und Kontrolle der Stellenkosten
4. Schwachstellenanalyse und Verbesserungsmöglichkeiten für die Planung, Verrechnung und Kontrolle der Einzelkosten
5. Schwachstellenanalyse und Verbesserungsmöglichkeiten für die Kostenträgerstückrechnung (Kalkulation)
6. Schwachstellenanalyse und Verbesserungsmöglichkeiten für die Kostenträgerzeitrechnung (kurzfristige Ergebnisrechnung)
   61. Kurzfristige Ergebnisplanung
   62. Kurzfristige Ergebniskontrolle
7. Die stufenweise Reorganisation der Kosten- und Leistungsrechnung

1. Schwachstellen der Kosten- und Leistungsrechnung und ihre Ursachen

11. Ziele und Aufgaben der Kosten- und Leistungsrechnung als Grundlage einer Schwachstellenanalyse

Um die Leistungsfähigkeit einer Kosten- und Leistungsrechnung richtig beurteilen und Schwachstellen erkennen zu können, muß Klarheit darüber bestehen, welches Zielsystem der Kosten- und Leistungsrechnung zugrundegelegt werden soll. Die Ziele und Aufgaben des externen Rechnungswesens sind weitgehend vom Gesetzgeber in Form handels- und steuerrechtlicher Vorschriften festgelegt, die Ziele und Aufgaben des innerbetrieblichen Rechnungswesens werden dagegen von den Geschäftsleitungen der Unternehmungen aufgrund ihrer Planungs-, Informations- und Kontrollbedürfnisse bestimmt.

Bevor man mit einer Schwachstellenanalyse der Kosten- und Leistungsrechnung beginnen kann, muß eine Überprüfung des Zielsystems der Kosten- und Leistungsrechnung erfolgen; vgl. hierzu das Ablaufschema in Anlage 1. In Zusammenarbeit mit der Geschäftsleitung, der für das interne Rechnungswesen zuständigen Fachabteilung und dem Controlling ist zu überprüfen,

1. welche Ziele und Aufgaben der Kosten- und Leistungsrechnung bisher zugemessen worden sind (Aufnahme des Istzustandes)
2. ob und in welcher Weise die Ziele und Aufgaben der Kosten- und Leistungsrechnung in Zukunft verändert werden sollen (Festlegung des Sollzustandes).

Der festgelegte Sollzustand des Zielsystems der Kosten- und Leistungsrechnung ist Grundlage für die Beurteilungsmaßstäbe der späteren Schwachstellenanalyse.

Werden der Kosten- und Leistungsrechnung nur traditionelle Kalkulationsaufgaben (z.B. Herstellkostenermittlung für Bestandsbewertung und laufende Nachkalkulation der Ist-Selbstkosten) zugeordnet, so gelten andere Beurteilungsmaßstäbe, als wenn ihr auch der Ausweis entscheidungsrelevanter Kosten und Erlöse sowie die laufende Durchführung von Kosten- und Erfolgskontrolle zugewiesen wird.

Bei unseren weiteren Ausführungen wollen wir unterstellen, daß der bei der Schwachstellenanalyse zugrundezulegende Sollzustand des Zielsystems der Kosten- und Leistungsrechnung den Anforderungen an eine entscheidungs- und kontrollorientierte Betriebsabrechnung entspricht, die zugleich alle traditionellen Aufgaben der Kostenrechnung zu erfüllen vermag. Von einem solchen Abrechnungssystem ist zu fordern, daß es folgende Aufgaben erfüllt:

1. Ausweis geplanter Kosten für alle Kostenstellen und betrieblichen Teilbereiche differenziert nach beschäftigungsabhängigen (proportionalen) und beschäftigungsunabhängigen (fixen) Kosten als Grundlage für die Ermittlung entscheidungsrelevanter Kostendaten

2. Paralleler Aufbau von Voll- und Proportionalkosten-Kalkulationen als:
   21. Plankalkulationen bei Angebotsproduktion (standardisierte Serienerzeugnisse)
   22. Vor- und Nachkalkulationen bei Auftragsproduktion (Einzelfertigung)
3. Periodische Durchführung von Kostenkontrollen
   31. Soll-Ist-Kostenvergleich der Einzelkosten
   32. Soll-Ist-Kostenvergleich der Stellenkosten
4. Periodischer Aufbau kurzfristiger Ergebnisrechnungen nach dem Deckungsbeitragsprinzip
   41. Kurzfristige Ergebnisplanung
   42. Kurzfristige Ergebniskontrolle
   43. Ergänzender Ausweis von Vollkostenergebnissen.

Sind die neuen bzw. erweiterten oder ergänzten Ziele und Aufgaben der Kosten- und Leistungsrechnung festgelegt, so kann die <u>sukzessive Schwachstellenanalyse</u> beginnen. Ist von vornherein erkennbar, daß erweiterte Ziele und Aufgaben mit dem vorhandenen Kostenrechnungssystem nicht erfüllbar sind, so sind entsprechende <u>Ergänzungen der Kosten- und Leistungsrechnung</u> vorzunehmen; z.B. Einführung einer Kostenplanung zum Zwecke einer bisher nicht durchgeführten Kostenkontrolle oder Aufbau ergänzender Vollkostenkalkulationen bei bisher reiner Anwendung des Deckungsbeitragsprinzips. Sind zur Erfüllung der festgelegten Ziele und Aufgaben <u>keine Ergänzungen der Kosten- und Leistungsrechnung erforderlich</u>, so beschränkt sich die Schwachstellenanalyse darauf, <u>Verbesserungsmöglichkeiten der bestehenden Teilsysteme</u> zu erkennen und zu realisieren.

12. Die Kosten- und Leistungsrechnung als System interdependenter Teilrechnungen

Die Kosten- und Leistungsrechnung besteht aus mehreren aufeinander aufbauenden rechnerischen Teilsystemen, zwischen denen interdependente Beziehungen bestehen. Spätestens seit Erlaß der Kostenrechnungsrichtlinien im Jahre 1939 steht fest, daß eine funktionierende Kostenrechnung aus folgenden Teilsystemen bestehen muß: [1)]

1. Kostenartenrechnung
2. Kostenstellenrechnung
3. Kostenträgerrechnung
   31. Kostenträgerstückrechnung (Kalkulation)
   32. Kostenträgerzeitrechnung (Betriebsergebnisrechnung).

Hierzu traten später als weitere Funktionen die Kostenkontrolle und die dispositiven Aufgaben der Kosten- und Leistungsrechnung (Ausweis relevanter Kosten für die Entscheidungen der betrieblichen Planung).

Die weitere Entwicklung der Kosten- und Leistungsrechnung zeigte ferner, daß zwischen der Kostenarten-/Kostenstellenrechnung und der Kostenträgerrechnung der zum Produktionsprogramm einer Unternehmung gehörenden Teile und Enderzeugnisse in den meisten Fällen Teilsysteme zur Abrechnung "innerbetrieblicher Kostenträger" (Hilfskostenträger) erforderlich sind. Hierzu dient die sogenannte innerbetriebliche Auftragsabrechnung, die in den meisten Unternehmungen aus folgenden Teilsystemen besteht

1. Werkauftrags-Abrechnung
2. Abrechnung von Forschungs- und Entwicklungsaufträgen
3. Abrechnung von Ausschuß und Nacharbeit.

In der Anlage 2 haben wir dargestellt, wie die Teilsysteme der Kosten- und Leistungsrechnung miteinander verzahnt sind.

In der Kostenartenrechnung werden die primären Kostenarten als Istkosten erfaßt. Sie können als Einzelkosten entweder in die Kostenträgerrechnung oder das System der innerbetrieblichen Auftragsabrechnung fließen oder als Gemeinkosten bzw. Kostenstellenkosten den Kostenstellen belastet werden. Die Kostenartenrechnung greift bei der Erfassung der primären Kosten auf vorgeschaltete Teilsysteme zurück, die z.T. außerhalb der Betriebsabrechnung erstellt werden, z.B. die Finanzbuchhaltung, die Lohn- und Gehaltsabrechnung, die Materialabrechnung und die Betriebsmittel- bzw. Anlagenabrechnung.

In der Kostenstellenrechnung werden die primären Kostenarten den verursachenden Kostenstellen zugeordnet, bei denen zwischen Sekundär- und Primärstellen unterschieden wird.

Die Sekundärstellen erstellen innerbetriebliche Leistungen für andere Kostenstellen. Ihre Kosten werden mit Hilfe der innerbetrieblichen Leistungsverrechnung (z.B. als Raum-, Energie-, Transport-, Leitungs- oder Handwerkerkosten) den empfangenden Stellen als sekundäre Kostenarten zugeordnet; ein Teil der sekundären Kostenarten fließt in das System der Auftragsabrechnung (z.B. Kosten der Betriebshandwerker auf Werkaufträge) zurück.

Die Primärstellen (z.B. Material-, Fertigungs-, Verwaltungs-, Vertriebs- sowie Forschungs- und Entwicklungsstellen) geben ihre Kosten mit Hilfe von Kalkulationssätzen (z.B. Stunden- oder Zuschlagssätzen) überwiegend an die Kostenträger (Teile oder Endprodukte) des laufenden Produktionsprogramms ab; diese Kosten gehen in die Kostenträgerabrechnung ein.

Ein Teil der Fertigungskosten fließt aber in Ausschuß- und Nacharbeit, wobei der Ausschuß zusätzlich anteilige Materialkosten enthält. Soweit Primärstellen an Werksaufträgen mitwirken (z.B. Fertigungs- oder Materialkostenstellen) gehen ihre Kosten in die Werkauftragsabrechnung ein. Die primären Forschungs- und Entwicklungskostenstellen geben ihre Kosten (meistens mit Hilfe von Stundenaufschreibungen) an Forschungs- und Entwicklungsaufträge ab.

Aufgrund der aufgezeigten interdependenten Beziehungen zwischen den Teilsystemen der Kosten- und Leistungsrechnung (vgl. Anlage 2) muß die Schwachstellenanalyse sukzessiv alle rechnerischen Teilsysteme des internen Rechnungswesens erfassen. Mängel vorgeschalteter Teilsysteme wirken sich zwangsläufig nachteilig auf die Ergebnisse nachfolgender Teilsysteme aus; Mängel nachgeschalteter Teilsysteme können meistens nur durch Korrekturen vorgeschalteter Teilsysteme beseitigt werden.

13. Ursachen für das Entstehen von Schwachstellen der Kosten- und Leistungsrechnung

Das Entstehen von Schwachstellen der Kosten- und Leistungsrechnung kann mannigfaltige Ursachen haben, wie z.B.:

1. Veränderte Anforderungen an die Kosten- und Leistungsrechnung
2. Strukturveränderungen des Produktionsprogramms
3. Veränderungen der Fertigungsverfahren und der Fertigungsorganisation
4. Weiterentwicklung der Kosten- und Leistungsrechnung
5. Entwicklung neuer EDV-technischer Verfahren der Kosten- und Leistungsrechnung.

Werden veränderte Anforderungen an die Kosten- und Leistungsrechnung festgelegt, was häufig der Fall ist, wenn die kaufmännische Geschäftsleitung wechselt, so resultieren hieraus Schwachstellen, sofern das bisherige innerbetriebliche Rechnungswesen erweiterten Aufgabenstellungen nicht entsprechen kann. Was z.B. die bisherige Geschäftsleitung mit einer traditionellen Ist-Kostenrechnung auf Vollkostenbasis zufrieden und fordert die neue Geschäftsleitung eine entscheidungs- und kontrollorientierte Betriebsabrechnung, so resultieren hieraus auch dann Anpassungsnotwendigkeiten, wenn die bisherige Istkosten- oder Normalkostenrechnung als solche keine Schwachstellen aufgewiesen hat. Das gleiche gilt für den Fall, daß bisher die Kostenträgerstück- und die Kostenträgerzeitrechnung ausschließlich nach dem Deckungsbeitragsprinzip aufgebaut wurde, in Zukunft aber eine parallele Erstellung von Vollkostenkalkulationen und Vollkosten-Ergebnisrechnungen erfolgen soll.

Werden Strukturveränderungen des Produktionsprogramms vorgenommen, z.B. neue Produktgruppen eingeführt oder die Sortimentsbreite bestehender Produktgruppen wesentlich erweitert, so müssen alle kostenträgerbezogenen Daten an diese Veränderungen angepaßt werden. Dies gilt insbesondere für die Bezugsgrößen der Fertigungskostenstellen. Möglicherweise ist bei zunehmender Produktdifferenzierung ein Übergang von Mengen- zu Zeitbezugsgrößen erforderlich, bei kleiner werdenden Serien können zusätzlich Rüstzeitbezugsgrößen erforderlich werden. Weiterhin sind die Kalkulationen und die Gliederung der Kostenträgerzeitrechnung an veränderte Strukturen des Produktionsprogramms anzupassen. Werden im Zeitablauf der Kosten- und Leistungsrechnung Strukturveränderungen des Produktionsprogramms nicht sofort berücksichtigt, so werden hierdurch die Kalkulationsgenauigkeit, die Güte der Kostenkontrolle und die Aussagefähigkeit der Erfolgskontrolle beeinträchtigt.

Ein wesentlicher Einfluß auf die Fertigungskosten der Erzeugnisse geht von Veränderungen der Fertigungsverfahren und der Fertigungsorganisation aus. Dies gilt insbesondere für die Erhöhung der Mechanisierungsgrade und die Einführung taktgebundener Verfahren der Fließfertigung. Mit zunehmenden Mechanisierungsgraden sind die Fertigungszeiten (Akkordzeiten) der Fertigungsarbeiter immer weniger als Bezugsgrößen der Kostenverursachung geeignet; an ihre Stelle müssen Maschinen- bzw. Belegungszeiten treten. Zugleich verändert sich die Kostenstruktur der Fertigungsstellen, da Personalkosten zunehmend durch Betriebsmittelkosten substituiert werden. Beim Übergang zur Fließfertigung ist die Kostenstelleneinteilung vom Verrichtungsprinzip der Werkstattfertigung auf das Prozeßfolgeprinzip umzustellen. Werden Veränderungen der Fertigungsverfahren und der Fertigungsorganisation nicht rechtzeitig berücksichtigt, so können auch hieraus erhebliche Kalkulationsfehler resultieren und Mängel bei der Kostenkontrolle verursacht werden.

Nicht zuletzt ist es die Weiterentwicklung der Kosten- und Leistungsrechnung selbst, die im Zeitablauf dazu führen kann, daß das innerbetriebliche Rechnungswesen einer Unternehmung "veraltet". Durch die Entstehung der Plankostenrechnung wurden die traditionellen Verfahren der Ist- und Normalkostenrechnung, durch die Proportionalkosten- und Deckungsbeitragsrechnung alle Formen der reinen Vollkostenrechnung zu veralteten Verfahren. Weiterhin entstanden im Zeitablauf ständig neue Entwicklungsmöglichkeiten der flexiblen Plankostenrechnung, wie z.B. die sekundäre Fixkostenverteilung der innerbetrieblichen Leistungsverrechnung, der Aufbau paralleler Voll- und Proportionalkostenkalkulationen, die Weiterentwicklung der Kostenträgerrechnung zu einer Primärkostenrechnung, die Ergänzung des Erfolgsausweises der Deckungsbeitragsrechnung durch eine stufenweise Fixkostendeckungrechnung usw. Werden neue abrechnungstechnische Möglichkeiten nicht genutzt, so entstehen hieraus Schwachstellen der laufenden Kosten- und Leistungsrechnung.

Die Realisierungsmöglichkeiten verbesserter Abrechnungs- und Auswertungsverfahren der Kosten- und Leistungsrechnung werden weiterhin wesentlich von der Entwicklung neuer EDV-technischer Verfahren der Kosten- und Leistungsrechnung beeinflußt. Ohne die Entwicklung leistungsfähiger Hard- und Softwaresysteme der EDV in den letzten Jahrzehnten wäre die Einführung detaillierter, entscheidungs- und kontrollorientierter Systeme der Kosten- und Leistungsrechnung in der betrieblichen Praxis nicht möglich gewesen. Der Übergang von eigenerstellter Software zu Standardsoftware, die zunehmende Dialogisierung und die progressive Entwicklung der Personalcomputer haben deutlich werden lassen, daß zwischen den Entwicklungstendenzen der EDV und den Ausgestaltungsformen der Kosten- und Leistungsrechnung unlösbare Beziehungen bestehen. Wird ein Kostenrechnungsystem nicht an neue EDV-Entwicklungen angepaßt, durch die der Aufbau und die Auswertungsmöglichkeiten der Kosten- und Leistungsrechnung verbessert werden können, so entstehen auch hierdurch Schwachstellen.

Da die Kosten- und Leistungsrechnung über viele Schnittstellen mit anderen Teilsystemen der Planung und des Rechnungswesens verbunden und in ein bestehendes EDV-System eingegliedert ist, ist es in der betrieblichen Praxis sehr schwer - vielleicht sogar unmöglich - erforderliche Anpassungsmaßnahmen permanent zu realisieren. Ähnlich wie bei den Verfahrenstechniken des Produktionsbereichs sind vielmehr im Zeitablauf diskontinuierliche Änderungen erforderlich, wenn der Umfang der erkannten Schwachstellen ein vertretbares Höchstmaß überschreitet. Durch die interdependenten Beziehungen der Teilsysteme der Kosten- und Leistungsrechnung einerseits und die zunehmende Schnittstellenproblematik andererseits hat sich die Anpassungsflexibilität des innerbetrieblichen Rechnungswesens vermindert und der Aufwand für Anpassungsmaßnahmen erhöht. Zu den Aufgaben einer systematischen Schwachstellenanalyse gehört daher nicht nur das Erkennen und Sammeln von Schwachstellen der Kosten- und Leistungsrechnung, sondern auch die Bestimmung des geeigneten Zeitpunktes für gebündelte Reorganisationsmaßnahmen.

2. Schwachstellenanalyse und Verbesserungsmöglichkeiten für die Kostenartenrechnung

21. Die Kostenarteneinteilung

Die Einteilung und Bezeichnung der Kostenarten ist zwar an sich nur ein "formales" Problem, aber gerade entscheidungs- und kontrollorientierte Systeme der Kosten- und Leistungsrechnung stellen besonders große Ansprüche an die Kostenartensystematik.

Bei einer Schwachstellenanalyse der Kostenartenrechnung sind folgende Grundsätze und Prinzipien zugrunde zu legen:

1. Vollständigkeit der Kostenartenrechnung
2. Abgrenzung neutraler Aufwendungen
3. Abgrenzung zwischen nicht als Kosten zu verrechnendem Zweckaufwand und kalkulatorischen Kostenarten
4. Transparenz der Kostenartengliederung - Vermeidung "unsauberer Kostenarten"
5. Vermeidung einer Klassifizierung von Kostenarten nach ihrer "Beschäftigungsabhängigkeit".

Der Grundsatz von der Vollständigkeit der Kostenartenrechnung fordert, daß alle Kostenarten in die Kostenartenrechnung der Kontenklasse 4 einzubeziehen sind. Dieser Grundsatz mag selbstverständlich erscheinen, insbesondere in Unternehmungen, deren internes Rechnungswesen aus amerikanischen Systemen hervorgegangen ist, werden aber die Einzelmaterial- und die Fertigungslohnkosten (Einzellöhne) nicht in der Klasse 4 erfaßt, sondern direkt in den Halbfabrikatebestand der Klasse 3 umgebucht. Grundsätzlich sollten aber diese wichtigen Einzelkostenarten über die in der Klasse 4 zusammengefaßte Kostenartenrechnung laufen.

Durch eine systematische Abgrenzung neutraler Aufwendungen sind die Gesamtkosten (Zweckaufwand) von betriebsfremden, außerordentlichen und periodenfremden Aufwandspositionen zu bereinigen, weil diese die Ergebnisse der Kosten- und Leistungsrechnung beeinträchtigen würden.

Analog ist eine Abgrenzung zwischen nicht als Kosten zu verrechnendem Zweckaufwand und kalkulatorischen Kostenarten vorzunehmen. So sind z.B. die Buchabschreibungen der Finanzbuchhaltung durch kalkulatorische Abschreibungen und die effektiven Fremdkapitalzinsen (Buchzinsen) durch die kalkulatorischen Zinsen zu ersetzen. Ein weiteres Beispiel ist der Ersatz effektiver Personalnebenkosten durch kalkulatorisch verrechnete Personalnebenkosten; vgl. hierzu unsere Ausführungen in Kapitel 22.

Während die bisher genannten Grundsätze der Kostenarteneinteilung in der Praxis meistens eingehalten werden, findet man Verstöße gegen die Transparenz der Kostengliederung relativ häufig. Um eine weitgehende Transparenz der Kostenartengliederung zu erreichen, sind folgende Prinzipien einzuhalten:[2)]

1. Klassifizierung der Kostenartengruppen nach Produktionsfaktorgruppen
2. Vermeidung "unsauberer Kostenarten"
3. Klassifizierung der Kostenarten in primäre, sekundäre und kombinierte Kostenarten.

Eine Klassifizierung der Kostenartengruppen nach den wichtigsten Produktionsfaktorgruppen läßt die Kostenstruktur einer Unternehmung transparent werden. Die wichtigsten faktororientierten Kostenartengruppen sind die Material-, Personal-, Betriebsmittel- und Fremdleistungskosten.

Ein Hauptmangel von Kosteneinteilungen der betrieblichen Praxis besteht darin, daß in die Kostenartengruppen sogenannte "unsaubere Kostenarten" einbezogen werden.[3)] Hierunter sind Kostenarten zu verstehen, die Aussagen und/oder Gliederungsprinzipien der anschließenden Kostenstellen- und Kostenträgerrechnung vorwegnehmen. Typische Beispiele hierfür sind "Raumkosten", "Reparaturkosten", "Ausschußkosten", "Forschungs- und Entwicklungskosten" usw. Werden solche Kostenarten nicht mit Hilfe einer gesonderten Auftragsabrechnung erfaßt, so machen sie im System der Kostenartenrechnung Umbuchungen zwischen mehreren Kostenarten erforderlich. So sind z.B. in der Kostenart "Reparaturkosten" stets folgende Kostenarten enthalten:

1. Reparaturmaterial- und Ersatzteilkosten
2. Materialgemeinkosten
3. Lohn- und Lohnnebenkosten eigener Betriebshandwerker
4. Gemeinkosten der Kostenstellen der Betriebshandwerker
5. Fremdleistungskosten.

Diese Kostenarten müssen von den betreffenden Primärkostenarten (ohne gesonderte Auftragsabrechnung) in die Kostenart Reparaturkosten umgebucht werden. Dadurch werden die Primärkostenartengruppen unvollständig. Dennoch aber gelingt in der Kostenartenrechnung in der Regel keine vollständige Erfassung der Reparaturkosten, weil sich die anteiligen Gemeinkosten (Position 2 und 4) nur über die Kostenstellenrechnung erfassen lassen.

Im Idealfall sollte in der eigentlichen Kostenartenrechnung (zunächst) eine Beschränkung auf primäre Kostenarten erfolgen. Alle stellen- und trägerbezogenen Aussagen erfolgen dann erst in den anschließenden Teilsystemen der Kostenstellen- und der Kostenträgerrechnung. Hier entstehen zusätzlich sekundäre und kombinierte Kostenarten.

Als sekundäre Kostenarten werden Kostenarten bezeichnet, die in der innerbetrieblichen Leistungsverrechnung dazu dienen, die Kosten sekundärer Kostenstellen auf andere Kostenstellen (oder Werksaufträge) weiterzuverrechnen.

Kombinierte Kostenarten entstehen, wenn Kosten aus dem System der Auftragsabrechnung (z.B. für Werksaufträge, Forschungs- und Entwicklungsaufträgen, Ausschuß- und Nacharbeitsleistungen usw.) in die Kostenstellen- oder Kostenträgerrechnung zurückfließen.

Die konsequente Trennung zwischen primären, sekundären und kombinierten Kostenarten ist insbesondere in entscheidungs- und kontrollorientierten Systemen der Kosten- und Leistungsrechnung wichtig, weil hier eine Differenzierung der Kosten nach Ist- und Plankosten bzw. proportionalen und Gesamtkosten erfolgt.

Im folgenden Beispiel einer Kostenartengruppengliederung enthalten die Gruppen 45 und 46 kombinierte Kostenarten und die Gruppe 49 alle sekundären Kostenarten:

40 Löhne und Gehälter
41 Personalnebenkosten
42 Materialkosten

43 Werkzeugkosten
44 Kosten für Fremdleistungen
45 Reparatur- und Instandhaltungskosten
46 Ausschuß- und Nacharbeitskosten
47 Verschiedene Gemeinkosten
48 Kalkulatorische Kostenarten
49 Sekundäre Kostenarten.

Diese Kostenartengruppen dürfen nicht mitberücksichtigt werden, wenn man die Gesamtkosten einer Abrechnungsperiode ermitteln will, da sie im System der Kosten- und Leistungsrechnung als "doppelt verrechnete Kostenarten" enthalten sind; vgl. hierzu auch die Übersicht in Anlage 2.

Ein weiterer Mangel mancher Kostenarteneinteilungen besteht in einer Klassifizierung von Kostenarten nach ihrer Beschäftigungsabhängigkeit. Hierbei werden bereits in der Kostenarteneinteilung manche Kostenarten oder sogar ganze Kontengruppen global den fixen oder proportionalen Kosten zugeordnet. Solche Klassifizierungen nehmen Entscheidungen vorweg, die grundsätzlich erst in der Kostenstellenrechnung (beim Aufbau der Kostenplanung) getroffen werden können, da sich nur aus den konkreten Kosten- und Leistungsdaten einzelner Kostenstellen Rückschlüsse auf das Verhalten bei Beschäftigungsschwankungen ziehen lassen.

22. Die Erfassung und Verrechnung primärer Kostenarten

Fehler, die bei der Erfassung und Zuordnung von primären Kostenarten gemacht werden, beeinflussen die Ergebnisse aller nachfolgenden Teilsysteme der Kosten- und Leistungsrechnung. Daher müssen bei einer systematischen Schwachstellenanalyse alle wichtigen Kostenarten auf die Einhaltung folgender Kriterien überprüft werden:

1. Erfolgt eine richtige Mengenerfassung?
2. Werden richtige Wertansätze verwendet?
3. Erfolgt eine richtige Zuordnung auf
   31. Kostenträger (Kostenträgereinzelkosten)
   32. Innerbetriebliche Aufträge (Auftragseinzelkosten)
   33. Kostenstellen (Kostenstellen- oder Gemeinkosten)?

Im Rahmen dieses Vortrags wollen wir uns darauf beschränken, mögliche Schwachstellen bei der Erfassung folgender primärer Kostenarten aufzuzeigen:

1. Lohnkosten
2. Personalnebenkosten
3. Materialkosten

4. Kalkulatorische Abschreibungen
5. Kalkulatorische Zinsen.

Bei den Lohnkosten findet man heute immer noch die früher übliche Unterteilung in Einzellöhne (Fertigungslöhne) und Gemeinkostenlöhne, wobei die Einzel- bzw. Fertigungslöhne nicht über Kostenstellen, sondern direkt auf die Kostenträger verrechnet werden. Die direkte Kostenträgerzuordnung der Fertigungslöhne entspricht dem Grundsatz, im Interesse der Kalkulationsgenauigkeit möglichst viele Kosten als Einzelkosten zu verrechnen. Den Zielen und Aufgaben einer entscheidungs- und kontrollorientierten Kostenrechnung entspricht es aber heute aus folgenden Gründen besser, alle Personalkosten und damit auch die Fertigungslöhne über die Kostenstellen abzurechnen:

1. Integration der Fertigungslöhne in den laufenden Soll-Ist-Kostenvergleich der Kostenstellen.
2. Abnehmende Bindung der Fertigungslöhne an die Kostenträger bei zunehmender Mechanisierung und Automatisierung der Produktionsprozesse.
3. Vereinfachung der Kalkulation.

Mit dem zunehmenden Ersatz reiner Akkordlohnsysteme durch Prämien-, Zeit- oder feste Monatslöhne verliert der Fertigungslohn seine Proportionalitätsbeziehung zur Ausbringung immer mehr, so daß auf seine Kontrolle im Rahmen des kostenstellenweisen Soll-Ist-Kostenvergleichs nicht verzichtet werden sollte.

Infolge der in vielen Bereichen der industriellen Produktion zu verzeichnenden Mechanisierung und Automatisierung der Produktionsprozesse verlieren die Fertigungslöhne ihren Charakter als Einzellöhne immer mehr.

Weiterhin führt die Abrechnung der Fertigungslöhne über die Kostenstellen zu einer Vereinfachung der Kalkulation, weil sie zusammen mit den Fertigungsgemeinkosten in einen gemeinsamen Kalkulationssatz eingehen.

Ein Mangel bei der kostenstellenweisen Verrechnung der Lohnkosten besteht häufig in einer fehlerhaften Kostenstellenzuordnung der Arbeitskräfte, die daraus resultiert, daß die Arbeitskräfte auch dann ihren sogenannten Stammkostenstellen zugeordnet werden, wenn sie zwischenzeitlich in andere Kostenstellen umgesetzt waren. Grundsätzlich sind alle Umsetzungen, die über 1 bis 2 Stunden pro Schicht hinausgehen bei der Lohnzuordnung zu berücksichtigen.

Eine weitere ins Gewicht fallende Schwachstelle der Lohnabrechnung resultiert aus der zunehmenden Einführung fester Monatslöhne. Hierdurch sollen die gewerblichen Arbeitskräfte den Angestellten formal gleichgestellt werden. In einer entscheidungs- und kontrollorientierten Kosten- und Leistungsrechnung darf der Übergang zu festen Monatslöhnen aber nicht zur Aufgabe eines stundenweisen Leistungsnachweises der Lohnempfänger führen; denn sonst würde sowohl die leistungsgerechte Kontrolle des Arbeitskräfteeinsatzes als auch die verursachungsgerechte Kostenträgerzuordnung beeinträchtigt. Die geleisteten Arbeitsstunden sind bei Einführung fester Monatslöhne mit "Verrechnungssätzen pro Lohnstunde" zu bewerten, die man erhält, indem man den Monatslohn durch die mögliche Anwesenheitszeit pro Monat dividiert:

$$\text{Mögliche Anwesenheitszeit} = \left[52 \text{ Wochen} \times 40 \text{ Std/Woche} - 12 \text{ Feiertage} \times 8 \text{ Std} \right] \frac{1}{12}$$

Die Zeitdifferenz der möglichen Anwesenheits- und der möglichen Arbeitszeiten unter Berücksichtigung von Urlaubs- und Krankheitszeiten wird bei der Berechnung der kalkulatorischen Personalnebenkosten berücksichtigt.

Ein weiterer, in der Praxis häufig anzutreffender Mangel der Personalkostenabrechnung ist die Berücksichtigung der effektiven Personalnebenkosten in der laufenden Abrechnung. Hierdurch werden kalenderzeitabhängige (Urlaubs- und Feiertagslöhne) und zufallsabhängige (Krankheit, Fortbildung, Altersstruktur usw.) Einflüsse in die Kostenrechnung getragen und zugleich die laufende Abrechnung erschwert. In entscheidungs- und kontrollorientierten Systemen der Kosten- und Leistungsrechnung sollte daher grundsätzlich eine kalkulatorische Verrechnung der Personalnebenkosten mit Hilfe von Planverrechnungssätzen erfolgen. Diese Sätze sind mindestens nach Lohn- und Gehaltsempfängern zu differenzieren; vgl. hierzu das Beispiel in Anlage 3. Darüber hinaus ist eine regionale Differenzierung (z.B. nach Zweigwerken und unterschiedlichen Standorten) möglich.

Die effektiven Personalnebenkosten werden als "nicht als Kosten verrechneter Zweckaufwand" abgegrenzt und im Zeitablauf mit den kalkulatorisch verrechneten Personalnebenkosten verglichen.

Eine in der Praxis häufig anzutreffende Schwachstelle der Materialabrechnung besteht darin, daß keine Fest- oder Plan-Preisbewertung erfolgt, sondern eine Bewertung zu durchschnittlichen Istpreisen. Hierdurch werden der Ausweis entscheidungsorientierter Plan-Materialkosten und die Durchführung laufender Materialkostenkontrollen in Form von Soll-Ist-Kostenvergleichen beeinträchtigt. In der Praxis wird oft die Ansicht vertreten, die Abrechnung zu Plan- bzw. Festpreisen sei aufwendiger als die Ist-Preisbewertung und würde den geltenden Bewertungsvorschriften widersprechen.
Die laufende Bewertung wird durch die Verwendung von Plan- bzw. Festpreisen aber eher vereinfacht als erschwert. Auch die zu gewogenen durchschnittlichen Istpreisen bewerteten Materialbestände lassen sich leicht ermitteln, indem man die zu Plan- bzw.

Festpreisen bewerteten Materialbestände und die zugehörigen Preisdifferenzbestände zusammenfaßt.[4)]

Weitere Mängel der Materialabrechnung findet man oft bei der Mengenerfassung.

Das Gemeinkostenmaterial wird häufig nicht mit Hilfe von Materialentnahmescheinen den verbrauchenden Stellen zugeordnet, sondern "schlüsselmäßig" verteilt, wodurch die Kontrollmöglichkeiten und die Kalkulationsgenauigkeit beeinträchtigt werden.

Da das Einzelmaterial den betrieblichen Erzeugnissen in der Kostenträgerrechnung direkt zugeordnet wird, unterbleibt in der Praxis häufig eine nach Einsatzstellen oder -bereichen differenzierte Erfassung des Ist-Einzelmaterialverbrauchs. Dies gilt insbesondere für Betriebe mit standardisierten Serienerzeugnissen, weil hier Schwierigkeiten der Serienabgrenzung auftreten. Wird aber auf eine nach Verantwortungsbereichen gegliederte Erfassung des Ist-Einzelmaterialverbrauchs verzichtet, so läßt sich keine wirksame Einzelmaterial-Kostenkontrolle (Soll-Ist-Kostenvergleich des Einzelmaterials) durchführen.

Bei der Berechnung kalkulatorischer Abschreibungen findet man in der betrieblichen Praxis häufig die folgenden Mängel:

1. Anschaffungswert - statt Tageswert-Abschreibung
2. Steuerlich anerkannte statt geplante Nutzungsdauern
3. Verzicht auf "über-Null-hinaus-Abschreibungen".

Da sich die Preise der meisten Betriebsmittel im Zeitablauf infolge inflatorisch bedingter Teuerungsraten erhöhen, läßt sich über den Ansatz kalkulatorischer Abschreibungen das Ziel einer reproduktiven Substanzerhaltung (= Erhaltung des Betriebsmittelbestandes unter Eliminierung des technischen Fortschritts) nur erreichen, indem die (im externen Rechnungswesen obligatorische) Anschaffungswert-Abschreibung in der Kosten- und Leistungsrechnung durch das Verfahren der Tageswert-Abschreibung ersetzt wird. Den Tageswert eines Betriebsmittels erhält man, indem man den Anschaffungswert mit dem Quotienten aus dem Betriebsmittelpreisindex des laufenden Rechnungsjahres und den des Anschaffungsjahres multipliziert.

Die Tageswertabschreibung führt zwar nur unter bestimmten Reinvestitionsprämissen zur reproduktiven Substanzerhaltung, diese Prämissen sind in der Praxis aber meistens approximativ erfüllt.[5)]

Als Nutzungsdauern werden in vielen Unternehmungen auch bei der Berechnung kalkulatorischer Abschreibungen die steuerlich anerkannten Nutzungsdauern gemäß der AfA-Tabellen zugrundegelegt, weil man eine gesonderte, betriebsindividuelle Nutzungsdauer-Schätzung "sparen" will und im übrigen fürchtet, die Steuerprüfer könnten die AfA-Nutzungsdauern an höhere betriebsindividuelle Nutzungsdauern anpassen. Dennoch sollten in der Kosten- und Leistungsrechnung bei der Bemessung kalkulatorischer Abschreibungen grundsätzlich realistisch geschätzte, auf den jeweiligen Einzelfall ausgerichtete Nutzungsdauern zugrundegelegt werden.

Werden Betriebsmittel über ihre Plan-Nutzungsdauern hinaus eingesetzt, so verzichten viele Unternehmen mit der Begründung auf eine "über-Null-hinaus-Abschreibung", man könne doch nicht mehr abschreiben als investiert worden sei. Aus Gründen der Kalkulationskontinuität sollte aber im Regelfall über Null hinaus abgeschrieben werden; lediglich bei Betriebsmitteln für die keine Reinvestition vorgesehen ist, kann man hierauf verzichten.

Obwohl sich der Grundsatz, daß in der Kosten- und Leistungsrechnung kalkulatorische Zinsen auf das betriebsnotwendige Vermögen (unabhängig von der Finanzierung mit Eigen- oder Fremdkapital) zu verrechnen sind, heute in Theorie und Praxis weitgehend durchgesetzt hat, besteht immer noch Unsicherheit über das richtige Verfahren der Zinsberechnung. Folgende Verfahren werden unterschieden:[6)]

1. Globalverfahren der Zinsberechnung
2. Kostenstellenweise Verfahren der Zinsberechnung.

Beim Globalverfahren wird zunächst mit Hilfe der Bilanz das sogenannte (durchschnittliche) betriebsnotwendige Vermögen ermittelt.[7)] Die Bewertung erfolgt in der Regel mit den effektiven Anschaffungs- bzw. Restwerten. Die global ermittelte Zinskostensumme wird mit Hilfe von Kapitalverteilungsschlüsseln auf die Kostenstellen verrechnet.

Beim kostenstellenweisen Verfahren geht man nicht von der Bilanz, sondern unmittelbar von den in den Kostenstellen gebundenen Vermögenspositionen (AV und UV) aus. Auch die Wertansätze sind nicht an die Bilanzbewertung gebunden, sondern können frei bestimmt werden. Für das Anlagevermögen kommen folgende Wertansätze in Frage:

1. Restwerte
   11. Anschaffungswerte
   12. Tageswerte
2. Durchschnittswerte
   21. Anschaffungswerte
   22. Tageswerte.

Das Restwertverfahren führt im Zeitablauf zu sinkenden Kalkulationssätzen, die im Reinvestitionszeitpunkt sprunghaft steigen. Das Durchschnittsverfahren führt dagegen zu einer konstanten Belastung mit kalkulatorischen Zinsen; es in der Regel vorzuziehen.

Beim kostenstellenweisen Verfahren der Zinsberechnung werden alternativ Anschaffungs- oder Tageswerte als Wertansätze vorgeschlagen. Im Falle der Anschaffungspreisbewertung sind Nominalzinssätze anzusetzen, bei Tagespreisbewertung ist dagegen von Realzinssätzen (= Nominalzinssatz ./. Teuerungsrate) auszugehen, da der Teuerungseffekt bereits mit den Tagespreisindizes berücksichtigt wurde. Hierbei ergeben sich aber Schwierigkeiten bei der Bestimmung der Teuerungsraten, da die Preisentwicklung der abzuschreibenden Wirtschaftsgüter nicht mit der "allgemeinen Inflationsrate" übereinstimmt.

Es läßt sich zeigen, daß das Globalverfahren zu einer ungenauen Verteilung der kalkulatorischen Zinsen auf Kostenstellen führt und beim kostenstellenweisen Verfahren in den meisten Fällen insgesamt zu viele kalkulatorische Zinsen verrechnet werden.

Wir haben an anderer Stelle ein neues Verfahren zur Berechnung kalkulatorischer Zinsen entwickelt, das die Nachteile der beiden oben genannten Verfahren vermeidet.[8)]

23. Die Erfassung und Verrechnung kombinierter Kostenarten (innerbetriebliche Auftragsabrechnung)

Die Erfassung und Verrechnung der sekundären Kostenarten wird im Rahmen der innerbetrieblichen Leistungsverrechnung der Kostenstellenrechnung vorgenommen, so daß wir sie erst in Kapitel 3 behandeln wollen.

Die Erfassung und Verrechnung der kombinierten Kostenarten umfaßt sowohl die direkt zurechenbaren Einzelkosten als auch die Kostenstellenkosten. Sie ist in entscheidungs- und kontrollorientierten Systemen der Kosten- und Leistungsrechnung deshalb besonders kompliziert, weil nebeneinander eine Differenzierung nach Plan- und Istkosten einerseits und nach Voll- und Proportionalkosten andererseits vorgenommen wird.

Viele Unternehmungen, die von traditionellen Verfahren der Kosten- und Leistungsrechnung zu entscheidungs- und kontrollorientierten Verfahren übergegangen sind, haben es versäumt, ein entsprechendes System der innerbetrieblichen Auftragsabrechnung aufzubauen und operieren bei der Erfassung und Verrechnung kombinierter Kostenarten mit unzureichenden Verfahren. Wie bereits unsere Ausführungen in Kapitel 22. gezeigt haben, wird häufig versucht, die kombinierten Kostenarten durch Umbuchungen von Primärkostenarten zu erfassen, wobei entweder anteilige Kostenstellen ganz außer Ansatz bleiben oder nachträglich in der innerbetrieblichen Leistungsverrechnung durch Umlagen berücksichtigt werden.

Grundlage für die Erfassung und Verrechnung kombinierter Kostenarten sollte eine systematische innerbetriebliche Auftragsabrechnung sein, bei der jedem innerbetrieblichen Auftrag eine gesonderte Auftragsnummer zugeordnet wird. Hierbei ist zwischen den folgenden innerbetrieblichen Auftragsarten zu unterscheiden:

1. Einzelaufträge
2. Standardaufträge
3. Daueraufträge.

Unter Einzelaufträgen sind einmalig auftretende innerbetriebliche Aufträge zu verstehen. Typische Einzelaufträge sind Reparatur- und Instandhaltungsaufträge, Aufträge für den Bau selbsterstellter Betriebsmittel und Anlagen, sowie Forschungs- und Entwicklungsaufträge. Auch belegweise erfaßte Ausschuß- und Nacharbeitskosten der Serienproduktion sind als Einzelaufträge aufzufassen. Auf Einzelauftragsnummern werden die zwischen Beginn und Abschluß eines Auftrages anfallenden Einzel- und Kostenstellenkosten gesammelt. Nach Abschluß der Arbeiten werden die Auftragsnummern gelöscht und die auf ihnen gesammelten Kosten in andere Teilsysteme der Kosten- und Leistungsrechnung übertragen bzw. durch Aktivierung aus der Kosten- und Leistungsrechnung ausgeschieden.

Die Standardaufträge dienen in erster Linie zur zeitlichen Abgrenzung von Kosten auf der Grundlage geplanter Standardraten. Typische Beispiele für Standardaufträge sind:

1. Zeitlich abzugrenzende Großreparaturen
2. Kleinreparaturen, für die sich die Erfassung mit einem Einzelauftrag nicht lohnt
3. Zeitlich abzugrenzende Kosten für Spezialbetriebsmittel und Spezialwerkzeuge
4. Kosten für umlaufende kurzlebige Wirtschaftsgüter (Container, Paletten, Rollen, Hülsen, usw.)
5. Zeitlich abzugrenzende Forschungs- und Entwicklungskosten.

Gibt eine Standardauftragsnummer ihre Kosten an Kostenstellen ab, so erhält man die monatlichen Entlastungsbeträge, indem man die Ist-Bezugsgrößen der zu belastenden Kostenstellen mit entsprechenden Standardraten pro Bezugsgrößeneinheit multipliziert. Gehen dagegen die Kosten einer Standardauftragsnummer direkt auf Kostenträger, so erfolgt die Enlastung, indem man die Ist-Produktions- bzw. -Absatzmengen mit Standardraten pro Kostenträgereinheit multipliziert.

Die Einrichtung von Daueraufträgen erfolgt für Objekte, deren Istkosten zwar laufend erfaßt werden sollen, für die aber keine Kostenstellen eingerichtet werden. Typische Beispiele hierfür sind Kraftfahrzeuge und kleinere Gebäudekomplexe. Die Kosten der Daueraufträge werden monatlich auf übergeordnete Kostenstellen übertragen.

Ein wichtiger Grundsatz der innerbetrieblichen Auftragsabrechnung besteht darin, daß alle kombinierten Kostenarten, die in die Kostenstellenrechnung zurückfließen, nur zu proportionalen Kosten bewertet werden (z.B. Reparaturaufträge, Ausschuß und Nacharbeit).

3. Schwachstellenanalyse und Verbesserungsmöglichkeiten für die Kostenstellenrechnung

31. Kostenstelleneinteilung

Bei der Kostenstelleneinteilung einer Unternehmung konzentriert sich die Schwachstellenanalyse auf die Überprüfung, ob folgende Grundsätze für die Bildung von Kostenstellen eingehalten worden sind:[9]

1. Keine kostenstellenweise Zusammenfassung von Betriebsmitteln und Arbeitsplätzen, deren Kosten- und Leistungsdaten sich wesentlich unterscheiden
2. Bildung von Kostenstellen als selbständige Verantwortungsbereiche
3. Übersichtlichkeit und Transparenz der Kostenstelleneinteilung.

Zunächst sollte im Rahmen der Schwachstellenanalyse die Systematik der Kostenstelleneinteilung überprüft werden. Nach dem Grundsatz von der Übersichtlichkeit und Transparenz der Kostenstelleneinteilung soll das Kostenstellenverzeichnis erkennen lassen:

1. zu welchen betrieblichen Funktionsbereichen (z.B. Produktion, Forschung und Entwicklung, Einkauf und Logistik, Verwaltung, Vertrieb usw.) die Kostenstellen gehören
2. wie die Kostenstellen im System der Kosten- und Leistungsrechnung abzurechnen sind
   21. als Sekundärstellen
   22. als Primärstellen.

Aus unsystematischen Kostenstelleneinteilungen, die im Zeitablauf "organisch gewachsen" sind, resultieren zwar in der Regel keine Kostenrechnungsfehler, sie erschweren aber die laufenden Kontierungen und Auswertungen. Von manchen Fachleuten wird eine "sprechende Kostenstellennummerierung" angestrebt, geht man hier aber zu weit, so werden in der Regel 5- bis 6-stellige Kostenstellennummern erforderlich. Da bei maschineller Durchführung die Kostenstellenrechnung beliebige

Verdichtungen auch ohne "sprechende" Kostenstellennummern möglich sind, sollte man sich darauf beschränken, lediglich die erste Ziffer zu Werks- bzw. Bereichs-Kennzeichnungen zu verwenden. Auf jeden Fall sollte das Kostenstellenverzeichnis erkennen lassen, ob die Kostenstellen als Sekundär- oder als Primärkostenstellen abgerechnet werden. Nach Möglichkeit sollten auch die Bezugsgrößen bzw. Verrechnungsgrundlagen angegeben werden. Bei den Sekundärstellen ist ferner zu vermerken, in welche sekundären Kostenarten (z.B. Raum-, Energie-, Transportkosten usw.) sie einfließen.

Der Schwerpunkt der Schwachstellenanalyse im Bereich der Kostenstellenrechnung liegt auf der Überprüfung des Differenzierungsgrades der Kostenstelleneinteilung. Hierbei sind folgende Zielsetzungen zum Ausgleich zu bringen:

1. Erzielung einer größtmöglichen Kalkulationsgenauigkeit
2. Vermeidung zu großer (oder nicht lösbarer) Erfassungsprobleme
   21. der Ist-Kosten
   22. der Ist-Bezugsgrößen.

Um festzustellen, welche Kosten- und Leistungsunterschiede von Betriebsmitteln und Arbeitsplätzen innerhalb einer Kostenstelle gerade noch tragbar sind, sollten Toleranzgrenzen der Kalkulationsgenauigkeit festgelegt werden.

Beeinträchtigungen der Kalkulationsgenauigkeit können aus Kalkulationssatzfehlern und Leistungsunterschieden (z.B. Min/Stck) resultieren. Kalkulationsfehler können leicht zu gravierenden Fehlern bei der Verkaufssteuerung führen.

Zu grobe Kostenstelleneinteilungen findet man nicht nur im Fertigungsbereich, sondern häufig auch im Sekundärbereich (z.B. zu grobe Allgemeinstellen, die Dispositionsstellen, Zwischenläger, innerbetriebliche Transportstellen usw.) sowie im Materialbereich, wo oftmals die Läger nicht weit genug nach Kostenstellen differenziert werden.

32. Bezugsgrößenwahl und Leistungserfassung

Eine wichtige Grundlage entscheidungs- und kontrollorientierter Verfahren der Kosten- und Leistungsrechnung ist das Bezugsgrößensystem.[10] Bezugsgrößen sind Maßgrößen der Kostenverursachung, die sich sowohl zum Leistungsvolumen einer Kostenstelle als auch zu den beschäftigungsabhängigen Kosten proportional verhalten. Bezugsgrößen sollen zugleich geeignete Kalkulationsgrundlagen sein, d.h. sie sollen es ermöglichen, die proportionalen Kosten einer Kostenstelle nach dem Verursachungsprinzip und die fixen Kosten nach dem Leistungsentsprechungsprinzip den Kostenträgern zuzuordnen.

In der Praxis werden vielfach ungeeignete oder zu grobe Bezugsgrößen verwendet. Häufig findet man noch Mengenbezugsgrößen (Stück, kg, t), wo der Differenzierungsgrad des Produktionsprogramms längst die Verwendung von Zeitbezugsgrößen erforderlich macht. Ein weiterer Bezugsgrößenfehler resultiert in vielen Fällen daraus, daß trotz einer erheblichen Zunahme der Mechanisierung und Automation Fertigungsstunden der Arbeitskräfte (Akkordzeiten) oder sogar die Fertigungslöhne (Lohnzuschlagskalkulation) als Bezugsgrößen verwendet werden, obwohl Maschinenzeitbezugsgrößen erforderlich sind. Weiterhin ist zu überprüfen, ob in Kostenstellen mit Serienproduktion zusätzlich Rüstzeitbezugsgrößen angesetzt werden müssen oder ob bei wechselnden Bedienungsrelationen nebeneinander Arbeitszeit- und Maschinenzeitbezugsgrößen zu wählen sind.

In Anlage 4 haben wir ein Merkblatt für die Überprüfung von Bezugsgrößen im Fertigungsbereich wiedergegeben.

Neben Bezugsgrößenfehlern findet man in der Praxis häufig Schwachstellen der Leistungserfassung, die aus Mängeln der Mengenerfassung resultieren. Dies gilt insbesondere für Branchen, in denen keine Mengenerfassung nach jeder Fertigungskostenstelle erfolgt, sondern die Ausbringungsmengen lediglich an bestimmten Zählpunkten erfaßt werden. Liegen diese zu weit auseinander, so können Halbfabrikatebestandsveränderungen zu mehr oder weniger großen Fehlern der Ist-Bezugsgrößen führen.

33. Planung und Kontrolle der Stellenkosten

Ein erheblicher Anteil der Gesamtkosten einer Unternehmung wird über Kostenstellen abgerechnet. Daher nimmt die Planung und Kontrolle der Kostenstellen in entscheidungs- und kontrollorientierten Systemen der Kosten- und Leistungsrechnung eine zentrale Stellung ein.[11)]

Die Schwachstellenanalyse sollte sich zunächst auf die Verfahren der Kostenplanung konzentrieren. Ein in der Praxis häufig anzutreffender Mangel der Kostenplanung besteht darin, daß die Kostenvorgaben (Plankosten) nicht analytisch geplant, sondern durch Fortschreibung oder mit Hilfe statistischer Verfahren der Kostenplanung aus den Istkosten früherer Perioden abgeleitet werden. Hierbei können in der Regel strukturelle Veränderungen der Kosten (z. B. infolge neuer technischer Verfahren), sowie die Einflüsse von Kostenremanenzen, Kostenstößen und Unwirtschaftlichkeiten nur unzureichend oder überhaupt nicht erkannt und eliminiert werden. Nur eine von den Istkosten der Vergangenheit weitgehend unabhängige analytische Kostenplanung führt zu realistischen Plankosten und zur Eliminierung von Kostenunwirtschaftlichkeiten. Es gibt Beispiele aus der Praxis, in denen die aufgespürten Kostensenkungspotentiale die Kosten einer analytischen Kostenplanung weitgehend wieder hereingebracht haben.

Eine insbesondere in Großunternehmungen verbreitete "Unsitte" ist die Vorgabe globaler Kostensenkungsziele. Das "Kostenbudget" wird zunächst durch Fortschreibung aus den Istkosten des Vorjahres (unter Berücksichtigung von Beschäftigungsänderungen) abgeleitet, und dann wird durch die Geschäftsleitungen "entschieden", um wieviel Prozent die Kosten gesenkt werden müssen, damit man ein zufriedenstellendes Gesamtergebnis erhält. Dieses Verfahren führt zwangsläufig dazu, daß die Kostenstellenleiter sich "Kostenreserven" schaffen und später die Kostensenkungsziele wenigstens z.T. erreichen zu können. Kostenstellenleiter, die sich bereits in den Vorjahren bemühten, kostenwirtschaftlich zu arbeiten, werden benachteiligt. Da sie die globalen Kostensenkungsziele nicht noch zusätzlich realisieren können.

Ein weiteres Problem, das beim Aufbau der Kostenplanung oftmals falsch gelöst wird, ist die Bestimmung der Plan-Bezugsgrößen (= Plan-Beschäftigungen) der Kostenstellen. Wie die folgende Abbildung erkennen läßt, hängt von der Plan-Bezugsgröße der Vollkostensatz einer Kostenstelle ab. Ist eine Kostenstelle unterbeschäftigt, so stellt sich die Frage, ob man eine absatz- oder eine kapazitätsorientierte Plan-Beschäftigung wählen soll. In der Praxis wird in diesen Fällen meistens der kapazitätsorientierte Ansatz gewählt, damit die Vollkosten der Erzeugnisse nicht "zu hoch" werden.

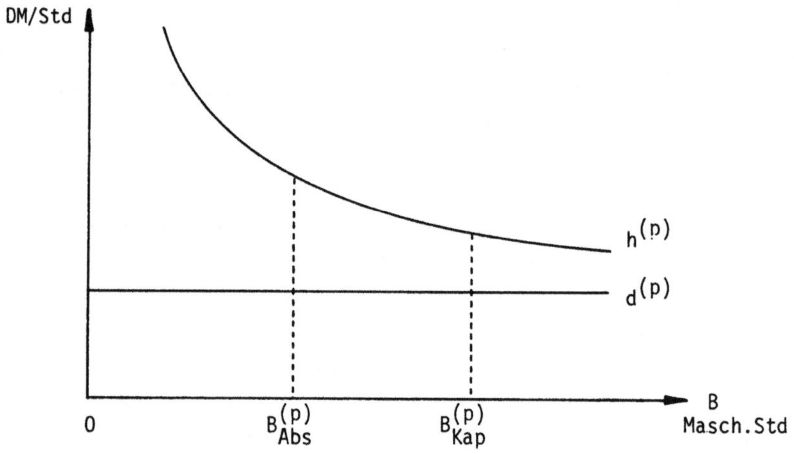

Hierdurch werden aber unrealisitische Vollkostenergebnisse ausgewiesen, die später durch entsprechende Beschäftigungsabweichungen korrigiert werden müssen. Für die laufende Abrechnung sollte man daher von absatzorientierten Plan-Bezugsgrößen ausgehen. Das schließt nicht aus, für Sonderrechnungen (z.B. der langfristigen Preispolitik) ergänzend auch Vollkostensätze auf der Basis kapazitätsorientierter Plan-Bezugsgrößen zu bilden.

Beim Aufbau der Kostenplanung findet man insbesondere Mängel bei der Planung von Sekundärstellen. In vielen Unternehmungen wurden die sekundären Kostenstellen nach wie vor mit Vollkostensätzen abgerechnet, obwohl eine Deckungsbeitragsrechnung angewandt werden soll. Grundsätzlich sind aber alle innerbetrieblichen Leistungen zunächst nur mit proportionalen Plankosten pro Einheit weiterzubelasten. Erfolgt eine Ergänzung zur Vollkostenrechnung, so ist zusätzlich eine planmäßige Verteilung der sekundären Fixkosten vorzunehmen. Weiterhin sind die Plankosten der Sekundärstellen mit den Plankostensummen der korrespondierenden sekundären Kostenarten abzustimmen. In der Praxis wird diese Abstimmung vielfach nicht durchgeführt, so daß bereits im System der Kostenplanung Unter- bzw. Überdeckungen auftreten.

Der neuralgische Punkt entscheidungs- und kontrollorientierter Verfahren der Kosten- und Leistungsrechnung ist die Kostenauflösung in proportionale und fixe Kosten. Hier werden in der Praxis häufig unzureichende Verfahren angewandt, wie z.B.:

1. Globale Einstufung von Kostenarten als fixe oder proportionale Kosten
2. Statistische Verfahren der Kostenauflösung
3. Kostenauflösung mit Hilfe "allgemeingültiger" Kennziffern.

Die globale Einstufung von Kostenarten als fixe oder proportionale Kosten (buchtechnische Kostenauflösung) muß zu falschen Ergebnissen führen, da die meisten Kostenarten fixe und proportionale Bestandteile enthalten und erst eine Analyse der Kosten- und Leistungsdaten der einzelnen Kostenstellen erkennen läßt, wie sich die Kostenarten in Abhängigkeit von der Beschäftigung verhalten.

Für die statistischen Verfahren der Kostenauflösung gelten unsere kritischen Anmerkungen zu den statistischen Verfahren der Kostenplanung analog; strukturelle Kostenänderungen, Kostenstöße und Kostenremanenzen machen es in den meisten Fällen unmöglich, aus den Istkosten der Vergangenheit richtige Aufteilungen in fixe und proportionale Kosten abzuleiten.

Weit verbreitet ist immer noch die Kostenauflösung mit Hilfe "allgemeingültiger" Kennziffern. Solche Kennziffern wurden bereits in den 20er Jahren als "Factors of Expense Variability" in die Plankostenrechnung eingeführt. Später wurde hieraus der Variator:

$$\text{Variator} = \frac{\text{proportionale Plankosten}}{\text{gesamte Plankosten}} \; 10$$

Wird z.B. einer Kostenart ein Variator von 6,5 zugeordnet, so bedeutet das, daß für die betreffende Kostenart grundsätzlich 65% der Plankosten proportional und 35% fix sein sollen. Da sich aber die Kostenarten in den einzelnen Kostenstellen unterschiedlich verhalten und überdies die Variatoren beschäftigungsabhängig sind, führt auch das Variatorverfahren nicht zu brauchbaren Ergebnissen der Kostenauflösung.

Betriebswirtschaftlich richtige Ergebnisse der Kostenauflösung lassen sich nur mit Hilfe analytischer Verfahren aus kostenstellenindividuellen Kosten- und Leistungsdaten ableiten. Hierbei ist - was in der Praxis immer noch nicht in genügendem Umfang erkannt wird - ein bestimmter Fristigkeitsgrad der Kostenplanung festzulegen, der insbesondere eine vorgegebene Anpassungsflexibilität der Personalkosten determiniert. In vielen Unternehmungen ist heute eine gewisse Tendenz zu spüren, die Anpassungsflexibilität immer geringer einzuschätzen und immer größere Teile der Personalkosten den fixen Kosten zuzuordnen. Trotz aller bekannter Anpassungsschwierigkeiten im Personalsektor ist eine solche resignative Einstellung, die zu einer erheblichen Senkung der proportionalen Kosten führt, eine gefährliche Schwachstelle entscheidungs- und kontrollorientierter Verfahren der Kostenrechnung. Denn auf die Dauer kann eine Unternehmung in einer marktwirtschaftlich organisierten Volkswirtschaft mit weltweiten Konkurrenzbeziehungen nur überleben, wenn ihr eine weitgehende Anpassung der Kostenstellenkosten an Beschäftigungsschwankungen gelingt.

Bei der Bildung von Kalkulationssätzen (Proportional- und Vollkostensätze) treten im Bereich der Produktionsstellen nur Mängel auf, wenn die Kostenplanung und/oder das Bezugsgrößensystem Fehler enthält. Schwachstellen der Kalkulationssatzbildung findet man aber häufig im Material- und Vertriebsbereich. Hier werden oftmals einheitliche Zuschlagssätze für alle Material- bzw. Kostenträgergruppen festgelegt, obwohl weitergehende Differenzierungen nach Material- bzw. Kostenträgergruppen erforderlich sind.

Auch die laufende Kostenkontrolle der Kostenstellen, d.h. der monatliche Soll-Ist-Kostenvergleich, ist in der Regel so gut oder schlecht wie die Kostenplanung und das Bezugsgrößensystem; vgl. hierzu die von uns bereits aufgezeigten Schwachstellen.

Ein besonders häufig anzutreffender Mangel der Auswertung der Kostenkontrolle besteht darin, daß die Kostenstellenabweichungen nicht in genügendem Maße von Einflüssen bereinigt werden, die von den Kostenstellenleitern nicht zu vertreten sind, und daß keine sorgfältige Abweichungsanalysen vorgenommen werden. Weiterhin erreicht die Kostenkontrolle nur ihre volle Effizienz, wenn Kostendurchsprachen erfolgen, in denen auch die zuständigen Werks- und Betriebsleiter ihr Interesse an den Ergebnisse der Kostenkontrolle bekunden. Diese Voraussetzung ist in der Praxis oft nicht erfüllt, wodurch der Soll-Ist-Kostenvergleich leicht zu einem "Zahlenfriedhof" werden kann.

4. Schwachstellenanalyse und Verbesserungsmöglichkeiten für die Planung, Verrechnung und Kontrolle der Einzelkosten

Zu den Einzelkosten einer Unternehmung, gehören insbesondere die folgenden Kostenarten:

1. Einzelmaterialkosten (einschl. Fremdteile)
2. Sondereinzelkosten der Fertigung
   21. Forschungs- und Entwicklungskosten
   22. Kosten für Spezialwerkzeuge und Spezialbetriebsmittel
   23. Produktionslizenzen
3. Sondereinzelkosten des Vertriebs
   31. Verpackungsmaterialkosten
   32. Verkaufsprovisionen
   33. Ausgangsfrachten.

Die Einzelkosten weisen weitaus stärkere branchenspezifische Unterschiede als die Stellenkosten auf. Im folgenden wollen wir uns daher darauf beschränken, auf einige wenige Schwachpunkte hinzuweisen, die in der Praxis besonders häufig auftreten.

Die Einzelmaterialkosten werden auf der Grundlage von Stücklisten- bzw. Rezepturauflösungen pro Kostenträgereinheit geplant. Damit ist an sich eine wichtige Grundvoraussetzung für die Durchführung einer periodischen Kostenkontrolle geschaffen. Dennoch sucht man in der Praxis einen periodischen Soll-Ist-Kostenvergleich der Einzelmaterialkosten oftmals vergebens, obwohl die Einzelmaterialkosten einen beachtlichen Anteil der Herstellkosten ausmachen. Dies liegt an den Schwierigkeiten, die Ist-Einzelmaterialkosten (bewertet zu Planpreisen) so zu erfassen, daß sie sich leistungsäquivalenten Soll-Einzelmaterialkosten zuordnen lassen; vgl. hierzu auch unsere Ausführungen in Kapitel 22. Das gleiche gilt für die Verpackungsmaterialkosten.

Insbesondere materialintensive Betriebe sollten aber auf einen aussagefähigen Soll-Ist-Kostenvergleich der Einzelmaterial- und der Verpackungsmaterialkosten nicht verzichten.

Bei den Forschungs- und Entwicklungskosten, die zunächst mit Hilfe der innerbetrieblichen Auftragsabrechnung differenziert nach Forschungs- und Entwicklungsaufträgen (Projekt) geplant und als Istkosten erfaßt werden, gelingt in vielen Unternehmungen keine betriebswirtschaftlich fundierte Umrechnung in produkt- bzw. produktgruppenbezogene Plan-Verrechnungssätze. Da Forschungs- und Entwicklungskosten Vorleistungskosten sind, müssen bei Bildung von Verrechnungssätzen die Zinswirkung und inflatorisch bedingte Preissteigerungsraten berücksichtigt werden. Hierfür sind investitionstheoretische Ansätze erforderlich, die in der Praxis aber nur relativ selten angewandt werden.

Bei den Kosten für Spezialwerkzeuge und Spezialbetriebsmittel, aus denen ebenfalls produkt- bzw. produktgruppenbezogene Plan-Verrechnungssätze abgeleitet werden müssen, werden häufig die zu erwartenden Reparatur- und Instandhaltungskosten nicht richtig berücksichtigt. Im übrigen treten ähnliche Mängel wie bei den Forschungs- und Entwicklungskosten auf.

5. Schwachstellenanalyse und Verbesserungsmöglichkeiten für die Kostenträgerstückrechnung (Kalkulation)

In der Kostenträgerstückrechnung (Kalkulation) wirken sich die Produktunterschiede der Unternehmungen voll aus, so daß auch die typischen Schwachstellen betriebsindividuelle Unterschiede aufweisen.

Wie die Übersicht in Anlage 4 erkennen läßt, liegt in Unternehmungen mit Auftrags- und Einzelfertigung der Schwerpunkt der Kostenträgerrechnung auf dem Zusammenspiel von Angebotsvorkalkulationen, Auftragsvorkalkulationen und auftragsweisen Nachkalkulationen. In Unternehmungen mit Angebotsproduktion standardisierter Erzeugnisse basiert die Kostenträgerrechnung dagegen auf periodenbezogenen Plankalkulationen, die durch Soll- und Alternativkalkulationen ergänzt werden könnten. Nachkalkulationen sind hier meistens nicht erforderlich, können aber fallweise erstellt werden.

Beim Aufbau der Kostenträgerstückrechnung treten in der Praxis besonders häufig die folgenden Mängel auf.

In manchen Unternehmnungen werden immer noch veraltete Kalkulationsverfahren, wie z.B. die Divisions-, Äquivalenzziffern- oder Lohnzuschlagskalkulation, angewandt.[12] Diese Verfahren sollten heute aber generell durch die Bezugsgrößenkalkulation ersetzt werden. In den seltenen Fällen von Einproduktunternehmungen kann die Bezugsgrößenkalkulation zwar zur Divisionskalkulation werden, aussagefähiger sind aber auch hier meistens Kalkulationen auf der Grundlage von Zeitbezugsgrößen. Auf jeden Fall ist das Verfahren der Lohnzuschlagskalkulation zu vermeiden. Selbst in lohnintensiven Betrieben sollte dieses Verfahren durch eine Stundensatzkalkulation ersetzt werden. Zu völlig absurden Kalkulationsergebnissen führt die Lohnzuschlagskalkulation bei fortgeschrittenen Mechanisierungs- und Automatisierungsgraden.

Ob und in welchem Umfang Mängel bei der Kalkulationsgenauigkeit auftreten, hängt von folgenden Einflußgrößen ab:

1. Güte des Mengengerüstes
2. Güte der Kostenstellenrechnung
   21. Bezugsgrößenwahl
   22. Plan-Bezugsgröße
   23. Güte der Kostenplanung.

Bei Angebotsproduktion standardisierter Erzeugnisse liegt der Produktaufbau im vorhinein genau fest, so daß sich Probleme bei der Planung des Mengengerüstes nur in bezug auf den Produktionsvollzug (Verfahrenswahl) und die Relation von Eigenerstellung und Fremdbezug ergeben.

Bei Auftrags- und Einzelfertigung kann für den Aufbau von Angebotsvorkalkulationen in der Regel keine genaue Planung des Mengengerüsts erfolgen, da die Stücklisten, Konstruktionszeichnungen, Arbeitsablaufpläne, Materialbedarfsberechnungen noch nicht zur Verfügung stehen. Hier muß vielmehr mit Schätzverfahren gearbeitet werden, wobei ein optimaler Ausgleich zwischen dem anzustrebenden Genauigkeitsgrad sowie den hieraus resultierenden Kalkulationskosten und der Auftragserteilungs-Wahrscheinlichkeit anzustreben ist.

Ein Mangel in Unternehmungen mit Auftrags- und Einzelfertigung besteht häufig in einer unzureichenden Kalkulationsauswertung. Die Ergebnisse der Angebotskalkulationen, der Auftragskalkulationen und der Nachkalkulationen sollten systematisch ausgewertet und miteinander verglichen werden, wobei die Abweichungsursachen zu analysieren sind. Weiter werden die Nachkalkulationen vielfach nur als reine Nachkalkulationen (Ausweis von Istmengen bewertet zu Istpreisen) erstellt. Vorteilhafter sind aber sogenannte Standard-Nachkalkulationen, bei denen zunächst eine Bewertung der Istmengen mit Planpreisen bzw. Plan-Verrechnungssätzen erfolgt und erst anschließend eine Zurechnung von Wertabweichungen (Preis-, Lohn- und Kostenstellenabweichungen) vorgenommen wird.

Weiterhin ist es heute als ein wesentlicher Mangel der Kostenträgerstückrechnung anzusehen, wenn eine ausschließliche Erstellung von Vollkostenkalkulationen erfolgt. Die gewinnmaximale Verkaufssteuerung erfordert eine Deckungsbeitragsrechnung und damit Proportionalkostenkalkulationen. Beim heutigen Entwicklungsstand der Kosten- und Leistungsrechnung wird es aber in der Praxis als Mangel angesehen, wenn man sich auf eine ausschließliche Erstellung von Proportionalkostenkalkulationen beschränkt. Alle Kalkulationsarten sollten daher heute parallel aus Voll- und Proportionalkostenkalkulationen erstellt werden.

Für Branchen, in denen sich die Kostengüterpreise im Zeitablauf relativ stark ändern, ist es als ein Mangel der Kalkulation anzusehen, wenn kein Primärkostenausweis in den Kalkulationen erfolgt. Dieser Mangel läßt sich aber nur durch eine relativ aufwendige Primärkostenrechnung beseitigen.

In mehrstufigen Unternehmungen stellt sich die Frage, mit welchen zwischenbetrieblichen Verrechnungspreisen Vorstufenerzeugnisse in den Kalkulationen nachgelagerter Produktionsstufen zu bewerten sind. In der Praxis werden vielfach die vollen Herstellkosten, Marktpreise oder "ausgehandelte" Verrechnungspreise als Wertansätze verwendet. Soll aber auch in den Folgestufen eine entscheidungsorientierte Kosten- und Leistungsrechnung mit einem Ausweis von Deckungsbeiträgen erfolgen, so muß auf jeden Fall über alle Stufen mit proportionalen Kosten "durchgerechnet" werden. Andere Wertansätze dürfen nur in Parallelrechnungen verwendet werden.

In Anbetracht der heutigen EDV-technischen Möglichkeiten ist es als Mangel der Kalkulationsdurchführung anzusehen, wenn Kalkulationen entweder noch manuell oder ausschließlich im Batch-Verfahren erstellt werden. Da gerade für Kostenträgerstückrechnungen häufig Alternativrechnungen und Sonderauswertungen erforderlich sind, sollten hier verstärkt dialogorientierte Verfahren angestrebt werden.

6. Schwachstellenanalyse und Verbesserungsmöglichkeiten für die Kostenträgerzeitrechnung (kurzfristige Ergebnisrechnung)

61. Kurzfristige Ergebnisplanung

Die Aufgabe der kurzfristigen Ergebnisplanung besteht darin, das Jahresergebnis differenziert nach Monaten, Erzeugnissen bzw. Erzeugnisgruppen, Absatzgebieten, Kundengruppen und sonstigen absatzrelevanten Gliederungsmerkmalen mit der Zielsetzung einer optimalen Verkaufssteuerung zu planen. Weiterhin sind während einer laufenden Planungsperiode Entscheidungen über Zusatzaufträge zu treffen.

Die Güte der kurzfristigen Erfolgsplanung hängt von folgenden Einflußgrößen ab:

1. Qualität der Absatzplanung
2. Genauigkeit der Kalkulationen (Plan- oder Vorkalkulationen).

Nur wenn eine jährliche Absatzplanung für die Erzeugnisse bzw. Erzeugnisgruppen differenziert nach Absatzgebieten, Kundengruppen und sonstigen absatzrelevanten Gliederungsmerkmalen vorliegt, kann eine entsprechend gegliederte Ergebnisplanung aufgebaut werden.

Mängel der Vor- bzw. Plankalkulationen beeinträchtigen den Aussagewert der Ergebnisplanung; vgl. hierzu unsere Ausführungen in Kapitel 5.

Setzt man die Existenz einer detaillierten Absatzplanung und genauer Kalkulationen voraus, so können folgende Schwachstellen der kurzfristigen Ergebnisplanung auftreten.

In vielen Unternehmungen wird heute die kurzfristige Ergebnisplanung immer noch ausschließlich nach dem Vollkostenprinzip durchgeführt. Die auf einer rechnerischen Proportionalisierung der fixen Kosten basierenden Vollkostenergebnisse sind aber als Grundlage einer gewinnmaximalen Verkaufssteuerung ungeeignet. Weiterhin sind beim Ergebnisausweis für alternative Verkaufsprogramme, die zu unterschiedlichen Beschäftigungen der Kostenstellen führen, entsprechende (geplante) Beschäftigungsabweichungen zu berücksichtigen.

Wird die kurzfristige Ergebnisplanung nach dem Deckungsbeitragsprinzip durchgeführt, so kann insbesondere in Unternehmungen mit mehreren Zweigwerken oder speziellen Produktionsbereichen ein Mangel darin bestehen, daß keine stufenweise Fixkostendeckungsrechnung durchgeführt wird, bei der eine Auflösung des Fixkostenblocks in Erzeugnis-, Erzeugnisgruppen-, Werks- oder Bereichs- und Unternehmensfixkosten erfolgt (mehrstufige Deckungsbeitragsrechnung).

In Unternehmungen mit Kuppelproduktion besteht ein Mangel der Ergebnisplanung häufig darin, daß die Mengenflußrestriktionen der Kuppelproduktion nicht oder nicht genau genug berücksichtigt werden. Hierfür sind lineare Gleichungssysteme bzw. der Einsatz linearer Planungsmodelle erforderlich.

In mehrstufigen Unternehmungen wird häufig versucht, Zwischengewinne vertikaler Produktionsstufen auszuweisen, weil diese als Profit-Center abgerechnet werden sollen. Die Profit-Center-Organisation läßt sich aber nur bei horizontaler Werksgliederung sinnvoll anwenden; bei vertikaler Gliederung spricht man daher auch von "unechten Profit-Centers". In mehrstufigen Unternehmungen mit umfangreichen Lieferungen an die Folgestufen ist der Ausweis von Zwischengewinnen auf der Grundlage von Marktpreisen oder "ausgehandelten Verrechnungspreisen" letztlich als ein Mangel der kurzfristigen Ergebnisplanung anzusehen, da entweder die Erfolgsbeiträge der Folgestufen fehlerhaft ausgewiesen werden oder ein zweiter, auf durchgerechneten proportionalen Kosten basierender Ergebnisausweis erforderlich ist.[13)]

Eine Schwachstelle der kurzfristigen Ergebnisplanung, die man heute bei der Mehrzahl der Unternehmungen mit einer Deckungsbeitragsrechnung immer noch findet, besteht darin, daß keine systematische Planung von Soll-Deckungsbeiträgen erfolgt. Nur durch die systematische Planung von Soll-Deckungsbeiträgen (unter Berücksichtigung aller Möglichkeiten des sog. kalkulatorischen Ausgleichs) ist aber die langfristige Deckung bzw. Überdeckung der fixen Kosten einer Unternehmung sichergestellt und zugleich eine Brücke zwischen der kurzfristigen und der langfristigen Planung geschaffen. Wo die systematische Planung von Soll-Deckungsbeiträgen noch fehlt, wird häufig versucht, diese "Lücke" dadurch zu schließen, daß parallel zur Deckungsbeitragsrechnung eine Ergebnisplanung nach dem Vollkostenprinzip durchgeführt wird. Hierbei werden aber alle Mängel der Vollkostenrechnung (Beschäftigungsabhängigkeit der Vollkosten und Verzicht auf die Möglichkeiten des kalkulatorischen Ausgleichs) reaktiviert.

Eine weitere Schwachstelle der kurzfristigen Ergebnisplanung, bei der es sich aber mehr um einen Anwendungsfehler handelt, ist die falsche Berechnung von Preisuntergrenzen für Zusatzaufträge. In der Praxis werden oft generell die proportionalen Selbstkosten als Preisuntergrenzen für Zusatzaufträge angesehen. Dies gilt aber nur für Zusatzaufträge, die sich vollständig isoliert abwickeln lassen, d.h. keine Rückwirkungen auf die Mengen und/oder Preise und damit auf die Erlöse und Deckungsbeiträge anderer Erzeugnisse haben. Solche Zusatzaufträge sind aber in der Praxis die Ausnahme. Werden (engpaß- oder marktbezogene) Erlösinterdependenzen zu anderen Erzeugnissen wirksam, so müssen bei der Berechnung von Preisuntergrenzen neben den proportionalen Selbstkosten Soll-Deckungsbeiträge berücksichtigt werden, die sich aus wegfallenden Deckungsbeiträgen verdrängter Erzeugnisse ableiten lassen.

62. Kurzfristige Ergebniskontrolle

Die Aufgabe der kurzfristigen Ergebniskontrolle (kurzfristige Erfolgsrechnung) besteht darin, mindestens monatlich einmal den nach Erzeugnissen bzw. Erzeugnisgruppen, Absatzgebieten, Kundengruppen und sonstigen absatzrelevanten Merkmalen differenzierten Periodenerfolg auszuweisen und zu analysieren. Bei Auftrags- und Einzelfertigung liegt der Schwerpunkt der Erfolgskontrolle auf dem Ausweis der Analyse von Projekt- bzw. Auftragserfolgen.

Ein wesentlicher Mangel der kurzfristigen Ergebniskontrolle liegt vor, wenn der

Periodenerfolg ausschließlich nach dem Vollkostenprinzip ermittelt wird; denn eine aussagefähige Erfolgsanalyse ist nur auf der Grundlage von Deckungsbeiträgen realisierbar.

Grundsätzlich sollten der Aufbau und die Gliederung der kurzfristigen Erfolgskontrolle mit dem Aufbau und der Gliederung der kurzfristigen Ergebnisplanung übereinstimmen. Wird die kurzfristige Ergebniskontrolle nach anderen Aufbau- und Gliederungsprinzipien oder weniger differenziert als die Ergebnisplanung durchgeführt, so werden hierdurch die Auswertungsmöglichkeiten entsprechend beeinträchtigt.

Ein wichtiges Problem der kurzfristigen Ergebniskontrolle ist die Verrechnung der Kostenabweichungen auf Kostenträger. In vielen Unternehmungen mit einer Plankostenrechnung werden die Kostenabweichungen (Preis-, Tarif-, Verbrauchs-, Kostenstellenabweichungen usw.) als innerbetriebliche "Verluste" bzw. "Gewinne" angesehen, die mit den Kostenträgern "nichts zu tun" haben. Auch in den USA wird diese Ansicht häufig vertreten. Die Konsequenz dieser Ansicht ist, daß sämtliche Kostenabweichungen im Entstehungsmonat global in den Erfolg ausgebucht werden. Kostenabweichungen sind aber grundsätzlich Kostenbestandteile und als solche den verursachenden Kostenträgern im Ergebnisausweis möglichst genau zuzurechnen. Hierbei ist eine bestandsmäßige Abgrenzung der Herstellkostenabweichungen erforderlich. Wird diese nicht vorgenommen, so führen Halb- und Fertigfabrikatebestandsveränderung zu entsprechenden Phasenverschiebungen im Erfolgsausweis. Sind in größerem Umfang Herstellkostenabweichungen angefallen und geht ein größerer Teil der Produktion einer Abrechnungsperiode in die Halb- und Fertigfabrikatebestände, so würden die Ergebnisbeiträge der betreffenden Kostenträger zu ungünstig ausgewiesen, wenn sämtliche Herstellkostenabweichungen im Entstehungsmonat ergebniswirksam verrechnet würden. Entsprechend umgekehrt wird das Ergebnis zu günstig, wenn in einer Abrechnungsperiode Lagerverkäufe erfolgen, deren zugehörige Herstellkostenabweichungen bereits in einer Vorperiode ergebniswirksam verrechnet worden sind.

Als Verfahren der kurzfristigen Ergebniskontrolle stehen zur Verfügung:[14)]

1. nicht geschlossene Formen der Ergebniskontrolle
2. geschlossene Formen der Ergebniskontrolle.

Bei der nicht geschlossenen Ergebniskontrolle erfolgt keine Abstimmung der erfolgswirksam verrechneten Kosten mit der Kostenarten- und Kostenstellenrechnung. Daher ist bei diesem Verfahren auch keine genaue Abweichungszuordnung möglich; die Kostenabweichungen müssen den Kostenträgern bzw. Kostenträgergruppen vielmehr mit Hilfe von Näherungsverfahren (z.B. normalisierten Kostenabweichungs-Prozentsätzen) zugeordnet werden. Dafür sind die nicht geschlossenen Formen der Ergebniskontrolle relativ leicht und schnell durchführbar und zeichnen sich durch eine hohe Auswertungsflexibilität aus.

Die geschlossene Ergebniskontrolle nimmt in einer vorgeschalteten Betriebsleistungsrechnung eine Abstimmung der ergebniswirksam verrechneten Kosten mit der Kostenarten- und Kostenstellenrechnung vor und weist anschließend in einer Bestandsrechnung nach Plankosten und anteiligen Abweichungen differenzierte Halb- und Fertigfabrikatebestände der Kostenträger- bzw. Kostenträgergruppen aus. Bei diesem Verfahren können im anschließenden Erfolgsausweis die Kostenabweichungen den Kostenträgergruppen genau zugeordnet werden. Dafür ist die geschlossene Ergebniskontrolle aber ein relativ aufwendiges Verfahren, dessen Auswertungsmöglichkeiten begrenzt sind.

Im Idealfall sollte eine Unternehmung beide Verfahren nebeneinander anwenden; geschlossene Formen der Ergebniskontrolle sind aber in der Praxis immer noch relativ wenig verbreitet. Auch die meisten Softwarehäuser bieten nur Standardsoftware für nicht geschlossene Verfahren der kurzfristigen Ergebniskontrolle an.

Ein weiterer Mangel der kurzfristigen Ergebniskontrolle besteht in vielen Unternehmungen darin, daß kein systematischer Soll-Ist-Vergleich des Periodenerfolgs durchgeführt wird. Eine wirksame Ergebnisanalyse ist aber nur realisierbar, wenn die Ist-Ergebnisse mit den Plan-Ergebnissen der kurzfristigen Ergebnisplanung vergleichbar sind. Hierbei sollten die folgenden Abweichungen erfaßt und analysiert werden:

1. Erlösabweichungen
   11. Verkaufspreis-Abweichungen
   12. Absatzmengen-Abweichungen
2. Kostenabweichungen
   21. Abweichungen der proportionalen Selbstkosten
   22. Abweichungen der fixen Kosten
3. Umsatzzusammensetzungs-Abweichungen (product mix variations)
4. Wechselkursabweichungen.

Nur auf der Grundlage einer systematischen Abweichungsanalyse lassen sich die Ergebnisse der Kostenträger bzw. Kostenträgergruppen sinnvoll auswerten und analysieren.

7. Die stufenweise Reorganisation der Kosten- und Leistungsrechnung

Nachdem durch externe Berater oder interne Stellen mit Hilfe der systematischen Schwachstellenanalyse die zu beseitigenden Mängel und erforderlichen Ergänzungen der bestehenden Kosten- und Leistungsrechnung festgestellt worden sind, beginnt die Realisierungsphase der Reorganisation. Änderungen bzw. Ergänzungen der Kosten- und Leistungsrechnung, die über kleinere Korrekturen hinausgehen, sind in der Regel eine komplexe organisatorische Aufgabe, bei der folgende Maßnahmen zu unterscheiden sind:

1. Umstellung oder Erweiterung der Datenerfassung
2. Änderung oder Neugestaltung von Teilsystemen der Kosten- und Leistungsrechnung
3. Änderung oder Neugestaltung der für die Kosten- und Leistungsrechnung eingesetzten Software.

Da die Realisierung dieser Maßnahmen sorgfältig geplant und alle Teilmaßnahmen aufeinander abgestimmt werden müssen, empfiehlt es sich, für die Reorganisation der Kosten- und Leistungsrechnung ein Projektmanagement einzusetzen, dem mehrere fachspezifische Projektgruppen unterstehen.

Dem Projektmanagement sollte das kaufmännische Mitglied der Geschäftsleitung, der Leiter des internen Rechnungswesens, der Leiter des Controlling, der Leiter der EDV und eventuelle externe Berater (Wissenschaftler oder freiberufliche Unternehmensberater) angehören.

Die Reorganisation der Kosten- und Leistungsrechnung wird zweckmäßigerweise in die beiden folgenden großen Realisierungsstufen unterteilt:

1. Reorganisation der Kostenarten- und Kostenstellenrechnung (einschl. des innerbetrieblichen Auftragswesens)
2. Reorganisation der Kostenträgerrechnung (Kalkulation und kurzfristige Ergebnisrechnung).

Für größere Reorganisationsmaßnahmen der Kosten- und Leistungsrechnung, die alle Teilrechnungen tangieren, sind die folgenden Problemgruppen erforderlich:

1. Einteilung und Erfassung der Kostenarten (Kostenartenrechnung)
2. Innerbetriebliche Auftragsabrechnung
3. Kostenstellenrechnung
   31. Kostenstelleneinteilung und Bezugsgrößenwahl
   32. Leistungserfassung
   33. Kostenplanung (einschl. innerbetriebliche Leistungsverrechnung)
   34. Soll-Ist-Kostenvergleich
4. Planung, Verrechnung und Kontrolle der Einzelmaterialkosten

5. Planung, Verrechnung und Kontrolle der Sondereinzelkosten
6. Kostenträgerstückrechnung (Kalkulation)
7. Kostenträgerzeitrechnung (kurzfristige Ergebnisrechnung).

Die Projektgruppen diskutieren die in ihrem Bereich fallenden Reorganisationsmaßnahmen und treffen Entscheidungen für ihre Durchführung. Sie berichten in regelmäßigen Abständen dem Projektmanagement über die Fortschritte des Projektes. In Streitfällen trifft das Projektmanagement die erforderlichen Entscheidungen.

Da alle Teilsysteme der Kosten- und Leistungsrechnung mit Hilfe der EDV realisiert werden, sind in die Projektgruppen auch Vertreter der Datenverarbeitung einzubeziehen. Ihre Aufgabe besteht darin, die erforderliche Software für die neugestaltete Kosten- und Leistungsrechnung zur Verfügung zu stellen. Hierbei sind die folgenden Möglichkeiten zu prüfen und gegeneinander abzuwägen:

1. Erweiterung der bestehenden Softwaresysteme
2. Schaffung neuer Softwaresysteme
   21. Auswahl aus der auf dem Markt verfügbaren Standardsoftware
   22. Erstellung eigener Software.

Im Falle der Anschaffung von Standardsoftware sind der Umfang und die Kosten der Anpassungsprogrammierung zu berücksichtigen. Die Erstellung eigener Softwaresysteme erweist sich in den meisten Fällen als zu kostspielig; sie kommt heute fast nur noch in Frage, wenn auf dem Markt keine geeignete Software verfügbar ist.

Bei der Planung des EDV-Bedarfs ist darauf zu achten, daß parallel zur stufenweisen Reorganisation der Kosten- und Leistungsrechnung in der Regel eine zeitlang noch die bisherigen Auswertungen weitergeführt werden müssen, damit keine Informationslücke entsteht.

Der Zeitbedarf für eine umfangreiche Reorganisation der Kosten- und Leistungsrechnung beträgt in der Regel mindestens ein bis zwei Jahre; in Großunternehmen sogar bis zu fünf Jahren.

Prof. Dr.W. Kilger	Allgemeine Vorgehensweise bei der Analyse und Behebung von Schwachstellen der Kosten- und Leistungsrechnung	Anlage: 1

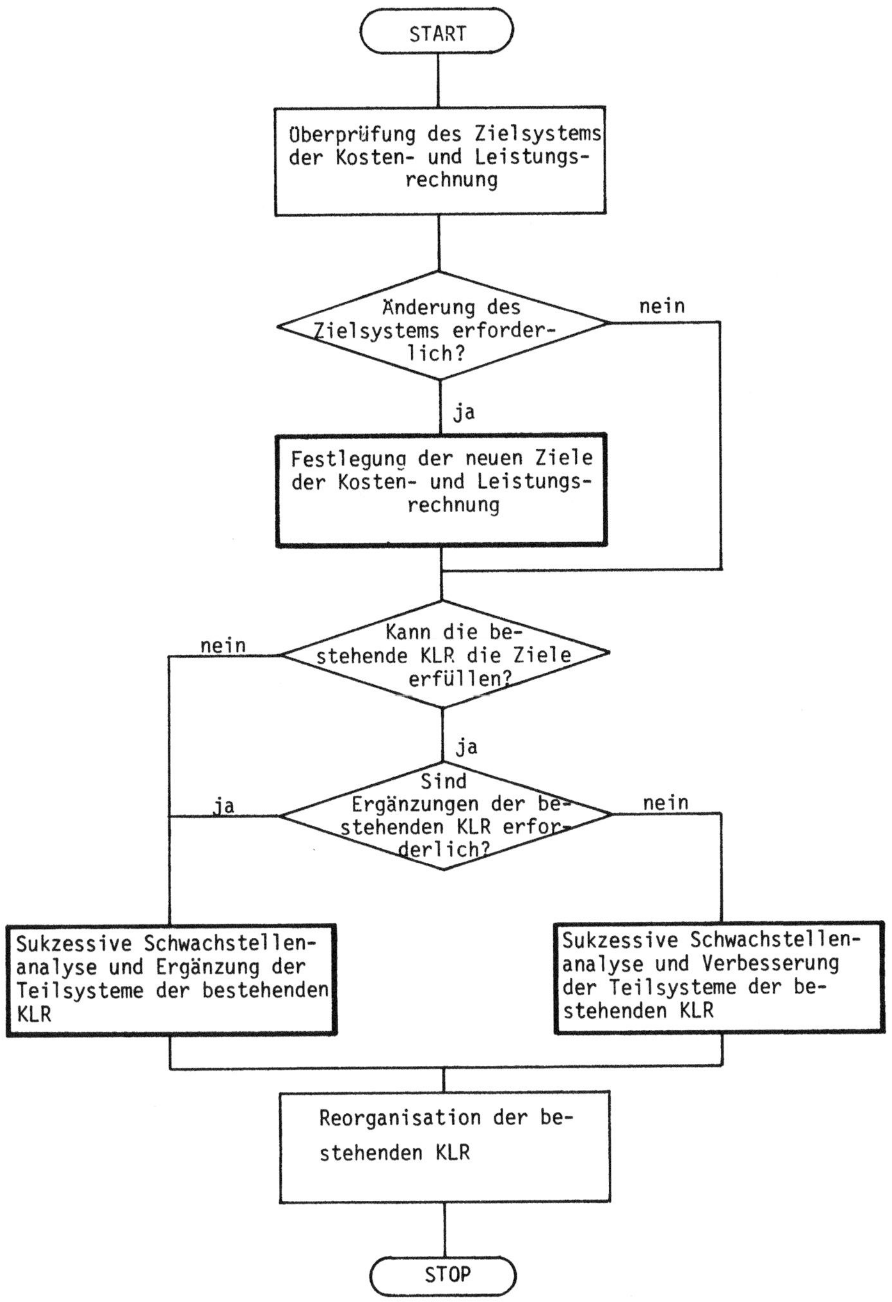

Prof. Dr. W. Kilger	Übersicht über die Teilsysteme der Kosten- und Leistungsrechnung (bei einer parallel durchgeführten Proportional- und Vollkostenrechnung)	Anlage: 2

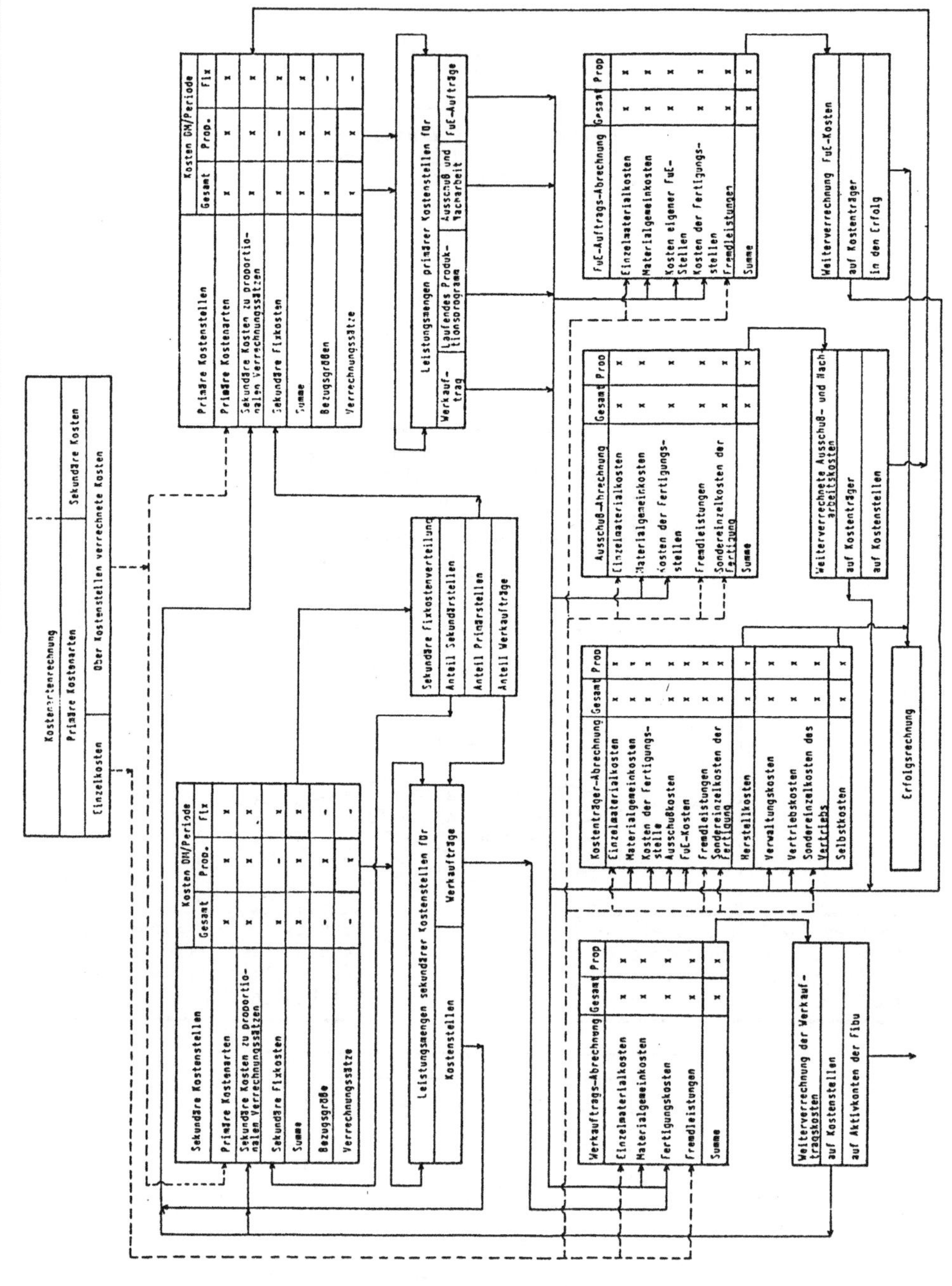

Prof.Dr. W. Kilger	Merkblatt zur Überprüfung der Bezugsgrößenwahl in Kostenstellen des Fertigungsbereichs	Anlage: 3

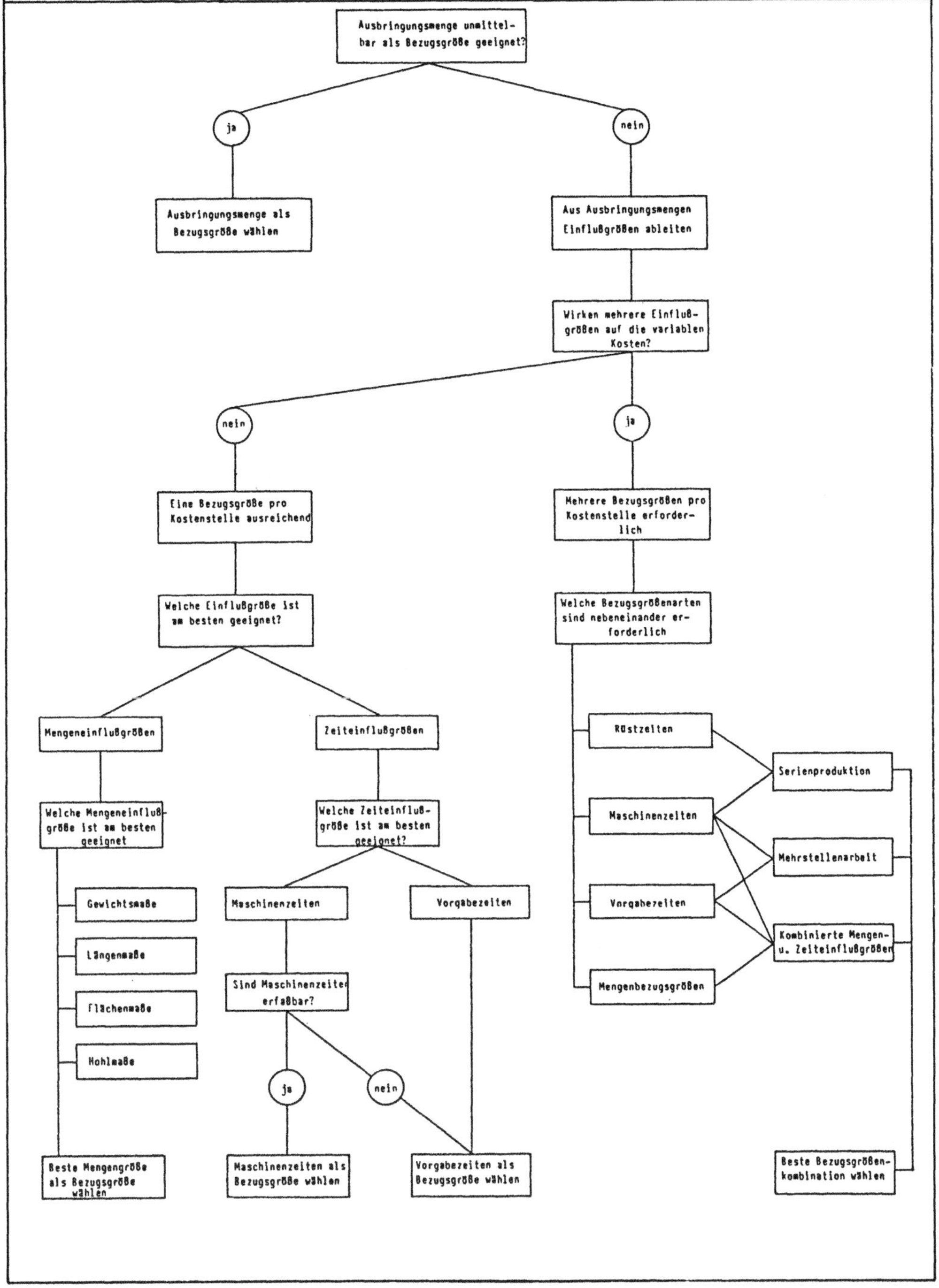

Prof. Dr. W. Kilger	Übersicht über die Aufgaben und die Arten der Kalkulation	Anlage: 4

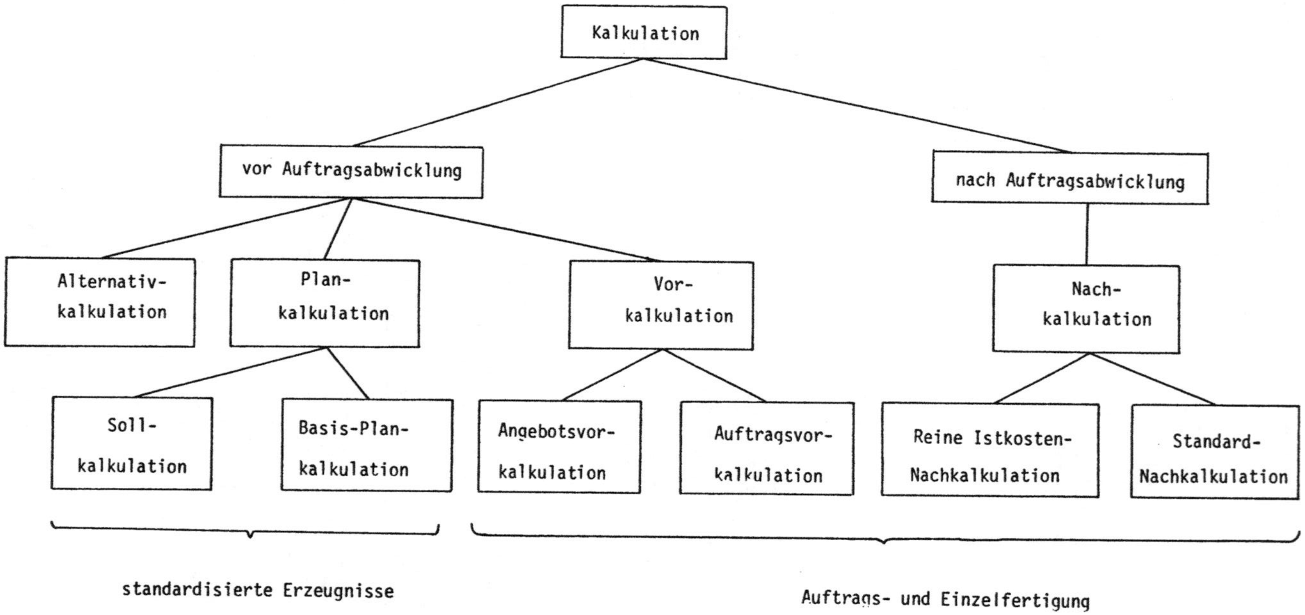

Anmerkungen:

1) Vgl. W. Kilger (Einführung, 1980), S. 14 ff.
2) Vgl. W. Kilger (Einführung, 1980), S. 69 f., F. Henzel (Kostenrechnung, 1964), S. 45.
3) Vgl. dazu H. Norden (Kostenarten, 1940), S. 582, der schon relativ früh auf die Gefahren "unsauberer Kostenarten" hingewiesen hat.
4) Vgl. W. Kilger (Flexible Plankostenrechnung, 1981), S. 205 ff.
5) Vgl. K. Hax (Substanzerhaltung, 1957), S. 212 ff; L. Hans (Planung, 1984), S. 116 f.
6) Vgl. W. Kilger (Einführung, 1980), S. 135 ff.
7) Vgl. G. Seicht (Kosten- und Leistungsrechnung, 1981), S. 104 ff.
8) Vgl. dazu W. Kilger (Kalkulatorische Kapitalkosten, 1985).
9) Vgl. W. Kilger (Flexible Plankostenrechnung, 1981), S. 320 ff.
10) Vgl. W. Kilger (Flexible Plankostenrechnung, 1981), S. 324 ff.
11) Vgl. dazu W. Kilger (Flexible Plankostenrechnung, 1981), S. 313 ff.
12) Vgl. zu den Kalkulationsverfahren W. Kilger (Einführung, 1980), S. 305 ff.
13) Vgl. W. Medicke (Deckungsbeitragsrechnung, 1982), S. 2 f.
14) Vgl. dazu W. Kilger (Flexible Plankostenrechnung, 1981), S. 671 ff.

Literaturverzeichnis:

Hans, L.: Planung und Plankostenrechnung in Betrieben mit Selbstkostenpreis-Erzeugnissen, Würzburg-Wien 1984.

Hax, K.: Die Substanzerhaltung der Betriebe, Köln und Opladen 1957.

Henzel, F.: Die Kostenrechnung, 4. Aufl., Essen 1964.

Kilger, W.: Einführung in die Kostenrechnung, 2. Aufl., Wiesbaden 1980.

Kilger, W.: Flexible Plankostenrechnung und Deckungsbeitragsrechnung, 8. Aufl., Wiesbaden 1981.

Kilger, W.: Verrechnung der kalkulatorischen Kapitalkosten, unveröffentlichtes Manuskript, Saarbrücken 1985.

Medicke, W.: Deckungsbeitragsrechnung in Unternehmen mit mehrstufiger Fertigung unter Verwendung von Verrechnungspreisen, unveröffentlichtes Vortragsmanuskript, agplan-Fachtagung vom 01. Dezember 1982.

Norden, H.: Saubere Kostenarten, Der praktische Betriebswirt 1940, S. 578 ff.

Seicht, G.: Moderne Kosten- und Leistungsrechnung, 3. Aufl., Wien 1981.

Realtime-Controlling – betriebswirtschaftliches Konzept und organisatorischer Aufbau

Dipl.-Vw. *U. Fock*, Controlling Software GmbH, Hamburg

PROBLEMSTELLUNG

Was heute vom Controlling gefordert wird, ist vom betriebswirtschaftlich-methodischen Ansatz und von dem DV-Instrumentarium her deutlich anspruchsvoller als noch vor wenigen Jahren. Analysiert man das zugehörige Angebot an Standard-Anwendungssoftware für das Controlling, so muß man erkennen, daß dieses äußerst klein ist. Einerseits fehlt es an der Qualität und Geschlossenheit der betriebswirtschaftlichen Philosophie, andererseits mangelt es an DV-technisch neuzeitlichen Lösungskonzepten.

Das Softwaresystem Dialog-Controlling DC schließt diese Lücke und bietet die Verbindung von hochwertiger technologischer und betriebswirtschaftlicher Lösung. Der konzeptionelle Ansatz unterscheidet sich dabei von traditionellen Kostenrechnungen durch zwei wesentliche zusätzliche Eigenschaften: Steuerung und Ergebnisverantwortung.

1. BETRIEBSWIRTSCHAFTLICHE PHILOSOPHIE UND ZIELSETZUNG DES SYSTEMS DIALOG-CONTROLLING DC

Ausgangspunkt für den Entwurf eines Informationssystems, das über die Erfolgswirksamkeit der unternehmerischen Entscheidungen Auskunft gibt, ist das betriebliche Rechnungswesen. Zusätzlich zu seiner traditionellen Rolle, quasi als Unternehmensgeschichtsschreibung die in einer Periode abgelaufenen realen Geschäftsvorfälle zu dokumentieren, ist es zu einem die betriebswirtschaftlichen Funktionen Leistungserstellung und Leistungsverwertung begleitenden Informationsinstrument zu erweitern.

In dieser erweiterten Aufgabe muß das Rechnungswesen - ode das "Controlling", um seiner gewandelten Funktion auch sprachlich Rechnung zu tragen - in der Lage sein - aufgrund seiner unmittelbaren Verknüpfung mit der Planung -, in den einzelnen Betriebsbereichen jede Abweichung vom gesetzten Ziel unverzüglich und nach Ursachen differenziert anzuzeigen. Auf diese Weise wird es zum Diagnose-Instrument des Management für die Früherkennung und Ursachenanalyse von Schwachstellen, die den geplanten Erfolg beeinträchtigen. Operative Maßnahmen und die Information über die Erfolgswirksamkeit dieser Maßnahmen müssen sich im Sinne eines Kontrollzyklus ergänzen - quasi als Rückkopplungsschleife für die Unternehmensentscheidung (vgl. Abb. 1).

Die Gliederung des Systems Dialog-Controlling DC, die Gestaltung der Teilsysteme und ihr Zusammenhang ermöglichen es, den einzelnen Verantwortungsbereichen objektive, dem Gewinnziel kongruente Teilziele vorzugeben. In kurzfristig erstellbaren Soll-Ist-Vergleichen und Erwartungsrechnungen können alle zurechenbaren Abweichungen nach wesentlichen Verursachungsgrößen so dargestellt werden, daß klare Entscheidungsgrundlagen für die Verantwortungsträger gegeben sind.

Darüber hinaus erlaubt dieses als Steuerungsinstrument ausgestaltete System sowohl die Effizienz jeder einzelnen betrieblichen Funktion als auch den Erfolg jedes einzelnen Verantwortungsträgers an der Einhaltung seiner Ziele zu messen.

Die Steuerungsgrößen und die zu analysierenden Abweichungskategorien zeigt die folgende Übersicht:

Bereich	Steuerungsgröße	Abweichungen
Kostenstellen	variable und fixe Kosten	Beschäftigungsabweichungen, Verbrauchsabweichungen
Kostenträger	Material- und Bezugsgrößenmengen	Verfahrensabweichungen, Verbrauchsabweichungen
Deckungsbeiträge	Erlöse, Absatz, Vertriebskosten, Deckungsbeiträge	Preisabweichungen, Erlösschmälerungsabweichungen, Absatzabweichungen, Sales-Mix-Abweichungen
Ergebnisse	Erlöse, Umsatzkosten	Verbrauchsabweichungen, Deckungsrelation

Voraussetzung für das Funktionieren eines Controllingsystems ist eine durchgängige Planung, hin zum gewünschten wirtschaftlichen Erfolg, die nach den Regeln "bottom up" oder "top down" zu realisieren ist.

Dialog-Controlling DC macht den Prozeß der Zielfindung, bedingt durch seine

Strukturelemente (Realtime, relationale Datenhaltung, DC-Query, PC-Einsatz), einfach und effektvoll und reduziert den Aufwand erheblich. U. a. wird unterstützt:

- die analytische Kostenplanung für Kostenstellen mit Kostenauflösung
- die Budgetierung von Fixkosten
- die Planungsumwertung
- die Verwendung von Modellen
- die Planungshochrechnungen
- die Durchrechnung alternativer Erlös- und Kostenpläne bis zum Ergebnis

Technisch absolut notwendig für abgesicherte Aussagen aus dem Controllingsystem sind einerseits die Vollständigkeitsprüfung bei der Datenübernahme, andererseits die Überleitung des Betriebsergebnisses zum G+V-Ergebnis der Buchhaltung. Nur ein integriertes, lückenlos mit der Finanzbuchhaltung abgestimmtes Controllingsystem kann die Qualität an Informationen bieten, die der obigen Zielsetzung gerecht wird.

Zielsetzung eines Unternehmens in unserem Wirtschaftssystem ist die

- Überschußerzielung, wobei als notwendige Bedingung die
- Wahrung des finanziellen Gleichgewichts hinzukommt.

Ausgangspunkt für den DC-Systemansatz ist mithin zwingend die Analyse der Gewinneinflußfaktoren und damit die Trivialgleichung:

Gewinn = (Erlös ./. variable Kosten) ./. fixe Kosten

Bei der Ableitung einer mit dem Gewinnziel kongruenten Zielhierarchie für alle Teilfunktionen bzw. Verantwortungsbereiche ist die Beachtung der nachfolgenden 5 Grundsätze stets aufs neue zu prüfen; denn, wie die Erfahrung zeigt, läßt sich in den meisten Fällen eine schlechte Beurteilung oder gar Nichtakzeptanz des Planungs- und Steuerungssystems durch die Verantwortlichen eines Unternehmens auf einen Verstoß gegen diese Grundsätze zurückführen.

Zielsetzung

Für den Gewinn und seine Bestimmungsfaktoren sind eindeutige Zielwerte als Maßstab für das "Ist" erforderlich.

Das System Dialog-Controlling DC hilft, die Entscheidung zwischen Planungsalternativen zu unterstützen und die gewinnträchtigste Strategie unter Beachtung möglicher Nebenbedingungen zu finden.

Verantwortung

Für alle Teilziele ist eine eindeutige Verantwortlichkeit zwingend erforderlich. Die Systemgliederung hat so zu erfolgen, daß die Zielhierarchie und die entsprechend der Delegation der funktionalen Aufgaben strukturierte Verantwortungshierarchie übereinstimmen.

Kongruenz der Teilziele

In der Zielhierarchie festgeschriebene Teilziele müssen mit dem Gesamtziel in dem Sinne deckungsgleich sein, daß Abweichungen beim Teilziel einer betragsgleichen Abweichung vom Gesamtziel entsprechen.

Eindeutigkeit der Abweichungen

Effiziente Abweichungsrechnungen erfordern Monokausalität, um dem Verantwortungsträger als Grundlage für neue Entscheidungen zu dienen. Dialog-Controlling DC macht diese ceteris paribus Analyse möglich.

Aktualität

Controlling-Informationen sind zu vergleichen mit leicht verderblicher "Ware", sie müssen zeitnah bereitstehen und sofort "konsumiert" werden, um wirkungsvolle Steuerungsimpulse zu initialisieren.

Wenn somit Controlling so zu verstehen ist, daß es letztendlich eine permanente Wirtschaftlichkeitsprüfung des betrieblichen Geschehens fordert und auch garantieren muß, so sind daran die nachfolgend aufgezeigten Grundsatzfragen unabdingbar geknüpft:

- Welches sind die Einflußfaktoren auf den Gewinn, welche Einflußfaktoren sind hiervon wesentlich und wie kann man sie beeinflussen?

- Welche Steuerungs- (Controlling-) Instrumente werden benötigt, um diese Einflußfaktoren und damit gleichzeitig den Gewinn steuern zu können?

Zur Verdeutlichung der daraus folgenden integrierten Wertverknüpfung und Ableitung der steuerbaren Gewinneinflußfaktoren soll nachfolgende Ableitung (vgl. Abb. 2) dienen.

Aus den aufgezeigten Zusammenhängen ergeben sich die vier Controllingbereiche:

1. Herstellung - mit den Gewinneinflußfaktoren
   - Beschaffungspreise
   - Materialeinsatz
   - Kostensätze
   - Leistung (Bezugsgrößen)

2. Vertrieb - mit den Gewinneinflußfaktoren
   - Listenpreise
   - Erlösschmälerungen
   - Absolute Mengen
   - Relative Mengen

3. Fixkosten - mit den Gewinneinflußfaktoren
   - Vorhaltekosten (in der operativen Planperiode nicht gestaltbare Fixkosten)
   - Regiekosten (gestaltbare Fixkosten)

4. Ergebnis - mit den Gewinneinflußfaktoren
   - Erlöse
   - Umsatzkosten
   - Deckungsbeiträge
   - G+V-Abgrenzungen

2. BETRIEBSWIRTSCHAFTLICHER LEISTUNGSUMFANG DER TEILSYSTEME DES SYSTEMS DIALOG-CONTROLLING DC

Die Instrumente des Systems Dialog-Controlling DC bilden die Zahlenwerkstatt für alle Controllingbereiche eines Unternehmens. Es handelt sich um das operative Rechnungswesen als Zahlen-Informationsdienst für die Entscheidungsträger (vgl. Abb. 3).

Die Informationen des betrieblichen Rechnungswesens betreffen Kosten und Erlöse; sie sind das Spiegelbild für Aufgaben, Tätigkeiten, Kompetenzen, Maßnahmen und Projekte, die zu diesem Zweck entsprechend aufbereitet sein müssen.

Die erste Planungs- und Analysefrage lautet: Wo sind die Kosten entstanden und wer h a t s i e d i s p o n i e r t ?

D a s K o s t e n s t e l l e n - C o n t r o l l i n g (K S C) hat dabei insbesondere z w e i A u f g a b e n zu erfüllen:

1. Jene Kosten, die nicht direkt den Aufträgen zugerechnet werden können oder sollen, zunächst auf Kostenstellen zu erfassen, um sie dann - sofern eine direkte Auftragsverursachung vorliegt - über die Leistungsverrechnung verursachungsgerecht auf die Aufträge zu verrechnen und
2. Planung und Steuerung der Wirtschaftlichkeit durch Soll-Ist-Vergleich. Ermittelte Abweichungen sind für notwendige Entscheidungen aufzubereiten.

D i a l o g - C o n t r o l l i n g D C l e i s t e t h i e r zur Kontrolle und Steuerung u.a..:

- Abrechnung aller Istkosten des Kostenstellenbereichs und Gegenüberstellung zu Sollkosten
- Messung der Leistungen in den Kostenstellen aufgegliedert je Bezugsgröße
- Soll-Ist-Vergleiche für Kostenstellen
- leistungsabhängige Ermittlung von Sollkosten
- wahlfreie Verdichtung von Kostenstelle zu beliebigen Verantwortungsbereichen
- innerbetriebliche Leistungsverrechnung mit automatischen Gutschriften für die leistenden Kostenstellen
- automatische Verrechnung kalkulatorischer Kostenarten
- saisonale Planung aperiodischer Kosten und Leistungen
- detaillierte frei definierbare Protokollierung aller Kosten und Leistungen
- beliebige Verdichtung von Werten aus den Subsystemen
- Bildung von Hierarchien
- Abweichungsrechnung (Verbrauchs- und Beschäftigungsabweichungen)

Die z w e i t e P l a n u n g s - u n d A n a l y s e f r a g e l a u t e t : w o f ü r w e r d e n d i e K o s t e n v e r - b r a u c h t ?

Das Controlling im Kostenträger-Bereich hat die Kalkulationsüberwachung der Produkte (Projekte, Dienstleistungen etc.) zum Ziel.

Dialog-Controlling DC unterscheidet beim Kostenträger zwei Subfunktionen:

1. die Auftragsnachkalkulation
2. die Bestandsführung.

Im eigentlichen Kostenträgersegment sind dazu alle den Subfunktionen gemeinsamen Stamm- und Steuerungsdaten gespeichert (z.B. Verrechnungspreise, Plankalkulationen, Auftragsstatistiken) - vgl. Abb. 4.

Die Auftragsnachkalkulation hat insbesondere die Aufgaben:

1. Kostenermittlung für die einzelnen Aufträge sowie die Darstellung der Abweichungen zur Vorkalkulation im Soll-Ist-Vergleich

2. Verrechnung von auftragsbezogenen Leistungen (Ist-Bezugsgrößenverbrauch), Ist-Materialkosten und sonstige Kosten mit alternativen Bewertungsmöglichkeiten (z.B. Grenz- und Vollkosten, steuerliche Wertansätze).

D i a l o g - C o n t r o l l i n g D C beinhaltet u.a. folgende Funktionen:

- wahlfreie Definition der Aufträge
- Abrechnung aller Istkosten der Aufträge und Gegenüberstellung zu Sollkosten
- wahlfreie Abrechnung von Aufträgen zu Grenz- und/oder Vollkosten und/oder weiterer Wertansätze
- wahlfreie Gliederung der Nachkalkulation (Kalkulationsschema)
- Nachkalkulation mit Kosten/Auftrag und Kosten/Stück
- Ausweis von Leistungs- und Materialverbrauchsabweichungen
- automatische Verrechnung von Gutschriften für trägerbezogene Leistungen
- Kostenträgerbestandsführung des "work in process"
- Verdichtung von Aufträgen (wahlfrei)
- Führen von statistischen Aufträgen
- Durchführung automatischer Steuerungen

Für jeden Kostenträger werden in der Subfunktion Bestandsführung wert- und mengenmäßig die Bestände geführt. Wertmäßig können Durchschnittsist- und/oder Standardpreise verwendet werden (bis zu 4 Alternativbewertungen). Dadurch ist es möglich, die vier parallelen Auftragsbewertungen über alle Produktionsstufen bis zum Endprodukt zu erhalten.

Es ist ein wesentlicher Vorteil, insbesondere für Anwender ohne maschinelle Materialwirtschaft, daß auch die Kostenträger-Bestandsführung im System DC integriert ist. Das erlaubt:

- eine automatische Bewertung aller Materialverbräuche für die Belastung der Fertigungsaufträge
- eine automatische Bewertung aller selbst hergestellten Teile und Baugruppen und damit eine lückenlose Führung der in die Kostenträgerrechnung einfließenden

Werte bei mehrstufiger Fertigung bis hin zum Endprodukt

- eine automatische "Bewertung" aller verkauften Produkte einschließlich Handelsware mit den Herstellkosten bzw. Einstandskosten für die Erfolgsrechnung

Stellt der Anwender eine eigene Bestandsführung im Rahmen seiner Materialwirtschaft bereit, so ist es möglich, die DC-eigene zu entkoppeln.

Die dritte Planungs- und Analysefrage führt zum Deckungsbeitrags-Controlling (DBC).

Sie umfaßt das Steuerungssystem für das Vertriebsgeschehen. Ihre Sichtweise bezieht sich einerseits auf die Verantwortlichkeiten für die Gewinneinflußfaktoren, andererseits auf die Möglichkeiten der Artikel- und Sortimentsgestaltung. Ihre Funktionen im System DC umfassen u.a.:

- Soll-Ist-Vergleich für beliebige Verantwortungsbereiche nach Erlös- und Kostenarten
- differenzierte Darstellung von Deckungsbeitrags-Abweichungen
- Parallelhierarchien für unterschiedliche Vertriebsstrukturen
- Berücksichtigung saisonaler Planwerte
- Favoritenlisten nach verschiedenen Kriterien wie Umsatz, Deckungsbeitrag, Engpaßbeanspruchung
- Kontrolle der Kalkulation für alle abgesetzten Artikel
- Ermittlung der Deckungsbeiträge für Engpaßeinheiten
- Verarbeitung mehrerer Planalternativen zur Ermittlung des "optimalen" Verkaufsprogramms
- Verdichtung von Artikeln zu Artikelgruppen in mehreren Hierarchiestufen

Die Zusammenfassung der Soll- und Istwerte aus den Teilsystemen und Feststellung der Konsequenzen hin zum Gewinn führt zum Ergebnis-Controlling (BEC). Es bildet im Dialog-Controlling DC den Systemschluß und beinhaltet folgende Funktionen:

- Abrechnung der Soll- und/oder Istkosten aus der Kostenstellen- und Auftragsabrechnung in beliebiger Gliederung
- Abrechnung der Erlöse in Soll und Ist
- Durchführung wahlfreier Sparten- bzw. Teilbetriebsergebnisrechnungen
- automatische Ermittlung von Abweichungen
- Durchführung wahlfreier Verdichtung von Teilergebnissen

- Realisierung einer Fixkostendeckungsrechnung
- Durchführung automatischer Steuerungen
  - beliebige Summierung
  - kalkulatorische Soll- und Istkosten
  - Ermittlung von Kennziffern
  - Überleitung zur G + V
  - Mehrjahresvergleiche

3. DAS SOFTWARE-KONZEPT

Dialog-Controlling DC ist DV-technisch von Grund auf nach neuesten Gesichtspunkten realisiert worden. DV-Techniken aus früheren Hardware-Generationen wurden kompromißlos abgelöst. Erstmals konnten damit die Vorstellungen modernen Software-Engineerings, aber auch Anforderungen an die Ergonomie erfüllt werden.

Es sind im wesentlichen die folgenden E i g e n s c h a f t e n , die D i a l o g - C o n t r o l l i n g D C zum System ohne echte Alternative machen:

Dialog-Verarbeitung

" D i e D a t e n v e r a r b e i t u n g m u ß z u r ü c k a n d e n A r b e i t s p l a t z ! " Diese seit Ende der 70er Jahre laut gewordene Forderung meint mehr als nur eine dialogisierte Stammdaten-Verwaltung. Dialog-Controlling DC bringt die g e s a m t e V e r a r b e i t u n g a u f d e n B i l d s c h i r m : Stamm- und Bewegungsdaten, Tabellenpflege, komplette Modellrechnungen, Plansimulation, Abfragen. Niemals zuvor hatte der Controller mehr Leistung der EDV direkt zur Verfügung als bei diesem Konzept.

Quasi nebenbei wird erreicht, daß

- die R e a l t i m e - V e r a r b e i t u n g von mehr Verständnis der Anwender für die Zusammenhänge begleitet ist und den oftmals bestehenden Konflikt zwischen DV- und Fachabteilung beseitigt
- die Einführung eines Realtime-Systems und auch die Arbeit damit mit mehr Motivation erfolgt
- auch die Weiterentwicklung des Systems durch auf Realtime-Verarbeitung ausgelegte Strukturen erleichtert wird und
- DV-Kosten direkt durch effizientere Verarbeitung und indirekt durch zielgerichtete und bedarfsorientierte Informationen und nicht Auswertungsüberfrachtungen sinken.

Controller-Datenbank

Eine D a t e n b a n k , die gezielt auf die Bedürfnisse des Controlling zugeschnitten ist, stellt den datentechnischen " N u c l e u s " d e s S y s t e m s D C dar. Vollkommen unabhängig von den operativen Frontsystemen - jedoch periodisch aus diesen aktualisiert - bietet die Controller-Datenbank die G e w ä h r f ü r e i n e n o p t i m a l e n A b l a u f d e r A n w e n d u n g s p r o g r a m m e im Sinne:

- hoher Verarbeitungsgeschwindigkeit (Online-Performance)
- problembezogener, leistungsfähiger Abfrage"sprache"
- flexibler Dialog-Steuerung
- der Transparenz nach innen und außen.

Daß die Controller-Datenbank im modelltheoretischen Sinne eine " r e l a t i o n a l e " D a t e n b a n k ist, sei nur als Fußnote erwähnt - wichtig f ü r d e n B e n u t z e r sind allein die sich daraus ergebenden V o r t e i l e (s.o.).

Abfragesprache (VBAB).

Eine technische Raffinesse ganz besonderer Art ist das A u s w e r t u n g s - S y s t e m im Dialog-Controlling DC.

VBAB - V a r i a b l e B e r i c h t e u n d A u s w e r t u n g e n d e r B e t r i e b s a b r e c h n u n g u n d - s t e u e r u n g. VBAB ist - ganz wichtig - k e i n e " S p r a c h e " im eigentlichen Sinne, d.h. es muß nicht "programmiert" werden, wie es bei herkömmlichen Universal-Query-Languages der Fall ist. Vielmehr stellt VBAB ein p r o - b l e m o r i e n t i e r t e s I n s t r u m e n t a r i u m zur Verfügung, welches der Spezifikation und Abforderung von Auswertungen vielfältigster Art dient - selbstverständlich ebenfalls vollständig d i a l o g g e s t e u e r t u n d m e n ü g e f ü h r t. Der Vorteil liegt in der großen Mächtigkeit bei gleichzeitiger Einfachheit in der Bedienung: spezielle "Sprachlehrgänge" sind nicht erforderlich. Nicht eine Vielzahl fest vorgegebener vorproduzierter Auswertungen, sondern w e i t e s t g e h e n d u n b e g r e n z t e A u s w e r - t u n g s m ö g l i c h k e i t e n werden dem Benutzer an die Hand gegeben.

Die direkte Zugrifsmöglichkeit auf die Daten ermöglicht das "Spielen" mit diesen (Simulation, Planung, Hochrechnung etc.). Der Weg ist frei von dem nur periodenorientierten - hin zum a n l a ß o r i e n t i e r t e n R e c h n e n . Die F r a g e n " W a s w ä r e , w e n n . . . " rücken in den Mittelpunkt.

PC-Integration (mit PETRA)

Die automatische Einbeziehung des PC´s - Ihres "Persönlichen Computers" - in das System Dialog-Controlling DC stellt ebenfalls eine technische Innovation ersten Ranges dar. Es wird damit ein Tor aufgestoßen in eine Welt von bisher noch bei weitem nicht endgültig absehbaren Möglichkeiten der individuellen Datenverarbeitung. Hier wird der Wunsch vieler Controller erfüllt: Die Daten des Zentralrechners selektieren und verwenden - so, wie es die eigene Aufgabenstellung erfordert. Auch der EDV-Leiter freut sich über die Entlastung seiner Zentral-Ressourcen, wenn z.B. komplexe Plansimulationen oder graphische Darstellungen auf den Arbeitsplatzcomputer verlegt werden.

Dialog-Controlling DC bietet integriert den Zugriff auf die Controller-Datenbank sowie Transfer von Daten auf den PC. Dabei erfolgt außerdem eine PC-gerechte Format-Umwandlung für Programme wie LOTUS, OPEN ACCESS, WORDSTAR, dBASE u.a.

Darüber hinaus sollen die weiteren Programmeigenschaften nicht unerwähnt bleiben:

· DIALOG-KONZEPT
  - Optimale Benutzernähe
  - Ausnutzung neuester Hardware-Technologien
  - Voraussetzung für Simulationen
  - Datenschutz

· MANDANTEN-KONZEPT
  - mehrere Firmen gleichzeitig (Konzern)
  - Test-Mandant
  - Mandant-übergeordnete Funktionen

· MODULARITÄT
  - klare Funktions-Gliederung
  - einheitliche Schnittstellen
  - Wartbarkeit

  (vgl. Abb. 5)

. PARAMETISIERUNG
  - Rechenregeln zur Wertebildung und -Verrechnung
  - Navigationsvorschriften zur dynamischen Strukturbildung
  - Auswertungen

· HELP-FUNKTION

· ENTKOPPELUNG DER EXTERNEN NOMENKLATUREN
  - Alte/Neue Stellen-Pläne, Nummernkreise
  - Kann, nicht muß

· ANPASSUNGSFÄHIGKEIT
  - der Benutzeroberfläche
    · Funktionstasten / Befehle
    · Sprache (Fremd-, Mehrsprachigkeit)

  - an das organisatorische Umfeld
    · flexible Datenübernahme
    . Tabellensteuerung

· AUSBAUBARKEIT
  - Erweiterungen
  - abwärtskompatibel

Dialog-Controlling DC ist damit ein System (vgl. Abb. 6), das

1. in Design und Machart neuester DV-Technologie entspricht (Realtimekonzept)
2. über Datenbanken integriert ist, so daß das Zusammenspiel zu den datenliefernden Frontsystemen in einem geschlossenen Wertefluß erfolgt
3. alle heute verfügbaren und zukünftig zu erwartenden Kommunikationsmöglichkeiten mit der Controller-Datenbank zuläßt.

Dialog-Controlling DC - eine integrierte und leicht integrierbare Systemkonzeption - ein dickes Bündel zukünftiger Technologie - bereits heute realisiert und nutzbar gemacht.

Abb. 1: Regelkreis Controlling

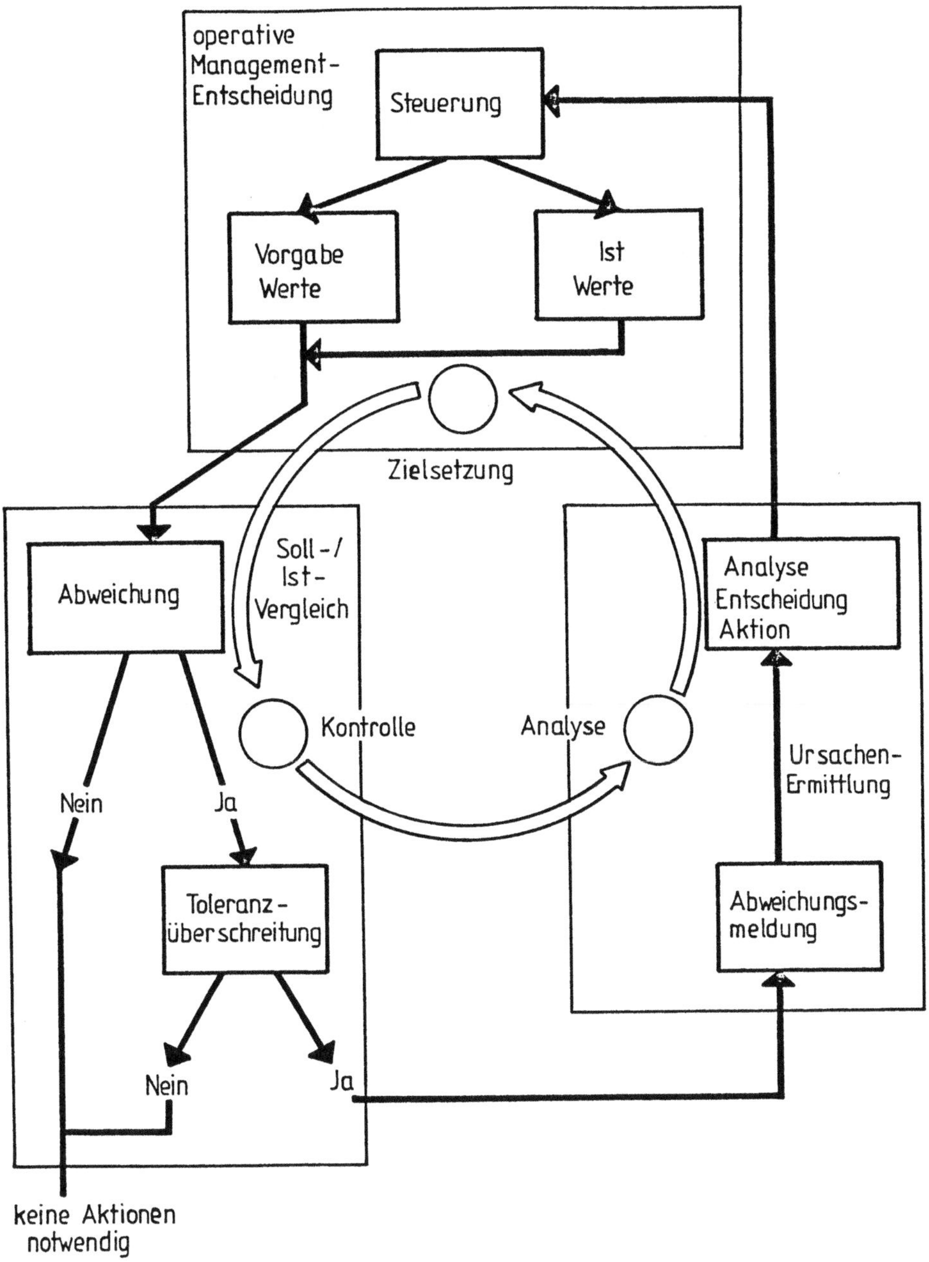

Abb. 2: Auflösung in kontrollierbare Gewinneinflußfaktoren

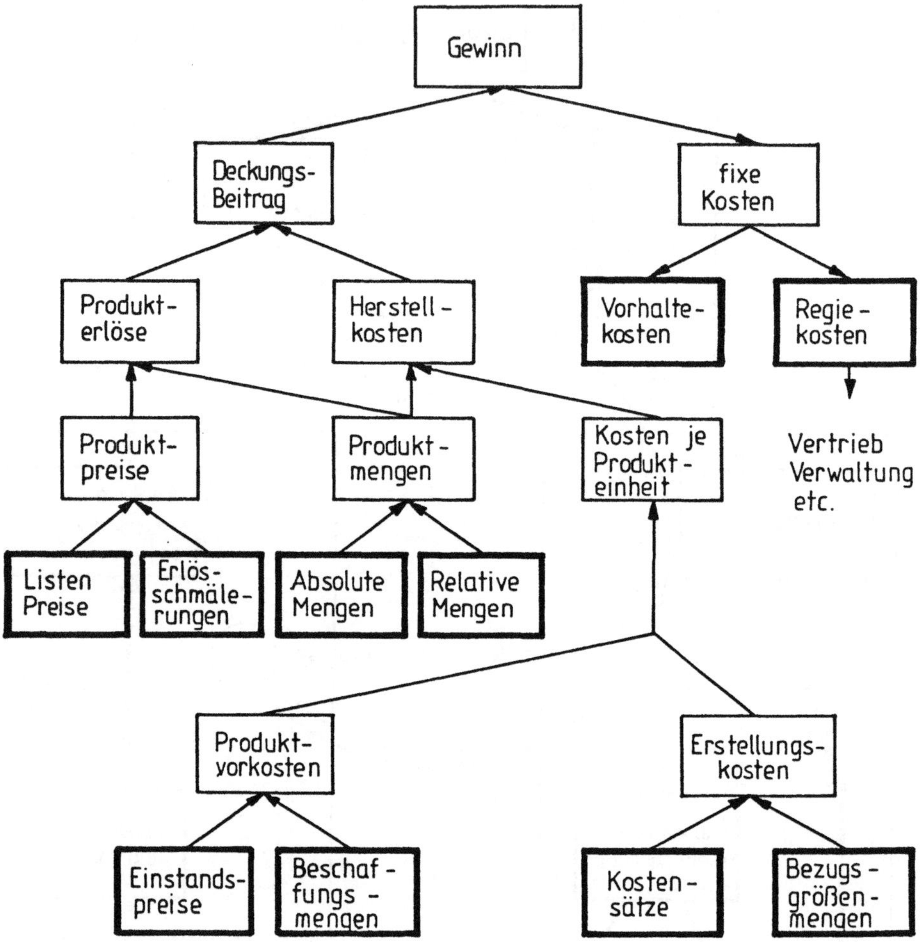

Abb. 3: Dialog - Controlling -DC-

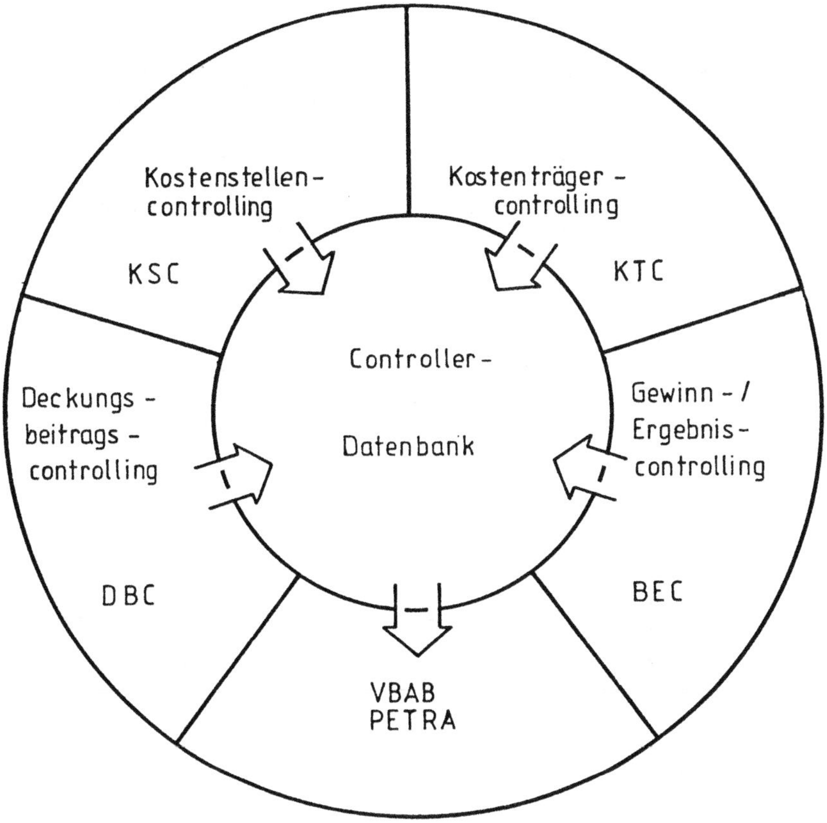

Bausteine

Abb. 4: Kostenträgerkonzept -DC-

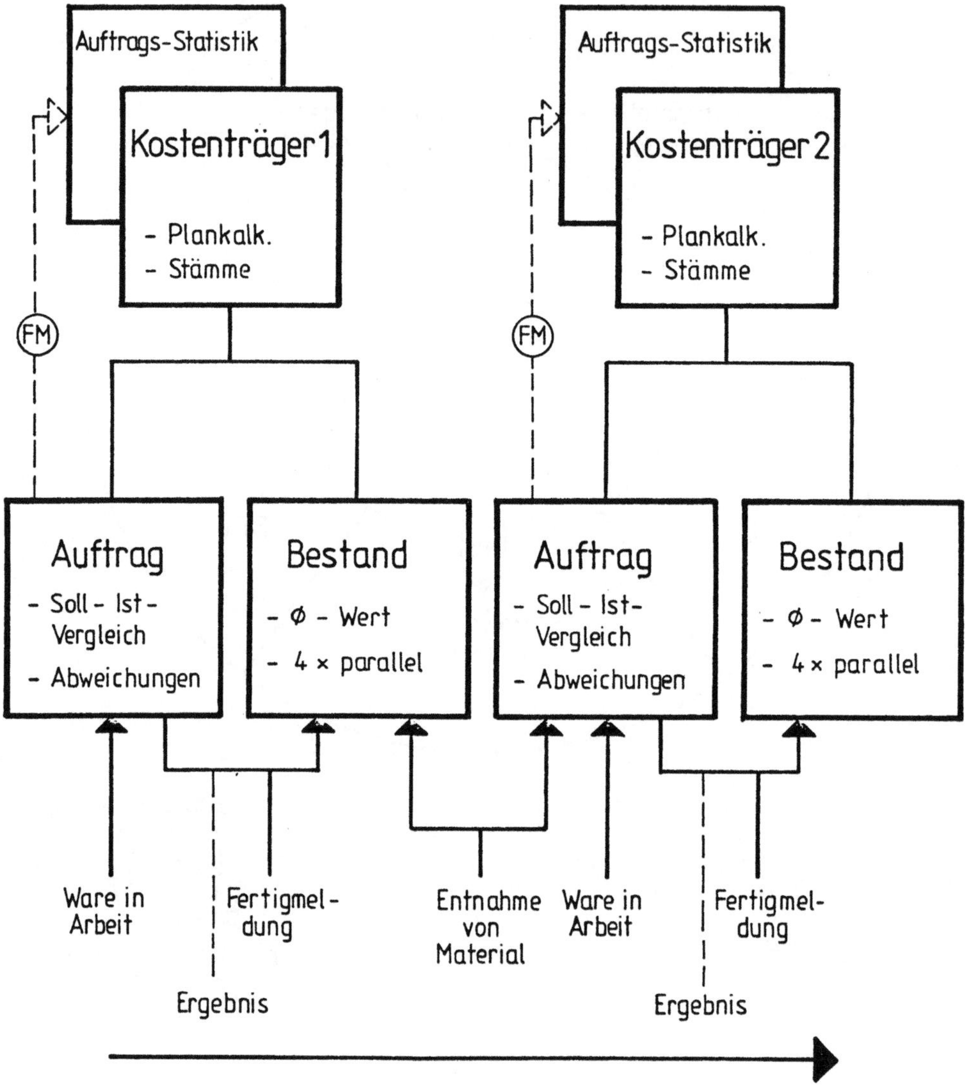

Abb. 5: Modul - Struktur

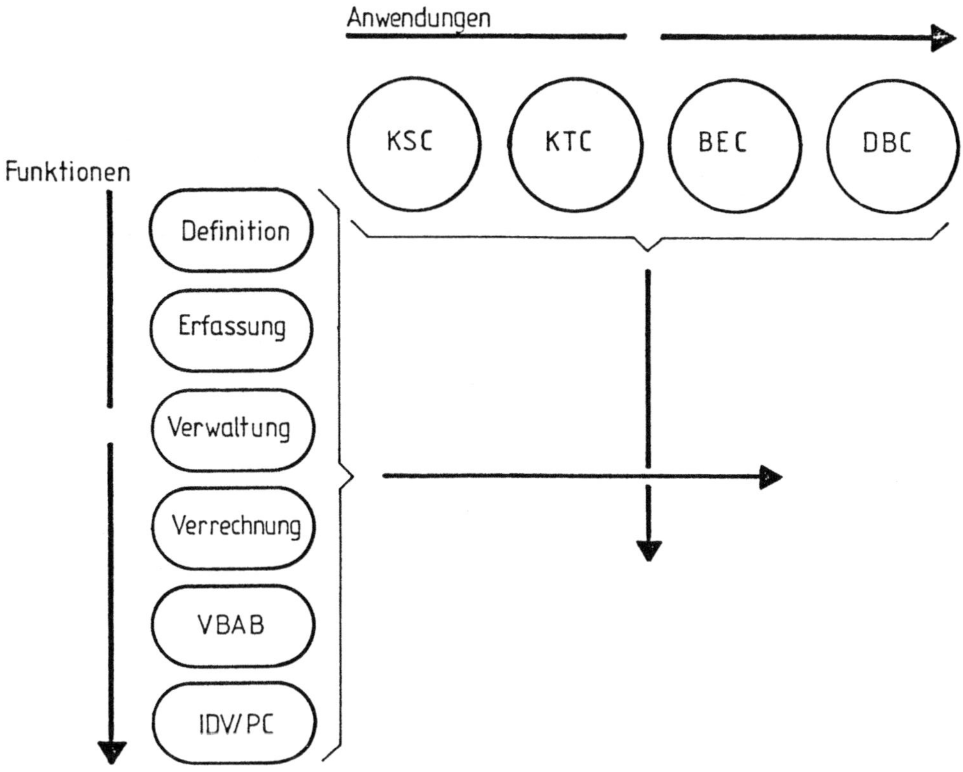

Abb. 6:

Systemstruktur

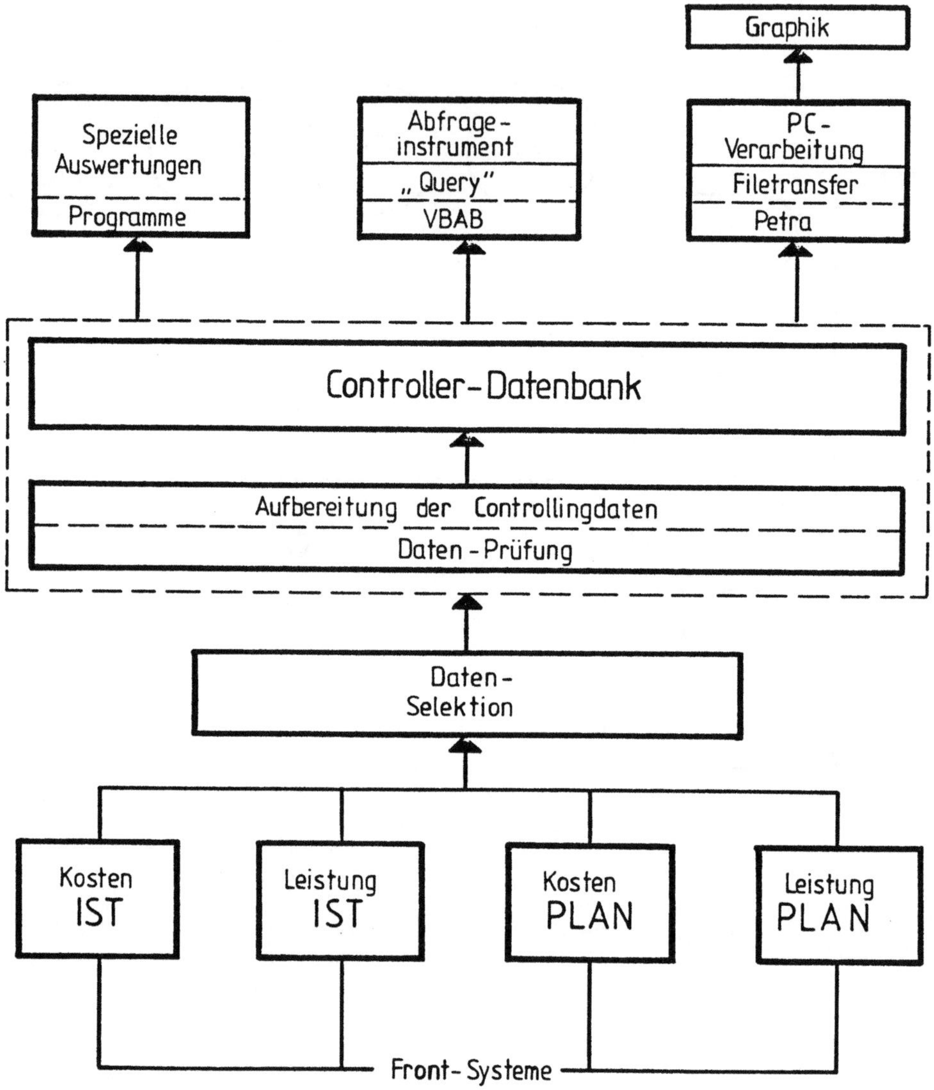

Nutzungsgerechte Leistungsverrechnung der Datenverarbeitung im Großversandhaus Quelle

A. Büschel, Großversandhaus Quelle, Nürnberg

GLIEDERUNG

1. Kennzahlen Quelle

Das Großversandhaus Quelle, Gustav Schickedanz KG, ist ein Unternehmen, das mit seinen Handelsfirmen insgesamt einen Umsatz von jährlich ca. 8,5 Mrd. DM erzielt. Davon entfallen auf die Quelle Deutschland ca. 6,8 Mrd. DM, auf die ausländischen Quelle-Unternehmungen, mit den Schwerpunkten in Österreich und Frankreich, ca. 1,1 Mrd. DM und auf das Versandhaus Schöpflin und Möbel Hess 0,6 Mrd. DM.

Quelle Deutschland beschäftigt im Jahresdurchschnitt 25.400 Mitarbeiter. Die Handelsfirmen insgesamt ca. 32.000 Mitarbeiter im Jahresdurchschnitt. Hauptumsatzträger der Quelle ist das Großversandhaus und die stationären Geschäfte. Für das Großversandhaus werden jährlich rund 27 Mio. Kataloge mit einer Seitenzahl von 3.252 in nahezu jeden Haushalt der Bundesrepublik verschickt. Im stationären Bereich betreiben wir 385 Geschäfte. Dabei sind 30 Warenhäuser.

2. Die Datenverarbeitung im Hause Quelle

Die Quelle gliedert sich aufbauorganisatorisch in 5 Vorstandsressorts:

Einkauf
Vertrieb Versand
Stationärer Handel
Personal und Controlling
Operating und Datenverarbeitung

Die Datenverarbeitung ist ein Direktionsbereich im Vorstandsressort Operating und Datenverarbeitung und beschäftigt ca. 650 Mitarbeiter. Die Datenverarbeitung gliedert sich in 4 Bereiche:

- Die Organisation als Bindeglied zwischen Datenverarbeitung und den Fachbereich mit 20 Mitarbeitern
- Hard-/Software, zuständig für die Hardware-Auswahl und Beschaffung im Unternehmen incl. der Betreuung der Betriebssysteme mit 35 Mitarbeitern
- DV-Betrieb mit dem Rechenzentrumsbetrieb sowie der konventionellen Abwicklung incl. der Datenerfassung und der Ablaufplanung mit insgesamt 310 Mitarbeitern
- die Systementwicklung, zuständig für die Erstellung der Anwendungssoftware mit 250 Mitarbeitern

sowie der DV-Verwaltung und der eigenen DV-Schule mit insgesamt 35 Mitarbeitern.

Als Groß-Rechner setzen wir eine Anlage IBM 3084 mit 64 Megabyte ein sowie eine Siemens 7881 mit 32 Megabyte. Daneben sind für die Steuerung des Lagerwesens zwei Anlagen der Firma Tandem im Einsatz.

Einige Kennzahlen zur Datenverarbeitung sollen die besondere Problematik in der Verrechnung der DV-Kosten verdeutlichen.

Jährlich werden im Rechenzentrum rund 5,2 Mio. Programmläufe gefahren. Die effektive Maschinenlaufzeit beträgt dafür ca. 20.000 Stunden.

Die Druckleistung beträgt im Jahr rund 270 Mio. Seiten.

Jährlich werden ca. 22 Mio. Kundenaufträge über ein eigen entwickeltes Realtime-System im Online-Betrieb abgewickelt.

Der Adressbestand der Quelle beträgt ca. 20 Mio. Adressen.

Zusätzlich werden jährlich über das Datenbanksystem IMS rund 24 Mio. Transaktionen bearbeitet. Insgesamt stehen zur Zeit rund 4.500 aktive Praxisprogramme im Einatz. Besonders zu erwähnen ist der Terminalbetrieb der Quelle. Mit mehr als 4.000 im Online eingebundenen Einheiten, wobei über 2.000 durch ein bundesweites TP-Netz mit dem Zentralrechner in Nürnberg gekoppelt sind.

Diese Auswahl an Kennzahlen soll verdeutlichen, welche Besonderheiten in der Verrechnung der DV-Leistung bei Quelle zu berücksichtigen sind.

3. Die Leistungsverrechnung

Die Datenverarbeitung hat ein jährliches Kostenbudget von ca. 90 Mio. DM. Dabei versteht sich die Datenverarbeitung als ein gestalterischer Dienstleistungsbetrieb, der im Rahmen der Gesamtkostenrechnung entsprechend der in Anspruch genommenen Leistungen kostendeckend, das heißt ohne Gewinn und Verlust auf die einzelnen Ressorts zu verrechnen ist.

Ziel dieser Verrechnung ist:

Eine kostendeckende, transparente, verursachungsgerechte und vom Endabnehmer beeinflußbare Verrechnung aller anfallenden Kosten.

Wie wir dieses Ziel im Hause Quelle erreicht haben, will ich Ihnen in meinen folgenden Ausführungen erläutern:

Jährlich einmal, ungefähr zur Mitte des Jahres für das folgende Jahr erstellt die Datenverarbeitung eine Plankosten-Rechnung für ihr Budget. Die wesentlichen Faktoren für diese Plankosten-Rechnung sind die Ist-Kosten des vergangenen Jahres, die geplanten Veränderungen durch Hardware sowie die Planleistung auf der Basis von voraussichtlicher Inanspruchnahme durch die Fachbereiche. Ergebnis dieser Planung ist eine Aufstellung von nach Ressorts unterteilten Plankosten, die in die Budgetierung der jeweiligen Ressorts Eingang findet. Dabei erfolgt eine Unterteilung der geplanten DV-Kosten in Praxisablaufkosten, kalkulatorische Verrechnungskosten für die Inanspruchnahme der Systementwicklungsleistung für Neuprojekte und Maintenance sowie eine Aufteilung nach Stundensätzen für die konventionelle Abwicklung incl. der Datenerfassung. Das Ergebnis dieser Betrachtung wird in Preislisten dokumentiert, auf deren Entstehung ich im weiteren Verlauf meines Vortrages eingehen werde.

Betrachten wir zunächst die Plankosten-Rechnung für die Projektarbeit und Maintenance.

Jährlich einmal entscheidet der Vorstand Quelle über die zu realisierenden Projekte und die nach Ressorts aufzuteilenden Maintenance-Quoten. Dabei wird die Plankapazität der Systementwicklung in Mannmonaten auf die Projekte aufgeteilt, die neben gesetzlicher Notwendigkeiten und geschäftspolitischer Entscheidungen den höchsten wirtschaftlichen Effekt für die einzelnen Ressorts erbringen. Diese Planung ist bindend für ein Jahr und wird nur im Rahmen einer Kapazität für ad hoc-Maßnahmen (ca. 100 MM) aus dem sich im Laufe eines Jahres ergebenden neuen Anforderungen verändert. Bei dieser Aufteilung wird der Datenverarbeitung für eigene Weiterentwicklung ebenfalls eine festgelegte Kapazität an Mannmonaten zugestanden. Diese Kapazität, die in der Verrechnung von einzelnen Ressorts nicht geplant zuordenbar ist, wird als Overhead in der monatlichen Rechnungsstellung entsprechend der Gesamtinanspruchnahme der Datenverarbeitungs-Kapazität weiterbelastet. In diesem Overhead sind auch nicht direkt zuordenbare Kostenblöcke wie Führungs- und Leitungskosten sowie die DV-Schule enthalten. Er beträgt zur Zeit 9 % der Gesamtplan-Kosten der Datenverarbeitung.

In diesem Zusammenhang ist zu bemerken, daß die Gesamt-Kapazität der Systementwicklung zu 60 % für Projektarbeit, das heißt größere neue Aufgaben, eingesetzt wird und 40 % für Maintenance. Maintenance ist dabei so definiert, daß es sich um Wartung bestehender Abläufe und Weiterentwicklung bis zu einem Einzelaufwand von je 6 Mannmonaten handelt.

Den größten Verrechnungsblock aus dem DV-Budget nimmt die Verrechnung der Rechenzentrums-Leistung ein. Für diese Verrechnung werden alle Praxisprogramme zu sogenannten Leistungseinheiten zusammengefaßt.

Eine Leistungseinheit ist eine Summe von Programmen, die einen für den Benutzer erkennbaren Output erzeugt und von ihm beeinflußbar ist.

Zum besseren Verständnis ist hier als Beispiel für eine Leistungseinheit die Summe der Programme, die eine Rechnung erzeugen, aufgeführt oder aber die Summe der Online-Programme, die eine Abfrage oder Transaktion anstoßen. Dabei ist wesentlich, daß diese Leistungseinheiten in ihrer Menge oder Häufigkeitsverteilung vom Benutzer beeinflußbar sein müssen.

Wir unterscheiden deshalb bei den Leistungseinheiten in Leistungseinheiten, die mengenabhängig sind und demnach eine Preisstaffel je Menge haben, in Leistungseinheiten, die zu Festpreisen verrechnet werden und somit über ihre Häufigkeit der Anforderungen beeinflußbar sind und zu einem geringen Prozentsatz zu Leistungseinheiten, die zu Vollkosten verrechnet werden. Diese zu Vollkosten verrechneten Leistungseinheiten werden hauptsächlich zum Anlauf neuer Projekte eingesetzt bzw. bei Abläufen, die aufgrund ihrer Kapazität nicht vorherplanbar sind.

Eine Sonderstellung in der Verrechnung nehmen unsere Online-Syteme ein. Wir unterscheiden dabei zwischen Online-Systemen, die in ständiger Betriebsbereitschaft sein müssen und verrechnen hierfür einen Stundenpreis und solchen Online-Systemen, die maschinell aufgrund der Häufigkeitsverteilung der Transaktionen gesteuert werden und verrechnen hierfür einen Preis pro Transaktion.

Zur Verdeutlichung dieser Aussagen möchte ich Ihnen nun einige Beispiele für Leistungseinheiten geben.

Ein markantes Beispiel für eine mengenabhängige Leistungseinheit ist die Versandpapierschreibung. Anhand der Grafik können Sie erkennen, daß die DV-Kosten je Versandpapier durch entsprechende Zusammenfassung in Batches bei höheren Mengen entsprechend niedriger sind.

Ein typisches Beispiel für eine Leistungseinheit zu Festkosten ist eine Statistik über die Nachsendungen. Hier können Sie erkennen, daß die Menge der in Nachsendung befindlichen Artikel keinen wesentlichen Einfluß auf den DV-Ablauf ausübt und somit die DV-Leistungsverrechnung über die Häufigkeit als angeforderten Ablauf gesteuert wird.

Wie bereits erwähnt, erhält jeder Fachbereich eine Preisliste über seine Leistungseinheiten und kann somit sein DV-Budget beeinflussen.

Wie erfolgt nun die Datenerfassung der in Anspruch genommenen Leistungen? Auch hier ist zu unterscheiden zwischen den anfallenden Daten aus den Großrechnern und der Erfassung der sogenannten Schreibtischarbeit. In beiden Fällen verwenden wir einen aufgabenbezogenen Schlüssel, die sogenannte Accounting-Nummer. Während bei den Rechner-Arbeiten die Accounting-Nummer über den jeweiligen Job-Stream über die SMF-Daten maschinell ausgewertet werden kann, wird für die Schreibtischarbeiten als Basis für die Rechnung ein wöchentlicher Tätigkeitsbericht herangezogen.

Die SMF-Daten zeigen je ausgeführten Step die vom System festgestellten Belastungen der Rechnersysteme. Wir haben über Mehrjahresvergleiche eine Bewertung der CPU-Last, der EXCP's, der in Anspruch genommenen Region im Speicher und der externen Einheiten sowie einiger anderer Faktoren vorgenommen. Daraus lassen sich die effektiven Kosten je Step ermitteln.

Für die Datenerfassung der sogenannten Schreibtischarbeit bedienen wir uns eines wöchentlichen Tätigkeitsberichtes.

Dieser Tätigkeitsbericht wird von jedem Systementwickler über eine Online-Erfassung in das System gebracht mit der für die Verrechnung notwendigen Accounting-Nummer, sowie einer Aufteilung nach Was- und Wofür-Codes.

Den Sinn dieser Unterteilung werde ich Ihnen am Ende meines Vortrages im Zusammenhang mit dem Management Report näher erläutern.

Nachdem für die Projektarbeiten nicht nur die reinen Personalkosten anfallen, sondern auch Anteil an Rechnerleistung zu verrechnen ist, haben wir hier einen kalkulatorischen Ansatz pro Mannmonat für die Verrechnung geplant. Dieser Ansatz wird bei allen Plankosten im monatlichen Vergleich zu effektiv angefallenen Kosten und Ist-Kosten abgeprüft. Dadurch, daß der Arbeitsplatz des Systementwicklers voll terminalisiert ist, ergibt sich ein nahezu über alle Tätigkeiten gleichbleibender Maschinenkostenanteil pro Mannmonat, der in die Kalkulation übernommen wird. Wir verrechenen zur Zeit für ein Mannmonat 15.500 DM, davon sind rund 1.500 DM Maschinenkosten.

4. Plan-Ist-Vergleich

Ich erwähnte bereits, daß monatlich eine Analyse der effektiv angefallenen Kosten erfolgt und ein Vergleich zu den verrechneten Kosten vorgenommen wird. Dieser Vergleich dient einerseits zur Überprüfung der Richtigkeit unserer Plankosten, andererseits zur Bildung neuer Leistungseinheiten von neuen in den Rechenzentrumsbetrieb übergebenen Abläufen.

Mit Hilfe dieses Vergleiches lassen sich frühzeitig gravierende Abweichungen in der Verrechnung erkennen und durch Management-Maßnahmen beeinflussen. Als Beispiel möchte ich Ihnen den aktuellen Gesamtvergleich des letzten Monats unserer Leistungsverrechnung zeigen (Anlage).

5. Berichte

Als Hauptergebnis der Leistungsverrechnung erstellen wir monatlich eine Rechnung für die in Anspruch genommenen Leistungen je Kostenstelle. Aus diesen Rechnungen können die Fachbereiche die Aufteilung der verrechneten Kosten nach Leistungseinheiten ersehen.

Als Nebenprodukt der Leistungsverrechnung entsteht aus der Tätigkeitsbericht-Erfassung Management Reports. Ich erwähnte bereits, daß wir bei der Tätigkeitserfassung nicht nur die AccountingNummer und die dafür geleisteten Stunden festhalten, sondern auch Was- und Wofür-Codes.

Diese Codes entsprechen einerseits der Aufteilung in Projekte, Maintenance und DV-interner Entwicklung, andererseits den Phasen unseres Vorgehensmodells. Über verschiedene, mehrstufige Schlüsselsysteme lassen sich monatlich diverse Berichte generieren. Zwei interessante Auswertungen möchte ich Ihnen zum Schluß meines Vortrages vorstellen.

Im Ressortvergleich sehen wir monatlich die Gegenüberstellung der geplanten DV-Kosten mit den verrechneten Ist-Kosten.

Der Management Report zeigt den Projektverantwortlichen eine Aufteilung der bisher angefallenen Kosten und den eingesetzten Manpoweraufwand und läßt somit eine Vorhersage der voraussichtlichen Gesamtprojektentwicklung zu.

Abschließend möchte ich feststellen, daß wir im Hause Quelle mit unserer Leistungsverrechnung nicht nur eine Offenlegung der Verrechnung der Ist-Kosten der Datenverarbeitung erzielt haben, sondern was viel mehr zählt, unseren Kunden, den Fachbereichen, mit der Leistungsverrechnung ein Steuerungsinstrument in die Hand geben, mit dem sie aktiv ihre DV-Kosten planen und beeinflußen können.

MENGENABHAENGIGE VERRECHNUNG

VERSANDPAPIERSCHREIBUNG

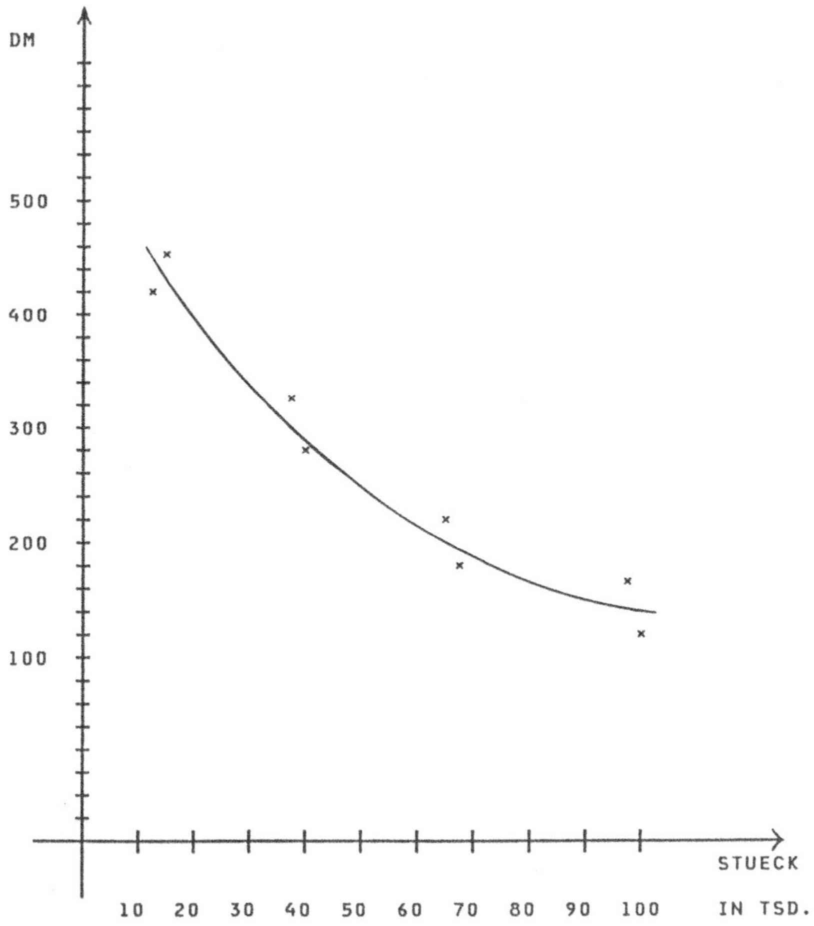

LEISTUNGSVERRECHNUNG

Bild 1

FESTPREIS-VERRECHNUNG

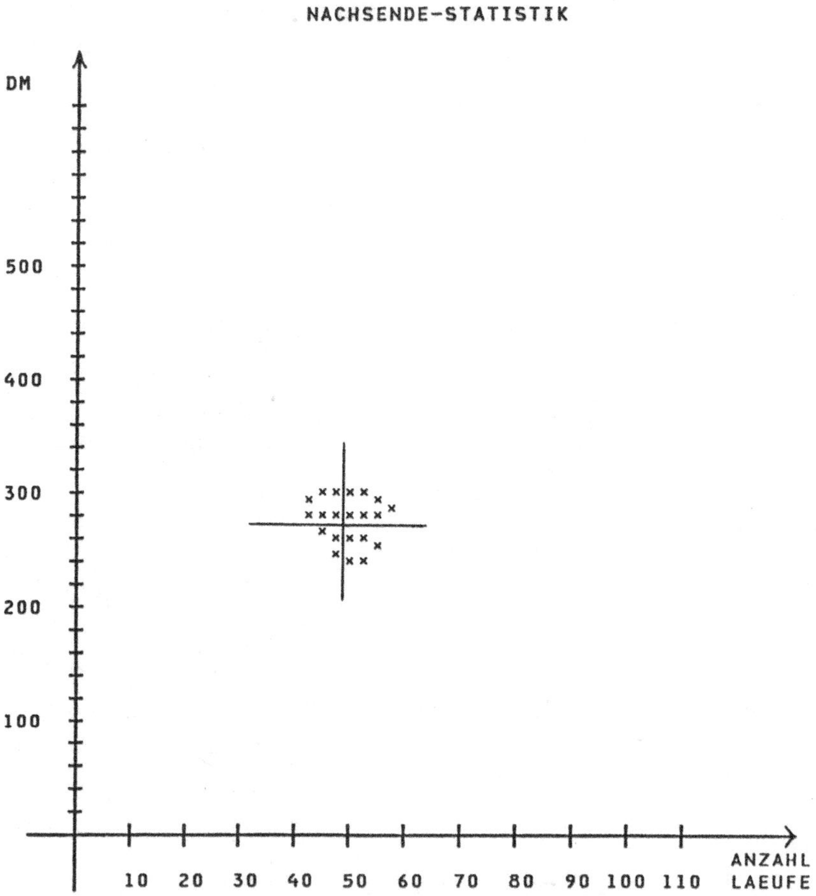

LEISTUNGSVERRECHNUNG

Bild 2

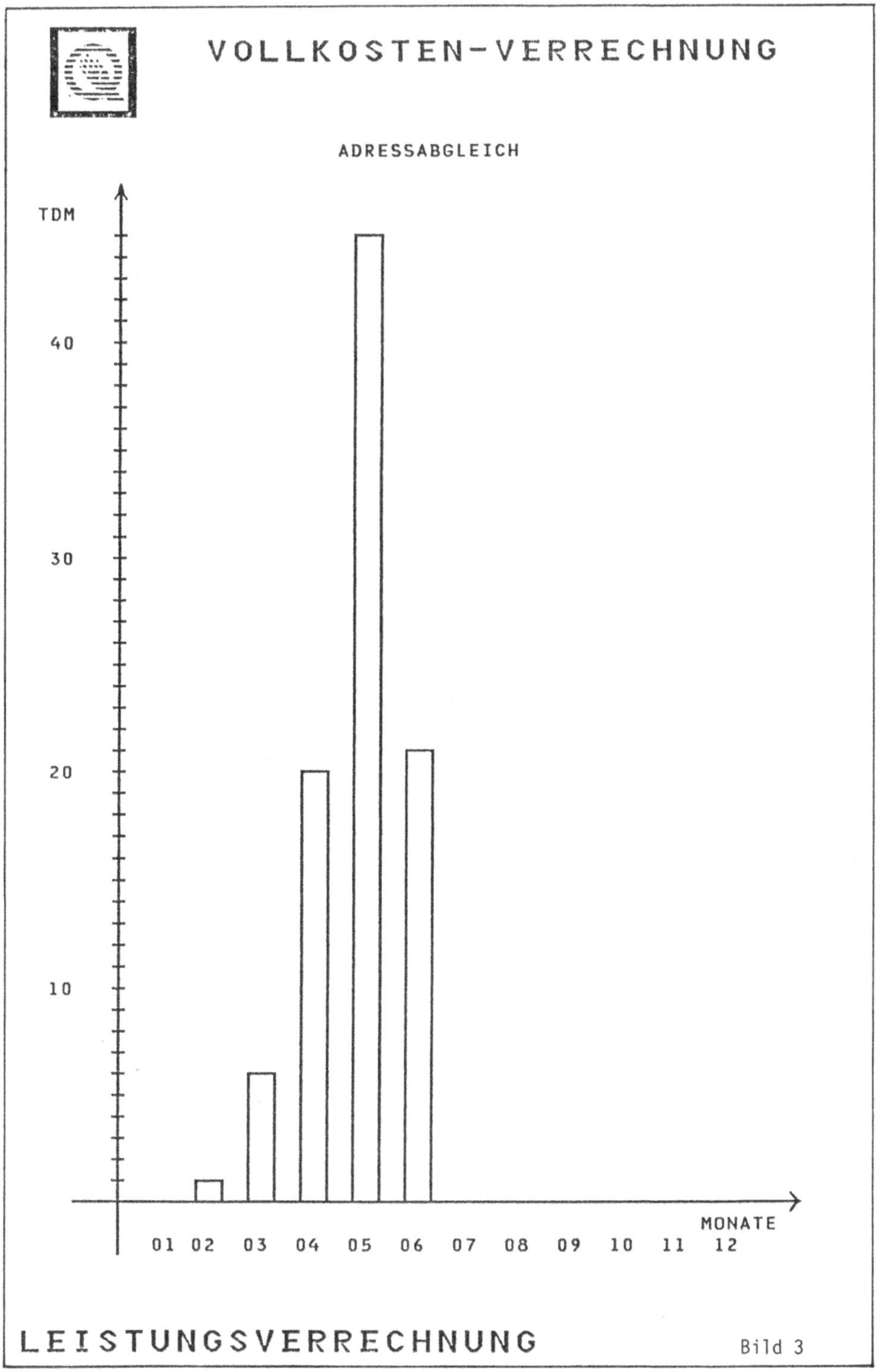
VOLLKOSTEN-VERRECHNUNG
ADRESSABGLEICH
TDM
40
30
20
10
MONATE
01 02 03 04 05 06 07 08 09 10 11 12
LEISTUNGSVERRECHNUNG

Bild 3

RECHNUNG MONATLICH

LEISTUNGSVERRECHNUNG DV KOSTENSTELLE 5505

01.06.1985 - 30.06.1985 SEITE 1

TEXT	V-ART	DATUM	MENGE/ANZ/LAEUFE	BETRAG IN DM
SWA/SPGU				1.950
WARENSCHEINE				6.227
NB. NAA				33.655
KOSTEN AUS 9264				15.204
KOSTEN AUS 9253				112.825
WABE-JOURNAL	F	1.06.	18	3.906
NEUE AUFTRAGSABW.	M	3.06.	80.350	16.442
NEUE AUFTRAGSABW.	M	4.06.	88.461	17.158
NEUE AUFTRAGSABW.	M	5.06.	82.384	16.442
NEUE AUFTRAGSABW.	M	7.06.	77.924	15.727
NEUE AUFTRAGSABW.	M	10.06.	39.187	10.923
NEUE AUFTRAGSABW.	M	11.06.	100.643	19.302
NEUE AUFTRAGSABW.	M	12.06.	84.033	16.442
BATCH MAN.AUFTR.	F	1.06.	16	336
IMS-ONL.VERSAND	V	28.06.		187
STAMMD.UEBERM.SK	F	1.06.	19	15.200
TEST KOMPL.VALUTA	V	30.06.		19
TEST GRUPPENTEST	V	30.06.		1.744
TEST SYSTEMTEST	V	30.06.		38
TEST GT-TEST	V	30.06.		4.923
TEST VA600	V	30.06.		5
TEST SK410	V	30.06.		4
TEST SK710	V	30.06.		367
MAINTENANCE				25.850
GEMEINKOSTENUMLAGE				34.660
			GESAMTSUMME:	369.536

LEISTUNGSVERRECHNUNG

Bild 4

PROJEKTMANAGEMENTREPORT

LISTEN-NR. LV4552 — P R O J E K T M A N A G E M E N T R E P O R T — SEITE: 3

- P R O J E K T T A E T I G K E I T E N - — DATUM: 03.07.85

PROJEKT-NR. 202 — PROJEKTBEZEICHNUNG: ADRESSEN + WERBUNG KONZERNWEIT - WEITERE STUFEN (MUELLENBERG)

ABTLG.-NUMMER:	351	352	353	361	362	363	364	372	374	375	850
MANNTAGE GESAMT:	13	5668	248	449	230	69	152	20	4	281	479

PLAN-MANNTAGE: 18.753 — IST-MANNTAGE: 7.613 (= 40,6 % ANTEIL VOM PLAN)
PLAN-KOSTEN: 13.841.500 DM — IST-KOSTEN: (VERRECHNET) 4.654.152 DM (DAVON VERRECHNETE TESTKOSTEN (50%): 56.027 DM)

PROJEKTVERLAUF: RUECKBLICK AUF DIE LETZTEN 12 MONATE (ZAHLEN IN KLAMMERN: ANZAHL MITARBEITER)

TAETIGKEITEN	MANNTAGE	ANTEIL AN IST-MT GESAMT	IST-KOSTEN VERR.MANPOWER IN DM	PROJEKT START	JUL	AUG	SEP	OKT	NOV	DEZ	JAN	FEB	MRZ	APR	MAI	JUN
PROBLEMANALYSE	2171	28,5 %	1.288.970	FEB 84	(1)	(2)	(1)	(1)	(2)	(1)	(3)	(2)	(3)	(4)	(5)	(5)
SYSTEMPLANUNG	4243	55,7 %	2.579.592		(10)	(12)	(14)	(17)	(22)	(23)	(40)	(26)	(33)	(27)	(25)	(19)
DETAILORGANISATION	891	11,7 %	541.576					(1)	(1)	(2)	(6)	(14)	(14)	(19)	(19)	(15)
VORB. GRUPPENTEST	1	0,0 %	760													(1)
NEUPROGRAMMIERUNG	90	1,2 %	54.550									(1)	(2)	(3)	(5)	(7)
EINZELTEST NEUPR.	15	0,2 %	9.310										(1)		(2)	(2)
AEND.PROGRAMMIERUNG	17	0,2 %	10.051												(2)	(1)
EINZELTEST AEND.	12	0,2 %	7.125											(1)	(1)	(1)
EINFUEHRUNG	1	0,0 %	722													(1)
GRUPPENTEST	0	0,0 %	0													
SYSTEMTEST	0	0,0 %	0													
ABLAUFB./ANLAUFUNT.	2	0,0 %	1.254													(1)
UNTERSUCHUNGEN	29	0,4 %	18.392					(1)	(2)		(3)	(1)	(1)		(1)	
SOFTWAREENTWICKLUNG	0	0,0 %	0													
EINARBEITUNG	141	1,8 %	85.823		(1)	(1)		(1)	(4)	(3)	(12)	(9)	(1)	(1)		
		SUMME:	4.598.125													

LEISTUNGSVERRECHNUNG

Bild 5

C. Forschung und Entwicklung, Personal Computing, Anwenderberichte

Planung, Verrechnung und Kontrolle der Forschungs- und Entwicklungskosten in der Automobilindustrie

Dr. *H. Lederle*, Volkswagen AG, Wolfsburg

Inhaltsübersicht

1. Entwicklungs- und Lebenszyklen in der Automobilindustrie

Der internationale Wettbewerb und die technische Entwicklung haben in der Automobilindustrie dazu geführt, daß die Lebenszyklen für PKW nur noch etwa sieben Jahre und für LKW etwa zehn Jahre betragen. Der vorgeschaltete Entwicklungszyklus hat eine Länge von etwa fünf Jahren. In Abb. 1 ist der Entwicklungs- und Lebenszyklus für einen PKW (wie bei VW etwa für den Golf) dargestellt.

Die Entwicklungszeit wird bei VW in mehrere Phasen untergliedert. Diese sind in Abb. 2 aufgeführt und kurz beschrieben. Innerhalb der Phasen gibt es wieder gewisse im vorhinein festgesetzte Punkte, zu denen Entscheidungen zu treffen sind, z. B. über Design, Investitionen und Serieneinsatz.

Wird ein PKW produziert, erfolgt in der Regel nach vier Jahren eine große Produktaufwertung (Facelift). Zur Vorbereitung dieser Produktaufwertung werden im wesentlichen die gleichen Entwicklungsphasen durchlaufen wie bei der Neuentwicklung. Die Arbeiten für die Produktaufwertung sind jedoch nicht so umfangreich und damit die Phasen kürzer als bei der Neuentwicklung.

Dieser eben aufgezeigte Entwicklungs- und Lebenszyklus gilt für einen Typ/ein Modell eines Autos, wie z. B. den Golf, den Polo, den AUDI 100. Aggregate, wie Motoren und Getriebe, haben eigene Entwicklungs- und Lebenszyklen. Das bedeutet z. B., ein Motor setzt in der Mitte des Lebenszyklus eines Modells ein und wird dann auch noch im Nachfolgemodell eingesetzt.

2. Anfall und Charakter der Forschungs- und Entwicklungskosten

Die Ausgaben für Forschung und Entwicklung fallen über den gesamten Entwicklungs- und Lebenszyklus in unterschiedlicher Höhe an. In Abb. 3 sind die Ausgaben für Forschung und Entwicklung während des Entwicklungs- und Lebenszyklus eines Modells dargestellt.

Das Bild zeigt, daß ein großer Teil der Ausgaben - wie zu erwarten ist - in der Entwicklungsphase anfällt, aber auch während des gesamten Lebenszyklus noch weiterhin Ausgaben entstehen. Das sind Ausgaben für Serienbetreuung, Modellpflege, große Produktaufwertung und den Auslauf. Vor der großen Produktaufwertung steigen die Ausgaben in der Regel nochmals an, und auch vor dem Auslauf ist im

Abb. 1

Entwicklungs- und Lebenszyklus eines Autos

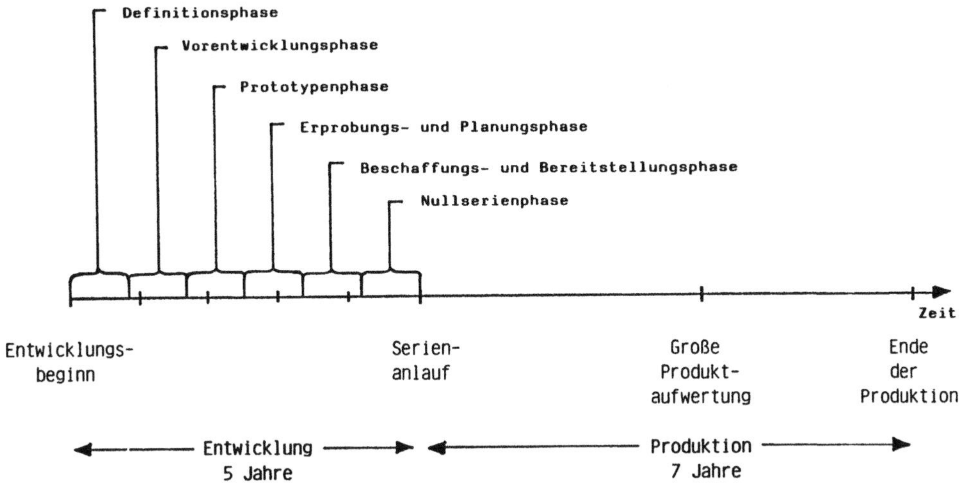

Abb. 2

Wichtige Phasen der Entwicklung eines Automobils

- **Definitionsphase**
  In dieser Phase wird ein Zielkatalog über Technik, Qualität, Kosten und Termine sowie die ersten Design-Entwürfe erarbeitet.
- **Vorentwicklungsphase**
  Sie dient der Erarbeitung und Verabschiedung eines sog. Lastenhefts und der Herbeiführung der Design-Entscheidung. Im Lastenheft werden die im Zielkatalog gemachten Vorgaben konkretisiert und gleichzeitig auf ihre Durchführbarkeit überprüft.
- **Prototypenphase**
  Hier werden die Unterlagen zum Bau der Prototypen herausgegeben und der erste Prototyp gebaut.
- **Erprobungs- und Planungsphase**
  Diese Phase beginnt mit der Serieneinsatzentscheidung, die nach Vorliegen des ersten Prototypes getroffen wird. Sie dient der weiterführenden Erprobung und Fertigungsplanung. In dieser Phase werden auch die Investitionen und genauen Kosten ermittelt.
- **Beschaffungs- und Bereitstellungsphase**
  Im Rahmen dieser Phase werden die Produktionsmittel, Nullserien- und Musterteile beschafft und bereitgestellt. Außerdem werden bereits die ersten Fahrzeuge unter produktionsähnlichen Bedingungen gefertigt.
- **Nullserienphase**
  Diese Phase schließlich dient der Erprobung und Montage des neuen Fahrzeugs unter Serienbedingungen. In ihr werden alle restlichen, zum Serienanlauf und zur Markteinführung notwendigen Vorkehrungen getroffen. Die Phase endet mit dem Serienanlauf.

allgemeinen ein weiterer kleinerer Anstieg festzustellen. Dieser letzte Ausgabenanstieg dient dazu, das jeweilige Modell vor der Produktionseinstellung nochmals attraktiv zu gestalten und den reibungslosen Übergang auf das Nachfolgemodell sicherzustellen.

Diese Ausgaben für die Einführung und Fortentwicklung der einzelnen Modelle sind im Rahmen der Kosten- und Leistungsrechnung zu planen, zu verrechnen und zu kontrollieren. Dabei ist ein Hauptproblem, diese Ausgaben in Kosten der betrieblichen Erzeugnisse zu transformieren, da es schließlich die Kostenträger des laufenden Produktionsprogramms sind, deren Erlöse zur Deckung dieser Ausgaben führen müssen. Wir wollen in den folgenden Ausführungen vor allem auf die Möglichkeiten der Verrechnung im Rahmen der Kosten- und Leistungsrechnung eingehen und am Ende noch kurz die Auswirkungen auf die Jahresergebnisse aufzeigen.

Insgesamt betragen Forschungs- und Entwicklungskosten in der Automobilindustrie etwa 3 - 5 % vom Umsatz.

Ihrem Charakter nach sind die Forschungs- und Entwicklungskosten Sondereinzelkosten der Fertigung. Sie stellen Vorleistungskosten dar, die dazu dienen, die Möglichkeiten zu schaffen, auch weiterhin Fahrzeuge zu produzieren und abzusetzen und damit im Konkurrenzkampf der Automobilindustrie zu bestehen. Es sind damit keine entscheidungsrelevanten Kosten für die Absatzsteuerung.

Diesen Charakter von Sondereinzelkosten haben die Forschungs- und Entwicklungskosten sowohl bei einer Vollkosten- als auch einer Deckungsbeitragsrechnung. Bei der Deckungsbeitragsrechnung bezeichnet man diese Vorleistungskosten als dritte Kostenkategorie, die weder zu den fixen noch zu den proportionalen Kosten zählt.[1)]

Neben den Forschungs- und Entwicklungskosten fallen in der Automobilindustrie noch weitere Sondereinzelkosten an, die ebenfalls den Charakter von Vorleistungskosten besitzen. Das sind Kosten für Spezial-Betriebsmittel und den An- und Auslauf. In Abb. 4 sind zusätzlich zu den Forschungs- und Entwicklungsausgaben die Ausgaben für Spezial-Betriebsmittel und den An- und Auslauf eingezeichnet.

1) Vgl. Kilger, W., Flexible Plankostenrechnung und Deckungsbeitragsrechnung, 8. Aufl., Wiesbaden 1981, S. 287

Abb. 3

Ausgaben für Forschung und Entwicklung
während des gesamten Entwicklungs- und Lebenszyklus eines Modells

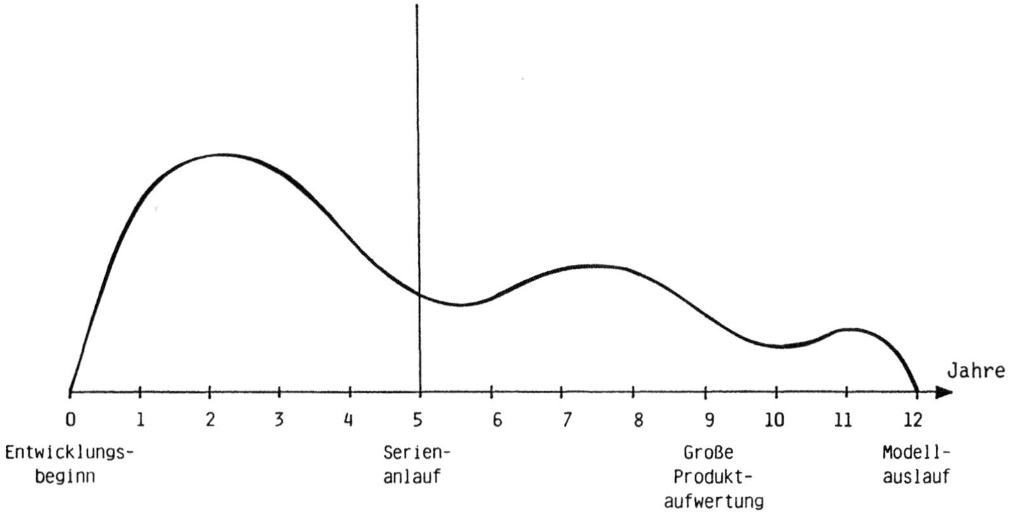

Abb. 4

Ausgaben für Forschung und Entwicklung, Spezial-Betriebsmittel
und An- und Auslauf eines Modells

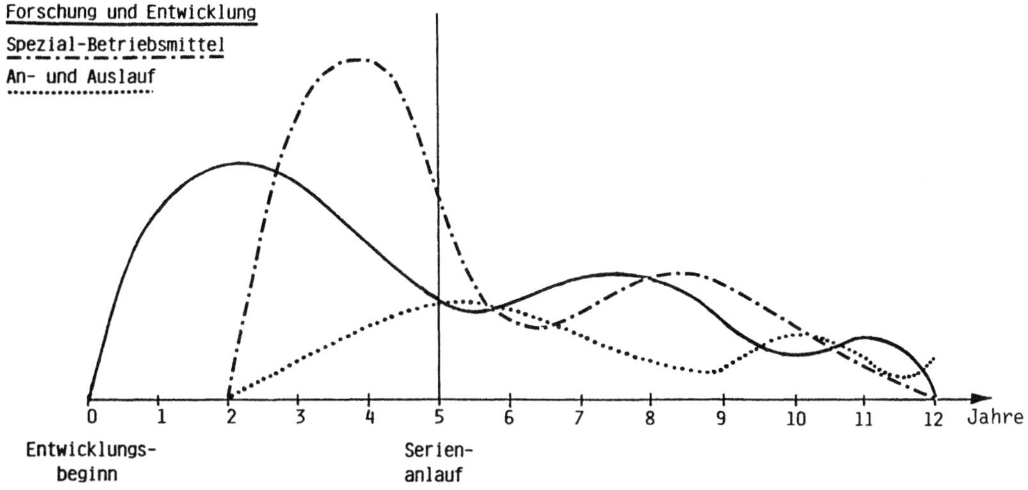

Mit Spezial-Betriebsmitteln bezeichnen wir Werkzeuge, Vorrichtungen und maschinelle Anlagen, die nur für die Fertigung eines Modells eingesetzt werden können. Läuft ein Modell aus, müssen die Spezial-Betriebsmittel - soweit sie nicht zur Ersatzteilefertigung gebraucht werden - verschrottet werden.

Beim Einsatz in der eigentlichen Fertigung und bei Produktionsende eines Modells fallen zusätzliche Kosten an. Wir bezeichnen sie als An- und Auslaufkosten. Dazu gehören vor allem Personalkosten für die Einarbeitung und den Produktionsauslauf.

Diese Sondereinzelkosten für Spezial-Betriebsmittel und An- und Auslauf werden ähnlich behandelt wie die Forschungs- und Entwicklungskosten. Wir wollen in den folgenden Ausführungen diese Spezial-Betriebsmittel und An- und Auslaufkosten aber nicht weiter betrachten, sondern uns auf die Forschungs- und Entwicklungskosten beschränken.

3. Behandlung der Forschungs- und Entwicklungskosten in den verschiedenen Verrechnungsebenen der Kosten- und Leistungsrechnung

Wegen des Anfalls und Charakters der Forschungs- und Entwicklungskosten erfolgt die Planung, Verrechnung und Kontrolle in drei Ebenen, und zwar

1. stellenorientiert,
2. projektorientiert (vorhabenbezogen) und
3. produktorientiert.

Diese drei Ebenen wollen wir der Reihe nach betrachten.

3.1 Stellenorientierte Verrechnung

Die Forschung und Entwicklung wird in der Automobilindustrie in der Regel als eigenes Leistungs- und Kostenzentrum geführt.

Ausgangspunkt für die lang- und kurzfristige Planung ist das Konzernproduktprogramm, das Konzern-Entwicklungs- und Forschungsprogramm und die zur Verfügung stehenden Entwicklungskapazitäten. Daraus wird die Kostenplanung abgeleitet.

Die Kosten des Forschungs- und Entwicklungsbereichs fallen zunächst entweder als Einzelkosten (z. B. Kosten für Entwicklungsmaterial, Kosten für Fremdleistungen usw.) oder als Stellenkosten (Gemeinkosten) an. Bei den Stellenkosten kann man wiederum zwischen primären und sekundären Kostenstellen unterscheiden.

Die kostenstellenbezogene Planung der Forschungs- und Entwicklungskosten erfolgt schwerpunktmäßig im Rahmen der jährlichen Kostenplanung. Die anfallenden Ist-Kosten werden dann je Kostenstelle erfaßt. Zur Kontrolle stellt man laufend die geplanten den tatsächlich angefallenen Ist-Kosten gegenüber. In der Stellenbetrachtung unterscheiden sich somit die Forschungs- und Entwicklungskosten kaum von den übrigen Kostenstellenkosten.

3.2 Projektorientierte Verrechnung

Neben der stellenbezogenen Behandlung werden sämtliche Forschungs- und Entwicklungskosten gleichzeitig projektbezogen geplant, verrechnet und kontrolliert. Grundlage dafür ist eine eigenständige Forschungs- und Entwicklungsauftragsabrechnung.

Die Ausgestaltung dieser Forschungs- und Entwicklungsauftragsabrechnung ist abhängig vom angewandten Kostenrechnungssystem.

Bei VW erfolgt diese Abrechnung weitgehend in Form einer Vollkostenrechnung. Dabei wird zwischen direkten und indirekten FE-Auftragskosten unterschieden. Die direkten FE-Auftragskosten werden den FE-Aufträgen unmittelbar zugeordnet; die indirekten FE-Auftragskosten werden dagegen mit Hilfe von Verrechnungssätzen auf die Forschungs- und Entwicklungsaufträge verrechnet.

Im wesentlichen erfolgt die FE-Kostenverrechnung in folgenden Schritten:

1. Ermittlung der direkten Entwicklungsauftragskosten nach Projekten (Vorhaben)
2. Umlage der Allgemeinen und Leitungskostenstellen des Forschungs- und Entwicklungsbereichs
3. Verteilung der nicht direkt zuordenbaren Gemeinkosten auf Forschungs- und Entwicklungsaufträge
4. Über-/Unterdeckungen

Zu 1: Die direkten Entwicklungsauftragskosten werden, soweit sie über Kostenstellen verrechnet werden, den Kostenstellen grundsätzlich nur in Verbindung mit einer Entwicklungsauftragsnummer zugeordnet. Sie werden daher parallel zur Kostenstellenrechnung stets zugleich auch Forschungs- und Entwicklungsaufträgen belastet.

Zu 2: Die Kosten der Allgemeinen und Leitungskostenstellen werden den Primärstellen des Forschungs- und Entwicklungsbereichs mit Hilfe von Schlüsseln zugeordnet.

Zu 3: Die nicht unter den direkten Kosten erfaßten Gemeinkosten werden mit Hilfe von z. B. Mann-Stundensätzen je Kostenstelle (differenziert nach Lohn- und Gehaltsstunden) und mit sonstigen Kostensätzen (z. B. Fahrzeugstunden für das Prüfgelände, Kanalstunden für den Windkanal oder Systemstunden für Rechnersysteme) den Forschungs- und Entwicklungsaufträgen zugerechnet.

Zu 4: Die mit Hilfe von Stunden- bzw. Kalkulationssätzen (lt. Kostenplanung) auf die Forschungs- und Entwicklungsaufträge verrechneten Kosten werden mit den Ist-Kosten der betreffenden Kostenstelle abgestimmt. Die hierbei erfaßten Unter- und Überdeckungen werden den Aufträgen nachträglich mit Hilfe der belasteten Stunden bzw. sonstigen Bezugsgrößen zugeordnet.

Bei den verwandten Auftragsnummern wird eine Klassifizierung nach Auftragszielen vorgenommen, und zwar

Neuentwicklung
Modellpflege - incl. Facelift
Serienbetreuung
Verbilligung
Forschung
Vorentwicklung
Sonstiges

Darüber hinaus erfolgt eine Differenzierung nach Fahrzeugklassen. Die Auftragsnummern werden so gewählt, daß sich der Kostenträgerbezug möglichst deutlich erkennen läßt und daher die Zuordnung auf die Produkte relativ einfach ist.

Alle anfallenden Forschungs- und Entwicklungskosten werden nach diesen Projektnummern geplant und verrechnet. Für die Kostenkontrolle stellt man die geplanten Kosten den tatsächlichen Kosten gegenüber.

Für Fremdleistungen und öffentlich geförderte Forschungsvorhaben ist es in der Automobilindustrie üblich, Vorkalkulationen zu erstellen. In der Regel werden Fremdleistungen auch unter Entwicklungsauftragsnummern erfaßt.

Ist die Kostenrechnung nicht als Vollkostenrechnung, sondern als Deckungsbeitragsrechnung ausgestaltet, wird man nicht - wie bisher beschrieben - zwischen direkten und indirekten Forschungs- und Entwicklungskosten unterscheiden. Man wird bei diesem Kostenrechnungssystem vielmehr trennen in

- Einzelkosten des Forschungs- und Entwicklungsbereichs und
- Stellenkosten des Forschungs- und Entwicklungsbereichs.

Die Einzelkosten des Forschungs- und Entwicklungsbereichs, wozu insbesondere die Kosten des direkten Materialeinsatzes und die Kosten für fremde Entwicklungsleistungen gehören, sind den FE-Aufträgen direkt zuzuordnen und nicht über Kostenstellen abzurechnen.

Alle Stellenkosten des Forschungs- und Entwicklungsbereichs sind den FE-Aufträgen dagegen nur über Kostenstellen-Bezugsgrößen zuzuordnen. Hauptbezugsgröße dürften dabei die FE-Stunden sein. Hier ist gegebenenfalls nach Mitarbeiterkategorien zu differenzieren.

3.3 Produktorientierte Verrechnung

Die endgültige Ermittlung der in der Kostenträgerrechnung anzusetzenden Kosten pro Fahrzeug erfolgt in der Automobilindustrie kurz vor Serienanlauf. Dabei berücksichtigt man die bis dahin bereits angefallenen Ist-Kosten und die aufgrund von Erfahrungswerten nach Serienanlauf noch zu erwartenden Kosten.

Wie man bei der Berechnung der Kosten pro Fahrzeug im einzelnen vorgeht, hängt sicher wieder vom angewandten System der

Kostenrechnung ab. Die Hauptschritte dürften jedoch bei allen Systemen etwa ähnlich sein.

Bei VW gehen wir bei der Ermittlung der Forschungs- und Entwicklungskosten pro Typ/Modell etwa wie folgt vor. Ausgangsbasis sind die Projektkosten, d. h. die Kosten der Entwicklungsaufträge.

Für die Kosten der Projektgruppen Neuentwicklung, Modellpflege incl. Facelift, Serienbetreuung und Verbilligung kann eine direkte Zuordnung auf Produkte erfolgen, da hier die FE-Aufträge nach Fahrzeugtypen/-modellen differenziert werden können.

Bei den Kosten der Projektgruppen Forschung, Vorentwicklung und sonstige Aufträge ist keine direkte Zuordnung auf Produkte möglich. Die Kosten dieser Projektgruppen werden daher zu einem Block zusammengefaßt und den Produkten nach ihren Netto-Umsatzerlösen als sog. Grundlast zugeordnet.

Darüber hinaus wird ein Risikozuschlag für nicht zum Einsatz gekommene Neuentwicklungen berücksichtigt. Hierfür wird ein Durchschnittssatz pro Fahrzeug aus Erfahrungswerten der letzten zehn Jahre ermittelt.

Die Entwicklungskosten pro Fahrzeug setzen sich insgesamt aus den folgenden Positionen zusammen:

1. Neuentwicklung
2. Modellpflege incl. Facelift
3. Serienbetreuung, Verbilligung
4. Grundlast
5. Risikozuschlag

Nach Produkten (Modellen) differenziert werden pro Fahrzeug Normalverrechnungssätze der Forschungs- und Entwicklungskosten in DM gebildet. Dabei werden die für die Gesamt-Modellaufzeit erwarteten Kosten durch den geplanten Gesamtabsatz während der Modellaufzeit (abzüglich einer Sicherheitsmarge) dividiert.

Dem Ersatzteilegeschäft werden anteilig FE-Kosten im Verhältnis der Herstellkosten zugeordnet. Zum Ausgleich werden die Verrechnungssätze pro Wagen entsprechend korrigiert.

Zur Berücksichtigung inflatorischer Preissteigerungen werden die einzelnen Positionen der Verrechnungssätze der FE-Kosten vom Beginn des Serienanlaufs an mit Hilfe einheitlicher Zuschläge, die für den Forschungs- und Entwicklungsbereich insgesamt ermittelt werden, jährlich an das veränderte Kostenniveau angepaßt.

Zur Kontrolle der produktbezogenen Forschungs- und Entwicklungskosten werden Abweichungsanalysen und Deckungskontrollen durchgeführt.

Bei der Abweichungsanalyse werden Beschäftigungs- und Kostenabweichungen unterschieden.

Die Beschäftigungsabweichungen der FE-Kosten werden wie folgt errechnet:

$$\text{Beschäftigungs-Abweichung} = \left[\text{IST-Produktionsmenge} \;./.\; \text{Plan-Produktionsmenge}\right] \times \text{Normalkostensatz}$$

Daneben werden die Ist-Kosten des FE-Bereichs nach Typen/Modellen erfaßt (absolut und je Wagen) und zur Errechnung von Kostenabweichungen den verrechneten Normalkosten der Ist-Produktion gegenübergestellt. Hierbei werden die kalkulatorischen Bestandteile für die Inflationierung, der Risikozuschlag und die Abweichungen für das Ersatzteilegeschäft eliminiert.

Im Zuge einer jährlichen Überprüfung der Normalkostensätze der FE-Kosten wird festgestellt, ob wesentliche Abweichungen von den Plan-Annahmen eingetreten sind, die entsprechende Korrekturen erforderlich machen.

Ist der tatsächliche Absatz höher als der bei Modellanlauf geplante, wird man in der Regel den Verrechnungssatz je Fahrzeug reduzieren. Erreicht dagegen der Ist-Absatz nicht die ursprünglich geplante Menge, ergibt sich die Frage, ob der Verrechnungssatz erhöht wird. Aus Sicht der Kostenkontrolle ist die Erhöhung sicher richtig. In der Regel wird jedoch bei einem Modell, das die Absatzerwartungen nicht erfüllt, eine entsprechende Erhöhung des Preises nicht möglich sein.

4. Investitionsrechnerischer Ansatz für die Ermittlung der Kosten pro Produkt

Bisher haben wir versucht aufzuzeigen, wie man die Kosten pro Fahrzeug aus der Kostenrechnung ableiten kann. Da die Ausgaben für die Einführung neuer Produkte sich aber über einen längeren Zeitraum erstrecken, muß bei ihrer Umwandlung in Sondereinzelkosten der Fertigung eine entsprechende Berücksichtigung kalkulatorischer Zinsen erfolgen. Dazu ist ein investitionsrechnerischer Ansatz erforderlich. Dabei sind folgende Verfahren anwendbar:

1. Berechnung mit Hilfe der Annuitätenmethode
2. Näherungsweise Berechnung mit Hilfe der Durchschnittsverzinsung und
3. Berechnung mit Hilfe der Restwertverzinsung

Zu 1: Berechnung mit Hilfe der Annuitätenmethode

Gehen wir wieder davon aus, daß die Errechnung des endgültigen Satzes pro Fahrzeug kurz vor Serienanlauf oder besser bei Serienanlauf durchgeführt wird, so stehen für die vor diesem Zeitpunkt angefallenen Auszahlungen bereits Ist-Beträge zur Verfügung. Diese sind zum Kalkulationszinssatz aufzuzinsen. Für die nach Serienanlauf zu erwartenden Ausgaben liegen dagegen nur Planbeträge vor. Diese sind mit dem Kalkulationszinssatz abzuzinsen. Man erhält so den Gegenwartswert der Gesamtbeträge der für die Einführung neuer Produkte anfallenden Ausgaben (vgl. Abb. 5). Dividiert man den Gegenwartswert durch die während der Absatzzeit erwartete Gesamtabsatzmenge, erhält man einen Plan-Verrechnungssatz ohne kalkulatorische Zinsen.

Will man die kalkulatorischen Zinsen mit einbeziehen, kann man unter Anwendung der Annuitätenmethode wie folgt vorgehen.

Man wandelt den Gegenwartswert der auf- und abgezinsten FE-Ausgaben mit Hilfe des Kapitalwiedergewinnungsfaktors in eine gleichbleibende Annuität pro Jahr der Modellaufzeit um. Der Plan-Verrechnungssatz ergibt sich, indem die Summe der Annuitäten durch die geplante Gesamtabsatzmenge dividiert wird. Die Formeln für den Rechengang sind in Abb. 5 angegeben.

Abb. 5

Investitionsrechnerischer Ansatz für die Errechnung des Satzes pro Fahrzeug

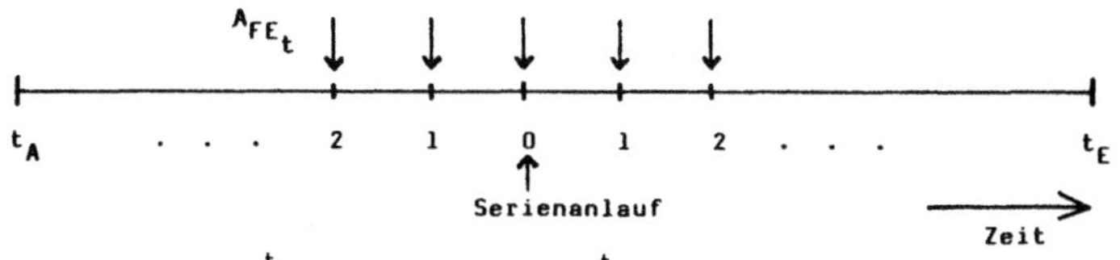

Gegenwartswert: $A_o = \sum_{t=1}^{t_A} A_{FE_t} (1+\frac{i}{100})^{t} + \sum_{t=0}^{t_E} A_{FE_t} (1+\frac{i}{100})^{-t}$

Annuität: $a_n = A_o . w(i,t_E)$

Planverrechnungssatz pro Fahrzeug: $k_{FE} = \frac{a_n . t_E}{\sum_{t=1}^{t_E} X_{At}^{(p)}}$

Erklärung der Zeichen:

A_{FE_t} = FE-Ausgaben im Jahre t

t_A = Beginn der Entwicklung

t_E = Ende des Modell-Lebenszyklus

i = Kalkulationszinssatz

$X_{At}^{(p)}$ = Plan-Absatzmenge im Jahr t

$w(i,t_E)$ = Kapital-Wiedergewinnungs-Faktor

$\frac{(1+i)^{t_E} . i}{(1+i)^{t_E} - 1} = w(i,t_E)$

Bei dieser Methode wurde, da die Annuitäten gleich sind, eine gleichmäßige Amortisation der FE-Kosten unterstellt.

Zu 2: Näherungsweise Berechnung mit Hilfe der Durchschnittsverzinsung

Eine weitere anwendbare Methode ist die näherungsweise Berechnung mit Hilfe des Verfahrens der Durchschnittsverzinsung.

Bei diesem Verfahren erfolgt im Gegensatz zur eben gezeigten Berechnungsweise keine simultane Bestimmung des Plan-Verrechnungssatzes. Der Verrechnungssatz für die kalkulatorischen Zinsen wird vielmehr getrennt vom Verrechnungssatz ohne Berücksichtigung von Zinsen ermittelt.

Den Verrechnungssatz ohne Berücksichtigung von kalkulatorischen Zinsen nach Serienanlauf erhält man, wie bereits beschrieben, indem der Gegenwartswert (Ao) im Zeitpunkt des Serienanlaufs durch die Gesamtabsatzmenge dividiert wird.

Zur Bestimmung des Plan-Verrechnungssatzes für die kalkulatorischen Zinsen geht man - wie folgt - vor. Die Zinskosten pro Jahr werden nach dem Verfahren der Durchschnittsverzinsung ermittelt, indem die während der Modellaufzeit im Durchschnitt gebundenen FE-Kosten mit dem Kalkulationszinssatz multipliziert werden.

Der Plan-Verrechnungssatz ergibt sich dann als Quotient aus der Summe der Zinskosten (Zinskosten pro Jahr multipliziert mit der Modellaufzeit) und der Gesamtabsatzmenge.

Bei Anwendung dieses zweiten Verfahrens ist der Verrechnungssatz geringer als beim ersten Verfahren, da in der Annuität Zinseszinsen mit in Ansatz gebracht werden, die bei der Durchschnittsverzinsung keine Berücksichtigung finden.

Zu 3: Berechnung mit Hilfe der Restwertverzinsung

Die beiden beschriebenen Verfahren haben bezüglich der Zinsberechnung den Nachteil, daß sie eine im Zeitablauf gleichmäßige Amortisation der FE-Kosten während der Modellaufzeit unterstellen. Geht man davon aus, daß der Rückfluß pro Jahr dem Produkt aus Plan-Verrechnungssatz ohne Zinskosten und Plan-Absatzmenge des jeweiligen Jahres entspricht, so stimmt die bei dem Verfahren angenommene Kapitalberechnung nur dann mit der tatsächlichen überein, wenn die Plan-Absatzmengen der einzelnen Jahre gleich groß sind.

Sind aber beispielsweise die Absatzmengen der ersten Jahre größer als die der letzten, erfolgt der Rückfluß schneller als angenommen, und die Summe der verrechneten Zinskosten ist zu hoch; im umgekehrten Fall werden zuwenig Zinskosten verrechnet.

Bei starken Schwankungen der jährlichen Plan-Absatzmengen empfiehlt sich daher eine Zinsberechnung analog zum Restwertverfahren, bei welchem in jedem Jahr der Modellaufzeit unterschiedliche Zinskosten anhand der im Jahresdurchschnitt gebundenen Restwerte ermittelt werden. Die Restwerte der einzelnen Jahre errechnen sich dabei als Differenz zwischen den diskontierten FE-Kosten (Gegenwartswert Ao) und den bis zum Ende des betreffenden Jahres verrechneten FE-Kosten ohne Zinsen (= Plan-Verrechnungssatz ohne kalkulatorische Zinsen multipliziert mit den entsprechenden Plan-Absatzmengen).

Ansonsten entspricht die Vorgehensweise der Bildung des Plan-Verrechnungssatzes der des zweiten Verfahrens. (Der Verrechnungssatz ohne Zinsen wird - wie beschrieben - ermittelt; der Verrechnungssatz für Zinsen ergibt sich wiederum als Quotient aus der Summe der jährlichen Zinskosten und der Gesamt-Absatzmenge.)

5. Ex post- oder ex ante-Verrechnung der Forschungs- und Entwicklungskosten

Ausgangspunkt unserer bisherigen Überlegungen war, daß das jeweils entwickelte Modell auch seine Entwicklungskosten, die bereits angefallen und noch zu erwarten sind, selbst trägt. Es erfolgt in diesem Fall eine ex post-Verrechnung. Die Ausgaben liegen zum großen Teil vor den im Preis ersetzten Einnahmen. Grundgedanke bei dieser Betrachtung ist: Dieses Modell hat diese Ausgaben bzw. Kosten verursacht. Es sind daher über den Preis diese Kosten zu ersetzen.

Während der Zeit, in der ein Modell abgesetzt wird, entwickelt man schon das Nachfolgemodell. Es ergibt sich daher die Frage, ob es nicht besser wäre, jedem Modell die Kosten des Nachfolgemodells zu belasten. Das wäre eine ex ante-Verrechnung. Dahinter steht der Grundgedanke: Was im laufenden Jahr für Forschung und Entwicklung ausgegeben wird, muß auch von dem im Augenblick am Markt angebotenen Programm verdient werden.

Dabei tritt das Problem auf, daß neue Produktfamilien auftauchen und sich die Breite des Modellangebots vergrößert. Daher wird man bei einer ex ante-Betrachtung häufig höhere Kosten in der Preiskalkulation ansetzen müssen als bei einer ex post-Betrachtung.

Um dies zu vermeiden, könnte man bei einer ex ante-Betrachtung nur die Kosten berücksichtigen, die dem eindeutig zuordenbaren Nachfolgemodell entsprechen. Programmerweiterungen wären nicht anzusetzen.

Nach unseren Informationen wird in der Automobilindustrie sowohl die ex post- als auch die ex ante-Verrechnung bei der Preiskalkulation praktiziert. Es gibt also noch keine einheitliche Vorgehensweise.

Wählt man für die Preiskalkulation die ex ante-Verrechnung, wird man zur nachträglichen Kontrolle auf jeden Fall zusätzlich relativ global eine ex post-Verrechnung durchführen müssen.

6. Behandlung der Forschungs- und Entwicklungskosten in der Jahresergebnisrechnung

Nachdem wir bisher versucht haben, die Probleme der Forschungs- und Entwicklungskosten in der Kosten- und Leistungsrechnung aufzuzeigen, wollen wir abschließend noch kurz auf die Behandlung in der Jahresergebnisrechnung eingehen.

Hier werden die Ausgaben bzw. Aufwendungen, die in einem Jahr anfallen, in der Planung und Ist-Rechnung in vollem Umfang dem Jahresergebnis belastet. Soweit Vorräte am Jahresende im Bestand sind, werden dort im allgemeinen in Anlehnung an steuerliche Vorschriften nur in geringem Umfang Forschungs- und Entwicklungskosten aktiviert.

Das bedeutet: Überstiegen die tatsächlich angefallenen Forschungs- und Entwicklungsaufwendungen die für die verkauften Erzeugnisse im Rahmen der Kosten- und Leistungsrechnung verrechneten Kosten, so ist die Differenz in der Planung und Ist-Rechnung zusätzlich noch im Betriebsergebnis oder neutralen Ergebnis anzusetzen.

L i t e r a t u r

Betzing, G., Einmalkosten in der Produktkalkulation bei Serienfertigung, in: ZfbF-Kontaktstudium 1980, S. 681 - 689.

Kilger, W., Flexible Plankostenrechnung und Deckungsbeitragsrechnung, 8. Aufl., Wiesbaden 1981.

Laßmann, G., Aktuelle Probleme der Kosten- und Erlösrechnung sowie des Jahresabschlusses bei weitgehend automatisierter Serienfertigung, in: ZfbF-Kontaktstudium 1984, S. 959 - 978.

Radomski, J./Betzing, G., Die kalkulatorische Behandlung von Einmalausgaben für Produkt-Entwicklung, -Herstellung und -Markteinführung aus absatzpolitischer Sicht, in: ZfbF-Sonderheft 7/1977, S. 185 - 196.

Integrierte Finanzbuchführung mit Personal Computern

T.M. Schünemann, HS – Hamburger Software GmbH, Hamburg

Personal Computer werden in den letzten Jahren zunehmend eingesetzt /1/. Zunächst waren Geräte verfügbar, die aufgrund ihrer geringen Leistungsfähigkeit in der betrieblichen Praxis keine große Bedeutung hatten. Inzwischen hat sich eine deutliche Trennung zwischen Personal Computern zum professionellen Einsatz und Heimcomputern vollzogen. Personal Computer stellen nunmehr Verarbeitungs- und Speicherkapazitäten bereit, die den breiten Einsatz dieser Geräte für betriebliche Administrations- und Planungsaufgaben ermöglichen.

Die Finanzbuchhaltung ist das Aufgabengebiet des Rechnungswesens, das einen allgemeingültigen Grundablauf hat. Betriebsindividuelle Besonderheiten bestehen z. B. aufgrund unterschiedlicher Branchen, Unternehmensformen und spezifischer Buchungsarten.

Bei Anwendern und Entwicklern besteht langjährige Erfahrung, entsprechende Softwaresystem zu erstellen und zu betreiben /2/. Auch für Personal Computer sind zahlreiche Programmsysteme zur Finanzbuchhaltung verfügbar /3/.

Die Durchführung der Finanzbuchhaltung auf Personal Computern erbringt Vorteile gegenüber einer zentralen Rechenzentrumsverarbeitung bzw. einer Verarbeitung außer Haus, durch:

- schnellere Verfügbarkeit von Informationen am Arbeitsplatz: Mahnungen und Zahlungen können termingerecht durchgeführt werden.
- flexiblere Auswertungsmöglichkeiten: Kontenplan und Auswertungen (z. B. Summen-, und Saldenliste, Bilanz, GuV) können frei gestaltet und zu beliebigen Zeitpunkten abgerufen werden.

Die Finanzbuchhaltung ist das typische Standardprogramm für Personal Computer. Softwaresysteme zur Finanzbuchhaltung auf Personal Computern unterscheiden sich hinsichtlich ihrer Funktionen und Leistungsfähigkeit nicht wesentlich von den aus der traditionellen Datenverarbeitung bekannten Softwareprodukten. Die maßgeblichen Unterschiede bestehen im Bereich der Softwarequalität. Hier muß Software für Personal Computer die Bedürfnisse der Benutzer und die Besonderheiten der Personal Computer berücksichtigen.

In diesem Beitrag werden Leistungsfähigkeit und Qualität von Software auf Personal Computern exemplarisch anhand eines Standardprogramms zur Finanzbuchhaltung /4/ gezeigt. Die PC Finanzbuchhaltung ist in der Bundesrepublik Deutschland und Österreich bei mehr als 3000 Kunden im Einsatz.

Im ersten Kapitel werden die aus den Anforderungen von Personal Computern und Benutzern resultierenden Rahmenbedingungen aufgezeigt. Das anschließende Kapitel beschreibt den Leistungsumfang der PC Finanzbuchhaltung. Kapitel 3 enthält die wesentlichen Merkmale der Qualität von Software für Personal Computer. Die Faktoren werden allgemein beschrieben und anhand der Realisierung in der PC Finanzbuchhaltung erläutert.

01. RAHMENBEDINGUNGEN FÜR SOFTWARE AUF PERSONAL COMPUTERN

01.01 PERSONAL COMPUTER

Personal Computer sind eigenständige DV-Systeme mit folgenden typischen Komponenten:
- Zentraleinheit (64 - 512 KB Hauptspeicherkapazität)
- Bildschirm (Monochrom oder Farbe) und Tastatur
- Drucker (40 - 180 Zeichen/Sekunde)
- Diskettenlaufwerke (360 KB - 1.2 MB), ggf. Platte (10 - 20 MB)

Je nach Leistungsfähigkeit betragen die Anschaffungskosten zwischen 5.000,00 DM und 25.000,00 DM. Personal Computer sind im Regelfall Einplatzsysteme. Der Anschluß an größere Rechner und Bildschirmtext sowie der Betrieb mehrerer Personal Computer im Netzwerk ist möglich und wird künftig verstärkt Verwendung finden. Personal Computer erfordern keine Klimatisierung und kein Operating bis auf das Wechseln von Disketten und die Bedienung des Druckers. Personal Computer können individuellen Bedürfnissen entsprechend konfiguriert und zu späteren Zeitpunkten erweitert werden. Hierbei können auch Komponenten unterschiedlicher Hersteller kombiniert werden.

Aufgrund des günstigen Preis-Leistungs-Verhältnisses fördern Personal Computer den Einstieg in die Datenverarbeitung bzw. die Dezentralisierung von DV-Leistung an den Arbeitsplatz. In diesem Zusammenhang ist entscheidend, daß alle Funktionen an den Arbeitsplatz verlagert werden und diese Funktionen vom Mitarbeiter ohne maßgebliche Unterstützung von außen durchgeführt werden müssen /5/.

Wegen der geringen Anschaffungskosten gehen insbesondere Erstanwender von niedrigen Softwarepreisen aus. Dadurch können Individuallösungen nicht mehr wirtschaftlich erstellt werden. Der Trend zu mehrfach einsetzbarer Standardsoftware wird verstärkt.

Die Finanzbuchhaltung ist der Bereich des Rechnungswesens, der sich zur Standardisierung besonders eignet. Aufgrund der ökonomischen Notwendigkeit und der sachlichen Realisierbarkeit werden zahlreiche Standardprogramme zur Finanzbuchhaltung auf Personal Computern entwickelt und angeboten. Bei der Entwicklung und dem Einsatz ist jedoch zu beachten, daß der potentielle Benutzer weitgehend allein mit dem Personal Computer arbeiten muß und nicht - wie bei einer zentralen Datenverarbeitung - die DV-technische Realisierung auf andere Stellen verlagern kann. Dadurch ergeben sich besondere Anforderungen an die Qualität der Software.

01.02 BENUTZER

Benutzer sind zu unterscheiden hinsichtlich ihrer fachlichen Qualifikation und ihrer Erfahrung im Umgang mit DV-Systemen /6/. Der typische Benutzer von Personal Computern ist der Sachbearbeiter, der seine Aufgabe am Arbeitsplatz im Dialog löst. Bei diesem Personenkreis kann die fachliche Qualifikation zur Aufgabenlösung vorausgesetzt werden. In der Regel ist dieser Benutzer Erstanwender und hat keine oder nur geringfügige Kenntnisse im Umgang mit DV-Systemen /7/.

Daher muß die Software für Personal Computer nicht nur die fachliche Aufgabenlösung ermöglichen, sondern diese Aufgabenlösung dem Benutzer in geeigneter Form anbieten, ihn bei der Aufgabenlösung schrittweise unterstützen und ihm bei Bedarf Hilfe, z.B. in Form von erläuternden Texten, anbieten. Die Berücksichtigung einer den Bedürfnissen des DV-Laien angemessenen Benutzeroberfläche ist das maßgebliche Kriterium für die Qualität von Software auf Personal Computern /8/.

02. LEISTUNGSUMFANG

Der Leistungsumfang einer Finanzbuchhaltung wird durch
- Mengengerüst
- Zeitverhalten
- Funktionen

beschrieben. Die folgenden Ausführungen verdeutlichen, daß mit den gegenwärtig verfügbaren Personal Computern umfangreiche Buchhaltungen abgewickelt werden können. Der Einsatzbereich liegt dabei vorrangig bei kleinen und mittleren Firmen, die bisher ihre Buchhaltung manuell oder außer Haus verarbeitet haben. Bei größeren Betrieben ist ein Einsatz der PC Finanzbuchhaltung für Filialen bzw. eigenständige Tochterunternehmen oder Nebenbuchhaltungen denkbar.

02.01 MENGENGERÜST

Das Mengengerüst wird durch die Anzahl der Konten und die Anzahl der Buchungen bestimmt, die auf dem externen Datenträger (Diskette oder Platte) gespeichert werden. Die folgenden Angaben setzen die Verwendung einer Platte mit mindestens 10 MB Speicherkapazität voraus. Die PC Finanzbuchhaltung speichert Angaben zu Sachkonten, Kundenkonten und Lieferantenkonten sowie die Adressen von Kunden und Lieferanten. Für Zahlungen werden Lieferantenbankverbindungen erfaßt. Buchungen umfassen den Buchungsstoff einer oder mehrerer Buchungsperioden und die offenen Posten bereits abgeschlossener Buchungsperioden. Der Benutzer kann in Abhängigkeit vom Umfang seines Buchungsstoffs entscheiden, ob die Buchungsperioden z.B. Monate oder Quartale sind und ob er gleichzeitig in mehrere Buchungsperioden bucht. Tabelle 1 zeigt 2 Beispiele für einen Datenbestand mit-10 MB Speicherplatzbedarf.

Tabelle 1: Beispiele für Datenbestände

Anzahl	Beispiel 1	Beispiel 2
Sachkonten	300	300
Kunden und Lieferanten	2.000	5.000
Buchungen	60.000	50.000

02.02 ZEITVERHALTEN

Das Zeitverhalten wird durch die Anzahl der laufend verarbeiteten Buchungen und die Leistungsfähigkeit des eingesetzten Prozessors bestimmt. Die laufende Verarbeitung umfaßt die Eingabe der Buchung, das Buchen und den Druck des Journals. Der Personal Computer ist ein Einplatzsystem, d.h. jeweils nur ein Benutzer kann Buchungen eingeben. Tabelle 2 zeigt den Zeitbedarf für 1000 Buchungssätze pro Tag beim Einsatz eines 80286 Prozessors (IBM Personal Computer AT).

Tabelle 2: Zeitbedarf für 1000 Buchungen

Tätigkeit	Zeitbedarf
Eingabe der Buchungen	3 Stunden
Buchen der eingegebenen Buchungen	1,5 Stunden
Druck des Journals	0,5 Stunden
Summe tägliche Verarbeitung	5,0 Stunden

Die Angaben sind Grenzwerte unter der Annahme, daß die Belege vorkontiert sind und daß der Benutzer die Buchungen schnell und ohne Fehler eingibt. Da ein Buchungssatz mit Konto und Gegenkonto 2 Buchungen umfaßt, sind 1000 Buchungssätze gleichbedeutend mit 2000 Buchungen. Diese Buchungen benötigen im Journal mit Überschriften ca. 2300 Druckzeilen. Die angegebene Druckzeit setzt den Einsatz eines Druckers mit 100 Zeilen/min voraus. Alle weiteren Verarbeitungen sind im wesentlichen Druckzeiten, so daß das Zeitverhalten von dem eingesetzten Drucker bestimmt wird. Unter Annahme eines Arbeitstages von 8 Stunden sind die verbleibenden 3 Stunden als ausreichend für die übrigen Verarbeitungen anzusehen. Die Eingabezeiten können durch das automatische Übernehmen von Buchungen, z.B. Rechnungsausgänge aus der Fakturierung, reduziert werden.

Aus dem Zeitbedarf ergibt sich, daß bei 20 Arbeitstagen im Monat 40.000 Buchungen verarbeitet werden können. Wie oben ausgeführt, reicht hierzu die Kapazität einer Platte mit 10 MB Speicherkapazität aus. Bei einer monatlichen Buchungsperiode sind die offenen Posten der vorhergehenden Buchungsperioden und ggf. Buchungen der nächsten Buchungsperiode zusätzlich zu berücksichtigen.

02.03 FUNKTIONEN

Bei den Funktionen sind anwendungsabhängige und anwendungsunabhängige Funktionen zu unterscheiden. Die anwendungsunabhängigen Funktionen betreffen z.B. die Installation und die Datensicherung. Diese Funktionen werden in Kapitel 3 (Softwarequalität) beschrieben.

Die anwendungsabhängigen Funktionen sind die Funktionen, die zur Durchführung der Finanzbuchhaltung erforderlich sind. In einem Standardprogramm müssen (theoretisch) alle vom einzelnen Benutzer benötigten Funktionen enthalten sein. Die Funktionen sind aufgrund der gesetzlichen Vorschriften weitgehend vorgegeben, z.B. sind Journal und Kontoblatt in jeder Buchhaltung erforderlich. Im folgenden werden beispielhaft Funktionen beschrieben, die über die grundlegenden Funktionen hinaus den Komfort und die Effektivität der Anwendung erhöhen. Abb. 1 zeigt die Hauptauswahl der PC Finanzbuchhaltung mit den einzelnen Arbeitsgebieten.

```
FINANZBUCHHALTUNG              Hauptauswahl              BEISPIELDATEN
B-FI011                                                       31.03.85

Letzte Buchung: März 1985
Stammdaten                            Offene Posten-Auswertungen
  1. Datenpflege                        7. Kunde
  2. Druck                              8. Lieferant

Laufende Verarbeitung                 Abschluß, Auswertungen
  3. Dialogbuchen                       9. Monat
  4. Stapelbuchen                      10. Jahr
  5. Journal
  6. Kontoabfrage

- - - - - - - - - - - - - - - - - - - - - - - - - - - - - - - - - - -
Auswahl : 3      Buchungsdatum : 300385

F1-? F2--> F3-Feld rück  F4-1.Feld                            Esc-Ende
```

Abb. 1: Hauptauswahl der PC Finanzbuchhaltung

Die PC Finanzbuchhaltung bietet eine integrierte Verarbeitung von Sachkonten, Kundenkonten und Lieferantenkonten. Zwischen den Abrechnungskreisen wird direkt gebucht, Zwischenkonten und Sammelbuchungen sind nicht erforderlich. Neben Kunden und Lieferanten können auch Sachkonten als Offene Posten-Konten angelegt werden. Im Rahmen der Offenen Posten-Verarbeitung werden für Kunden Offene Posten-Listen, Fälligkeitsübersichten, Kontoauszüge und Mahnungen erstellt. Für Lieferanten werden zum Ausgleich der Verbindlichkeiten automatisch Überweisungen oder Schecks erstellt und gebucht.

Beim Buchen können Mehrwertsteuer und Vorsteuer automatisch durch Eingabe eines Steuerschlüssels gebucht werden. Zahlungen werden bei der Eingabe den Offenen Posten zugeordnet, ggf. werden Skontobeträge bzw. Restsalden ermittelt und mit der entsprechenden Steuerkorrektur automatisch gebucht. Buchungssätze können mit Konto und Gegenkonto oder als gesplittete Buchung eingegeben werden. Die eingegebenen Buchungen können während oder nach der Eingabe abgestimmt und korrigiert werden. Buchungen können gleichzeitig für 12 Buchungsmonate und 2 Wirtschaftsjahre eingegeben werden. Der Abschluß der letzten Buchungsperiode und des letzten Wirtschaftsjahres kann beliebig wiederholt werden. Die Anwendung stellt eine Vielzahl von unterschiedlichen Auswertungen zur Verfügung; die Konten können unterschiedlich sortiert und selektiert werden.

Der Anwender darf nicht durch die von ihm nicht benötigten Funktionen belastet werden. Eine wesentliche Forderung ist, daß das Datenmodell der Anwendung offen ist. Alle Datensätze können über Schnittstellenprogramme gelesen und für individuelle Anforderungen weiterverarbeitet werden. Diese Möglichkeit ist insbesondere beim Einsatz der PC Finanzbuchhaltung in einer größeren Firma sinnvoll, wenn Daten aus der dezentral geführten Finanzbuchhaltung an das zentrale Rechnungswesen übertragen werden.

03. SOFTWAREQUALITÄT

Softwarequalität kann durch viele Faktoren beschrieben werden /9/. Da Personal Computer in der Regel von DV-Laien eingesetzt werden, haben die zur problemlosen Handhabung der Software beitragenden Qualitätsfaktoren die entscheidende Bedeutung für den Erfolg des Softwaresystems. Die zur Handhabung gehörenden Qualitätsfaktoren werden unter dem Begriff Benutzeroberfläche zusammengefaßt /10/. Die Benutzeroberfläche ist die Schnittstelle zwischen dem Benutzer und dem Datenverarbeitungssystem. Die im folgenden beschriebenen Qualitätsfaktoren sind:

- Benutzerführung
- Installation
- Flexibilität
- Sicherheit
- Einfachheit

Andere Merkmale der Softwarequalität, wie z.B. Fehlerfreiheit und Wartungsfreundlichkeit, werden nicht behandelt, da sich hierin Software für Personal Computer von Software für traditionelle Datenverarbeitungssysteme nur unwesentlich unterscheidet.

Die Qualitätsfaktoren haben generell für alle Programmsysteme Gültigkeit, die auf einem Personal Computer eingesetzt werden. Die Finanzbuchhaltung erfordert jedoch aufgrund der gesetzlichen Vorschriften eine unbedingt fehlerfreie Verarbeitung. Daraus ergibt sich, daß gerade an die Qualität von Software für Finanzbuchhaltungen besondere Anforderungen zu stellen sind.

03.01 BENUTZERFÜHRUNG

Der Benutzer muß bei der Eingabe von Daten vom Programm geführt und unterstützt werden.

03.01.01 VORBESETZUNGEN

Datenfelder werden soweit als möglich vorbesetzt. Die Vorbesetzungen können durch Drücken der Eingabetaste übernommen oder mit anderen Werten überschrieben werden. Vorbesetzungen sind:

- **die häufigste Eingabe**: z.B. wird beim Einrichten von Lieferantenkonten, das Datenfeld Zahlung mit "Zahlung per Scheck und Überweisung" vorbesetzt.
- **die letzte Eingabe**: z.B. wird bei der Eingabe von Buchungen das Belegdatum mit dem Datum des zuletzt eingegebenen Buchungssatzes vorbesetzt.
- **ein automatisch errechneter Betrag**: z.B. wird bei der Eingabe einer gesplitteten Buchung das Eingabefeld für den Betrag mit dem noch zu verteilenden Betrag vorbesetzt.
- **eine fortlaufende Numerierung**: z.B. kann die Belegnummer automatisch um 1 erhöht werden.

03.01.02 ERLÄUTERNDE TEXTE

Bei der Eingabe werden dem Benutzer auf Wunsch Texte am Bildschirm angezeigt, die das aktuelle Eingabefeld bzw. die augenblickliche Situation, z.B. nach einem Fehler, erläutern. Dadurch ist in diesen Fällen ein Nachschlagen im Benutzerhandbuch nicht mehr erforderlich. Abbildung 2 zeigt den Hilfetext zum Datenfeld UVA-Zeilennummer.

```
FINANZBUCHHALTUNG            Datenpflege            BEISPIELDATEN
B-FI161                      Sachkonto                   31.03.85

  UVA-Zeilennummer                 2 Stellen numerisch

  Für jedes Konto, dessen Werte in die monatliche Umsatzsteuervoranmeldung
  aufgenommen werden, muß die Zeilennummer der Umsatzsteuervoranmeldung
  eingegeben werden.  Die UVA-Zeilennummer steuert die Zuordnung zu den
  Zeilen der Umsatzsteuervoranmeldung (siehe amtlicher Vordruck für
  Umsatzsteuervoranmeldung).  Sie kann eingegeben werden.  Konten mit
  einer UVA-Zeilennummer werden in der Umsatzsteuerübersicht gedruckt;  im
  Summenblatt der Umsatzsteuerübersicht werden die Salden je Zeilennummer
  gedruckt, die in den amtlichen Vordruck zu übertragen sind.

  Beispiel:  Das Konto 8100 Erlöse 7 % MWSt wird der Zeile 86 in der
  Umsatzsteuervoranmeldung zugeordnet.  Eingegeben wird '86'.

F1-?                          F9-rückwärts                     Esc-Ende
```

Abb. 2: Hilfetext

Jeder Hilfetext enthält Inhalt und Format des Datenfelds sowie ein Beispiel. Hilfetexte können mehrere Bildschirmseiten umfassen und durch Blättern nacheinander angezeigt werden. Durch Vorwärtsblättern bzw. Rückwärtsblättern werden auch die Hilfetexte der im jeweiligen Eingabebildschirm vorhandenen restlichen Datenfelder angezeigt. Hilfetexte sind ein wichtiges Hilfsmittel zum Kennenlernen der PC Finanzbuchhaltung.

03.01.03 DATENANZEIGE

Bei der Eingabe der Stammdaten und des Buchungsstoffs muß der Benutzer Ordnungsbegriffe (Nummern und Schlüssel) von bereits gespeicherten Datensätzen kennen und eingeben, z.B. Kontonummern, Steuerschlüssel und Schlüssel für Zahlungsbedingungen. Diese Ordnungsbegriffe werden auf Anforderung am Bildschirm angezeigt. Abbildung 3 zeigt die vorhandenen Zahlungsbedingungen.

FINANZBUCHHALTUNG	Datenpflege	**BEISPIELDATEN**
B-FI102	Zahlungsbedingung	31.03.85

	Text	Tage Netto	Tage Skonto
N	Ohne Abzug sofort		
→ S02	2 % Sk. 7 Tage, netto 14 Tage	14	7
S03	3 % Sk. 14 Tage, netto 30 Tage	30	14
S04	3 % Sk. 7 Tage, netto 14 Tage	14	7

F1-? F7-Hilfetext F9-1.Satz F10-vorwärts Esc-Ende

Abb. 3: Datenanzeige

Aus den angezeigten Daten kann ein Ordnungsbegriff mit dem Cursor (Pfeil in der Abbildung) ausgewählt und durch Drücken der Eingabetaste in den Eingabebildschirm übertragen werden. Dadurch werden Fehler beim manuellen Übertragen in den Eingabebildschirm vermieden. Ist die Anzahl der Ordnungsbegriffe hoch, kann der Benutzer die anzuzeigenden Ordnungsbegriffe durch Sortierfolge und Matchcode (Selektionskriterium) eingrenzen. Beispielsweise können Kundenkonten numerisch (Kontonummer bzw. Bilanz-,GuV-Position) oder alphanumerisch (Kunden-Kurzname) sortiert und selektiert werden.

03.01.04 FUNKTIONSTASTEN

Bei der Eingabe kann der Benutzer folgenden Funktionstasten nutzen:

- Sprung auf das vorangehende Datenfeld.
- Sprung auf das erste Datenfeld des Eingabesatzes, wobei die bereits eingegebenen Daten des Eingabesatzes erhalten bleiben.
- Sprung auf das erste Datenfeld des Eingabesatzes, wobei die bereits eingegebenen Daten gelöscht werden.
- Freigabe des Datensatzes zur Bearbeitung; die Vorbesetzungen der restlichen Datenfelder werden übernommen.
- Löschen des Datensatzes.
- Beenden der Verarbeitung und Wechsel in die nächst höhere Programmstufe, in der Regel ein Auswahlbildschirm.
- Beenden der Verarbeitung und Wechsel in den Startbildschim.

Weitere Funktionstasten sind programmspezifisch verfügbar, z.B. zur Anzeige der Stapel oder Anzeige der Abstimmsumme bei der Eingabe von Buchungen im Stapel.

03.01.05 FELDWEISER DIALOGABLAUF

Die Eingabe der Daten erfolgt feldweise. Gegenüber einer satzweisen bzw. blockweisen Eingabe ergeben sich die im folgenden beschriebenen Vorteile.

Die Zulässigkeit einer Eingabe wird sofort geprüft. Dabei werden Abhängigkeiten zu bereits eingegebenen Datenfeldern berücksichtigt. Beispielsweise legt der Benutzer bei der Erfassung eines Sachkontos zunächst fest, ob das Sachkonto ein Bilanz-Konto oder ein GuV-Konto ist; bei der anschließenden Eingabe zur Zuordnung des Sachkontos sind bei Bilanz-Konten die Kennzeichen "A" (Aktiv-Konto), "P" (Passiv-Konto) und "W" (Wechselkonto) zulässig, bei GuV-Konten sind die Kennzeichen "E" (Ertragskonto) und "A" (Aufwandskonto) erlaubt.

Bei einer fehlerhaften Eingabe wird sofort eine feldbezogene Fehlermeldung ausgegeben. Die Eingabe muß zunächst korrigiert werden, bevor weitere Datenfelder eingegeben werden können. In bestimmten Fällen bestehen umfassende Korrekturmöglichkeiten. Falls beispielsweise bei der Eingabe von Steuerschlüsseln das eingegebene Steuerauffangkonto noch nicht vorhanden ist, kann die Eingabe des Steuerschlüssels unterbrochen, das fehlende Sachkonto eingerichtet und anschließend die unterbrochene Eingabe des Steuerschlüssels fortgesetzt werden.

Bereits bei der Eingabe von Daten wird die Zulässigkeit des eingegebenen Zeichens geprüft. Für alle Zeichen, die nicht zum Typ des jeweiligen Datenfelds gehören, wird die Tastatur gesperrt. Folgende Typen werden unterschieden:

- numerisch	:	Ziffern, + und -
- alphanumerisch	:	alle Zeichen der Tastatur
- numerisch positiv	:	Ziffern, z.B. bei Kontonummern
- Großbuchstaben	:	Kleinbuchstaben werden automatisch in Großbuchstaben umgewandelt, z.B. bei Kurznamen zur alphanumerischen Sortierung
- Ja/Nein-Eingaben	:	J oder N

In jedem Datenfeld können feldbezogene Hilfetexte und die Anzeige der zu diesem Datenfeld vorhandenen Daten aufgerufen werden (siehe Kapitel 03.01.02 und 03.01.03). Die vorhandenen Daten können in den Eingabebildschirm übernommen werden. Durch diese Möglichkeiten unterstützt die PC Finanzbuchhaltung den Benutzer in umfassender Weise.

Aufgrund der feldweisen Übertragung können nach der Eingabe von Daten erläuternde Texte und zusätzliche Daten zur Kontrolle der Eingabe angezeigt werden:

- **die Bezeichnung des Ordnungsbegriffs**: z.B. der Zeilentext nach Eingabe einer Bilanz-Position.
- **zusätzliche Werte eines Ordnungsbegriffs**: z.B. der aktuelle Kontosaldo bei Eingabe einer Kontonummer.
- **erläuternde Texte**: z.B. der Text "Scheck und Überweisung" nach Eingabe des Kennzeichens "SU" in das Datenfeld Zahlung beim Einrichten von Lieferantenkonten.

Nach der Eingabe eines Datenfelds wird festgestellt, welches Datenfeld als nächstes einzugeben ist. Hierbei ist zu unterscheiden:

- **Ein Datenfeld wird nur in bestimmten Fällen benötigt**: z.B. wird nur beim Buchen von Rechnungseingängen (Konto-Haben ist ein Lieferantenkonto) das Datenfeld zur Eingabe der Fremdbelegnummer (Referenznummer des Lieferanten) angezeigt.
- **Ein Datenfeld wird im Regelfall nicht benötigt**: z.B. wird bei bei Eingabe der nächsten Teilbuchung einer gesplitteten Buchung auf das Datenfeld (Konto-Soll bzw. Konto-Haben) gesprungen, mit dem der restliche Splittungsbetrag ausgeglichen wird.

03.02 INSTALLATION

Der Benutzer muß die Anwendung ohne fremde Hilfe installieren können.

03.02.01 ANPASSUNG AN DIE HARDWARE-KONFIGURATION

Folgende Anpassungen an die Hardware-Konfiguration sind möglich:

- **Drucker**: Festlegung eines beliebigen Druckers mit beliebigen Druckersteuerzeichen, z.B. für Engdruck und Normaldruck
- **Standard-Formular**: Festlegung des Rands, der Blattlänge und der Zeilendichte
- **Farbbildschirm**: Festlegung der Farben des Vordergrunds und des Hintergrunds, z.B. für Eingabefelder, Intensivdarstellung und Umkehranzeige
- **Laufwerke**: Zuordnung von Datenbestand und Datensicherung

Die Anpassung erfolgt durch ein Installationsprogramm. Bei der Installation wird eine funktionsfähige Standard-Konfiguration vorbesetzt, mit der der Benutzer arbeiten kann. Lediglich beim Einsatz eines besonderen Druckers sind Änderungen erforderlich. In den übrigen Fällen kann der Benutzer zunächst mit den Vorbesetzungen Erfahrungen sammeln, bevor er Änderungen durchführt. Die Anpassungen können jederzeit geändert werden. Abbildung 4 zeigt den Bildschirm mit den vorbesetzten Druckersteuerzeichen, die als ASCII- Steuerzeichen verschlüsselt werden.

```
FINANZBUCHHALTUNG     Ergänzungen zur Installation        INSTALLATION
B-FI892                 Drucker-Steuerzeichen                 31.03.85

Drucker-Steuerzeichen

- - - - - - - - - - - - - - - - - - - - - - - - - - - - - - - - - - -

Initialisierung          : 27,64,27,82,2
Engdruck 17 cpi          : 15
Normaldruck 10 cpi       : 18
Blattlänge        6 Zoll : 27,67,0,6
                  8 Zoll : 27,67,0,8
                 12 Zoll : 27,67,0,12
Zeilendichte    1/6 Zoll : 27,50
                1/7 Zoll : 27,51,30
                1/8 Zoll : 27,48
Vorschub      6/216 Zoll : 27,74,6
             18/216 Zoll : 27,74,18
             12/216 Zoll : 27,74,12

F1-? F2-->                   F5-Neueingabe F6-Bildfreig.  Esc-Ende
```

Abb. 4: Druckersteuerzeichen

Bei der Anpasssung des Druckers kann der Benutzer statt einer Einheit für den Drucker auch einen Dateinamen angeben. In diesem Fall wird die Druckausgabe auf eine Datei geschrieben, die vor dem Druck angezeigt und ggf. geändert werden kann.

Die Tastatur des Personal Computers muß nicht an den deutschen Zeichensatz angepaßt werden. Die Anwendung setzt ausgehend vom standardmäßigen amerikanischen Zeichensatz alle Umlaute und Sonderzeichen eigenständig auf den deutschen Standard um. Als Besonderheit wird automatisch der numerische Zehnerblock auf die Eingabe von Ziffern (Num Lock) umgestellt. Dadurch können Beträge in der Anwendung jeweils sofort erfaßt werden.

03.02.02 SELBSTSCHULUNG

Vor dem Einsatz der Anwendung für die eigene Finanzbuchhaltung lernt der Benutzer die PC Finanzbuchhaltung anhand ausführlicher Übungsbeispiele kennen. Hierzu wird ein umfangreicher Beispieldatenbestand zur Verfügung gestellt. Der Benutzer wird schrittweise an die maschinelle Datenverarbeitung und die Lösung der Aufgabenstellung herangeführt. Hierbei werden auch Kenntnisse zu Datenschutz und Datensicherung vermittelt. Zu folgenden Bereichen sind Übungsbeispiele vorhanden:

- Datenpflege und Druck von Stammdaten
- Buchen von Geschäftsvorfällen im Dialog
- Kontoabfrage
- Monatsabschluß
- Offene Posten: Kunde und Lieferant
- Datensicherung

Zum Buchen von Geschäftsvorfällen sind praxisnahe Beispiele zu Rechnungseingang, Rechnungsausgang, Zahlungseingang, Zahlungsausgang, Gutschriften, Sachbuchungen und zu besonderen Geschäftsvorfällen angegeben. Diese Beispiele können auch zum Nachschlagen bei der täglichen Arbeit verwendet werden. Jedes der Beispiele zum Buchen von Geschäftsvorfällen ist entsprechend Abbildung 5 (Zahlungseingang mit Skontoabzug) im Benutzerhandbuch wie folgt beschrieben:

- Schilderung des Geschäftsvorfalls
- Abbildung des Originalbelegs und der sich daraus ergebenden Eingaben für die Datenfelder des Buchungsbildschirms
- Zusätzliche Informationen zur Kontierung
- Darstellung der Kontierung
- Schrittweise Durchführung der jeweiligen Buchung im Dialog.

Seite 78 **Beispiele**
D-01.02.03 **Beispiele zum Buchen von Geschäftsvorfällen**

Beispiel 43: Zahlungseingang mit Skontoabzug

Geschäftsvorfall: Ein Kunde zahlt eine Rechnung per Überweisung unter Abzug von Skonto innerhalb der Skontofrist. Als Anlage zum Bankauszug Nr. 56 vom 23.03.1985 der Hausbank erhält die Firma eine Zahlung in Höhe von DM 24.444,00 vom Kunden Müller zum Ausgleich der Rechnung 85135 vom 15.03.1985 (siehe Teil D, Kapitel 01.02.01 - Beispiel 22). Die Firma Müller hat Skonto in Abzug gebracht. Die Buchung des Zahlungseingangs erfolgt auf das Bankkonto, das Konto für gewährte Skonti und das Kundenkonto (siehe Teil C, Kapitel 03.02.01).

Originalbeleg

Anlage zum Bankauszug Nr. 56
vom 23.03.85

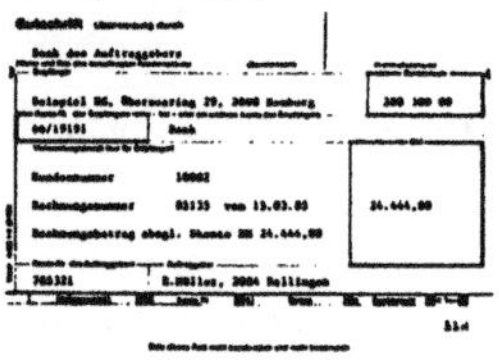

Datenfeld	Eingabe
Beleg-Nummer	56
Beleg-Datum	230385
Beleg-OP	85135
Konto-Haben	10002
Betrag	24444,00

Beispiele *Seite 79*
Beispiele zum Buchen von Geschäftsvorfällen *D-01.02.03*

Zusätzliche Informationen:

Konto-Soll	: 1210 Bank 2127 Gewährte Skonti 14 % MWSt
Ausbuchung	: 756,00 (Skonto wird automatisch berechnet)
Buchungstext	: Beispiel 43
Steuerschl.	: M14 (bei Konto 2127 angegeben)

Kontierung:

Beleg-Nummer	Beleg-Datum	Konto Soll	Konto Haben	Beleg-OP Kto. Haben	Betrag/ Ausbuchung	Steuer-schl.	Buchungs-text
56	230385	1210	10002	85135	24444,00		Beispiel 43
		2127			756,00	M14	

Durchführung (Bildschirm FI300 *Dialogbuchen* wird angezeigt):

1. Eingabe Beleg-Nummer, Datum und Konto-Soll wie im Beispiel 42.
2. Eingabe des Kundenkontos '10002' im Datenfeld Konto-Haben.
3. Eingabe der Nummer des Rechnungsausgangs '85135' im Datenfeld Beleg-OP.
4. Der Offene Posten wird angezeigt. Der vorgegebene fällige Betrag (24444,00) ist mit der Eingabetaste zu übernehmen.
5. Im Datenfeld Ausbuchung erscheint der Differenzbetrag (756,00) und im Datenfeld Konto das Ausbuchungskonto (2127 Gewährte Skonti 14 % MWSt) und der zugeordnete Steuerschlüssel (M14). Die angezeigten Werte werden übernommen.
6. Die Anzeige der Offenen Posten wird verlassen. Der gezahlte Betrag und die Beleg-Nummer werden in den entsprechenden Datenfeldern angezeigt.
7. Eingabe des Buchungstextes 'Beispiel 43'.
8. Der Buchungsvorgang ist beendet.
9. Führen Sie nun Beispiel 44 durch.

Abb. 5: Übungsbeispiel

Der Beispieldatenbestand kann beliebig häufig kopiert werden. Dadurch können mehrere Personen gleichzeitig mit diesen Daten üben. Der Ausgangszustand ist jederzeit wiederherstellbar.

03.02.03 AUFBAU DES DATENBESTANDS

Der Benutzer legt seinen Datenbestand selbst fest. Dadurch kann der verfügbare Speicherplatz den betrieblichen Erfordernissen entsprechend aufgeteilt werden. Für den Aufbau des Datenbestands steht ein Installationsprogramm zur Verfügung. Im Benutzerhandbuch sind detaillierte Hinweise zur Bestimmung der einzelnen Dateigrößen angegeben. Beim Einsatz eines Personal Computer mit Diskettenlaufwerken wird geprüft, ob die Diskettenkapazität ausreicht. Abbildung 6 zeigt den Bildschirm zur Festlegung der Dateigrößen.

```
FINANZBUCHHALTUNG              Installation                INSTALLATION
B-FI831                     Anlegen Dateigrößen                31.03.85

Finanzbuchhaltung

- - - - - - - - - - - - - - - - - - - - - - - - - - - - - - - - - - - -

Firmen                    : 1
Firmenstammdaten          : 200
Konten                    : 1000
  - davon Sachkonten      : 200
Adressen                  : 800
Bankverbindungen          : 100
Kostenarten               : 120
Stapelbuchungen           : 200
Buchungen                 : 8000

Dateigröße (KB)           :  1497

Angaben richtig  (J/N) : J

F1-? F2--> F3-Feld rück  F4-1.Feld     F5-Neueingabe           Esc-Ende
```

Abb. 6: Festlegung der Dateigrößen

Im Zusammenhang mit dem Datenbestand hat der Benutzer folgende Möglichkeiten:

- **Mehrfirmenverarbeitung**: Daten mehrerer Firmen können gemeinsam in einem Datenbestand oder getrennt in mehreren Datenbeständen verwaltet werden.
- **Fakturierung und Bestandsführung**: Wird zusätzlich die Anwendung Fakturierung und Bestandsführung /11/ eingesetzt, kann ein gemeinsamer Datenbestand aufgebaut werden. In diesem Fall sind Kundenadressen, Steuerschlüssel und Zahlungsbedingungen nur einmal festzulegen und zu verwalten.
- **Dateiname**: Der Name für den Datenbestand kann individuell festgelegt werden.
- **Änderungen**: Die Dateigrößen können jederzeit geändert werden. Firmen können aus einem gemeinsamen Datenbestand in verschiedene Datenbestände aufgeteilt oder zu einem gemeinsamen Datenbestand zusammengelegt werden. Entsprechend können Datenbestände mit der Fakturierung und Bestandsführung aufgeteilt und getrennt werden.

Für den Aufbau des Datenbestands werden 2 Vorbesetzungen angeboten, die jeweils einen Kontenplan für die Sachkonten und die entsprechenden Firmenstammdaten, z.B. mit einer vollständigen Bilanz- und GuV-Struktur umfassen. Die Vorbesetzungen können an die betrieblichen Erfordernisse angepaßt werden. Verändert der Benutzer die übernommenen Vorbesetzungen nicht, z.B. um zunächst Erfahrung mit der Anwendung zu sammeln, muß er lediglich die Daten seiner Kunden und Lieferanten (Konten, Adressen, Bankverbindungen) erfassen und ggf. die Saldovorträge buchen. Anschließend kann er die PC Finanzbuchhaltung einsetzen.

03.03 FLEXIBILITÄT

Die Flexibilität ermöglicht dem Benutzer, die PC Finanzbuchhaltung seinen Erfordernissen entsprechend anzupassen. Die Anpassung an die Hardware-Konfiguration wurde in Kapitel 03.02.01 beschrieben.

03.03.01 ANPASSUNG AN DIE BETRIEBLICHE ORGANISATION

Die PC Finanzbuchhaltung ist weitgehend datenunabhängig implementiert. Der Benutzer paßt die Anwendung ausschließlich über die Eingabe von Daten an. Bei der Installation legt der Benutzer fest (siehe Abbildung 7):

- **Nummernkreise**: Der Kontenrahmen kann beliebig aufgebaut werden. Kontonummern können bis zu 7 Stellen lang sein. Für Sach-, Kunden- und Lieferantenkonten wird ein gemeinsamer Nummernkreis verwendet. Die Länge der Sachkontonummer kann auf weniger als 7 Stellen begrenzt werden. Damit können Sachkonten mit führenden Nullen ausgegeben werden, z.B. wird bei einer vierstelligen Sachkontonummer das Sachkonto 310 als "0310" ausgegeben. Bei Sachkontonummern kann die Stelle für die Kontoklasse festgelegt werden.
- **Wirtschaftsjahr**: Erster Buchungsmonat und Wirtschaftsjahr sind frei wählbar.

```
FINANZBUCHHALTUNG              Installation              INSTALLATION
B-FI841                Einrichten einer Firma (.1)           31.03.85

Firmennummer              : 1

- - - - - - - - - - - - - - - - - - - - - - - - - - - - - - - - - - -

Kurzbezeichnung           : BEISPIELDATEN

Name                      : Beispiel KG
Straße                    : Überseering 29
PLZ und Ort               : 2000 Hamburg 60

Länge Sachkontonummer     : 4
Stelle Kontoklasse        : 1
Erster Buchungsmonat      : 03
Erstes Buchungsjahr       : 85
Ende Wirtschaftsjahr      : 12

F1-? F2-->                    F5-Neueingabe F6-Bildfreig.   Esc-Ende
```

Abb. 7: Einrichten einer Firma

Die weitere Anpassung der Finanzbuchhaltung erfolgt über die Firmenstammdaten, die Schlüssel, Texte und Parameter enthalten. Die Firmenstammdaten können jederzeit an geänderte betriebliche Bedürfnisse (z.B. Struktur der Bilanz) bzw. gesetzliche Erfordernisse (z.B. Mehrwertsteuersätze) angepaßt werden. Folgende Firmenstammdaten werden verwaltet:

- **Steuerschlüssel**: Berechnung und Buchung der Mehrwertsteuer und der Vorsteuer
- **Zahlungsbedingungen**: Bestimmung der Nettofälligkeit und der Skontoabzugsmöglichkeit
- **Ausbuchungskonten**: Konten und Grenzen für die Ausbuchung von Skonto und Restsalden (siehe Abbildung 8)
- **Bilanzangaben**: Bilanzeröffnungskonto und Sammelkonten für Kunden und Lieferanten

- **Bilanz-Aufbau und GuV-Aufbau**: Positions-, Text- und Summenzeilen für die Bilanz und die GuV sowie für die nach Bilanz-/GuV-Position sortierte Summen- und Saldenliste
- **Fälligkeitsstruktur**: Terminangaben für die Offene Posten-Liste und die Fälligkeitsübersicht von Kunden und Lieferanten
- **Mahnung-Vorbesetzung**: Mindestperiode und Mindestbetrag für die automatische Auswahl von Mahnungen
- **Zahlung-Vorbesetzung**: Mindestperiode und Mindestbetrag für die automatische Auswahl von Zahlungen
- **Hausbank**: Bankverbindungen, Zwischenkonten und Festlegung der Formulare für Schecks und Überweisung
- **Belegtext**: Kopf-, Anschrift- und Fußzeilen zur Gestaltung von Kontoauszug und Mahnung
- **Mahnungen**: Texte für 3 Mahnstufen
- **Kontoauszüge**: Texte für Kunden und Lieferanten

```
FINANZBUCHHALTUNG              Datenpflege                BEISPIELDATEN
B-FI111                     Ausbuchungskonten                  31.03.85

Steuerschlüssel          : V14

- - - - - - - - - - - - - - - - - - - - - - - - - - - - - - - - - - - -

Ausbuchungskonto Kunde :
Ausbuchungskonto Lief.   : 2627           Erhaltene Skonti 14 % VSt

Max. Prozentsatz         : 5,00
Max. Betrag              : 3,00

F1-? F2--> F3-Feld rück F4-1.Feld   F5-Neueingabe F6-Bildfreig.  Esc-Ende
```

Abb. 8: Beispiel für Firmenstammdaten

```
FINANZBUCHHALTUNG              Datenpflege                BEISPIELDATEN
B-FI161                         Sachkonto                      31.03.85

Sachkonto                 : 8200

- - - - - - - - - - - - - - - - - - - - - - - - - - - - - - - - - - - -

Kontobezeichnung          : Fertigungserlöse 14 % MWSt
Bilanz,GuV         (B/G)  : G
Bilanz-,GuV-Position      : 11105              Umsatzerlöse
Zuordnung (A/P/W;E/A)     : E

Geldkonto          (J/N)  : N
Kostenstelle       (J/N)  : N
OP-Konto           (J/N)  : N
Sammelbuchung      (J/N)  : N
Steuerart        ( /M/V)  : M
Steuerschlüssel           : M14                MWSt 14%
UVA-Zeilennummer          : 85

F1-? F2--> F3-Feld rück F4-1.Feld   F5-Neueingabe F6-Bildfreig.  Esc-Ende
```

Abb. 9: Verarbeitungskennzeichen

Kontenspezifische Funktionen werden über Verarbeitungskennzeichen bei den Konten festgelegt (siehe Abbildung 9), z.B. kann für Sachkonten ein Steuerschlüssel festgelegt werden, mit dem Buchungen auf dieses Konto grundsätzlich durchgeführt werden (Bei der Eingabe von Buchungen auf dieses Konto wird der Steuerbetrag automatisch ermittelt und angezeigt - eine Änderung des Steuerschlüssels wäre bei Mehrwertsteuerschlüsseln wegen der Umsatzsteuerverprobung nicht möglich). Generell vereinbarte Werte können für jedes Konto geändert werden, z.B. kann die generell gültige Mindestperiode für Mahnungen bei bestimmten Kunden individuell festgelegt werden.

03.03.02 AUSWAHL VON ALTERNATIVEN

Die PC Finanzbuchhaltung stellt zu einzelnen Funktionen Alternativen zur Verfügung. Der Benutzer muß bei gegenseitig sich ausschließenden Wahlmöglichkeiten die Funktion bei der Installation festlegen, die übrigen Alternativen werden zum Zeitpunkt der Verarbeitung gewählt. Beispiele hierfür sind:

- **Buchen**: Der Benutzer erfaßt die Buchungen am Bildschirm. Er kann zwischen der sofortigen Buchung nach Eingabe eines Buchungssatzes und der Erfassung im Stapel mit Möglichkeiten zur Korrektur und Abstimmung wählen.
- **Kontoblatt**: Der Benutzer kann zwischen dem Druck auf Tabellierpapier und dem Druck auf vorgedruckte Formulare wählen.
- **Kostenrechnung**: Bei der Eingabe von Buchungen können Kostenstellen erfaßt werden.
- **Formulareinrichtung**: Vor dem Druck auf Tabellierpapier kann grundsätzlich eine Meldung zum Ausrichten des Formulars angezeigt werden.
- **Funktionstastenanzeige**: Die bei der Eingabe jeweils angezeigten Funktionstasten können bestimmt werden.
- **Formulare für Schecks und Überweisungen**: Es kann zwischen Formularen mit aufgedruckter Bankverbindung und Blanko-Formularen gewählt werden.

Die einzelnen Funktionen der Finanzbuchhaltung können einzeln aufgerufen werden und erlauben die freie Wahl des Zeitpunkts und der Häufigkeit der Verarbeitungsabläufe.

- **laufende Verarbeitung**: Buchen und Journal sind getrennt aufrufbar. Damit kann z.B. das Journal unmittelbar nach dem Buchen oder einmal wöchentlich gedruckt werden.
- **monatliche Verarbeitung**: Der Druck der Kontoblätter und die Auswertungen sind getrennt aufrufbar. Damit können z.B. die Auswertungen und die Kontoblätter für die Sachkonten monatlich gedruckt werden. Die Kontoblätter für Kunden und Lieferanten können monatlich oder quartalsweise ausgegeben werden.

Die Auswertungen können nach unterschiedlichen Kriterien sortiert und selektiert werden, z.B.:

- **Kontenplan (Sachkonten/Kunden/Lieferanten)**: Sortierung nach Kontonummer, Bilanz-Position, GuV-Position und Kurzname; Selektion nach Kontonummer, Kurzname und Umfang (ein-/mehrzeilig)
- **Adressenliste (Kunden/Lieferanten ggf. mit Bankverbindungen)**: Sortierung und Selektion nach Kontonummer und Kurzname
- **Offene Posten-Liste (Kunden/Lieferanten)**: Sortierung und Selektion nach Kontonummer und Kurzname
- **Fälligkeitsübersicht (Kunden/Lieferanten)**: Sortierung und Selektion nach Kontonummer und Kurzname
- **Summen- und Saldenliste (Sachkonten/Kunden/Lieferanten)**: Sortierung nach Kontonummer, Bilanz-Position, GuV-Position und Kurzname; Selektion nach Kontonummer, Kurzname, Umfang (alle/bebuchte Konten (siehe Abbildung 10)

```
FINANZBUCHHALTUNG        Abschluß, Auswertungen Monat           BEISPIELDATEN
B-FI711                  Summen-, Saldenliste                       31.03.85

Summen-, Saldenliste Sachkonto

Sortierung                               Umfang
 N - Kontonummer                          K - nur bebuchte Konten
 B - Bilanz-Position                      L - alle Konten
 G - GuV-Position

- - - - - - - - - - - - - - - - - - - - - - - - - - - - - - - - - - - - - - -
Sortierung : N   von : 1         bis : 1999        Umfang : K

F1-? F2--> F3-Feld rück  F4-1.Feld      F5-Neueingabe F6-Bildfreig.  Esc-Ende
```

Abb. 10: Sortierung und Selektion

03.03.03 SCHNITTSTELLEN

Die Finanzbuchhaltung kann Buchungssätze aus anderen Teilbereichen des Rechnungswesens übernehmen:

- **Fakturierung**: Ausgangsrechnungen und Gutschriften /11/
- **Bestellwesen**: Eingangsrechnungen und Gutschriften
- **Lohn- und Gehaltsabrechnung**: Löhne, Gehälter, Sozialabgaben und Steuern /12/

Aus der Finanzbuchhaltung können Daten zu weiteren Auswertungen abgegeben werden:

- **Korrespondenz und Adreßaufkleber**: Adressen von Lieferanten und Kunden
- **Graphische Übersichten**: Zahlen der Bilanz und GuV

Buchungssätze aus anderen Teilbereichen des Rechnungswesens werden als Stapelbuchungen in die Finanzbuchhaltung übernommen. Alle Daten der Finanzbuchhaltung werden über eine Datenschnittstelle abgegeben.

03.04 SICHERHEIT

Sicherheit umfaßt den Datenschutz sowie die ordnungsgemäße Verarbeitung und Speicherung der Daten. Die Sicherheit des Datenbestands muß bei einer Finanzbuchhaltung aufgrund der gesetzlichen Vorschriften zwingend gewährleistet werden.

03.04.01 DATENSCHUTZ

Datenschutz wird durch Kennworte gewährleistet. Der Benutzer kann jeden Funktionsbereich der Finanzbuchhaltung durch individuelle Kennworte absichern. Damit können unterschiedliche Personen mit der Finanzbuchhaltung arbeiten. So kann z.B. festgelegt werden, daß die Datenpflege und der Monatsabschluß von einem Mitarbeiter, die Eingabe der Buchungen von einem anderen Mitarbeiter vorgenommen werden. Die Mitarbeiter erhalten jeweils ein Kennwort, mit dem sie nur das ihnen zugewiesene Arbeitsgebiet aufrufen können.

03.04.02 DATENSICHERUNG

Der Datenbestand wird auf Disketten gesichert. Die PC Finanzbuchhaltung unterstützt den Benutzer beim Erstellen und dem Zurückkopieren der Datensicherung wie folgt:

- **automatische Datensicherung**: Der Benutzer kann festlegen, ob vor oder nach dem Aufruf eines Arbeitsgebiets zur Durchführung einer Datensicherung aufgefordert werden soll. Zusätzlich kann bestimmt werden, wie oft eine Aufforderung abgelehnt werden kann, bevor eine zwangsweise Datensicherung erfolgt. Der Benutzer kann damit z.B. festlegen, daß nach dem Aufruf der Datenpflege höchstens 5 mal zu einer Datensicherung aufgefordert wird (siehe Abbildung 11), bevor eine Zwangssicherung erfolgt, und daß z.B. vor dem Monatsabschluß grundsätzlich eine Zwangssicherung durchgeführt wird.
- **keine Kenntnisse des Betriebssystem erforderlich**: Die Datensicherung wird unter Kontrolle der Anwendung durchgeführt. Die Anwendung stellt fest, ob die Disketten formatiert werden müssen und führt die Formatierung ggf. durch. Der Benutzer benötigt keine Kenntnisse des Betriebssystems, um die Sicherungsdisketten zu formatieren und den Datenbestand zu kopieren.
- **Kontrolle der Datenintegrität**: Falls die Anwendung eine Zwangssicherung verlangt und der Benutzer die Bearbeitung abgebrochen hat, wird nach dem nächsten Starten der Anwendung die noch ausstehende Zwangssicherung erneut angefordert. Durch die programmgesteuerte Datensicherung wird daher auch die Einhaltung der vom Benutzer selbstgewählten automatischen Datensicherung kontrolliert.
- **Kontrolle der Sicherungsdisketten**: Bei der Datensicherung wird geprüft, ob die vom Benutzer als Sicherungsdisketten eingelegten Disketten überschrieben werden dürfen, z.B. werden die Installationsdisketten der Anwendung und Sicherungsdisketten der letzten Datensicherung abgewiesen.
- **Nachtragssicherung und Gesamtsicherung**: Bei einem Personal Computer mit Platte kann der Benutzer zwischen Nachtragssicherungen und Gesamtsicherungen wählen. Bei Nachtragssicherungen werden nur die seit der letzten Datensicherung geänderten bzw. hinzugefügten Daten auf die Sicherungsdisketten kopiert. Damit wird Speicherplatz und Verarbeitungszeit eingespart.

```
FINANZBUCHHALTUNG            Datenpflege              BEISPIELDATEN
B-FI100                        Auswahl                     31.03.85

FI-302:  Für diese Anwendung bzw. dieses Arbeitsgebiet haben Sie bei der
         Installation festgelegt, daß eine Datensicherung nach dem
         Aufruf durchgeführt werden soll.

         Wollen Sie jetzt eine Datensicherung durchführen?

                                                    Ja/Nein (J/N) :
F1-? F2-->                                                   Esc-Ende
```

Abb. 11: Aufforderung zur Datensicherung

03.04.03 ABBRUCH UND WIEDERANLAUF

Die Bearbeitung der Finanzbuchhaltung kann aufgrund äußerer Bedingungen oder durch Eingriffe des Benutzers abgebrochen werden. Ein Abbruch kann z.B. verursacht werden durch:

- Stromausfall
- Ausschalten des Personal Computers
- Diskettenfehler oder Plattenfehler

Nach einem Abbruch muß die Anwendung ggf. neu gestartet werden. In Abhängigkeit vom abgebrochenen Arbeitsgebiet unterscheidet die PC Finanzbuchhaltung folgende Situationen:

- **Datenbestand nicht verwendbar**: Der Benutzer wird zum Zurückkopieren einer Datensicherung aufgefordert. Dies tritt z.B. auf, wenn die Fortschreibung der Kontosalden abgebrochen wurde. Es ist daher sinnvoll, vor dem Aufruf der "kritischen" Arbeitsgebiete die Durchführung einer automatischen Datensicherung zu vereinbaren.
- **Datenbestand wird geprüft**: Der Datenbestand wird nach dem Starten automatisch geprüft. Falls keine Fehler festgestellt werden, wird die Verarbeitung fortgesetzt. Der Benutzer muß ggf. die letzte Eingabe bzw. das letzte Arbeitsgebiet wiederholen. Dies ist z.B. beim Abbruch im Arbeitsgebiet Stapelbuchungen möglich; nach einem Abbruch müssen maximal die letzten 4 Stapelbuchungen erneut eingegeben werden.
- **Datenbestand korrekt**: Das letzte Arbeitsgebiet kann bei Bedarf fortgesetzt werden.
- **Datenbestand enthält einen defekten Sektor**: Die Anwendung bietet dem Benutzer einen Wiederanlauf an (siehe Abbildung 12) und versucht, den defekten Datenbestand in einen neuen Datenbestand zu übertragen.

```
FI-373:  Im Datenbestand wurde ein fehlerhafter Sektor festgestellt.

         Sie können:
         - einen Wiederanlauf starten (siehe Teil A, Kapitel 07.03).
           In diesem Fall geben Sie 'J' ein.
         - eine Datensicherung zurückkopieren.
           In diesem Fall geben Sie 'N' ein.
         - die Anwendung beenden.
           In diesem Fall drücken Sie die Funktionstaste Esc.

         Wollen Sie einen Wiederanlauf starten?

                                                     Ja/Nein (J/N) :
F1-? F2-->                                                  Esc-Ende
```

Abb. 12: Aufforderung zum Wiederanlauf

Die Anwendung stellt damit sicher, daß der Benutzer immer mit einem fehlerfreien Datenbestand arbeitet. Dies ist gerade bei der Finanzbuchhaltung von entscheidender Bedeutung. Falls die Kapazität einer Datei im Datenbestand nicht ausreicht, wird der Benutzer rechtzeitig darauf hingewiesen und kann entweder die Datenbereinigung aufrufen oder die betreffende Datei erweitern.

03.05 EINFACHHEIT

Jedes Softwaresystem für den Personal Computer muß einfach zu bedienen sein. Dies gilt in besonderem Maße für die Finanzbuchhaltung die ohnehin aufgrund der zahlreichen Funktionen und der Vielzahl der Daten eine hohe Komplexität aufweist und dem DV-Laien in der DV-technischen Realisierung Probleme bereitet. Einfachheit wird insbesondere durch Einheitlichkeit und Verständlichkeit erzielt.

03.05.01 EINHEITLICHKEIT

Die PC Finanzbuchhaltung hat ein einheitliches Erscheinungsbild. Dadurch wird der Benutzer mit der Anwendung schneller vertraut und kann bereits gemachte Erfahrungen auf neue Sachverhalte übertragen:

- **Bildschirm**: Die Kopfzeilen aller Bildschirme sind gleich aufgebaut. Die Struktur des Rumpfs ist für alle Bildschirme zur Auswahl, Datenpflege, Eingabe, Anzeige und zur Meldung gleich. Im Fußteil der Bildschirme erfolgt die Ausgabe von Fehlermeldungen und die Anzeige der Funktionstasten.
- **Liste**: Es werden schmale und breite Listen unterschieden. Die Struktur des Listenkopfes entspricht dem Bildschirmkopf.
- **Darstellungsmöglichkeiten**: Darstellungsmöglichkeiten im Bildschirm (z.B. Intensivanzeige, Farbe) und in Druckausgaben (z.B. Fettdruck, Unterstreichung) werden einheitlich verwendet.
- **Meldungen**: Meldungen sind einheitlich aufgebaut und verwenden eine einheitliche Terminologie.
- **Funktionstasten**: Für gleiche Sachverhalte wird dieselbe Funktionstaste verwendet.

03.05.02 VERSTÄNDLICHKEIT

Bei der PC Finanzbuchhaltung wird besonderen Wert auf Verständlichkeit gelegt:

- **Selbstdokumentation**: alle Meldungen und Bezeichnungen sind selbsterklärend.
- **Fachsprache**: Kenntnisse des Betriebssystems sind nicht erforderlich; EDV-spezifische Begriffe und Abkürzungen werden nicht verwendet.

04. SCHLUSSBETRACHTUNG

Die Erstellung von Software mit den genannten Qualitätsmerkmalen stellt erhebliche Anforderungen an die Programmierung. Zur Programmierung komplexer Softwaresysteme sind Personal Computer jedoch zur Zeit ungeeignet.

Die auf Personal Computern eingesetzten Programmiersprachen (BASIC, COBOL) und Betriebssysteme (CP/M, MS-DOS, PC-DOS) werden durch alternative Konzepte (PASCAL, C bzw. UNIX) noch nicht auf breiter Basis abgelöst. Leistungsfähige Routinen zur Datenverwaltung und Hilfsmittel zur Programmerstellung fehlen. Hierdurch wird die Erstellung von Software für Personal Computer erschwert, insbesondere wenn der Personal Computer selbst als Entwicklungsrechner eingesetzt wird. Daher wurden schon früh Forderungen nach geeigneten Entwicklungsmethoden aufgestellt /13, S. 487ff./.

Die vorgestellte PC Finanzbuchhaltung wurde auf einem größeren Rechner vollständig generiert und unverändert auf den Personal Computer übertragen /14/. An der Qualität der Anwendung und damit an ihrem Markterfolg ist dieses Erstellungskonzept maßgeblich beteiligt.

LITERATURVERZEICHNIS

/1/ Diebold Deutschland GmbH (Hrsg.): Diebold-Statistik vom 1.1.85, Diebold Management Report, 2/1985, Frankfurt, 6-20

/2/ Horvath, P.; Petsch, M.; Weihe, M.: Standard-Anwendungs-Software für die Finanzbuchhaltung und die Kosten- und Leistungsrechnung, München: Vahlen, 1983

/3/ ISIS PC Software Report, München: nomina, April 1985

/4/ IBM Deutschland GmbH (Hrsg.): Personal Computer Finanzbuchhaltung von HS - Hamburger Software GmbH, Bestellnummer: 0000280, Zweite Ausgabe, August 1985

/5/ Hebditch, D.: Design of Dialogues for Interactive Commercial Applications, in: Man/Computer Communication, INFOTECH State of the Art Report, Volume 2, Maidenhead, 1979, 173-192

/6/ Eason, K.D.: Understanding the naive computer user, The Computer Journal, 19 (1976), 1, 3-7

/7/ Palme, J.: A Human-Computer Interface for Non-computer Specialists, Software - Practice and Experience, 9 (1979), 9, 741-747

/8/ Schünemann, T.M. und Ullmer, W.: A Framework for the Realization of Uniform User Interfaces, Angewandte Informatik, 24 (1982), 11, 552-559

/9/ Werner, A.: Ein pragmatischer Ansatz zur Beurteilung der Qualität von Softwareprodukten, Angewandte Informatik, 25 (1983), 6, 242-251

/10/ Schünemann, T.M. und Ullmer, W.: Standard-Anwendungssoftware zur Finanzbuchhaltung auf dialogorientierten Diskettensystemen - Rahmenbedingungen, Anforderungen und Realisierung, in: EDV-Systeme im Finanz- und Rechnungswesen, P. Stahlknecht (Hrsg.), Berlin/Heidelberg/New York: Springer 1982, 40-59

/11/ IBM Deutschland GmbH (Hrsg.): Personal Computer Fakturierung und Bestandsführung von HS - Hamburger Software GmbH, Bestellnummer: 0000290, Erste Ausgabe, April 1985

/12/ IBM Deutschland GmbH (Hrsg.): Personal Computer Lohn und Gehalt von HS - Hamburger Software GmbH, Bestellnummer: 0000300, Zweite Ausgabe, August 1985

/13/ Martin, J.: Design of Man-Computer Dialogues, Englewood Cliffs, New Jersey, 1973

/14/ Schünemann, T.M. und Ullmer, W.: Generierung von Programmen für kommerzielle Anwendungen auf Kleinrechnern, in: Programmiersprachen und Programmentwicklung, Wössner, H. (Hrsg.), Berlin/Heidelberg/New York: Springer 1982, 133-150

Die Deutsche Bundespost auf dem Wege zu einer entscheidungsorientierten Kostenrechnung

Dipl.-Kfm. *G. Detjen*, Deutsche Bundespost, Bonn

1 Ausgangslage

Kostenrechnung ist für die Deutsche Bundespost (DBP) nichts Neues. Die Entwicklungslinien ihrer Leistungs- und Kostenrechnung gehen, wenn man von allerersten Versuchen noch vor der Jahrhundertwende absieht, in die Zeit um 1923/1924 zurück. Damals wurde die damalige Reichspost aus der Haushaltswirtschaft des Reiches herausgelöst und wirtschaftlich verselbständigt.

Die derzeitige Leistungs- und Kostenrechnung wurde in den 50er Jahren eingeführt und danach ständig angepasst und verfeinert. Gleichwohl sind die Verantwortlichen mit dieser Leistungs- und Kostenrechnung seit geraumer Zeit nicht mehr voll zufrieden: nicht etwa, weil die Rechnung schlecht wäre, sondern weil sie auf eine ganze Reihe von Fragestellungen keine Antworten geben kann.

Die Ursache der eingeschränkten Aussagefähigkeit liegt in der Grundkonzeption dieser Rechnung, die in diesem Zusammenhang aus Zeitgründen nur überschlägig charakterisiert werden kann.

Die Rechnung ist eine Ist-Kostenrechnung auf der Grundlage von Vollkosten. Sie ist auf das Gesamtunternehmen bezogen und liefert für diesen Bezugsbereich die Leistungen und Kosten der einzelnen Aktivitätsbereiche, die in hierarchischer Stufung als Unternehmensbereiche (Postwesen und Fernmeldewesen), Dienstzweige (z. B. Postdienst, Postsparkassendienst oder Fernsprechdienst) und Teildienstzweige (z. B. Briefdienst oder Paketdienst innerhalb des Postdienstes) bezeichnet werden. Die Ergebnisse werden durch stufenweise Umformung und Aufteilung aus der Finanzbuchführung gewonnen. Der Aufteilung der Kosten liegen in großem Umfang Aufteilmaßstäbe zugrunde, die im Wege regelmäßiger statistischer Erhebungen und Analysen gewonnen werden. Die Methode der Kostenzurechnung ist also dem Wesen nach analytisch. Die Kostenstellenabgrenzung ist - mit Blick auf die Trägerrechnung -

funktional ausgerichtet und orientiert sich primär nicht an örtlichen Dienststellen (Verantwortungsbereichen). Die Rechnungsperiode ist das Jahr. Vermerkt werden muß: Das System läßt sich ungewöhnlich kostengünstig betreiben.

Die Defizite der derzeitigen Kostenrechung rühren sämtlich davon her, daß sie von der Anlage her keine Auflösung der Kosten in fixe und proportionale (variable) kennt und keine regionalisierten Ergebnisse zu liefern vermag, die etwas aussagen über die Wirtschaftsgebahrung einer Direktion, eines Post- oder Fernmeldeamtes oder einer Dienststelle innerhalb eines Amtes. Von den vielen denkbaren Rechnungszwecken einer modernen Kostenrechnung, auf die wir weiter unter noch im einzelnen zu sprechen kommen, vermag sie deshalb ohne ergänzende Untersuchungen nur den strategischen gerecht zu werden, z. B. der Begründung der Gebühren. Neben der Kostenrechnung und in Ergänzung der Kostenrechnung sind daher heute häufig Analysen durchzuführen, die oft genug infolge des lückenhaften Grundmaterials aufwendig und vor allem zeitraubend sind. Man denke an Prognosen oder an Fragestellungen von der Art, ob eine bestimmte Dienstleistung im Rahmen des Marketing förderungswürdig ist oder ob man sie besser schrumpfen läßt.

Die angesprochenen Defizite veranlassten den Bundespostminister im vergangenen Jahr, sich nach sehr sorgfältigen Vorklärungen zu einer Neugestaltung der Leistungs- und Kostenrechnung zu entschließen. Daß diese Entscheidung nicht früher getroffen wurde, hat eine Reihe von Gründen, auf die weiter unten zum Teil noch eingegangen werden wird, und hängt ganz entscheidend mit der technischen Umsetzbarkeit einer modernen Kostenrechnungskonzeption auf ein Unternehmen von der Art und der Größe der DBP zusammen.

2 Die Neukonzeption

2.1 Rahmenbedingungen und Ziele einer neugestalteten Kostenrechnung der DBP

Produktionswirtschaftliche Rahmenbedingungen

Die konkrete Ausformung einer Kostenrechnung muß notweniger-weise geprägt sein von der betrieblichen Wirklichkeit, die sie abbilden soll. Diese produktionswirtschaftliche Wirklichkeit ist im Post- und Fernmeldewesen durch eine ganze Reihe von Besonderheiten gekennzeichnet, die sich zusammenfassend kennzeichnen lassen durch das Wort "Verbund". Der Verbund hat im Post- und Fernmeldewesen mehrere Dimensionen:

- eine sachliche (artmäßige) im Sinne einer Alternativproduktion

  Am Schalter eines Postamtes beispielsweise werden Briefe, Zahlkarten, Päckchen angenommen; ein Fernmeldekabel dient der Übermittlung von Gesprächen, Daten, Bildern (Btx).

- eine örtliche

  Dienstleistungen des Post- und Fernmeldewesens beinhalten wesentlich Entfernungsüberbrückungen, daher müssen regelmäßig bei der Produktion örtlich getrennte Dienststellen zusammenwirken.

- eine funktionale im Sinne einer Mehrstufenproduktion

  Bei der Erbringung einer Dienstleistung sind stets mehrere Produktionsstufen zu durchlaufen, vereinfacht: Einsammeln, Verteilen, Befördern, Zustellen; Verbinden, Vermitteln, Verbinden.

- eine zeitliche

  D. h. die Dienstleistungen müssen in der durch die Qualitätsnormen oder durch die Technik vorgegebenen Zeit erbracht werden. Die Produktionsprozesse vertragen im Ablauf der Funktionen keine oder nur begrenzte Pufferung. Die Dienstleistungen sind nicht lagerbar. Die Folge davon sind vergleichsweise hohe Kapazitätsvorhaltungen und dementsprechend hohe Bereitschaftskosten.

Es handelt sich um eine sehr komplexe vielstufige Vielprodukt-Verbundproduktion, in der Produktionstheorie nicht einmal beschrieben, von der Kostentheorie noch nicht entdeckt. Für ein solches Unternehmen eine entscheidungsorientierte Kostenrechnung zu schaffen, ist fraglos eine Pionierleistung.

Betriebsgröße

Ausgangsgrößen für eine moderne Kostenrechnung müssen die Faktormengenverbräuche und die Dienstleistungsausbringung der zahlreichen, über das Land verstreuten Produktionsstätten sein, nicht - wie der derzeitigen Rechnung - aggregierte Wertgrößen der Finanzbuchführung. Aufsatzpunkt müssen folglich lokale Kostenstellen sein, möglichst identisch mit denjenigen Elementen der Organisationsstruktur, für die eine Leitungsverantwortung besteht.

Das bedeutet, das es annähernd so viele lokale Kostenstellen geben muß, wie Dienststellen auf der Ortsebene vorhanden sind. Dazu kommen noch die Dienststellen der Organisationseinheiten der Mittelstufe (Oberpostdirektionen, Zentralämter) und der Leitungsstufe (Bundespostministerium) sowie die Dienststellen auf der lokalen Stufe mit überörtlichen Spezialaufgaben (Fernmeldezeugämter, Postsparkassenämter, Postgiroämter). Schon eine Organisationsübersicht der DBP läßt erahnen, welche Größenordnungen die Zahl der Kostenstellen erreicht: und 340 Postämter und 107 Fernmeldeämter mit bis zu 200 Kostenstellen; dazu die sogenannten Amtsstellen (das sind Postämter ohne Verwaltungsstellen und die Poststellen auf dem Lande), 18 000 an der Zahl, wobei die Postämter ohne Verwaltungsdienst oft mehrere Betriebsstellen umfassen; dazu die Stellen der Mittelstufe. Nach dem derzeitigen Stand wird eine künftige Kostenrechnung der DBP etwa 60 000 Kostenstellen zu umfassen haben.

Zwischen den Kostenstellen eines Amtes, aber auch über die Amtsgrenzen hinaus bestehen wegen des produktionswirtschaftlichen Verbundes überaus vielfältige Verrechnungsbeziehungen. Diese Verrechnungsbeziehungen enden auch nicht an den Unternehmensbereichsgrenzen. So versorgen z. B. die Fernmeldezeugämter nicht nur die Fernmeldeämter eines Direktionsbezirkes, sondern neben den Fernmeldeämtern auch die Postämter mehrerer Bezirke mit bestimmten Bedarfsgütern. So übernehmen Hilfsbetriebe in Postämtern Wartungsaufgaben z. B. im Bereich der Haustechnik auch für benachbarte Fernmeldeämter usw.

Wenn man sich vorstellt, daß eine so große Zahl von Kostenstellen mit z. T. sehr komplizierten und weiträumigen Verrechnungsbeziehungen möglichst monatlich abgerechnet werden soll, wird spontan deutlich, daß ein entsprechendes wie immer auch im einzelnen auszugestaltendes System mit der Hardware und der Software der 60er und der 70er Jahre nicht zu verwirklichen war und auch an die DV-Organisation unserer Tage hohe Anforderungen stellt.

Managementphilosophie

Ein enger Wechselbezug schließlich besteht zwischen der Führungsorganisation einerseits und den Anforderungen an das jeweilige Kostenrechnungssystem. Ein zentralistisch geführtes Unternehmen kommt mit Ergebnissen aus, die sich auf das Gesamtunternehmen und seine Geschäftssparten beziehen. Ein dezentral geführtes Unternehmen dagegen benötigt Ergebnisverantwortung für die Teilbetriebe und dementsprechend eine dezentral konzipierte Kostenrechnung.

Unternehmen des Post- und Fernmeldewesens können nicht beliebig dezentral geführt werden. Der ausgeprägte produktionswirtschaftliche Verbund erfordert ein hohes Maß an Einheitlichkeit hinsichtlich der Betriebsabläufe usw. Das schließt aber nicht aus, den lokalen Betriebseinheiten Freiräume für die Betriebsführung einzuräumen. Voraussetzung hierfür ist eine Kostenrechnung, die Ergebnisverantwortung einzuführen erlaubt. Sonst ist eine Entwicklungsblockade vorprogrammiert durch die Argumentenfolge: keine Delegation von Verantwortung, weil kein dezentrales Kostenrechnungssystem; weil keine Verantwortung delegiert, keine Nutzungsmöglichkeit für dezentrale Kostenrechnung und daher keine Kostenrechnung. Diesen verhängnisvollen Kausalkreis gilt es zu durchbrechen.

Ziele der Neukonzeption

Trotz verschiedener entgegengerichteter Ansätze hat in den letzten beiden Jahrzehnten aus vielerlei Gründen die Tendenz zum Zentralismus überwogen.

Die Minister Matthöfer und Schwarz-Schilling haben sehr bald nach ihrem Amtsantritt erkannt, daß die DBP überaus zentralistisch geführt wird. Minister Schwarz-Schilling hat daraufhin ein Überdenken der Führungskonzeption eingeleitet mit dem Ziel einer stärkeren Dezentralisierung der Entscheidungen. Er hat konsequenterweise auch den Aufbau einer dezentralen Kostenrechnung eingeleitet. Auf der konstituierenden Tagung der hierfür eingerichteten Projektorganisation führte er zu diesem Themenkomplex u. a. folgendes auf:

"Wie wollen wir alle Marktchancen nutzen und schlechte Risiken vermeiden, wie wollen wir die Kosten in Schach halten, wenn wir nicht die hohe Intelligenz aller unserer Führungskräfte vor Ort voll nutzbar machen und ihre zweifellos vorhandene Kreativität in den Dienst des Unternehmens stellen?

Das Mittel dazu ist ein entschiedenes "weg vom Zentralismus", der geradezu eine Verschwendung von Humankapital bedeutet - durch dessen Nichtnutzung. Ich behaupte: wir lassen auf diesem Bereich große Flächen fruchtbarster Böden brach liegen.

Aber: die Rückseite der Münze "Delegation" heißt "Verantwortung". Delegation, die diesen Namen verdient, kann es so lange nicht geben, wie damit nicht Verantwortung für das wirtschaftliche Ergebnis verbunden ist. Und um diese Verantwortung zu begründen, bedarf es eines geeigenten Meßinstrumentes, das aufzeigt, wie die regional und örtlich Verantwortlichen "mit ihrem Pfunde gewuchert" haben. Ich kenne für diese Zwecke kein besseres Meßinstrument als eine Leistungs- und Kostenrechnung, weil diese alle wirtschaftlichen Elemente von Entscheidungskonsequenzen integriert."

Wesentliches Ziel der Neukonzeption der Leistungs- und Kostenrechnung der DBP ist folglich die Gewinnung von Ergebnissen für die regionalen und örtlichen Organisationseinheiten für alle auf diesen Stufen relevanten Rechnungszwecke einer modernen Kostenrechnung. Diese Rechnungszwecke erschöpfen sich nicht in der Bereitstellung von Informationen für die Kontrolle der Kostenwirtschaftlichkeit mit den Mitteln der Kostenplanung und Abweichungsanalyse für den Bereich der jeweiligen Kostenstellen. Sie umfasst auch Rechnungszwecke, die auf kostenträgebezogene Informationen gründen, wie Stückkosten von Dienstleistungen in der jeweiligen Organisationseinheit. Denn wenn auch aus rechtlichen Gründen kein Raum ist für örtlich differenzierte Gebühren (Preise), ist es doch durchaus vorstellbar, daß in einer mehr dezentralen Führungskonzeption die Akzente im Marketing deutlich zugunsten der regionalen und örtlichen Einheiten verschoben werden. Weitere, möglichst örtlich zu verwirklichende Rechnungszwecke sind die Gewinnung von Informationen für Entscheidungen über Eigen- und Fremdfertigung und im Bereich der Verfahrenswahl.

Auf der Ebene des Gesamtunternehmens erweitert sich naturgemäß der Katalog der Rechnungszwecke. So soll die neue Kostenrechnung ohne zusätzliche Analysen die Informationen zu liefern in der Lage sein, die man benötigt, wenn man Entscheidungen grundsätzlicher Art trifft - etwa über die Förderung oder Reduzierung vorhandener Dienste, die Einführung neuer Dienste, die Qualität der Dienste - oder wenn man die problemadäquaten innerbetrieblichen Verrechnungspreise festlegt. Schließlich und nicht zuletzt soll die Kostenrechnung alle für die Gebührenpolitik benötigten Informationen bereitstellen und insoweit das schon bestehende Informationsspektrum erweitern.

Wenn man den Zielkatalog summarisch umschreiben will dann mit der Formel: Die Rechnungszwecke einer modernen Kostenrechnung - soweit machbar und sinnvoll - auf möglichst allen Organisationsstufen verwirklichen.

2.2 Systemmerkmale der Neukonzeption

Wegen der ganz außergewöhnlichen Dimension und großen Bedeutung, die ein Vorhaben wie die Neugestaltung der Kostenrechnung der DBP haben muß, hat die DBP bei ihren Überlegungen von vornherein Wert darauf gelegt, Rat und Erfahrung Externer einzubeziehen. In konzeptioneller Hinsicht, lag es nahe, wegen des methodischen Neulandes, das zu betreten war, die Wissenschaft zu befragen. Hierbei hat sich die DBP für eine von Herrn Prof. Kilger erarbeitete betriebswirtschaftliche Konzeption entschieden.

Zur betriebswirtschaftlichen Konzeption

Professor Kilgers Konzeption gründet auf seinem System der flexiblen Plankostenrechnung. Die spezifischen Merkmale ergeben sich aus der Systemumwelt und den bereits angesprochenen produktionswirtschaftlichen Besonderheiten. Die Systemumwelt ist durch die Informationssysteme gekennzeichnet, die z. T. gegenüber in privatwirtschaftlichen Unternehmen anzutreffenden, einer Kostenrechnung vorgelagerten Systemen erhebliche Unterschiede aufweisen bzw. dort so nicht vorkommen. Letzteres gilt für das haushaltswirtschaftliche Informations- und Steuerungssystem, dessen Inhalte insbesondere geplante Aufwendungen und Investitionsausgaben und die entsprechenden Ist-Werte sind. Dieses System kann durch eine Plankostenrechnung nicht abgelöst, sondern nur ergänzt werden, kann aber für bestimmte Bereiche auch Funktionen einer Plankostenrechnung ersetzen. Des weiteren ist ein ausgefeiltes personalwirtschaftliches Meß- und Regelsystem vorhanden, in dem wesentliche Elemente z. B. für die Kostenauflösung angelegt sind. Die Aufgabe ist, alle Systeme so zu integrieren, daß sie zumindest gegenüber dem Systemnutzer wie aus einem Guß erscheinen und Doppelerfassungen von Daten vermieden werden.

Die Konzeption läßt sich überschlägig wie folgt charakterisieren:

1. Für alle Organisationseinheiten der drei Organisationsstufen (strategische Stufe - Ministerium, Regionalstufe - Oberpostdirektionen; Ortsstufe - Ämter) soll es
   - kostenstellenbezogene
   - kostenträgerbezogene

   Kostenrechnungen geben, und zwar
   - Vorschau-(Plan-)rechnungen und
   - Nachschau(Ist-)rechnungen.

2. Dazu kommen auf der
   - Regional- und Bundesebene: kostenträgerbezogene Deckungsbeitragsrechnungen
   - Bundesebene zusätzlich eine kostenträgerbezogene Leistungs- und Kostenrechnung nach dem Vollkostenprinzip, die im Gegensatz zu den übrigen Rechnungen nicht monatlich, sondern nur einmal jährlich zu erstellen sein wird.

3. Kostenstellen sind prinzipiell identisch mit Dienststellen der Organisation.

4. Abschließend verrechnet werden die Kosten auf die Unternehmensbereiche, Dienstzweige, Teildienstzweige und ggf. einzelne oder Gruppen von Dienstleistungen als Kostenträger sowie auf Projekte.

   Projekte sind alle Forschungs-, Entwicklungs-, Organisations- und Bauvorhaben. Nach Abschluß des jeweiligen Projektes werden dessen Kosten weiterverrechnet - im Regelfall aktiviert und über die Kapitalkosten später den Dienstleitungen angelastet -.

5. Im Ergebnis erhalten die Verantwortlichen für ihren jeweiligen Bereich folgende Daten:

- Plan-Soll-Ist-Kosten
- Leistungsmengen
- Leistungen (nur für OPD- und Bundesebene)
- bestimmte Kennzahlen.

Gegenüber der derzeitigen Leistungs- und Kostenrechnung beinhaltet die neue Konzeption Veränderungen von unterschiedlicher Tiefe und Mächtigkeit in den einzelnen Rechnungsteilen.

Die Kostenartenrechnung stellt sich vergleichsweise einfach dar und erfordert keine grundlegende Änderung gegenüber dem Istzustand. Das bedeutet aber nicht, daß die Umstellung in allen Bereichen problemlos wäre. So wird die besondere, von den Mengen der Betriebsmittel usw. ausgehende, von der Finanzbuchführung losgelöste Erfassung der Kapitalkosten einige Schwierigkeiten verursachen und zusätzlichen Aufwand erfordern.

Das eigentliche Novum liegt in der Kostenstellenrechnung und der Methodik der Kostenerfassung und -verrechnung. Die neue Konzeption setzt auf der Ebene der lokalen Kostenstelle ein, erfasst dort Faktormengen und -verbräuche, bewertet sie, löst die Kosten auf in fixe und proportionale und verrechnet sie dann weiter auf

- Kostenträger, soweit es sich um Primärkostenstellen handelt, bzw. auf
- Kostenstellen, soweit es sich bei der abgebenen Stelle um eine Sekundärstelle handelt.

Das abzulösende System dagegen geht von den Daten (vor allem Aufwendungen) der Finanzbuchführung aus und verteilt diese mit Hilfe von Aufteilmaßstäben auf (funktionale) Kostenstellen und diese auf Kostenträger.

An die Stelle einer top-down-Verrechnung tritt eine bottom-up-Verrechnung. Die Möglichkeiten einer Kostenauflösung werden durch die Verrechnung von Sekundärstellen auf Primärstellen entscheidend verbessert; die Bezugsgrößen der Sekundärstellen brauchen keine Beziehung zum Output aufzuweisen. Die proportionalen Kosten werden nach dem Verursachungsprinzip, die fixen Kosten wie bisher nach dem Leistungsentsprechungsprinzip zugerechnet.

Mit der Kostenauflösung und den daraus resultierenden Möglichkeiten der Kostenplanung und des Soll-Ist-Vergleichs erhält die Leistungs- und Kostenrechnung eine neue Dimension. Wegen der bereits angeführten Zahl der Kostenstellen wird eine stellenindividuelle Planung nur für die Personal- und Kapitalkosten unter Einsatz computergestützter Planungshilfen anzustreben sein, im übrigen wird man sich vereinfachender Methoden bedienen müssen. Der Wahl des Fristigkeitsgrades kommt besondere Bedeutung zu. Die Fristen werden länger zu bemessen sein als auf ein Jahr. Für die Kostenauflösung schlägt Professor Kilger das Modell der Betriebsbereitschaft vor.

Bei der Kostenträgerrechnung sind u. a. folgende Besonderheiten zu berücksichtigen:
- Es entfällt die Kalkulationsposition Einzelmaterial.
- Im Rahmen der stufenweisen Deckungsbeitragsrechnung stellt sich das Problem der Ertragszurechnung.

Zur DV-Konzeption

Fraglos läßt sich die eben skizzierte betriebswirtschaftliche Konzeption nur mit einer vergleichsweise anspruchsvollen DV-Konzeption in die Praxis überführen. Die DV-Konzeption muß sich hierbei möglichst auf die vorhandene Hardware-Konfiguration stützen. Bezüglich der Software ist es erklärte Absicht, soweit wie irgend möglich auf marktgängige Standard-Software zurückzugreifen.

Rückgrat der Hardware-Konfiguration bildet eine Kette von 8 Mainframerechnern. An diese Mainframe-Kette werden in der nächsten Zeit Subsysteme angeschlossen werden, durch die alle Ämter des Postwesens und die Organisationseinheiten der Mittelstufe mit der Mainframe-Kette verbunden sind, die aber möglichst viele Datenverarbeitungsprozesse vor Ort abschließen sollen.

Naturgemäß ist die DV-Konzeption für die neue Kostenrechnung z. Z. erst in ersten Umrissen erkennbar. Es zeichnet sich hierbei bereits ab, daß die Verrechnungsvorgänge, aber auch die Planungsvorgänge und die Informationsvorgänge wegen der Mächtigkeit nur auf den Rechnern der Mainframe-Schiene abgewickelt werden können. Möglicherweise müssen diese Rechner noch aufgestockt werden. Den Subsystemen wird aller Voraussicht nach hierbei eine Clusterfunktion zukommen.

3 Realisierung der Neukonzeption

Man bezeichnet die Post gern als den "gelben Riesen". Riesen sind - und insoweit dürfen wir den Märchen und Sagen sicher trauen - zuweilen ungelenk. Umstellungen in Großunternehmen beanspruchen viel Zeit. Gleichwohl konnte die DBP die Frist für die Schaffung einer dezentralen Leistungs- und Kostenrechnung nicht beliebig bemessen. Das hätte sich schon wegen der Eigendynamik verboten, die ein solches Vorhaben entfalten muß und die es nur entfalten kann, wenn es mit Schwung vorangetrieben wird. Bei dieser Sachlage war das Projekt auf einen 5-Jahreszeitraum zu begrenzen.

Um das angesichts des Projektumfangs sehr ehrgeizige Zeitziel nicht von vornherein zu gefährden, ist es unumgänglich, in möglichst weitgehendem Maße Fremdkapazität für die Entwicklungs- und Implementierungsarbeiten und für die Software zu nutzen. Die DBP hat sich deshalb von Anfang an zur Zusammenarbeit mit einer Beraterfirma entschlossen. Die Verwendung von Standard-Software ist - soweit irgend möglich - vorgesehen.

Weiterhin war es notwendig, für das Vorhaben eine besondere Organisationsform zu finden. Es ist nowendig, erfahrene Mitarbeiter zu den Entwicklungsarbeiten heranzuziehen, die für Entwicklungsaufgaben im allgemeinen zuständigen Zentralämter maßgeblich in die Arbeiten einzubeziehen, zugleich aber auch die überwiegend auf der Ministerialebene angesiedelten Entscheidungsträger - insbesondere auch der Linienabteilungen - möglichst früh und verbindlich zu beteiligen. Zugleich mußte eine angemessene Information von Beteiligungsorganen sichergestellt werden. Es war deshalb für das Vorhaben ein Rahmen zu wählen, der die Elemente der vorhandenen Organisation benutzt, ohne an alle Formalismen für das Zusammenwirken dieser Elemente gebunden zu sein. Die DBP hat sich deshalb entschieden, das Vorhaben mit Hilfe einer Projektorganisation in die Praxis umzusetzen. Diese Projektorganisation ist in der Anlage grob skizziert.

Z. Z. befindet sich das Vorhaben in der Planungsphase, in der vor allem die notwendigen Verfeinerungen des Konzepts sowie die Pläne über Bedarf und Deckung von Entwicklungskapazität zu erarbeiten sind. Die Arbeiten werden erlauben, die Kostenschätzungen für Entwicklung und den späteren Betrieb des neuen Systems zu präzisieren.

Inwieweit sich aus diesen Arbeiten Änderungen auch auf die der Projektorganisation ableiten, wird sich zeigen müssen. Sicher ist schon jetzt, daß für die Entwicklungsarbeiten im einzelnen in großem Umfang auf Mitarbeiter bei den regionalen Direktionen und den Ämtern zurückgegriffen werden muß, weil die Entwicklungskapazität der in Darmstadt eingerichteten Arbeitsgruppe allein nicht ausreichen wird.

Zur Verankerung der neuen dezentralen Kostenrechnung in der Praxis bedarf es eingehender Fortbildungmaßnahmen. Um die Projektorganisation hierdurch nicht zeitweilig lahmzulegen, wird die Aus- und Fortbildungsorganisation der DBP und in diesem Rahmen insbesondere die Führungsakademie einen großen Teil dieser Aufgabe übernehmen.

Projektorganisation "Dezentrale Leistungs- und Kostenrechnung"

Anlage 1

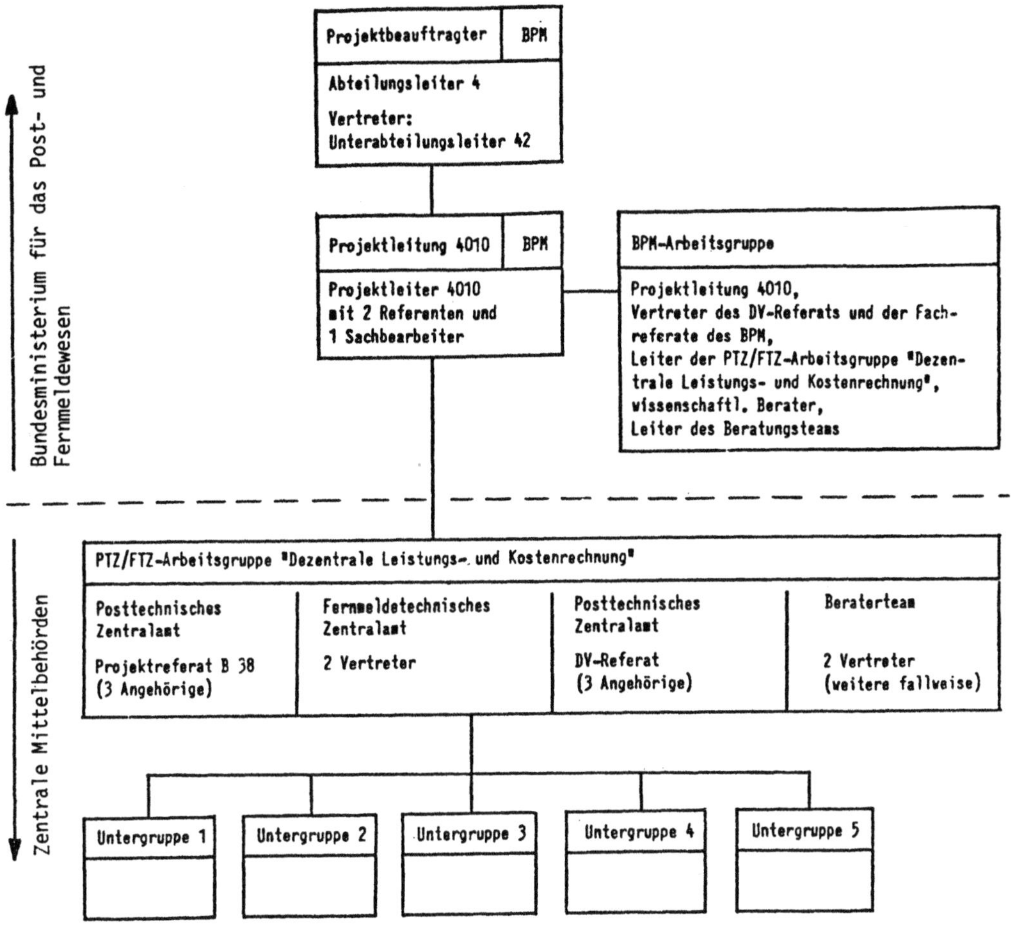

Einführung von Vorkalkulationen in CAD-Systemen

Prof. Dr. *A.-W. Scheer*, Institut für Wirtschaftsinformatik (IWi), Universität des Saarlandes, Saarbrücken

Gliederung

A. Integration betriebswirtschaftlicher und technischer Funktionen als zentraler Bestandteil des Computer Integrated Manufacturing (CIM)

I. Komponenten des Computer Integrated Manufacturing
   a) Produktionsplanung und -steuerung (PPS)
   b) Computer Aided Design/Computer Aided Manufacturing (CAD/CAM)
   c) Datenbeziehungen

II. Stand der Integration

B. Die Konstruktion als Entscheidungszentrum über Produktkosten

I. Aufgaben der Konstruktion

II. Konstenrelevante Entscheidungsalternativen im Bereich der Konstruktion
   a) ... bei konventioneller organisatorischer Gliederung zwischen Konstruktion und Arbeitsvorbereitung
   b) ... bei organisatorischer Integration von Konstruktion und Arbeitsvorbereitung

C. Verfahren der konstruktionsbegleitenden Kalkulation

I. Übersicht

II. Kalkulationsverfahren
   a) Pauschale Kalkulationsverfahren
      1. Kenngrößen
      2. Kalkulation aufgrund von Ähnlichkeiten
   b) Analytische Kalkulationsverfahren
      1. Kalkulation anhand von Geometriedaten
      2. Kalkulation anhand von Fertigungsgrunddaten

D. Architektur eines Systems zur konstruktionsbegleitenden Kalkulation in einer CIM-Umgebung

E. Zusammenfassung

A. Integration betriebswirtschaftlicher und technischer Funktionen als zentraler Bestandteil von CIM

Unter Computer Integrated Manufacturing (CIM) wird die Integration betriebswirtschaftlicher und technischer Datenverarbeitungssysteme verstanden. Integration bedeutet, daß alle Funktionen aufeinander aufbauen und eine logisch einheitliche Datenorganisation besteht. Dieses beinhaltet z.B., daß Daten möglichst redundanzfrei verwaltet werden und Datenänderungen, die an einem Arbeitsplatz erfaßt werden, sofort auch an anderen Arbeitsplätzen zur Verfügung stehen.

Neben der Datenintegration wird auch eine Funktionsintegration angestrebt. Unter Funktionsintegration wird verstanden, daß die stärkere Unterstützung des Sachbearbeiters durch Instrumente der Informationstechnologie den Funktionsumfang seines Arbeitsplatzes erweitern kann. Dieses bedeutet konkret, daß eine größere Anzahl von Teilfunktionen einer arbeitsteilig gegliederten Vorgangskette an Arbeitsplätzen reintegriert werden kann.

Die wesentlichen Vorteile einer integrierten Datenverarbeitung liegen in einer starken Beschleunigungsmöglichkeit von Vorgängen, da Übergangszeiten zwischen der Weitergabe von Informationen durch Nutzung einer gemeinsamen Datenbasis weitgehend entfallen. Das gleiche wird auch durch eine stärkere Integration von Teilfunktionen an Arbeitsplätzen erzielt, da bei einer einheitlichen Bearbeitungsweise Übergangszeiten zwischen den Teilschritten nicht mehr auftreten. Gleichzeitig entfallen bei einer Funktionsintegration Einarbeitungszeiten an den einzelnen Teilschritten. In Abb. 1 ist die grundsätzliche Wirkungsweise für eine arbeitsteilig gegliederte Kette sowie für eine daten- und funktionsintegrierte Kette dargestellt.

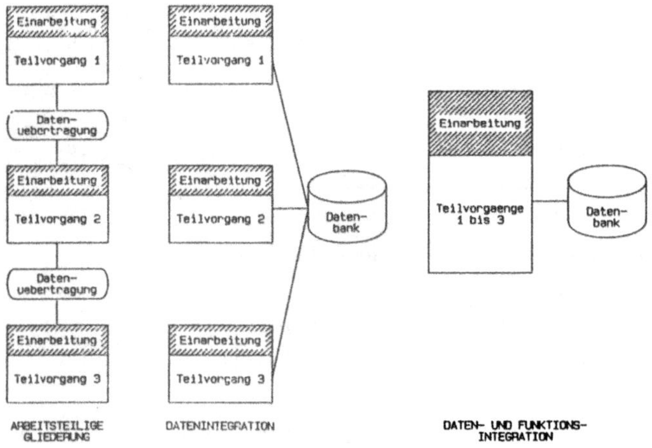

Abb. 1: Integrationsstufen von Vorgangsketten

I. Komponenten des Computer Integrated Manufacturing

Das Computer Integrated Manufacturing besteht aus dem mehr betriebswirtschaftlich-planerisch orientierten Produktionsplanungs- und -steuerungssystem (PPS) und dem mehr technisch orientierten Computer Aided Design/Computer Aided Manufacturing (CAD/CAM)-System (vgl. Abb. 2).

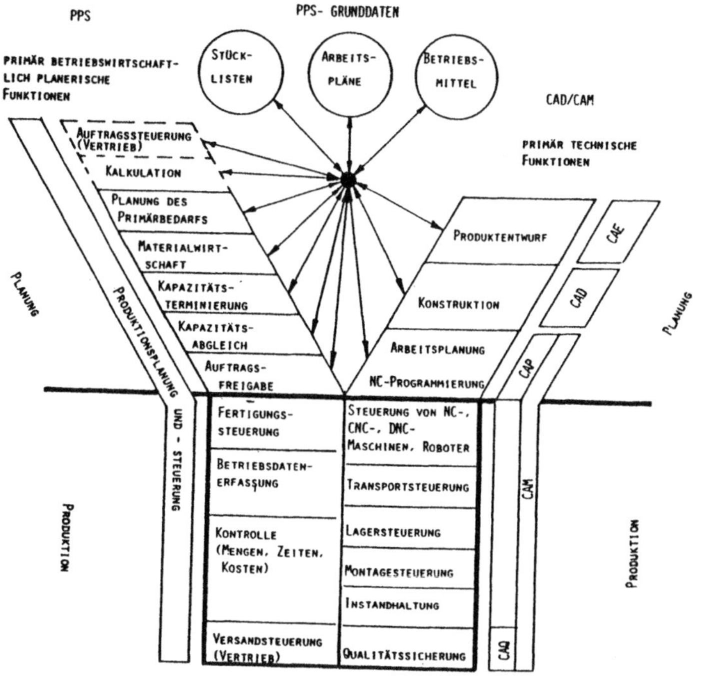

Abb. 2: Informationssysteme im Produktionsbereich

a) Produktionsplanung und -steuerung (PPS)

EDV-Systeme zur Produktionsplanung und -steuerung werden seit 20 Jahren in integrierter Form eingesetzt. Sie reichen von der Unterstützung der Auftragsbearbeitung über die Planung des Primärbedarfs für Enderzeugnisse, die Materialwirtschaft, die Zeitwirtschaft bis zur Auftragsfreigabe, in der anstehende Produktionsaufträge nach Prüfung der Verfügbarkeit von Material, Werkzeugen und Komponenten für die Fertigung freigegeben werden.

Im Rahmen der kurzfristig orientierten Fertigungssteuerung werden Reihenfolgeoptimierungen durchgeführt. Im Rahmen der Betriebsdatenerfassung werden Ist-Werte über Aufträge, Betriebsmittel und Arbeitskräfte als Grundlage kurzfristiger Steuerungsaktivitäten erhoben. Nach Abschluß der Fertigungsaufträge werden die Endprodukte wiederum dem Vertrieb zum Versand übergeben.

Die genannten Planungsstufen bauen aufeinander auf. Sie werden in vielen Standardsystemen von einer einheitlichen Datenbasis begleitet. PPS-Systeme haben Schrittmacherdienste beim Einsatz von Datenbanksystemen geleistet.

b) Computer Aided Design/Computer Aided Manufacturing (CAD/CAM)

Unter Computer Aided Engineering (CAE) und Computer Aided Design (CAD) werden die Unterstützung von Entwurf und Konstruktion verstanden. Hierzu zählen die Verwaltung von Zeichnungen und deren Erstellung an speziellen Grafikarbeitsplätzen im Dialog.

Das Computer Aided Manufacturing beschreibt die computergestützte Fertigung auf maschinennaher Ebene. Hierzu zählen die Steuerung von Werkzeugmaschinen, Robotern, Transportanlagen und Lagereinrichtungen.

Die Integration von CAD/CAM bedeutet, daß die bei der Zeichnungserstellung anfallenden Geometriedaten direkt in Steuerungsanweisungen (NC-Programme) für Produktionsanlagen umgesetzt werden. Hierbei müssen meist Zwischenschritte durch Einsatz von Pre- und Postprozessoren durchgeführt werden, um ein zunächst in einer allgemeingültigen Programmiersprache entwickeltes Steuerungsprogramm auf speziellen Produktionsanlagen einsetzen zu können.

c) Datenbeziehungen

Obwohl in Theorie und Anwendung die beiden Informationssysteme zunächst isoliert entwickelt worden sind, bestehen enge Datenverflechtungen zwischen dem mehr betriebswirtschaftlich orientierten Planungsbereich und dem technischen EDV-System. Die wesentlichen Datenflüsse zwischen Teilfunktionen dieser Informationssysteme sind in Abb. 3 und 4 angegeben. Gleichzeitig ist eingetragen, welche Entscheidungen in den einzelnen Planungsstufen zu treffen sind, um dadurch die Bedeutung der Daten als Grundlage für Entscheidungen des jeweils anderen Informationsbereiches deutlich werden zu lassen.

Eine elementare Datenbeziehung zwischen PPS und CAD/CAM ist die Verwaltung von Stücklisteninformationen. Mit der Konstruktion eines Teils durch Festlegung der Geometrie in Form von Zeichnungen wird auch die Strukturbeziehung zwischen Komponenten und dem zu konstruierenden Objekt dargestellt, die Grundlage einer einstufigen Stücklistenbeziehung sind. Diese Datenverbindungen werden häufig als zentraler Verknüpfungspunkt zwischen CAD/CAM und PPS genannt. Daneben werden aber aus entschei-

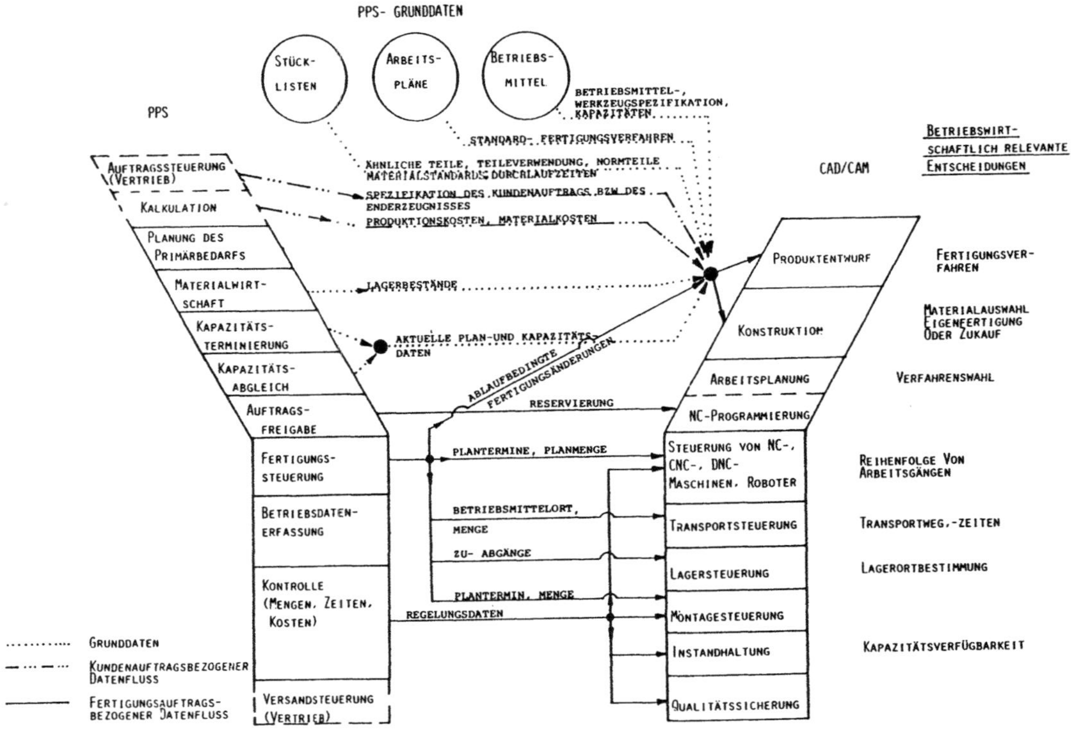

Abb. 3: Datenfluß: PPS zu CAD/CAM

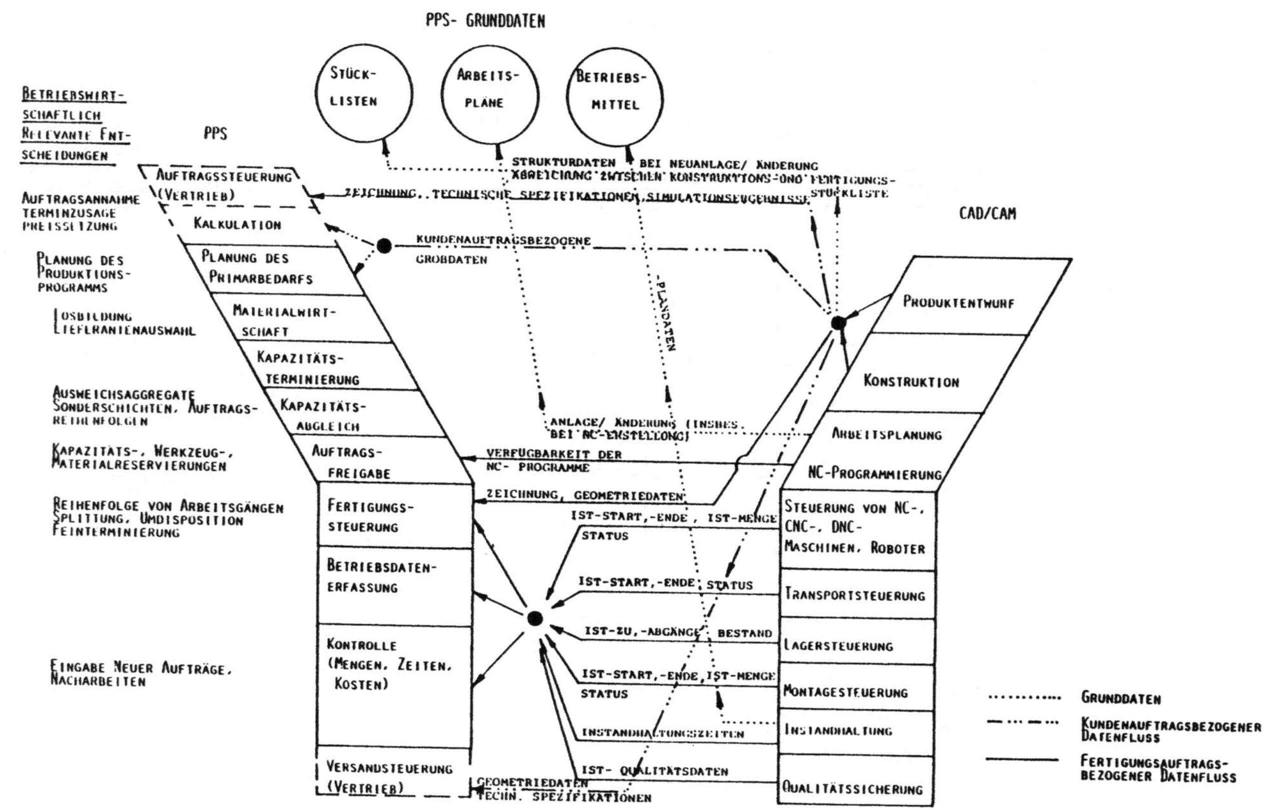

Abb. 4: Datenfluß: CAD/CAM zu PPS

dungsbezogener Sicht weitere Datenbeziehungen sichtbar. Beispielsweise müssen in Konstruktionsvorgänge Informationen über Verfügbarkeiten aus Materialwirtschaft und Zeitwirtschaft einfließen, wenn eilbedürftige Aufträge konstruiert werden.

Aber auch der umgekehrte Datenfluß aus Richtung CAD/CAM zu PPS ist wesentlich. Beispielsweise werden im Rahmen von Betriebsdatenerfassungssystemen immer mehr Daten aus Produktionsanlagen durch automatische Informationsgeber übernommen.

II. Stand der Integration

Obwohl aus daten- und entscheidungsorientierter Sicht enge Beziehungen zwischen den beiden Informationssystemen bestehen, ist der Stand der Integration gegenwärtig noch nicht befriedigend. In Abb. 5 sind einzelne Stufen der Integration dargestellt. In Stufe 1 wird lediglich ein organisatorischer Zusammenhang hergestellt, indem von einem Arbeitsplatz (z.B. in Konstruktion oder Arbeitsvorbereitung) mit zwei getrennten Terminals auf beide Systeme zugegriffen werden kann.

In der Stufe 2 wird durch Ausnutzung der Eigenschaften von Mikrocomputern als offene Systeme eine Verknüpfung hergestellt, indem der Mikrocomputer mit beiden Systemen verbunden wird. Durch Nutzung der Fenstertechnik sowie der verschiedenen Hardware-Schnittstellen kann eine Integration bis hin zum Datenaustausch durchgeführt werden, ohne daß die Basissysteme selbst verändert werden müssen.

In der dritten Stufe wird eine Dateischnittstelle zwischen beiden Systemen aufgebaut. Hierzu muß allerdings das datenspendende System und/oder das datenempfangende System geändert werden. Die Übergabe von Datensätzen kann dabei auch im "quasi"-Dialog stattfinden. Allerdings bereitet diese Schnittstelle erhebliche Schwierigkeiten, da eine einheitliche Datenintegrität über beide Systeme gewährleistet werden muß. Dieser Fall wird gegenwärtig von einer Reihe von Software- und Hardware-Anbietern als wesentliche Verknüpfungsmöglichkeit verfolgt.

Die gemeinsame Nutzung einer einheitlichen Datenbasis der Stufe 4 stößt auf Schwierigkeiten, weil zur Zeit beide Informationssysteme in der Regel unterschiedliche Organisationsformen der Daten benutzen und dieses z.T. auch auf unterschiedlicher Hardware.

Die fünfte und höchste Stufe der Integration sieht vor, daß beide Systeme nicht nur auf eine gleiche Datenbasis zugreifen, sondern darüber hinaus auch direkt miteinander kommunizieren. Dieses bedeutet z.B., daß der Dialogprozeß eines Systems einen anderen Dialogprozeß des anderen Systems aufruft, das Ergebnis der gestarteten Transaktion abwartet und nach Übernahme der Ergebnisdaten die eigene Transaktion fortsetzt. Eine solche Anwendungs-zu-Anwendungs-Integration ist aber aufgrund der historisch gewachsenen getrennten

Entwicklung beider Systemrichtungen z.Z. nicht gegeben.

1.STUFE:
ORGANISATORISCHE VERBINDUNG
EDV - TECHNISCH UNVERBUNDENER
SYSTEME

2.STUFE:
INTEGRATION DER UNVERBUNDENEN
SYSTEME DURCH TOOLS
(PC, QUERY, ...)

3.STUFE:
DATEITRANSFER ZWISCHEN
DEN SYSTEMEN

4.STUFE:
GEMEINSAME DATENBASIS
DER SYSTEME

5.STUFE:
ANWENDUNG- ANWENDUNG-
BEZIEHUNG DURCH
PROGRAMMINTEGRATION

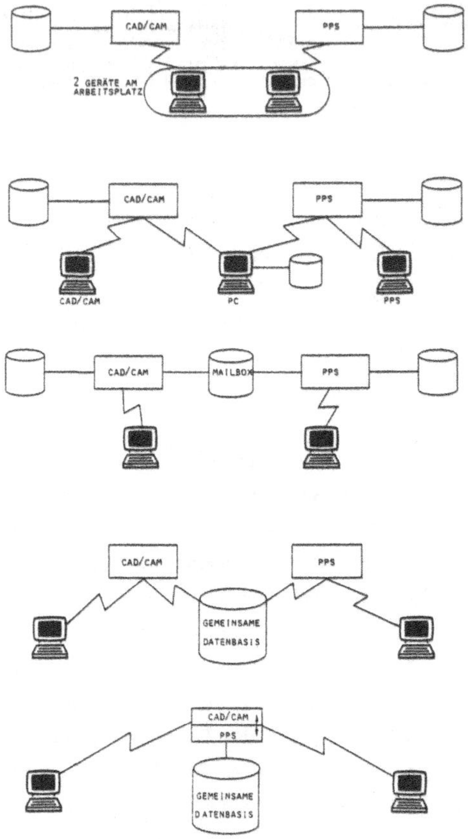

Abb. 5: Integrationsgrade und -möglichkeiten

B. Die Konstruktion als Entscheidungszentrum über Produktkosten

Während die Kosten der Konstruktion lediglich einen kleinen Prozentsatz innerhalb der Gesamtkosten eines Produktes ausmachen, wird nach übereinstimmender Aussage der Fachliteratur und empirischen Untersuchungen im Rahmen der Konstruktion der überwiegende Anteil der Kosten (man spricht von 70 bis 80 %) festgelegt. Dieses geschieht, wie noch im einzelnen gezeigt wird, indem die Wahl zwischen Eigenfertigung und Fremdbezug von Komponenten durch die Konstruktion vorbestimmt wird, das Fertigungsverfahren über die Definition entsprechender Fertigungsanforderungen bestimmt sowie der Materialeinsatz durch Vorgabe von Spezifikationen festgelegt werden.

Mit diesem hohen Prozentsatz der Kostenfestlegung ist allerdings noch nicht automatisch zu verbinden, daß im Bereich der Konstruktion über Anfall oder Nichtanfall dieser Kosten frei entschieden werden kann. Dieses ist vielmehr eine Frage der Freiheitsgrade bzw. der Entscheidungsalternativen, die in diesem Bereich gegeben sind. Aber auch hier zeigt sich, daß tendenziell mehr Freiheitsgrade im Bereich von Konstruktion und Entwicklung gegeben sind als in den mehr betriebswirtschaftlich orientierten Planungs- und Dispositionsfunktionen der Material- und Zeitwirtschaft. Während im Rahmen der Produktionsplanung und -steuerung hauptsächlich über die Wahl der Losgröße Lagerkosten und Auflagekosten beeinflußt werden können und im Rahmen der Kapazitätsterminierung sowie der Fertigungssteuerung Maschinenbelegungszeiten und Durchlaufzeiten variiert werden können, sind im Bereich der Konstruktion durch die angeführte Festlegung von Fertigungsverfahren, Materialarten, Wahl von Eigenfertigung und Fremdbezug wesentlich grundsätzlichere und damit wirkungsvollere Eingriffsmöglichkeiten in die Kostenstruktur gegeben.

Es ist für die Betriebswirtschaftslehre bezeichnend, daß sie dieses Phänomen der Kostenbeeinflussung bisher kaum behandelt hat. So setzt die klassische Kostenrechnung in der Regel erst nach Vorliegen des Produktionsprogramms und damit nach Abschluß der Konstruktionsphase ein. Sie besitzt ihren Schwerpunkt in der Planung und Kontrolle der Fertigung selbst, wie sie aber von der Konstruktion bereits vorbestimmt ist.

Als wesentliches Instrument zur Beeinflussung der Kosten konstruktiver Entscheidungen wird häufig die Wertanalyse angesehen. Sie ist aber nicht Bestandteil der betriebswirtschaftlichen Kostenrechnung. Die Wertanalyse geht von einer Funktionsgliederung der Erzeugnisse aus und fragt jeweils nach den kostengünstigsten Realisierungsmöglichkeiten. In der Regel setzt sie aber erst nach Abschluß der Konstruktionstätigkeiten ein, indem fortlaufend bereits bestehende Produkte analysiert werden. Sie ist weiterhin auf einzelne konkrete Produkte bezogen, und damit sind ihre Ergebnisse nicht allgemein anwendbar. Auch ist ihr Erhebungsaufwand relativ groß (Kreisfeld, 1985, S. 6).
Es ist deshalb zu fordern, in den Konstruktionsprozeß Kosteninformationen einfließen zu lassen, um den Konstrukteur auf die Kostenwirkungen seiner Entscheidungen hinzuweisen

und zur Suche kostengünstigerer Alternativen anzuregen.

Durch den zunehmenden Einsatz von computerunterstützten Systemen in Konstruktion und Fertigung (CAD/CAM) wird der Einfluß der Konstruktion auf die Festlegung der Kosten noch erhöht.

Im folgenden wird der Frage nachgegangen, über welche Einflußgrößen die Konstruktion auf Kostenstrukturen einwirken kann. Dabei wird zunächst von der klassischen Aufteilung zwischen Konstruktion und Arbeitsvorbereitung ausgegangen. In einem zweiten Schritt werden die organisatorischen Konsequenzen einer integrierten CAD/CAM-Umgebung auf die Beeinflussungsmöglichkeiten der Kosten aufgezeigt.

I. Aufgaben der Konstruktion

Aufgabe der Konstruktion ist der Entwurf neuer Erzeugnisse bzw. die Änderung bestehender Erzeugnisse. Hierzu werden verschiedene Entwurfstechniken eingesetzt, wie sie z.B. in Standardwerken der Konstruktionslehre (vgl. Hansen, 1968 u. 1974, Pahl/Beitz, 1977, Rodenacker, 1976) dargestellt sind. Die einzelnen Aufgaben der Konstruktion sind in der VDI-Richtlinie, VDI 2222, Bl. 1, Konstruktionsmethodik, festgelegt. Das gesamte Aufgabengebiet kann in eine Konzipierungsphase und eine Entwurfsphase, in denen die kreativen Fähigkeiten vorherrschen, und in eine Ausführungsphase, in der die Geometriedaten zur Beschreibung des entworfenen Produktes detailliert definiert werden, unterteilt werden. Zur Darstellung der Geometrie werden Zeichnungen verwandt. Ein Beispiel ist in Abb. 6 angegeben.

Neben der Darstellung der Geometrie sind auf der Zeichnung auch Angaben über besondere Fertigungsanforderungen, z.B. hinsichtlich Toleranzen oder Oberflächengüten, sowie die benötigten Werkstoffspezifikationen angegeben.

II. Kostenrelevante Entscheidungsalternativen im Bereich der Konstruktion

Die Festlegung der Gestalt des zu konstruierenden Werkstückes durch Geometriedaten sowie die Definition von Fertigungsanforderungen und Materialanforderungen bestimmen in hohem Maße die konkrete Fertigung des Werkstückes und damit dessen Kosten (vgl. Abb. 7). Dabei werden alle relevanten Kostenarten der Fertigung wie Materialkosten, Betriebsmittelkosten, Lohnkosten und Sondereinzelkosten der Fertigung berührt.

Mit Festlegung der Materialanforderungen sowie der Spezifikationen bestimmter Oberflächengüte werden der einzusetzende Rohstoff und die dafür benötigten Vorarbeiten (z.B. zur Anfertigung eines Rohlinges) bestimmt. Gleichzeitig kann hierbei auch bereits vorbestimmt sein, ob eine Komponente, die der Konstrukteur innerhalb einer komplexeren

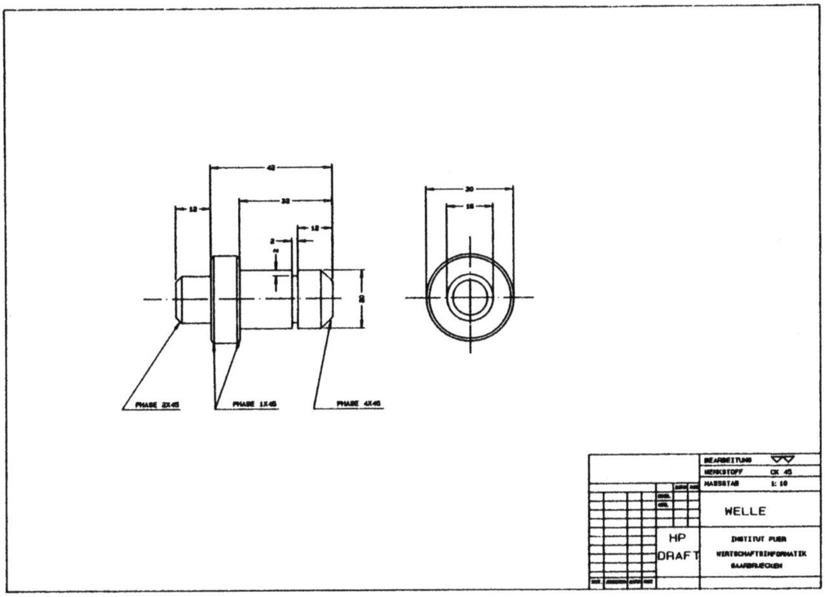

Abb. 6: Konstruktionszeichnung

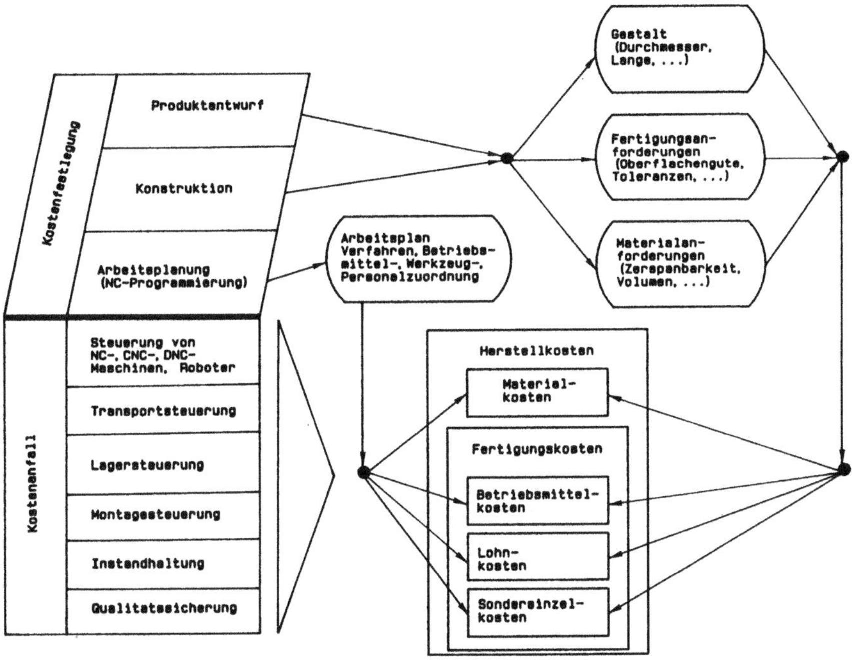

Abb. 7: Kostenbestimmungsfaktoren im CAD/CAM-Bereich

Baugruppe benötigt, fremdbezogen werden kann oder aufgrund seiner besonderen Spezifikationen eigenerstellt werden muß. Damit ist auch die Entscheidung zwischen Eigenfertigung und Fremdbezug teilweise in den Bereich der Konstruktion gelegt.

Die Geometriedaten bilden Anforderungen für den Betriebsmitteleinsatz, indem z.B. bestimmte Durchmesser für Bohrungen definiert werden. Mit den in Frage kommenden Betriebsmitteln und Werkzeugen ist gleichzeitig auch der Einsatz von Personal vorbestimmt.
Die konstruktiven Anforderungen an die Fertigung begründen (z.B. durch die Forderung besonderer Vorrichtungen) Sondereinzelkosten der Fertigung.

a) ... bei konventioneller organisatorischer Gliederung zwischen Konstruktion und Arbeitsvorbereitung

Die geschilderten Entscheidungsprozesse mit ihren Kostenwirkungen werden bei einer konventionellen Trennung zwischen Konstruktion und Arbeitsvorbereitung nicht direkt in der Konstruktion sichtbar, weil der Konstrukteur organisatorisch von Fertigung und den Produkten getrennt ist und somit die von ihm bestimmten Kosten nicht "sieht". Formal endet der Verantwortungsbereich der Konstruktion mit Anfertigung der Zeichnung und Definition der Konstruktionsstückliste. Beides wird dann der Arbeitsvorbereitung zur Festlegung des Arbeitsplanes und der Fertigungsstückliste übergeben, so daß hier eine nähere Beziehung zum Produktionsprozeß und seinen Kosten besteht. Hierbei ist allerdings zu beachten, daß der Arbeitsvorbereitung durch Zeichnung und Konstruktionsstückliste bereits erhebliche Vorgaben gemacht werden, an die sie sich halten muß. Trotzdem bestehen weitere Freiheitsgrade bei der Ausfüllung dieser Vorgaben. Aus diesem Grunde ist in Abb. 7 auch eine Einwirkung der Arbeitsplanerstellung auf alle Kostenkomponenten angegeben worden. Ein klassischer Arbeitsplan, der aus mehreren Arbeitsgängen besteht und die Betriebsmittelzuordnung festlegt, ist in Abb. 8 angegeben.

Falls ein Teil nach unterschiedlichen Fertigungsverfahren gefertigt werden kann, bestehen im Bereich der Arbeitsvorbereitung Freiheitsgrade zur Kostengestaltung. Hier werden auch das Personal zugeordnet und damit die Lohnkosten bestimmt. Gleichzeitig werden die benötigten Werkzeuge und damit Werkzeugkosten sowie Sondereinzelkosten der Fertigung näher bestimmt.
Durch die Festlegung der Fertigungsstückliste wird der zeitliche Anfall des Materials definiert und somit der Materialwirtschaft und insbesondere dem Einkauf Vorgabedaten geliefert, die die Materialkosten beeinflussen.

Auch besitzt die Arbeitsvorbereitung durch die Zusammenstellung von Fertigungsaufträgen zu Losen Einfluß auf anfallende Rüstkosten sowie über die Zusammenstellung von größeren Einheiten ähnlich zu fertigender Arbeitsgänge Einfluß auf Lernvorgänge im Bereich der

IFW | **Arbeitsplan** | Blatt: 1 V.

Benennung: Bohrspindel BEP25 TA: 76 Zeichg.nr.: 11002.76144 Losgroesse 2 Datum: 02-Mar-77 Name: NU

Material: 01 Abmessung: 628.0 * 45.0 Rohgewicht: 7.8

Avo-Nr.	Abt.	Arbeitsgang	Werkzeuge und Vorrichtungen	Maschine	N	S	TR	TE
10 1	50	Saegen		8224			16	3.08
20 1	10	Laengsdrehen und/oder Plandrehen, glatt	Backenfutter harte Backen	1061	492	0.12	63	0.41
			////					
		Zentrieren						
2	10	Abgesetzte Welle drehen	Backenfutter harte Backen	1061	492	0.27	69	12.27
		Einstechen	////					
3	10	Laengsdrehen und/oder Plandrehen, glatt	Backenfutter harte Backen	1061	615	0.24	58	12.88
			////					
4	10	Laengsdrehen und/oder Plandrehen, glatt	Backenfutter weiche Backen	1061	492	0.12	80	16.14
			////					
		Zentrisch bohren oder Ausdrehen glatt						
		Zentrieren						
5	10		Backenfutter weiche Backen	1061	492	0.12	74	16.14
			////					
		Zentrisch bohren oder Ausdrehen glatt						
		Einstechen						

Abb. 8: Klassischer Arbeitsplan

Fertigung, die sowohl Lohnkosten als auch Betriebsmittelkosten beeinflussen.

Wird bei Einführung eines CAD-Systems die klassische Einteilung zwischen Konstruktion und Arbeitsvorbereitung eingehalten, so wird von dem CAD-System vor allen Dingen die Zeichnungserstellung unterstützt. Gleichzeitig kann durch das leichtere Berechnen von Alternativen auch eine Optimierung des Produktentwurfes durchgeführt werden. Diese Optimierung ist aber in der Regel auf technische Kenngrößen ausgerichtet, indem z.B. über Einsatz der "Finite Elemente"-Technik Belastungsberechnungen bei Einsatz unterschiedlicher Materialalternativen oder anderer konstruktiver Eigenschaften simuliert werden.

Durch Einsatz eines NC-Programmiersystems im Bereich der Arbeitsvorbereitung bei Voraussetzung entsprechender Fertigungsanlagen wird aus der Zeichnung und aus Technologiedaten ein NC-Programm erstellt. Dieses kann z.T. auch den Arbeitsplan ersetzen, da in einem NC-Programm in sehr detaillierter Form die einzelnen auszuführenden Arbeitsoperationen eines Arbeitsganges definiert sind (vgl. Abb. 9).

```
1 PARTNO/D-WELLE
2 MACHIN/PP1
3 MACHIN/ZEISIG
4 MACHDT/30. 120. 0.1. 3.5. 3000. 0.8. 200

5 CONTUR/BLANCO
6 BEGIN 0.0 YLARGE. PLAN. 0
7 RTG/DIA. 100
8 RTG/PLAN. 330
9 RTG/DIA. 0
10 TERMCO

11 SURFIN/FIN
12 CONTUR/PARTCO
13 L 1 = LINE/50. 25. 90. 30
14 FASE = LINE/ (POINT/310. 22) .ATANGL. 45
15 MO. M1. BEGIN/20.0.YLARGE.PLAN.20.BEVEL.3.ROUGH
16 RGT/DIA.40.ROUND.2
17 LFT/PLAN.50
18 RGT/L1
19 FWD/DIA.60.ROUND.4
20 LFT/PLAN.130
21 RGT/DIA.70.ROUND.2
22 LFT/PLAN.160
23 RGT/ (LINE/160.40.210.45)
24 M2.FWD/DIA.90
25 RGT/PLAN.230.ROUND.2
26 LFT/DIA.80
27 RGT/PLAN.250.ROUND.4
28 LFT/ (LINE/250.35.280.30)
29 RGT/PLAN.280.ROUND.2
30 LFT/DIA.50
31 RGT/FASE.ROUGH
32 M 3.RGT/PLAN.310.ROUGH
33 M 4.RGT/DIA.0
34 TERMCO

35 PART/MATERL.203
36 CSRAT/60
37 CLDIST/2
38 OVSIZE/FIN.1
39 PLANE = TURN/SO.CROSS.TOOL.100.1.SETANG.180.ROUGH
40 SCHRU = CONT/SO.TOOL.200.2.SETANG.110.ROUGH.LONG
41 SCHL1 = CONT/SO.TOOL.200.2.SETANG.110.FIN.OSETNO.7

42 CHUCK/11.50.200.30.104.55
43 CLAMP/50
44 COOLNT/ON
45 WORK/PLANE
46 CUTLOC/BEHIND
47 CUT/M3.TO.M4
48 WORK/SCHRU.SCHL1
49 FDSTOP/PLAN.207
50 CUT/M3.RE.M2
51 FDSTOP/NOMORE
52 CHUCK/222.50.200.30.94.70
53 CLAMP/245.INVERS
54 WORK/PLANE
55 CUTLOC/BEHIND
56 CUT/M1.RE.MO
57 WORK/SCHRU.SCHL1
58 CUT/M1TO.M2
59 WORK/NOMORE
60 FIN
```

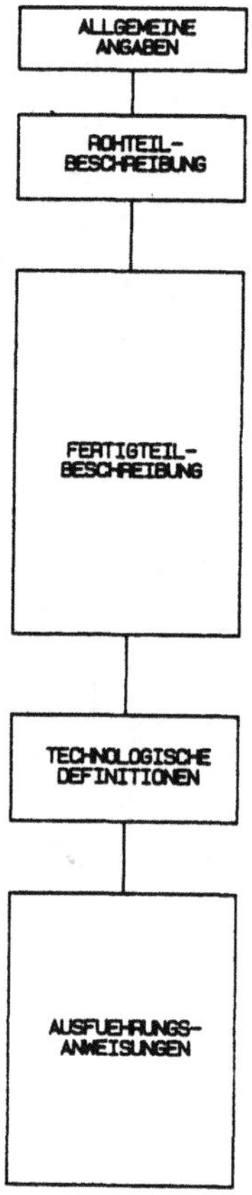

Abb. 9: NC-Programm

Durch die Integration von CAD und CAM, bei der die Geometriedaten des CAD-Systems automatisch an das Erstellungsprogramm für die Steuerung von NC-Maschinen weitergegeben werden, wird die Beeinflussung der Fertigung durch die Konstruktion enger.

Es wird allerdings angemerkt, daß in der Regel nicht das gesamte NC-Programm aus den Geometriedaten erstellt wird. Auch sind nicht alle im Bereich von CAD erstellten Informationen (z.B. Schraffuren) für die Steuerung der Produktionsanlagen notwendig. Aus diesem Grunde ist ein weiterer manueller Eingriff in den Prozeß CAD/CAM erforderlich. Hinzu kommt, daß häufig zunächst ein in allgemeiner Programmiersprache erzeugter Steuerungscode vorliegt, der dann durch den Einsatz weiterer Postprozessoren unter Nutzung der individuellen Technologiedaten an die konkreten Betriebsmittel angepaßt wird (vgl. Abb. 10).

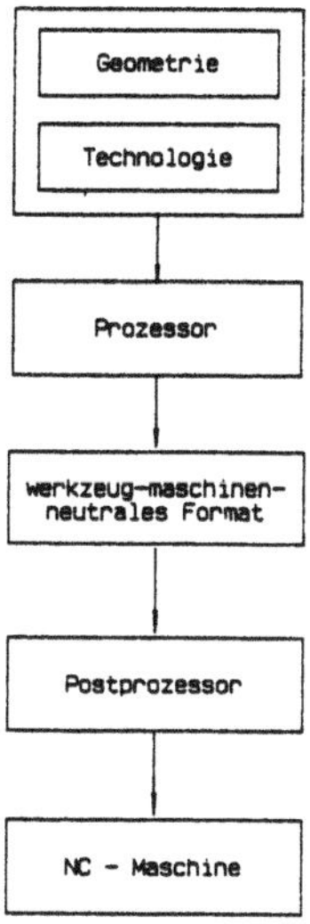

Abb. 10: Informationsfluß Konstruktion-NC-Maschine

b) . . . bei organisatorischer Integration von Konstruktion und Arbeitsvorbereitung

Der Einsatz einer integrierten CAD/CAM-Informationsverarbeitung kann bei Beibehaltung der klassischen Aufgabenteilung zwischen Konstruktion und Arbeitsvorbereitung durchgeführt werden. In diesem Fall bestehen mit Entwicklung, Konstruktion und Arbeitsvorbereitung drei Zentren der Kostenfestlegung.
Eine konsequente Ausnutzung des Integrationseffektes erfordert allerdings auch eine engere organisatorische Regelung der Bereiche.

Durch die Nutzung von Geometriedaten eines CAD-Systems zur Erzeugung eines NC-Programmes im Bereich von CAM werden die Vorteile der Datenintegration nur dann voll realisiert, wenn bereits bei der Konstruktion auf die fertigungstechnischen Möglichkeiten Rücksicht genommen wird. Da bei einem höheren Automatisierungsgrad der Fertigung häufig eine geringere Flexibilität bei der Ausführung von Arbeitsoperationen besteht, müssen die Eigenschaften der Betriebsmittel, Werkzeuge usw. bereits von der Konstruktion miteinbezogen werden. Diese Entwicklung wird durch den Begriff der fertigungsorientierten Konstruktion gekennzeichnet und ist in Abb. 11 schematisch dargestellt.

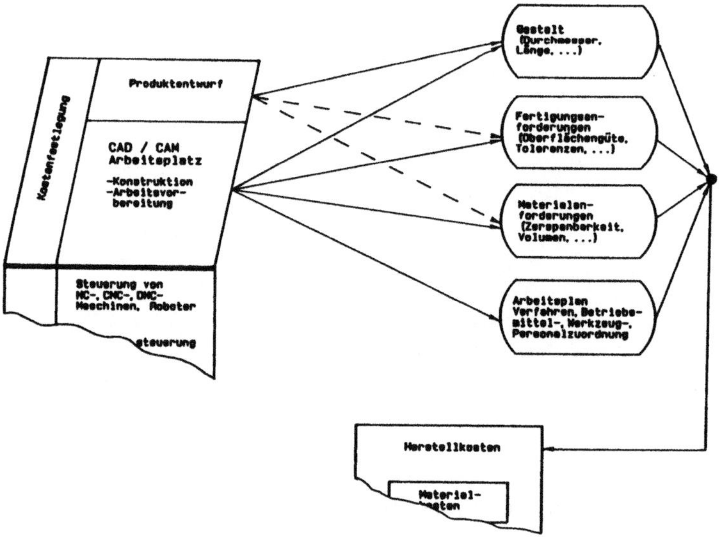

Abb. 11: Fertigungsorientierte Konstruktion

Aufgrund des engeren Zusammenwachsens von Konstruktion und Arbeitsvorbereitung wird zwischen dem Produktentwurf, der weiterhin Aufgabe der Konstruktion bleibt, und einem "Mischarbeitsplatz", der sowohl Aufgaben der Detailkonstruktion als auch der Arbeitsplanung (im Sinne von NC-Programmierung) enthält, dargestellt. Durch die Integration von Detailkonstruktion und Arbeitsvorbereitung werden Abstimmungsprozesse, die bei einer organisatorischen Trennung notwendig wären, vermieden. Als Folge werden die Kostenentscheidungen auf die zwei Entscheidungszentren "Produktentwurf" und "CAD/CAM-Arbeitsplatz" konzentriert.

Beim Produktentwurf wird lediglich eine Grobskizze mit den wesentlichen konstruktiven Eigenschaften des Werkstückes festgelegt. Dabei können bereits besondere Fertigungs- und Materialanforderungen aufgezeigt werden. Die überwiegenden kostenwirksamen Detailentscheidungen werden aber dann im Bereich des CAD/CAM-Arbeitsplatzes getroffen (vgl. Abb. 11).
Es ist zu erwarten, daß sich derartige Mischarbeitsplätze mittelfristig durchsetzen werden. Voraussetzung dafür ist, daß auch die entsprechenden CAD/CAM-EDV-Systeme eine solche organisatorische Änderung unterstützen. Gegenwärtig bestehen zwar hauptsächlich getrennte Systeme, neuere Ansätze unterstützen aber eine stärkere Integration. Dieses geschieht z.B. in der Form, daß in CAD-Systeme Funktionen der Fertigung durch Simulation der Ausführung eines konstruierten Vorgangs auf einer Werkzeugmaschine, aufgenommen werden oder aber NC-Programmiersysteme die Eingabe von Geometriedaten und damit konstruktive Elemente erfordern.

Im Grunde genommen bleibt damit nur die organisatorische Frage zu klären, ob mehr CAM-Funktionen in CAD-Arbeitsplätze aufgenommen werden (fertigungsorientierte Kostruktion) oder aber Konstruktionsaufgaben in die Arbeitsvorbereitung übernommen werden (konstruktionsorientierte Arbeitsvorbereitung).
In jedem Falle wird sich aber die Tendenz verstärken, daß sowohl im Grobentwurf eines Produktes als auch bei der Detailkonstruktion und Umsetzung in Fertigungsvorschriften zunehmend Freiheitsgrade zur Gestaltung der Produktkosten ergeben. Durch die enge Beziehung zwischen Konstruktion und Fertigung wird dieses auch soweit gehen, daß bei der Konstruktion eines neuen Erzeugnisses die Betriebsmittel, mit denen das Produkt später gefertigt werden soll, bekannt sein müssen. Dieses bedeutet, daß auch Investitionsentscheidungen bereits in Zusammenarbeit mit den Konstruktionsvorgängen überlegt und ausgeführt werden müssen.
Da CAD/CAM-Systeme als Dialogsysteme ausgelegt sind, ist es prinzipiell möglich, die Kostenwirksamkeit einzelner Konstruktionsschritte bzw. einzelner Schritte der Arbeitsplanerstellung (NC-Programmierung) sofort anzugeben. Daraufhin kann überprüft werden, ob durch andere Alternativen die Kostensituation verbessert werden kann. Dieses setzt aber voraus, daß in die technisch orientierten Dialoge Ergebnisse aus Kalkulationen eingehen.

C. Verfahren der konstruktiosbegleitenden Kalkulation

I. Übersicht

In der betriebswirtschaftlichen Kostenrechnung wird im Rahmen der Kalkulation zwischen Vorkalkulation, Nachkalkulation, Plankalkulation und Selbstkostenpreis-Kalkulation für öffentliche Aufträge unterschieden (Kilger, 1980, S. 289 ff.). Wie der Name bereits sagt, behandelt die Nachkalkulation die Feststellung der Kosten nach Durchführung der Produktion. Die Plankalkulation ermittelt unter Ansatz von Plankostensätzen (die mit Hilfe einer Plankostenrechnung ermittelt werden) für bestimmte Perioden Selbstkosten pro Einheit. Dieses Verfahren ist lediglich in Unternehmungen mit standardisierten Produktarten möglich, da vor Beginn der Planungsperiode alle kalkulationsrelevanten Daten bekannt sein müssen.

Vor allem die Vorkalkulation bietet Ansatzpunkte, um im Rahmen von CAD/CAM-Prozessen Kostendaten in die Entscheidungen über kostenrelevante Parameter eingeben zu können. Gerade dieses Gebiet der Kostenrechnung ist aber in betriebswirtschaftlichen Abhandlungen zur Kostenrechnung nur wenig ausgearbeitet. Hier dominieren vielmehr die Kostenrechnungsverfahren, die bereits von fertigen Datenstrukturen der Produktzusammensetzung und Arbeitsplänen ausgehen.

Im Rahmen der konstruktionsbegleitenden Kalkulation soll aber der Konstrukteur bei jedem Entscheidungsschritt über Festlegung von Formelementen, Fertigungsanforderungen, Materialanforderungen sowie bei der Definition des Arbeitsplanes über Wahl des Fertigungsverfahrens, Zuordnung von Betriebsmitteln, Einsatz von Personal und Werkzeugen auf die kostenmäßigen Konsequenzen hingewiesen werden. Gleichzeitig sollen ihm im Rahmen des Dialogprozesses Alternativen aufgezeigt werden, um eine kostengünstigere Lösung seines Entscheidungsproblems zu erzielen.
Da ein Konstruktionsvorgang im allgemeinen in einer top-down Vorgehensweise durchgeführt wird, sind die Entscheidungsschritte jeweils auf eine Hierarchiestufe innerhalb einer Stücklistenstruktur bezogen. Beispielsweise können auf der ersten Stufe, dem Grobentwurf einer Maschine, in grober Form Motor, Antrieb und Grundmaschine mit ihren besonderen Eigenschaften definiert werden. Im nächsten Schritt werden dann die einzelnen Komponenten, hier z.B. die Grundmaschine (vgl. Abb. 12) in weitere Komponenten wie Maschinenbett und Aufbauten zerlegt. Die Aufbauten werden wiederum in Spannvorrichtung und Hydraulik gegliedert. Dieser Prozeß setzt sich dann bis zu den Einzelteilen und Materalien fort.
Eine Zeichnung erfaßt damit jeweils eine einstufige Baukastenstückliste, wie sie in Abb. 12 umrandet sind.
Im Rahmen der konstruktionsbegleitenden Kalkulation müssen somit auch die Kosteninformationen auf unterschiedlicher Aggregationsebene zur Verfügung gestellt werden, um den Konstrukteur im Rahmen der jeweiligen Entscheidungsproblematik unterstützen zu können.

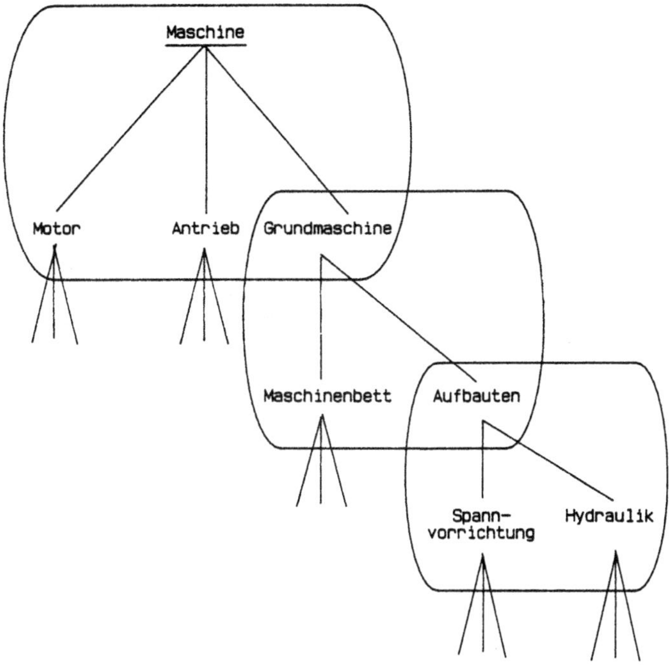

Abb. 12: Top-Down-Vorgehensweise eines Konstruktionsvorgangs

Bei der Diskussion von Kalkulationsverfahren muß unterschieden werden, ob lediglich montageorientierte Konstruktionsvorgänge oder fertigungsorientierte Konstruktionvorgänge betrachtet werden (vgl. Abb. 13). Montageorientierte Konstruktionen liegen dann vor, wenn im Rahmen einer Baukastenfertigung kundenindividuell Baukasten zu Varianten zusammengesetzt werden. Hierbei können auch zusätzliche kleinere Fertigungsvorgänge wie Bohren, Anpassen oder Lackieren anfallen. Eine umfangreiche Fertigung findet aber zur Erstellung der Varianten nicht mehr statt. Hier ist die Kalkulation darauf auszurichten, die Kosten der Komponenten zu ermitteln und den Montagearbeitsplan kostenmäßig im voraus zu erfassen.

Bei einer Neukonstruktion (z.B. bei Einzelfertigung oder Entwurf eines neuen Serienartikels) müssen dagegen auch die Herstellvorgänge von Komponenten kalkuliert werden.

Bei den Kalkulationsverfahren (vgl. Abb. 14) kann unterschieden werden, ob die Kosten für ein Teil oder einen Konstruktionsschritt lediglich pauschal ermittelt werden sollen (ohne die technischen Einzelheiten zu berücksichtigen) oder ob aus geometrischen und fertigungstechnischen Detailinformationen die Kosten analytisch zergliedert werden. Für beide Vorgehensweisen sind Vorschläge ausgearbeitet worden, deren Qualität mehr oder weniger genau beurteilt werden kann.

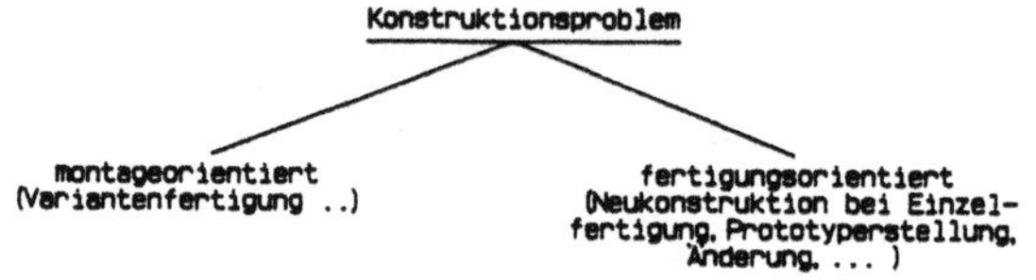

Abb. 13: Konstruktionsprobleme

II. Kalkulationsverfahren

Die in Abb. 14 aufgezeigten Kalkulationsverfahren werden im folgenden vorgestellt. Dabei interessiert hier lediglich die prinzipielle Vorgehensweise und der erforderliche Datenbedarf. Die Unterscheidung, ob eine Vollkosten- oder Grenzkostenkalkulation durchgeführt werden soll, ist unerheblich, da sich der Datenbedarf nicht grundsätzlich voneinander unterscheidet.

Die Verfahren werden bezüglich ihrer Eignung für die unterschiedlichen Konstruktionsprobleme sowie ihrer Einbettung in Dialogsysteme aus dem Bereich CAD/CAM beurteilt.

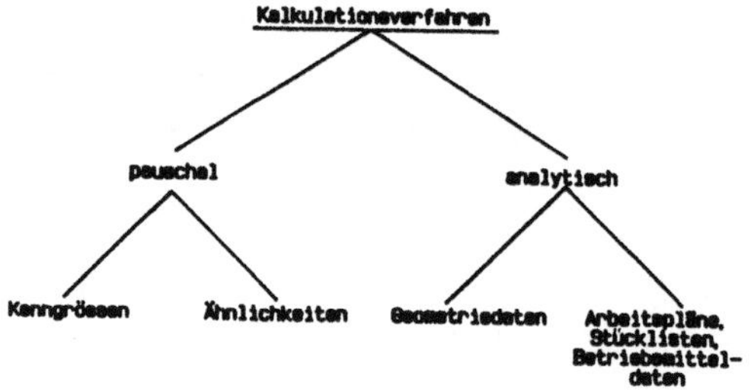

Abb. 14: Kalkulationsverfahren

a) Pauschale Kalkulationsverfahren

Im Rahmen der Pauschalkalkulationen werden anhand einfacher und grober Informationen die gesamten Kosten eines Teils oder eines Konstruktionsschrittes aus Istdatenbeständen übernommen. Diese Istdatenbestände können eigens gepflegte Kenngrößen sein oder aber Istkosten, die im Rahmen der üblichen Grunddatenverwaltung des Fertigungsbereichs gepflegt werden.

1. Kenngrößen

Insbesondere für langfristige Einzelfertigungsvorgänge sind in der Praxis unterschiedliche Kenngrößen entwickelt worden, mit denen Kostenkomponenten geschätzt werden können. Gebräuchlich sind beispielsweise (Kilger, 1980, S. 291) Kenngrößen wie Materialkosten pro kg Maschinengewicht, Fertigungskosten pro Tonne Tragkraft einer Krananlage, Herstellkosten pro Bruttoregistertonne oder Herstellkosten pro m^3 umbauten Raumes. Der Ansatz derartiger Kenngrößen innerhalb eines CAD-Dialogsystems setzt somit voraus, daß für den zu konstruierenden Vorgang der Wert der Bezugsgröße ermittelt werden kann. Im Rahmen des Grobentwurfs muß beispielsweise, wenn eine Maschine nach ihrem Gewicht kalkuliert wird, das ungefähre Gewicht abgeschätzt werden können. Ähnlich verhält es sich bei Ansatz anderer Kennziffern.

Diese Vorgehensweise, so ungenau sie zunächst erscheinen mag, kann aber durchaus der Stufe des Aggregationsniveaus des Entwurfsprozesses entsprechen. Beispielsweise ist bei einer Kalkulation auf der ersten Stufe des Konstruktionsvorganges (vgl. Abb. 12) bereits eine ungefähre Angabe über das zu erwartende Gewicht der Maschine möglich, während detailliertere Informationen, z.B. über Arbeitspläne usw., noch nicht verfügbar sind.

Trotzdem bleibt festzuhalten, daß der Ansatz von Kenngrößen lediglich grobe Anhaltspunkte für Kosten sein kann.

2. Kalkulation aufgrund von Ähnlichkeiten

Weicht eine konkrete Konstruktion nur in Einzelheiten von einer bereits früher ausgeführten ab, so können die angefallenen Istdaten auch für die gerade auszuführende Konstruktion maßgeblich sein. Bezüglich der Messung von Ähnlichkeiten sind hierbei kostenmäßige Ähnlichkeiten relevant. Dieses bedeutet, daß solche Teile oder Arbeitspläne "ähnlich sind", die sich **kostenmäßig** gleichen. Dabei können ihre fertigungstechnischen Abläufe oder ihre Teilezusammensetzung durchaus abweichen. Eine solche Vorgehensweise kann beispielsweise im Rahmen einer Variantenkonstruktion durchgeführt werden, indem recht früh die Anzahl der Montageschritte und eine grobe Vorstellung über zusätzliche Anpassungsvorgänge vom Konstrukteur abgeschätzt werden. Im Rahmen der Kalkulation kann dann auf die Daten der Baukästen zugegriffen werden und ihre Kosten über die gespeicherten Herstellkosten aggregiert werden. Anschließend werden dann die Daten eines "ähnlichen" Montage-Arbeitsplanes der zur Grundlage der Ermittlung der Montagekosten gewählt und die gesamten Herstellkosten errechnet.

Die Übernahme von Daten ähnlicher Vorgänge kann sich sowohl auf der Ebene der Teile (Suche kostenähnlicher Teile) als auch auf Arbeitspläne (Suche kostenähnlicher Arbeitspläne) beziehen. Um die Suche zu unterstützen, ist entweder ein Klassifizierungssystem oder ein statistisches Verfahren (z.B. Clusteranalyse) erforderlich.

Obwohl dieses Verfahren bei Vorlage kleinerer konstruktiver Änderungen erfolgversprechend sein kann, wird es dem Gesamtspektrum der Konstruktionsvorgänge nicht gerecht.

b) Analytische Kalkulationsverfahren

Im Rahmen der analytischen Kalkulationsverfahren wird ein systematisches Kalkulationsschema zugrunde gelegt, bei dem aus vorliegenden Einzelinformationen die Gesamtkosten ermittelt werden. Hierbei ist zu unterscheiden, ob lediglich geometrische Informationen aus dem Konstruktionsbereich Basis der Kalkulation sein sollen oder auch Fertigungsdaten wie Stücklisten, Arbeitspläne und Betriebsmitteldateien zur Verfügung stehen.

1. Kalkulation anhand von Geometriedaten

Bei diesem Verfahren werden lediglich die im Rahmen der Konstruktion anfallenden technischen Informationen genutzt, um daraus auf die Herstellkosten des Erzeugnisses zu schließen. Allerdings müssen zur Umsetzung der Geometriedaten Funktionen vorhanden sein, die die Geometriedaten in die Sphäre der Werteansätze transformieren. Ein Modell der Vorgehensweise ist hierzu von Kreisfeld entwickelt worden. Der grobe Ablauf ist in Abb. 15 dargestellt. Grundgedanke des Ansatzes ist, daß mit Hilfe statistischer Schätzverfahren (Regressionsanalysen) der Zusammenhang zwischen Fertigungskosten und geometrischen Eigenschaften von Teilen ermittelt werden kann. Obwohl der Ansatz von Kreisfeld zunächst nur auf abgespante Rotationsteile ausgerichtet ist, kann die Vorgehensweise doch als allgemein angesehen werden.

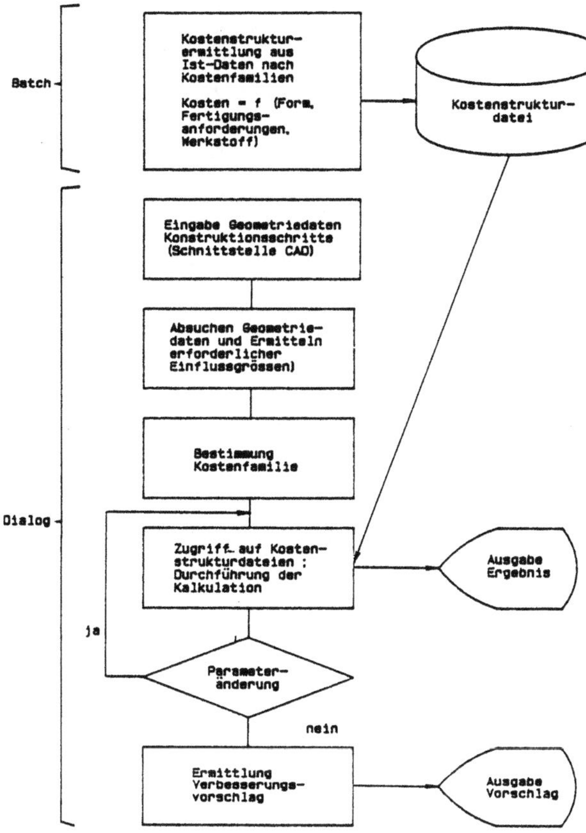

Abb. 15: Kalkulation anhand von Geometriedaten

Die generelle Kostenfunktion lautet, daß die Fertigungskosten von den von der Konstruktion beeinflußbaren Parametern: Form, Fertigungsanforderungen und Werkstoff bestimmt werden. Die drei Größen werden dabei durch folgende Angaben operationalisiert:

Form: Länge,
Durchmesser des axialen Flächenelements,
maximaler Durchmesser des radialen Flächenelements,
minimaler Durchmesser des radialen Flächenelements,
Kennziffer für die Lage des Flächenelementes (0 = außen, 1 = innen).

<u>Fertigungsanforderungen:</u>	Maßgenauigkeit,	
	Formgenauigkeit,	Diese Komponenten werden zu
	Lagegenauigkeit,	einem Fertigungsanforderungswert
	Oberflächengüte.	zusammengefaßt.

<u>Werkstoff:</u> Aluminium (unlegiert), Zink, Messing,
Stahl (unlegiert), C-Stahl (bis 0,25 % C),
Grauguß (aluminiumlegiert)
Buntmetall . . . (insgesamt 9 Zerspanbarkeitsklassen).

Die Kostenfunktion wird anhand von Regressionsanalysen über das Datenmaterial von Nachkalkulationen bestimmt, und die Regressionskoeffizienten werden in einer Kostenstrukturdatei gespeichert. Um möglichst homogene Ergebnisse zu erzielen, die auch einen hohen Prognosewert der Fertigungskosten zulassen, werden die Ansätze innerhalb von Kostenfamilien berechnet, also für Teile mit ähnlicher Kostenstruktur.
Die Aufarbeitung des Istmaterials zu der Kostenstrukturdatei kann periodisch in Batchläufen durchgeführt werden.
Innerhalb des Konstruktionsdialoges wird zunächst eine Schnittstelle benötigt, um die im Rahmen der Konstruktion angefallenen Geometriedaten in die Werte der Parameter des Kostenmodells zu übersetzen. Sofern Daten fehlen, müssen sie im Dialog zusätzlich eingegeben werden. Anschließend wird das zu konstruierende Teil einer der Kostenfamilien zugeordnet (entweder automatisch oder gegebenenfalls im Dialog). Durch Definition der Parameterwerte und Festlegung der Kostenfamilie kann nun auf die zugehörige, in der Kostenstrukturdatei gespeicherte Regression zugegriffen werden und der Kostenwert nach Einsetzen der Parameter in die Regressionsgleichung leicht ermittelt werden.

Falls Parameteränderungen in ihrem Einfluß auf die Kosten untersucht werden, so ist dieses durch einen einfachen Dialogschritt möglich. Auch errechnet das System selbständig Verbesserungsvorschläge, indem anhand der Höhe der Regressionskoeffizienten der Einfluß einzelner Parameter auf die Fertigungskosten ausgewiesen wird.

Bei der Kalkulation mit Hilfe von Geometriedaten werden lediglich Angaben benötigt, die an einem üblichen Konstruktionsarbeitsplatz anfallen. Fertigungsdaten, wie sie in Systemen der Arbeitsvorbereitung und Produktionsplanung verwaltet werden, werden lediglich als Istdaten statistisch ausgewertet und für die CAD-Kalkulation in gesondert zusammengestellten Dateien gepflegt.

Obwohl für das Verfahren der Begriff "analytisch" gewählt worden ist, wird bezüglich des Kalkulationsvorganges selbst nur eine pauschale Kalkulationsvorschrift (entsprechend dem Regressionsansatz) verwendet. Das Verfahren ist deshalb nur auf der technischen Seite bezüglich seines Detailierungsgrades als analytisch zu bezeichnen.

2. Kalkulation aus Fertigungsgrunddaten

Das übliche Kalkulationsschema für mehrteilige Produkte erfordert die synthetische Auflösung der Stückliste von den Materialien bis hin zum Enderzeugnis. Gleichzeitig werden pro Teil die Fertigungskosten über gespeicherte Arbeitspläne/Arbeitsgänge errechnet, indem fortlaufend die Fertigungszeiten der Arbeitsgänge mit den Maschinenstundensätzen der entsprechenden Betriebsmittelgruppen multipliziert und addiert werden. Ein Ablaufdiagramm ist in Abb. 16 angegeben (vgl. dazu Scheer, 1978, S. 313 f.).

Nun ist es aber gerade für den Entwurfsprozeß typisch, daß noch keine Arbeitspläne und Stücklisteninformationen für das zu konstruierende Teil vorhanden sind. Lediglich für Komponenten, die als eigengefertigte oder fremdbezogene Baugruppen eingesetzt werden, sind Datensätze angelegt.

Werden allerdings nur kleinere konstruktive Änderungen bei bereits bestehenden Teilen mit entsprechend geringen Auswirkungen auf die Arbeitspläne vorgenommen, können repräsentative Arbeitspläne zur Kalkulation herangezogen werden. In diesem Fall nähert sich das Verfahren der unter a) 2. "Kalkulation mit Ähnlichkeitsdaten" angegebenen Vorgehensweise.

Die Kalkulationsform gewinnt aber dann an Bedeutung, je enger CAD und CAM im Bereich der Generierung von Steuerungsprogrammen zusammenwachsen. Ist eine sofortige Übergabe der Geometriedaten an ein NC-Programmiersystem möglich, so können für die dann festgelegten Arbeitsfolgen auch automatisch Bearbeitungszeiten unter Ansatz von speziellen Algorithmen und Zeittabellen ermittelt werden. Da auch die Zuordnung zu Betriebsmitteln entweder automatisch oder im Dialog leicht möglich ist, können die Zeiten mit den entsprechenden Betriebsmittelstundensätzen multipliziert werden und die Fertigungskosten berechnet werden.

Deshalb besitzt der unter B. II. b) angeführte organisatorische Effekt der Integration von CAD/CAM für die Anwendung dieses analytischen Kalkulationsverfahren erhebliche Bedeutung. Denn nur hier ist bei enger Umsetzung von CAD-Daten in CAM-Daten eine anschliessende Zeit- und Kostenkalkulation in einer Dialogfolge möglich.

In Abb. 17 sind die Eigenschaften der Verfahren noch einmal zusammengefaßt. Dabei werden der Genauigkeitsgrad der Kalkulation, die Dialogeignung durch Bereitstellung der benötigten Daten und Unterstützung der erforderlichen Antwortzeiten bewertet sowie der Einsatz für montageorientierte oder fertigungsorientierte Konstruktionsaufgaben angegeben.

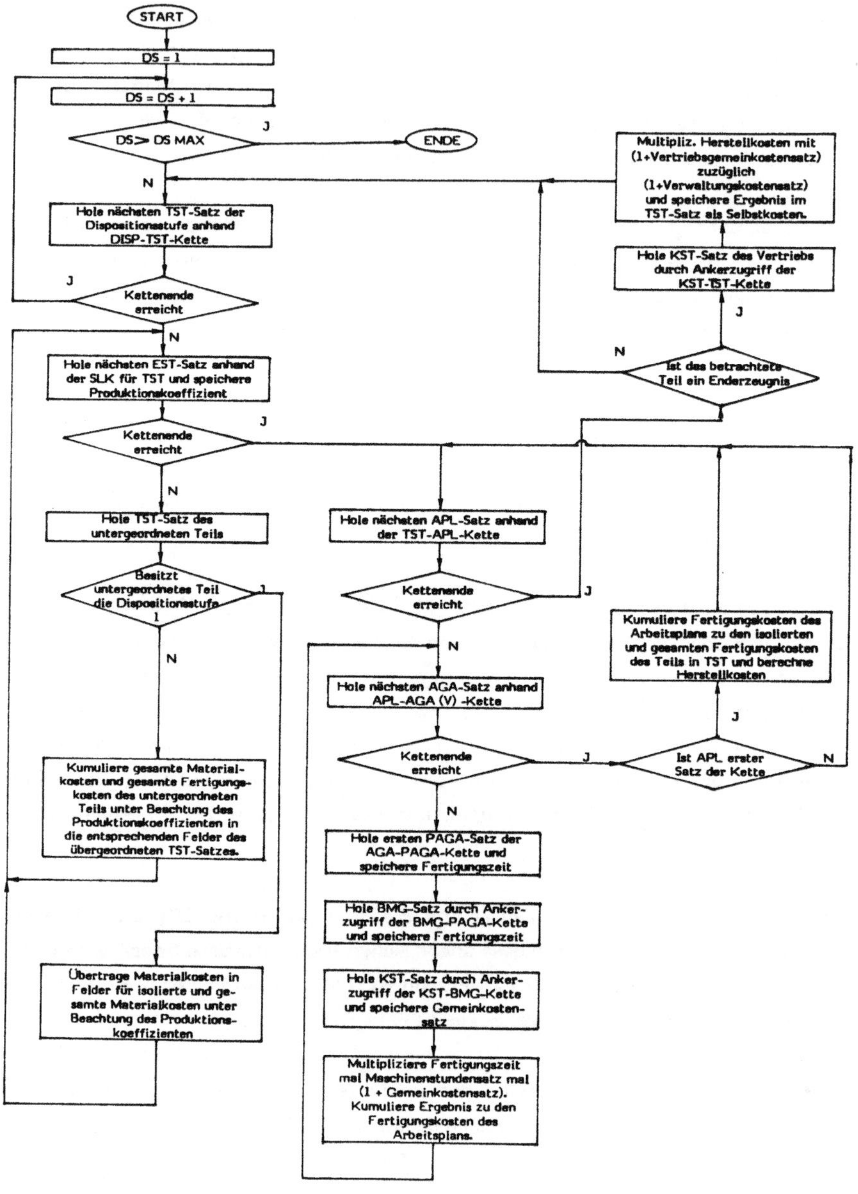

Abb. 16: Ablaufdiagramm einer Kalkulation aus Fertigungsdaten

	Genauigkeits-grad	Dialog-eignung	Montage-orientiert	Fertigungs-orientiert
Kenngrössen	unbestimmt	ja	bedingt	bedingt
Ähnlichkeits-werte	mittel	ja	ja	bedingt
Geometriedaten	mittel-hoch	ja	ja	ja
Fertigungsdaten	hoch	ja	ja	ja

Abb. 17: Kalkulationsverfahrensvergleich

D. Architektur eines Systems zur konstruktionsbegleitenden Kalkulation in einer CIM-Umgebung

Da alle vier behandelten Kalkulationsarten innerhalb der verschiedenen Phasen einer Konstruktion sinnvoll sein können, wird vorgeschlagen, sie in einem dialoggestützten System dem Konstrukteur über eine Menuetechnik anzubieten. Für die Lösung von Zuordnungsschritten bei Ähnlichkeitsüberlegungen und Auswahl von Kalkulationsverfahren kann auch der Einsatz eines Expertensystems sinnvoll sein. Eine grobe Systemarchitektur mit den wesentlichen Datenbeziehungen ist in den Abbildungen 18 - 20 eingetragen.

In Abb. 18 sind zunächst die Programmfunktionen zur Erzeugung der spezifischen Kalkulationsdaten angegeben. Mit Hilfe eines Analyseprogramms werden anhand von Nachkalkulationen typische Kenngrößen wie Kosten pro Gewicht, Kosten pro Volumeneinheit usw. für unterschiedliche Teileklassifizierungen berechnet.

Mit Hilfe von Klassifikationssystemen oder statistischen Analysesystemen (Clusteranalyse) werden Ähnlichkeiten der Kostenstruktur von Teilen und Arbeitsplänen erfaßt und einer Ähnlichkeiten-Datei abgelegt. Sie enthält damit Kostengruppen für Teile und Kostengruppen für Arbeitspläne.

Regressionsberechnungen über den Zusammenhang zwischen Geometrieeigenschaften und Kosten der Nachkalkulation von Teilen werden in der Kostenstrukturdatei in Form von Regressionskoeffizienten gespeichert.

Die Dateien der linken Seite in Abb. 18 stellen typische Datenstrukturen dar, wie sie im Rahmen von PPS- und CAD/CAM-Systemen benötigt werden. Zur Analyse dieser Daten ist somit der Zugriff auf diese Datenbestände erforderlich. Allerdings kann der Zugriff mit Hilfe von einfachen Dateischnittstellen geschehen, da die Analyseprogramme wegen der großen Anzahl der zu bearbeitenden Datensätze typische Batch-Verarbeitungsformen sind.

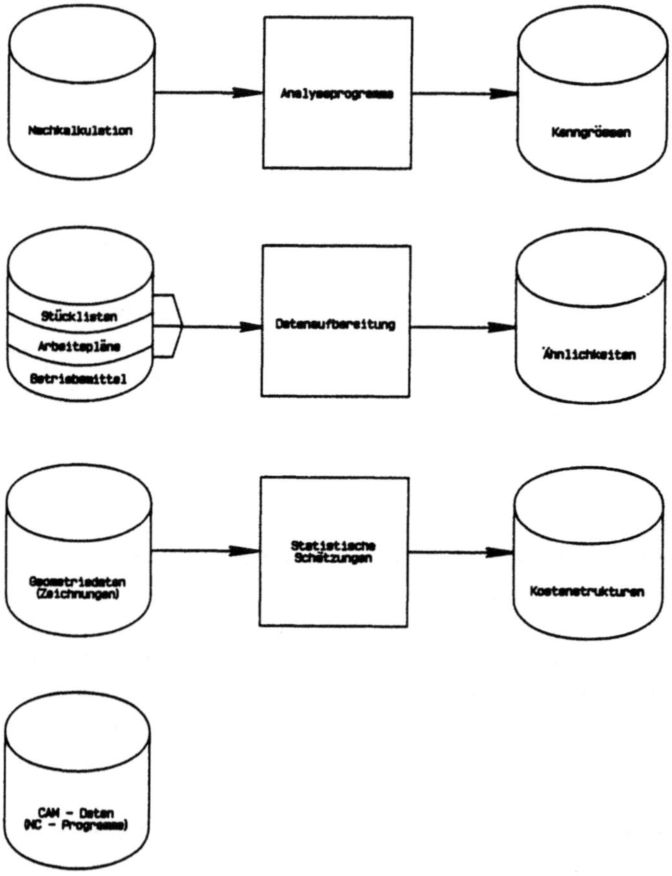

Abb. 18: Programmfunktionen zur Erzeugung spezifischer Kalkulationsdaten

Der Datenfluß für die vier untersuchten Kalkulationsformen ist in den Abbildungen 19 und 20 eingetragen. Hier wird jeweils davon ausgegangen, daß die Kalkulationen im Dialog ausgeführt werden. Je nach der Enge des Zusammenhangs zwischen Geometriedaten und den Kalkulationsdaten bzw. den Daten des Fertigungsbereichs ist eine mehr oder weniger enge Kopplung zwischen CAD/CAM und Kalkulations- bzw. PPS-Daten erforderlich.

Im Rahmen der Kalkulation mit Hilfe von Kenngrößen ist für ein neu zu konstruierendes Teil zunächst der Zugriff auf Ähnlichkeitsinformationen erforderlich, um die Kenngrößen der zutreffenden Klassifikationsgruppe zu identifizieren. Sofern bereits Geometriedaten über das zu konstruierende Teil vorliegen, die Angaben über den Wert des Parameters der Kenngröße (z.B. Gewicht, Volumen usw.) zulassen, können diese Geometriedaten aus dem CAD-System abgeleitet werden. In diesem Fall wäre eine Verbindung zwischen dem CAD-System und den Kalkulationsdialogschritten erforderlich. Stücklisteninformationen können dann herangezogen werden, wenn über Ähnlichkeitshinweise die benötigten Beschreibungsmerkmale aus den Stammdaten ähnlicher Teile abgeleitet werden sollen.

Bei einer Kalkulation mit Hilfe von Ähnlichkeitsdaten wird zunächst über die Ähnlichkeitsdatei ein entsprechendes Referenzobjekt (Teil oder Arbeitsplan) identifiziert. Anschließend können dann die Daten aus den fertigungstechnischen Grunddateien (Stücklisten, Arbeitspläne, Betriebsmittel) entnommen werden oder direkt aus Ergebnisdaten der Nachkalkulation.

Bei der analytischen Kostenkalkulation auf der Grundlage von Geometriedaten werden die geometrischen Beschreibungsdaten aus dem CAD-System übernommen. Nach entsprechender Aufbereitung dieser Daten und Suche der adäquaten Kostengruppe über die Ähnlichkeitsdatei werden die Regressionsparameter der Kostenstrukturdatei entnommen. Anschließend werden die Kalkulationen durchgeführt und dem Benutzer zur Verfügung gestellt.

Bei der Kalkulation mit Fertigungsdaten, bei der dem üblichen Kalkulationsschema für mehrteilige Erzeugnisse gefolgt wird, können Daten eines "ähnlichen" Teiles benutzt werden, indem anhand der Ähnlichkeitsdatei ein Referenzteil identifiziert wird. Anschließend werden dann Stücklisten, Arbeitsplan und Betriebsmitteldatei für die Kalkulation herangezogen.

Soll eine direkte Kalkulation durch Verknüpfung von Geometriedaten und bereits für das zu konstruierende Teil erzeugten Arbeitspläne ausgeführt werden, so werden entweder die NC-Programme des CAM-Systems so aufbereitet, daß Fertigungszeiten und Betriebsmittelzuordnungen entnommen werden können, oder die Geometriedaten werden mit vorhandenen CAM-Informationen von dem Kalkulationsprogramm selbst noch ausgewertet. Nach Bereitstellung der Fertigungsdaten für die Neukonstruktionen können dann die Fertigungszeiten

mit den Maschinenstundensätzen aus den Betriebsmitteldateien verknüft werden. Da in der Regel auch bereits vorhandene Komponenten in eine Neukonstruktion übernommen werden, können diese Teile durch Zugriff auf die Stammdaten der Fertigung (Arbeitspläne, Stücklisten, Betriebsmitteldaten) ebenfalls mit eingesetzt werden.
Dieses Verfahren gewinnt bei einer stärkeren Datenverflechtung zwischen CAD und CAM an Bedeutung.

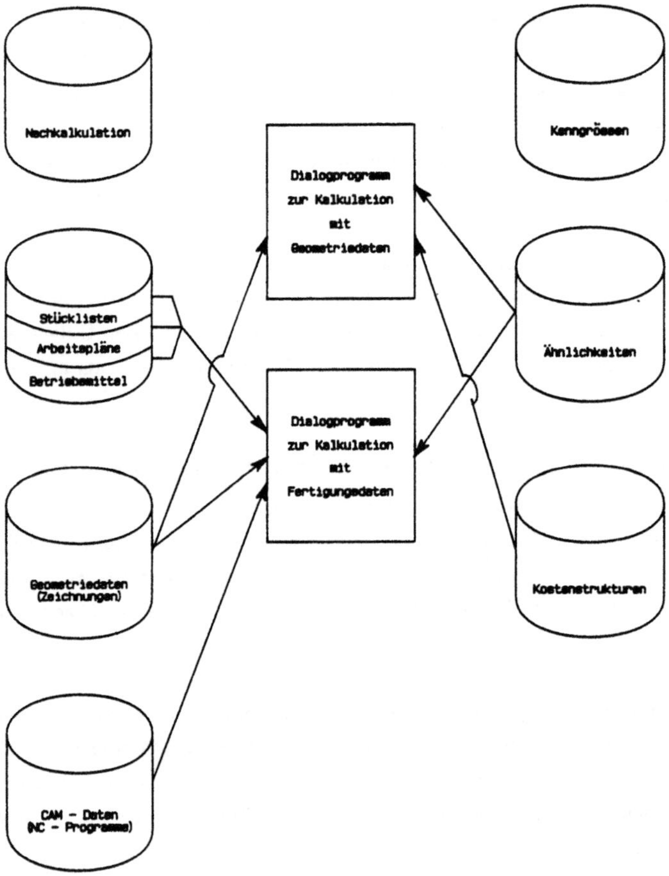

Abb. 19: Datenbasis der Kalkulationsverfahren mit Geometriedaten und Fertigungsdaten

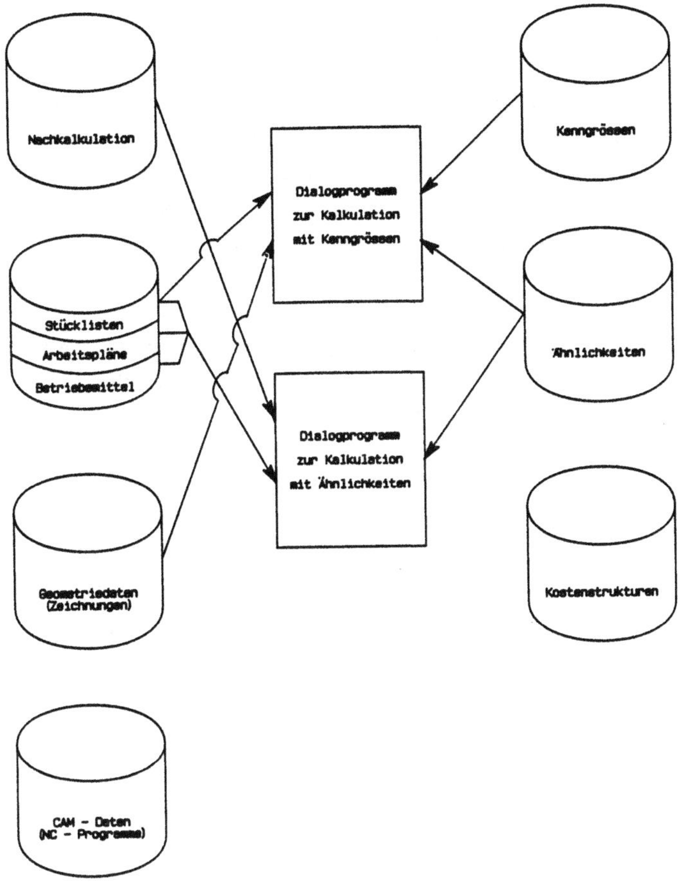

Abb. 20: Datenbasis der Kalkulationsverfahren mit Kenngrößen und Ähnlichkeiten

E. Zusammenfassung

Ausgehend von der Erkenntnis, daß die Konstruktion den überwiegenden Anteil der Kosten eines Produktes bestimmt, wird untersucht, wie im Rahmen einer CIM-Umgebung Kalkulationsverfahren in die Entscheidungsprozesse der Konstruktion eingesetzt werden können.

Dabei wird unterschieden, ob die bisherige klassische Teilung zwischen Konstruktion und Arbeitsvorbereitung (Konstruktion zuständig für Zeichnung und Konstruktionsstückliste; Arbeitsvorbereitung zuständig für Fertigungsstückliste und Arbeitsplanung) beibehalten wird oder aber im Rahmen eines integrierten CAD/CAM-Arbeitsplatzkonzeptes die Bereiche stärker miteinander verwoben werden.

Als zur Verfügung stehende Kalkualtionsverfahren werden die Kalkulation mit Hilfe von Kenngrößen, die Kalkulation mit Hilfe von Ähnlichkeitsdaten als pauschale Verfahren sowie die Kalkulation mit Geometriedaten und die Kalkulation mit Hilfe fertigungstechnischer Daten als analytische Kalkulationsverfahren behandelt.

Es zeigt sich, daß die vier einbezogenen-Kalkulationsverfahren für unterschiedliche Anforderungen hinsichtlich Genauigkeit, Daten, Input und Dialogfähigkeit geeignet sind.

Aus diesem Grunde wird ein grober Architekturvorschlag entwickelt, der alle Verfahren integriert und die Datenströme zur Erzeugung von kalkulationsbezogenen Ausgangsdaten sowie für die einzelnen Kalkulationsverfahren benötigten Datenbeziehungen aufzeigt.

Literatur

Eberlein, W.:	CAD-Datenbanksysteme. Berlin, Heidelberg, New York, Tokyo 1984.
Eigner, M., Maier, H.:	Einführung und Anwendung von CAD-Systemen. München, Wien 1982.
Encarnacao, J. et al.:	CAD Handbuch. Berlin, Heidelberg, New York, Tokyo 1984.
Hansen, F.:	Konstruktionssystematik. Berlin 1968.
Hansen, F.:	Konstruktionswissenschaft. München 1974.
Kief, Hand B.:	NC-Handbuch '84. Michelstadt 1984.
Kilger, W.:	Einführung in die Kostenrechnung, 2. durchges. Auflage. Wiesbaden 1980.
Krause, F.-L.:	Systeme der CAD-Technologie für Konstruktion und Arbeitsplanung. München, Wien 1980.
Kreisfeld, P.:	Kostenbestimmung mit CAD-Systemen für Rotationsteile. München, Wien 1985.
Pahl, G., Beitz, W.:	Konstruktionslehre. Berlin, Heidelberg, New York, Tokyo 1977.
Rodenacker, W.G.:	Methodisches Konstruieren. Berlin, Heidelberg, New York, Tokyo 1976.
Scheer, A.-W.:	Wirtschafts- und Betriebsinformatik. München 1978.
Scheer, A.-W.:	EDV-orientierte Betriebswirtschaftslehre, 2. Auflage. Berlin, Heidelberg, New York, Tokyo 1985.
Spur, G.:	CAD-Technik. München, Wien 1980.
VDI-Richtlinien 2222:	Konstruktionsmethodik. Düsseldorf 1977.
VDI-Taschenbuch T81:	Elektronische Datenverarbeitung bei der Produktionsplanung und -steuerung VIII. Düsseldorf 1978.
VDMA	Systeme zur Rechnerunterstützten Erstellung von Fertigungsunterlagen, Heft 48. Frankfurt 1976.

Microcomputergestützte Planung, Durchführung und Kontrolle von Projekten

Privatdozent Dr. Dr. *V. Botta*, Institut für Betriebswirtschaftliche Produktions- und Investitionsforschung, Universität Göttingen

1. Einführung

Die Möglichkeiten microcomputergestützter Projektplanung, -durchführung und -kontrolle sind abhängig von der Verfügbarkeit der Komponenten Hardware, Software sowie von der Vollständigkeit und Qualität der Informationen bezüglich aller Projekteinflußgrößen in allen Projektphasen. Dieser Beitrag stellt auf das **Wie** der Microcomputerunterstützung ab. Deshalb wird das Vorhandensein der genannten Komponenten unterstellt und das Hauptaugenmerk darauf gerichtet, einen Ablauf microcomputergestützter Ausführung von Projektmanagementaufgaben zu entwerfen, um realisierbare Erleichterungen aufzuzeigen.

Microcomputer werden der Gruppe Personal-Computer zugeordnet. Vereinzelt wird statt dessen auch die Bezeichnung Tischcomputer vorgeschlagen[1]. Diese Computer sind als Arbeitsplatzcomputer ausgelegt. Sie können unabhängig von Großrechenanlagen (Mainframes) oder Rechnern der mittleren Datentechnik betrieben werden. Bei Bedarf sind sie jedoch auch als Terminals verwendbar. Im Gegensatz zu diesen, die bisher in der Regel noch an solche Rechner angeschlossen sind, verfügen die Microcomputer über eigene Datenverarbeitungskapazitäten. Hieraus resultieren gewichtige Vorteile. Vor allem sind dies die Unabhängigkeit von anderen Systembenutzern, die selbständige Verwaltungsmöglichkeit arbeitsplatz- und aufgabenbezogener Daten, die hohe Arbeitsgeschwindigkeit und deshalb oftmals geringere Antwortzeiten. Die Vorteile kommen besonders dann zur Geltung, wenn sich ändernde Gegebenheiten kurzfristig Anpassungsmaßnahmen erfordern und im Vorfeld diesbezüglicher Entscheidungen Situationen der Art "Was wäre, wenn...?" abzuprüfen sind. Auch die Aktualisierung der Projektdaten und die Kontrolle von Abweichungen wird beschleunigt, wenn die Möglichkeiten der arbeitsplatzorientierten Datenverwaltung genutzt werden.
Das Angebot an Microcomputern (Hardware) weist die unterschiedlichsten Leistungsmerkmale auf. Es streut auch preislich stark. Professionell nutzbare Systeme werden ab ca. DM 5.000,-- angeboten.
Auch das Softwareangebot für microcomputergestütztes Projektmanagement ist umfangreich. Die Programme kosten von ca. DM 350,-- bis ca. DM 80.000,-- [2].

Dieser Beitrag wurde unter Verwendung des Personal- bzw. Microcomputers "Macintosh" von Apple und dem Programm MacProject[3] erstellt. Zu Vergleichszwecken sei der Anschaffungswert für die verwendete Hard-, Software und Peripherie (Drucker) genannt. Die verwendete Konfiguration wird ab ca. DM 10.000,-- angeboten. Leistungsfähige und benutzerfreundliche Systeme, die im Betrieb neben vielen anderen Einsatzmöglichkeiten unter anderem auch hilfreich für das Management von Projekten sind, dürften damit auch für Kleinst- und Mittelbetriebe zweckdienliche und wirtschaftliche Instrumente[4] sein. Dies ist zu zeigen.

Zunächst ist jedoch zu regeln, was "microcomputergestützt" bedeutet. "Stützen" besagt, sich einer Aussage oder Sache als Hilfsmittel zu bedienen. Microcomputerge-

stützte Planung, Durchführung und Kontrolle von Projekten heißt demnach, den Microcomputer als Hilfsmittel im Rahmen der genannten Aufgaben anzuwenden[5]. Sinnvoll wird dies, wenn die Abwicklung der Aufgaben dadurch entweder beschleunigt und/oder erleichtert und/oder die Fehlerhaftigkeit von Berechnungen reduziert wird.
Bei der Darstellung der Microcomputerstützung des Projektmanagements an einem Beispiel soll besonderer Wert auf Anschaulichkeit und darauf gelegt werden, die bei Computereinsatz realisierbaren Vorteile für Planung, Durchführung und Kontrolle von Projekten herauszuarbeiten.

2. Projekt, -organisation und -management

2.1 Der Projektbegriff

Das Wort Projekt ist lateinischen Ursprungs. Es wird synonym für Plan, Planung, Entwurf oder Vorhaben verwendet. Die einschlägige Literatur zum Projektmanagement weist jedoch eine Fülle nuancierender Definitionen auf.
Praktisch jedes Vorhaben kann als Projekt bezeichnet werden, wenn es als Merkmale
- einen eindeutig definierbaren Beginn,
- einen eindeutig definierbaren Abschluß,
- das Vorhandensein mehrerer wechselseitig voneinander abhängiger Teilvorgänge und
- den Einsatz bzw. die Kombination jeweils mehrerer Produktionsfaktoren in den einzelnen Vorgängen

aufweist[6]. Diese Merkmale gelten auch bezüglich Projektdefinitionen im Zusammenhang mit microcomputergestützter Planung, Durchführung und Kontrolle von Projekten.

Als Projektbeispiele sind Entwurf und Durchführung von Bau-, Erschließungs-, Forschungs- und Entwicklungsvorhaben zu nennen. Diese Projekte unterscheiden sich im Hinblick auf Dauer, Komplexität, Organisation etc. und auch bezüglich der Sicherheit der Kenntnis über den Zeitbedarf einzelner Tätigkeiten, des Projekts insgesamt und der Projektkosten. Die Sicherheit bzw. Zufälligkeit diesbezüglicher Informationen wird mittels geeigneter Projektplanungsmethoden berücksichtigt[7].
Die genannten Projektmerkmale und Projektbeispiele belegen, daß Projekte komplexe, zeitlich befristete Vorhaben sind, welche die Kombination von Produktionsfaktoren (Menschen, Maschinen etc.) unterschiedlichster Art erfordern.

2.2 Projektorganisation und -management

Die Realisierung eines Projekts erfordert deshalb auch nur zeitlich begrenzte organisatorische Maßnahmen[8], um die für das Projekt benötigten knappen Ressourcen innerhalb der vorgegebenen Zeit optimal zu nutzen[9]. Projektorganisation ist deshalb keine auf Dauer angelegte Organisationsform.

Projektmanagement wird funktional und institutionell definiert[10].

Projektmanagement[11] im funktionalen Sinn kennzeichnet die auf das jeweilige Projektziel abgestimmte plan- und sinnvolle Beschaffung, Kombination, Koordination und Nutzung der notwendigen Ressourcen. Die systematische Planung, die zielstrebige und effektive Koordination der Ressourcen und die Kontrolle vorgegebener Termine und Kosten[12] sind daher als Hauptaufgaben des Projektmanagements herauszustellen.

Die Definition im institutionellen Sinn stellt demgegenüber auf die Organisationsform ab.
Sind Auftraggeber und Ausführende eines Projekts Mitglieder derselben Wirtschaftseinheit, so wird das Projekt intern, andernfalls extern genannt. Die organisatorische Gestaltung interner Projekte birgt das Problem, Produktionsfaktoren aus einer dauerhaft angelegten Organisation zeitweise einem Projekteinsatz verfügbar zu machen und dem Projektmanagement zu unterstellen. Die Projektorganisation kann vergleichsweise andere hierarchische Unterstellungen verlangen. Entweder dominieren dabei die Linienstellen der permanenten Organisation oder die Projektleitung. Letzteres ist vorzuziehen und wird als reine Form der Projektorganisation angestrebt. Diesbezügliche Überlegungen sind im Vorfeld der Installation mikrocomputergestützten Projektmanagements zu berücksichtigen.

3. Projektplanung, -durchführung und -kontrolle

3.1 Projektplanung

Die Planungsphase[13] des Projekts dient dazu, das künftig Gewollte zu gestalten. Dazu sind die bei Projektrealisation anfallenden Aufgaben zu analysieren; es sind Kostenlimits und, insbesondere bei technischen Projekten, die technologischen Bedingungen, die technische Ausstattung der zu verwendenden Ressourcen, ihre Kapazität und die organisatorischen Maßnahmen zu fixieren. Hieraus herzuleiten sind alle zur Erstellung der verschiedenen Pläne, zur Durchführung des Projekts und der Kontrolle von Kosten, Zeiten und des Projektfortschritts erforderlich erforderlichen Daten.
Projektmanagementpläne sind

- der Strukturplan (Aufgabenteilung)
- der Netzplan (Ablaufplan).
- der Zeitplan (Terminüberwachung),
- der Kostenplan (Kostenüberwachung),
- der Ressourcenplan (Kapazitätenüberwachung) und
- der Verantwortlichkeitsplan

Zu beachtende Verknüpfungen zwischen Projekt, Organisation und Kapazitäten einerseits und den zu erstellenden Plänen andererseits deutet nachfolgendes Schema an[14].

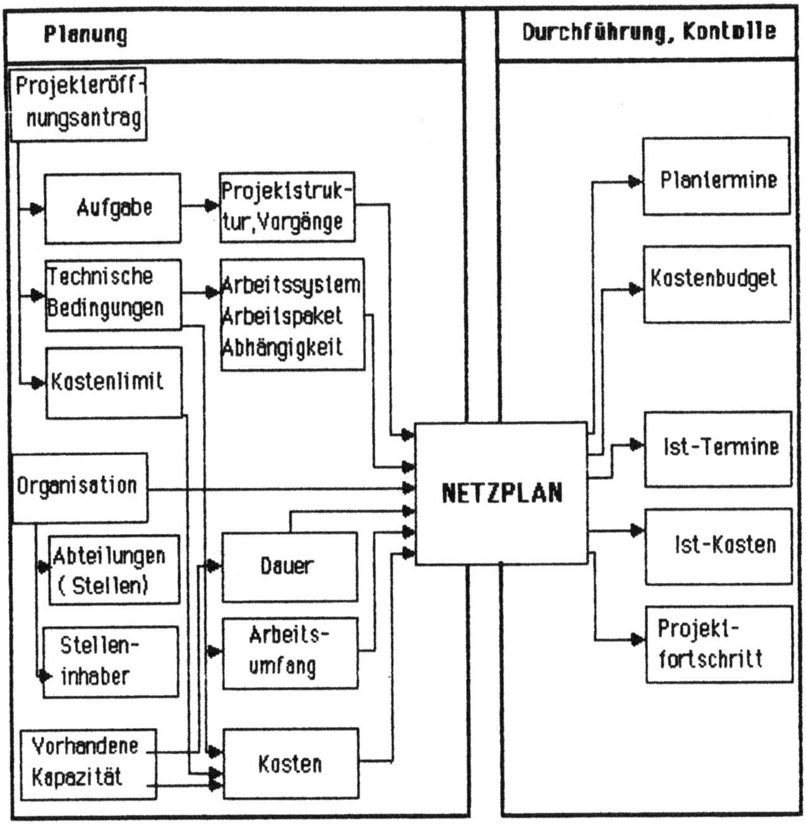

Das vorstehende Schaubild ist von links nach rechts zu interpretieren. Es besagt, daß in der Projektplanungsphase zunächst die Vorgänge als Bestandteile der Projektstruktur zu bestimmen und zu planen sind, danach die damit verbundenen Kosten sowie die Tätigkeitsdauern in Abhängigkeit vom vorgesehenen Arbeitsumfang und den verfügbaren Kapazitäten. Grundlage der zum Zweck von Durchführung und Kontrolle außerdem zu erstellenden und zu bearbeitenden Pläne und Tabellen zur Überwachung insbesondere von Terminen und Kosten ist der Netzplan.

3.2 Der Projektstrukturplan

Mittels Projektstrukturplan[15] wird das Projekt zunächst grob und anschließend fein strukturiert. Das Projekt "Neubau einer Fertigungsstätte"[16] beispielsweise kann aufgespalten werden in die Aufgabenbereiche:

-Die Erstellung des Gebäudes betreffende Aufgaben
-Die Einrichtung des Gebäudes betreffende Aufgaben

etc.

Im Aufgabenbereich "Die Erstellung des Gebäudes betreffende Aufgaben" kann dann weitergehend unterschieden werden zwischen:

-- Erdarbeiten,
-- Fundamente,
-- Materialbeschaffung und
-- Hallenbau.

Der Aufgabenbereich "Fundamente" könnte beispielsweise folgendermaßen aufgebrochen werden:

--- Gebäudefundamente und
--- Maschinenfundamente.

3.3 Der Netzplan

Ein Hilfsmittel des Projektmanagements zur Erfassung derartiger Abhängigkeiten ist die auf der Graphentheorie[17] basierende Netzplantechnik[18]. Auf ihr bauen die verschiedenen Softwarelösungen zum Projektmanagement auf. Das Bezugsprogramm dieses Beitrags ist vorgangsknotenorientiert.

Mittels Netzplan werden die logischen Abfolgen der zur Realisierung von Vorhaben erforderlichen Schritte, Maßnahmen und Einsatzfaktoren sowie ihre wechselseitigen Verknüpfungen und Abhängigkeiten erfaßt.
Netzpläne konkretisieren das jeweils gedanklich Gewollte und zeigen die Interdependenzen der Aktivitäten (Vorgänge) und Ereignisse (Meilensteine)[19] in Projekten.

3.4 Die weiteren Pläne

Im Netzplan ausgewiesene Tätigkeiten werden Aufgabenträgern (Personen oder Stellen) zwecks Bearbeitung zugewiesen. Diese sind verantwortlich für den Einsatz von Sachmitteln und Personal (Ressourcen), für die Einhaltung von Kostenbudgets und Terminen. Ausgehend vom Netzplan sind daher der Verantwortlichkeitsplan und alle weiteren, für die Projektrealisation relevanten Pläne abzuleiten. Hiervon wird jedoch in diesem Zusammenhang abgesehen und statt dessen gezeigt, wie der Netzplan mit diesen Plänen bei Microcomputereinsatz verzahnt ist.

Die verschiedenen Pläne (Strukturplan, Netzplan, Kostenplan) sind also auf unterschiedliche Weise für Durchführung und Kontrolle des Projekts wichtig. Der aktuelle Stand der Realisierung des Projekts ist während der Durchführung ständig mit den Soll-Werten zu vergleichen. Dies dient dem frühzeitigen Erkennen von Kosten- und Terminabweichungen mit dem Ziel, geeignete Anpassungsmaßnahmen rechtzeitig bestimmen und einleiten zu können.

An dem als Beispiel angenommenen und bereits strukturierten Bauvorhaben soll nachfolgend die Unterstützung des Projektmanagements bei Planung, Durchführung und Kontrolle durch Microcomputereinsatz aufgezeigt werden.

Die nachstehende Tabelle verdeutlicht die Projektstruktur, indem sie in der letzten Spalte der Tabelle erkennbar macht, welcher Vorgang von welchen Vorgängen bzw. Meilensteinen abhängt. Die Vorgänge sind aufsteigend numeriert, die jeweiligen Vorgangsdauern sind in Arbeitstagen ausgewiesen. Projektstart und -ende sind nicht in die Zählung aufgenommen:

Lfd.Nr.	Bezeichnung	Dauer in Tagen	Vorgänger
1.	Beschaffung von Material	6	Start
2.	Durchführung der Erdarbeiten	3	Start
3.	Erstellen der Gebäudefundamente	5	1,2
4.	Erstellen der Maschinenfundamente	4	1,3
5.	Erstellen der Wände	10	3
6.	Erstellen des Dachs	5	5
7.	Gebäude anstreichen	5	5,6
8.	Elektroinstallation	6	1,5
9.	Beschaffung der Maschinen	15	Start
10.	Aufstellen der Maschinen	6	4,9
11.	Anstreichen der Maschinen	2	7,10
12.	Anschließen der Maschinen	10	8,11
13.	Erprobungsphase	5	12

Das Projektende ist durch den erfolgreichen Abschluß der Erprobungsphase gekennzeichnet.

Die voranstehende Tabelle führt zu nachfolgendem Netzplan. Die Vorgänge sind darin als Rechtecke dargestellt. Die Ereignisse "Start" und "Ende" sind Meilensteine; diese werden als Ovale abgebildet. Im gewählten Beispiel sind die einzigen Meilensteine Projektbeginn und -ende. Der Netzplan ist graphisch von links nach rechts orientiert. Dies besagt, daß weder ein Vorgang noch Meilensteine jemals von einem weiter rechts auf dem Bildschirm positionierten Vorgang oder Meilenstein abhängen kann.

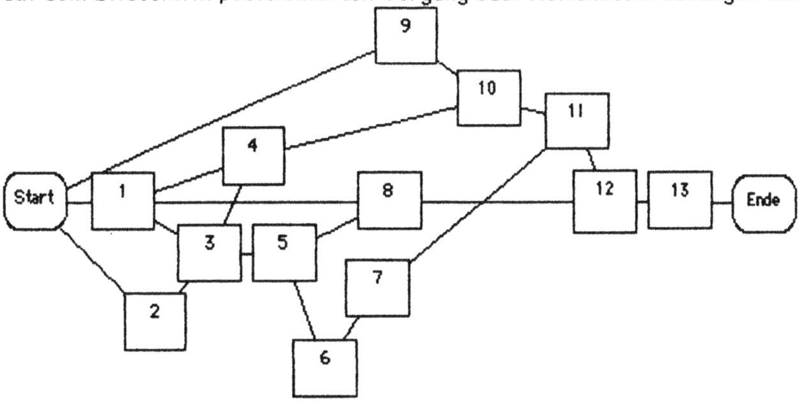

Die als Netz dargestellten Verknüpfungen und die diesem Projekt zugrundeliegenden Informationen wie Kalenderbezug, Tätigkeitszeiten, Kosten, Zuständigkeiten und Verantwortlichkeiten sind dem Programm durch entsprechende Eingaben mitzuteilen.

Aufgrund vorhandener Kapazitäten, eingeholter Angebote und sonstiger Planungsgrundlagen ergibt sich für die Vorgänge des Projekts die nachfolgende Tabelle geplanter fixer Ausgaben und Einnahmen. Sie wird vom Programm unter der Bezeichnung "Vorgangskosten" verwaltet (Betriebswirtschaftlich unkorrekt werden im Programm nicht die Kategorien Ausgaben und Einnahmen, sondern Kosten und Einnahmen gegenübergestellt).

	Vorgang	Fixe Ausgaben	Fixe Einnahmen
1	Start	150.000	0
2	Mat.beschaffg	70.000	6.000
3	Erdar- beiten	25.000	0
4	Geb.- fundam	70.000	0
5	Masch-fundam	24.600	0
6	Wand- bau	120.000	0
7	Dach- bau	78.000	0
8	Hausanstrich	12.000	0
9	Elektr. install	27.000	0
10	Masch-kauf	1.500.000	0
11	Aufst. Masch	24.000	0
12	Masch-anstrich	3.600	0
13	Masch-anschl	35.000	0
14	Probe-lauf	10.000	0
15	Ende	0	0

	Ressource	Kosten/Tag	Kostenaufteilung
1	Berger	500,00	Vielfach
2	Sohnrey	400,00	Vielfach
3	Fa. Buddel	20.000,00	Einfach
4	Einkauf	7.000,00	Vielfach
5	Herr Nissel	200,00	Vielfach
6	Fa. Mafud	4.500,00	Einfach
7	Frau Möller	300,00	Vielfach
8	Fa. Gefud	2.000,00	Einfach
9	Fa Wabau 1	2.000,00	Einfach
10	Fa. Wabau 2	2.500,00	Einfach
11	Herr Klein	1.700,00	Einfach
12	Fa. Holzbau	1.000,00	Einfach
13	Fa. Dachbau	1.500,00	Einfach
14	Anstreicher1	150,00	Vielfach
15	Anstreicher 2	150,00	Vielfach
16	Fa. Elektroba	1.000,00	Einfach
17	Ostmann	200,00	Einfach
18	Weyer	200,00	Einfach
19	Müller	210,00	Einfach
20	Wessing	190,00	Einfach
21	Clemens	190,00	Einfach
22	Dernberg	200,00	Einfach
23	Lackierer 1	300,00	Einfach
24	Lackierer 2	300,00	Einfach
25	Lackierer 3	300,00	Einfach
26	Steuber	250,00	Einfach
27	Bernhard	150,00	Einfach
28	Nagel	170,00	Einfach
29	Henze	180,00	Einfach
30	Schulz	210,00	Einfach
31	Dietrich	200,00	Einfach

Viele Vorgänge verursachen außer fixen Ausgaben und Einnahmen wegen des Einsatzes von Ressourcen auch variable Ausgaben. Auch diese sind zu planen. Die Planwerte des Beispielprojekts sind in voranstehender Liste zusammengestellt. In der letzten Spalte dieser Tabelle ist angegeben, ob die variablen Kosten je Projektzeiteinheit, im vorliegenden Beispiel also täglich, nur ein einziges Mal oder der Häufigkeit des Einsatzes dieser Ressource je Projektzeiteinheit entsprechend zu kalkulieren sind. Vom Programm werden diese variablen Größen in einem "Ressourcekosten" genannten Tableau verwaltet.

4. Microcomputereinsatz

Um das Beispielprojekt während der Planung, Durchführung und Kontrolle microcomputergestützt bearbeiten zu können, ist zunächst das Programm zu starten. Bei Betriebsbereitschaft wird auf dem Bildschirm automatisch ein leeres Projektplanungsarbeitsblatt für Netzplandarstellungsweise angeboten.

Um wesentliche, vom Programm angebotene Stützungsmöglichkeiten nicht auslassen zu müssen, sei dessen Handhabung an einigen Anwendungen erläutert.

Alle im Programm verfügbaren Befehle sind aus der obersten Bildschirmzeile (Menüleiste) ersichtlich und über diese anzusteuern. Angewählt werden die Befehle durch Bewegen eines Zeigers, der entweder in der Form einer Pfeilspitze (stets in der Menüleiste) oder als Kreuz (auf dem Arbeitsblatt in beiden Formen) dargestellt wird. Durch Verschieben der sogenannten Maus auf dem Schreibtisch wird der Zeiger auf dem Bildschirm positioniert. Ist der Zeiger in der Menüleiste auf einem Begriff positioniert, so so erscheinen die anwählbaren Unterfunktionen, wenn der auf der Maus befindliche Knopf gedrückt wird.

Vom Programm gesperrte Funktionen erscheinen in grauer Schrift, ausführbare Funktionen sind an schwarzer Schrift erkennbar. Die Felder solcher Funktionen werden bei Überstreichen mit dem Zeiger schwarz unterlegt. Daraus ist zu ersehen, welcher Befehl momentan angesprochen ist und ausgelöst würde. Um die gewünschte Auswahl zu treffen, ist der Zeiger bei gedrücktem Knopf entsprechend zu positionieren. Dann ist der Knopf loszulassen. Das Programm führt den angewählten Befehl unverzüglich aus.

Auf dem leeren Arbeitsblatt wird der Zeiger als Kreuz dargestellt. Wird jetzt der Knopf der Maus gedrückt und in dieser Stellung gehalten, so kann bei diagonaler Bewegung ein Rechteck aufgezogen werden, dessen Größe im Moment der Knopfentlastung fixiert wird. Unmittelbar danach wird im Zentrum der ersten Zeile des gezeichneten Rechtecks die Position angezeigt, an der über die alphanumerische Tastatur einzugebender Text eingesetzt und automatisch zentriert abgebildet würde. Wird der Zeiger dagegen exakt auf dem Rahmen des Rechtecks gesetzt, so erscheint er als Pfeil. Wird der Knopf der Maus in diesem Moment niedergedrückt, so wird das abgebildete Rechteck aktiviert und seine Konturen erscheinen schattiert, wie es in nachfolgendem Bild dargestellt ist.

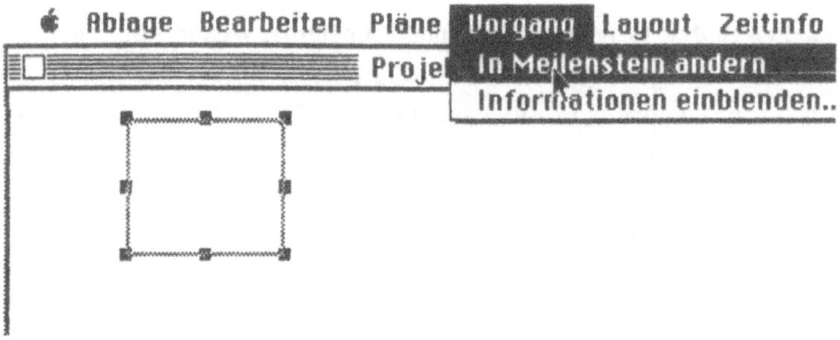

In diesem Zustand können Rechtecke, die in diesem Programm stets Vorgänge repräsentieren, zur Darstellung von Meilensteinen in Ovale umgewandelt werden.
Derart zur Darstellung von Vorgängen und Meilensteinen erzeugte Symbole können sowohl unbeschriftet als auch beschriftet auf dem Arbeitsblatt beliebig oft vervielfältigt und an die gewünschten Positionen verschoben werden. Das verfügbare Arbeitsblatt ist auf dem Bildschirm u. U. nur teilweise sichtbar. Seine Größe läßt sich durch einfaches Auswählen zwischen Formaten von 19 cm x 25 cm und1,15 m x 2,25 m verändern. Die Umstellung erfolgt in dem folgenden Dialogfenster, das bei Bedarf über die Funktion Layout aufzurufen ist.

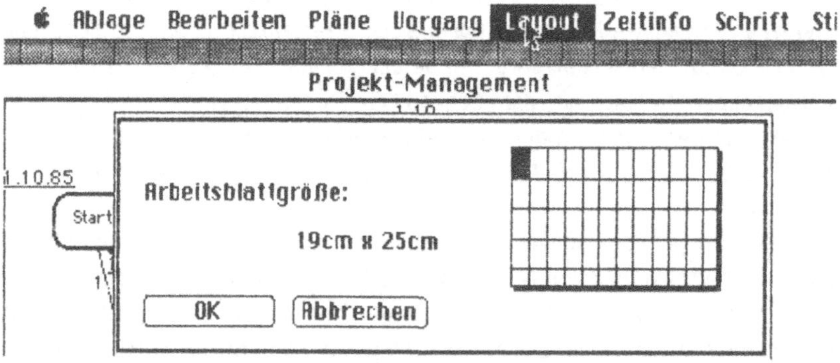

Zwecks Einführung logischer Abhängigkeiten sind bedingende und abhängige Vorgänge und Meilensteine von links nach rechts durch Linien zu verbinden. Dazu wird der Zeiger jeweils zunächst in den bedingenden Vorgang/Meilenstein gesetzt und mit gedrücktem Knopf auf den abhängigen Vorgang/Meilenstein verschoben. Das Programm verbindet die betroffenen Vorgänge/Meilensteine durch eine Gerade und numeriert Vorgänge und Meilensteine aufsteigend entsprechend der Abfolge ihrer linken Begrenzungen von links nach rechts.
Den einzelnen Vorgängen sind Zeiten zugeordnet. Vorgänge werden nur an Arbeitstagen ausgeführt. Deshalb ist der für das Projekt relevante Zeitraum auf anfallende Besonderheiten, wie z.B. Betriebsferien, Feiertage etc. zu untersuchen. Die Abstimmung projektspezifischer Zeiteinheiten als auch regional unterschiedlicher Feiertagsregelungen ermöglicht das Programm im Dialog. Standardeinstellungen werden vorge-

schlagen. Diese lassen sich den jeweiligen Erfordernissen durch einfaches "Anklicken" von Optionen anpassen. Die dem Projekt zugrunde gelegte Zeiteinheit ist beispielsweise in folgendem Dialogfenster einzustellen.

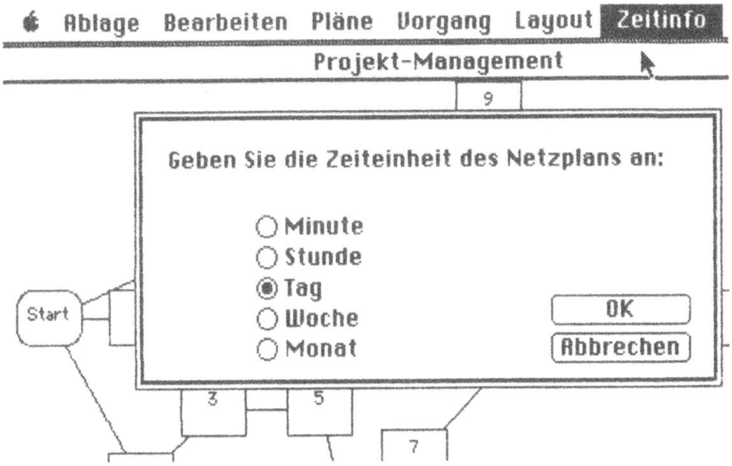

Auch der Beginn, der geplante Starttermin des Projekts, wird im Dialog entsprechend eingegeben. Das gewählte Beispielprojekt soll im Oktober 1985 gestartet werden. Also ist in folgender Dialogbox der 1. Oktober 1985 als frühester Startzeitpunkt zu setzen.

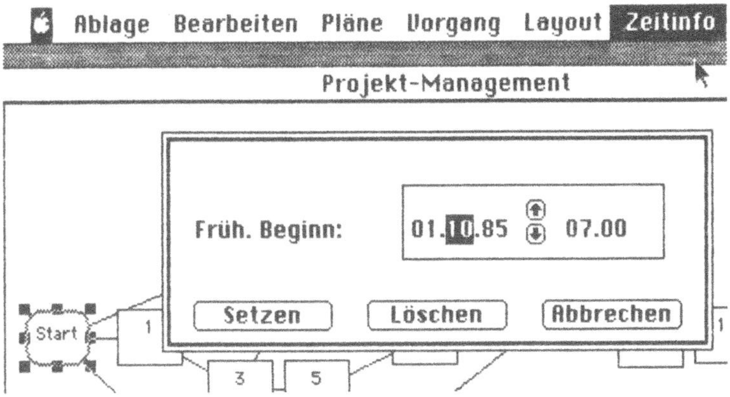

Bei einfacher Addition aller Tätigkeitsdauern würde die Realisierung des Projekts 82 Tage dauern. Bei fünf Arbeitstagen pro Woche sollte daher ein Zeitraum von 17 Wochen oder fünf Monaten auf Besonderheiten untersucht werden, welche die Anzahl der Arbeitstage pro Woche ändern und deshalb zu berücksichtigen sind.

Rechts in der nachfolgend abgebildeten Dialogbox befindet sich der einzustellende Kalender. Arbeitstage sind als Datum auf weißem Grund ausgewiesen. Wird der Zeiger auf ein weiß unterlegtes Feld gestellt, so wird dieses Feld durch Anklicken schwarz unterlegt und das betreffende Datum vom Programm künftig als Nicht-Arbeitstag interpretiert. Als Nicht-Arbeitstage ausgewiesen sind Samstage, Sonntage und der 17. Oktober (als Beispiel einer freien Wahl). Für das Beispielprojekt wurde der Zeitraum Oktober bis einschließlich Dezember 1985 abgestimmt.

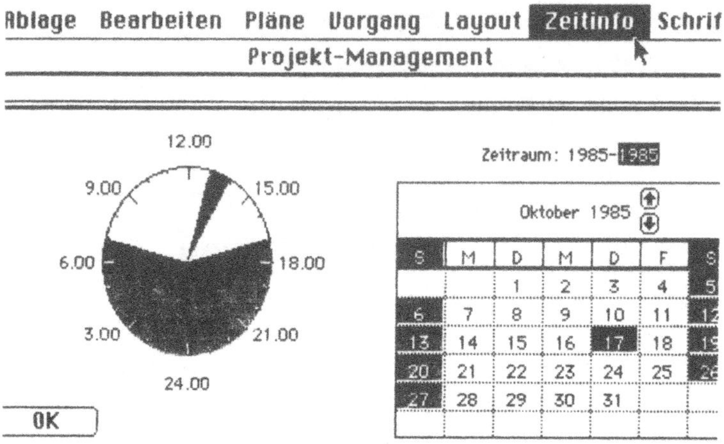

Projektzeiteinheit ist der Arbeitstag. Feingliederungen dieser Einheit sind deshalb für das Beispiel bedeutungslos. Dennoch sei erläutert, daß die im obigen Dialogfenster links dargestellte Uhr die tägliche Arbeitszeit auf die Zeiten von $7.^{00}$ bis $13.^{00}$ und von $14.^{00}$ bis $17.^{00}$ festgelegt.

Nachfolgend abgebildetes Dialogfeld zeigt die bestehenden Möglichkeiten, Informationen über die Vorgänge bei Netzplandarstellung einzublenden. Hier ist festzulegen, an welchen Positionen Informationen zu Vorgängen und Meilensteinen einzublenden sind.

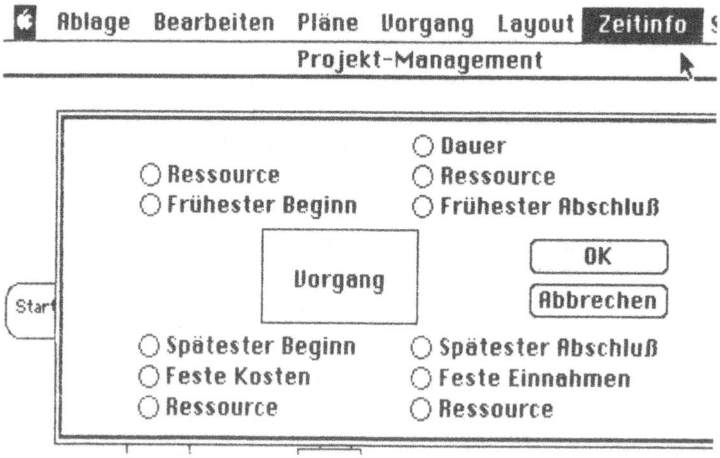

Um Informationen einblenden zu können, sind entsprechende Eingaben durchzuführen. Dazu wird der betreffende Meilenstein oder Vorgang aktiviert und die Informationszeile aufgerufen. In nachstehender Abbildung ist sie vor Eingabe von Tätigkeitsdauer und benötigten Ressourcen zwischen der Menüleiste und dem Netzplan abgebildet. Die schattierte Umrandung des Vorgangs 4 in dem unter der der Informationszeile teilweise sichtbaren Netzplan zeigt, daß Informationen zu diesem Vorgang erfolgen können.

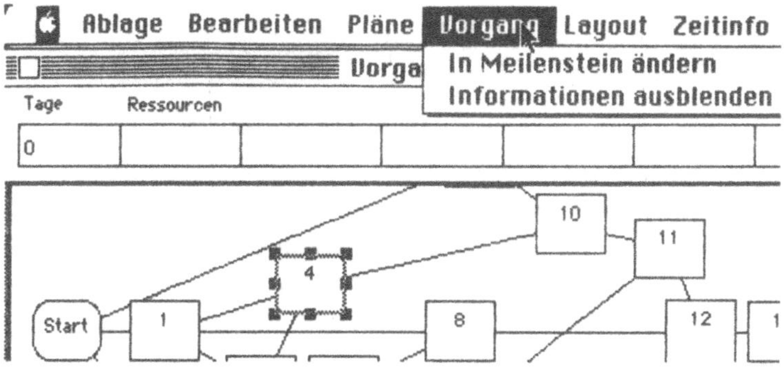

Die den einzelnen Vorgängen planmäßig zugewiesenen Ressourcen sind in nachfolgender Tabelle zusammengestellt. Die Ressource "Einkauf" wird im Beispiel als einzige zweimal beansprucht; in der Tabelle ist sie deshalb zur Hervorhebung unterstrichen.

Lfd.Nr.	Bezeichnung	Dauer	Ressourcen
1.	Beschaffung von Material	6	Einkauf, Berger
2.	Durchführung der Erdarbeiten	3	Fa. Buddel, Sohnrey
3.	Erstellen der Gebäudefundamente	5	Gefud, Herr Nissel
4.	Erstellen der Maschinenfundamente	4	Maschfud, Möller
5.	Erstellen der Wände	10	Wabau 1, Wabau 2, Klein
6.	Erstellen des Dachs	5	Holzbau, Dachbau
7.	Gebäude anstreichen	5	Anstrich1, Anstrich 2
8.	Elektroinstallation	6	Elektrobau
9.	Beschaffung der Maschinen	15	Einkauf, Ostmann, Weyer
10.	Aufstellen der Maschinen	6	Müller, Wessing, Clemens, Dernberg
11.	Anstreichen der Maschinen	2	Lackierer 1, Lackierer 2 und Lack. 3
12.	Anschließen der Maschinen	10	Steuber, Bernhard, Nagel
13.	Erprobungsphase	5	Henze, Schulz, Dietrich

Nach Benennung aller Vorgänge und der Meilensteine "Start" und "Ende", nach Eingabe der jeweils geplanten Tätigkeitsdauern und der benötigten Ressourcen wird folgender Netzplan dargestellt.

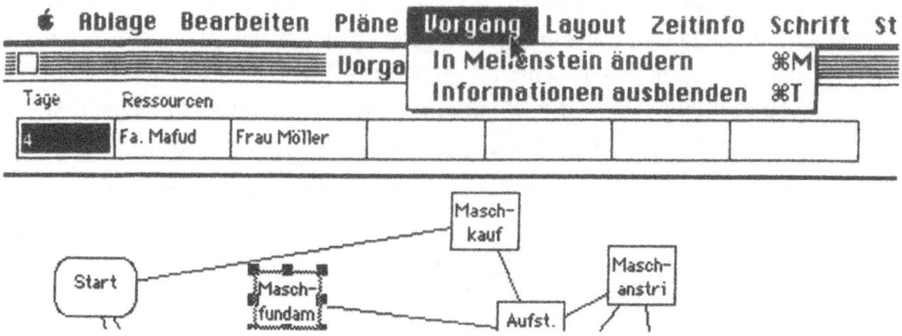

Die eingeblendete Informationszeile betrifft den momentan aktivierten Vorgang Nr.4, "Erstellen der Maschinenfundamente". Aus Platzgründen wurde dieser Vorgang bei der Netzplanerstellung mit "Masch-fundam" abgekürzt. Die Ausführung dieser Tätigkeit erfordert als Ressourcen die Fa. Mafud (in Anlehnung an die von dieser Firma auszuführende Tätigkeit gewähltes Kürzel) und Frau Möller.

Über den Befehl "Pläne" sind die vom Programm vorgesehenen Tabellen und Auswertungsarten aufzurufen, die in nachfolgendem Bild aufgelistet sind. Die jeweils ausgewählte Tabelle bzw. Darstellungsart des Projekts ist durch Häkchen gekennzeichnet.

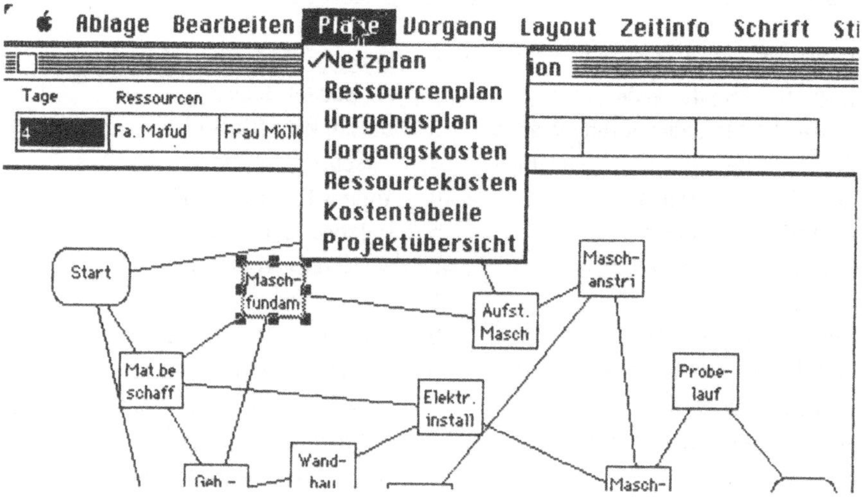

Diese verschiedenen Möglichkeiten sollen nunmehr mit Ausnahme des Netzplans, dessen Erstellung und Bedeutung bekannt ist, in der voranstehenden Reihenfolge erläutert werden. Sie haben im Rahmen von Projektdurchführung und -kontrolle unterschiedliche Aufgaben zu erfüllen.

Der Ressourcenplan bildet das Projekt als Balkendiagramm auf einem Zeitraster ab.

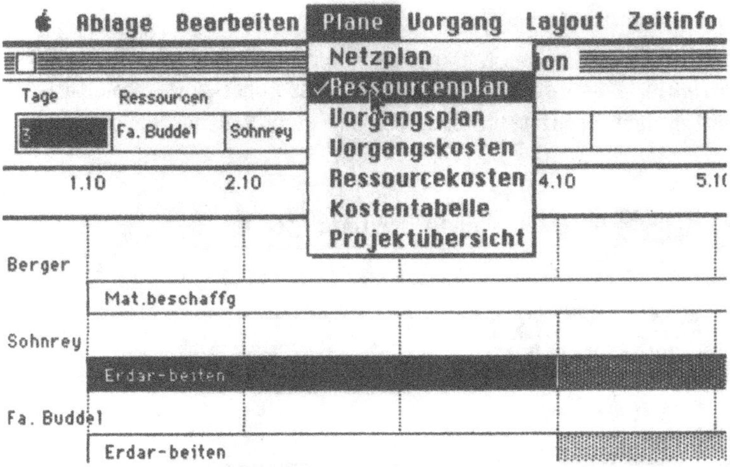

Das Raster wird vom Programm aufgrund der gewählten Projektzeiteinheit festgelegt. Die Vorgänge werden als Balken gezeigt. Die Balkenanordnung entspricht den logischen Abhängigkeiten des Plans. Jedem Vorgang ist eine mit der Anzahl der dafür benötigten Ressourcen entsprechende Balkenzahl zugeordnet. Die Balkenlänge richtet sich nach der Vorgangsdauer und dem frühestmöglichen Zeitpunkt, zu dem eine abhängige Folgetätigkeit beginnen kann. Jeder Ressource wird für jeden Vorgang, an dem sie beteiligt ist, je ein Balken zugeordnet. Links oberhalb des Balkens wird die jeweilige Ressource angegeben. Die Balken werden mit der jeweiligen Vorgangsbezeichnung beschriftet.
Jeder als Balken dargestellte Vorgang kann aktiviert werden. Bei eingeblendeter Informationszeile ist es dann möglich, die Planvorgaben für Zeit bzw. Ressourcen zu verändern.
In der Abbildung ist die Tätigkeit "Erdarbeiten" aktiviert und die Informationszeile eingeblendet. Daraus ist zu ersehen, daß eine Dauer von drei Tagen geplant ist und die Ressource "Sohnrey" die Ausführung übernehmen soll.

Bei der Projektdurchführung und -kontrolle kann mittels dieser Auswertung sofort eine Zuordnung von Verantwortlichkeit und Aufgaben abgerufen werden. Dies ist beispielsweise wichtig, um die Frage zu klären, wer bis wann mit welcher Aufgabe befaßt ist, wer Kostenabweichungen zu verantworten hat, von wem im Zusammenhang mit welchem Vorgang Rechnungen vorgelegt werden dürfen.
Die mit "Erdarbeiten" beschrifteten Balken (im vorliegenden Beispiel zwei Balken, weil für diese Tätigkeit zwei Ressourcen erforderlich sind) besitzen schattiert dargestellte Bereiche. Diese dokumentieren Pufferzeit. Sie zeigt an, wieviel länger die Erdarbeiten dauern dürften ohne den frühest möglichen Beginn eines die Erdarbeiten voraussetzenden Vorgangs zu ändern. Für Planung, Durchführung und Kontrolle des Pro-

jekts besagt dies, daß mit den Erdarbeiten entweder später begonnen werden kann und/oder daß sie längere Zeit beanspruchen dürfen, ohne dadurch den Fertigstellungstermin des Projekts unmittelbar in Frage zu stellen.

Für die Steuerung des Projekts lassen sich hieraus Erkenntnisse über zeit- bzw. terminkritische Abhängigkeiten und Kapazitätsdispositionen, also Ressourcenverlagerungen, gewinnen.

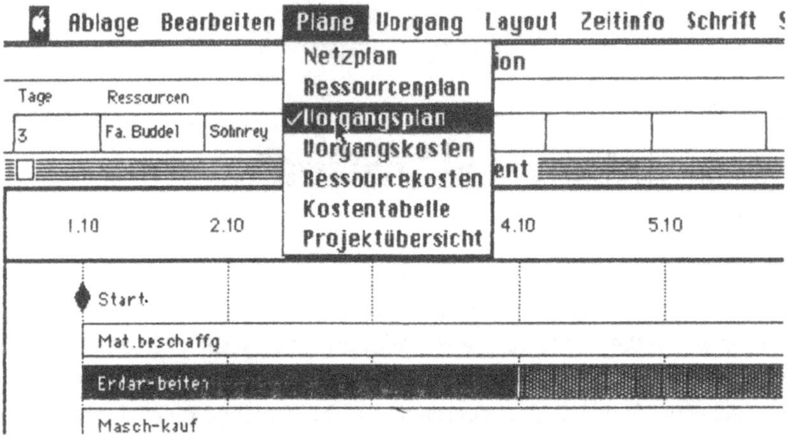

Auch der vorstehende Vorgangsplan zeigt die Vorgänge als Balken auf dem Zeitraster, jedoch ohne Zuordnung der Ressourcen. Diese können jedoch eingeblendet werden.

In der gezeigten Abbildung ist der Vorgang "Erdarbeiten" aktiviert. Der schwarz getönte Bereich dieses Balkens entspricht der Vorgangsdauer; sie wird in nicht aktivierten Vorgängen als weißer Bereich dargestellt. Der schattierte Bereich deutet auf zeitliche Spielräume hin. Vorliegendem Bild ist zu entnehmen, daß Materialbeschaffung, Maschinenkauf und Erdarbeiten gleichzeitig beginnen können, daß für Materialbeschaffung und Maschinenkauf jedoch längere Vorgangsdauern angesetzt sind als für die Erdarbeiten.

Bezüglich Terminverfolgung sind die Erdarbeiten also zeitunkritisch. Andererseits ist deshalb jedoch zu überlegen, ob die für die Erdarbeiten vorgesehenen Ressourcen nicht überdimensioniert sind und ob sich durch Anpassungsmaßnahmen Kostensenkungen bewirken ließen.

Die für Vorgänge und Meilensteine im Netzplan vergebenen Bezeichnungen werden automatisch in die Tabelle"Vorgangskosten" übernommen.
Diese Tabelle dient nicht der Auswertung, sondern als Eingabemaske. In sie sind die Ausgaben und Einnahmen einzugeben, die aufgrund von Vorgängen und Meilensteinen fix anfallen.

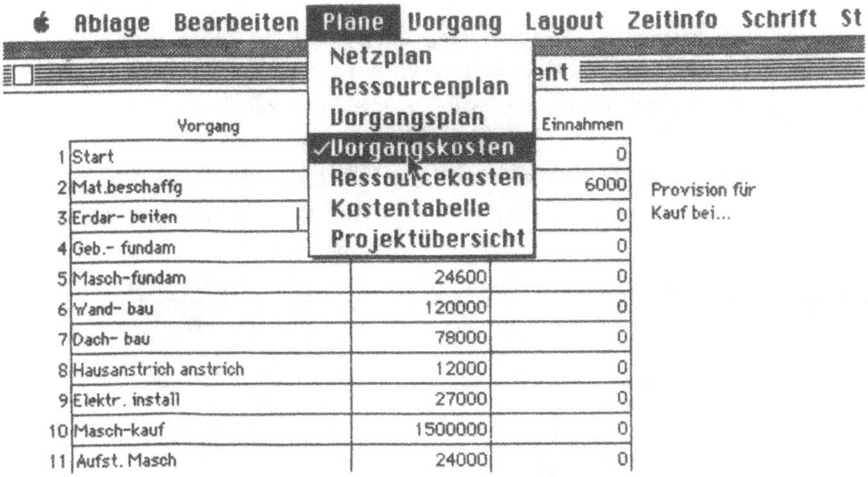

Bei der Durchführung können die Ist-Werte von den zunächst eingetragenen Plan-Werten abweichen. Es sind dann entsprechende Korrekturen vorzunehmen.
Dazu ist für den entsprechenden Vorgang das Feld in der zweiten oder dritten Spalte bzw. nacheinander in beiden Spalten für die Eingabe zu aktivieren.
Außer fix mit Vorgängen und Meilensteinen verbundenen Einnahmen und Ausgaben fallen auch variable Größen an. Auch diese sind einzugeben. Hierfür ist die Eingabemaske "Ressourcekosten" vorgesehen. Sie enthält die Projektressourcen. Das vorliegende einfache Beispiel erfordert bereits die Verwaltung von 31 Ressourcen.

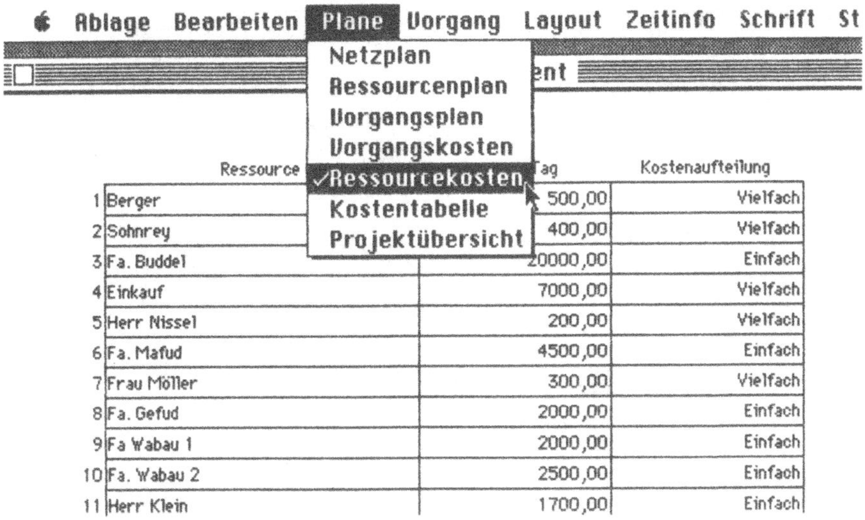

In der Spalte "Kostenaufteilung" ist zwischen vielfacher und einfacher Verrechnung wählen. Wird eine Ressource für mehrere Vorgängen benötigt, so wird der eingegebene

Betrag variabler Kosten bei der Wahl von "vielfach" entsprechend oft pro Zeiteinheit verrechnet. Wird dagegen "einfach" ausgewählt, so werden die variablen Kosten der Ressource pro Zeiteinheit nur ein einziges Mal in Ansatz gebracht, selbst wenn die Ressource in einer Zeiteinheit für mehrere Vorgänge benötigt werden sollte.

Der Auswertung von Vorgangs- und Ressourcekosten dient die Kostentabelle. Sie übernimmt die fixen und variablen Beträge gemäß zeitlichem Anfall und der gewählten

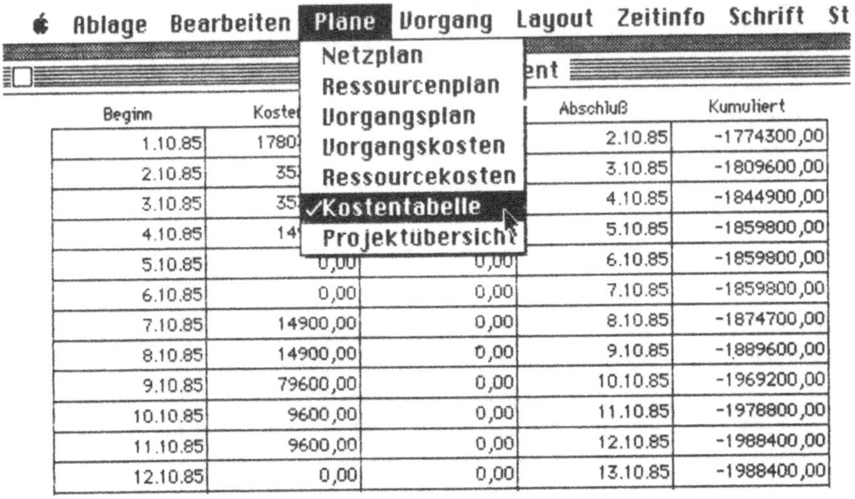

Beginn	Koste…			Abschluß	Kumuliert
1.10.85	1780…			2.10.85	-1774300,00
2.10.85	35…			3.10.85	-1809600,00
3.10.85	35…			4.10.85	-1844900,00
4.10.85	14…			5.10.85	-1859800,00
5.10.85	0,00		0,00	6.10.85	-1859800,00
6.10.85	0,00		0,00	7.10.85	-1859800,00
7.10.85	14900,00		0,00	8.10.85	-1874700,00
8.10.85	14900,00		0,00	9.10.85	-1889600,00
9.10.85	79600,00		0,00	10.10.85	-1969200,00
10.10.85	9600,00		0,00	11.10.85	-1978800,00
11.10.85	9600,00		0,00	12.10.85	-1988400,00
12.10.85	0,00		0,00	13.10.85	-1988400,00

Verrechnungshäufigkeit, bildet projektzeiteinheitsbezogene Differenzen von Einnahmen und Ausgaben und kumuliert diese dem Zeitablauf entsprechend.

Zu Planung-, Durchführungs- und Kontrollzwecken ist ohne weiteres der Kapital- bzw Finanzmittelbedarf zu ersehen. Werden statt Einnahmen und Ausgaben Ein- und Auszahlungen eingesetzt, so wird ein Liquiditätsstatus dargestellt.

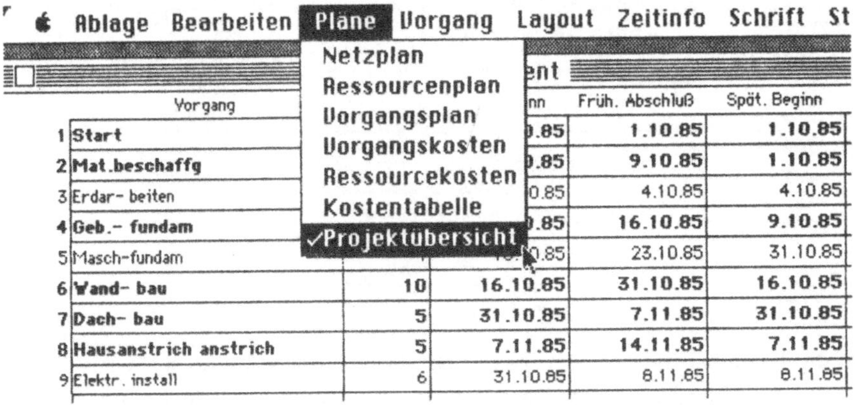

	Vorgang		…nn	Früh. Abschluß	Spät. Beginn
1	**Start**		…85	**1.10.85**	**1.10.85**
2	**Mat.beschaffg**		…85	**9.10.85**	**1.10.85**
3	Erdar- beiten		…0.85	4.10.85	4.10.85
4	**Geb.- fundam**		…85	**16.10.85**	**9.10.85**
5	Masch-fundam		…0.85	23.10.85	31.10.85
6	**Wand- bau**	10	**16.10.85**	**31.10.85**	**16.10.85**
7	**Dach- bau**	5	**31.10.85**	**7.11.85**	**31.10.85**
8	**Hausanstrich anstrich**	5	**7.11.85**	**14.11.85**	**7.11.85**
9	Elektr. install	6	31.10.85	8.11.85	8.11.85

In der Projekübersicht schließlich werden in Listenform alle verfügbaren Informationen zu allen Vorgängen und Meilensteinen des Projekts zusammengestellt, also Benennungen, Vorgangsdauern, frühestmögliche und spätest zulässige Beginn- und Abschlußtermine, zu den Vorgängen gehörige Ressourcen und die mit den Vorgängen und Ressourcen anfallenden festen und variablen Ausgaben und Einnahmen. Diese Listendarstellung zeigen die beiden folgenden Abbildungen.

Für Planungs-, Durchführungs- und Kontrollzwecke besonders wichtig und deshalb hervorzuheben ist, daß Meilensteine und Vorgänge des kritischen Pfades in dieser Projektübersicht automatisch durch Fettdruck hervorgehoben werden. Die Aufmerksamkeit des Projektmanagements wird dadurch automatisch auf die Schwachstellen des Projekts gelenkt.

ginn	Spät. Abschluß	Feste Koste		innahmen	Ressource 1	Ressource
10.85	**1.10.85**	**1500**		**0**		
10.85	**9.10.85**	**700**		**6000**	**Einkauf**	**Berger**
.10.85	9.10.85	250		0	Fa. Buddel	Sohnrey
10.85	**16.10.85**	**70000**	**11000**	**0**	**Fa. Gefud**	**Herr Nissel**
.10.85	6.11.85	24600	19200	0	Fa. Mafud	Frau Möller
10.85	**31.10.85**	**120000**	**62000**	**0**	**Fa Vabau 1**	**Fa. Vabau**
10.85	**7.11.85**	**78000**	**12500**	**0**	**Fa. Holzbau**	**Fa. Dachbau**
11.85	**14.11.85**	**12000**	**1500**	**0**	**Anstreicher1**	**Anstreiche**
.11.85	18.11.85	27000	6000	0	Fa. Elektroba	
.10.85	6.11.85	1500000	111000	0	Einkauf	Ostmann

5. Schlußbemerkung

Die Computerunterstützung im Rahmen der Planung wird eingeleitet mit der Unterstützung des Netzplanentwurfs. Begleitet von den für die Unterstützung im Rahmen von Durchführung und späterer Kontrolle notwendigen Abgleichungen und Eingaben werden in dieser Planungsphase alle Voraussetzungen für die künftige Unterstützung der Projektrealisation gelegt.

Abwicklung des Projekts und Kontrolle der Projektrealisation erfordern dann lediglich die Einarbeitung eingetretener und zu berücksichtigender Abweichungen der Ist- gegenüber den Planwerten.

Ändern können sich z. B.:

1. Einnahmen,
2. Ausgaben,
3. Ressourcen,

4. Vorgangsdauern,
5. Abhängigkeiten und
6. zusätzliche Vorgänge und Meilensteine ergänzen den bisherigen Projektplan.

Während die unter den Punkten 1 bis 5 genannten Änderungen im allgemeinen lediglich eine einzige Eingabe entweder im Netzplan oder in der Informationszeile oder in der Ressource- bzw. Vorgangskostentabelle erforderlich machen, erfordert Punkt 6 Eingaben in den Netzplan, in die Informationszeile und in die relevante Kostentabelle.

Die Aktualisierung des Plans ist dann allerdings in Sekundenschnelle bezüglich aller Konsequenzen durchzuführen.
Durch Mikrocomputerunterstützung bei Planung, Durchführung und Kontrolle kann das Projektmanagement die verfügbaren Informationen schneller und zuverlässiger auswerten. Dies sei am Beispiel folgender Anpassung des Vorgangs Nr. 4 gezeigt. Die Aktualisierung der Vorgangsdauer von 5 auf 15 Tage hat eine Änderung des kritischen Pfades zur Folge. Außerdem ändern sich die gesamten Projektausgaben und einige Termine.

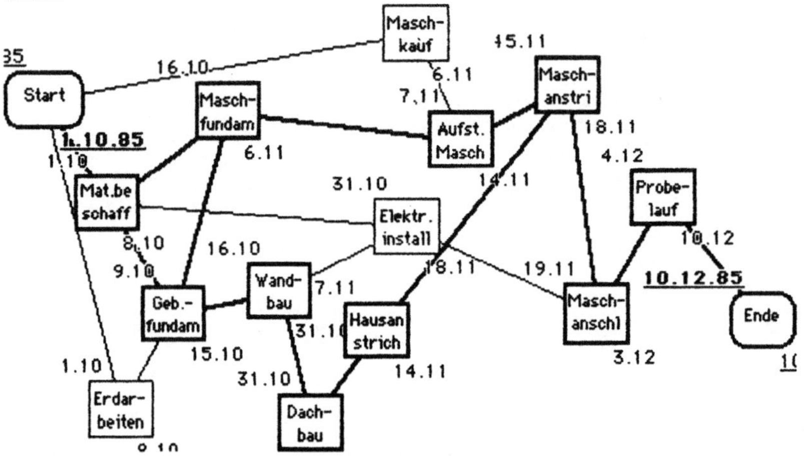

Weitere Stützungsmöglichkeiten sind gegeben, wenn zusätzliche Programme, z.B. Textverarbeitung, Kalkulation und Graphik, eingesetzt werden. Sämtliche hier gezeigten Abbildungen sowie Daten aus Kostentabellen und der Projektübersicht können dann direkt in elektronische Rechenblätter übernommen, dort bearbeitet und anschließend graphisch ausgewertet werden. Die relevante Zahlen und Graphiken sind ohne neuerliches Eingeben in Berichte übertragbar.

6. Literaturhinweise

1. Vgl. hierzu z.B. D. Erbslöh e.a.: Die EDV im Klein- und Mittelbetrieb, München 1981, S.20. Eine deutlichere Kennzeichnung unterscheidet Mainframes von Minicomputern und Microcomputern. Microcomputer werden dabei Anlagen genannt, bei denen die Zentraleinheit in einem Chip zusammengefaßt ist. Vgl. hierzu T. Kidder: The Soul of a New Machine, New York 1981, S. 19.
2. Vgl. hierzu den Softwareführer'85 für Personal-Computer, hrsg.v. G. Rolle, München 1985, S. 98ff.
3. Macintosh und MacProject sind geschützte Produktbezeichnungen von Apple-Computer
4. Vgl. hierzu auch E. Feuerbaum: Controlling in einem projektorientierten Unter nehmen, in: Projekt-Controlling, hrsg. v. D. Solaro u.a., Stuttgart 1979, S.1- S.48, hier S. 9
5. D. Solaro und H.R. Kunkowsky: Organisatorische Probleme eines produktorientierten Unternehmens bei der Abwicklung von Großprojekten, in: Projekt-Controlling, hrsg. v. D. Solaro u.a., Stuttgart 1979, S.119 - S.148 nennen auf S.144 auch Textverarbeitung als Hilfsmittel.
6. Vgl. hierzu z.B. H. J. Schröder: Projekt-Mangement, Eine Führungskonzeption für außergewöhnliche Vorhaben, Wiesbaden 1970, S.15 f. und die dort angegebene Literatur.
7. Vgl. hierzu z.B. Programmierte Einführung in PERT, hrsg. v. der Federal Electric Corporation, München 1967, S.49 ff
8. Vgl. hierzu z.B. K. Bleicher: Organisation, Formen und Modelle, Wiesbaden 1981, S.61 ff
9. Vgl. hierzu z.B. W. Schertler: Unternehmungsorganisation, Lehrbuch der Organisation und strategischen Unternehmensführung, München Wien 1982, S.44
10. Vgl. hierzu z.B. W.H. Staehle: Management, Eine verhaltenswissenschaftliche Einführung, München 1980, S.32 ff , vgl. auch die Sammlung von Beiträgen in: Projekt-Management, Systematische Grundlagen und Beispiele aus der Praxis, hrsg. v. Verlag Industrielle Organisation., Bd. 1, Zürich 1972
11. Vgl. hierzu K.-H. Rüßberg: Die Praxis des Project-Management, München 1971, S. 56ff
12. Vgl. hierzu auch A. Zogg: Systemorientiertes Projekt-Management, Zürich 1974, S.176 ff, vgl. auch B. Bessai: Kostenmäßige Verfolgung von Projekten durch die Ermittlung und Analyse von Abweichungen, dargestellt am Beispiel von EDV-Projekten, in: Schmalenbachs Zeitschrift für betriebswirtschaftliche Forschung, Jg. 37 (1985), S.519 - S. 541
13. Zu den Planungsinstrumenten vgl. B.-J. Madauss: Projektmanagement, Stuttgart 1984, S.176 ff
14. Die Darstellung ist mit geringen Änderungen übernommen aus S.R. Frey: Plant Layout, Planung, Optimierung und Einrichtung von Produktions-, Lager- und Ver-

waltungsstätten, München Wien 1975, S.15

15. Zum Projektstrukturplan als Grundlage der Projektkostenrechnung vgl. J. Studt: Projektkostenrechnung, Thun, Frankfurt 1983, S.82 ff
16. Beispiel in Anlehnung an H. J. Schröder: Projekt-Mangement, a.a.O., S.41 ff

17. Vgl. hierzu z.B. H. Müller-Merbach: Operations Research, Methoden und Modelle der Optimalplanung, 3. Aufl., München 1973, S. 238ff, insbes. S. 254ff und J. Schwarze: Prinzip der Projektablaufplanung, in: Projektmanagement, Konzepte, Verfahren, Anwendungen, hrsg. von M. Saynisch, H. Schelle und A. Schub, München 1979, S.195-211
18. Zu den gebräuchlichen Methoden vgl. auch S.R. Frey: Plant Layout, Planung, Optimierung und Einrichtung von Produktions-, Lager- und Verwaltungsstätten, a.a.O., S.14 und K.-H. Rüßberg: Die Praxis des Project-Management, a.a.O., S. 194 ff
19. Vgl. hierzu z.B. B.-J. Madauss: Methoden der Planung und Überwachung von Forschungs- und Entwicklungsprojekten am Beispiel der Raumfahrttechnik, in: Projektmanagement, Konzepte, Verfahren, Anwendungen, hrsg. von M. Saynisch, H. Schelle und A. Schub, München 1979, S: 173 - 194

Abrechnung von Werkstattaufträgen in einem Unternehmen des Steinkohlenbergbaus

Dr. *R. Müllendorff*, Saarbergwerke AG, Saarbrücken

Organisation des Werkstattbereichs der Saarbergwerke AG

Bei der Saarbergwerke AG findet im Bereich der Werkstätten sowohl das Prinzip der Zentralisierung, als auch das der Dezentralisierung Anwendung, um die jeweils bestehenden Vorteile dieser Organisationsformen nutzen zu können. Dementsprechend wurden bei der Organisation der Werkstätten zwei Hauptbereiche gebildet:

- die Zentralwerkstätten
- die Betriebswerkstätten.

Die organisatorische Einheit "Zentrale Instandhaltung", die sämtliche Zentralwerkstätten (ausgen. Werkst.f.Grubenausbau) umfaßt, setzt sich zusammen aus den Bereichen

- Starkstromtechnik
- Schwachstromtechnik
- Mechanische Dienste
- Transportwesen.

Die Zentrale Instandhaltung, die seit Anfang 1984 der Sparte Kohle zugeordnet ist (Anlage 1), stellt von ihrer Größe und vom organisatorischen Aufbau her gesehen einen Hauptbetrieb vom gleichen Rang wie die Bergwerke, die Kokerei und die Kraftwerke dar. Sie hat eine Beschäftigtenzahl von rd. 1 3oo Mitarbeitern und weist ein Auftragsvolumen von jährlich etwa 15o Mio DM auf. Demgemäß wird die Zentrale Instandhaltung als Hauptabrechnungsbereich mit Ergebnisausweis und voller Ergebnisverantwortlichkeit im Sinne eines Profit-Centers behandelt, wenngleich die Hilfsbetriebsfunktion der Zentralwerkstätten unumstritten ist.

Bei den Betriebswerkstätten handelt es sich organisatorisch wie abrechnungstechnisch um Hilfsbetriebe der jeweiligen Hauptbetriebe. Dementsprechend finden sich bei Saarberg folgende Betriebswerkstätten:

- Grubenwerkstätten
- Werkstatt der Kokerei
- Werkstätten der Kraftwerke.

Bei den Betriebswerkstätten, die als Hilfsbetriebe von der leitungs- und verwaltungstechnischen Infrastruktur ihres jeweiligen Hauptbetriebs partizipieren, besteht im Gegensatz zur Zentralen Instandhaltung keine Notwendigkeit eigener Leitungs- und Verwaltungsstellen. Da die Betriebswerkstätten Dienstleistungsfunktion für den jeweiligen Hauptbetrieb ausüben, dem sie als "Feuerwehr" dienen, ist ein Ergebnisausweis mit entsprechender Ergebnisverantwortlichkeit unzweckmäßig.

Abrechnungstechnische Grundüberlegungen

Die Abrechnung von Werkstattleistungen hat im wesentlichen zwei Aufgaben:

- verursachungsgerechte Weiterverrechnung von Werkstattleistungen (⟶ innerbetriebliche Leistungsverrechnung)
- Ermittlung von Auftragskosten (→ Steuerung und Kontrolle von Werkstattleistungen sowie Vergleichsmöglichkeiten mit externen Werkstattleistungen).

Zur Erfüllung dieser Aufgaben ist zum einen eine Leistungsverrechnung nach einheitlichen und ökonomisch vertretbaren Grundsätzen und zum anderen ein hohes Maß an Transparenz der Abrechnung für die Entscheidungsträger zu fordern.

Wegen der unterschiedlichen Betrachtung von Betriebs- und Zentralwerkstätten (Hilfsbetrieb bzw. Profit-Center) ergeben sich zwangsläufig auch abrechnungstechnische Unterschiede, die zu Interpretationsschwierigkeiten bezüglich der Wirtschaftlichkeit der Leistungserstellung der einzelnen Werkstätten führen können. Aus diesem Grunde kommt der Transparenz der Werkstattabrechnung bei Saarberg besondere Bedeutung zu - ein Umstand, der bei Konzipierung der im folgenden dargestellten Leistungsverrechnung der Zentralwerkstätten zu beachten war.

Die Betriebswerkstätten, die als Hilfsbetriebe abgerechnet werden, verrechnen ihre direkt zurechenbaren Kosten (Betriebskosten + Abschr. u. Zinsen + Steuern u. Abg.) mit Hilfe von Stundenverrechnungssätzen an den Auftraggeber, d. h. den eigenen Hauptbetrieb, weiter. Auf diese Weise wird das Ergebnis der einzelnen Betriebswerkstätten auf Null gestellt. In den Stundenverrechnungssätzen sind keinerlei Gemeinkosten aus übergeordneten Bereichen, auch nicht die Betriebsgemeinkosten der betreffenden Hauptbetriebe (Gruben, Kokerei, Kraftwerke) enthalten.

Da bei den Zentralwerkstätten grundsätzlich ein Ergebnisausweis zu erfolgen hat, wenngleich ein ausgeglichenes Ergebnis anzustreben ist, hat die Verrechnung auf Basis von Vollkostenstundensätzen zu erfolgen, d. h. sämtliche Überwälzungskosten aus den übergeordneten Produktbereichen, Spartenleitungen sowie die Unternehmensgemeinkosten aus den Verwaltungsressorts sind über die Stundensätze an die Auftraggeber weiterzuverrechnen.

Aus dieser unterschiedlichen Art der Weiterverrechnung der Selbstkosten - bei den Gruben in Form direkter Kosten (Teilkosten) und bei den Zentralwerkstätten in Form von Vollkosten - ergeben sich abrechnungsbedingt unterschiedlich hohe Stundenverrechnungssätze, die nur vergleichbar sind, wenn bei den Zentralwerkstätten die Umlagekosten außer Betracht bleiben, bzw. wenn ein getrennter Ausweis von Basisstundensatz (Direkte Kosten, d.h. Betriebskosten + Abschr. u. Zinsen + Steuern u. Abgaben) und Gemeinkostenzuschlag (übergeordnete Kosten) erfolgt.

Entstehen auf Betriebskostenebene Unterschiede in der Höhe der Basisstundensätze, so erklären sich diese aus unterschiedlichen Aufgaben, unterschiedlicher personeller und maschineller Ausstattung, aber auch aus unterschiedlicher Auslastung der Kapazitäten. Eine Vereinheitlichung der Stundensätze auf dieser Ebene im Sinne eines "Einheitsstundensatzes" wurde ursprünglich angestrebt aber letztendlich als unzweckmäßig erachtet, da dabei die Unterschiede der einzelnen Werkstätten nicht mehr zum Ausdruck kämen und die Transparenz der Auftragsabrechnung verloren ginge.

Leistungsverrechnung der Zentralwerkstätten

1) Allgemeines

Mitte des Jahres 1984 wurde ein neues System der Auftragsabrechnung für die Zentralwerkstätten der Saarbergwerke eingeführt, welches die bis dahin bestehenden Systeme der einzelnen Zentralwerkstätten ablöste; das neue System findet seither einheitlich für alle Zentralwerkstätten Anwendung und zwar für alle mit Hilfe der EDV verrechneten Leistungen wie

- Reparaturen
- Montagen
- Transporte
- Untersuchungen
- Beratungen
- Fertigung,

die für eigene Betriebe und Abteilungen sowie für Fremde erbracht werden.

Die Verrechnung einer Leistung setzt voraus, daß die Bedarfsstelle für die Leistung einen schriftlichen Auftrag (interne Bedarfsstellen über einen Werkstattauftrag gemäß Anlage 2) erteilt. Bei telefonischer Auftragserteilung ist ein schriftlicher Auftrag schnellstmöglich nachzureichen.

Der schriftliche Auftrag muß sofort nach dem Eingang beim Auftragnehmer der Datenerfassung und -kontrolle zur edv-mäßigen Eröffnung zugesendet werden.

Es wird den Auftragnehmern freigestellt, sich für monatliche oder in noch kürzeren Zeitabständen wiederkehrende Arbeiten nur einen Auftrag im Geschäftsjahr erteilen zu lassen (Daueraufträge). Mit diesen Daueraufträgen sind insbesondere die laufenden

- Überwachungsarbeiten
- Instandhaltungsarbeiten
- Instandsetzungsarbeiten

zu erfassen. Sämtliche Anfertigungen, Montagen und unregelmäßig wiederkehrende Instandsetzungsarbeiten sind gegen Einzelaufträge auszuführen.

Die Stundenverrechnungssätze der Werkstätten werden einheitlich als DM/Std.-Sätze auf der Basis der jeweiligen Betriebskosten einschließlich direkter kalkulatorischer Kapitalkosten, Steuern, Abgaben und Versicherungen ausgewiesen. Darüber hinaus werden zu den Stundensätzen der Zentralwerkstätten prozentuale Zuschlagsätze für die zu berücksichtigenden Gemeinkosten angesetzt. Diese werden in Abstimmung mit der Betriebsbuchhaltung ermittelt. Die Stundensätze werden auf der Basis der Normalbeschäftigung festgelegt und über einen längeren Zeitraum (ein Jahr) möglichst konstant gehalten.

2) Aufbau des Abrechnungssystems

Innerhalb der Klasse 9 des Kontenrahmens (Anlage 3) wird die Gruppe 97 für die Durchführung der Auftragsabrechnung reserviert. In dieser Gruppe werden die Einzelbeträge jedes Auftrages zum Zwecke der auftragsbezogenen Zusammenfassung kostenartengerecht zwischengebucht und erst von hier aus als Kostenart "Eigene Lieferungen und Leistungen" monatlich zusammengefaßt an den Auftraggeber weiterbelastet.

Die leistungsverrechnenden Werkstätten verwenden eindeutige Auftragsnummern, die sich im Rahmen eines festgelegten Nummernsystems bewegen. Die Auftragsnummer ist neunstellig und bedeutet im einzelnen von links nach rechts folgendes:

1. - 2. Stelle, Kontenkreis 97 für die Auftragsabrechnung

3. - 4. Stelle, Auftragsnummerkreis zur Kennzeichnung des Auftragnehmers (Werkstattnummer)

5. - 9. Stelle, laufende Auftragsnummer (Zählnummer).

Die ersten vier Stellen der Auftragsnummer sind Zwangsnummern und werden von der Betriebsbuchhaltung (Stelle 1 - 2) bzw. der Systemanalyse und Programmierung (Stelle 3 - 4) vergeben. Die Stellen 5 - 9 stehen den Betrieben zur freien Verfügung; lediglich die letztmögliche Nummer (97 XX 99999) ist vom EDV-System belegt zur Durchführung der monatlichen Bestandsrechnung.

Die zusammenfassende Zwischenverbuchung wird dadurch erreicht, daß als zu belastende Kostenstelle für alle Leistungen - ob eigen, fremd oder Materialbestellungen - grundsätzlich die Auftragskostenstelle in der Gruppe 97 fungiert. Damit entfällt jede Direktbelastung der Betriebe mit Einzelbeträgen, was bei den früheren Auftragsabrechnungen möglich war. Monatlich wird der Gesamtbetrag für den Auftrag auf die zu belastende Kostenstelle des auftraggebenden Betriebes gebucht.

Die Weiterverrechnung der zusammengefaßten Auftragskosten auf den Auftraggeber erfolgt - je nach Art des Auftrags - monatlich bzw. nach Fertigstellung zu Lasten der Kostenstelle des auftraggebenden Betriebes (Anlage 4).

Mit den Unterlagen der Saarberg-Betriebsabrechnung erhält der auftraggebende und auftragnehmende Betrieb auch die Abrechnungsunterlagen des Auftragskontos (Anlage 5) in Form

- der Kostenstellenrechnung nach Kostenarten untergliedert für den Monat und aufgelaufen
- des Kontenblattes mit Einzelbuchungen.

Bei Festpreisaufträgen erfolgt die Istkostenverbuchung als Auftragsabrechnung nur für Zwecke der Werkstatt. Dem Auftraggeber ist hier kein Einblick in die Istkosten möglich, es erfolgt bei ihm nur die Verbuchung des Festpreisbetrages bei Fertigstellung des Auftrages.

Die Kosten- und Erlösartengliederung ist für alle Auftragskonten gleich und analog der Gliederung der Konten für Hilfsbetriebe aufgebaut:

a) Kostenarten

01 <u>Fertigungsmaterial (Material aus Magazinen)</u>
Zu Lasten dieser Kostenart werden alle Materialentnahmen aus den Magazinen der Abteilung Lagerwirtschaft und Materialdisposition verbucht.

<u>Zulieferung von Fremden</u>

03 Reifen

04 Kfz-Ersatzteile

06 Sonstiges

Unter diesen Kostenarten werden die im Rahmen des Auftrages zugekauften Fremdlieferungen und -leistungen erfaßt.

07 <u>Zulieferung von Saarberg-Betrieben</u>
In dieser Kostenart werden die im Rahmen des Auftrages in Anspruch genommenen Lieferungen und Leistungen von Saarberg-Betrieben ausgewiesen. Für diesen Fall erteilt der Auftragnehmer einen Werkstattauftrag an den Unterauftragnehmer. Als zu belastende Kostenstelle muß auf dem Werkstattauftrag an den Unterauftragnehmer das Auftragskonto des Hauptauftragnehmers vorgegeben werden, das dann monatlich bzw. bei Festpreisbildung nach Fertigstellung des Unterauftrags zu Lasten des Haupt-Auftragskontos zu verrechnen ist.

09 <u>Sonderkosten</u>

Unter diesen Kostenarten sind zu erfassen:

- Modellkosten)
- Sondervorrichtungskosten) Kosten für Sondereinrichtungen Werkzeugmaschinen, Sonderwerkzeuge
- Kosten für Sonderbetriebsmittel)

- Besondere Entwicklungs- und Entwurfskosten
- Patent- und Lizenzkosten
- Transportkosten zu Lasten des Auftraggebers.

In Einzelfällen (z. B. Anfertigen eines Modells) wird ein Unterauftrag vergeben werden müssen. Bei Vorgabe der zu belastenden Kostenstelle muß dann die Kostenarten-Nr. 09 angegeben werden.

01 - 09 <u>Summe der Einsatzkostenarten</u>

43 <u>Verrechnung Basisstundensatz</u>

Die Stundensatzverrechnung für zu Lasten des Auftrags verfahrene Stunden erfolgt über die Kostenart 43 Verrechnung Basisstundensatz.

44 Verrechnung übergeordneter Gemeinkosten

Bei den zentralen Werkstätten ist zusätzlich zu dem Ergebnis aus Basisstundensatz x effektiven Arbeitsstunden ein prozentualer Zuschlag für übergeordnete Gemeinkosten unter Kostenart 44 zu verrechnen. Die Verrechnung erfolgt per EDV auf der Basis fester Gemeinkostenzuschlagssätze.

43 - 44 Summe Fertigungskosten

01 - 44 Summe Auftragskosten

b) Erlösarten

91	Leistungsverrechnung an Fremde
92	Leistungsverrechnung an eigene Betriebe
95	Anfangsbestand
96	Endbestand
95 - 96	Bestandsunterschied nicht abgerechneter Leistungen
99	Unter-/Überdeckung bei Festpreisen
91 - 99	Auftragserlöse

Bei der Erlösrechnung ist zu unterscheiden nach

- Aufträgen mit monatlicher Weiterbelastung
- Aufträgen, die nicht monatlich weiterbelastet werden
- Aufträgen, die zu Lasten mehrerer Kostenstellen abzubuchen sind.

Diese Unterscheidung ist im Werkstattauftrag festzulegen.

Kennziffer 0 = monatlich abzurechnen
Kennziffer 1 = nicht monatlich abzurechnen - Festpreis
Kennziffer 2 = nicht monatlich abzurechnen - Teillieferungen
Kennziffer 3 = nicht monatlich abzurechnen - Fremdauftrag
Kennziffer 4 = Kostenaufteilung

Aufträge mit monatlicher Abrechnung

Die Kosten aller Aufträge mit Kennzeichen "0" sind im Rahmen der Monatsabschlüsse entsprechend der Vorgabe auf dem Werkstattauftrag zu Lasten des Auftraggebers zu verrechnen.

Aufträge, die nicht monatlich abgerechnet werden

- Aufträge zu Festpreisen

  Die Abrechnung eines Festpreisauftrages zu Lasten des Auftraggebers verlangt neben der Angabe eines Festpreises eine Fertigmeldung seitens des Auftragnehmers an die EDV.

  Solange keine Fertigmeldung der EDV vorliegt, wird der Festpreisauftrag im Rahmen des Monatsabschlusses in Form nicht abgerechneter Leistungen als Endbestand, für den Folgemonat als Anfangsbestand, nachgewiesen. Als Obergrenze wird der Festpreis angesehen. Überschreiten die angefallenen Kosten den Festpreis, so wird der die Obergrenze überschreitende Kostenbetrag zu Lasten des Erlöses des auftragsausführenden Betriebes abgebucht; ergibt sich eine Überdeckung - Festpreis höher als Kosten - so ist diese zu Gunsten des Erlöses des auftragsausführenden Betriebes zu verrechnen.

- Aufträge mit Teillieferungen

  Als Auftrag mit Teillieferungen sind Innenaufträge mit der Festlegung Anzahl Einheiten x Preis pro Einheit zu verstehen. Es handelt sich hierbei vorwiegend um Abrufbestellungen des Einkaufs zu Lasten Kontenklasse 3 (Magazinbestandskonten) und um Aufträge zu Lasten der Kontenklasse 2 (Neubaukonten) und 8 (Bergschadenskonten) in der Geschäftsbuchhaltung. Bei diesen Aufträgen ist als zu belastende Kostenstelle das entsprechende Konto der Geschäftsbuchhaltung vorzugeben.

  Dazu ist bei Eröffnung des Auftrags der Preis/Einheit auf dem Werkstattauftrag zu vermerken. Die monatlich abzurechnenden Einheiten sind nach Vorlage des Material-Eingangsscheines - gesondert gekennzeichnet - der EDV über Werkstattauftrag vorzugeben. Per EDV wird dann die Buchung durchgeführt. Die Beendigung des Auftrags ist der EDV über Werkstattauftrag anzuzeigen.

- Fremdaufträge

  Werkstattaufträge von Dritten sind generell wie Festpreisaufträge im Innenverhältnis zu behandeln. Der Werkstattauftrag ist vom Auftragnehmer selbst auszustellen. Als zu belastende Kostenstelle ist im Werkstattauftrag die Kundennummer einzusetzen.

  Im Werkstattauftrag ist der Festpreis ggf. Endpreis anzugeben. In den Monatsabschlüssen ist diese Vorgabe Limit zum Nachweis als Endbestand. Die Abrechnung des Auftrags an den Kunden erfolgt über die Ausgangsrechnung, die die

Werkstatt erstellt. Gleichzeitig mit der Ausstellung der Ausgangsrechnung muß die Werkstatt über eine entsprechende Kennzeichnung in dem Werkstattauftrag der EDV die Fertigstellung des Auftrags mitteilen. Teilabrechnungen zu Lasten Dritter können nach Eröffnung des Auftrags jederzeit vorgenommen werden. Verlangt die Werkstatt vom Kunden eine Abschlagszahlung so hat dies keine Auswirkung auf die Erlös- und Auftragsabrechnung.

Nach dem neuen Auftragsabrechnungsverfahren werden bei den Werkstätten keine Fremderlöse mehr ausgewiesen. Sie sind nur noch im Rahmen der Auftragsabrechnungen sichtbar.

Kostenaufteilung

Ist eine Kostenaufteilung auf mehrere Kostenstellen erforderlich, so erfolgt dies mit dem Werkstattauftrag gemäß Anlage 2. Es sind Prozentsätze für die Belastung der einzelnen Kostenstellen einzutragen.

Die monatliche Verrechnung der Auftragskosten sowie die Verbuchung der Unter-/Überdeckung bei Festpreis-, Teillieferungs- und Fremdaufträgen werden mit entsprechenden Textschlüssel-Nummern gekennzeichnet.

EDV-mäßige Durchführung der Leistungsverrechnung und praktische Anwendungsmöglichkeiten

Beim Umfang der monatlichen Werkstattleistungen (ca. 2 ooo Aufträge pro Monat) wäre eine Durchführung der Auftragsabrechnung in der derzeitigen Form ohne Einsatz der EDV und darüber hinaus die zeitgerechte Abwicklung ohne die Nutzung der Vorteile, die der zunehmende Einsatz von PC und Datensichtgeräten mit sich bringt, kaum möglich.
Vor dem endgültigen Lauf der Programme zur Leistungsverrechnung sind eine Reihe von Prüfarbeiten vorzunehmen, die heute überwiegend von eigenständigen Prüfprogrammen übernommen werden und die vorab eine schnelle Beseitigung evtl. auftretender Fehler möglich machen. So werden vorab Fehlerlisten erstellt, die Auskunft geben über die Existenz

- zu belastender Auftragskonten
- der mit Auftragskonten zu belastenden Kostenstellen der Auftraggeber (besonderes Problem in Gewinnungsbetrieben, da z. B. Abbaubetriebspunkte nur eine begrenzte Lebensdauer aufweisen und die entsprechenden Kostenstellen nach einer bestimmten Zeit entfallen).

Durch den Einsatz von PC in der Betriebsbuchhaltung besteht desweiteren die Möglichkeit der gezielten Abfrage von Kostenstellen. Der Hauptvorteil der PC besteht desweiteren darin, daß mit Hilfe spezieller Software-Programme (SIROS) Auswertungen erstellt werden können, die den Bedürfnissen von Auftraggebern und -nehmern von Werkstattleistungen gerecht werden. So wurden spezielle Sortierprogramme entwickelt, die die Aufträge mit verdichteten Kostendaten nach

- Auftragsnummer
- Nummern der zu belastenden Kostenstellen
- Betriebsmittel-Nummern
- Kunden-Nummern

gruppiert darstellen.

Zusätzlich wurde ein Programm erstellt, mit dessen Hilfe für die einzelnen Werkstätten Nachkalkulationen erstellt werden können (Anlage 6).

Bei zunehmender Ausstattung der Betriebe mit Datensichtgeräten, die für den Dialogverkehr geeignet sind, wird in Zukunft ein weitgehender Verzicht auf Papierausdruck möglich sein, da die einzelnen Werkstätten, wie die verschiedenen Auftraggeber direkte Zugriffsmöglichkeiten auf die für sie relevanten Daten haben werden. Dann wird auch die heute noch manuell zu erstellende Werkstattauftragskarte entbehrlich, da die Beteiligten per Bildschirm Aufträge eröffnen, ändern und schließen könnten. Dadurch wäre auch eine heute noch bestehende Fehlerquelle, die der Time-lag zwischen manueller Anlegung der Auftragskarte und maschineller edv-mäßiger Erfassung eines Auftrags mit sich bringt, beseitigt.

GLIEDERUNG DER SPARTEN UND PRODUKTBEREICHE DER SAARBERGWERKE AG

Anlage 1

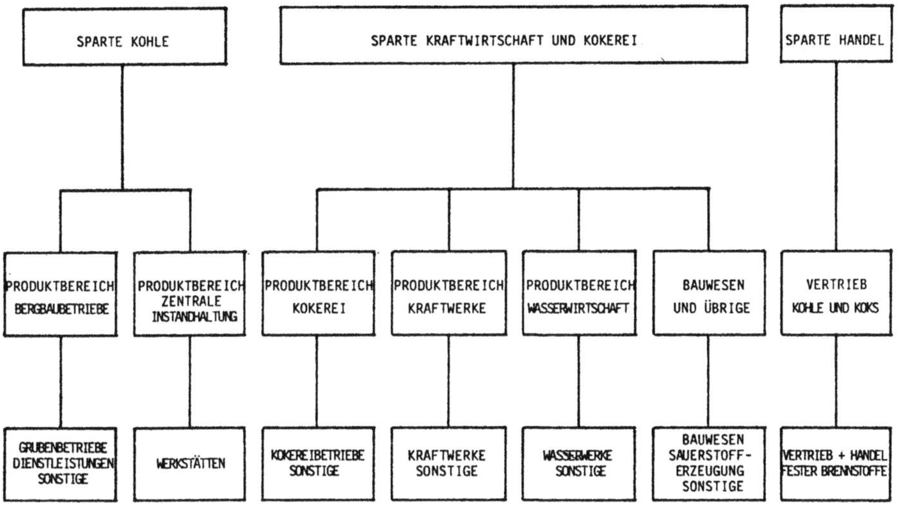

SAARBERGWERKE AG / F-RB
1984

Anlage 2/1

SAARBERG

Werkstatt-Auftrag Nr. __________

Von

An

A Auftraggeber

Arbeits-Schlüssel	SA	Auftrags-Monat/Jahr	Auftrags-Nr.	zu belastende Kostenstelle	SB-Nr. / Auto-Nr.	Abrufbestell-Nr.
0602	60					
1 - 4	5-6	7 - 10	11 - 17	18 - 28	29 - 37	38 - 44

Anfordernde Dienststelle	Budget-Nr.	Kurzbezeichnung des Auftrages	Reparatur-art
45 - 48	49 - 53	54 - 84	85 - 88

Gegenstand des Auftrages	Technische Erläuterungen

Gewünschter Liefertermin | Zu liefern an

B Auftragnehmer

Auftrags-Nr.	Auftragnehmer	Auftrag Art	KZ	Festpreis / Einzelpreis	Menge	Kunden-Nr.	Stückzahl	Beleg-Nr.
89 - 95	96-97	98-100	101-102	103 - 112	113 - 116	117 - 120	121 - 124	125 - 128

	Aussteller	Betrieb/Abteilung	Auftragsbestätigung	Liefertermin
Name				am
Telefon-Nr.				
Datum				
Unter-schrift				

KZ in Satzposition 101 - 102

in Satzpos. 101	in Satzpos. 102
1 = Zugang	0 = monatl. abzurechnen
2 = Teilabrechnung	1 = Festpreisauftrag
3 = Änderung	2 = Teillieferungsauftr.
4 = Abgang	3 = Fremdauftrag
	4 = Kostenaufteilung

Datenerfassung

Kostenaufteilung

Vom Auftragnehmer auszufüllen.

Arbeits-Schlüssel	SA	Auftrags-Monat/Jahr	Auftrags-Nr.	KZ
0602	62			
1 - 4	5-6	7 - 10	11 - 17	18

KZ in Satzposition 18
1 = Wert
2 = Prozent
(Vom Auftraggeber auszufüllen.)

Vom Auftraggeber auszufüllen | vom Auftragnehmer auszufüllen

Position	zu belastende Kostenstelle	Wert / %	Position	zu belastende Kostenstelle	Wert / %	Beleg-Nr.
19-20	21 - 31	32 - 38	39-40	41 - 51	52 - 58	59 - 62
01			02			
03			04			
05			06			
07			08			
09			10			
11			12			
13			14			
15			16			
17			18			
19			20			
99	Kontrollsumme		99	Kontrollsumme		

Saarberg 57 a

Anlage 2/2

- **vom Auftragnehmer**

Datenfeld

89 - 95	Auftrags-Nr. des Leistungsgebers unter der die Leistung erbracht wird	
96 - 97	Hauptauftragnehmer, wenn der Auftragnehmer mehrere Fertigungsbereiche hat. Ist nur ein Erlöskonto vorhanden, sind diese Stellen auszunullen	
98 - 100	Auftragsart, ist rechtsbündig beginnend einzutragen, Leerstellen sind auszunullen	

z. B. B-ZM 01 = Getriebebau
20 = Seilförderanlagen

B-ZT 32 = Kombifahrzeuge
36 = Sonderfahrzeuge

B-ZE 03 = allgemeine Unterhaltungsarbeiten

B-TGW 025 = Hydraulikstempel
144 = Schreitzylinder

101 - 102 Kennziffer der Abrechnungsarten, für Konten- und Auftragseröffnung, Konten- und Auftragsänderung, Kontenschließung und Fertigmeldung

Spalte 101,
1 = Zugang
2 = Einheiten bei Teillieferung
3 = Änderung
4 = Abgang

Spalte 102,
0 = monatlich abzurechnen
1 = Festpreisauftrag
2 = Teillieferungsauftrag
3 = Fremdauftrag
4 = Kostenaufteilung

103 - 112 Festpreis oder Einzelpreis, bei Einzelpreis sind die Pfennigbeträge rechtsbündig mit anzugeben, bei Festpreis sind die beiden rechtsbündigen Stellen auszunullen

Anlage 2/3

Datenfeld

113 - 116 Mengenangabe, nur in Verbindung mit dem Einzelpreis anzugeben

117 - 120 Saarberginterne Kunden-Nrn. dient der Mechanischen Dienste für EDV-Auswertungen der Leistungen je Kunde

121 - 124 Dieses Datenfeld dient der Werkstatt für Grubenausbau für EDV-Auswertungen über reparierte Stückzahlen je Auftrag

125 - 128 Beleg-Nr., fortlaufende Nr., die für die EDV-Abstimmung benötigt wird.

Sind die Auftragskosten mehreren Kostenstellen anzulasten, so müssen die im Vordruck (Anlage 1 a) angegebenen Datenfelder vom Auftraggeber wie folgt ausgefüllt werden:

- KA 60

Die Datenfelder 1 - 128 werden wie bereits beschrieben ausgefüllt, mit der Ausnahme, daß das Datenfeld 18 - 28 (zu belastende Kostenstelle) unbelegt bleibt.

- KA 62 (nur für interne Saarbergaufträge zu verwenden)

Datenfeld

1 - 4 Arbeitsschlüssel, wird von der Programmierung fest vorgegeben

5 - 6 Satzkennung, wird von der Programmierung fest vorgegeben

7 - 8 Ausstellungsmonat 01 = Januar, 12 = Dezember

9 - 10 Ausstellungsjahr 84 = 1984

11 - 17 Auftrags-Nr. des Auftragnehmers

Achtung!
Die Auftrags-Nr. der KA 60 Datenfeld 89 - 95 muß mit der Auftrags-Nr. der KA 62 Datenfeld 11 - 17 identisch sein

18 Kennziffer für die Kostenaufteilung
0 = Prozentangabe
1 = Betrag in DM
ohne Kommastellen

...

Anlage 2/4

Beschreibung des Werkstattauftrags

Für die edv-mäßige Verrechnung der erbrachten Leistungen sind die im Vordruck "Werkstattauftrag" angegebenen Datenfelder wie folgt auszufüllen:

- vom Auftraggeber

Datenfeld	
1 - 4	Arbeitsschlüssel, wird von der Programmierung fest vorgegeben
5 - 6	Satzkennung, wird von der Programmierung fest vorgegeben
7 - 8	Ausstellungsmonat, 01 = Januar, 12 = Dezember
9 - 10	Ausstellungsjahr 84 = 1984
11 - 17	Auftrags-Nr. des Auftraggebers. Ist der Auftraggeber nicht in dem Auftragsnummern-System der Anlage 3 aufgeführt, bleibt dieses Datenfeld frei
18 - 28	die zu belastende Kostenstelle Je Auftrags-Nr. darf nur eine Kostenstelle/Konto angesprochen werden, es sei denn, die Auftragskosten sind mehreren Kostenstellen/ Konten anzulasten. In diesem Fall ist Vordruck Anlage 1a zu verwenden. Handelt es sich hierbei um Aufträge zu Lasten der Kontenklasse 2, 3 und 8, ist das entsprechende Konto linksbündig einzutragen. Wird dieses Datenfeld für das Eintragen der externen Kunden-Nr. verwendet, so ist diese rechtsbündig beginnend einzutragen. Dabei ist zu beachten, daß die beiden linksbündigen Ziffern immer "0" sein müssen
29 - 37	Saarberg-Nr. des Betriebsmittels bzw. Auto-Nr.
38 - 44	Abrufbestell-Nr., wenn es sich um einen Abrufauftrag handelt
45 - 48	Dienststellen-Nr. des Anforderers/Auftraggebers
49 - 53	Budget-Nr.
54 - 84	Auftragsbezeichnung im Kurztext
85 - 88	Reparaturart (z. Z. frei)

...

Anlage 2/5

Datenfeld

19 - 20	Positions-Nr.
21 - 31	die zu belastende Kostenstelle
32 - 38	DM-Betrag oder Prozentangabe
39 - 40	Positions-Nr.
41 - 51	die zu belastende Kostenstelle
52 - 58	DM-Betrag oder Prozentangabe
59 - 62	Beleg-Nr., fortlaufende Nr., die für die EDV-Abstimmung benötigt wird

Anlage 3

Aufbau des Saarbergkontenrahmens

Kontenklassen der Geschäftsbuchhaltung	0xx xx xxx . . . . 8xx xx xxx	
Kontengruppen der Betriebsbuchhaltung	90 xxx xxxx xx	Spiegelkonten
	91 xxx xxxx xx	Übergangskonten
	93 xxx xxxx xx	Selbstkostenkonten
	96 xxx xxxx xx	Erlöskonten
	97 xxx xxxx xx	Auftragskonten
	98 xxx xxxx xx	Ergebniskonten
	99 xxx xxxx xx	Konten der Buchungs-unterschiede

Anlage 4

Beispiel zur kontenmäßigen Darstellung der Abrechnung eines Werkstattauftrages

Der Hauptauftrag (Nr. 97 71 12345) ist ein Festpreisauftrag von 13 000 DM an den Bereich Starkstromtechnik, der im Verlauf von 2 Monaten ausgeführt wird.

Im Rahmen des Hauptauftrages wird ein Unterauftrag (Nr. 97 70 24711) an den Bereich Mechanische Dienste vergeben.

	Starkstromtechnik		Mechanische Dienste		(Haupt-)Auftragskonto Starkstromtechnik 97 71 12345		(Unter-)Auftragskonto Mechanische Dienste 97 70 24711		Unfertige Erzeugnisse der Starkstromtechnik 97 71 99999		Grube xy 93 327 9830	
	93 451	96 451 0000	93 454	96 454								
I. Erster Monat												
1. Primär-Kosten												
- Arbeits-u. Sachkosten	740,00		110,00									
- Gemeinkosten	160,00		24,00									
- Materialausgabe					475,00							
- Fremdleistungen												
= Abrufbestellung					11 155,00							
= Anforderungsschein							1 100,00					
= Kleineinkauf					40,00							
2. Stundensatzverrechnung												
- Starkstromtechnik:												
20 FStd. à 37,00		740,00			740,00							
+ 21,6 % GK		160,00			160,00							
- Mechanische Dienste:												
3 FStd. à 37,00				110,00			110,00					
+ 21,6 % GK				24,00			24,00					
3. Abschluß Unterauftrag					1 234,00			1 234,00				
4. Aktivierung nicht abgerechneter Leistungen: (Endbestand bis Festpreis)						13 000,00			13 000,00			
5. Abbuchung der Diff. Festpreis verbuchte Kosten zu Lasten Auftragnehmer		- 804,00				804,00						
	900,00	96,00	134,00	134,00	13 804,00	13 804,00	1 234,00	1 234,00	13 000,00	-	-	-
II. Zweiter Monat												
1. Einbuchung des Anfangsbestandes						-13 000,00				13 000,00		
2. Primär-Kosten												
- Arbeits-u. Sachkosten	1 000,00											
- Gemeinkosten	216,00											
3. Stundensatzverrechnung Starkstromtechnik:												
27 FStd. 37,00		1 000,00			1 000,00							
+ 21,6 % GK		216,00			216,00							
4. Auftragskosten zu Lasten Auftraggeber						13 000,00					13 000,00	
5. Übernahme Rest-Diff. zu Festpreis		-1 216,00				1 216,00						
	1 216,00	-			15 020,00	15 020,00			13 000,00	13 000,00	13 000,00	

Anlage 5/1

SAARBERG
B...

AUFTRAGSABRECHNUNG (Zeitraum)
STARKSTROMTECHNIK
REP. D.-MOT: D QUS 355 5R4 25 25149 97 71 12345
AUFTRAGSBEGINN: 04/83
AUFTRAGSENDE: 05/83
BELASTUNG: 93 327 9830

		ABRECHNUNGS-ZEITRAUM	AUFGELAUFEN
VERRECHNETE FERTIGUNGSSTUNDEN		50,00	50,00
KOSTEN-/ ERLÖSART	KENN-ZAHL	DM	DM
FERTIGUNGSMATERIAL	01	475,00	475,00
ZUL. VON FREMDEN:			
- REIFEN	03	-	-
- KFZ-ERSATZTEILE	04	-	-
- SONSTIGE	06	12 295,00	12 295,00
ZUL. VON SB-BETRIEBEN	07	-	-
SONDERKOSTEN	09	-	-
EINSATZKOSTEN	01-09	12 770,00	12 770,00
VERR. BASISSTD.-SATZ	43	1 850,00	1 850,00
VERR. ÜBERGEORD. GK	44	400,00	400,00
FERTIGUNGSKOSTEN	43-44	2 250,00	2 250,00
AUFTRAGSKOSTEN	01-44	15 020,00	15 020,00
VERR. AN FREMDE	91	-	-
VERR. AN SB-Betriebe	92	15 020,00	15 020,00
ANFANGSBESTAND	95	-	-
ENDBESTAND	96	-	-
BESTANDSUNTERSCHIED	95-96	-	-
UNTER-/ÜBERDECKUNG	99	-	-
AUFTRAGSERLÖSE	91-99	15 020,00	15 020,00

Anlage 5/2

SAARBERG
F-RB

Konto

Monat	Jahr	Blatt-Nr
o4	1984	1

Bezeichnung	Konto-Nr.	Alter Saldo/Übertr.
Rep. Drehstrommotor d QUS SR 4 25 25149	97 71 12345	

Beleg-Nr.	Gegenkonto	Text	Vorgang	Kennzahl	Monatsumsatz Soll	Monatsumsatz Haben	Kennzahlen- oder Vorgang-Salden
984 xxx	99 8o1 7ooo	MAT		o1	475,oo		475,oo S
ER xxxx	68o 31 oo4	FREM		o6	11 155,oo		
ER xxxx	6o3 oo o14	FREM		o6	1 1oo,oo		
ER xxxx	6o3 oo o8o	FREM		o6	4o,oo		12 295,oo S
983 xxx	96 395 1ooo	B-ZE		43	1 85o,oo		1 85o,oo S
983 xxx	96 395 1ooo	B-ZE		44	4oo,oo		4oo,oo S
983 xxx	93 327 983o	AUFT		92		15 o2o,oo	15 o2o,oo H

	Monatssalden Soll	Monatssalden Haben	Neuer Saldo/Übertr.
Saarberg 1099	15 o2o,oo	15 o2o,oo	

F-RBB

Anlage 6

NACHKALKULATION

BASISSTUNDENSAETZE UND ZUSCHLAG FUER UEBERGEORDNETE GEMEINKOSTEN

WERKSTAETTEN FUER GRUBENAUSBAU DER B-TG-JAN. BIS JUNI 1985

A) BASISSTUNDENSAETZE

	VERRECHNETE FERT.STUNDEN	BETRIEBSKOSTEN	DIREKTE KALK.KAPITALK.STEUERN ABG.,VERSICHERG.	GESAMTKOSTEN	BASIS-STUNDENSAETZE
KOSTENSTELLEN:	STD.	DM	DM	DM	DM/EINH.
933920000	117.365,27	5.767.875,21	204.724,00	5.972.599,21	50,89
933920100		59.466,28	2.856,00	62.322,28	0,00
SUMME	117.365,27	5.827.341,49	207.580,00	6.034.921,49	

B) ZUSCHLAG FUER UEBERGEORDNETE GEMEINKOSTEN

			% AUF GESAMTKOSTEN DER FERTIGUNGSSTELLEN
933929000 - SAMMELKOSTENSTELLE FUER BETRIEBLICH NICHT AUFTEILBARE KOSTEN		912.689,00	15,12
BLATT 1 - BETRIEBSABRECHNUNG:			
UNTERSCHIED: BUCHMAESSIGE KOSTEN - KALK.GESAMTSELBSTKOSTEN	6.737.289,49 6.947.610,49	210.321,00-	3,48-
ZUSCHLAG		702.368,00	11,63

Der Einsatz des Programmsystems FMS zur Integration des Rechnungswesens in einer CIM-Architektur

Dipl.-Kfm. *A. Russ*, IBM Deutschland GmbH, München

Inhalt:

Um im heutigen komplexen und sich schnell ändernden Wirtschaftsgeschehen bestehen zu können, ist es von entscheidender Bedeutung für jedes Unternehmen, Finanzinformationen

o aktuell

o umfassend und genau

o zugeschnitten für jede Ebene des Managements

zur Verfügung zu haben.

Finanzinformationen bilden die Grundlage jeder Managemententscheidung und sind der Schlüssel zum Unternehmenserfolg.

Es gilt die Regel,daß die Qualität einer Managemententscheidung im starken Maße von der Qualität der zur Verfügung stehenden Informationen abhängt.

1. DAS FINANZ- UND RECHNUNGSWESEN IN DER CIM-ARCHITEKTUR

1.1. Die Datendurchlässigkeit der Informationsebenen im Unternehmen

1.1.1. Die Informationsebenen

Die Funktionsbereiche im Informationssystem eines Unternehmens können grundsätzlich in drei Ebenen unterteilt werden (Abb. 1):

a) Operationelle Ebene

Ein wesentliches Kriterium der operationellen Informationsebene ist die Bearbeitung einzelner Vorgänge, Geschäftsvorfälle, Bewegungen, wie z. B. eine Rechnung, ein Auftrag, ein Arbeitsvorgang, eine Buchung, ein Zahlungsvorgang usw. In den Anwendungen der operationellen Ebene, wie z. B. Buchhaltung, Lohn- u. Gehaltsabrechnung, Einkauf, Vertrieb, Fertigung usw., werden pro Tag eine Vielzahl von Einzeltransaktionen bearbeitet. Die Mehrzahl dieser Daten wird heute bereits rechnergestützt erfaßt und abgespeichert.

Diese große Menge an Detailinformationen wird zwar für die Abwicklung der jeweiligen Anwendung benötigt, ist aber als Managementinformation nur in seltenen Fällen geeignet.

Ein weiteres Merkmal der Anwendungen dieser Ebene - neben der Vielfalt an Einzelinformationen - ist die notwendige Revisionssicherheit, Zugriffsschutz auf Daten und Programme, sowie die Datensicherheit. Der Endbenutzer ist nicht in der Lage, Finanzdaten zu manipulieren.

b) Taktische Ebene

Die Vielzahl an Einzelinformationen in den verschiedensten Datenbeständen der operationellen Ebene müssen für die Unternehmenssteuerung in geeigneter, verdichteter Form aufbereitet werden.

Die so gewonnenen, konsolidierten Istwerte können nun den Plandaten gegenübergestellt werden und sind somit wichtige Informationen für das Controlling und Management-Berichtswesen der taktischen Ebene.

Die hier abgespeicherten Daten sind von großer Aussagefähigkeit. Das bedingt, daß die Verarbeitung/Speicherung dieser Informationen revisionssicher erfolgen muß und dem Datenschutz in dieser Ebene erhebliche Bedeutung zukommt. Die in diesem Bereich einzusetzenden Finanzsysteme dürfen auf keinen Fall eine Datenmanipulation zulassen, sie müssen jedoch den Zugriff zu den Informationen durch den berechtigten Endbenutzer in jeder gewünschten und zulässigen Weise ermöglichen.

c) Strategische Ebene

Die verschiedenen verdichteten Istwerte und Abweichungen der taktischen Ebene stellen wiederum wichtige Ausgangsdaten für die Unternehmensplanung der strategischen Ebene dar.

Das ist die Domäne der Planungssysteme, die verschiedene Planungsmethoden, z. B. der Statistik, Extrapolation, Simulation und Alternativrechnungen zur Ermittlung von Plandaten bereithalten.

Wesentliches Merkmal ist die Möglichkeit des Endbenutzers, eine leicht erlernbare "Datenmanipulationssprache" - im positiven Sinne des Wortes als Planungssprache - zu verwenden. Mit ihrer Hilfe kann er nicht nur Daten verändern, sondern jederzeit auch neue Modelle definieren und durchrechnen lassen.
Erst wenn ein Unternehmens-/Finanzplan von der Geschäftsleitung als verbindlich verabschiedet ist, werden die Plandaten an das Steuerungssystem der taktischen Ebene übergeben und unterliegen somit dem dortigen Datenschutz. Sie können nicht mehr direkt manipuliert, d. h. verändert werden.

1.1.2. Integration

Die Anforderungen der drei verschiedenen Unternehmensebenen hinsichtlich Datenvolumen, Revisionserfordernissen, Datenschutz und Datenmanipulation führen zwangsläufig zu verschiedenen Anwendungssystemen. Deshalb kommt der Integration, d. h. der Datendurchlässigkeit eine besondere Bedeutung zu.

Ein wirkungsvolles Controlling ist nur möglich, wenn der Datenfluß von den Anwendungen der operationellen zur taktischen und strategischen Ebene und zurück ermöglicht wird.

1.2. Das Finanz- und Rechnungswesen als notwendiger Bestandteil in einer CIM-Architektur

CIM (Computer Integrated Manufacturing) wird oft nur als eine Konzeption für die Integration der fertigungstechnischen Abläufe in einem Unternehmen gesehen:

CAE für Design, Entwicklung, Konstruktion und Ingenieurwesen

PPS für Produktionsplanung und -steuerung und

CAM für die automatisierte Fertigung, z. B. mit Robotern und flexiblen Fertigungszellen

sind die Bestandteile einer solchen Konzeption.

Wesentliche Komponenten, nämlich die aus dem kaufmännischen Bereich, insbesondere die für das Finanz- und Rechnungswesen fehlen.

Dabei ist für jedermann offensichtlich, daß die Fertigung noch so perfekter Produkte wenig hilft, wenn das Unternehmen infolge zu hoher Produktionskosten Verluste erzielt.

Das Finanz- und Rechnungswesen greift in alle technischen CIM-Komponenten ein:

- Beim Design und bei der Konstruktion ist es wichtig, nicht nur die mögliche technische Realisierung, sondern auch deren Kosten zu beachten. Ob ein Angebot für den Kunden akzeptabel ist und damit zum Auftrag wird, hängt nicht zuletzt auch vom Preis ab. Auf ihn haben die Herstellkosten den überwiegenden Einfluß und die werden in einer automatisierten Fertigung bereits bei der Konstruktion maßgeblich bestimmt (Material, Fertigungsablauf usw.)

  Lösungsansätze werden zur Zeit evaluiert, wie z.B. die konstruktionsbegleitende Kalkulation.

- Der Einsatz von Robotern und flexiblen Fertigungszellen in der zunehmend automatisierten Fertigung erhöht die Kapitalbindung und die Kapitalintensität in einem Unternehmen.

Die Folgen von Fehlentscheidungen bei Investitionen in einer stark kapitalintensiven Betriebswirtschaft können existenzgefährdend sein.

Die Investitionsrechnung wird deshalb zwangsläufig größere Bedeutung erlangen. Dabei wird es nicht mehr reichen, nur das Investitionsgut für sich zu betrachten. Es müssen in Extremfällen die Auswirkungen auf die Plan-GuV's und Planbilanzen für die Dauer des Lebenszyklus der Anlage berechnet bzw. simuliert werden. Die Auswirkungen auf die Kapitalseite (Verhältnis von Eigen- zu Fremdkapital) und die Rückwirkungen steuerlicher Art (Gewerbekapitalsteuer), um nur zwei Beispiele zu nennen, sind zu berücksichtigen.

Ergänzend ist die Kontrolle dieser Investitionsvorschaurechnung notwendig, um Erfahrungen für künftige Investitionen zu sammeln. Dadurch wird nach heutiger Erkenntnis die Kostenstellenrechnung, genauer die Kostenplatzrechnung (der jeweiligen Anlage) für das Controlling wichtig.

Hier allerdings nicht mehr nur als periodenbezogene Rechnung, sondern vielmehr als eine Lebenszeitraumbetrachtung.

- Im gesamten operationellen Ablauf, vom Eingang des Auftrages über die Fertigung bis zur Auslieferung und Rechnungsstellung, fallen eine Vielzahl von Einzelinformationen an. Diese gilt es zu erfassen (z.B.auch die Zeiten der einzelnen Fertigungsvorgänge für die Kostenplatzrechnung und Fertigungskalkulation), automatisch in das Finanz- und Rechnungswesen zu übernehmen, zu speichern und im taktischen Anwendungsbereich für das Management aufzubereiten.

Aus all dem ergibt sich, daß das Finanz- und Rechnungswesen ein notwendiger Bestandteil in einer CIM-Architektur ist. Erst das Zusammenwirken, d.h. die Integration der fertigungstechnischen und kaufmännischen Belange garantiert den Unternehmenserfolg. Schließlich gilt es den sog. Borgward-Effekt rechtzeitig zu erkennen, nämlich die Entwicklung und Herstellung technisch hervorragender Produkte, die aber nicht konkurrenzfähig sind und schließlich zur Illiquidität und damit zum Konkurs des Unternehmens führen.

1.3. Beispiel: IBM CIM-Kundenzentrum in München

Wir haben, im Gegensatz zu anderen CIM-Definitionen, von Anfang an das Finanz- und Rechnungswesen (Business Systems = BS) in die CIM-Welt einbezogen.

Seit der Eröffnung des CIM-Kundenzentrums in München im Mai dieses Jahres sind deshalb die Finanzanwendungen integriert (Abb. 2).

Auf der Basis vorhandener Anwendungen erfolgt ein Datenaustausch, insbesondere zwischen den PPS- und BS-Systemen. Dies ist ein erster Schritt, ein Einstieg. Die Entwicklung wird und muß sicherlich in dem im vorhergehenden Kapitel beschriebenen Sinne weitergehen.

Die Bedeutung des IBM CIM-Kundenzentrums in München liegt darin, daß nicht nur über CIM gesprochen, sondern daß CIM auch an Beispiellösungen gezeigt wird. Vom Auftragseingang über die Konstruktion und Fertigung (einschließlich Roboter und flexibler Fertigungszelle) bis hin zu den Auswertungen für die Kostenrechnung, wird an Hand tatsächlicher Vorgänge gezeigt, wie sich CIM in die Praxis umsetzen läßt.

2. FMS ALS CIM-INTEGRATOR FÜR DAS FINANZ- UND RECHNUNGSWESEN

2.1. Merkmale der Integration

Um 2 Anwendungen (A und B) zu verbinden, gibt es zwei Möglichkeiten, nämlich eine zeitgleiche (realtime) und eine zeitlich flexible Verbindung.

a) Zeitgleiche Verbindung

Anwendungen der operationellen Ebene können durchaus eine Realtime-Verbindung voraussetzen.
Beispiel: Kreditwürdigkeitsprüfung bei der Auftragsbearbeitung (Anwendung A). Hier erfolgt ein on-line Zugriff auf die offenen Posten der Debitoren-Buchhaltung (Anwendung B). Diese, plus noch nicht ausgelieferte (fakturierte) Aufträge desselben Kunden, plus neuer Auftrag darf das Kreditlimit nicht überschreiten.

Eine zeitgleiche Verbindung setzt voraus, daß beide Anwendungen gleichzeitig laufen, d. h. verfügbar sind. In unserem Beispiel ist die Anwendung A davon abhängig, daß die Anwendung B zur gleichen Zeit aktiv ist.

b) Zeitflexible Verbindung

Werden Informationen von einer Anwendung A an eine Anwendung B weitergegeben, ohne daß A noch B von der sofortigen und gleichzeitigen Verarbeitung dieser Informationen abhängen, dann läßt sich die Integration beider Anwendungen flexibler gestalten.

Die Anwendung A stellt die für B anfallenden Informationen laufend, nach Anfall, zur Verfügung, z. B. in eine Datei. Anwendung B holt sich diese Informationen immer dann ab, wenn sie sie benötigt. Beide Anwendungen können unabhängig voneinander entsprechend ihrem zeitlichen Rhythmus laufen.

Diese zeitflexible Integration ist für die meisten Anwendungen der taktischen Informationsebene möglich. Beispiel: Kostenrechnung. Die Kostenrechnung verarbeitet Daten in größeren Mengen, die fast ausschließlich von anderen Anwendungen kommen, z. B. vom Einkauf/Rechnungsprüfung, Vertrieb/ Fakturierung, Lohn- und Gehaltsabrechnung, Buchhaltung, Planung u. a. Die Kostenrechnung benötigt diese Daten nicht realtime, sondern zu bestimmten Abrechnungs- und Auswertungszeitpunkten. In den weitaus meisten Fällen reicht es, diese Daten täglich einmal zu übernehmen. Kürzere Intervalle einerseits, aber auch Verarbeitung erst bei Bedarf andererseits, sind ebenso denkbar und möglich.

Welche der beiden Kommunikationswege für die Integration gewählt werden, hängt einmal von den Bedürfnissen der zu verbindenden Anwendungen selbst ab und ist andererseits auch eine Frage der Wirtschaftlichkeit. Bei einer zeitgleichen Integration sind entsprechende Vorkehrungen zu treffen, so daß beim Ausfall einer Anwendung die Arbeit der anderen Anwendungen nicht ebenfalls unterbrochen werden muß.

2.2. Merkmale des FMS

2.2.1. Was ist FMS?

Das Financial Management System (FMS) ist ein flexibles und umfassendes Programm- und Anwendungssystem, das hauptsächlich, wenn auch nicht ausschließlich, die taktische Ebene des Finanzinformationssystems in einem Unternehmen, die Management- und Steuerungssysteme, abdeckt (siehe Abb. 3).

Es bietet einen Rahmen für die Realisierung von anwenderindividuellen Finanzanwendungen und stellt somit alle entscheidungsrelevanten Finanzauswertungen für die Unternehmenssteuerung und das Controlling bereit.

Umfang und Bedeutung von FMS lassen sich durch nachfolgende typische, in der Praxis realisierte Beispiele gut veranschaulichen:

* Finanzmanagement-Berichtwesen
* Konsolidierung von Unternehmensergebnissen
* Hauptbuchhaltung, Bilanz und GuV
* Anlagenbuchhaltung
* Budgetplanung und -steuerung
* Kostenstellenrechnung
* Kostenträgerrechnung/Deckungsbeitragsrechnung
* Projektabrechnungen
* Internationale Finanzmittelverwaltung und -steuerung
* Liquiditätsplanung und -kontrolle
* Datenbasis für "Financial Information Center"
* Ad-hoc Analysen

Das Financial Management System wird mit Hilfe seiner Komponente BOS (Business Output/Tailoring System) im Unternehmen an die jeweils gewünschten Anwendungen (im Datenbank- und Batchteil) und an die Endbenutzergegebenheiten (im Bildschirmteil) angepaßt.

FMS bietet zur Unterstützung der erwähnten Grundsätze und Anwendungen folgende Möglichkeiten:

Datenübergabe/Integration
Wichtig ist die Übernahme von Informationen aus den Datenbeständen vorhandener Anwendungen, z. B. der operationellen Ebene (s. a. Abb. 1 u. 2).

Dies kann mit der FMS-Komponente BOS ohne nennenswerte Eingriffe in die vorhandenen Anwendungen erfolgen. Damit bleiben die in diese Anwendungen getätigten Investitionen geschützt. Dennoch können verschiedene Datenbestände von beliebigen Anwendungen zusammengeführt werden. Dies ist besonders wichtig für Managementberichte mit Daten aus den unterschiedlichsten Bereichen des Unternehmens.

Konsolidierungen, Eliminierungen
Unternehmensbereiche mit unterschiedlichen Schlüsselsystemen und unterschiedlichen Berichtssystemen können mit FMS konsolidiert werden, wobei z. B. die Eliminierung der internen Verkäufe, Investitionen usw. automatisch vorgenommen werden kann.

Komplette Finanzdatenbank
FMS enthält eine komplette Finanzdatenbank in der die Datenbestände unterschiedlicher Anwendungen parallel geführt werden können.

Benutzerorientiertes Berichtswesen
Mit FMS können die Ausgabeberichte und die Eingabe auf die Sprache und Anwendung des jeweiligen Endbenutzers zugeschnitten werden.

Bildschirmein- und -ausgabe, Bildschirmsteuerung
Am Bildschirm können jederzeit auch Daten eingegeben oder eingegebene Daten korrigiert werden. Ferner werden Berichte (z. B. Bilanz, GuV, Kostenstellenberichte usw.) abgerufen und angezeigt. Direkte Abfragen der FMS-Datenbanken, sowie der Aufruf von "Help"-Funktionen sind mit Financial Management System ebenfalls möglich.
Vom Standpunkt der Fachabteilung aus gesehen läßt sich sagen, daß diese ihre Anwendungen mit FMS interaktiv am Bildschirm steuert. Selbstverständlich können vom Bildschirm aus auch Druckausgaben auf Papier veranlaßt werden.

Graphische Ausgabe
Mit dem FMS lassen sich jederzeit auch graphische Darstellungen erzeugen. Sie können über den Bildschirm s. Abb. 4) oder über einen Farbdrucker ausgegeben werden.

Datenweitergabe/Integration
Neben der Datenübernahme ist auch die Datenweitergabe für die Integration einer taktischen Anwendung von entscheidender Bedeutung.

Obwohl FMS ein revisionssicheres System ist, d. h. Datenmanipulationen vom Endbenutzer nicht möglich sind, können ausgewählte Daten aus der FMS-Datenbank, z. B. dem IBM PC übergeben und dort für Planungszwecke, Simulationen und Alternativrechnungen manipuliert werden. Die Datensicherheit wird dabei nicht beeinträchtigt, da die Ursprungsdaten nach wie vor in der FMS-Datenbank vorhanden sind. Für den Datenschutz auf dem PC muß dann allerdings der PC-Benutzer selbst sorgen.

Flexibilität

Dank seiner drei im nächsten Abschnitt näher beschriebenen Komponenten, MLS-FDS-BOS, ist FMS außerordentlich flexibel. Es ist immer dann das geeignete Finanzanwendungssystem, wenn ein fertiges Standardanwendungsprogramm entweder nicht paßt oder zuviel Aufwand verursacht, um es an die individuellen Erfordernisse anzupassen. Es ist auch dann das geeignete System, wenn für die Anwendung in Zukunft Änderungen erwartet werden.

Denn die schnelle Anpassung der Änderungen - seien sie gesetzlicher oder organisatorischer Art - ist eine besondere Stärke von FMS.

Darüberhinaus ist FMS ein "offenes" System, d. h. es lassen sich nacheinander die verschiedensten Finanzanwendungen realisieren.

Programmsystem

Das Financial Management System (FMS) besteht aus drei Komponenten und fünf Datenbanken (siehe auch Abb.5):

* Dem Multiple Ledger System (MLS).
  Es beinhaltet die Hauptverarbeitungsprogramme, wie z. B. die Dateneingabeverarbeitung/Datenprüfung, die Speicherung der Daten in den Datenbanken, Rechenroutinen und Verarbeitungsfunktionen, wie z. B. Vorhersagen. MLS sorgt außerdem für die Steuerung des FMS-Systems.

* Dem Financial Management Display System (FDS).
  Es ermöglicht dem Benutzer die problemlose und schnelle Eingabe, Anzeige und Korrektur von Daten über ein Datensichtgerät.

  FDS enthält folgende Funktionen:
  - Berichtsaufruf,
  - Anzeige von Auswertungen,
  - Abfrage der FMS-Datenbanken,
  - Dateneingabe,
  - Fehlerkorrektur,
  - Help-Funktion,
  - Graphische Anzeige,
  - Verbindung zu AS und dem IBM PC.

* Dem Business Output/Tailoring System (BOS).
  BOS ist die flexible und mächtige Makrosprache für die Berichterstellung.

  Darüberhinaus ermöglicht BOS die individuelle Erweiterung der Standardfunktionen von MLS und FDS. Mit anderen Worten, BOS ist eine "Programmiersprache", die durch einfache Handhabung maßgeschneiderte, individuelle Berichterstattung, Bildschirmdarstellung und Verarbeitungslogik bietet.

  Daneben bietet BOS eine große Anzahl von weiteren Standardberichten sowie die Möglichkeit, beliebig viele individuelle Auswertungen nach eigenen Vorstellungen zu verwirklichen.

  Zusätzlich erlaubt BOS das Herstellen von Anschlüssen unterschiedlicher Datenzulieferersysteme (z. B. aus der operationellen Ebene) oder der Datenübergabe an andere Anwendungen (z. B. aggregierte Daten für Planungssysteme der strategischen Ebene).

2.2.2. FMS als Integrator

Zusammengefaßt ist FMS als Integrator des Rechnungswesens in einer CIM-Architektur deshalb gut geeignet, weil:

- sich mit FMS verschiedenartige Finanzanwendungen realisieren lassen, die denselben Grundaufbau und dieselben Datenbanken benutzen,

- mit der FMS-Komponente BOS die Datenbestände auch der operationellen Anwendungen einbezogen werden und mit der FDS-Komponente Daten an strategische Anwendungen (z. B. AS, IBM PC MERCUR) weitergegeben werden können.

- die Anwendungen unternehmensindividuell, d. h. nach deren Bedürfnissen realisiert werden können und damit die Realisierung der CIM-Konzeption, die für das Unternehmen optimal ist, schrittweise begonnen werden kann.

FMS, mit seinem Schwerpunkt im taktischen Anwendungsbereich, wird in einer CIM-Welt zum Informations-Pool für alle Management-Ebenen und zum Datensammelpunkt sowohl der operationellen als auch der strategischen Informationsebene. Die Aufgabe der Informationsdrehscheibe des FMS im Unternehmen wird vor allem dadurch klar, daß durch das Vorhandensein sowohl der Ist-Daten (aus der operationellen Info-Ebene) als auch der Plandaten (aus der strategischen Info-Ebene) alle Voraussetzungen für ein wirkungsvolles Controlling bzw. für die Unternehmenssteuerung geschaffen werden können.

3. BEISPIELLÖSUNGEN MIT FMS

Drei Beispiele sollen die ersten Schritte der Integration des Finanz- und Rechnungswesens mit FMS in einer CIM-Architektur veranschaulichen.

3.1. CIM & Co.

An Hand einer Beispielfirma wurde mit FMS eine flexible Kostenrechnung der Kostenstellen im CIM Kundenzentrum München realisiert. (Abb. 2)
Dabei spielt die Einbindung in die angrenzenden Anwendungen, wie COPICS (PPS-System), IFS (Finanzbuchhaltung) und IBM PC MERCUR (Kostenplanung) eine wichtige Rolle (Abb. 6). Alle Funktionen, wie Dateneingabe/Datenerfassung, Verarbeitung/ Periodenabschluß und Auswertungen/Ausgabe werden vom Bildschirm aus gesteuert. Es können folgende Auswertungen erstellt und am Bildschirm gezeigt werden:

- Kostenartenabstimmbericht
- Kostenarten/-stellen-Übersicht
- Einzelbelegnachweis
- Kostenstellenbericht
- Kostenstellen/-platz-Übersicht
- Kostenplatzbericht
- Verdichtungsberichte

Weitere Auswertungen/Änderungen können jederzeit mit der FMS Makrosprache BOS realisiert werden. Zusätzliche Informationen enthält eine Beschreibung dieser Beispiellösung, die Sie vom CIM Kundenzentrum München erhalten.

3.2. FINCOS

Die Volkswagen AG hat eine Vielzahl von Informationen in den Datenbeständen der operationellen Info-Ebene gespeichert. Es galt nun diesen "Schatz" zu heben und dem Management in entsprechend aufbereiteter Form zur Verfügung zu stellen. Diese Aufgabe stellt sich sicherlich bei den meisten mittleren bis größeren Firmen genauso.

VW löste diese Aufgabe mit FMS (Abb. 7). In einer ersten Stufe stellt das Finanz-Controll-System FINCOS entsprechende Auswertungen für das Top-Management bereit. In einer zweiten Stufe wird auch das Berichtswesen für die mittlere Führungsebene einbezogen.

3.3. CFRS

Das operative Ergebnis aus den IBM Gesellschaften weltweit zusammenzuführen, wurde in unserem Hause unter FMS mit dem Consolidated Financial Reporting System (CFRS) gelöst.

Dabei werden neben den monatlichen Ergebnisberichten, wie z. B. Bilanz, sowie GuV, auch die internen und externen vierteljährlichen und jährlichen Berichte erstellt (Abb. 8).

4. ZUSAMMENFASSUNG

Die Verbindung der kaufmännischen Anwendungen in einer CIM-Architektur ist für den Erfolg des Unternehmens unabdingbar.

Für die Anwendungen des Finanz- und Rechnungswesens ist das flexible Programm- und Anwendungssystem FMS (Financial Management System) der geeignete Integrator.

Mit FMS können die Daten sowohl der operationellen als auch der strategischen Anwendungen verbunden werden.

Die taktischen Anwendungen mit FMS liefern Ergebnisse und Berichte für alle Management-Ebenen für die Unternehmenssteuerung und das Controlling.

Informationssystem im Unternehmen

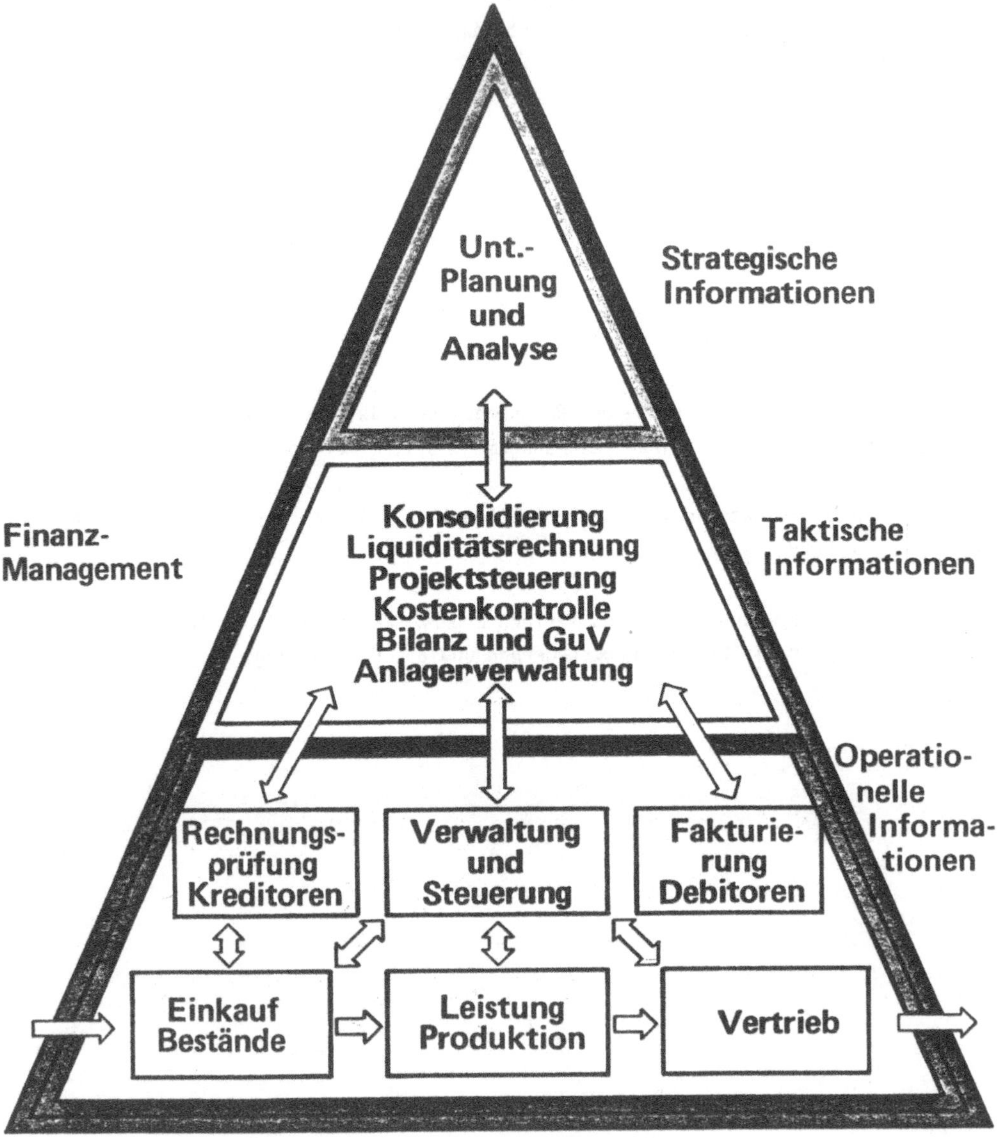

Abbildung 1

CIM Computer Integrated Manufacturing
Integration der Finanz Systeme

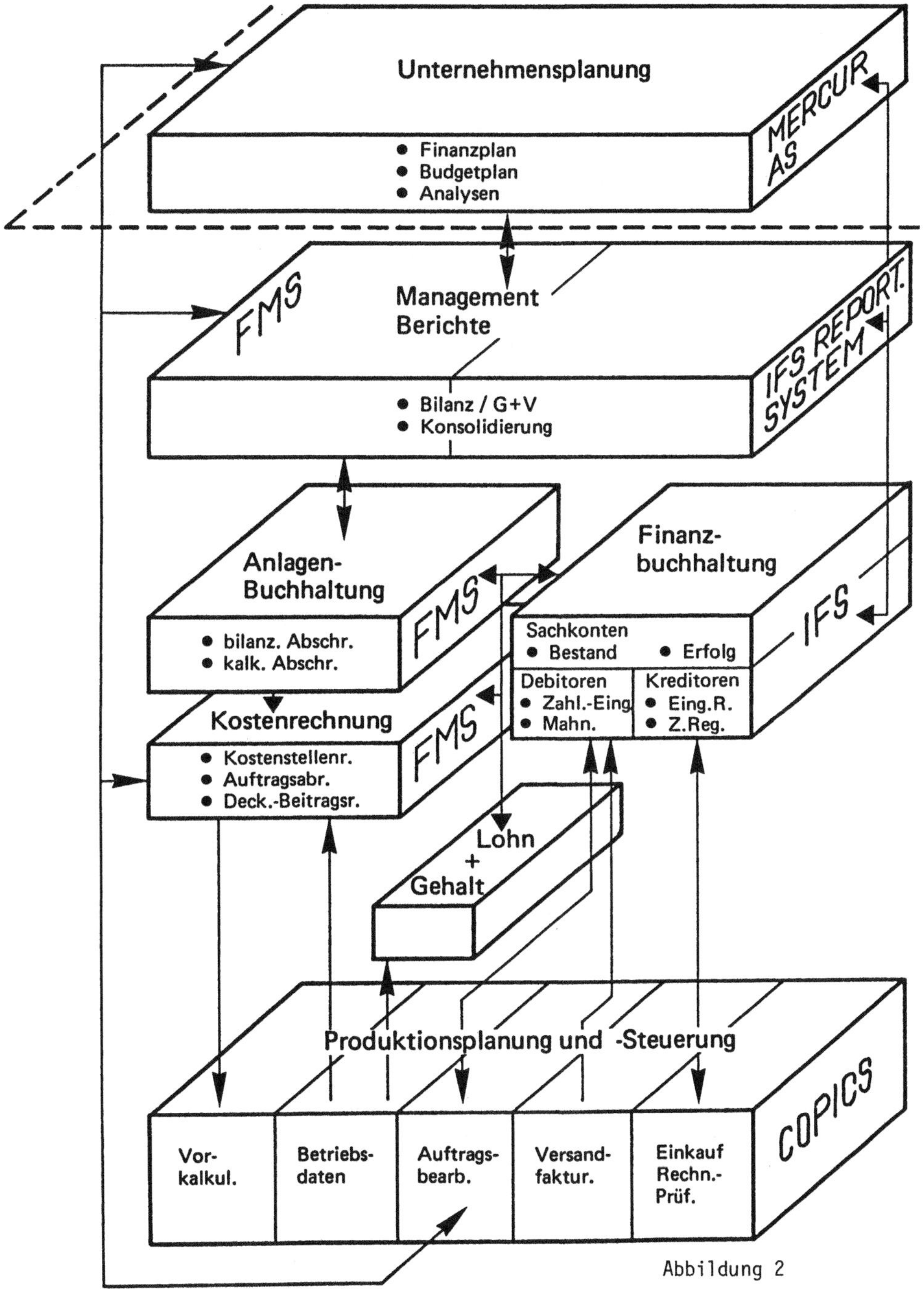

Abbildung 2

Anwendungssoftware

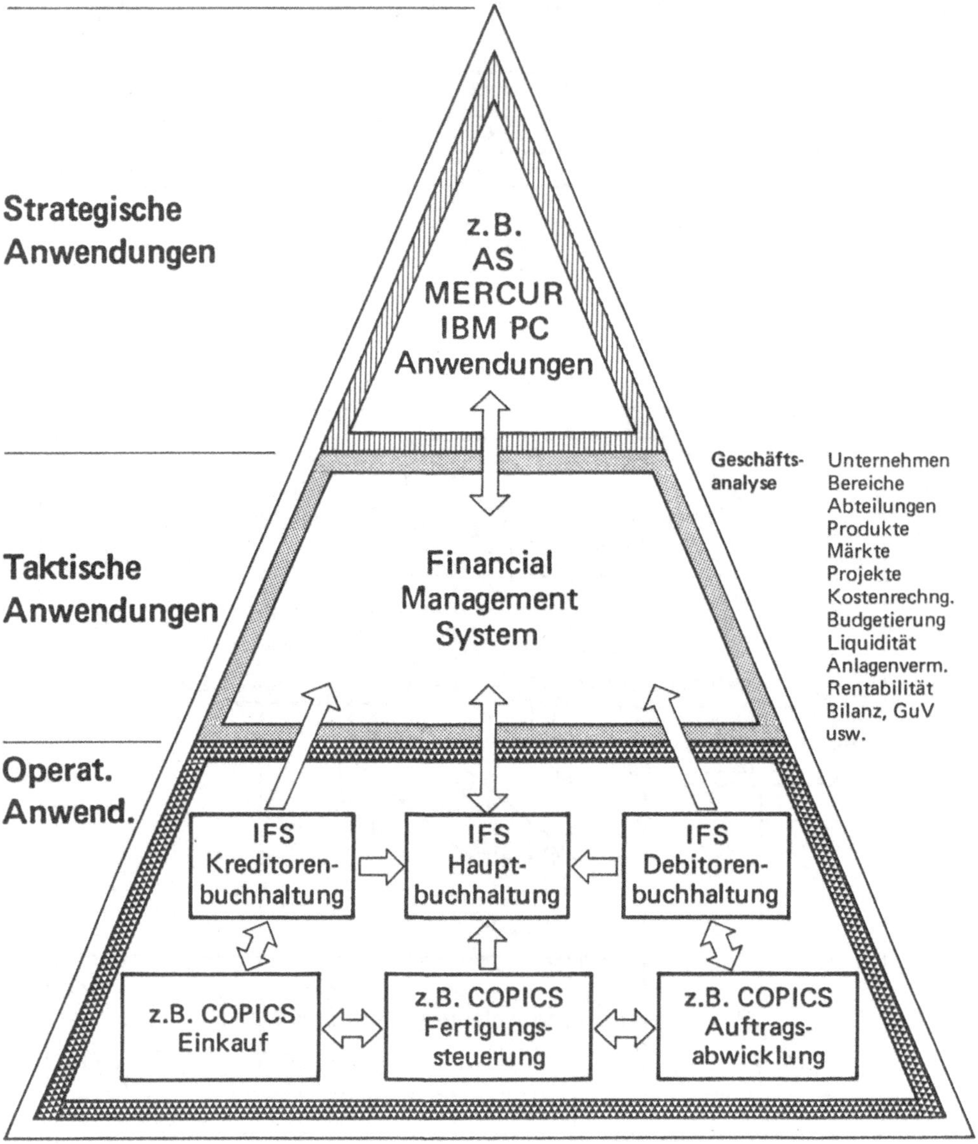

Abbildung 3

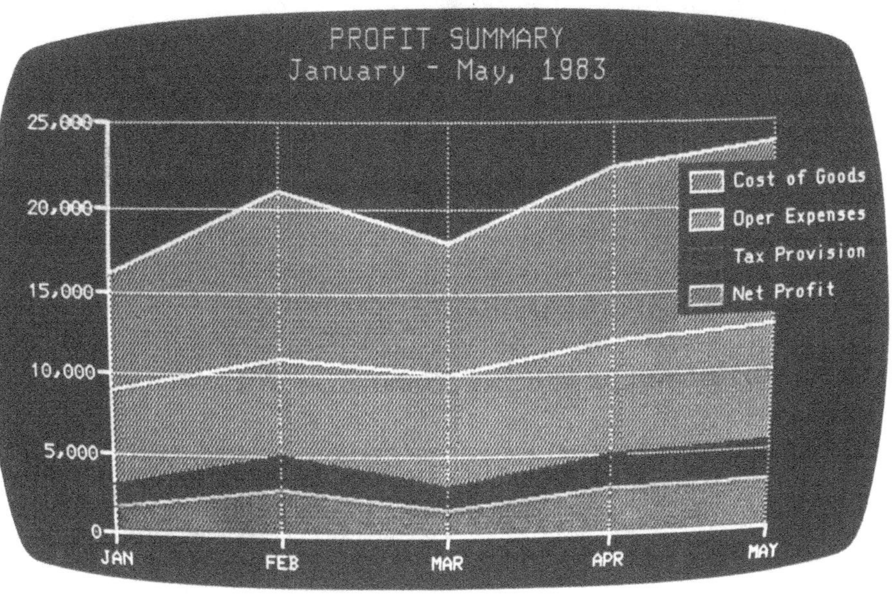
PROFIT SUMMARY
January - May, 1983
25,000
20,000
15,000
10,000
5,000
0
JAN
FEB
MAR
APR
MAY
Cost of Goods
Oper Expenses
Tax Provision
Net Profit

Abbildung 4

FMS- Übersicht

IBM

Abbildung 5

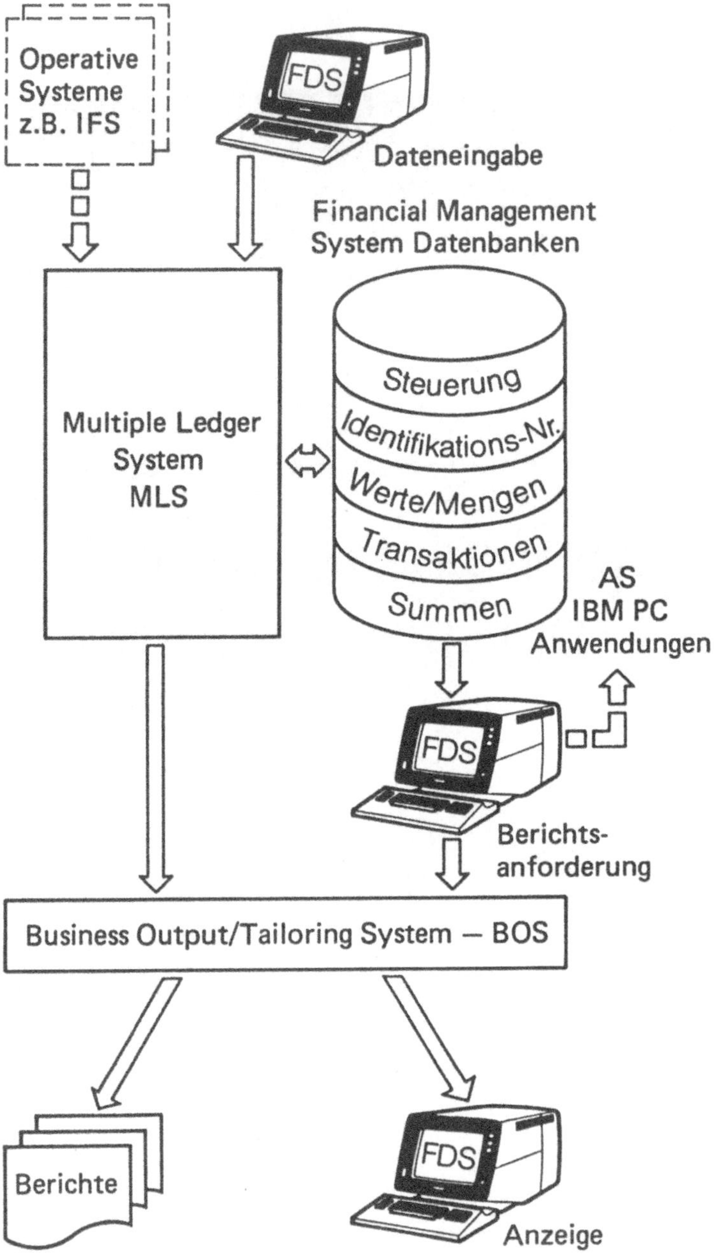

CIM KUNDENCENTER MIT INTEGRIERTEN FINANZANWENDUNGEN

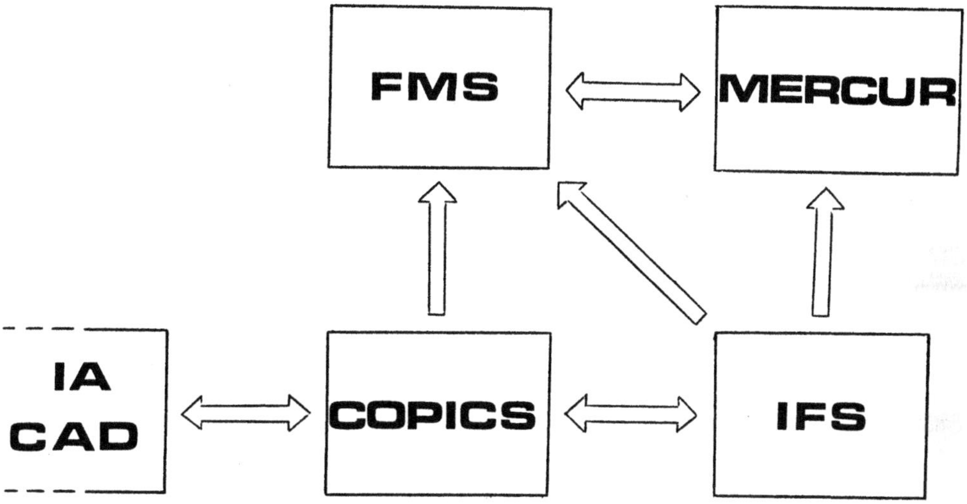

Abbildung 6

Abbildung 7

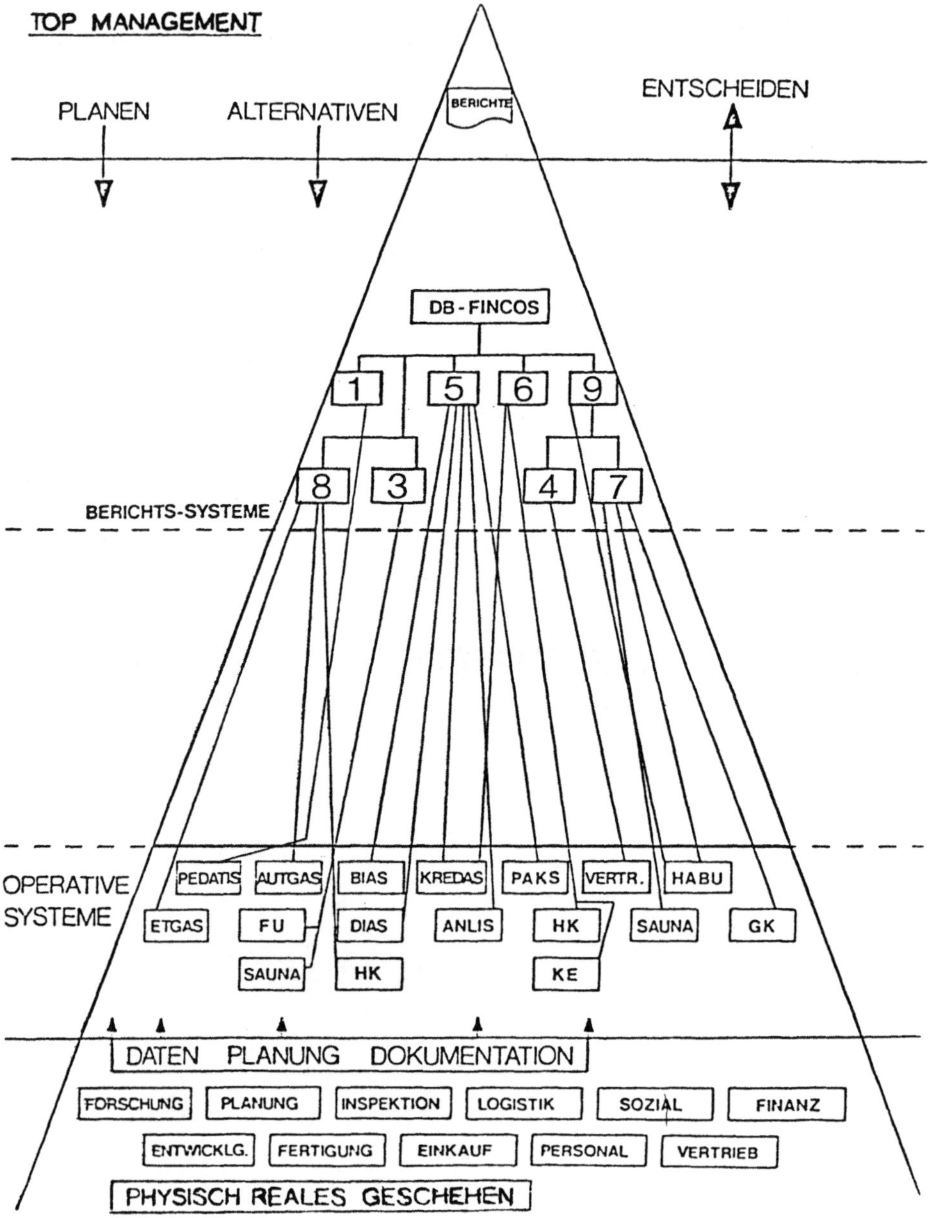
TOP MANAGEMENT
PLANEN
ALTERNATIVEN
BERICHTE
ENTSCHEIDEN
DB-FINCOS
1
5
6
9
8
3
4
7
BERICHTS-SYSTEME
OPERATIVE SYSTEME
PEDATIS
AUTGAS
BIAS
KREDAS
PAKS
VERTR.
HABU
ETGAS
FU
DIAS
ANLIS
HK
SAUNA
GK
SAUNA
HK
KE
DATEN PLANUNG DOKUMENTATION
FORSCHUNG
PLANUNG
INSPEKTION
LOGISTIK
SOZIAL
FINANZ
ENTWICKLG.
FERTIGUNG
EINKAUF
PERSONAL
VERTRIEB
PHYSISCH REALES GESCHEHEN

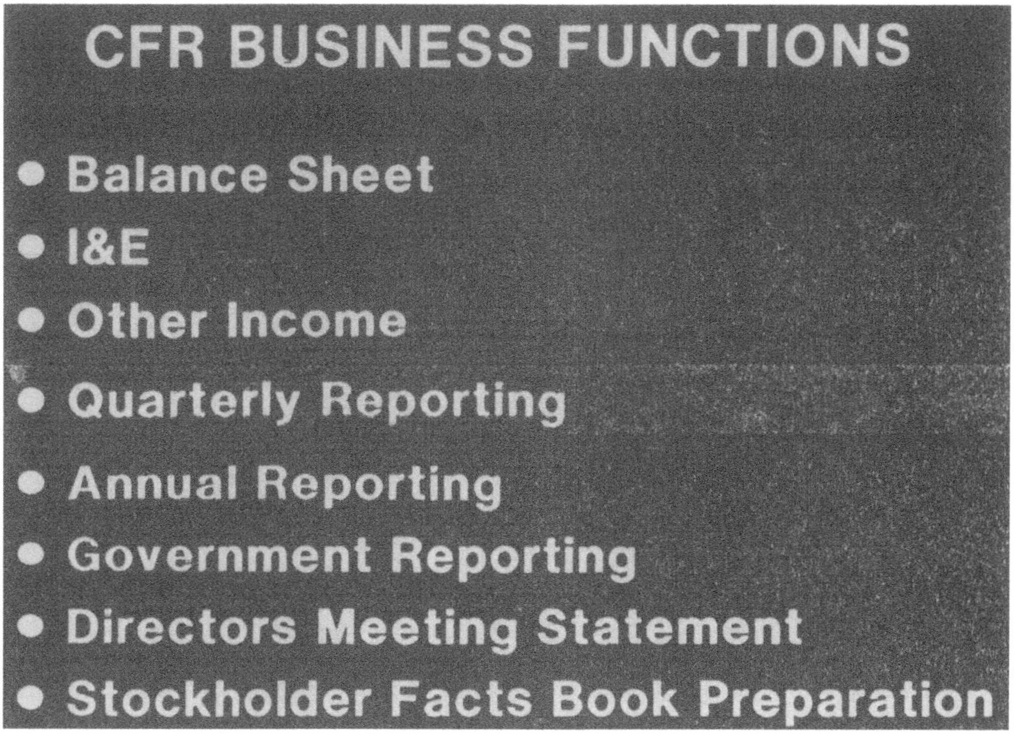
CFR BUSINESS FUNCTIONS
• Balance Sheet
• I&E
• Other Income
• Quarterly Reporting
• Annual Reporting
• Government Reporting
• Directors Meeting Statement
• Stockholder Facts Book Preparation

Abbildung 8

Kosten- und Erfolgssteuerung durch Einsatz von Micro-Computern in einem Unternehmen der Getränke-Industrie

Dipl.-Volksw. *U. Muttke*, OKKO-Getränke GmbH, Saarbrücken

Auch wenn das Thema so heißt: Kosten und Erfolg eines Unternehmens werden natürlich nicht durch den Einsatz von Micro-Computern gesteuert sondern von den Menschen im Unternehmen. Der Micro-Computer selbst kann nur dazu dienen, die zu dieser Steuerung erforderlichen Informationen nach Quantität, ganz besonders aber wohl hinsichtlich ihrer Qualität aufzubereiten und bereitzustellen.

Wenn es um Informationen geht und um Erfolgssteuerung, dann scheint es mir unabdingbar, auch ein paar Worte darüber zu verlieren, welche Philosophie eines Unternehmens hinter diesen Dingen steht.

Die OKKO-Getränke GmbH, aus der ich komme und bei der ich seit Februar tätig bin, ist ein Unternehmen im KarlsbergVerbund. Zu diesem Verbund gehören neben dem Stammhaus der Karlsberg-Brauerei in Homburg, als eine der größten Brauereien in der Bundesrepublik Deutschland, auch die Saarfürst-Brauerei in Merzig und die Merziger Süßmosterei. Die OKKO-Getränke GmbH selbst ist Coca-Cola Konzessionär für das gesamte Saarland und den Bereich Trier-Saarburg. Neben der Produktion und dem Vertrieb der damit zusammenhängenden Produktpalette, beschäftigen wir uns auch mit dem Vertrieb von Tiefkühlkost und haben einen gutes Standbein im Bereich von Heißgetränkeautomaten.
Der Karlsberg-Getränkeverbund repräsentiert ein Gesamtumsatzvolumen von mehr als 300 Mio. DM mit etwa 1.300 Beschäftigten. Die Unternehmen des Verbundes sind und fühlen sich als eigenständige mittelständische Unternehmen.

Eine wesentliche Rolle in diesem Verbund spielt die Information. Dies betrifft nicht nur die Information als statistische Mitteilung von Zahlen, nicht nur die Information in Häufigkeit und Umfang sondern auch, und dies dürfte uns von manchen anderen Unternehmen unterscheiden, den Umgang mit Informationen an sich und die Bedeutung, die den Informationen beigemessen wird. Wir sehen Information heute schon neben den klassischen Produktionsfaktoren Arbeit, Boden und Kapital, als wichtigen Produktionsfaktor. Vielleicht ist sie in Zukunft der wichtigste.

Wie nun sind wir zum Micro-Computer gekommen, und was tun wir damit?

Die ersten Micro-Computer wurden getreu dem Motto angeschafft: Wir wissen zwar noch nicht wo wir hin wollen, wollen aber auf jeden Fall als erste dasein. Die Anregungen kamen aus dem Rechnungswesenund aus dem sogenannten "Verkauf/ Innendienst", wo naturgemäß eine Vielzahl von Information anfallen, verarbeitet und aufbereitet werden müssen.

Die Anschaffung der Micro-Computer wurde in keinem Fall durch eine Investitionsrechnung untermauert. Der Nachweis finanzieller Einsparungen durch Einsatz von Micros war nicht erforderlich. Wir glauben, daß sich der Wert von Informationen nicht DM-mäßig darstellen läßt.

Im übrigen sollten wir alle einmal darüber nachdenken, ob sich Investitionsentscheidungen, gleich auf welchem Gebiet, immer "rechnen" müssen. Wir glauben, daß es in der Praxis häufig Dinge gibt - die auch mit Investitionsentscheidungen verbunden sein können- die sich mit dem Stift oder dem Micro-Computer des Betriebswirtschaftlers nicht rechnen lassen und dennoch stimmen. Dazu gehört auch die weitverbreitete Einstellung, daß es sich bei Rationalisierung immer um Kosteneinsparung handeln muß.

Dies bedeutet jedoch sehr oft nichts anderes, als mit den Kosten auch Leistung einzusparen und sich damit letztlich immer weiter von denen zu entfernen, für die wir unsere Leistung eigentlich erbringen wollten, nämlich von unseren Kunden. Rationalisierung, und dies gilt nun wieder auch für den Einsatz von Micro-Computern, heißt eben auch, mit bestehendem Einsatz von Arbeit und Kapital ein Mehr an Leistungen zu erbringen. Dies kann auch ein Mehr an Informationen sein. Die Entscheidung für eine Investition im Micro-Computer sollte deshalb primär davon abhängen, ob es damit möglich ist, ein Mehr an Leistung und an Information zu erlangen. Das schließt nicht aus, daß sich durch die Anschaffung von MicroComputern Arbeitsabläufe vereinfachen lassen, ja auch Arbeit gespart wird. Arbeit sparen ist aber etwas anderes als Arbeitskräfte sparen. Dies ist z.B. die Entlastung der Mitarbeiter von Routinearbeiten, der Abbau von Hilfstätigkeiten und der Gewinn an Zeit für qualifizierte Aufgaben in Entwicklung, Planung und im kreativen Bereich.

Dennoch fragt man sich gerade im Rechnungswesen, wozu wir bei der Kosten- und Erfolgssteuerung heute auch noch den Micro-Computer benötigen. Wir haben doch die Groß-EDV und das Rechnungswesen mit Finanzbuchhaltung und Kostenrechnung ist in der Regel ein Bereich des Unternehmens, der in hohem Maße und seit langer Zeit von der Elektronischen Datenverarbeitung Gebrauch macht. Heute, wo wir den Microcomputer haben, wissen wir, daß es der Micro eigentlich gar nicht ist, den wir vermißt haben, den wir brauchen. Was uns fehlte war nicht der Computer, den hatten wir. Unser Problem war, daß wir nicht mit ihm reden konnten. Nicht der Kasten war es, der nun plötzlich bei uns auf dem Schreibtisch stand, sondern die Möglichkeit, dieses Ding bedienen zu können. Natürlich hatten wir auch schon vorher versucht, den Computer an den Mitarbeiter heranzuführen, oder umgekehrt. Wir haben dem Sachbearbeiter Bildschirme auf den Tisch gestellt, aber was konnte er damit tun? Wenn es sich nicht nur um ein reines Datenerfassungsterminal handelte, dann war schon viel damit erreicht, wenn es dem Mitarbeiter möglich war, mittels z.T. komfortabler Menütechnik gespeicherte Daten auszuwählen. Ein Aufbereiten dieser Daten in der Großanlage selbst war nur in seltenen Fällen möglich.

Und dann kam plötzlich der Micro und mit ihm kam "Multiplan", kam "Lotus", kam "Symphonie", mit ihm kamen Textbearbeitungssysteme, mit ihm kamen Graphikprogramme, alles Dinge, die ein Sachbearbeiter in relativ kurzer Zeit erlernen konnte.

Dies ist einer der Gründe für die Anschaffung von Micros. Nicht er selbst sondern die damit zur Verfügung gestellten Programme sind es, die es uns erlauben, Dinge zu bearbeiten, die wir früher in mühevoller Kleinarbeit tun mußten, oder die wir deshalb nicht getan haben, weil sie einfach zu aufwendig gewesen wären. Fragen Sie heute Mitarbeiter, die schon seit ein oder zwei Jahren mit diesem Gerät arbeiten, was sie alles damit tun, dann werden Sie häufig schon die Antwort bekommen: "Wir benutzen ihn schon häufig wie Papier, Bleistift und Rechenmaschine."

Die weiteren Gründe für den Micro: Zunächst einmal der weitverbreitete Engpaß in der Programmierkapazität der Groß-EDV. Anwendungsstau ist nicht nur ein Schlagwort, und es sind gerade die kleinen Probleme, die immer wieder auf eine Umsetzung mit Hilfe der Groß-EDV warten müssen.

Es ist weiterhin der Mangel einer gleichen Sprache zwischen EDV-Fachabteilung zu beklagen. Die Organisationsabteilung, als Übersetzer zwischen beide Abteilungen zu schalten, führt gelegentlich eher zu weiteren Verzögerungen, als zu einer besseren Umsetzung von Forderungen der Fachabteilung. Nicht alles, was datenverarbeitungsfähig ist, ist vom Umfang her für die Groß-EDV geeignet. So wie man - dies soll es noch geben - 2 + 2 im Kopf und nicht mit dem Taschenrechner rechnet, so gibt es einfach Probleme, die mit der Rechenmaschine nicht mehr zu bewältigen sind, für die die Großanlage aber einfach überdimensioniert wäre. Dies sind häufig Probleme in der Datenbearbeitung, etwa in Form von Sammeln und Sortieren und Summieren zusammenkommt mit Rechenfunktionen und Textfunktionen.

Und es gibt einen Grund für die Anschaffung von Micro- Computern, der uns erst recht deutlich wurde, je länger wir ihn bei uns in Gebrauch hatten. Die Vordefinition einer Problemlösung auf dem Micro-Computer führt zu einer stärkeren Strukturierung dieser Probleme und zu einer organisatorischen Aufbereitung dieser Probleme im Hinblick auf eine spätere Übernahme durch die EDV. Gestatten Sie mir dazu eine Anmerkung: In der Computerwoche vom 07.06.85 befürchtet Professor Scheer in einem Gastkommentar zum Thema "Verspielt die DV ihre Wirtschaftlichkeit", das bei einer nur arbeitsplatzbezogenen Betrachtung des Einsatzes von Micro-Computern die alten Ablaufstrukturen beibehalten werden, und daß "die sich abzeichnende Entwicklung in Richtung auf informationstechnologisch ausgerichtete Unternehmensorganisationen einen Rückschlag erleidet" (1)

Diese Gefahr mag da und dort bestehen. Wir hegen solche Befürchtungen nicht, im Gegenteil, wir sind froh darüber, daß wir nunmehr einen Computer haben, der es uns ermöglicht, Datenverarbeitung so individuell durchzuführen, daß wir Arbeitsabläufe in Abteilungen nicht zu ändern brauchen. Der Beispiele sind viele, wo sich in der Vergangenheit Organisationsabläufe und Organisationsstrukturen an EDV-Erfordernisse anpassen mußten, was dann möglicherweise zu einer Kostenreduzierung führte, häufig gleichzeitig aber damit verbunden war, daß wir Leistungen, die wir bisher anderen Abteilungen oder unseren Kunden gegenüber erbracht hatten, einschränken mußten.

Ein letzter Grund: Informationsinhalte müssen gegebenenfalls täglich neu bestimmbar sein. Täglich werden neue Fragen gestellt, in der Verwaltung, im Finanz- und Rechnungswesen, im Verkauf, in der Distribution. Wir arbeiteten in der Vergangenheit sicher mit Erfolg daran, all diese Wünsche, die von den Fachabteilungen auf uns in der Datenverarbeitung zugetragen wurden, zu befriedigen. Wir wissen aber auch, daß eigentlich jede neue Information, die wir brachten, den Wunsch nach weiteren erweckten. Das Ergebnis war, daß wir in der Regel diesen Fragen mit z.T. erheblichen Timelag hinterherliefen.

Mit dem Micro-Computer lassen sich hier viele Dinge schneller und deshalb effizienter lösen, denn, auch das wissen wir, oft ist die schnelle, ungenaue Information wichtiger und entscheidender als die genaue, aber zu spät kommende.

Kosten- und Erfolgssteuerung erfolgt durch den Menschen, durch die Führungskraft und lebt von der Information. Der Micro-Computer soll uns helfen, diese Informationen bereitzustellen.

Was kann er?

Ich möchte eine Reihe von Anwendungsbeispielen nennen und dabei auf zwei oder drei etwas detaillierter eingehen.

Nur das was man messen kann, kann man auch steuern. Wer Kosten und Erfolge steuern will, muß also Meßlatten zur Verfügung haben. Solche Meßlatten können sein: Planzahlen, dies können aber auch sein: Werte der Vergangenheit.

In der Grundordnung des Karlsberg-Verbundes wird die ständige Verbesserung der Leistung jedes einzelnen und des Gesamtunternehmens zur wesentlichen unternehmenspolitischen Zielsetzung erhoben. Der Darstellung von Zeitreihen kommt damit eine beträchtliche Bedeutung zu. Dies insbesondere auch, wenn sich das Unternehmen mit Mitbewerbern am Getränkemarkt vergleicht. Hier, wo Daten von außen kommen müssen, in der Groß-EDV also nicht vorhanden sind, bietet sich der Micro--Computer zu deren Auswertung an.

Dazu kann man heute schon fertige Software kaufen, die beispielsweise mit dem Tabellenkalkulationsprogramm "Multiplan" entwickelt wurde (2)

Hier werden jedoch nur jeweils 2 Jahre gegenübergestellt, Kennzahlen ermittelt und Abweichungen ausgewiesen. Darüberhinaus scheint es uns jedoch sinnvoll, wie bereits gesagt, mit solchen Hilfsmitteln langfristige Strukturen darzustellen und zu analysieren, wie dies etwa folgendes Beispiel zeigt.

Ausgangspunkt ist die Erfassung der Bilanzdaten in Multiplan für einen 10-Jahres-Zeitraum. Dem Sachbearbeiter ist es dann ein leichtes, diese Bilanzen nach unterschiedlichen Kriterien auszuwerten und die so gewonnenen Kennzahlen im Zeitvergleich denen aus Bilanzen anderer Unternehmen gegenüberzustellen.

BILANZ - IST

	1975	1976	1977	1978	1979	1980	1981
Sachanlagen	3.382	3.352	3.329	3.195	3.208	3.345	3.428
Beteiligungen	2.336	2.459	2.456	2.355	2.300	2.185	2.734
Ausleihungen	110	107	107	103	103	103	102
ANLAGEVERMÖGEN	5.828	5.918	5.892	5.653	5.611	5.633	6.264
Forder.u.flüss.Mittel	2.380	2.323	2.319	2.410	2.784	2.914	3.462
Sonst. Umlaufverm.	1.458	1.648	1.645	1.792	2.018	2.105	2.353
UMLAUFVERMÖGEN	3.858	3.971	3.964	4.202	4.802	5.019	5.815
B I L A N Z S U M M E	9.686	9.889	9.856	9.855	10.413	10.652	12.079
EIGENKAPITAL	4.486	5.048	5.039	5.108	5.244	5.358	6.379
Langfr.Fremdmittel	3.577	3.234	3.190	3.002	2.981	3.335	3.611
Kurzfr.Fremdmittel	1.623	1.607	1.627	1.745	2.188	1.959	2.189
FREMDKAPITAL	5.200	4.841	4.817	4.747	5.169	5.294	5.800
B I L A N Z S U M M E	9.686	9.889	9.856	9.855	10.413	10.652	12.179

Neben der hohen Flexibilität, die ein solches Tabellenkalkulationsprogramm bietet, und die es erlaubt wechselnde Fragestellungen, z.B. durch unterschiedliche Summierungen zu beantworten, wird gleichzeitig die Möglichkeit geboten, diese Zeitreihen selbst in ihren Aussagen zu variieren.

Dies kann beispielsweise dadurch geschehen, daß man von den Absolutzahlen ausgehend, sehr schnell Indices ermitteln kann, also beispielsweise die Darstellung der einzelnen Bilanzpositionen in %, der Bilanzsumme aber auch in Relation zu jedem anderen gewünschten Wert.

BILANZ/ 1975=100

	1975	1976	1977	1978	1979	1980	1981
Sachanlagen	100,0	99,1	98,4	94,5	94,9	98,9	101,4
Beteiligungen	100,0	105,3	105,1	100,8	98,5	93,5	117,0
Ausleihungen	100,0	97,3	97,3	93,6	93,6	93,6	92,7
ANLAGEVERMÖGEN	100,0	101,5	101,1	97,0	96,3	96,7	107,5
Forder.u.flüss.Mittel	100,0	97,6	97,4	101,3	117,0	122,4	145,5
Sonst. Umlaufverm.	100,0	113,0	112,8	122,9	138,4	144,4	161,4
UMLAUFVERMÖGEN	100,0	102,9	102,7	108,9	124,5	130,1	150,7
B I L A N Z S U M M E	100,0	102,1	101,8	101,7	107,5	110,0	124,7
EIGENKAPITAL	100,0	112,5	112,3	113,9	116,9	119,4	142,2

Ebenso simpel ist es, die Zeitreihen so zu indexieren, daß sie von einem beliebig wählbaren Basisjahr aus die prozentuale Entwicklung zeigen, oder aber beispielsweise die Absolutzahlen dahingehend zu variieren, daß durch Berücksichtigung inflationärer Tendenzen die tatsächliche Substanzentwicklung dargestellt werden kann.

BILANZ - INFLATIONSBEREINIGT

	1975	1976	1977	1978	1979	1980	1981
Sachanlagen	3.382	3.223	3.078	2.840	2.742	2.749	2.709
Beteiligungen	2.336	2.364	2.271	2.094	1.966	1.796	2.161
Ausleihungen	110	103	99	92	88	85	81
ANLAGEVERMÖGEN	5.828	5.690	5.447	5.025	4.796	4.630	4.951
Forder.u.flüss.Mittel	2.380	2.234	2.144	2.142	2.380	2.395	2.736
Sonst. Umlaufverm.	1.458	1.585	1.521	1.593	1.725	1.730	1.860
UMLAUFVERMÖGEN	3.858	3.818	3.665	3.736	4.105	4.125	4.596
B I L A N Z S U M M E	9.686	9.509	9.112	8.761	8.901	8.755	9.546
EIGENKAPITAL	4.486	4.854	4.659	4.541	4.483	4.404	5.041
Langfr.Fremdmittel	3.577	3.110	2.949	2.669	2.548	2.741	2.854

Die schnelle Überleitung von der Zahlenebene in die Graphik, etwa durch Verbindung von Multiplan mit dem Micro-Soft-Produkt "Chart" kann die Aussagefähigkeit zusätzlich erhöhen.

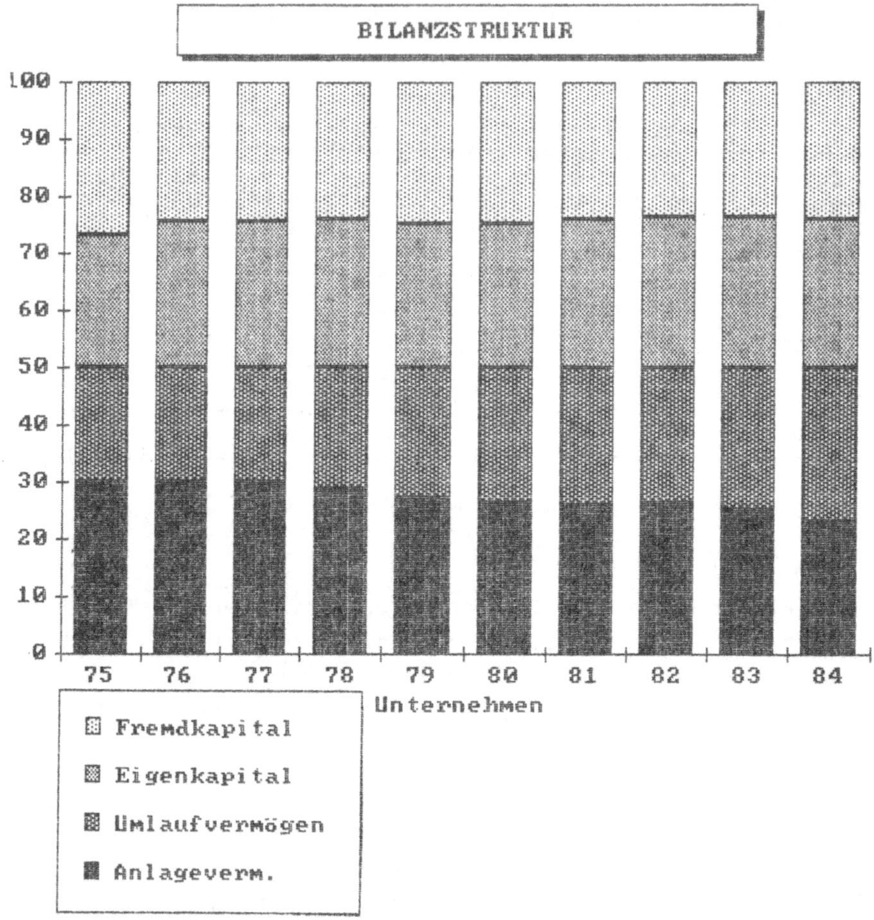

Natürlich könnte dies alles auch unsere EDV, doch ändern sich die Fragestellungen hier i.d.R. so häufig, kommen hier i.d.R. auch Ergänzungen so häufig vor, daß auch wegen des relativ geringen Datenumfangs der Micro-Computer für diese Aufgabe prädistiniert ist. So sollte auf einen, wenn auch kleinen Vorteil ebenso hingewiesen werden. Alle diese Auswertungen können ohne Umwege, sofern es sich um Zahlen und Text handelt, in Schreibmaschinenqualität verteilungsreif gedruckt werden, können, wenn es sich um Graphik handelt, über Matrixdrucker oder Plotter ebenso ohne Umwege veröffentlicht werden.

Der Bereich Bilanzen, G + V und Geschäftsbericht ist mit diesen Beispielen natürlich noch lange nicht abgedeckt.

Die Erstellung eines Geschäftsberichtes beispielsweise über rechenfähige Textverarbeitung, unter Einbeziehung von Graphik, kann dessen Aussagefähigkeit im Hinblick auf beurteilungsnotwendige Information beträchtlich erhöhen.

Der Micro-Computer spielt immer dann seine Stärke aus, wenn Informationen gleichen Inhaltes für verschiedene Fachabteilungen beispielsweise durch unterschiedliche Aufbereitungen an Aussagekraft gewinnen. Das folgende Beispiel soll dies verdeutlichen.

Die erste Übersicht zeigt den allgemein bekannten Zeitvergleich von Absatzzahlen, einmal nach Produkten, einmal wie dies in der Getränke-Industrie notwendig und sinnvoll ist, nach Gebinden, d.h. nach Verpackungsformen.

VERKAUFSBERICHT

Stand:	AUFGEL LFD. JAHR	AUFGEL. VORJAHR	ABWEICHUNG ABS.	PROZENT	WACHST. ANTEIL
Konzession gesa	257.516	232.625	24.891	10,7	
Produkt a	181.556	170.156	11.400	6,7	45,8
Produkt b	9.546	8.823	723	8,2	2,9
Produkt c	4.608	2.021	2.587	128,0	10,4
Produkt d	34.705	28.753	5.952	20,7	23,9
Produkt e	4.701	4.636	65	1,4	0,3
Produkt f	9.178	6.875	2.303	33,5	9,3
Produkt g	5.356	5.573	-217	-3,9	-0,9
Produkt h	2.669	2.483	186	7,5	0,7
Produkt i	4.078	3.921	157	4,0	0,6
Produkt k	594	660	-66	-10,0	-0,3
Gebinde a	14.648	13.185	1.463	11,1	5,9
Gebinde b	20.484	21.118	-634	-3,0	-2,5
Gebinde c	14.675	14.838	-163	-1,1	-0,7
Gebinde d	34	29	5	17,2	0,0
Gebinde f	121.102	116.669	4.433	3,8	17,8
Gebinde g	2.943	2.041	902	44,2	3,6
Gebinde h	23.790	21.298	2.492	11,7	10,0
Gebinde i	4.288	3.506	782	22,3	3,1

Es ist zunächst klar, daß diese Aufstellung alle relevanten Aussagen enthält. Wir sehen die absoluten Zahlen, wir sehen die absoluten Abweichungen und die Abweichungen in Prozent. Dies dann für jede Artikelgruppe und für jede Gebindegruppe.

Eine Besonderheit dieser Darstellungsform liegt darin, daß in einer Spalte der prozentuale Anteil einer Produkt- oder Gebindegruppe am Gesamtwachstumserfolg dargestellt ist. Wir sind sicher nicht die einzigen, bei denen ein solcher Wunsch nach Aufnahme dieser Spalte in einer Monatsdarstellung der EDV zumindest, ich sage es vorsichtig, eine gewisse Zeit bis zu seiner Realisierung bedarf. Es bedarf keiner Zeit, wenn ich dies mit dem Micro-Computer umsetzen möchte.

Aber gehen wir weiter. Wie bereits gesagt, enthält die Darstellung alle relevanten Daten. Durch ein einfaches Aufrufen des Befehls "Ordnen" und Angabe, welcher Bereich von Zeilen geordnet werden soll, erhalte ich die folgenden Übersichten und Sie werden bestätigen, daß diese die Aussagekraft schon wesentlich erhöhen.

Produkt a	I	181.556	170.156	I	11.400	6,7	*	45,8	*
Produkt d	I	34.705	28.753	I	5.952	20,7	*	23,9	*
Produkt c	I	4.608	2.021	I	2.587	128,0	*	10,4	*
Produkt f	I	9.178	6.875	I	2.303	33,5	*	9,3	*
Produkt b	I	9.546	8.823	I	723	8,2	*	2,9	*
Produkt h	I	2.669	2.483	I	186	7,5	*	0,7	*
Produkt i	I	4.078	3.921	I	157	4,0	*	0,6	*
Produkt e	I	4.701	4.636	I	65	1,4	*	0,3	*
Produkt k	I	594	660	I	-66	-10,0	*	-0,3	*
Produkt g	I	5.356	5.573	I	-217	-3,9	*	-0,9	*

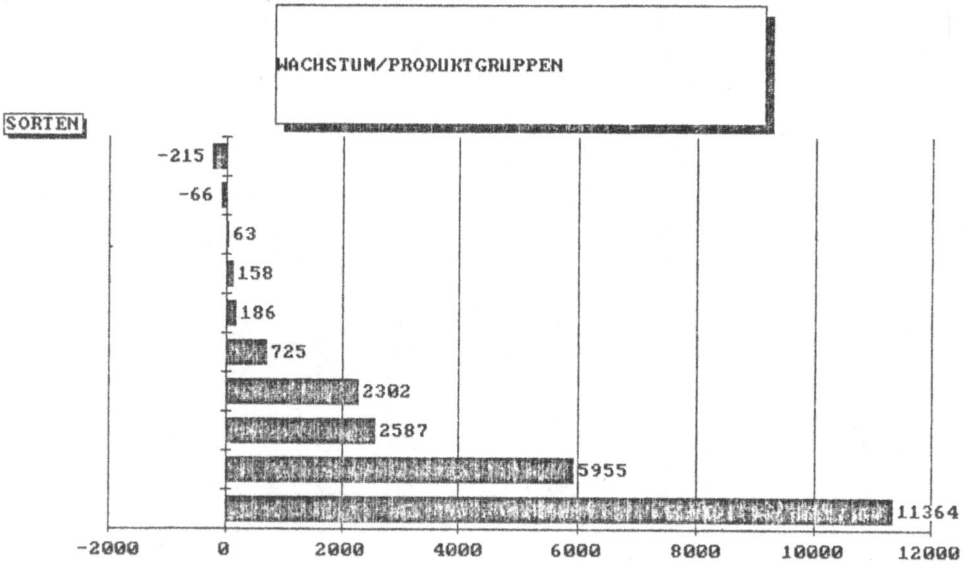

Gehe ich mit dieser Ordnung nun gleich weiter von Multiplan in das Graphikprogramm erhalte ich das nachstehende Balkendiagramm und erziele damit eine weitere Verdeutlichung. Die Möglichkeit, auch hier sehr schnell verschiedene Gruppierungen zu bilden, wenn bestimmte Aussagen gefragt sind, sei hier nur ergänzend angeführt.

Der Bereich der Kostenrechnung und der Kostensteuerung ist in dem Unternehmen, aus dem ich komme, hervorragend abgedeckt. Ein komfortables System der Deckungsbeitragsrechnung, das in einem Kundeninformationssystem endet, wird ergänzt durch ein ebenso ausgefeiltes Budgetberichtswesen.

Der Einsatz des Micro-Computers beschränkt sich damit auch hier auf zusammenfassende Darstellungen, soweit es das zentrale Berichtswesen betrifft. Er wird jedoch sinnvoll wieder da eingesetzt, wo die Aussagekraft des Gesamtsystems in der Fachabteilung trotz aller vorformulierten Flexibilität nicht ausreicht.

Im Transportwesen werden so beispielsweise zu den vom Rechnungswesen gelieferten Kostendaten die in der eigenen Abteilung erfaßten Leistungswerte gegenübergestellt, verdichtet und zu Kennzahlen umgeformt. Die hier folgende Darstellung, wir nennen sie nach dem Leiter der Betriebswirtschaft das "Theissche Schema", hat sich in weiten Teilen des Informationswesens unserer Getränkegruppe durchgesetzt.

TRANSPORTINFORMATION* MAI 83 — NIEDERLASSUNG — VERÄNDERUNG

(relative Werte)

DEZV	JANV	FEBV	MRZV	APR	MAI	DURCHSCHNITT VORJAHR	TEXT		MONAT ABS oder %-Punkte	MONAT %	AUFGELAUFEN ABS oder %-Punkte	AUFGELAUFEN %
							LEISTUNG					
1404	1043	1029	1436	1407	1424	1345	BEFÖRDERTE HL		244	20,7	230	8,8
99,6	99,3	99,5	99,7	99,3	99,3	99,4	davon EIGENTRANSP. DIREKT	%	-0,3	-0,3	-0,3	-0,3
0,0	0,0	0,0	0,0	0,0	0,0	0,0	davon EIGENTR. ZU NIEDERL.	%	0,0		0,0	
0,4	0,7	0,5	0,3	0,7	0,7	0,6	davon SELBSTABHOLER	%	0,3	65,7	0,3	83,8
0,0	0,0	0,0	0,0	0,0	0,0	0,0	davon SPEDITIONEN	%	0,0		0,0	
0,00	0,00	0,00	0,00	0,00	0,00	0,00	DB III	DM/HL	0		0	
							KOSTEN					
							EIGENTRANSPORT					
							GESAMTKOSTEN	DM	-349	-1,1	-3593	-5,5
68,9	71,3	69,8	70,6	73,1	72,0	71,6	-DAVON PERSONALKOSTEN	%	-3,9	-5,1	-3,2	-4,2
31,1	28,7	30,2	29,4	26,9	28,0	28,4	-DAVON KFZ-KOSTEN	%	3,9	16,0	3,2	13,3
							GESAMTKOSTEN	DM/HL	-4,83	-17,8	-3,25	-12,9
							-DAVON PERSONALKOSTEN	DM/HL	-4,52	-22,0	-3,16	-16,6

TRANSPORTINFORMATION* MAI 83 — NIEDERLASSUNG — VERÄNDERUNG

(absolute Werte)

DEZV	JANV	FEBV	MRZV	APR	MAI	AUFGELAUFEN	TEXT		MONAT ABS	MONAT %	AUFGELAUFEN ABS	AUFGELAUFEN %
							LEISTUNG					
1404	1043	1029	1436	1407	1424	2831	BEFÖRDERTE HL		244	20,7	230	8,8
1399	1036	1024	1431	1397	1414	2811	davon EIGENTRANSP. DIREKT		239	20,3	220	8,5
0	0	0	0	0	0	0	davon EIGENTR. ZU NIEDERL.		0		0	
5	7	5	5	10	10	20	davon SELBSTABHOLER		5	100,0	10	100,0
0	0	0	0	0	0	0	davon SPEDITIONEN		0		0	
							EIGENTRANSPORT					
879	784	734	880	845	854	1699	GELEISTETE STUNDEN		134	18,6	197	13,1
23	21	20	23	21	21	42	EINSATZTAGE GESAMT		2	10,5	3	7,7
0	0	3	5	21	23	44	AUSFALLTAGE KRANK		23		44	
12	5	11	9	0	2	2	AUSFALLTAGE URLAUB		-4	-66,7	-9	-81,8
265	197	192	270	268	270	538	TRANSPORTMENGE IN TO		47	21,1	48	9,8
13096	10404	9752	12443	11247	11488	22735	GEFAHRENE KM		774	7,2	212	0,9
247	219	213	267	262	237	499	KUNDEN GEKAUFT		-22	-8,5	-46	-8,4
0	0	0	0	0	0	0	DB III	DM	0		0	
							KOSTEN					
							EIGENTRANSPORT					
							GESAMTKOSTEN	DM	-349	-1,1	-3593	-5,5

Wir sind sicher, daß diese heute auf dem Micro-Computer erstellte Information in absehbarer Zeit, direkt von der Großanlage erzeugt werden wird. Neben dem Vorteil, daß die Fachabteilung bis zu dieser Realisierung nicht warten muß, um die benötigten Informationen zu erhalten, ist die Tatsache von besonderer Bedeutung, daß sehr viele Änderungen und Ergänzungen diese Liste seit ihrem Start vervollkommnet haben. Mit dem Micro-Computer war es kein Problem, diesen Wünschen nachzukommen. Bei einer sofortigen Realisierung auf der Groß-EDV, sofern sie überhaupt möglich gewesen wäre, sind solche Änderungen i.d.R. nur mit erheblichem Aufwand durchführbar.

Wir alle kennen doch das Ereignis, wenn von unserer EDV-Anlage erstmals eine Information als Liste ausgegeben wird. Ich kann mir nicht vorstellen, daß wir im Karlsberg-Verbund die einzigen sind, die dann in diese Liste nicht gern noch etwas eingefügt oder eine Spalte mit einer anderen vertauscht hätten - andere Zwischensummen können wir nach endgültiger Vorlage uns dann auch noch vorstellen. Läßt man ein solches Problem, da wo dies möglich ist, als, ich nenne es einmal "Pilotprojekt" auf Micro-Computer laufen, wie dies im vorliegenden Beispiel aus dem Transportwesen der Fall war, kann man sich viel an Änderungsarbeit und damit an Ärger ersparen.

In hochentwickelten Kosten- und Leistungsrechnungssystemen sind eine Vielzahl von Daten integriert erfaßt. Dies beginnt bei Rezepturen und fließt über Materialwirtschaftssysteme in die Deckungsbeitragsrechnung, setzt sich fort mit Produktionsdatenerfassung, in die auch die Lohnermittlung integriert ist und führt über den Weg der Personalkostenermittlung ebenfalls in die Kostenrechnung. Dennoch gibt es im Unternehmen Subsysteme, die in Abteilungen der Kosten- und Leistungssteuerung dienen, in einem solchen integrierten System aber noch nicht eingebettet wurden oder, aus welchen Gründen auch immer, nicht sinnvoll eingebettet werden sollten.

In unserem Fall stellt der Energiebereich ein solches Subsystem dar.

Während man in den meisten Fällen versuchen wird, Datenreduntanz dadurch zu vermeiden. daß man den Micro-Computer als intelligentes Terminal an die Großanlage anschließt und Daten aus dieser abfragt, die dann auf dem MC weiterverarbeitet werden, wird in dem vorliegenden Falle der entgegengesetzte Weg begangen.

Wichtig ist auch hier wieder, daß der Sachbearbeiter in der Abteilung und vor Ort, die ihn interessierenden Informationen schnell und individuell auswerten und aufbereiten kann.

KARLSBERG BRAUEREI KG WEBER
6650 HOMBURG-SAAR ENERGIEVERBRAUCH (absolute Werte)

STROM -kwh
DAMPF -Tonnen
WASSER -cbm

*******************WERTE DES BERICHTSZEITRAUMS********************** **********VERÄNDERUNG ZUM**************
VORJAHR

ABSOLUT IN %

MON	MON	MON	MON	MON	MON	AUFGEL.		MON	AUFGEL.	MON	AUFGEL.
							ABTEILUNG I				
460	451	417	412	460	563	5526	-STROM	135	725	31,5	8,7
35	30	29	33	41	45	426	-WASSER	4	12	8,7	4,3
4	4	5	5	6	5	58	-DAMPF	1	3	12,0	6,4
							ABTEILUNG II				
123	126	128	131	134	155	1594	-STROM	19	34	14,0	9,1
16	15	13	13	16	16	178	-WASSER	-2	2	-12,4	-5,2
1	1	1	1	1	1	12	-DAMPF		3	9,7	3,6

KARLSBERG BRAUEREI KG WEBER
6650 HOMBURG-SAAR ENERGIEVERBRAUCH (relative Werte)

STROM -kwh
DAMPF -Tonnen
WASSER -cbm

*******************WERTE DES BERICHTSZEITRAUMS********************** **********VERÄNDERUN
VORJA

ABSOLUT IN

MON	MON	MON	MON	MON	MON	AUFGEL.		MON	AUFGEL.	MON	AUFGEL.
							ABTEILUNG I				
4,2593	4,3786	3,9340	3,8148	3,4074	4,2015	3,9813	-STROM	0,5077	0,3654	15,5	14,7
0,3241	0,2913	0,2736	0,3056	0,3037	0,3358	0,3069	-WASSER	-0,0145	-0,0183	-4,5	-3,8
0,0370	0,0388	0,0472	0,0463	0,0444	0,0373	0,0418	-DAMPF	0,0006	0,0004	-1,6	-1,2
							ABTEILUNG II				
1,2059	1,0957	1,3913	1,2843	1,2762	1,2205	1,2395	-STROM	0,0613	0,0723	6,0	7,2
0,1569	0,1304	0,1413	0,1275	0,1524	0,1260	0,1384	-WASSER	-0,0258	-0,0210	-18,6	-9,7
0,0098	0,0087	0,0109	0,0098	0,0095	0,0079	0,0093	-DAMPF	0,0002	0,0002	2,0	1,8

Ein Schwergewicht des Einsatzes von Micro-Computern liegt schließlich auf dem Sektor der Planung. Hier, wo oft im Anfangsstadium noch keine festen Strukturen vorgegeben sind, bieten sich mit der Möglichkeit, Simulationen auf dem MC durchzuführen, hervorragende Ansätze Kosten und Leistungen zukunftsorientiert beeinflussen zu können.

Welche Qualitäten der Micro-Computer in diesem Zusammenhang entwickeln kann wurde uns bewußt, als in unserem Stammhaus der Erwerb einer Beteiligung an einem Getränkeunternehmen zur Diskussion stand. Innerhalb kürzester Zeit war es möglich, auf dem Micro--Computer ein Simulationsprogramm zu entwickeln, mit dem die unterschiedlichsten Erwerbsmodelle und deren Auswirkungen auf die Bilanzstruktur durchgespielt werden konnten. Es kam in diesem Modell primär nicht darauf an, eine Planung durchzuführen, sondern ausgehend von einer Ist-Situation unterschiedliche Auswirkungen. Diese Simulationsmodell wurde dann im Laufe der Verhandlungen ständig erweitert und verbessert. Auch dies wieder ein Beweis für die Flexibilität des Micro-Computers und der damit zur Verfügung stehenden Programme. Wir können heute sagen, daß diese Möglichkeit wesentlich dazu beitrug, uns in unserer Entscheidung zumindest sicherer zu machen, wenn sie nicht überhaupt erst zu ermöglichen.

Das Modell wurde im Laufe der Zeit weiterentwickelt und dient heute generell dazu, die Auswirkungen von Investitionsentscheidungen auf die Bilanzstruktur des Unternehmens langfristig darzustellen. Insbesondere soll gezeigt werden, wie sich eigene und Fremdkapitalverhältnisse sowie kurz- und langfristige Finanzierung entwickeln können.

Ausgehend von der Ist-Situation wird zunächst die Entwicklung der Aktiv-Seite der Bilanz fortgeschrieben. Hier wirken in erster Linie natürlich einmal die Investitionen in Sachanlagen und Beteiligungen aber auch Wachstum und inflationäre Tendenzen, die beispielsweise Positionen wie Vorräte und Forderungen beeinflussen.

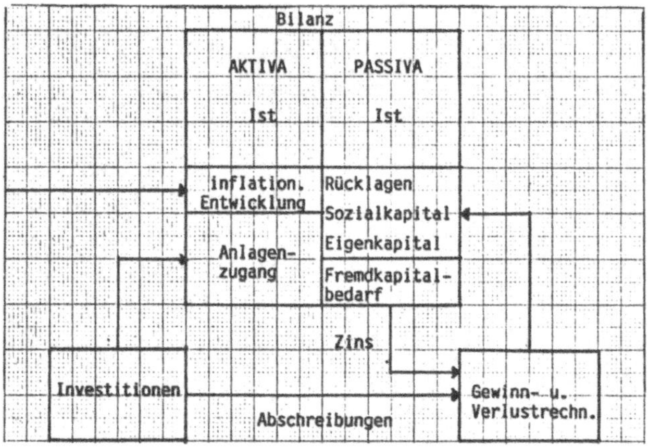

Die Passiv-Seite zeigt im Ausgangsstadium die gegebenen Kapitalverhältnisse. Ihre Entwicklung wird durch Faktoren beeinflußt, die sich aus der G- und V-Rechnung ergeben. Dies sind einmal die Zuführungen zu Rückstellungen, so beispielsweise auch zu Pensionsrückstellungen, aber auch die Zuführung zu den Rücklagen, die sich aus der Gewinnsituation des Unternehmens herleiten. Die Differenz zwischen Aktiva und Passiva gibt dann den für die geplanten Investitionen erforderlichen Fremdkapitalbedarf an. Dieser wiederum hat mit seinen Finanzierungskosten Auswirkungen auf die Gewinn- und Verlustrechnung damit auf den Gewinn und hier schließt sich der Kreis auf die Möglichkeit der Rücklagenzuführung und die Notwendigkeit der Fremdkapitalaufnahme.

Zur Lösung dieses Problemes bedarf es im Tabellenkalkulationsprogramm Multiplan - ich habe es noch einmal nachgeprüft - der Betätigung von 4 Tasten, um den Iterationsprozeß in Gang zu setzen.

Das Modell beginnt mit einer vereinfachten Gewinn- und Verlustrechnung, an deren Anfang bestimmte Prämissen vorgegeben werden können, wie dies etwa geplante Wachstumsraten oder erwartete inflationäre Einflüsse sind.

SIMULATIONSMODELL ZUR ERMITTLUNG DER AUSWIRKUNGEN UNTERSCHIEDLICHER ENTSCHEIDUNGEN UND PRÄMISSEN

PROMODEL	IST 82/83	IST 83/84	PLAN 84/85	PLAN 85/86	PLAN 86/87	PLAN 87/88	PLAN 88/89	PLAN 89/90	PLAN 90/91
WACHSTUM		1.05	1.05	1.05	1.05	1.05	1.05	1.05	1.05
INFLATION-INVESTGÜTER		1.00	1.00	1.00	1.00	1.00	1.00	1.00	1.00
-MATERIAL		1.00	1.00	1.00	1.00	1.00	1.00	1.00	1.00
-PERSONAL		1.00	1.00	1.00	1.00	1.00	1.00	1.00	1.00
-DIENSTLEISTUNG		1.00	1.00	1.00	1.00	1.00	1.00	1.00	1.00
MENGE in HL	900	945	992	1,042	1,094	1,149	1,206	1,266	1,330
EIGENE PREISERHÖHUNGSRATE		1.00	1.00	1.00	1.00	1.00	1.00	1.00	1.00
ZINSSATZ KURZFR.		8.00	11.00	12.00	12.00	12.00	12.00	12.00	12.00
ZINSSATZ LANGFR.		8.00	7.50	8.60	8.60	9.00	9.25	10.00	12.00
GESAMTLEISTUNG	102,500	107,625	113,006	118,657	124,589	130,819	137,360	144,228	151,439
ROH-,HILFS-,BETR.STOFFE	45,000	47,250	49,613	52,093	54,698	57,433	60,304	63,320	66,485
ROHERTRAG	57,500	60,375	63,394	66,563	69,892	73,386	77,055	80,908	84,954
SONST.ERTRÄGE	600	600	600	600	600	600	600	600	600
ERTRÄGE	58,100	60,975	63,994	67,163	70,492	73,986	77,655	81,508	85,554
LÖHNE U.GEHÄLTER	15,000	15,000	15,000	15,000	15,000	15,000	15,000	15,000	15,000
GES.SOZIAL.AUFWAND	2,400	2,430	2,430	2,430	2,430	2,430	2,430	2,430	2,430
ALTERSVERSORGUNG	600	600	.600	600	600	600	600	600	600
PERSONALKOSTEN	18,000	18,030	18,030	18,030	18,030	18,030	18,030	18,030	18,030
STEUERN (o.EEV)	11,000	11,001	11,001	11,002	11,003	11,004	11,005	11,005	11,006
ÜBRIGE AUFWENDUNGEN	15,000	15,000	15,000	15,000	15,000	15,000	15,000	15,000	15,000
AUFWENDUNGEN	44,000	44,031	44,031	44,032	44,033	44,034	44,035	44,035	44,036
BRUTTO-CF v. ZINSEN	14,100	16,944	19,962	23,131	26,459	29,952	33,621	37,473	41,517
ERTRÄGE AUS BETEILIGUNGEN	500	500	500	500	500	500	500	500	500
- ZINSAUFWAND	300	1,823	3,368	4,233	4,111	2,629	-712	-6,684	-14,813
BRUTTO-CASH-FLOW	14,300	15,621	17,095	19,398	22,847	27,823	34,833	44,657	56,831
- ABSCHREIBUNGEN	9,000	12,120	12,172	11,576	10,762	11,148	11,634	12,045	10,645
- ZUWACHS SOZIALKAPITAL	1,100	1,100	1,100	1,100	1,100	1,100	1,100	1,100	1,100
+/- AO-ERGEBNIS	0	0	0	0	0	0	0	0	0
- EEV-STEUERN	1,490	852	1,356	2,385	3,898	5,527	7,841	11,182	10,165
JAHRESÜBERSCHUSS	2,710	1,549	2,466	4,337	7,087	10,049	14,257	20,330	20,330
AUSSCHÜTTUNG	800	800	800	800	800	800	800	800	800
RÜCKLAGE F. STEUERZAHLUNG	1,146	450	1,000	2,122	3,772	5,549	8,074	11,718	11,718
ZUFÜHRUNG Z. RÜCKLAGE	764	300	666	1,415	2,515	3,699	5,383	7,812	7,812

In diese G- und V-Rechnung fließen, wie eben erwähnt, bereits die Ergebnisse von Berechnungen ein, die erst an wesentlich späterer Stelle erfolgen.

Nächster Hauptblock ist die Investitionsplanung des Unternehmens, an die sich eine vereinfachte Form der Abschreibungsermittlung anschließt. Aus beiden bestimmt sich die Entwicklung der Sachanlagen.

INVESTITIONEN

INVESTITIONEN Grundst.		0							
INVESTITIONEN Gebäude		3,000							
INVESTITIONEN Masch.u.Anl.		4,000	1,000	1,000	1,000	1,000	1,000	1,000	1,000
INVESTITIONEN GwG-Voll-Afa		500	500	500	500	500	500	500	500
INVESTITIONEN GWG-Teil-Afa									
INVESTITIONEN GESAMT	0	7,500	1,500	1,500	1,500	1,500	1,500	1,500	1,500

ABSCHREIBUNGEN

AFA-Gebäude		30	60	60	60	60	60	60	60
AFA-Maschinen u. Anlagen		500	1,050	1,050	1,000	1,100	1,200	1,300	1,000
AFA-GwG voll		500	500	500	500	500	500	500	500
AFA-GwG teil									
AFA-Konzession									
AFA-GESAMT	0	1,030	1,610	1,610	1,560	1,660	1,760	1,860	1,560

ENTWICKL.SACHANL.
83/84-86/87
IN TDM

Sachanl.Anf.best.	25,000	26,860	48,600	45,788	43,072	41,670	40,382	39,108	37,423
Investitionen	10,860	33,860	9,360	8,860	9,360	9,860	10,360	10,360	12,860
Abschreibungen	9,000	12,120	12,172	11,576	10,762	11,148	11,634	12,045	10,645
SACHANL.ENDBEST.	26,860	48,600	45,788	43,072	41,670	40,382	39,108	37,423	39,638

Die Entwicklung der Eigenmittel ergibt sich aus den Möglichkeiten zur Rücklagenbildung als Ergebnis der Gewinn- und Verlustrechnung und weiteren Kriterien, wie dies etwa Investitionszuschüsse sein können.

Nächster Block ist schließlich die Darstellung der Bilanzen, wobei hier Positionen wie Forderungen und Vorräte durch die eingangs gesetzten Prämissen in ihrer Entwicklung beeinflußt werden können.

Als Saldo zwischen Aktiva und Passiva ergibt sich wie bereits ausgeführt der erforderliche Finanzierungsbedarf, wobei hier, je nach Umfang und Entwicklung die Möglichkeit für den Bearbeiter besteht, zu entscheiden, welcher Teil lang- und welcher kurzfristig zu finanzieren sein soll. Für beide können, wie oben beschrieben, unterschiedliche Zinssätze vorgegeben werden.

B I L A N Z S T R U K T U R
83/84 - 86/87
IN %

Sachanl.u.imm.Anl.	49.9	61.3	59.0	56.6	54.9	53.2	51.5	49.6	50.1
Beteiligungen	7.4	9.3	10.0	10.8	11.5	12.3	13.0	13.7	14.5
Ausleihungen	7.4	7.6	7.7	7.9	7.9	7.9	7.9	7.9	7.6
ANLAGEVERMÖGEN	64.7	75.2	73.7	72.1	71.0	69.9	68.7	67.3	67.5
Vorräte	9.3	6.6	7.1	7.6	8.0	8.4	8.8	9.3	9.3
Ford.a.Lief.u.Leist.	16.7	11.9	12.8	13.7	14.4	15.1	15.9	16.8	16.8
Sonst.Umlaufverm.	9.3	6.3	6.4	6.6	6.6	6.6	6.6	6.6	6.3
UMLAUFVERMÖGEN	35.3	24.8	26.3	27.9	29.0	30.1	31.3	32.7	32.5
B I L A N Z S U M M E	100.0	100.0	100.0	100.0	100.0	100.0	100.0	100.0	100.0
Lgfr.Eigenm.u.Sopo.	38.6	26.6	28.0	30.4	33.8	38.7	45.8	56.3	63.7
Sozialkapital	27.8	20.3	22.2	24.1	25.6	27.0	28.5	30.1	30.1
Lgfr.Rückstell.	3.7	2.7	3.0	3.2	3.4	3.6	3.8	4.0	4.0
Lgfr.Verbindl.k.	3.7	5.3	4.9	4.6	4.2	4.2	4.2	4.2	4.0

Letzter Block ist schließlich die Darstellung der Gesamtbilanz in relativen Zahlen und die Ermittlung von Bilanzkennziffern und deren Entwicklung.

FINANZBEDARF (FREMD)	-1,404	19,037	14,044	7,213	-1,016	-12,352	-27,840	-49,767	-67,747
B I L A N Z S U M M E	53,860	79,300	77,623	76,079	75,887	75,850	75,869	75,522	79,122
FINANZIERUNG KURZFR.	-1,404	19,037	14,044	7,213	-1,016	-12,352	-27,840	-49,767	-67,747
FINANZIERUNG LANGFR.		0	0	0	0	0	0	0	0
davon:									
FREMDKAPITAL zinslos		0	0	0	0	0	0	0	0
FREMDKAPITAL in Höhe von		0	0						
Monate zinswirksam		0	0						
= Zinskorrektur		0	0	0	0	0	0	0	0
mögliche Fremdk.tilgung				6,831	8,229	11,336	15,488	21,927	17,980

P L A N B I L A N Z - ENTG
83/84 - 86/87
IN TDM

Sachanl.u.imm.Anl.	26,860	48,600	45,788	43,072	41,670	40,382	39,108	37,423	39,638
Beteiligungen	4,000	5,000	5,400	5,800	6,200	6,600	7,000	7,400	7,800
Ausleihungen	4,000	6,000	6,000	6,000	6,000	6,000	6,000	6,000	6,000
ANLAGEVERMÖGEN	34,860	59,600	57,188	54,872	53,870	52,982	52,108	50,823	53,438
Vorräte	5,000	5,250	5,512	5,788	6,078	6,381	6,700	7,036	7,387
Ford.a.Lief.u.Leist.	9,000	9,450	9,922	10,419	10,940	11,487	12,061	12,664	13,297
Sonst.Umlaufverm.	5,000	5,000	5,000	5,000	5,000	5,000	5,000	5,000	5,000
UMLAUFVERMÖGEN	19,000	19,700	20,435	21,207	22,017	22,868	23,761	24,699	25,684

Welchen Wert dieses Modell hatte und hat, habe ich bereits am Anfang dargestellt. Das Faszinierendste aber war, daß diese Entscheidungshilfe erarbeitet werden konnte mit einem Software-Programm, das keine EDV-Kenntnisse voraussetzte und innerhalb kurzer Zeit erlernt worden war.

Das Modell wurde mittlerweile von anderen Unternehmen des Karlsberg-Verbundes übernommen und kann damit z.B. über das Bindeglied Erlöse aus Beteiligungen oder durch Beantwortung der Frage nach dem erforderlichen Fremdkapitaleinsatz zur Gesamtsteuerung des Verbundes beitragen.

Es hat sich gezeigt, daß der Micro-Computer ein hervorragendes Instrument ist, wenn es darum geht "wenn-dann-Entscheidungen" darzustellen. Denken wir dabei z.B. an Berechnungen im Hinblick auf Ergebnisauswirkungen bei Veränderungen im Produktmix oder, wie bereits eingangs gesagt, beim Entwickeln alternativer Investitionsprogramme usw.

Der Micro-Computer ist damit bei vielen Mitarbeitern der Ersatz für Papier und Bleistift geworden - und wir sehen nichts schlech tes darin. Nachdem uns die Groß-EDV in der Vergangenheit gelegentlich dazu zwang, Leistungen gegenüber Kunden oder anderen Abteilungen, die in individueller Betreuung oder Information bestanden, einzuschränken, haben wir heute mit dem MC die Chance der Leistungs- und Informationserweiterung.

Die Flexibilität, die Micro-Computer und dazugehörige Programme bringen, versetzen uns in die Lage, Informationen im Bereich der Kosten- und Leistungssteuerung gezielter auszuwählen, sie gezielter zu bearbeiten, und sie damit effizienter hinsichtlich ihrer Steuerungswirkung zu machen.

Die bessere Information in Verbindung mit der angemessenen Unternehmensphilosophie (sprich Führungsphilosophie) erlaubt es uns, Kosten- und Ergebnisentwicklung besser zu fundieren und sie damit besser zu steuern.

Der Micro-Computer wird nicht unsere Großanlage ersetzen, und die Großanlage wird viele Dinge nicht sinnvoll übernehmen können, die uns der Micro-Computer löst.

Literaturhinweis:

(1) Professor Dr. August-Wilhelm Scheer "Verspielt die DV ihre Wirtschaftlichkeit?", in Computer-Woche vom 07.06.85

(2) Brauner/Streck, Praktische Methoden der Bilanzanalyse Bilanzkritik

Erfahrungen eines Anwenders der Metallindustrie mit der Gemeinkostenwertanalyse

Dipl.-Kfm. *W. Griego*, Firma Andreas STIHL KG, Waiblingen

G L I E D E R U N G

1. Vorstellung des Unternehmens:
   Firma STIHL, Waiblingen

Firma STIHL ist ein 1926 gegründetes Familienunternehmen in der Rechtsform der KG.

Das Produktions- und Verkaufsprogramm besteht im wesentlichen aus Motorsägen und Motorgeräten für die Forst- und Landwirtschaft sowie für Hobbyanwendungen.

Die Unternehmensgruppe besteht aus dem Stammhaus in Waiblingen, zu dem sechs inländische Werke gehören; aus Produktionsgesellschaften in den USA, der Schweiz, Brasilien und Australien und aus verschiedenen Vertriebsgesellschaften. Die Produktionsstätten und die eigenen Vertriebsgesellschaften im In- und Ausland ist einer der Gründe für die günstige Entwicklung des Auslandsgeschäftes der Unternehmensgruppe, die 1984 87 % ihres Umsatzes im Ausland erzielt hat.

Insgesamt werden heute annährend 70 % des Umsatzes über das eigene Vertriebsnetz abgewickelt.

Die Unternehmensgruppe hatte im Geschäftsjahr 1984 einen Umsatz von 910,5 Mio. DM erzielt, gegenüber dem Vorjahresumsatz bedeutet das eine Steigerung von 23 %.

Günstig für die Entwicklung wirkte sich aus, daß auf dem Weltmarkt nach Jahren der Rezession und Stagnation in den Jahren 1981 - 1983 jetzt erstmals wieder im geringen Umfange mehr Motorsägen verkauft werden konnten.

Das Stammhaus in Waiblingen mit seinen sechs Werken hatte im Geschäftsjahr 1984 trotz des siebenwöchigen Arbeitskampfes in der Metallindustrie einen Umsatz von 484,7 Mio. und damit eine Steigerung von 12 % gegenüber dem Vorjahr.

Die Beschäftigenzahl der Unternehmensgruppe belief sich in 1984 auf 5.083. Die Belegschaft des Stammhauses wuchs 1984 leicht von 3.450 auf 3.488 Mitarbeiter.

7 % der Beschäftigten waren Auszubildende.

Die Investitionen lagen der günstigeren Geschäftsentwicklung entsprechend 1984 im Stammhaus um 5,8 Mio. höher als im Vorjahr. Sie beliefen sich auf insgesamt 15,5 Mio.DM.

2. Ursachen für die GWA

Die Ursachen für Rationalisierungsüberlegungen bei STIHL - auch in Richtung einer GWA - waren primär durch den Umsatzrückgang der Jahre 1982 und 1983, begründet.

Der Stammhausumsatz sackte von 533 Mio. DM in 1981 auf 422 Mio. DM in 1982 um 21 % ab.
Auch 1983 brachte zunächst mit 432 Mio. DM Umsatz keine spürbare Verbesserung.

Ursache für diese gegenüber anderen Unternehmen des Maschinenbaus relativ späte Rezession war vor allem der Rückgang der Bauwirtschaft in Nordamerika mit den entsprechenden zeitverschobenen Folgen, vor allen Dingen in Japan aber auch in europäischen Ländern.

Trotz des überproportionalen Rückgangs des Weltmarktes für Motorsägen konnte aufgrund der noch schlechteren Situation der Mitbewerber insbesondere in diesen Jahren weltweit zusätzliche Marktanteile erworben werden, die sich positiv auf die Aufschwungsphase ab Ende 1983 ausgewirkt haben.

Durch die im Rahmen der operativen Jahresplanung für 1982 erwartete Ergebnissituation, die durch entsprechende mittelfristige strategische Planansätze unterstützt wurde, war das Controlling aufgerufen, Vorschläge für Rationalisierungsmaßnahmen zu erarbeiten.

3. Rahmenbedingungen

Neben der Vorbereitung, der Durchführung und Nachbereitung der Gemeinkostenwertanalyse wurden sekundierende Maßnahme vorgeschlagen, diskutiert und beschlossen.

Da zum Jahresende 1981 die Tragweite der Umsatzreduzierung planmäßig bekannt war, erfolgte die Umsetzung der im folgenden beschriebenen Maßnahmen mit Beginn des Jahres 1982.

a) Kurzfristige Sicherung der Liquidität

- absoluter Einstellungsstop;

  unabhängig von der Personalplanung wurde Einstellungen nur aufgrund differenzierter wirtschaftlicher Begründungen durch die Unternehmensleitung zugestimmt.

- Begrenzung der Investitionsausgaben;

  bereits vertraglich fixierte Beschaffungskäufe für Investitionsobjekte wurden in einem Arbeitskreis diskutiert und soweit als möglich geschoben. Neuinvestitionen wurden nur in Ausnahmefällen (Bruch, Engpässe) genehmigt.

- Ausrichten der Beschaffungsaktivitäten auf den kurzfristigen Bedarf;

  die Bedarfsrechnungen haben die Beschaffung von Rohmaterial, von Hilfs- und Betriebsstoffen sowie von Gemeinkostenmaterial auf eine kürzest mögliche Eindeckzeit ausgelegt. Hierbei wurden bewußt Rabattabschläge oder die Reduzierung von Rückvergütungen in Kauf genommen.

- Strecken der Zahlungsziele;

  die Zahlungsziele für Lieferungen und Leistungen an das Unternehmen wurden nach A und B-Kriterien gestreckt.

- Reduzierung des Umlaufvermögens;

  im Zusammenhang mit einem neuentwickelten Materialwirtschaftskonzept (z.B. tagesgenaue Anlieferung) wurden die Vorräte insbesondere im Rohstoffbereich erheblich zurückgefahren. Der Abbau der Fertigwarenläger wurde durch gezielte Sonderaktionen forciert.

- Zurückführung von Außenständen;

  Forderungen aufgrund unserer Lieferungen insbesondere im Unternehmensverbund wurden durch drastische Senkung der Zahlungsziele abgebaut.

- Kurzarbeit;

  relativ kurzfristig wurde bereits zum Jahreswechsel 1981 / 1982 im Fertigungsbereich und im Jahre 1982 zeitweise in den Verwaltungsbereichen Kurzarbeit beantragt und realisiert.

- Absenken der Sachkosten;

  im Rahmen einer grundsätzlichen Revision der Jahresplanung für 1982 wurden auch die Sachkosten reduziert.
  Den monatlichen Abweichungsanalysen betreffend Material-, Personal und Sachkosten wurde in dieser Zeit ein außerordentlicher Stellenwert eingeräumt. Vollmachtsregelungen wurden kurzfristig außer Kraft gesetzt oder durch Ersatzrichtlinien beschnitten.

- Forcieren des Absatzes;

  durch schwerpunktmäßige Sonderaktionen wurden die Umsätze gesteigert.

b) Mittelfristig: Sicheren der Rentabilität

- Anpassung der Kapazität im Fertigungslohnbereich;

  durch rollierende Kapazitätspläne, (Auflösung der Zeiten in den Fertigungsplänen bis auf Arbeitsplätze und Multiplikation mit dem entsprechend aufgelösten Produktionsplan) wurde ein Sollbelastungsprofil ermittelt und nachgehalten. Durch Umsetzungen und Abfindungsaktionen wurde die Mitarbeiterzahl im Fertigungslohnbereich gesenkt.

- Priorität für Rationalisierungsinvestitionen;

  zu Lasten von ursprünglich geplanten Erweiterungsinvestitionen wurde die gesamte Investitionsplanung auf Rationalisierungsansätze abgeklopft und neu eingestellt. Hierbei wurde der Anschaffung von durch Wirtschaftlichkeitsrechnungen bestätigten Rationalisierungsanlagen der Vorzug gegeben.

- Durchführen der Gemeinkostenwertanalyse im administrativen Bereich;

  zur Reduzierung der sogenannten Fixkostenblöcke im Verwaltungsbereich des Unternehmens wurde die Durchführung einer Gemeinkostenwertanalyse beschlossen.

- Bestimmung der Bestandshöhen;

  über die im Teil a) beschriebenen kurzfristig Aktionen hinaus wurden die Bestandshöhen vor allem im Rohstoff- und Fertigwarenbereich durch verschiedene DV-Projekte der Materialwirtschaft (Kanban) planmäßig mittelfristig reduziert.

- Überdenken der Projektarbeiten;

  Priorität und Reihenfolge der Abarbeitung von ablauforganisatorischen Projekten wurden im Hinblick auf die erwartete Ergebnissituation überdacht und neu strukturiert.

c) Langfristig: Neuformulierung der langfristigen Unternehmensziele (Auswahl)

- Diversifikationsmöglichkeiten;

  Übernahme resp. Entwicklung von neuen Produktsegmenten, Anpassung von Vertriebswegen (gezielte Marktöffnungen).

- Innovationen in einzelnen Fachbereichen;

  Produktionsbereich: Produktions- und Verfahrensabläufe, Losgrößenbestimmung, Materialwirtschaft: Materialflüsse, Einbeziehung von Lieferanten in den Betriebsablauf, Verlagerung von Wareneingangskontrollen

- Strukturen (Aufbau und Ablauforganisation);

  Einbindung in eine Rahmenplanung, teilweise aus den Ergebnissen der GWA.

  Von den oben angeführten Vorschlägen des Controllings wurden die unter Teil a) aufgeführten Maßnahmen sofort umgesetzt, die unter Teil b) genannten Abschnitte vorbereitet und im Verlaufe der Jahre 1982 und 1983 realisiert. Die Umsetzung der im Teil c) auszugsweisen genannten langfristigen Überlegungen ist teilweise erfolgt.

4. Beraterauswahl (GWA)

Nach dem Einleiten und Greifen der kurzfristigen Rationalisierungsmaßnahmen wurde entschieden, für die adminstrativen Bereiche des Stammhauses STIHL eine Gemeinkostenwertanalyse durchzuführen.

Erste Aufgabe war eine Methoden- und Verfahrenevaluation.

Da einerseits die einzelnen vorgeschlagenen Methoden von einzelnen Beratungsfirmen vertreten und praktiziert wurden, andererseits eine abgegrenzte Beratungsleistung im Rahmen der Vorbereitung und Durchführung der Gemeinkostenwertanalyse erforderlich schien, wurden im Zeitraum September bis November 1982 insgesamt 12 Beratungsfirmen befragt. Nach einer ersten Wichtung der angebotenen Leistung wurden 3 Unternehmen ausgewählt, die über einschlägige Erfahrungen und Referenzen auf diesem Gebiet verfügten und die für STIHL vorgesehene analytische Methode praktizierten.

Bei der Auswahl waren folgende Bewertungskriterien maßgebend:

- Methode und Vorgehensweise
- Zu erwartende Einsparungspotentiale
- Nachweisbare Erfahrungen (Ergebnisse von Referenzabfragen)
- Kosten resp. Aufwand der Untersuchung
- Dauer der GWA
- Vertragsgestaltung und Rahmenbedingungen
- Projektdokumentation und - organisation

Im Vorfeld wurde intern grundsätzlich abgeklärt, daß der GWA eine analytische Vorgehensweise unter Einbeziehung von Kapazitäten des Hauses zugrunde gelegt werden sollte. Darüberhinaus war Prämisse, daß die gesamte Aktion in einem Kalenderjahr abgeschlossen sein muß, wobei eine bereichsweise phasenverschobene Vorgehensweise angestrebt wurde.
Das Ergebnis dieser Untersuchungen wurde in einer Matrix eingestellt und mit den jeweiligen Erfüllungsgrad bewertet. Im Anschluß der Präsentation dieser Untersuchungen vor der Unternehmensleitung wurde 1982 beschlossen, die Unternehmensberatung Plaut AG in die GWA einzubeziehen.
Maßgeblicher Grund für die Beauftragung von Plaut war die Erfahrung auf dem Gebiet der Kostenplanung sowie die vorgeschlagene pragmatische Vorgehensweise, die je nach Schwerpunktlage individuell gesteuert werden kann. Auch geht Plaut grundsätzlich von "unten" nach "oben" vor, d.h. es wird jeder Arbeitsplatz und damit jede Funktion dem Aufbau der Strukturorganisation folgend untersucht, um die bestehenden Vernetzungen der Informationsströme zu analysieren.

Im Anschluß an diese Entscheidung wurde der Leitungskreis des Hauses in einer Informationsveranstaltung über Gründe, Aufgabenstellung und Zielsetzung, Vorgehensweise und Randbedingungen informiert.

5. Gemeinkostenwertanalyse

5.1. Vorgehensweise

Zielsetzung der GWA war die Optimierung der administrativen Tätigkeiten und das Senken der Verwaltungskosten.
Dabei wurden insbesondere die ablauforganisatorischen Gegebenheiten, die Arbeitsverfahren aber auch die Aufbauorganisation kritisch aufbereitet, analysiert und vorschlagsmäßig verbessert. Folgende Grundregeln wurden vor Beginn der GWA diskutiert und gemeinsam festgelegt:

- die Führungsrichtlinien und Unternehmensziele werden beachtet;
- sämtliche von den zu untersuchenden Gemeinkostenbereichen ausgeführten Tätigkeiten und erbrachten Ergebnisse werden aufbereitet und in Frage gestellt;
- es handelt sich um eine funktionen-, d.h. arbeitsplatzbezogene und damit nicht personenbezogene Untersuchung;
- vor Beginn der ersten Aktivitäten sind breit gestreute Informationen der Führungshierachie des Hauses und der Arbeitnehmervertretungen insbesondere über die Ursachen, Aufgabenstellung, Zielsetzung, Vorgehensweise und Erwartungen zur Verfügung zu stellen;
- Aufbau einer funktionsfähigen Projektplanung, -organisation und -unterrichtung;
- Terminverschiebungen sind nicht zulässig;
- Dauer des Projektes maximal ein Kalenderjahr, wobei eine phasenverschobene Vorgehensweise angestrebt wird;
- die Basisarbeit im Rahmen dieses Projektes sollte im wesentlichen durch eigene Mitarbeiter erfolgen;
- Beratereinsatz war im Hinblick auf die fachliche Anleitung und das Know how bei solchen Rationalisierungsuntersuchungen erwünscht.

Neben der hierachisch strukturierten Information über die GWA war die Aufbereitung der Entwicklung einzelner Kosten- und Kenndaten z.B. Lohn- und Gehaltskosten, Anzahl der Mitarbeiter pro Kostenstelle, EDV-Hard- und Softwarekosten im Vergleich als Basis für die Untersuchungen von hoher Bedeutung.

Es wurde bewußt eine Methode gewählt, die jeden in die GWA eingebundenen Arbeitsplatz von "unten nach oben" bezüglich der ausgeführten Funktionen und ihrer Notwendigkeit analysieren sollte.
Pauschale Einsparungsvorgaben wurden nicht gemacht.

Eine weitere wesentliche Vorbereitung war die Erstellung von Informationsunterlagen, die neben dem Projektaufbau und -ablauf die gewählte Methode ausführlich erläuterten. Dabei wurden insbesondere die Ursachen der GWA, Erstellung von Funktionskatalogen, die vierwöchigen Zeitaufschreibungen und die anschließende Analysephase dargestellt.

Diese "top - down" - Informationen umfaßte neben der Unternehmensleitung, die leitenden Angestellten, den Betriebsrat, die Abteilungleiter und die betroffenen Mitarbeiter.
Unternehmensleitung und leitende Angestellte wurden bereits im November der Betriebsrat im Dezember 1982 durch die Projektleitung unterrichtet. Parallel dazu wurde eine schriftliche Information an sämtliche Führungskräfte des Hauses gegeben. Unmittelbar vor Beginn eines Untersuchungsabschnittes wurden die betroffenen Mitarbeiter in ca. einstündigen Schulungsveranstaltungen durch die jeweiligen Projektkoordinatoren über das Verfahren insbesondere über die Erstellung der Funktionskataloge und Zeitaufschreibungen informiert.
Über die gesamte Projektlaufzeit 1983 wurde über die Hauszeitung für die Führungskräfte des Unternehmens ein entsprechender Projektfortschrittsbericht gegeben. Unabhängig von den während der Untersuchung laufenden Diskussionen zwischen den Stelleninhabern und den aktiven Basismitgliedern des Projektes wurden regelmäßige Aussprachen zwischen den betroffenen Führungskräften durchgeführt.

Ein besonderes Kapitel stellt die Haltung des Betriebsrates in diesem Zusammenhang dar. Bereits im Dezember 1982 wurde der Betriebsrat über die vorgesehene Gemeinkostenanalyse und die gewählte Methode informiert. Nach Anlauf des Projektes und einer entsprechenden Unruhe in der Mitarbeiterschaft, verhärteten sich nach Einschaltung der Gewerkschaft die Fronten insofern, als die GWA-Maßnahmen vom Betriebsrat zunächst abgelehnt wurden. Nach längeren Verhandlungen wurde dann letztlich im April 1983 eine Betriebsvereinbarung abgeschlossen, die den Ablauf der Unterrichtung des Betriebsrates über die GWA regelte.

"Verkaufsargumente" bei den verschiedenen Informationsveranstaltungen waren insbesondere

- Untermauerung des bestehenden Einstellungstops (kurzfristig)
- Anpassung der Personal- und Sachkostenentwicklung an die erwartete Umsatz- und Ergebnissituation (mittelfristig)
- Sicherung der Arbeitsplätze (langfristig)

- Analytische Funktionsaufnahme, Untersuchung der Arbeitsplätze von "unten nach oben" (funktions- nicht mitarbeiterbezogen), Preisliste für Funktionspakete
- Gleichmäßiges Vorgehen, d.h. keine Ausnahmen bei der Untersuchung unter Berücksichtung der Führungsrichtlinien und der Unternehmensziele
- Keine Einsparungsvorgaben
- Objektive Basis für zukünftige Personalanforderungen der nächsten 2 - 3 Jahre
- Berücksichtigung der Ergebnisse der Budgetplanung des Folgejahres (Kontrollpunkte).

Die Unternehmensleitung legte Wert auf die Feststellung, daß es aufgrund von Maßnahmen die sich aufgrund der Gemeinkostenwertanalyse ergeben, zu keinen betriebsbedingten Kündigungen kommen wird. Angestrebt werden betriebliche Umsetzungen und eventuell Angebote zur frühzeitigen Pensionierung.

Eine weitere wichtige Vorarbeit war die Bestimmung derjenigen Arbeitsplätze, die in die Untersuchung einbezogen werden sollten. Aus Gleichheitsgrundsätzen wurden sämtliche Mitarbeiter der STIHL-Stammwerke in Waiblingen in die Untersuchung einbezogen; ausgenommen waren die über den Arbeitsplan abgedeckten Fertigungslöhner, da hier andere Instrumentarien wie die Kapazitätsplanung und -auslastung bereits zu abgesicherten Erkenntnissen geführt hatten.

5.2. Projektorganisation und -steuerung

Die abgebildete Projektorganisation basierte auf der Vorstellung die GWA zu einem großen Teil durch eigene Mitarbeiter abzuwickeln und zur Steuerung des Projektes sowie zur Vermittlung des erforderlichen Know hows Beratungskapazität der Firma Plaut einzusetzen.
Oberster Entscheidungsträger war die Unternehmensleitung (Entscheidungsausschuß), die regelmäßig alle zwei Monate und darüberhinaus zusätzlich nach Abschluß eines Projektabschnittes über die Fortschritte, eventuell auftretende Schwierigkeiten und letztlich über die Ergebnisse des Projektes unterrichtet wurde und zu befinden hatte.
Nächste Instanz war der Steuerungsausschuß bestehend aus dem Leiter Personalwesen, dem Leiter Organisation und dem Leiter betriebliches Rechnungswesen; zusätzlich gehörten diesem Gremium zeitweise die Hauptbereichsleiter der zu untersuchenden Einheiten, die Projektleitung und die jeweiligen Basisteammitglieder zur Berichterstattung an.

Aufgabe des Steuerungsausschußes war es, ständigen Kontakt zum Projektteam zu halten, um eventuell auftretende Unstimmigkeiten während der Untersuchung auszuräumen.
Er trat mindestens jeden Monat einmal zusammen und wurde mit einer feststehenden Tagesordnung über den Projektfortschritt durch die Projektleitung informiert.

Das Basisteam setzte sich aus insgesamt 18 Mitarbeitern von STIHL und im Schnitt durch 2 - 3 externe Berater zusammen.

Die Projektleitung selbst wurde durch einen Geschäftsführer von Plaut und dem Verfasser wahrgenommen.

Kriterien für die Auswahl der Basisteammitglieder waren: Durchsetzungsvermögen gepaart mit Fingerspitzengefühl; ein erforderlicher Blick für Zusammenhänge und für Funktionen und ein zügiges Arbeiten. Insbesondere wurde bei der Zusammensetzung der Teams auf erforderliche Grundkenntnisse der zu untersuchenden Fachbereiche geachtet. So wurden z.B. Ingenieure aus dem Engineering-Bereich der Fertigung zur Untersuchung der Forschung und Entwicklung eingesetzt. Soweit einzelne Kriterien im Rahmen der Untersuchung nicht erfüllt wurden, erfolgte kurzfristig ein Austausch. Durch die klare Haltung der Unternehmensleitung gab es bei der zeitweisen Freistellung der Mitarbeiter von ihren angestammten Arbeitsplätzen keine Probleme.

Die Basis-Teammitglieder wurden in mehreren modular aufgebauten Schulungsveranstaltungen mit der beabsichtigen Vorgehensweise vertraut gemacht. Angeleitet wurden die Mitarbeiter durch einen externen Berater (Projektkoordinator). Aufgabe dieses Mannes war es, die STIHL-Mitarbeiter über den gesamten Projektabschnitt mit Hilfe von Checklisten und detaillierten Ablaufplänen, zubegleiten, fachliche Informationen zu vermitteln, Grundsatzfragen gemeinsam zu diskutieren und die Zielrichtungen während der Analysephase und der Erarbeitung von Vorschlägen zu koordinieren. Auch oblag ihm die Abstimmung der abgelieferten Teilberichte und die Vorbereitung der Ergebnisdarstellung.

Parallel zu diesen Aktivitäten wurde ein Berichtswesen aufgebaut, daß von den Informationen an die Mitarbeiter bis zu den Protokollen der Ergebnisse im Entscheidungsausschuß und die Umsetzung in Maßnahmenpläne reichte.

5.3. Ablauf der Untersuchung

- Projektadministration

Mit einem Vorlauf von ca. 14 Tagen wurden die bereits nominierten aktiven Basis-Teammitglieder (6 - 8 STIHL-Mitarbeiter pro Abschnitt) zu einer konstituierenden Projektsitzung zusammengerufen.
Aufgabe dieser Sitzung war zunächst eine ausgiebige Informationdiskussion des gewählten GWA-Verfahrens.
Hierbei wurde an konkreten Beispielen die Vorgehensweise und Zielsetzung erläutert.
Vorbereitete Checklisten für bestimmte Phasen eines Abschnittes wurden beispielhaft durchgearbeitet und mit einem entsprechenden Terminraster versehen.
Gleichzeitig wurden vorab erarbeitete Dokumentationen und Formulare vorgestellt und in Gruppenarbeiten beispielhaft ausgefüllt. Hierbei wurde insbesondere auf die phsychologischen Momente einer solchen Untersuchung eingegangen.

Pro Untersuchungsabschnitt wurden bei STIHL zwischen 400 und 700 Arbeitsplätze untersucht. Auf eine Arbeitsgruppe des Basisteams entfielen ca. 100 Untersuchungseinheiten.

Erste Aufgabe des Basisteames war die grobe Einarbeitung in die Abläufe der zu untersuchenden Organisationseinheiten. Über den gesamten Zeitraum eines GWA-Abschnittes (4 - 5 Monate) wurden wöchentlich Erfahrungsaustausche angesetzt um von den Arbeitsgruppen den jeweiligen Kenntnisstand anzufordern. Auch wurden anläßlich solcher Sitzungen die Arbeitsfortschritte aufgrund von vorbereiteten Checklisten kontrolliert. Hierbei verschaffte sich die Projektleitung und zeitweise der Steuerungsausschuß einen Überblick über den Fortgang und die Schwierigkeiten des Projektes.
Mit Beginn eines neuen Abschnittes wurden die Führungskräfte der zu untersuchenden Untersuchungseinheiten durch die Projektleitung informiert. Unmittelbar vor Beginn der Zeitaufschreibung wurden die betroffenen Mitarbeiter zusammengerufen und durch das jeweilige Teammitglied aufgrund von vorbereiteten schriftlichen Unterlagen über die GWA und die Zeitaufschreibung im speziellen geschult.

Unabhängig hiervon wurden die leitenden Angestellten der jeweils zu untersuchenden Einheiten auf sogenannten Projektstandssitzungen über den Fortgang des Projektes informiert.

- Funktionskatalog

  Zum Zwecke einer aussagefähigen Auswertung von Zeiten und Kosten der einzelnen Tätigkeiten war eine möglichst exakte Aufschlüsselung der Funktionen der Fachbereiche erforderlich. Aufgrund von Plaut beispielhaft angelieferten Musterkatalogen wurden die Funktionen A - D aufbereitet, diskutiert und verabschiedet:

  A-Funktion:

  Hauptfunktion des Unternehmens (z. B. Materialwirtschaft, Forschung und Entwicklung, Vertrieb)

  B-Funktion:

  Nebenfunktion des Unternehmens (z.B. Einkauf, Entwicklungsplanung, Auftragsabwicklung)

  C-Funktion:

  Hauptfunktion des Arbeitsplatzes (z.B. Bestellabwicklung, Konstruktionsvorbereitung, Auftragsbearbeitung)

  D-Funktion:

  Nebenfunktion des Arbeitsplatzes (z.B. schriftliche Bestellung aufgeben, Serienanlauf oder Verfügbarkeit überprüfen).

  Die einzelnen Funktionsgruppen wurden durch je zwei Ziffern definiert (z.B. 10 = Materialwirtschaft). Insgesamt acht Ziffern ergaben die durch den Mitarbeitern im Rahmen der Zeitaufschreibung zu kontierende Tätigkeit (z.B. 40 30 34 15 = Stückliste prüfen). Gewollter Nebeneffekt dieser Aufbereitung detaillierter Funktionskataloge ist das Vertiefen der Kenntnisse des Teammitgliedes über den zu untersuchenden Fachbereiche. Hierbei sollen erste Rationalisierungsansätze gefunden werden (z.B. Doppelarbeiten, Leerlaufzeiten). Nach mehreren Abstimmgesprächen wurden diese Funktionskataloge abgelocht, gedruckt, vervielfältigt und den Mitarbeiter mit entsprechenden Erläuterungen unmittelbar vor der Zeitaufschreibung zur Verfügung gestellt.

  Die Verarbeitung und Aufbereitung der Daten erfolgte durch eine übernommene Standardsoftware des Beraters.

- Zeiterfassung

  Die Zeitaufschreibung erfolgte über 20 Arbeitstage. Aufschreibepflichtig waren alle Mitarbeiter des Untersuchungsbereiches.
  Ziel der Aufschreibung war die objektive Darstellung der mit Kostensätzen bewerteten Zeitanteile für administrative Tätigkeiten. Wichtig war das vollständige Erfassen sämtlicher Informationsströme im Unternehmen.
  Die kleinste Zeiteinheit je Funktion betrug 15 Minuten pro Tag. Die aufgeschriebene Zeit sollte der täglichen Arbeitszeit des Mitarbeiters entsprechen, wobei Überstunden berücksichtigt wurden.

  Die für einen Monat aufgeschriebenen Zeiten wurden in einen sog. Jahreslauf auf die möglichen Stunden pro Normaljahr hochgerechnet.

  Ein formularmäßig vorgesehenes Mengenfeld wurde aufgrund einer gesonderten Vereinbarung als Kann-Feld definiert und im späteren Verlauf der Untersuchung beschränkt genutzt.

  Gemäß der Betriebsvereinbarung wurde der Betriebsrat einmal monatlich durch die Projektleitung über den Stand der Arbeiten unterrichtet. Darüberhinaus konnten sich jederzeit bestimmte Mitglieder des Betriebsrates informieren lassen.

  Aus STIHL-spezifischen Gründen wurde gesonderter Wert auf die konkrete

Bezeichnung der Arbeitsunterlagen, wie Notizen, Mitteilungen und Berichte gelegt. Hier wurde parallel eine empfängerorientierte Abfrage bezüglich der Bewertung dieser Informationen gestartet.

Geplant war aufgrund dieser Untersuchungsergebnisse ein zentrales Berichtswesen (MIS) aufzubauen, um die historisch gewachsene Informationsflut einzudämmen.

Auch wurde zur Ermittlung von Kennzahlen (z.B. Kosten eines Lagerfachs, einer Ein- und Auslagerung, eines Einkaufvorganges) für Wirtschaftlichkeitsrechnungen besondere Angaben verlangt.

Der vollständige Nachweis aller Tätigkeiten pro Mitarbeiter wurde durch das tägliche Einsammeln und Überprüfen der Zeiterfassungsbelege durch die Teammitglieder gewährleistet. Unstimmigkeiten wurden hierbei direkt vor Ort geklärt. Eventuell nicht aufgenommene Funktionen wurden nachgemeldet. Während dieser Zeitaufschreibungen wurden die Teammitglieder angehalten, letzte Kenntnisse über die Verfahrensläufe und die Arbeitsgebiete in den zu betreuenden Einheiten zu beschaffen. Außerdem wurde das Augenmerk auf die Vertiefung bereits bekannter oder das Finden neuer Rationalisierungsansätze gelenkt.

- Zeit- und Kostennachweis

  Die ausgefüllten und kontrollierten Zeitzettel wurden abgelocht und über das Softwarepakte nach verschiedenen Kriterien ausgewertet und verdichtet. So wurde eine mitarbeiterbezogene Statistik angedruckt die nach Kostenstellen, Bereichen usw. verdichtet war. Parallel hierzu wurden funktionsbezogene Auswertungen bereitgestellt.

- Diese Auswertungen erfolgten nach vorgegebenen Kriterien von den Teammitgliedern und bildeten die Basis für die folgende Analysephase. Parallel hierzu fand die intensive Bearbeitung der Ergebnisse der Zeitauswertung mit der Führungsmannschaft, in Einzelfällen mit dem Mitarbeiter statt. Wichtige Aufgabe war die empfängerorientierte Abfrage bezüglich der erbrachten und bewerteten Leistungen (Kosten/Nutzenbetrachtung). Soweit bis zu diesem Zeitpunkt Rationalisierungsansätze mit Vorlage der Zeitauswertungen nicht oder nur in unbefriedigtem Umfang vorhanden waren, wurden kurzfristig mit den Führungskräften des Bereiches Brainstorming-Sitzungen durchgeführt.

5.4. Analysephase

Eine der schwierigsten Abschnitte einer GWA-Untersuchung ist die Analysephase. Rationalisierungsansätze die bereits vorliegen müssen hier vertieft und abgesichert werden. Sind keine oder wenig Ansätze vorhanden, so sind in den verbleibenden 4 Wochen Überlegungen anzustellen und umzusetzen. Die Ergebnisse dieser abgestimmten Analysen werden nach festgelegtem Formverfahren als Vorschläge formuliert. In Nachbereitung der Zeitauswertungen werden schwerpunktmäßig die Funktionen auf ihre betriebliche Notwendigkeit hin abgeklopft.
Eine formatisierte Vorgehensweise ist in diesem Projektabschnitt nicht möglich. Aufgabe und Schwierigkeit der Projektkoordination ist es, wenig sinnvolle Ansätze abzubrechen resp. Anregungen für neue Denkrichtungen zu geben. Auch sind beim Blockieren gerechtfertiger Überlegungen seitens der Fachabteilung geeignete Schritte im Sinne von Diskussionsrunden oder Einschaltung des Steuerungs- oder Entscheidungsausschußes einzuleiten.

Generell kann man davon ausgehen, daß in den Fachbereichen die über abgesicherte Bezugsgrößen verfügen (z.B. Stückzahlen oder Auslastungsgrade im Fertigungsbereich) Rationalisierungsansätze leichter zu finden und zu begründen sind.
In anderen Bereichen z.B. in der Forschung und Entwicklung sind entsprechende Ansätze ungleich schwieriger zu erhalten. So stehen die Aufgaben der Entwicklung und primär der Forschung nicht im unmittelbaren Zusammenhang mit Absatz- oder Produktionsdaten. Hier war die Analyse einmal von administrativen Abläufen (Freigaben, Normung, Besprechungen, Protokolle, Projektverfolgung) und anderseits die Untersuchung z.B. von Berechnungsverfahren und Meßmethoden auf Wirtschaftlich-

keit erforderlich. Insbesondere bei den letztgenannten Untersuchungen ist eine hohe Qualifikation in sachspezifischen Fragen Voraussetzung. Auch ist hier mehr als in anderen Bereichen die aktive Einbringung der Mitarbeiter des Untersuchungsbereiches unabdingbar. Der Versuch Rationalisierungsansätze im Forschungs- und Entwicklungsbereich mit dieser GWA-Methode zu finden, war - mit Ausnahme der Bereinigung von administrativen Tätigkeiten und einigen gemeinsam erarbeiteten Denkansätzen insbesondere Abläufe betreffend - im wesentlichen erfolglos.

Hier wurde eine Grauzone zwischen der Bewertung einzelner Tätigkeiten und Wichtung im Sinne einer Kosten / Nutzenanalyse einerseites und von unternehmerischen Entscheidungen basierend auf nicht direkt quanitfizierbaren Marketing- und Produktionsgesichtspunkten andererseits erreicht.

Ähnliches spielte sich im Bereich der Datenverarbeitung ab. Insbesondere die Zusammenhänge zwischen der Hardwarekonzeption, den Betriebssystemen und der Art der Anwendungsprogrammierung konnten aufgrund der fachspezifischen Gegenheiten nicht beurteilt werden. Das wurde bereits in einem frühen Projektstadium erkannt. Infolge der überproportionalen Kostenentwicklung in diesem Fachbereich wurde der Unternehmensleitung der Einsatz eines speziellen DV-Beraters empfohlen. Diese Untersuchung wurde in den entsprechenden GWA-Abschnitt eingebettet und führte zur Bestätigung des eingeschlagenen Weges.

5.5. Ergebnisse

Bereits während der Analysephase wurden Ergebnisansätze handschriftlich auf Formulare eingetragen. Diese Dokumentationen waren entscheidende Hilfen zur Fortschrittskontrolle. Gleichzeitig dienten die Aufschreibungen als Basis für Abstimmgespräche.

Die Dokumentation der Ergebnisse erfolgte nach einem normierten Ablagesystem:

Anlagenverzeichnis; Übersicht Organisationsstruktur mit Anzahl Mitarbeitern (bewertet mit Anwesenheitszeiten) im Ist-Zustand dito im Soll-Zustand aufgrund der vorgeschlagenen Ergebnisse; Aufriß der Rationalisierungsansätze nach Fachbereichen / Mitarbeitern und nach den Kriterien Aufbau- und Ablauf-, Organisations-, Aufgabenreduktion sowie nach der vereinbarten Fristigkeit; verbale Begründung der Ansätze und die Hinweise auf die entsprechenden Abstimmgespräche. Berichte wurden grundsätzlich durch den zuständigen Fachbereichsleiter abgezeichnet. Unterschiedliche Auffassungen wurden dokumentiert.

Anschließend erfolgte die Diskussion der Ergebnisse im Steuerungsausschuß und anschließend im Entscheidungsausschuß. Soweit den Vorlagen nicht zugestimmt wurde, erfolgte die Änderung der Dokumentation, sodaß letztlich ein durch alle Beteiligten getragener Beschluß detailliert schriftlich vorlag.

Als Ergebnis der GWA wurden zum Abschluß der 10-monatigen Untersuchung Ende 1983 14 % der untersuchten Arbeitsplätze kurz- und mittelfristig zum Abbau vorgeschlagen. Durch die Unternehmensleitung letztlich bestätigt wurden davon 11 %.

Bis heute sind rund 8 % bezogen auf den gesamten Untersuchungsbereich realisiert.

Nach vorsichtiger Einschätzung werden bis Ende des kommenden Jahres knapp 9 % erreicht werden können.

Der Untersuchungsaufwand bestehend aus den aktiven externen und internen Projektarbeiten und den passiven Informationen, Zeitaufschreibungen, Diskussionen und Abstimmungen belief sich auf geschätzte 1,5 Mio. DM.

Von den genannten Vorschlägen entfielen 63 % auf Aufgabenreduktionen, 29 % auf ablauforganisatorische Änderungen und 8 % betrafen die Strukturorganisation.

Teilweise kompensiert werden die Ergebnisse der GWA durch rasche Änderungen der Umfeldbedingungen. D.h. durch den erwarteten überproportionalen Anstieg der Umsätze 1985 sind neue Personalanforderungen gegeben, die sich entweder auf neue Funktionen beziehen, oder aufgrund von quantifizierbaren Bezugsgrößen rechenbar sind.

Die Realisierung der vereinbarten Ansätze erfolgte vereinbarungsgemäß nur durch Umsetzungen oder Nichtersatz bei freiwilligem Ausscheiden (z.B. durch Vorruhestandsregelung).

GWA bedingte Entlassungen wurden absprachegemäß nicht vorgenommen.

6. Maßnahmenplanung

Entscheidend für die Realisierung der verabschiedeten Vorschläge ist die Umsetzung in quantifizierbare Maßnahmenplänen unmittelbar nach Abschluß der GWA.

Diese Maßnahmenpläne werden sinnvollerweise kostenstellen- und organisationsbezogen aufgebaut und in eine Jahresplanung eingebettet. Hier sind konkrete Angaben, wie die Beschreibung der Maßnahme, die vorgesehene Umsetzung, der Querverweis zum GWA-Bericht und neben der Zuständigkeit vor allem der Termin zum Abschluß der Maßnahme aufzunehmen.

Insbesondere bei geschäftsbedingten Personalaufbau in späteren Perioden ist diesem Nachhalten der GWA-Beschlüsse entscheidend.

Die Maßnahmenpläne wurden nach entsprechender Diskussion im Frühjahr 1984 verabschiedet und werden seither vierteljährlich überprüft und gegebenenfalls fortgeschrieben.

Die Unternehmensleitung erhält entsprechende Berichte.

Die personenbezogene Umsetzung der Maßnahmen obliegt dem Personalwesen.

7. Zusammenfassung

Aufgrund eines unbefriedigenden Umsatzes und damit einer unzureichenden Ergebnissituation wurde im Jahre 1983 neben anderen flankierenden Maßnahmen eine GWA im Stammhaus STIHL durchgeführt.
Aufgrund der gewollten analytischen und nach Gleichheitsgrundssätzen ausgerichte Vorgehensweise wurde die Methode Plaut gewählt.

Der Ablauf der Untersuchung besteht aus den Abschnitten:

- Grobanalyse (vorbereitende Arbeiten),
- Strukturierung (Funktionskatalog erstellen),
- Belastungsnachweis (Zeitaufschreibung),
- Analyse (Rationalisierungsansätze),
- Erarbeiten von Vorschlägen und letztlich
- Ergebnisbericht sowie der Umsetzung in Maßnahmenpläne.

Diese in den Untersuchungsumfang eingebundenen Arbeitsplätze wurden in 3 zeitlich versetzten Abschnitten untersucht.

Die Basisarbeit wurde durch insgesamt 18 STIHL-Mitarbeiter und jeweils 2 - 3 externen Projektkoordinatoren erbracht.

Die GWA war nicht personen- sondern arbeitsplatzbezogen aufgebaut. Einsparungsvorgaben wurden nicht gegeben. Erst bei Umsetzung der verabschiedeten GWA-Vorschläge in Maßnahmenpläne nach Projektabschluß wurden durch den dann einzuschaltenden Personalbereich entsprechende Identifikationen vorgenommen.

Zur Auswertung der Zeitaufschreibungen wurde ein Standard-Softwarepaket eingesetzt.
Zum kurz- und mittelfristigen Abbau vorgeschlagen wurden rund 14 % der untersuchten Arbeitsplätze. Bestätigt wurden 11 %. Davon konnten bisher durch Umsetzungen resp. durch die Anwendung der Vorruhestandsregelung rund 8 % realisiert werden. Entlassungen aufgrund der GWA wurden vereinbarungsgemäß nicht ausgesprochen.

Die gewählte Methode hat sich im wesentlichen bewährt.

Zu beachten ist jedoch, daß die sehr zeitaufwendige Vorbereitung und Durchführung der Zeitaufschreibungen auf eine beschränkte Anzahl von Mitarbeitern mit unterschiedlichen Tätigkeiten begrenzt werden sollte (aber: Grundsatz der Gleichbehandlung).

Bei gleichartigen Tätigkeiten sind Aufwandsschätzungen vorzunehmen.

Die eigentliche Analyse und Vorschlagsphase ist zu verlängern und in kritischen Einzelfällen durch Rahmenvorgaben zu erleichtern.

Die Projektzeit von einem Jahr sollte aus phsychologischen Gründen nicht überschritten werden; dabei ist eine straffe Projektführung unabdingbar.

Frühzeitige und ausführliche Informationen der Führungsmannschaft und Arbeitnehmervertretungen erscheinen aufgrund der Erfahrungen angebracht.
Bloße Bereitschaft der Unternehmensleitung reicht nicht aus. Vielmehr ist eine aktive Einbindung und damit eine Mitarbeit im Rahmen der Projektorganisation auch insbesondere bei der Umsetzung aufgrund der von GWA-Vorschlägen erarbeiteten Maßnahmenpläne unabdingbar.

Eine GWA sollte nicht in eine Aufschwungphase gelegt werden, da dementsprechende Rationalisierungsüberlegungen leicht unterlaufen werden können.

Im Wachstumsphasen nach der GWA muß darauf geachtet werden, daß keine Verwässerung zwischen den vereinbarten Rationalisierungsansätzen und neuen Personalanforderungen erfolgt.

Die Reichweite der GWA-Überlegungen ist je nach Unternehmenssitutation verschieden, wird jedoch 3 - 5 Jahre nicht überschreiten.

Neben den reinen Rationalisierungsansätzen wurden wesentliche Erkenntnisse im Bereich der Struktur- und Ablauforganisationen gewonnen und aufbereitet.

STIHL® 2/FPK	Aktivitäten CONTROLLING – GEMEINKOSTENWERTANALYSE	Projekt G W A	Stichwort 5.1. Vor-bereitungen	Anlage

ÜBERSICHT PROJEKTABLAUF

Projektphasen

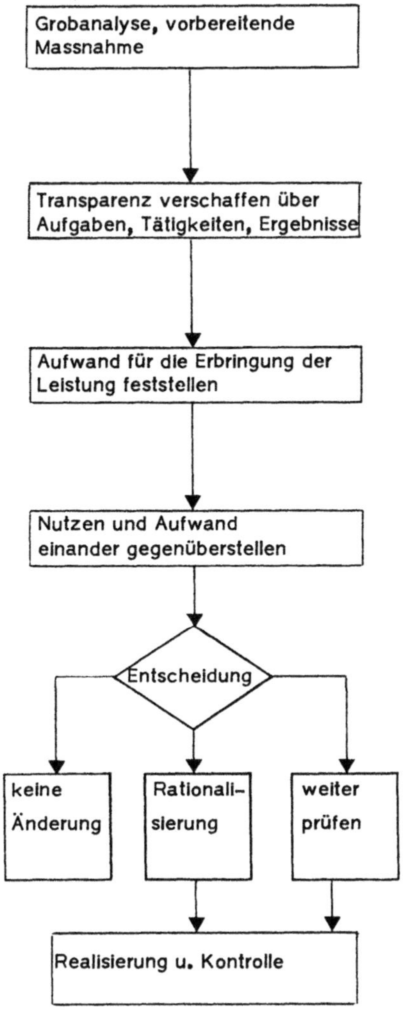

Aufgabenstellung
Projektorganisation
Ausgangssituation
Info-Mitarbeiter

Erstellen Funktionskatalog

Zeitaufschreibung
Funktionsbewertung

Auswertungen
Analysen
Benutzergespräche
Vorschläge

Abstimmgespräche
Schlußbericht

Steuerungsausschuß

Maßnahmenpläne

	Bearbeiter STIHL – Griego/es	Datum Oktober 1985	Blatt

STIHL® 2/FPK	Aktivitäten CONTROLLING – GEMEINKOSTENWERTANALYSE	Projekt G W A	Stichwort 5.1. Vor-bereitung	Anlage

ZEITLICHER ABLAUF

STIHL STAMMHAUS 1 9 8 3

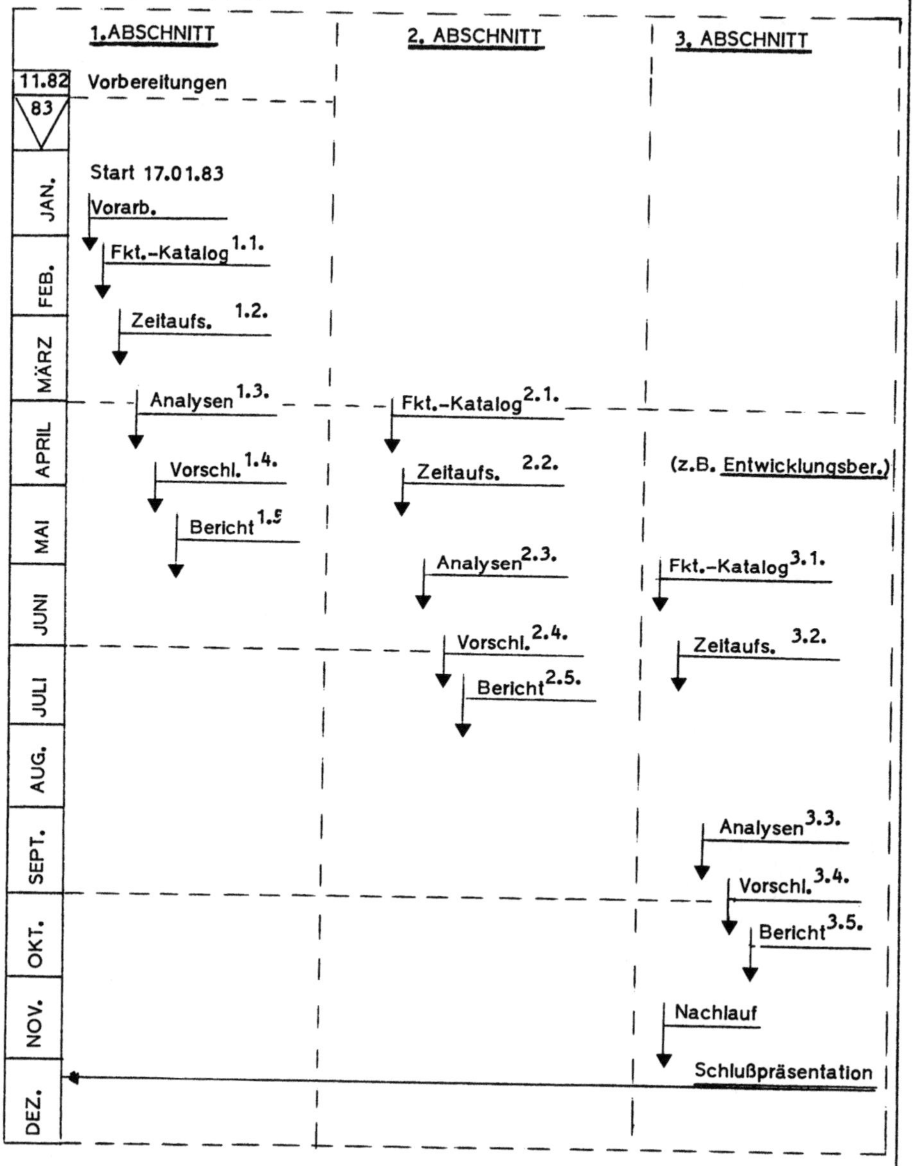

	Bearbeiter STIHL- Griego/es	Datum Oktober 1985	Blatt

STIHL® 2/FPK	Aktivitäten: CONTROLLING GEMEINKOSTENWERTANALYSE	Projekt: G W A	Stichwort: VOR- GEHENS- WEISE	Anlage

Pos. 5.1.: VORGEHENSWEISE

GRUNDREGELN

- DIE FÜHRUNGSRICHTLINIEN UND UNTERNEHMENSZIELE WERDEN BEACHTET;
- SÄMTLICHE VON DEN ZU UNTERSUCHENDEN GEMEINKOSTENBEREICHEN AUSGEFÜHRTEN TÄTIGKEITEN UND ERBRACHTEN ERGEBNISSE WERDEN AUFBEREITET UND IN FRAGE GESTELLT;
- ES HANDELT SICH UM EINE FUNKTIONEN,- D. H. ARBEITSPLATZBE- ZOGENE UND DAMIT NICHT PERSONENBEZOGENE UNTERSUCHUNG.
- VOR BEGINN DER ERSTEN AKTIVITÄTEN BREIT GESTREUTE INFORMATION DER FÜHRUNGSHIERARCHIE DES HAUSES UND DER ARBEITNEHMER- VERTRETUNGEN INSBESONDERS ÜBER DIE URSACHEN, AUFGABENSTELLUNG, ZIELSETZUNG, VORGEHENSWEISE UND ERWARTUNGEN DER GWA.
- AUFBAU EINER FUNKTIONSFÄHIGEN PROJEKTPLANUNG, -ORGANISATION UND -INFORMATION;
- DAUER DES PROJEKTS MAXIMAL EIN KALENDERJAHR, WOBEI PHASEN- VERSCHOBENE VORGEHENSWEISE ANGESTREBT WIRD.
- TERMINVERSCHIEBUNGEN SIND NICHT ZULÄSSIG.
- DIE BASISARBEIT IM RAHMEN DES PROJEKTES SOLLTE IM WESENT- LICHEN DURCH EIGENE MITARBEITER ERFOLGEN.
- BERATEREINSATZ WAR IM HINBLICK AUF DIE FACHLICHE ANLEITUNG UND DAS KNOW HOW BEI SOLCHEN RATIONALISIERUNGSUNTERSUCHUNGEN GEWÜNSCHT.

	Bearbeiter	Datum	Blatt
	STIHL GRIEGO/ES	OKTOBER 1985	

STIHL® 2/FPK	Aktivitäten CONTROLLING – GEMEINKOSTENWERTANALYSE	Projekt G W A	Stichwort 5.2. PROJEKT-STEUERUNG	Anlage

P R O J E K T O R G A N I S A T I O N

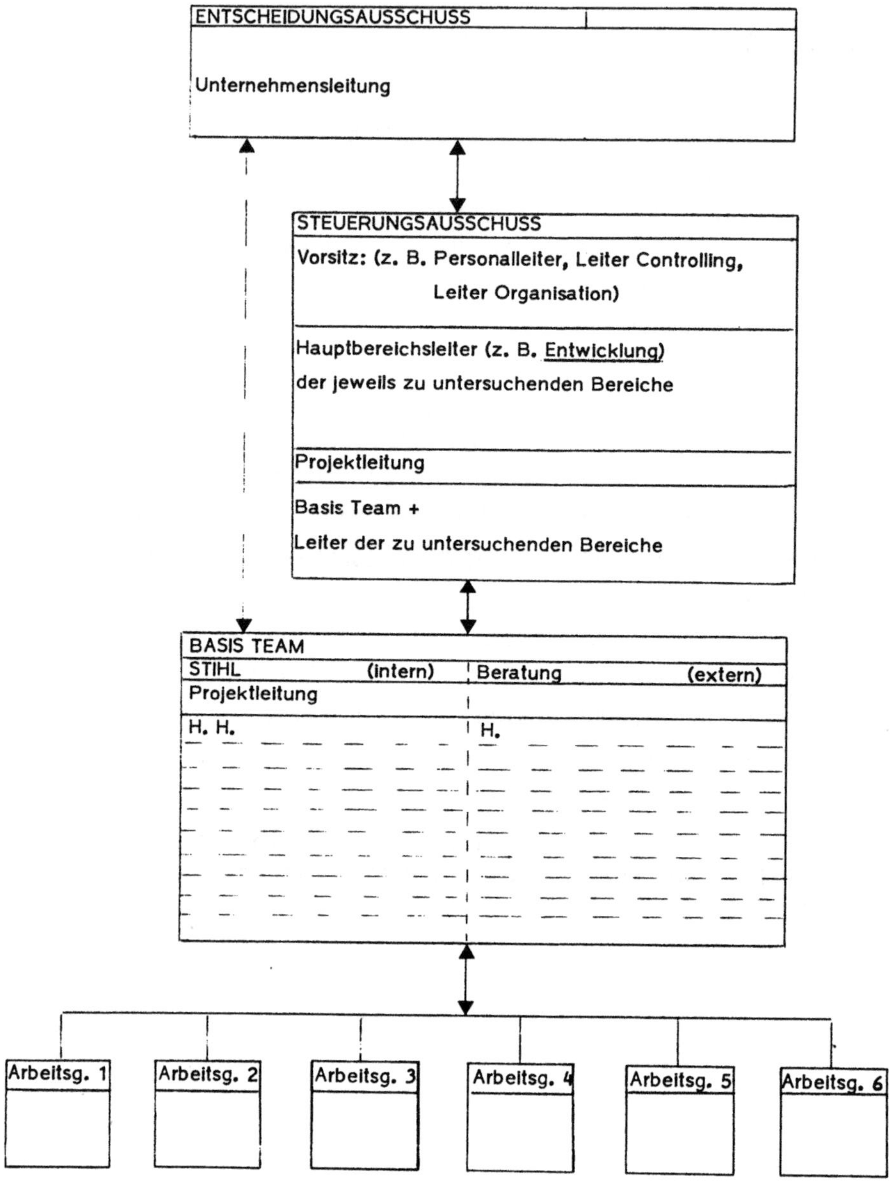

	Bearbeiter STIHL Griego/es	Datum OKTOBER 1985	Blatt

STIHL® 2/FPK	Aktivitäten CONTROLLING - GEMEINKOSTENWERTANALYSE	Projekt G W A	Stichwort 5.3. Ablauf der Untersuchung Projekt-steuerung	Anlage

- CHECKLISTE - (Auszug)

Termine: Analysephase bis Bericht

Fachbereich Entwicklung

LFD.	AKTIVITÄTEN	ZU ERLEDIGEN BIS:
1.	Abschlußarbeiten (letzte Zeitzettel einsammeln; Bearbeitung Fehlerprotokolle, EDV-Listen etc.) gem. Terminplan f. EDV-Abschlußarbeiten	07.10.
2.	Letzte Information über die Tätigkeiten und die Abläufe in Org.-Einheiten einholen	14.10.
3.	Durchsprache der Zeitzettel-Auswertung vor Ort und evtl. Aufnahme der Jahreslauf-Daten; Aufbereitung der vorliegenden Rationalisierungsansätze	14.10.
4.	Analyse der Zeitzettelauswertung und Durchsprache mit dem Projektkoordinator	28.10.
5.	Vorstellung und Diskussion der vorliegenden Rationalisierungsansätze mit der Projektleitung, ggf. Steuerungsausschuß	03.11. - 10.11.
6.	Absichern der vereinbarten Rationalisierungsmaßnahmen vor Ort, ggf. Abstimmen in weiteren Führungsebenen	18.11.
7.	Erstellen bzw. komplettieren der Soll-Organigramme und Personalübersichten für den Bericht	25.11.
8.	Handschriftliche Formulierung der Vorschläge nach Mustervorlage für die Berichtslegung, ggf. Aufbereitung von Anlagen	02.12.
9.	Präsentationsunterlagen Durchsprache der Vorlagen mit der Projektleitung und Abstimmung der Vorgehensweise in der Steuerungsausschuß-Sitzung	05.12. - 09.12.
10.	Steuerungsausschuß-Sitzung, Vorbereitung, Durchführung, Umsetzung der Beschlüsse	12.12. - 13.12.

	Bearbeiter	Datum	Blatt
	STIHL-Griego/es	Oktober 1985	

STIHL® 2/FPK	Aktivitäten CONTROLLING GEMEINKOSTENWERTANALYSE	Projekt G W A	Stichwort PROJEKT-ADMINIS-TRATION	Anlage

I N F O R M A T I O N S V E R A N S T A L T U N G E N

'<u>VERKAUFSARGUMENTE</u>'

* UNTERMAUERUNG DES EINSTELLUNGSSTOP'S <u>(KURZFRISTIG)</u>

* ANPASSUNG AN DIE ERWARTETE UMSATZ-/ERGEBNISENTWICKLUNG <u>(MITTELFRISTIG)</u>

* SICHERUNG DER ARBEITSPLÄTZE <u>(LANGFRISTIG)</u>

* ANALYTISCHE FUNKTIONSAUFNAHME (NICHT PERSONENBEZOGEN!) VON 'UNTEN NACH OBEN' (PREISLISTE FÜR FUNKTIONSPAKETE SCHAFFEN)

* GLEICHMÄSSIGES VORGEHEN ➔ GLEICHBEHANDLUNG, KEINE TABU'S (KEINE SUCHE NACH SCHULDIGEN, KEINE VERGANGENHEITS-BEWÄLTIGUNG!)

* ABSTIMMUNGSPROZESS <u>INNERHALB</u> DER ORGANISATIONSEINHEIT

* KEINE EINSPARUNGSVORGABE ➔ MOTIVATION

* AKTIVE MITARBEIT JEDES MITARBEITERS BEI AUFBEREITEN DES RATIONALISIERUNGSPOTENTIALS (INNOVATION)

* OBJEKTIVE BASIS FÜR ZUKÜNFTIGE PERSONALANFORDERUNGEN SCHAFFEN (2 - 3 JAHRE)

* BERÜCKSICHTIGUNG DER ERGEBNISSE IN DER BUDGETPLANUNG (KONTROLLPUNKTE AUFGRUND GEMEINSAM FESTGELEGTER UND BEWERTETER FUNKTIONSPROFILE)

	Bearbeiter	Datum	Blatt
	STIHL GRIEGO/ES	OKTONER 1985	

STIHL® 2/FPK	Aktivitäten CONTROLLING GEMEINKOSTENWERTANALYSE	Projekt G W A	Stichwort 5.3. Funktions- katalog	Anlage

A → Hauptfunktion des Unternehmens

B → Nebenfunktion des Unternehmens

C → Hauptfunktion des Arbeitsplatzes

D → Nebenfunktion des Arbeitsplatzes

A	B	C	D	
10				Materialwirtschaft
30				Marketing
40				Entwicklung
40	10			Entwicklungsplanung
40	20			Energieforschung
40	30			Konstruktionsarbeiten
40	30	20		Konstruktionsänderungen
40	30	30		Konstruktionsvorbereitung
40	30	34		Kontrollieren
40	30	34	15	Stückliste prüfen
40	30	34	20	Freigabe und Musterbewertung prüfen
40	30	34	25	Serienanlauf überprüfen

	Bearbeiter STIHL Griego/es	Datum Oktober 1985	Blatt

STIHL® 2/FPK	Aktivitäten: CONTROLLING – GEMEINKOSTENWERTANALYSE	Projekt: G W A	Stichwort 5.3. Zeit-erfassung	Anlage

- Erläuterung zur Zeiterfassung -

MUSTER

STIHL	GWA Zeiterfassungsbeleg	Name: F E H R, ERNST Datum: 30.01.1983	Blatt Nr. 1	SA 9	WDAT 1 1	KOSTENSTELLE 1 7 5 9	UG 1	MC 1 1

Funktions-Nr. (11 - 18)	Std. / Min. (19 - 24)	Menge (25 - 28)	Tätigkeitsergänzende Angaben	Turnus und/oder Anzahl	Arbeitsunterlagen	Empfänger
2 0 2 0 1 0 0 1	0 5 0		Bearbeiter W.Kontr. + Skonto	täglich	EDV-Liste 148	Ablage intern
2 0 2 0 1 0 0 4	2 0 0	5 3	Paaren der geb.Re mit Eintr.	..	Rechnungen	Abl. Auftr.abw.
2 0 2 0 1 0 0 5	1 0 0			3 x tägl	RECHNUNGEN	EDV
2 0 2 0 2 0 0 1	2 5 0	3 6	Kontrolle Rechn. mit Liefers.	tägl.	Rechn. / Lieferschein	Zwischenfunktion
2 0 2 0 2 0 0 3	0 5 0		Tel. u. mündl. Rückfragen	tägl.	nach Bedarf	Diverse
9 8 1 0 3 0 1 6	0 3 0		Postbearbeitung abt.intern	tägl.	Postmappe	Ablage intern
9 8 6 0 3 0 1 0	0 2 5					
Summe Std.	8 2 5					EDV erledigt

Ablage

	Bearbeiter: STIHL-Griego/es	Datum: Oktober 1985	Blatt

STIHL®
2/FPK

Aktivitäten	Projekt	Stichwort	Anlage
CONTROLLING- GEMEINKOSTENWERTANALYSE - MUSTER -	G W A	5.3 Zeit- und Kostennachw.	

LISTE 3   K O S T E N N A C H W E I S   PRO KST/UG   41./0.11 BLATT 164

ABTEILUNG   KOSTENSTELLE   UNTERGRUPPE   NAME

FUNKT-NR	F U N K T I O N S T E X T	MENGE	ME	MC	ZEIT-STD	KOSTEN-DM
10050510	TAGESABLAUF VORBEREITEN				0,75	45
10050515	EINSATZPLANUNG UNTERSTELLTER MITARBEITER (INCL. KOORDINA.)				2,00	120
10050520	FACHLICHE BERATUNG/UNTERSTÜTZUNG VON MITARBEITERN				4,67	280
10050522	FACHLICHE BERATUNG/UNTERSTÜTZUNG ANDERER FACHABTEILUNG				3,58	215
10050525	FACHLICHE BERATUNG/UNTERSTÜTZUNG V. FREMDFIRMEN				1,33	80
10050500	FÜHRUNG UND MITARBEITERUNTERSTÜTZUNG				12,33*	740 *
12053055	ALLGEMEINES BERICHTSWESEN (WOCHEN-, MONATS-, JAHRESBERICHT)				0,50	30
12053000	ALLGEMEINE ADMINISTRATION / VERWALTUNG				0,50*	30*
12951005	VORBER. MAT.-WIRTSCH.- SITZUNG				0,50	30
12951010	DURCHFÜHR/TEILNAHME MAT.-WIRTSCH.- SITZUNG				1,75	105
12951000	MATERIALWIRTSCHAFTS-SITZUNG				2,25*	135*
12955010	DURCHF./TEILNAHME				3,67	220
12955000	BESPRECHUNG				3,67*	220*
12956010	DURCHF./TEILNAHME				3,00	180
12956000	PROGRAMMSITZUNG				3,00*	180*

Bearbeiter	Datum	Blatt
STIHL- GRIEGO/bö	OKTOBER 1985	

STIHL®
2/FPK

Aktivitäten: CONTROLLING-GEMEINKOSTENWERTANALYSE - MUSTER -

Projekt: G W A

Stichwort: 5.5. Ergebnisse

Anlage

Zeile	Organisations – Einheit	IST – Stand am 1.5.83	Am 1.5.83 feststehende Zug.	Am 1.5.83 feststehende Abg.	Vorschau bis 6/84	Umstrukturierungen	Rationalisierg. Aufbau – organisat.	Rationalisierg. Ablauf – organisat.	Rationalisierg. Aufgaben – reduktion	SOLL – Stand	Rationalisierung Summe	Rationalisierung Fristigkeit K bis 9/84	Rationalisierung Fristigkeit M/L ab 10/84	
Zeile	Spalte	A	B	C	D	E	F	G	H	I	J	K	L	M
1	A	1	-	-	1	-	-	-	+0,5	1,5	+0,5	+0,5		
2	AA	-	-	-	-	-	-	-	-	-				
3	AAa	2	-	-	2	-	-	-	-	2				
4	AAb	2	-	-	2	-	-	2	-	0	2	1	1	
5	AB	1	-	-	1	-	-	-	-	1				
6	ABa	1	-	-	1	-	-	-	-	1				
7	ABb	1	-	-	1	-	-	1	-	0	1	1		
8	ABc	1	-	-	1	-	-	1	-	0	1	1		
9														
10	AC	0			0	+11				11				
11														
	Summe	9	-	-	9	+11	-	4	+0,5	16,5	3,5	2,5	1	

Bearbeiter: STIHL-GRIEGO/bö

Datum: OKTOBER 1985

Blatt

D. Planung und Steuerung, Controlling, Standardsoftware

Planung und Steuerung in einer Großbank durch EDV-gestütztes internes Rechnungswesen

Dr. *A.-F. Jacob*, Dresdner Bank AG, Frankfurt/Main

I. Definition / Prämissen

Die Unternehmensplanung baut auf Prognoserechnungen auf und führt über die Definition von Engpaßfaktoren und kritischer Wachstumsbereiche sowie über Abstimmungsprozesse konkurrierender Wachstumsbereiche zu Planbilanzen und -erfolgsrechnungen.

Die **Prognoserechnung** bildet die zukünftige Stellung der Bank im Markt ab, bei Berücksichtigung der Änderung exogener Daten (volkswirtschaftliche Entwicklung, Marktanteilskonstanz) und Beibehaltung (Ceteris-paribus-Klausel) der endogenen (Entscheidungs-) Daten.

Die Prognoserechnung ist daher entscheidungsneutral (diesselbe Aktivität in derselben Stärke in derselben Richtung).

Die **Planungsrechnung** hingegen unterwirft die prognostizierte Entwicklung dem Zielsetzungsprozeß des dispositiven Faktors durch Variation der Elemente des endogenen Datenkranzes: Kombination der bankspezifischen Engpaßfaktoren, der kritischen und miteinander konkurrierender Wachstumsbereiche.

Die **bankspezifischen Engpaßfaktoren** sind:

- für das Volumenswachstum die Eigenmittelbasis
- für das Dienstleistungsgeschäft die Kosten der vorgehaltenen Kapazität
- für die Investitionsvolumen die Einhaltung der Richtsätze des KWG.

Die **kritischen Wachstumsbereiche** sind

Bereiche, in denen das Erlöswachstum hinter dem Wachstum der Kapazitätskosten zurückbleibt.

Und als **Wachstumsbereiche konkurrieren:**

- Die Kredite an Banken und Nichtbanken mit den Krediten an inländische juristische Personen des Öffentlichen Rechts im Rahmen der Imagerelation Eigenmittel ivH Bilanzvolumen,

- die Kredite an Banken und Nichtbanken nach ihrer Ertragskraft – originär und derivativ – um die freie Kapazität gemäß Grundsatz I; originär nach Laufzeit, Zinssätzen und Zinsbindung der Kreditkategorien, derivativ im Zusammenhang mit der Rentabilität einer Gesamtkundenverbindung (z.B. Avale zu Folgegeschäften aus dem Aval),

- Dienstleistungenssparten und Kapazitäten – Personal- und Sachapparat – in Relation ihrer originären und abgeleiteten Grenzerträge; originär Erlöse aus den Dienstleistungen selbst, derivativ Erlöse aus „Verbundproduktion" im wesentlichen im Zusammenhang mit Eigengeschäften,

- im Investitionsvolumen die Geschäftsstellen um Standortprioritäten bei Neueröffnungen bzw. bei Schließungen um Reanlagen der freigewordenen Kapazitäten.

Steuerung meint die Umsetzung entscheidungsrelevanter, quantifizierbarer Planziele in Handlungsanweisungen, die in ihrer Effizienz kontrollfähig sein müssen.

Insofern gehört zur Planung die Prognose und zur Steuerung die Kontrolle.

Planung und Prognose basieren für die unternehmensspezifischen Elemente auf den Daten des Internen Rechnungswesens, Steuerung und Kontrolle sind Gegenstand des Internen Rechnungswesens. So verstanden, muß das Interne Rechnungswesen ein objektives, motivationsneutrales Steuerungs- und Kontrollinstrument sein.

Die Elemente der Planung, Steuerung und Kontrolle müssen dementsprechend deckungsgleich sein.

Die **Segmente des Internen Rechnungswesens** sind:

- das Kostenrechnungssystem,
- das Führungs-Informations-System.

II. Elemente und Aufbau des Internen Rechnungswesens

1. Das Kostenrechnungssystem

Das Kostenrechnungssystem verfolgt in seinen Elementen immanente und transzendente Ziele zugleich. Immanente Ziele heißen die Ziele, die das Element als solches hat (Ziele im engeren Sinne), transzendent heißen die Ziele, für die das Element nur Basisverfahren ist (Ziele im weiteren Sinne = Zwecke).

Elemente des Kostenrechnungssystems sind:

- Abteilungskostenrechnung
  Funktionskostenrechnung
  Stückkostenrechnung

- Deckungsbeitragsrechnung

- Spartenerfolgsrechnung
  Kunden-/Konten-Kalkulation
  Kundengruppen-Rechnung
  Dienstleistungskalkulation
  Profit-Center-Rechnung.

Im Rahmen dieses Vortrages soll lediglich auf die drei Grundrechenarten und die Deckungsbeitragsrechnung beispielhaft eingegangen und zugleich der Bezug zur Datenverarbeitung erläutert werden. Auf die Darstellung der weiterführenden Rechenverfahren wird verzichtet.

Die **Abteilungskostenrechnung** dient der Erfassung des Kostenverzehrs in den Organisationseinheiten: Kostenstellengliederung und Organisationsstruktur sind identisch (Die Dresdner Bank AG ist in rund 6.000 Kostenstellen gegliedert.).

Immanente Ziele:

- Erfassung des Kostenverzehrs in den einzelnen Organisationseinheiten,
- Unterstützung des Kostenstellenleiters bei der Kostenverantwortung.

Transzendente Ziele:

- Basisinstrument für die Funktionskostenrechnung,
- Basis- und Kontrollinstrument für die Budgetrechnung.

„Budgetrechnung" ist definiert als Planungs-/Steuerungs- und Kontrollinstrument für die Personalbesetzung, die Personal- und Sachkostenentwicklung, soweit vom Kostenstellenleiter beeinflußbar.

Daraus folgt eine zweifache Gliederung der Kostenarten in der Abteilungskostenrechnung: Vollkostenrechnung für die Zwecke der Funktionskostenrechnung, Teilkostenrechnung für die Zwecke der Budgetrechnung.

Die Kostenarten/Personalbesetzung werden unmittelbar aus den operativen Programmen übergeleitet:

- PDS (= Personal-Daten-System) für die personelle Besetzung,

- PDS für die Personalkosten,

- MOB (= Mobiliendatei) für die Afa auf Mobilien,

- TEG (= Telefonauswertung) für die Telefonkosten,

- Zuspeisung der Sachkosten durch Entnahme aus Aufwandsbelegen (typisches Beispiel: Aufteilung der Abonnementkosten auf Kostenstellen).

Ist-Kostenrechnung, Budgetausschöpfungsgrad der steuerbaren Kosten, Personalvorgabe/ Ist erfolgen quartalsweise und bilden das Basismaterial für das Controlling (Abb.1).

Die **Funktionskostenrechnung** gliedert die Abteilungskosten sachgebietsbezogen um und trägt damit den diskreten Produktionsformen und -funktionen und deren marktbestimmter Verflechtung Rechnung.

Die Funktionskostenrechnung ist organisationseinheiten-übergreifend. Sie kennt rund 60 Kostenstellen, die inhaltsidentisch jeweils für die inländischen Niederlassungsbereiche, die ausländischen Niederlassungen und die Zentrale gelten.

Die Funktionskostenrechnung wird einmal pro Jahr, DV-gestützt, erstellt (Abb. 2).

Immanente Ziele:

- Ermittlung der Personalbesetzung pro Sachgebiet / Geschäftsbereich,
- Ermittlung des Kostenverzehrs pro Sachgebiet / Geschäftsbereich.

Transzendente Ziele:

Die Funktionskostenrechnung liefert die Basisinformationen für die weiterführenden Rechnungen

- Deckungsbeitragsrechnung
- Stückkostenrechnung
- Kundengruppenrechnung
- Spartenerfolgsrechnung
- Profit-Center-Rechnung
- Rentabilitäts-/Wirtschaftlichkeits-Analyse

mit zwei Problemkreisen systematischer Art:

- Definition der Kostenarten und der Leistungen/Leistungseinheiten deckungsgleich, Problem: Fehlen eindeutig determinierter Produktionsprozesse (Immer noch ungelöste Forschungsaufgabe der Wissenschaft: wie sieht die Produktions-Funktion im Bankbetrieb aus?),

- Relationenbildung zwischen verbundenen/verwandten Leistungen innerhalb einer Funktion : (ehemalig) Problem der Äquivalenzziffern = „Heizrippenzähler", **Problemlösung:** Typisierung der Bankstellen, Vereinheitlichung der Arbeitsabläufe, Einführung ablaufspezifischer Personalvorgaben auf Basis funktionsbezogener Mengengerüste.

Die **Deckungsbeitragsrechnung** ist keine reine Grundrechnungsart, sie ist aber auch keine reine Art der weiterführenden Rechnung; sie enthält Elemente beider Rechnungsstufen.

Hinsichtlich der Deckungsbeitragsrechnung sind zwei Formen zu unterscheiden: die Grenzkostenanalyse im Zinsgeschäft und die Grenzkosten im Dienstleistungsgeschäft.

Die Grenzkostenanalyse im Zinsgeschäft setzt eine Bestimmung der Kapazitätsauslastung voraus. Für den Bankbetrieb gilt im Zinsgeschäft als Kapazitätsmaßstab die limitierende Wirkung der Eigenmittelbasis, die von Deppe auch als Eigenmittelkapazität bezeichnet wird. Insofern kann die Höhe der Eigenmittel als Engpaßfaktor der Kapazität definiert werden.

Diese Definition folgt aus der Tatsache, daß regelmäßig die eingeräumten Kreditzusagen über die Grundsatzgrenze, die durch die Eigenmittelbasis gezogen wird, hinauszugehen pflegen, die Einhaltung der Kapazitätsgrundsätze des Kreditwesengesetzes ist durch die regelmäßig nur partiell erfolgende Inanspruchnahme der Linien gewährleistet.

Aufgrund der Relation von eingeräumten Linien und aktueller Inanspruchnahme sind freie Kapazitäten im Zinsgeschäft daher letztendlich nur in dem Ausmaß vorhanden, das zwischen Limitvolumen und aktueller Inanspruchnahme gegeben ist. Da weiterhin eingeräumte Linien nur in seltenen Fällen ad hoc widerrufbar sind, sind die Grenzkosten der freien Kapazität als die Grenzkosten einer zusätzlich zu schaffenden Kapitaleinheit zu definieren: Opportunitätskosten einer möglichen Erzwingung der Verstärkung der Eigenmittelbasis, falls sich während der Laufzeit eines zu Grenzkosten kalkulierten Kredits die Relation zwischen Limitvolumen und Inanspruchnahme so verändert, daß die vordem als frei definierte Kapazität ausgeschöpft wird.

Die Kosten im technisch-organisatorischen Bereich sind im Rahmen vorgegebener Kapazitätsgrenzen zu mehr als 90 % beschäftigungsunabhängig. Insofern muß davon ausgegangen werden, daß eine Grenzkostenrechnung für freie Kapazitäten im Dienstleistungsgeschäft ex definitione unmöglich ist.

Wesentlich ist, daß im Dienstleistungsgeschäft nicht die Differenz zwischen Erlös und beschäftigungsabhängigen Kosten Gegenstand des Analyseverfahrens sein kann, sondern nur die Differenz zwischen Erlös und direkt zurechenbaren Kosten. Es handelt sich hierbei um einen produktbezogenen Kostenbegriff, der an die Stelle des beschäftigungsbezogenen Begriffs in der geläufigen Form der Deckungsbeitragsrechnung treten muß.

Auf der Basis dieses produktbezogenen Kostenbegriffs können drei Schichten der Kostenzurechnung unterschieden werden: Direkte Kosten, Teilkosten und Vollkosten.

2. Das Führungs-Informations-System

Es ist ein überaus schwieriges Unterfangen, ein komplexes, hausspezifisch entwickeltes MIS als Steuerungs- und Kontrollsystem in wenigen Absätzen darzustellen. Hinzu kommt, daß die individuelle Steuerungsphilosophie der Dresdner Bank AG - die Komponentensteuerung - häufig genug dargestellt und diskutiert worden ist, so daß es müßig wäre, hier eine neue Version zu liefern.

Zur Struktur des Systems nur so viel:
Es besteht aus drei verbundenen Elementen:

- Niederlassungs-Informations-System (NIS)
- Ressort-Informations-System (RIS)
- Vorstands-Informations-System (VIS).

Es gliedert die Daten nach

- Regionen
- Kundengruppen
- Kundensegmenten
- Produkten.

Die entscheidenden Steuerungs- und Kontrollgrößen sind:

- Volumen
- Kondition
- Dienstleistungserträge
- Personal-/Sachkosten.

Dieses FIS ist demgemäß als integrierendes System aufgebaut mit vier Merkmalen:

- **strukturell**
  Regionen, Kunden-/Produktgruppen

- **prozessual**
  Leistungserfolg, Kosteneinsatz
- **funktional**
  Führungskonzeption und Organisation
- **institutionell**
  Erfassung und Bereitstellung der Daten.

Die **Datengewinnung** erfolgt aus den operativen Programmen und muß 5 Bedingungen erfüllen:

(1) zeitnahe Darstellung
10. Arbeitstag nach Stichtag müssen die Daten verfügbar sein,

(2) flexible Gestaltung der Berichte
Anpassung an geänderte Datenstrukturen ohne erneute Programmierungsarbeiten im EDV-Bereich,

(3) benutzerorientierte Steuerung der Berichtschreibung
eigene Spezialeinheit außerhalb der EDV-Organisation,

(4) integriertes System für die Aggregierung der Verknüpfung der hierarchischen Ebenen oder Teilsysteme
Nachweis identisch definierter Berichtsgrößen auf allen Berichtsebenen,

(5) F & E-Kosten sowie Betriebskosten des Systems müssen niedriger als der Informationswert sein:
Definition der Information als „Führungs-Information" bringt Selektion des Datenvolumens.

Der EDV-mäßige Ablauf der Berichtschreibung erfolgt in 5 Teilschritten (Abb. 3).

Innerhalb des VIS liegt eine wesentliche Schnittstelle des Systems: die Verknüpfung des Bilanz-Erfolgs-Rechnungswesens (Externes Rechnungswesen) mit dem Internen Rechnungswesen mit entsprechenden Überleitungen der unterschiedlich definierten Daten in den beiden Systemen des Rechnungswesens:

- **externes Rechnungswesen**
  folgt den gesetzlichen, aufsichtsrechtlichen Normen und bietet Vergleichbarkeit im Markt (Beispiel: Zweimonats-Bilanzen),

- **internes Rechnungswesen**
  verantwortungsspezifische Definition nach geschäftspolitischen Steuerungsgrößen

in Kundengruppen, Produkten und Regionen.

Beispiel:
Firmen- und Privatkunden sind „innerbetrieblich" spezifisch definiert und entsprechen nicht den Definitionen der Bista.

Zur Verdeutlichung einige, wesentliche Daten zum Volumen, die zugleich zeigen, daß ein derartiges System ohne EDV-Stützung undenkbar ist:

Maximal-Volumen im Berichsmonat

Zeilen	2.691.705
Blätter	81.224
Berichtssätze	4.118
Empfänger	1.875
Tabellen	2.069
Elemente	7.891.

Die **immanenten** Ziele, zusammenfassend:

- Beurteilung der Entwicklung vieler Einzelpositionen durch sinnvolle Aggregierung,

- Beurteilung des Erfolges der Handlungsanweisungen durch Zuschnitt auf individuelle Verantwortungsbereiche,

- Frühwarnsystem durch Implementierung feststehender Vergleichskriterien.

Die **transzendenten** Ziele:

- Basis-Datengewinnung für Prognose- und Planungsrechnung,

- Basis-Datengewinnung für die Entwicklung und Analyse von Strategien im externen und internen Bereich.

An dieser Stelle schließt sich der Kreis und leitet zur Unternehmensplanung über: die Funktion des Internen Rechnungswesens im Prognose- und Planungsprozess einer Großbank.

III. Das integrierte System:
Planung / Prognose – Steuerung/Kontrolle

Abb. 4 enthält schematisch die einzelnen Schritte von der Prognose- zur Planungsrechnung. Anhand dieses Schemas soll die Systematik erläutert werden.

„Herzstück" dieses Rechenverfahrens ist die mittelfristige (5-Jahres-) Prognoserechnung, die jährlich fortgeschrieben und aus zwei Datenquellen gespeist wird:

(1) Externe Daten zur gesamtwirtschaftlichen Entwicklung, die auf Daten des Statistischen Bundesamtes, der Bundesbank und des Langfrist-Prognosekreises beim DIW basieren.

Die daraus abgeleiteten Eckdaten werden von der Volkswirtschaftlichen Abteilung der Bank geprüft und gegebenenfalls in einem internen Abstimmungsprozeß auf die hausspezifische Sicht hin korrigiert.

(2) Interne Daten des Externen und Internen Rechnungswesen:
Für die Analysen müssen die Datendefinitionen des Internen Rechnungswesens über spezifische Überleitungsbrücken analog dem Externen Rechnungswesen angepaßt — insbesondere die Daten aus dem FIS — und später wieder zurücktransformiert werden, um zur Planungsrechnung und Zielwertvereinbarung zu gelangen.

Zu den Internen Daten gehören dann auch die Restriktionen, die sich aus den KWG-Grundsätzen einerseits und den Verträglichkeitsgrenzen von Risikorahmen für Zinsinkongruenzen etc. oder Mindestmargenkonzeptionen ergeben.

Diese beiden Datenbanken speisen die ökonometrische Modell-„Schreinerei" und setzen, vereinfachend formuliert, die Daten des Branchen-Sektors „Banken" aus der gesamtwirtschaftlichen Input-/Output-Rechnung in institutsspezifische Werte um:

- Regressions-, Korrelations-, Anteils- und Verträglichkeits-Analysen einerseits,
- Strukturverknüpfungen und Trendfortschreibungen nicht prognostizierbarer Positionen von Bilanz und GuV andererseits

führen zur 5-Jahres-Prognoserechnung als Grundlage der Analyse von Engpaßfaktoren und kritischen Wachstumsbereichen sowie zur Erklärung konkurrierender Wachstumsbereiche.

Diese fortgeschriebene Prognoserechnung enthält als erstes Glied die auf dem geplanten Ist per 31. 12. aufgebaute Vorschaurechnung für das Folgejahr.

Diese Prognoserechnung liegt Ende Oktober, termingebunden, für das Folgejahr vor und ist damit zugleich Entscheidungsgrundlage für die Gestaltungselemente der Planungsrechnung für das Folgejahr durch den Gesamtvorstand (= Ressourcenbelegung).

Die Vorschaurechnung geht sektorenweise an die den Konzern steuernden Geschäftsbereiche und Konzernstäbe, die ihrerseits die Verträglichkeit mit der Strategie in ihrem Zuständigkeitsbereich prüfen und in die Zielwertvereinbarung mit den Konzernteilen eintreten.

Dieser Prozeß ist in der ersten Monatsdekade Januar Folgejahr abgeschlossen.

In einem Simulationsmodell werden von der Konzernplanung die Verträglichkeits- und Kompatibilitäts-Analysen der modifizierten Sektoren-Daten und Sensibilitäts-Analysen hinsichtlich der Restriktionen durchgeführt (Abb. 5/6).

Daraus wird in einem letzten Schritt die Zielprojektion „Folgejahr" abgeleitet und nach Vorstandszustimmung „rückübersetzt" in die Steuerungs- und Kontrollgrößen des Internen Rechnungswesens:

- Volumens-/ Konditionenvorgaben,
  strukturell und hierarchisch im FIS,

- Abteilungskostenbudget
  auf Basis Abteilungskostenrechnung,

- Kunden- und Kontenkalkulation
  für Mindestmargenkontrolle,

- Konditionengestaltung
  auf Basis Stückkostenrechnung,

- Risikorahmen und Grundsatzeinhaltung
  auf Basis FIS.

Für die unterjährige **Steuerung** wurde eine spezifische Instanz geschaffen, die für die Gesamtdisposition einschl. Passivmanagement konzernumfassend zuständig ist.

Die Kontrolle liegt im strategischen und operationellen Controlling auf Basis FIS und der weiterführenden Rechenverfahren

- Funktionskostenrechnung
- Kundengruppenrechnung
- Deckungsbeitragsrechnung
- Spartenerfolgsrechnung
- Profit-Center-Rechnung.

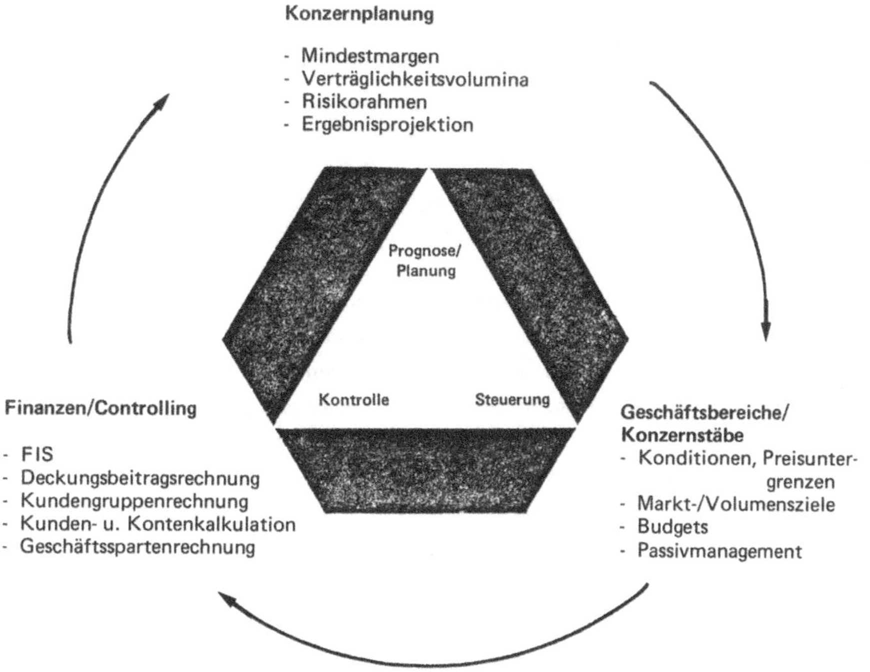

IV. Die Rolle der Erwartungen im Prognose- und Planungsprozeß

Die ökonomische Qualität der Prognose- und Planungsrechnung ist herausragend von der Qualität des ökonomischen Erwartungshorizontes der Prognostizierenden und Planenden abhängig.

Wenn unterstellt wird — und dies kann unterstellt werden —, daß die „mechanische" Qualität der Rechenverfahren gegeben ist, daß die interdependenten Zusammenhänge der Daten und Datenaggregationen realistisch in den Modellen abgebildet sind — und dies ist heute aufgrund der Kapazitäten der Rechner keine Restriktion mehr —, dann gilt, daß **allein** die Qualität des ökonomischen Erwartungshorizonts die Qualität der Planung bestimmt; dann beschränkt sich das Falsifikationstheorem ausschließlich auf die Erwartungswerte.

Dies wird in der Praxis häufig übersehen und führt regelmäßig zu Fehleinschätzungen und Fehlinterpretationen der Funktion und der Aussagefähigkeit der Planungsrechnung.

Nun gehört die Bankbranche zu den volkswirtschaftlichen Branchen, die in ganz besonderem Maße von Sekundärerwartungen abhängig ist, von Erwartungen in anderen Branchen und deren Niederschlag in der Kassenhaltungs- und Investitionsverhaltensweise der übrigen Sektoren der

Volkswirtschaft einschließlich der Privaten Haushalte.

Drei Schlüsselfaktoren stehen dabei im Vordergrund und bestimmen etwa 90 % der Erwartungsparameter:

- die Zinsentwicklung
- die Steigerungsrate des Personalaufwandes
- die Wachstumsrate des Bruttosozialproduktes.

Während für die letzteren beiden Komponenten maximal erwarteter und mindestens erwarteter Eckwert relativ leicht zu definieren sind und die Auswirkungen auf den Planungskomplex relativ unproblematisch nachweisbar und darstellbar sind, wird die Erwartung der Zinsentwicklung für den Planhorizont zur „Gretchenfrage" der Planung in Banken.

Die in die Planungsrechnung eingehenden alternativen Erwartungswerte müssen dementsprechend vom top-management gesetzt werden.

Die Falsifizierung der Erwartungswerte im Prognose- und Planungszeitraum durch die Instrumente des Controlling ist nur möglich, wenn die Erwartungswerte in der Realität der Entwicklung nachvollziehbar sind und einer strategischen Korrektur zugänglich bleiben.

Für die Erwartungswerte im Planungszusammenhang gilt daher: eine black box ist tödlich.

Damit sind die Möglichkeiten und Grenzen von Planung/Prognose und Kontrolle/Steuerung in einer Großbank hinlänglich beschrieben.

Abb. 1

RBA27F KOSTENUEBERSICHT/SOLL-/IST-KOSTENVERGLEICH PER:03.84 VOM:20.04.84 R+B - KOSTENRECHNUNG+STATISTIK 499/00/ 00 BLATT

** AUTOMATIS/ZENTRALE 0700 KONZERNSTAB KONZERNPLANUNG VERDICHTUNG: EINZEL-KST.

Z	PERSONALZIFFER/KOSTENART	KTO-NR.	BERICHTS-QUARTAL IST -LW-	JAHR KUMULIERT IST -LW-	GESAMTJAHR BUDGET -LW-	AUS-NUTZUNGS-GRAD -%-	NOCH AUSNUTZBARER BETRAG -LW-
1	PERSONALVORGABE						
2	PERSONALBESETZUNG						
3	GEHAELTER UND LOEHNE	6200					
4	SONDERZAHLUNGEN	6210-15/19					
5	MEHRARBEITSVERGUETUNGEN	6220					
97	STEUERBARE PERSONALKOSTEN (Z.3-5)						
6	BELEUCHTUNG, KRAFT, WASSER	6402					
7	HEIZUNG	6403					
8	REINIGUNG	6404					
9	INSTANDH. EIG. BETR.-/GESCH.-AUSST.	6410					
10	AUFWENDUNGEN EIG. EDV-EINRICHTUNGEN	6413					
11	REISEKOSTEN	6420					
12	AUTOBETRIEB	6422					
13	BUERO- UND GESCHAEFTSBEDARF	6430					
14	INFORMATIONSKOSTEN	6431					
15	AUSKUNFTSGEBUEHREN	6432					
16	FERNSPRECHGEBUEHREN	6433					
17	FS- UND TELEGRAMMGEBUEHREN	6434					
18	GEBUEHREN F. DATENFERNUEBERTRAGUNG	6436					
19	VERBRAUCHSMATERIAL F. EDV-BETRIEB	6437					
20	AUSBILDUNGSKOSTEN	6461					
21	KOSTEN FUER AUSLANDSAUFENTHALTE	6462					
22	KOSTEN FUER LEHRGAENGE IM AUSLAND	6463					
23	BERATUNGSHONORARE	6480					
24	ANDERE KOSTEN F. DIENSTL. DRITTER	6482					
25	KLEIDUNG, WAESCHE	6483					
26	MARKTFORSCHUNG	6484					
27	DIENSTL. DRITTER F. D. EDV-BETRIEB	6485					
28	BEWIRTG./BEHERB. GESCHAEFTSFR. (A)	6500					
29	GESCHENKE AN GESCHAEFTSFREUNDE (A)	6501					
30	SONSTIGE REPRAESENTATIONSAUF . (A)	6503					
31	BEWIRTG./BEHERB. GESCHAEFTSFR. (NA)	6504					
32	GESCHENKE AN GESCHAEFTSFREUNDE (NA)	6505					
33	SPENDEN F. WISSENSCHAFTLICHE ZWECKE	6520					
34	SPENDEN F. WOHLT./GEMEINN. ZWECKE	6521					
35	PUBLIKATIONEN	6550					
36	NEBENKOSTEN SORTEN/EDELMETALLHANDEL	6684					
98	STEUERBARE SACHKOSTEN (Z.6-36)						
99	STEUERBARE KOSTEN INSGESAMT (Z.97+98)						

Abb. 2

FUNKTIONSKOSTENRECHNUNG 1983

FK-BEREICH: ZAHLUNGSVERKEHR INLAND (FK 411 - 431) BLATT: 29 A

Z	BERICHTSGROESSEN	INL INSG OHNE BHI	BIELEF.	BREMEN	DORTM.	D'DORF	ESSEN	FRANKF.	HAMBURG	HANN.
	KOSTEN IN TDM									
1	PERSONALSTAERKE									
2	PERSONALKOSTEN/KOPF									
3	DIREKTKOSTEN/KOPF									
4	GESAMTKOSTEN/KOPF *)									
5	PERSONALKOSTEN INSG.									
6	SACHKOSTEN INSG.									
7	DIREKTKOSTEN (Z.5+6)									
8	INDIREKTE KOSTEN									
9	UMLAGE HILFS-U.VERW.									
10	GESAMTKOSTEN N.UML.									
	VERAENDERUNG GEGEN VORJAHR IN %									
11	PERSONALSTAERKE									
12	PERSONALKOSTEN INSG.									
13	SACHKOSTEN INSG.									
14	DIREKTKOSTEN									
15	UMLAGE HILFS-U.VERW.									
16	GESAMTKOSTEN N.UML.									

*) OHNE BERUECKSICHTIGUNG DER ZEILE 8

KONZERNSTAB FINANZEN

Abb. 3 a

MÖGLICHKEIT DER MASCHINELLEN DATENGEWINNUNG

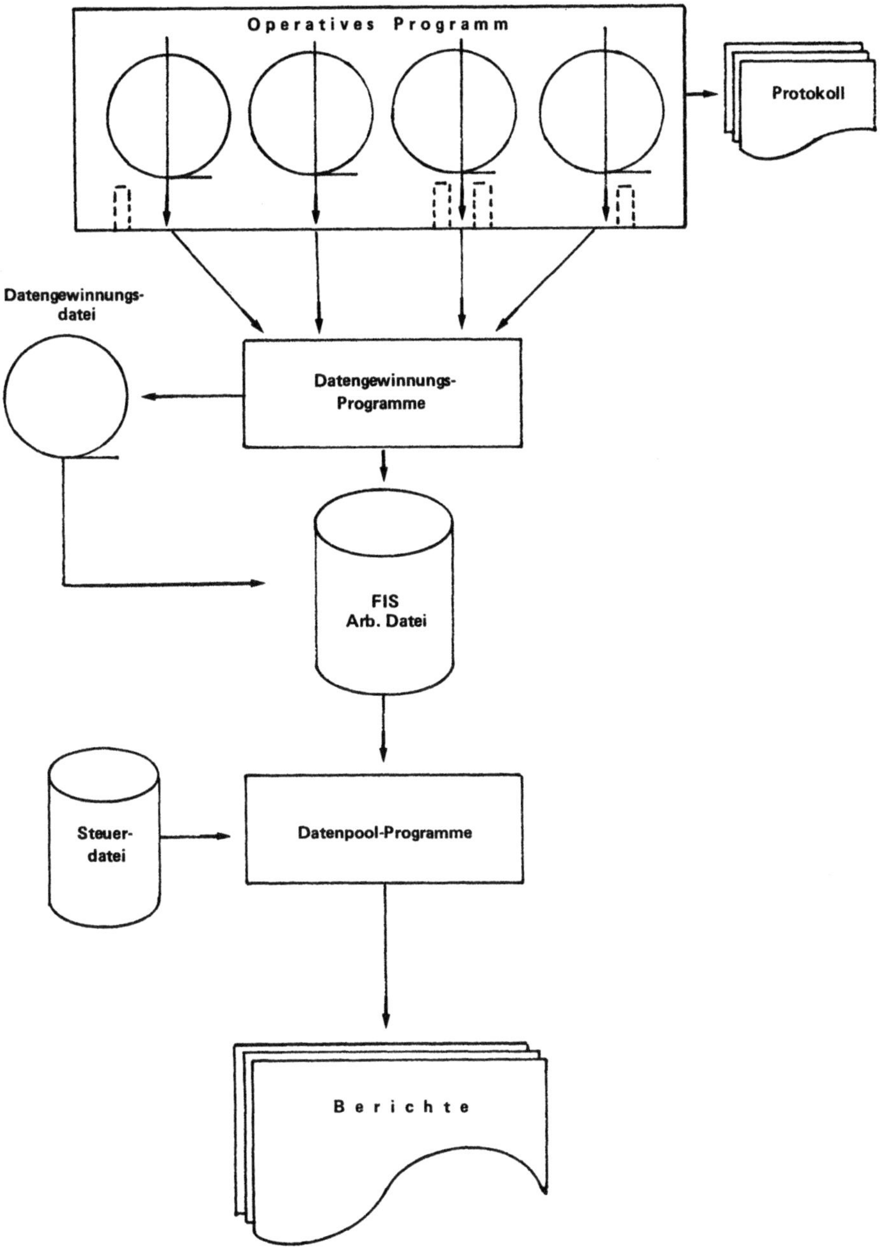

Abb. 3b

ABLAUF BERICHTSCHREIBUNG

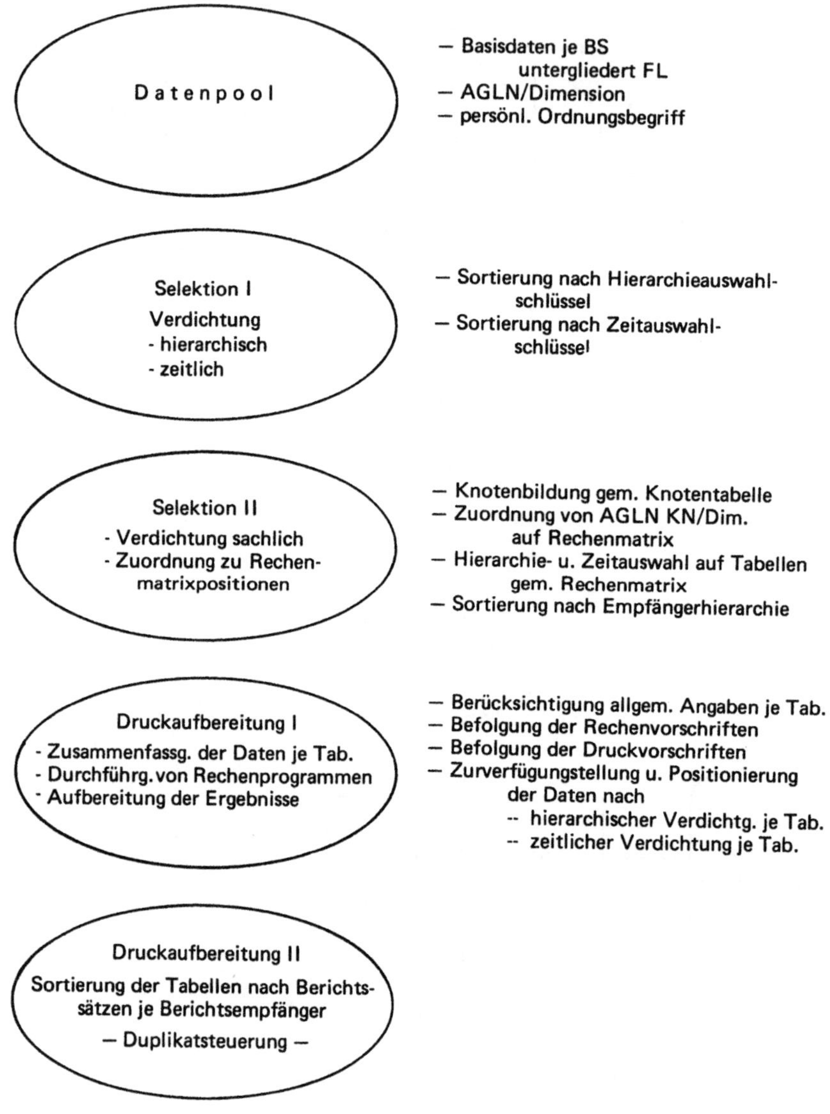

Abb. 4

PROGNOSE – / PLANUNGS–RECHNUNG

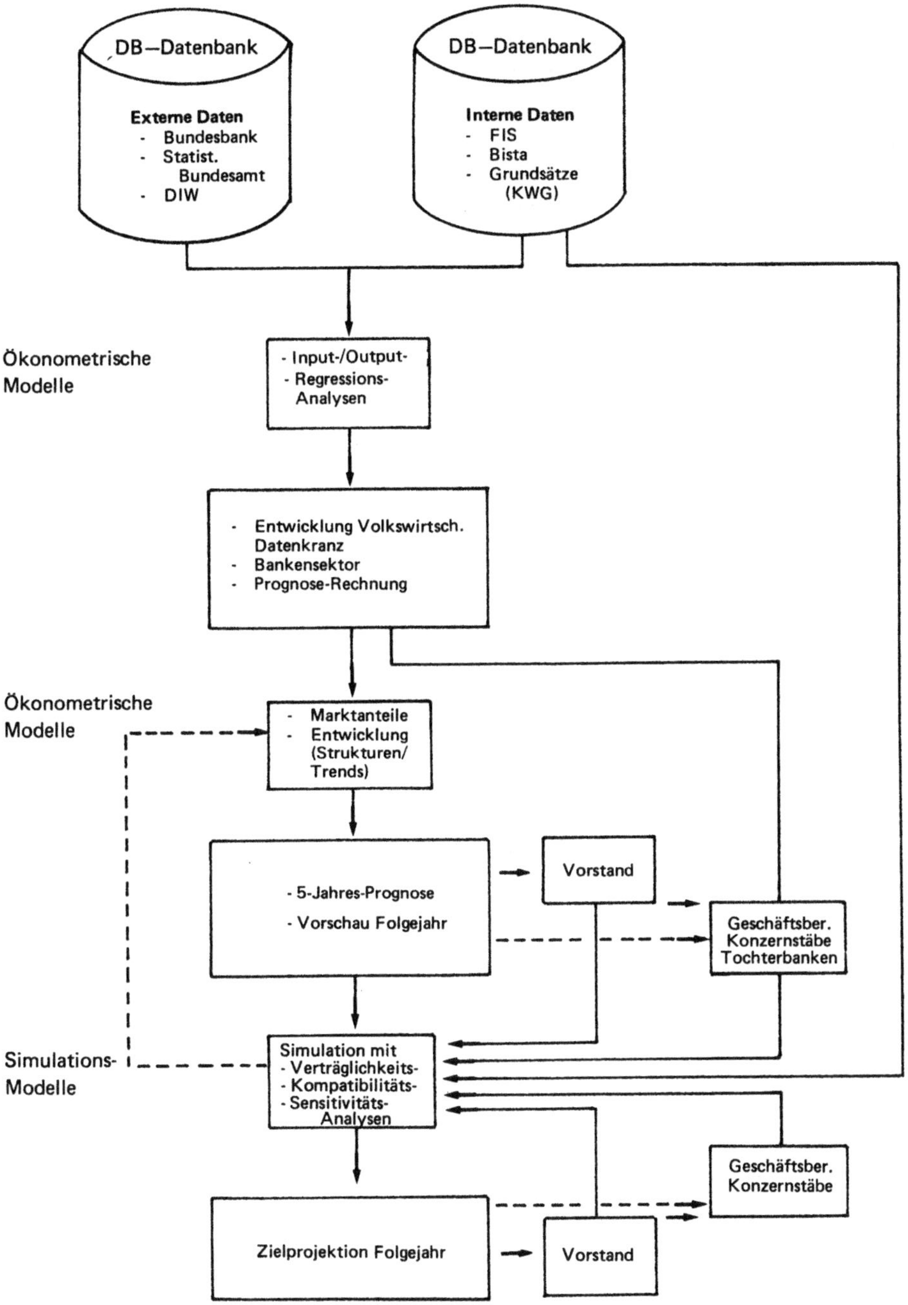

Abb. 5

GRUNDSATZ-I-RELEVANTE VOLUMINA (MIO DM)	31.12.84	31.12.85
1. INLANDSNIEDERLASSUNGEN		
FIRMENKUNDENKREDIT	*	*
PRIVATKUNDENKREDIT	*	*
KUNDENFORDERUNGEN	*	*
ABZUEGL. UNTERBETEILIG./DURCHLFD.KRED./VERWALTUNGSKRED.	*	*
FORDERUNGEN AN INL. KREDITINSTITUTE (20%)	*	*
FORDERUNGEN AN AUSL. KREDITINSTITUTE (50%)	*	*
EVENTUALFORD. AN INL. KREDITINSTITUTE (20%)	*	*
EVENTUALFORD. AN KUNDEN U. AUSL. KREDITINSTITUTE (50%)	*	*
INLANDSNIEDERLASSUNGEN INSGESAMT	*	*
2. AUSLANDSNIEDERLASSUNGEN		
KUNDENFORDERUNGEN U. SCHULDSCHEINDARLEHEN	*	*
FORD. U. SCHULDSCHEINDARL. AN INL. KREDITINSTITUTE (20%)	*	*
FORD. U. SCHULDSCHEINDARL. AN AUSL. KREDITINSTITUTE (50%)	*	*
EVENTUALFORD. AN KUNDEN U. AUSL. KREDITINSTITUTE (50%)	*	*
AUSLANDSNIEDERLASSUNGEN INSGESAMT	*	*
3. ZENTRALE		
KUNDENFORDERUNGEN U. SCHULDSCHEINDARLEHEN	*	*
FORD. U. SCHULDSCHEINDARL. AN INL. KREDITINST. (20%)	*	*
FORD. U. SCHULDSCHEINDARL. AN AUSL. KREDITINST. (50%)	*	*
BETEILIGUNGEN	*	*
EVENTUALFORD. AN INL. KREDITINST. (20%)	*	*
EVENTUALFORD. AN KUNDEN U. AUSL. KREDITINST. (50%)	*	*
ZENTRALE INSGESAMT	*	*
ZUSAMMENFASSUNG		
INLANDSNIEDERLASSUNGEN	*	*
ZENTRALE	*	*
INLAND	*	*
AUSLANDSNIEDERLASSUNGEN	*	*
INSGESAMT	*	*
ABZUG (SAMMEL-) WERTBERICHTIGUNG W/ GRUNDSATZBERECHNUNG	*	*
HAFTENDES EIGENKAPITAL	*	*
AUSNUTZUNGSGRAD (VIEL-FACHE DES HAFT. EK)	*	*

Abb. 6

P R O G N O S E

AKTIVA (MIO DM)	IST GESAMTBANK 30.09.84 VOL.ULT.	AUSGANGSL. GESAMTBANK 31.12.84 VOL.ULT.	PROGNOSE 31.12.85 GESAMTBANK VOL.ULT.	PROGNOSE 31.12.85 GESAMTBANK VERAEND.%	INLAND VOL.ULT.	AUSLAND VOL.ULT.
LIQ.MITTEL+SCHATZW.	*	*	*	*	*	*
KREDITE KUNDEN +SSD	*	*	*	*	*	*
KURZ-/MITTELFR.	*	*	*	*	*	*
BANKENFORDERUNGEN	*	*	*	*	*	*
KURZ-/MITTELFR.	*	*	*	*	*	*
FORDERUNGEN INSGES.						
(INLA.ABZGL.REDISK)	*	*	*	*	*	*
WERTPAPIERE/BETEIL.	*	*	*	*	*	*
RESTPOSITIONEN	*	*	*	*	*	*
BILANZSUMME(ANL:GV)	*	*	*	*	*	*
AVALE	*	*	*	*	*	*
KREDITVOLUMEN						
(OHNE GELDHANDEL)	*	*	*	*	*	*

PASSIVA (MIO DM)	IST GESAMTBANK 30.09.84 VOL.ULT.	AUSGANGSL. GESAMTBANK 31.12.84 VOL.ULT.	PROGNOSE 31.12.85 GESAMTBANK VOL.ULT.	PROGNOSE 31.12.85 GESAMTBANK VERAEND.%	INLAND VOL.ULT.	AUSLAND VOL.ULT.
SPAREINL+KAP.ZINS	*	*	*	*	*	
TAEGL.FAELL.EINL.	*	*	*	*	*	*
TERMINEINLAGEN	*	*	*	*	*	*
KUNDENEINLAGEN	*	*	*	*	*	*
TAEGL.FAELL.EINL.	*	*	*	*	*	*
TERMINEINLAGEN	*	*	*	*	*	*
BANKENEINLAGEN	*	*	*	*	*	*
EINLAGEN INSGESAMT	*	*	*	*	*	*
SCHULDVER./SPAROBL.	*	*	*	*	*	
EIG.AKZEPTE UMLAUF	*	*	*	*	*	*
RUECKST./PENSIONSR.	*	*	*	*	*	*
RESTPOSITIONEN	*	*	*	*	*	*
EIGENMITTEL	*	*	*	*		

Microcomputergestützte Verkaufsplanung und Verkaufssteuerung mit Deckungsbeiträgen in einem mittelständischen Unternehmen der holzverarbeitenden Industrie

Dipl.Wirt.Ing. *H.A. Kayser*, GF, AGEPAN HOLZWERKSTOFFE GMBH, Heusweiler

1. Leitbilder und Zielsetzung

Als Leitbilder sind bei AGEPAN formuliert:

- Herstellung von qualitativen Holzwerkstoffprodukten
- Neu- und Weiterentwicklung solcher Produkte
- Partner des Fachhandels
- Problemlöser für spezielle Anforderungen der Industriekundschaft

Aus diesen Leitbildern leiten sich folgende Ziele ab:

- Erfolg
- Liquidität
- Wachstum
- Marktanteil
- Forschung und Entwicklung
- Sicherung der Arbeitsplätze

2. Instrumente zur Erreichung der Zielsetzungen

Der Erfolg nimmt nicht von ungefähr den obersten Rang in der Zielhierarchie ein. Er ist unerläßlich für die Erreichung der übrigen Ziele. Im Hause AGEPAN werden die Zielinhalte und das zu erreichende Ausmaß der Zielerfüllung einwandfrei formuliert.

Dies geschieht im Rahmen der Verkaufsplanung und mit Hilfe der Verkaufssteuerung gestützt auf den Microcomputer Eclipse S 140 bzw. Nova 4 von Data General. Realisiert werden im Dialogverfahren rechnergestützte DV-Systeme, wie

- Kalkulation
- Vertriebsabrechnung
- Verkaufsplanung und -kontrolle
- Profitcenter und Deckungsbeitragsrechnung.

Von der Idee bis zur erfolgreichen Anwendung sind 3 Jahre vergangen. Es ist hier zu bemerken, daß eine derartig umfassende und komplexe Aufgabe in einem jeden Unternehmen nur dann erfolgreich konzipiert und realisiert werden kann, wenn die Geschäftsführung mit Klarblick die Nützlichkeit erkannt hat und uneingeschränkt und mit eisernem Willen die Durchsetzung eines solchen Programmes betreibt.

3. Kostenrechnerische Grundlagen

AGEPAN entwickelt für Zwecke der Verkaufsplanung und -steuerung sowie der Kostenkontrolle aus der Kostenrechnung, die sowohl als Voll- und Teilkostenrechnung existent ist, einen Plan-Betriebsabrechnungsbogen jeweils für einen 1-jährigen Planungszeitraum, in dem sämtliche relevanten Gemeinkostenarten auf allgemeine Hilfs-, Fertigungshilfs-, Fertigungshaupt-, Material- sowie Verwaltungs- und Vertriebskostenstellen verrechnet sind. Die verrechneten Gemeinkosten sind im Zuge der Kostenstellenrechnung in variable und fixe Bestandteile gespalten. Zukünftige Einflußgrößen finden Eingang in den Plan-BAB

Die Bildung von Plan-Kalkulationssätzen als Bindeglied zur Kalkulation, und damit zur Deckungsbeitragsrechnung, wird unter Zugrundelegung von Bezugsgrößen auf Basis Normal- bzw. Plan-Auslastung je Hauptkostenstelle vorgenommen.
Als Bezugsgrößen kommen u.a. in Frage:
- Span-Einstreumengen
- Festharz-Zugabemenge
- Umtriebsminuten (Verweildauer, Preßzeiten)
- Furniererzeugungsmengen
- Schleifflächen
- Fertigungslöhne
- (Plan) Absatz/Umsatz.

Je nach Bezugsgröße ergeben sich Kalulationssätze mit der Dimension:
- DM pro Mengeneinheit
- DM pro DM (= %).

Die ausführliche Kostenstellengliederung folgt im Bereich der Hauptkostenstellen (Material und Fertigung) weitestgehend dem Materialfluß. Dadurch ergeben sich sehr differenzierte Kosten- bzw. Zuschlagsätze. Der Teilkostenkomponente im Plan-BAB folgend, schließt sich eine Unterteilung der Kostensätze in proportionale sowie fixe Bestandteile an. Wegen ihrer Bedeutung werden Energiekosten im Fertigungsbereich ebenfalls von den proportionalen Kosten abgespalten und gesondert ausgewiesen.
Die Verrechnung von fixen Plan-Kostensätzen führt bei Beschäftigungsgradschwankungen während der Abrechnungsperiode zu Beschäftigungsabweichungen, die bei uns in der sogenannten kurzfristigen Erfolgsrechnung ihren Niederschlag finden.

Eine zweite Art von Fertigungskostensätzen für Zwecke der Deckungsbeitrags-

rechnung wird erforderlich zur Bewertung von nicht innerhalb der Plankalkulation berücksichtigten Nebenleistungen.
Darunter werden über die standardmäßige Ausstattung hinausgehende kundenspezifische Zusatzleistungen verstanden, die entsprechend dem fertigungstechnischen Arbeitsvorgang zu bestimmten Kategorien zusammenfaßbar sind, für die gleiche oder annähernd gleiche Kosten entstehen, z.B.:

- Trennschnitte
- Fixabmessungen
- Kantenbehandlungen verschiedenster Art u.ä.

Die betrieblichen Aufzeichnungen in Verbindung mit der Kostenstellenrechnung erlauben die Bildung von diesbezüglichen Kostensätzen, die innerhalb der Deckungsbeitragsrechnung grundsätzlich den proportionalen Kosten zugeordnet werden, das heißt: sie kürzen den später zu erläuternden DB I.
Eine Sonderstellung nehmen die durch einen numerisch gesteuerten Bearbeitungsautomaten zu einbaufertigen Konstruktionsteilen bearbeiteten Holzwerkstoffe ein. Die entsprechenden Ist-Fertigungszeitverbräuche werden mittels differenzierter Verrechnungssätze auftragsbezogen in die Deckungsbeitragsrechnung eingestellt.

Rohstoffkosten stellen den wesentlichsten Faktor an den Gesamtkosten dar. Ihre verursachungsgerechte Kostenträgerzuordnung erfolgt unter Berücksichtigung der unterschiedlichen qualitativen Ausbeutequote je Rohstoffart im Wege einer speziellen Materialkostenrechnung. Hierbei werden die branchentypischen Qualitätskriterien kostenrechnerisch quantifiziert und somit kalkulationstechnisch relevant. Drei Rohstoffgruppen bilden das Gros der Einzelkosten:

1. Rohholz der verschiedenensten Sortimente
   - Schälrundholz
   - Messerfurnierstreifen
   - Nadelholz-Mittellagen
   - Nadel - Faserholz (als Industrie-Langholz)
   - Laub - Faserholz
   - Industrie - Restholz aus Fremdbezug und Eigenanfall

2. Leime, Zusätze, Streckmittel in allen möglichen Formen
   - Harnstoffharze flüssig
   - Phenolharze flüssig
   - Melaminharze flüssig
   - Isozyanat
   - diverse Zusätze flüssig und pulverisiert
   - Streckmittel

und

3. Beschichtungsmaterialien in Form von
   - Filmbeschichtung auf Phenolharz- sowie Melaminharzbasis
   - Flüssigbeschichtung

Die Bewertung der Rohstoffe erfolgt zu Plan-Bezugs- oder Verrechnungspreisen, die nicht selten für ein Jahr konstant bleiben und nur innerhalb dieses Zeitraumes bei Überschreitung bestimmter Toleranzgrenzen verändert werden.
In den Lagerbuchhaltungen erfolgt die Bewertung zu fortgeschriebenen tatsächlichen Bezugspreisen. Daneben werden Abweichungsanalysen durchgeführt, die Verbrauchs- und Preisabweichungen erkennbar werden lassen. Die Materialkostenrechnung bereitet -wie bereits angedeutet- unter Beachtung der spezifischen Eigenarten, Kostensätze zur Ermittlung der Einzelkosten auf. Sie differenziert entsprechend der Verwendung nach Deck-, Zwischen- und Mittelschichten bzw. Furnierdecken, Innenfurnieren, Einlagen bzw. Absperrfurnieren. Die Leimkostensätze resultieren aus der Bewertung gültiger Rezepturen unter Berücksichtigung von Festharzfaktoren und Flottenzusammensetzungen.
Alle mit der Beschaffung, Lagerung und Bereitstellung zusammenhängenden Kosten, also die sogenannten Materialgemeinkosten, werden im Rahmen der Kostenstellenrechnung (Plan-Betriebsabrechnungsbogen) ermittelt und fließen in die bereits erwähnten Kalkulationssätze ein.

Dienstleistungskosten - Hierunter werden in diesem Zusammenhang exklusiv die Kosten der Ausgangsfracht verstanden. Sie zählen zu den Sondereinzelkosten des Vertriebs und repräsentieren in unserem Falle einen erheblichen Anteil an den Umsatzkosten, (d.h. > 8 v.h.) Als Sondereinzelkosten sind sie durch den DB I abgedeckt. Ihre Höhe ist abhängig vom unterschiedlichen Gewicht der einzelnen Produkte und der Entfernung zum Bestimmungsort. Der Vertrieb erfolgt fast ausschließlich über die Straße. Ihre verursachungsgerechte Zuordnung gewährleistet ein eigens zu diesem Zweck entwickeltes EDV-Programm im Zusammenhang mit dem Vertriebsabrechnungssystem.

4. Kalkulation

Die Kalkulation beruht auf den bisher besprochenen kostenrechnerischen Grundlagen. Sie ermittelt auf dieser Basis als Kostenträgerstückrechnung sowohl die Selbstkosten als auch die Grenzkosten (= betriebsinterne Bezeichnung der variablen Stückkosten) je Produkteinheit. Ermöglicht wird dies durch die Verwendung der gespaltenen Kostensätze des Plan-BAB's. Erstellt werden neben den Standardkalkulationen sogenannte Variantenkalkulationen, die kundenab-

hängige Abweichungen berücksichtigen. Vom Verfahren her handelt es sich um Bezugsgrößenkalkulationen für den Werksbereich SPANPLATTEN und um eine Kombination von differenzierter Zuschlags- und Bezugsgrößenkalkulation für den Werksbereich SPERRHOLZ.
Alle erzeugten Artikel des Unternehmens (rd. 1450) werden mindestens einmal p.a. kalkuliert. Das Kalkulationssystem ist flexibel und jederzeit weiter ausbaufähig. Grundlagen sind das Bezugsgrößen-Mengengerüst und die Kalkulationskostensätze. Das Programmpaket besteht aus vier Einzelkomponenten:
- Stamm- und Bewertungsdaten nach einem "unendlichen" Sortier-Nr.-System
- Datei der zu kalkulierenden Artikel mit der Möglichkeit der Übernahme der Vertriebs-Artikel-Datei
- Kalkulation mit Ausgabe einer detaillierten Arbeitsliste sowie einer komprimierten Kalkulationsliste. Diese Ausgabe kann im Dialog beauskunftet werden.
- Löschen nicht mehr benötigter Daten aus allen Stamm- und Bewegungsdateien.

In der ersten Komponente werden die Stamm- und Bewertungsdaten (Mengengerüst und Kostensätze) angelegt. Eine Gesamtinformation besteht aus einer generellen und einer Detail-Information. Die generelle Information setzt sich wiederum aus Einzelinformationen zusammen:
Text, Art, Entfallquote, Summenfeld, Darstellung, Druck-Kennziffer. Die Detail-Information enthält die Rechenvorgaben und die Artikel bzw. Artikel-Bereiche für die sie Gültigkeit haben sollen. Der Bezug auf vorangegangene Informationen ist ebenso möglich wie die Vereinbarung von individuellen Zu- oder Abschlägen.
Alle Bestandteile der nachfolgend dargestellten Artikeldefinition sind sowohl einzelhaft, teilweise und in ihrer Gesamtheit ansprechbar.

Artikeldefinition					
Bereich	Typ	Holzart/ Oberfläche	Variante	Aufbau	Plattendicke

Die engste Begriffsbestimmung bestimmt den Zugriff und damit die Verwendung in der Kalkulation.
Der Bestandteil "Druck-Kennziffer" des generellen Informationsteiles hat u.a. die Aufgabe, Kalkulation und Deckungsbeitragsrechnung zu verbinden und die Subsumierung des so gekennzeichneten Kalkulationssummensatzes unter die zutreffende komprimierte Kostenart der Deckungsbeitragsrechnung vorzunehmen. Damit ist die Kalkulation zum Herzstück der Deckungsbeitragsrechnung geworden.

Abbildung 1 zeigt die Kalkulation in der schematischen Übersicht

Abbildung 2 zeigt die komprimierte Kalkulationsliste

Abbildung 1

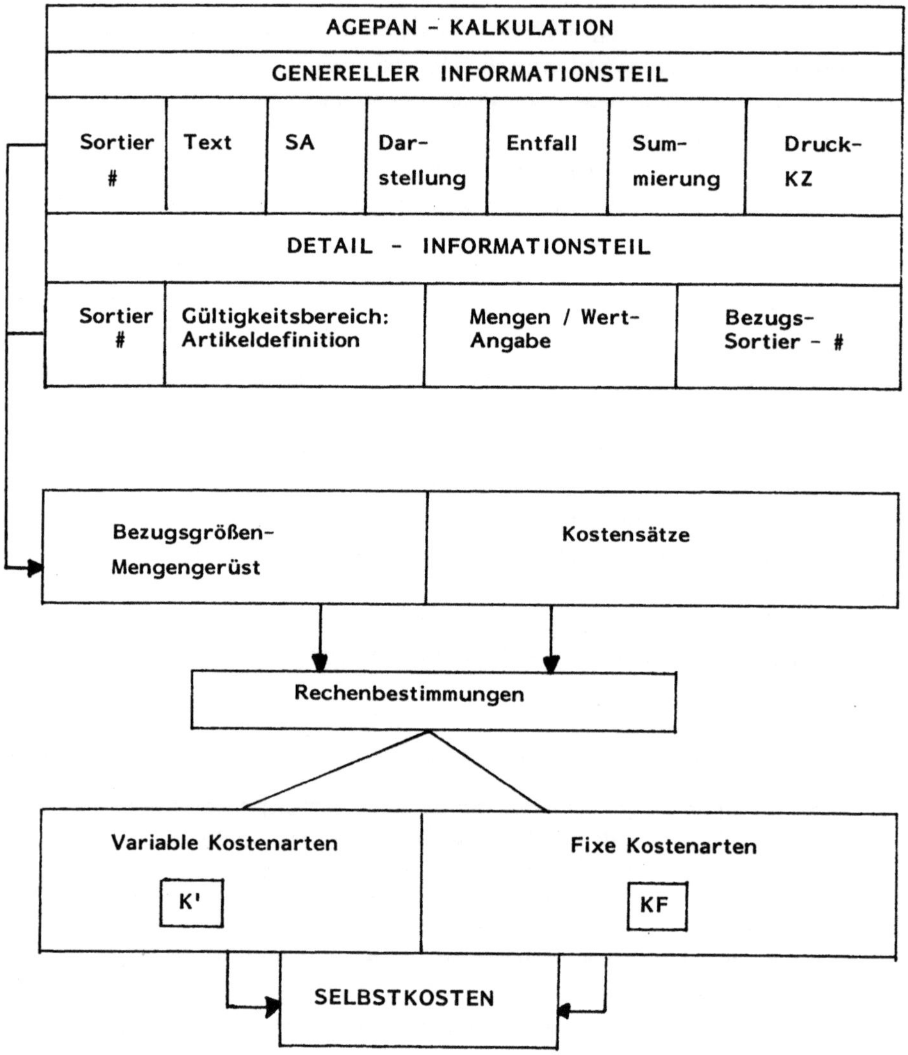

Abbildung 2

A G E P A N
HOLZWERKSTOFFE GMBH

KALKULATIONS_LISTE AB MONAT 01.85

BLATT
ERSTELLUNGSTAG

ZU KALKULIERENDER ARTIKEL — BER AGR TYP OB: I 01 105 00 — ABMESSUNG: * — VAR. — AGEPAN-A V 20 E 1

DICKE IN MM / ANZAHL LAGEN		8,0	10,0	12,0	13,0	15,0	16,0	18,0	19,0
HOLZKOSTEN	DM /CBM	108,74	103,46	102,60	98,56	95,80	94,68	93,04	92,39
LEIMKOSTEN	DM /CBM	58,80	56,13	55,82	53,65	52,17	51,60	50,77	50,44
ENERGIEKOSTEN HF	DM /CBM	43,05	40,06	38,97	37,28	35,79	35,26	34,62	34,34
MATERIALGEMEINKOSTEN-VARIABEL-	DM /CBM	3,46	3,40	3,46	3,34	3,27	3,25	3,23	3,22
FERTIGUNGSKOSTEN VARIABEL -HF-	DM /CBM	32,05	27,73	25,16	23,74	22,03	21,36	20,45	20,05
VERTRIEBSGEMEINKOSTEN VARIABEL	DM /CBM	2,75	2,75	2,75	2,75	2,75	2,75	2,75	2,75
AUSGANGSFRACHT	DM /CBM	45,50	45,50	45,50	45,50	45,50	45,50	45,50	45,50
EINZEL-U.GEMEINKOSTEN-VARIABEL	DM /CBM	294,36	279,03	274,26	264,81	257,31	254,39	250,36	248,69
MATERIALGEMEINKOSTEN _FIX_	DM /CBM	5,70	5,60	5,69	5,49	5,39	5,36	5,32	5,30
FERTIGUNGSKOSTEN FIX -HF-	DM /CBM	42,34	37,64	35,07	33,30	31,38	30,69	30,00	29,65
VERTRIEBSGEMKO_FIX_AUSS.DIENST	DM /CBM	4,90	4,90	4,90	4,90	4,90	4,90	4,90	4,90
FIXE KOSTEN	DM /CBM	52,94	48,14	45,66	43,69	41,67	40,95	40,22	39,85
VERWALTUNGSGEMEINKOSTEN FIX	DM /CBM	10,60	10,60	10,60	10,60	10,60	10,60	10,60	10,60
VERTRIEBSGEMKO-FIX-INNENDIENST	DM /CBM	9,50	9,50	9,50	9,50	9,50	9,50	9,50	9,50
VERKAUFSFOERDERUNG ALLGEMEIN	DM /CBM	2,05	2,05	2,05	2,05	2,05	2,05	2,05	2,05
UNTERNEHMENSFIXKOSTEN (UFK)	DM /CBM	22,15	22,15	22,15	22,15	22,15	22,15	22,15	22,15
SKONTOAUFWAND	DM /CBM	11,74	11,10	10,87	10,51	10,21	10,09	9,94	9,87
ERLOESSCHMAELERUNGEN ALLGEMEIN	DM /CBM	3,52	3,33	3,26	3,15	3,06	3,03	2,98	2,96
VERKAUFSPRAEMIE AD	DM /CBM	1,57	1,48	1,45	1,40	1,36	1,35	1,33	1,32
ABSCHLAG 2. WAHL	DM /CBM	1,96	1,85	1,81	1,75	1,70	1,68	1,66	1,65
REGIEKOSTEN	DM /CBM	2,35	2,22	2,17	2,10	2,04	2,02	1,99	1,97
WARENKREDITVERSICHERUNG	DM /CBM	0,78	0,74	0,72	0,70	0,68	0,67	0,66	0,66
ERLOESSCHMAELERUNGEN GESAMT	DM /CBM	21,92	20,72	20,29	19,62	19,05	18,83	18,55	18,43
GRENZKOSTEN	DM /CBM	316,27	299,75	294,55	284,43	276,36	273,23	268,91	267,12
SELBSTKOSTEN	DM /CBM	391,37	370,04	362,37	350,28	340,18	336,33	331,27	329,13
GRENZKOSTEN JE QUADRATMETER	DM /QM	2,53	3,00	3,53	3,70	4,15	4,37	4,84	5,08
SELBSTKOSTEN JE QUADRATMETER	DM /QM	3,13	3,70	4,35	4,55	5,10	5,38	5,96	6,25

5. Vertriebsabrechnung

Das Vertriebsabrechnungssystem verarbeitet ein umfangreiches Datenvolumen und erstellt zum einen die ablaufbedingten Vertriebsunterlagen (Auftragsbestätigungen, Lieferscheine, Fakturen), gleichzeitig werden damit zusammenhängende Auswertungen erzeugt bzw. vorbereitet. Die Ergebnisse werden den angrenzenden Funktionsbereichen in der jeweils benötigten Form zu Abrechnungs- und Dispositionszwecken zur Verfügung gestellt bzw. werden integriert weiterverarbeitet.

Alle notwendigen Steuerungsdaten über Absatz, Umsatz, Erlöse, Auftragseingang, Lagerbestand u.ä. werden aktuell, umfassend und verkaufsgebietgerecht zugeordnet, angeliefert.

Eine weitere, ebenso bedeutende Funktion besteht in der automatischen Versorgung aller für Verkaufsplanung und -steuerung relevanten Dateien mit aktuellen Vertriebsdaten. Die Basisinformationen der Vertriebsabrechnung im Zusammenwirken mit der Kalkulation bilden das Managementwerkzeug 'Deckungsbeitragsrechnung'.

Abbildung 3 zeigt das Vertriebssystem in der schematischen Übersicht

---

Abbildung 3

A G E P A N	VERTRIEBSABRECHNUNGSSYSTEM	
ABRECHNUNG	DISPOSITION	INTEGRATION
Aufträge Lieferscheine Fakturen Provision	Auswertungen -Artikel - Kunden - Abnehmergruppen - Vertreter - Absatzgebiete - Entfernung Konditionen Obligo und Bonität Auftragsverwaltung Lagerdisposition	Finanzbuchhaltung Lagerbuchhaltung Ausgangsfrachten Deckungsbeitrags- und Profitcenter-Rechnung

6. Verkaufsplanung und -kontrolle

AGEPAN bemüht sich bereits seit einigen Jahren die Programmplanung an der Gewinnergiebigkeit der einzelnen Artikelgruppen und Absatzgebiete zu orientieren. Die Planperiode beträgt immer 1 Jahr. Durch den Einsatz moderner EDV-Systeme und die damit einhergehende vertiefte Kenntnis der maßgeblichen Faktoren des Produktions- und auch des Absatzbereiches sind beachtliche Erfolge zu verzeichnen. Es ist darauf hinzuweisen, daß die Nachhaltigkeit des Erfolges von der konsequenten Einhaltung der als effizient erkannten Maßnahmen abhängt. Dazu gehören u.a.:

- die ständige Überwachung des Fixkostenblocks in Verbindung mit Kostensenkungsmaßnahmen,
- die Verbesserung der Umsatzstruktur durch ständige Verbesserung und Veränderung des Produkt-Mix und der Vertriebswege.

Die Gesamtkonzeption wurde bei AGEPAN unter der Leitmaxime der marktorientierten Unternehmensführung geplant und abgefaßt, d.h. im einzelnen:
"Gewinnorientierte Unternehmensführung"
"Gewinnorientiertes Verkaufen"
"Gewinnorientiertes Honorieren".

Angesichts der Erkenntnis, daß Umsatzzuwüchse nicht gleichbedeutend mit Ertragssteigerungen sind (zumal AGEPAN nicht Anhänger des Mengenfetischismus ist), wurde und wird die Führungsphilosophie systematisch vom Umsatz zum Gewinn umorientiert, werden Verkäufer von der Menge zur Umsatzrentabilität gelenkt. Dies geschieht auf mehrere Arten. Zentrale Größen in diesem Prozeß sind Plangewinn und Budget.
Die praktische Realisierung der Verkaufsplanung und -kontrolle erfordert zunächst eine gründliche Analyse der Geschehnisse von Vergangenheit und Gegenwart. AGEPAN hat seit Einführung der DV das Vertriebsgeschehen systematisch durchleuchtet und ein entsprechendes Berichtswesen installiert. Dazu sind zunächst klare Anforderungen und Ziele vom Management zu formulieren. Hiermit wird die Basis für die Effiziens zukünftiger Informationen geschaffen. Entsprechend dem Umfang der Produktpalette ist das Artikel-Nummernsystem zu konzipieren. Im Rahmen dessen sollte man auch an sinnvolle Verdichtungsbestimmungen, zum Beispiel Artikelgruppenfestlegungen, denken, die für zukünftige Auswertungen und Anwendungen erhebliche Vorteile, nicht nur bei der Verarbeitung von Computer-Output, gleichgültig ob Liste oder Bildschirm, bereithalten. Von unschätzbarem Vorteil für die Einrichtung eines Artikelschlüsselsystems im Vertriebsbereich ist die Anwendung der "Tabellentechnik", d.h. die Zerlegung in einzelne, selbständig erweiterungs- und wartungsfähige Teilkomponenten (Tabellen).

AGEPAN hat sein System in folgender Architektur aufgebaut:
- Basis-Stamm
- Artikel-Stamm

Der Basis-Stamm gilt als generelle Grundlage mit übergeordneter Steuerungsfunktion. Er unterhält u.a. folgende Informationen:
- Werksbereich und Typ
- Verbale Produktbezeichnung (deutsch, französisch, englisch etc.)
- Erlös-Konto-Nr. der Finanzbuchhaltung
- Verdichtungsbestimmungen
  z.B. für Artikelgruppenzugehörigkeit
  Frachtgruppenzugehörigkeit
  Kundenübersichtszugehörigkeit
  Vertreterübersichtszugehörigkeit
- Diverse Kennzeichen mit Steuerungsfunktion
  u.a. bezüglich Provisions-, Bonus- und Rabattfähigkeit
  Tagesmeldung

Der Basis-Stamm setzt die Erstanlage der Tabellen mit den Verdichtungsbestimmungen voraus.

Im Artikel-Stamm werden die artikel-spezifischen Informationen abgestellt. Dazu gehören:
- Typ
- Holzart bzw. Oberfläche
- Plattendicke
- Preiseinheit
- Verkaufspreis (wahlweise)
- Verrechnungspreis (wahlweise)
- Verpackungseinheit
- Mengeneinheit
- Plattengewicht

Die Erstanlage im Artikel-Stamm beruht auf dem Basis-Stamm und den Tabellen für
- Oberflächen
- Qualitäten
- Nebenleistungen
- ME / PE (Mengen- und Preiseinheiten)
- Verpackungseinheiten

Auf dieser Grundlage erzeugen entsprechende EDV-Programme ein Auswertungspaket, dessen Inhalte gegenwarts- und zukunftsbezogene Entscheidungen wesentlich erleichtern resp. erst ermöglichen. Zu den Auswertungen, die für die Verkaufsplanung und -kontrolle bedeutsam sind, zählen Artikel-, Kunden- und Vertreterübersichten, die über aktuelle Verkaufsergebnisse der laufenden Periode im Ist-Ist-Vergleich mit Vorperioden und im Soll-Ist-Vergleich mit der Planung informieren. Die Listbilder haben durchweg folgendes Aussehen:

Abbildung 4: Ist-Ist-Vergleich

Typ bzw. Artikelgruppe	Summen Vorjahre				Summen laufendes Jahr			
	198__		198__		Monat		kumuliert	
	m^3	DM	m^3	DM	m^3	DM	m^3	DM

Abbildung 5: Soll-Ist-Vergleich

Typ	Vergleichsmonat Vorjahre		Abrechnungsmonat				Zeitraumwerte bis bis Abrechnungsmonat			
	198__	198__	Soll	Ist	Abw. absolut	%	Soll	Ist	Abw. absolut	%

Die Zeitraumwerte der beiden Vorjahre werden ebenso dargestellt.

Der Soll-Ist-Vergleich erstreckt sich sowohl auf Mengen als auch auf Werte (Absatz und Umsatz).

Die aufgrund solcherlei Auswertungen gewonnenen Erkenntnisse in Verbindung mit den planungsrelevanten sonstigen Einflußgrößen u.ä. Produktionskapazitäten, Konjunkturlage- und -einschätzung, Preiserwartung und -durchsetzbarkeit, führen zur kurzfristigen, operativen Planung, deren einzelne Teilpläne,

und zwar:
- Absatzplan
- Erlösplan
- Umsatzplan
- Produktionsplan
- Investitionsplan
- Kostenplan

bis zum Plangewinn und Budget durchgerechnet werden. Die Kontrolle erfolgt im Rahmen der kurzfristigen monatlichen Ergebnisrechnung. Außerdem mittels des bereits beschriebenen EDV-Outputs.

Es bedarf, so glaube ich, keinen Kommentars, daß neben dem operativen Geschehen in einem Unternehmen die strategische Planung absolut lebensnotwendig ist. Um aber auch in der strategischen Planung erfolgreich zu sein, sind die in diesem Vortrag besprochenen Systeme eine unschätzbare Hilfe und von ganz großem Vorteil.

7. Die Profitcenter-Organisation

Die Einrichtung von Profitcentern im Verkauf dient nicht nur der Erkenntnis des Zusammenhangs zwischen Gewinnrealisierung und Ergebnisträgern, sie ist ebenso Voraussetzung zur Durchsetzung des Gewinngedankens bei den infragekommenden Mitarbeitern. Wir haben eine Profitcenter-Organisation geschaffen, die einer äußerst vielfältigen Fragestellung gerecht werden kann. Sie beantwortet in einer wahlfreien Kombination die Fragen:

- An welchem Produkt verdient das Unternehmen?
  Als Produkt läßt sich der Artikel bis zur Plattendicke definieren, d.h. alle Bestandteile des bereits vorgestellten Artikelschlüssels können abgefragt werden.

- Bei welchen Kunden verdient das Unternehmen?
  Die Frage kann sich sowohl auf den Kunden insgesamt als auch auf jeden Bestandteil des Artikelschlüssels bis zur Plattendicke beziehen.

- Bei welcher Abnehmergruppe verdient das Unternehmen?
  Fragestellung wie beim einzelnen Kunden möglich.

- In welchen Vertretergebieten verdient das Unternehmen?
  Die Frage kann sich sowohl auf das Vertretergebiet ingesamt, auf einzelne Kunden innerhalb dieses Gebietes, sogar auf jeden Bestandteil des Artikelschlüssels bis zur Plattendicke beziehen.

- In welchen Verkaufsgebieten verdient das Unternehmen?
  Fragestellung wie beim Vertretergebiet möglich.

Abbildung 6 gibt einen Überblick über Auswahlkriterien und Darstellungstiefe

AGEPAN - PC - ORGANISATION	
Auswahlkriterium:	Darstellungstiefe:
1 Gesamtsumme	1 Gesamtsumme aller Artikel
2 Verkaufsgebiet (Land)	2 Summe je Werksbereich
3 Vertreter	3 Summe je Artikelgruppe
4 Abnehmergruppe	4 Summe je Typ
5 Kunden	5 Summe je Holzart/Oberfläche
6 Verkaufsgebiet/Kunden	6 Summe je Variante
7 Vertreter/Kunden	7 Summe je Stärke (Plattendicke)
8 Abnehmergruppe/Kunden	8 Summe je Qualität und Nebenleistung

Die Ausgabe erfolgt auf Bildschirm sowie bei Anforderung als Liste jeweils für den Abrechnungsmonat und die Zeitraumwerte des lfd. Jahres.

Auswahlkriterium und Darstellungstiefe sind, das wurde bereits erwähnt, beliebig kombinierbar.
Zur Verdeutlichung drei Beispiele:
3/3 = je Vertretergebiet die Artikelgruppen
5/4 = je Kunde die einzelnen Typen
7/1 = alle Kunden (einzeln) eines Vertreters mit der Gesamtsumme der abgenommenen Artikel.

Dargestellt im PC wird ausgehend vom Brutto-Umsatz der stufenweise Deckungsbeitrag, wahlweise bis hinunter zum Ergebnisbeitrag.
Die Profitcenter-Rechnung entspricht in ihrer inhaltlichen Ausgestaltung der Deckungsbeitragsrechnung, wie sie in Kapitel 8 vorgestellt wird. Daneben wird ein Soll-Ist-Vergleich und eine Erwartungsrechnung (Prognose) vorgenommen.
Die Prognose wird auf Basis der bisherigen Soll-Ist-Vergleiche bis zum Ende des Berichtsjahres vorgenommen.

Im Rahmen einer sogenannten Hitparade werden den beschriebenen Sortier- und Darstellungsmerkmalen Rangfolgen zugewiesen. Danach können die besten und/oder schlechtesten Produkte, Kunden, Abnehmergruppen, Vertreter und Länder am Bildschirm beauskunftet oder als Liste ausgedruckt werden. Kombination und Sortierung sind wahlfrei!

Abbildung 7 gibt den Überblick über Auswahlkriterien, Darstellungstiefe und Sortierung der

AGEPAN - H i t p a r a d e		
Auswahlkriterium	Darstellungstiefe	Sortierung (nach)
1 Gesamtsumme	1 Gesamtsumme aller Art	1 Absatz (cbm)
2 Verkaufsgebiet (Land)	Summe je	2 Netto-Erlös
3 Vertreter	2 Werksbereich	3 DB I Betrag
4 Abnehmergruppe	3 Artikelgruppe	4 DB I Prozent
5 Kunden	4 Typ	5 DB II Betrag
6 Verkaufsgebiet/ Kunden	5 Holzart/Oberfläche	6 DB II Prozent
7 Vertreter/Kunden	6 Variante	
8 Abngr./Kunden	7 Stärke (Plattendicke	

Nachdem Auswahlkriterium und Darstellungstiefe gewählt sind, erfolgt eine Information über die Anzahl der vorhandenen Sätze (= z.B. Kunden, Artikelgruppen, Typ-Nr. usw.) und die Frage
"davon die .... Ersten"
"und/oder die ...... Letzten"
Die Angabe der Anzahl ist wahlfrei und richtet sich nach dem jeweiligen Informationsbedürfnis. Bei Verzicht auf Teilauswahl erfolgt Gesamtdarstellung.
Die Kombination erfolgt in Analogie zur PC-Auswahl.
Zur Verdeutlichung wieder 3 Beispiele:

3/4/5: je Vertretergebiet die Summen je Typ, sortiert in der Rangfolge des DB II

4/1/2: je Abnehmergruppe die Gesamtsumme aller Artikel, sortiert in der Rangfolge des Umsatzerlöses

1/4/3: je Typ die Gesamtsumme des DB I

Abbildung 8 zeigt die Darstellung der Hitparade am Beispiel der Kombination 3/4/5. (Im Gegensatz zur PC-Darstellung erfolgt hier die Ausgabe für den Zeitraum).

<table>
<tr><td colspan="3">Deckungsbeitrags - Hitparade
bis Monat ___________</td></tr>
<tr><td>Auswahl:

nach Vertreter

Vertreter: NN
Es sind XX Sätze vorhanden
davon die XX ersten</td><td>Darstellungstiefe:

Σ je Typ</td><td>Sortierung:

DB II - Betrag</td></tr>
<tr><td colspan="3">Rang Typ DB II - Betrag DB II - Prozent Rang DB I - Betrag Rang
- Zusatz-Information -</td></tr>
</table>

8. Die Deckungsbeitragsrechnung

Die Einrichtung von Profitcentern im Verkauf mit den damit verbundenen Möglichkeiten der gewinnorientierten Verkaufssteuerung beruht auf der stufenweisen Deckungsbeitragsrechnung, die bei AGEPAN nach folgendem Grundschema organisiert ist.

Abbildung 9:

Deckungsbeitragsrechnung
Brutto - Umsatz - Nachlässe, Boni + Erlöse für Zusatzleistungen/Nebenleistungen = Bereinigter Umsatz - Erlösschmälerungen
NETTO - UMSATZ
- Proportionale Kosten - Kosten der Zusatzleistungen/Nebenleistungen - Ausgangsfracht
= DECKUNGSBEITRAG I
- Zurechenbare Fixkosten der Fertigung - Zurechenbare Fixkosten des Vertriebs
= DECKUNGSBEITRAG II
Wahlweiser Zusatz: - Unternehmensfixkosten
= BETRIEBSERGEBNIS

Die Deckungsbeitragsrechung ist durchführbar nach den in Kapitel 8 (Abbildung 9) besprochenen Auswahlkriterien in der gleichen Darstellungstiefe. Maschinell findet eine integrierte Verarbeitung statt, wobei die relevanten Daten aus dem Bereich Vertriebsabrechnung (Fakturierung, Frachtabrechnung) durch das in Kapitel 4 vorgestellte Kalkulations- in Verbindung mit dem Deckungsbeitragsprogramm zur Deckungsbeitragsrechnung weiterverarbeitet werden (siehe Abbildung).

Abbildung 10:

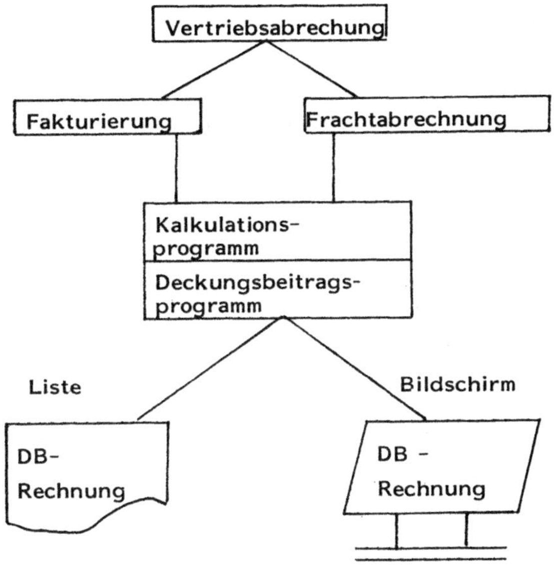

Die Deckungsbeitragsrechnung wird nach dem Schema gemäß Abbildung 9 in folgendem Listbild ausgegeben:

Abbildung 11:

Angaben die Auswahl betreffend ____________________

Monat Absatz in cbm X X X				Jahr X X X		
Brutto-Umsatz	Wert	DM cbm	% von Ums.	Wert	DM cbm	% von Ums.

Es werden die Ergebnisse sowohl für den Abrechnungsmonat als auch für den Zeitraum seit Jahresbeginn dargestellt. Wahlweise wird die Rechnung bis zum Betriebsergebnis durchgerechnet. Ebenso werden Soll-Ist-Vergleich und Erwartungsrechnung angehängt.

Die Subsumierung der Kalkulationskostenarten unter die komprimierte Kostenartendarstellung der Deckungsbeitragsrechnung erfolgt, wie bereits im Kapitel 4 erwähnt, mittels Kennzeichensteuerung des Kalkulationssummensatzes. So werden beispielsweise die Kalkulationskostenarten

- Holzkosten
- Leimkosten

- Energiekosten
- Fremde Bearbeitung
- Feder, Schalöl, Kantenprofile
- Variable Materialgemeinkosten
- Variable Fertigungskosten
- Verpackung

durch ein entsprechendes Kennzeichen zu "Proportionalen Kosten",

- Materialgemeinkosten fix
- Fertigungskosten fix

zu "Fixkosten der Fertigung",

- Außendienst
- Verkaufsförderung

zu "Fixkosten des Vertriebs",

- Verwaltungsgemeinkosten
- Vertriebsgemeinkosten

zu "Unternehmensfixkosten".

Die Vielfalt des Artikelsortiments sowie die unterschiedliche Ausgestaltung einzelner Varianten erfordern ein hohes Maß an Flexibilität. Um ständige Übereinstimmung zwischen verkauften und kalkulierten Artikeln zu gewährleisten, werden die entsprechenden Dateien miteinander abgepaart. Das dabei entstehende Fehlerprotokoll informiert über fehlende Kalkulationen und/oder Neben- und Qualitätszu- und -abschläge. Das Programmpaket sieht zur Herstellung der Paarigkeit folgende Möglichkeit vor:

- fehlende Kalkulationen werden vor Fortsetzung der Verarbeitung erstellt,
- fehlende Zu-/Abschläge werden vor Fortsetzung der Verarbeitung ergänzt. Zu-/Abschläge können für einzelne Artikel bis zu Typ und mm, aber auch für ganze Artikelbereiche vereinbart werden.
- Anstelle der nachzuholenden Kalkulation kann eine vorhandene zugeordnet werden. Bei der Errechnung des DB werden die Kosten des "Ersatzartikels" zugrundegelegt.
- Eine Schalterstellung verhindert den Programmabbruch bei der Feststellung von Fehlern. Dabei werden normalerweise keine oder zu geringe Kosten in die DB-Rechnung eingestellt.
- Eine Schalterstellung übergeht den Programmabbruch bei fehlender Paarigkeit, setzt aber die Kosten in Höhe des Erlöses fest, so daß in diesen speziellen Fällen DB-Neutralität besteht.

Die in Kapitel 4 erwähnte "Varianten-Kalkulation" für kundenabhängige Abweichungen erfährt per Verknüpfung mit der jeweiligen Kunden-Nummer die erforderliche Zuordnung.

9. Sortimentssteuerung nach Deckungsbeiträgen

Unsere Profitcenter-Organisation gestattet die Darstellung der stufenweisen Deckungsbeiträge in jeder gewünschten Tiefe. Zunächst wird die Frage nach der Rentabilität der Artikelgruppen gestellt. Eine erste Antwort darauf gibt der Deckungsbeitrag I, der die Rentabilität im Durchschnitt aller Artikelgruppen wiedergibt. Man kann, pauschal betrachtet, seine Höhe als Indiz für die Qualität des Umsatzes werten.

Der Deckungsbeitrag I stellt die Differenz zwischen Nettoerlös und proportionalen Kosten dar, der Deckungsbeitrag II berücksichtigt zusätzlich die zurechenbaren Fixkosten. In der Höhe des Deckungsbeitrags II je Artikelgruppe -als auch insgesamt- spiegelt sich das Produkt-Mix wider.

Eine wesentliche Rolle bei der Betrachtung des Deckungsbeitrages spielt die Kapazitätsauslastung bei den einzelnen Artikelgruppen. Aus diesem Grunde werden Steuerungszahlen, z.B. DB II je Fertigungszeiteinheit (Schicht) und DB II in Prozent vom Umsatz, geschaffen. Grundsätzlich gilt es, die absolute Höhe des Deckungsbeitrages II zu steigern. Bei normalem Beschäftigungsgrad dient zur Steuerung der Artikelgruppen der DB II je Zeiteinheit, bei Unterbeschäftigung sind die Artikelgruppen mit den höheren relativen DB II (% vom Umsatz) zu forcieren.

Die Kenntnis der Rentabilität jedes einzelnen Artikels blieb selbstverständlich nicht ohne Folgen auf die Sortimentspolitik. Artikel bzw. Artikelgruppen mit dem besseren DB II wurden und werden favorisiert. Es sei darauf hingewiesen, daß dieser Umstellungsprozeß mit Geduld und Ausdauer geführt werden muß.

Bei einem umfangreichen Artikelsortiment empfiehlt sich die praktische Vorgehensweise nach der A-B-C-Methode.

Bei uns sieht dies folgendermaßen aus:

- A-Produkte = gute Rendite = DB I
- B-Produkte = mittlere Rendite = DB I
- C-Produkte = schlechte Rendite = DB I

Die Definition der Rendite wird hausintern nach verschiedenen Kriterien festgelegt.

Das Profitcenter nach Artikelgruppen wird natürlich umso aussagefähiger und erleichtert die Analysen, wenn man der Bildung der Artikelgruppen die entsprechende Aufmerksamkeit geschenkt hat.

Die Sortimentspolitik muß nun darauf hinauslaufen, möglichst den Absatz der A-Produkte zu forcieren, C-Produkte sukzessive zu substituieren, aber bis zur Realisation im Sortiment belassen, sonst besteht die Gefahr des Ausfalls von Deckungsbeiträgen.

Es versteht sich von selbst, daß bei der Gestaltung der Sortimentspolitik die Marktgegebenheiten e i n e d o m i n i e r e n d e Rolle spielen.

10. Abnehmerpolitik nach Deckungsbeiträgen

AGEPAN hat seine Kunden nach Abnehmergruppen eingeteilt, z.B.:
- Fachhandel
- Möbelfabriken
- Veredlungsindustrie usw.

und im Kundenstammsatz ein entsprechendes Kennzeichen eingestellt. Im Rahmen der Vetriebsabrechnung und Deckungsbeitragsrechnung wird das Profitcenter nach Abnehmergruppen erstellt, das Auskunft darüber gibt, wie die einzelnen Abnehmergruppen hinsichtlich der Rentabilität stehen. Die Aussage über die Abnehmergruppen veranlaßt den Einstieg in die Kundenbetrachtung. Maßgebliche Größen sind der Deckungsbeitrag II absolut und prozentual zum Umsatz. Man kommt bei dieser Betrachtungsweise sehr schnell zu der Kenntnis der erforderlichen Kundenselektion. Man erkennt ebenso schnell die Bedeutung von Großkunden und das u.U. damit verbundene Risiko.
Die praktische Vorgehensweise in der Abnehmerpolitk kann sich ebenfalls der A-B-C-Analyse zur Verbesserung des Kunden-Mixes bedienen.

11. Steuerung Vertreterbezirke nach Deckungsbeiträgen

Infolge der flexiblen Profitcenter-Organisation kennen wir die Ergebnisse je Vertreter-Reisegebiet. Dazu den Soll-Ist-Vergleich sowie die Artikel und Kunden, die das Ergebnis bewirkt haben. Diese Informationen werden den Außendienstmitarbeitern monatlich zur Verfügung gestellt. Bei der Festlegung der Soll-Zahlen haben die Mitarbeiter mitgewirkt.
In internen Schulungen haben wir den Zusammenhang und die Abhängigkeit des Deckungsbeitrages vom Produkt- und Kunden-Mix erläutert. Wir tun dies ständig. Der Außendienstmitarbeiter ist darüber informiert, wie sein Engagement das Unternehmensergebnis beeinflussen kann. Er kennt seine Zahlen und weiß, daß er als Chef eines Profitcenters also sozusagen als "Gewinnmanager" und "Mini-Unternehmer" fungiert.
Neben allen Motivationen kann die vom Unternehmen gewollte Steuerung nur auf Dauer funktionieren, wenn der materielle Anreiz vorhanden ist. Wir haben aus diesem Grunde zunächst mit unseren Außendienstmitarbeitern vereinbart, die Honorierung von der Umsatzprovision auf die Beteiligung am Deckungsbeitrag II umzustellen. Dabei leisten wir für eine bestimmte Übergangszeit eine Besitzstandsgarantie. Die Beteiligung am Deckungsbeitrag II unterstützt die Wandlung vom Umsatz- zum Ertragsdenken. Sie gibt dem Mitarbeiter die Möglichkeit, durch seine "unternehmerischen" Impulse und Entscheidungen wesentlich Einfluß auf die Höhe seiner Bezüge zu nehmen und gleichzeitig das Unternehmensergebnis zu verbessern.

12. Problematik der Einführung

Die Einführung eines derartig komplexen Systems der Verkaufsplanung und Verkaufssteuerung nach Deckungsbeiträgen stößt verständlicherweise am Anfang nicht unbedingt auf uneingeschränkte Gegenliebe.
Es ist daher von ausschlaggebender Bedeutung für den Realisationserfolg, daß die Geschäftsleitung selbst ein hundertprozentiges Engagement eingeht (ich habe dies schon einmal im Laufe des Vortrages erwähnt), um auf der anderen Seite alle beteiligten und betroffenen Mitarbeiter von der gewinnorientierten Unternehmenssteuerung überzeugen zu können. Die Handhabung und das Verständnis der Instrumente "Profitcenter- und Deckungsbeitragsrechnung" müssen permanent trainiert werden, um den Erfolg sicherzustellen.

Heute sind wir davon überzeugt, mit der Installation unserer microcomputergestützen Führungs- und Verkaufsplanungs-Systeme den richtigen Weg eingeschlagen und für die Zukunft die Weichen in immer härter umkämpften Märkten gestellt zu haben.

Online-Controlling in einem Automobilkonzern

F. Gutlederer, EDV- und Betriebsberatung Gutlederer, Wien

1) EINLEITUNG

Neue Techniken in der Datenverarbeitung ermöglichen dem Benutzer den direkten Zugang zu zeitnahen und aussagefähigen Informationen, die den täglichen Entscheidungsprozeß beeinflussen und absichern.

Sie befähigen das Controlling zu einer noch nie erreichten Aktualität, womit diesem Bereich eine wachsende Bedeutung zukommt. Dies ist - neben dem Rationalisierungseffekt - der Grund für die steigende Nachfrage nach dialogorientierter Software für den gesamten Controlling-Bereich.

Der Wunsch, die Werteentstehung bzw. den tatsächlichen Wertefluß des betrieblichen Geschehens im direkten Zugriff auf die Daten zu dokumentieren und auszuwerten, wird von den Controllern immer vehementer vertreten.

Welche - durchaus legitimen und daher in diesem Forum bereits öfters vernommenen - Forderungen werden dabei von anspruchsvollen Anwendern an ein solches System gestellt:

* die genaue Kenntnis der aktuellen Kostenstruktur von Kostenstellen, Projekten und Produkten,

* die Notwendigkeit, diese stets an neue Produktlinien und Fertigungsmethoden anzupassen,

* die Möglichkeit einer zukunftsbezogenen Darstellung von Planwerten über den Betrachtungszeitraum eines Budget-Jahres hinaus (mittelfristige Planung), mit der Fähigkeit, weiter in der Zukunft liegende Planungsziele gröber formulieren zu können,

* die sichere Steuerung bei der Werteentstehung von Plan- und Abrechnungs-Daten durch verbesserte Kontrollen zu gewährleisten,

* die wirklich aktuelle Aussage über Kostenentwicklungen, um rechtzeitig Gegensteuerungsmaßnahmen einleiten zu können,

* die Bereithaltung der Abrechnungsdaten bis zum Belegdetail über eine Abrechnungsperiode hinaus (je nach Anforderung),

* Bereitstellung von maschinell unterstützten Analyse-Methoden mit einer hierarchischen Selektionsmöglichkeit von Ergebnisdaten bis zum Einzelbeleg,

* Plandaten wie Istdaten beliebig auswerten zu können und für die individuelle ("persönliche") Verarbeitung (evtl. am PC) zur Verfügung zu stellen,

* die Bewältigung stets weiter gesteckter Ziele und Anforderungen zu ermöglichen - und noch andere mehr.

Für die Controlling-Teilgebiete der Kostenstellenrechnung und der Projektabrechnung wird bei der BMW AG., München, seit 1981 eine diesen umfangreichen und wichtigen Aufgabenstellungen entsprechende dialogorientierte Software auf der Basis der flexiblen Grenzplankostenrechnung nach einem Phasenkonzept entwickelt.

2) ORGANISATION CONTROLLING BEI B M W

Das Controlling ist bei der BMW AG. dezentral organisiert, wie die ---> Abbildung 1 zeigt.

Der Zentralbereich der Verwaltung ist in eigenständige Ressorts gegliedert. Jedem Ressort ist ein Ressort-Controller zugeordnet. Die Werke sind als Fertigungsstätten dem Vorstandsbereich "T" unterstellt. Die betriebswirtschaftliche Steuerung liegt beim Werks-Controller, analog hierzu in der Sparte Motorrad beim Sparten-Controller.

Abbildung 1:

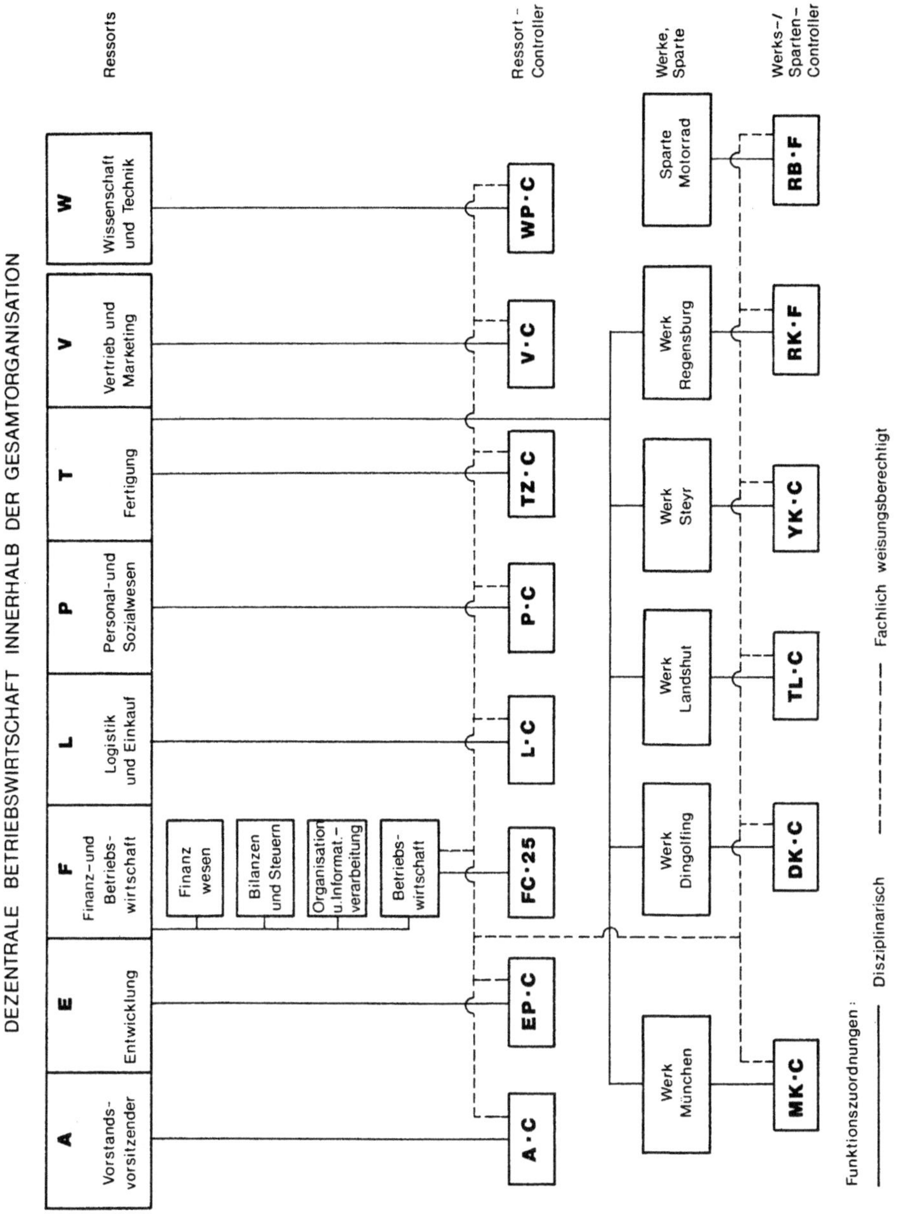
DEZENTRALE BETRIEBSWIRTSCHAFT INNERHALB DER GESAMTORGANISATION
Ressorts
A Vorstands-vorsitzender
E Entwicklung
F Finanz-und Betriebs-wirtschaft
L Logistik und Einkauf
P Personal-und Sozialwesen
T Fertigung
V Vertrieb und Marketing
W Wissenschaft und Technik
Finanz wesen
Bilanzen und Steuern
Organisation u.Informat.-verarbeitung
Betriebs-wirtschaft
Ressort-Controller
A·C
EP·C
FC·25
L·C
P·C
TZ·C
V·C
WP·C
Werke, Sparte
Werk München
Werk Dingolfing
Werk Landshut
Werk Steyr
Werk Regensburg
Sparte Motorrad
Werks-/Sparten-Controller
MK·C
DK·C
TL·C
YK·C
RK·F
RB·F
Funktionszuordnungen:
Disziplinarisch
Fachlich weisungsberechtigt

Dem Vorstandsbereich "F" - Finanz- und Betriebswirtschaft - ist das "zentrale" Controlling zugeordnet. Es hat Weisungsbefugnis gegenüber den Werks-, Sparten- und Ressort-Controllern.

Die einzelnen Controlling-Abteilungen sind an ein zentrales Rechenzentrum (ZRZ) online angeschlossen. Entsprechend der vorhandenen Organisation ist der Zugriff auf die betrieblichen Informationen geregelt.

Im Rahmen der vorgegebenen formellen und terminlichen Richtlinien kann sich das dezentrale Controlling eigenverantwortlich bewegen. Diese Organisationsform stellt natürlich besondere Anforderungen an die in diesem Bereich einzusetzende Software.

3) DIE ONLINE-SYSTEME DEPAS + IKABAS

Bei den Controlling-Werkzeugen für die Kostenstellenrechnung und die Projektabrechnung, die hier vorgestellt werden, handelt es sich um die Programm-Systeme DEPAS und IKABAS.

Der Systembaustein DEPAS (= Dezentrales Planungs- und Auswertungs-System) unterstützt alle planerischen Aktivitäten im Dialog.
IKABAS (=Dezentrales Istkosten-Abrechnungs- und Auswertungssystem) ermöglicht eine transaktionsorientierte Abrechnung und Darstellung der Istdaten.

Beide Systeme sind eingebettet in ein Auswertungs- und Informations-System, das eine individuelle, jederzeit abrufbare Auswertung der gespeicherten Plan- und Istwerte ermöglicht.

DEPAS wurde in den Jahren 1981 - 1983 nach einem Phasenkonzept entwickelt. Seit seiner ersten Stufe (1982) wird DEPAS sowohl beim zentralen als auch beim dezentralen Controlling der Ressorts und Werke eingesetzt. (Bei der jährlichen Planungsüberholung werden bei BMW beispielsweise mehr als 100.000 Positionen problemlos online verändert bzw. angepaßt).

Alle bisherigen Realisierungs-Phasen sind zur vollen Zufriedenheit der Anwender angelaufen. DEPAS löste bereits im ersten Schritt den Planungsteil einer batchorientierten Standardsoftware ab.

Abbildung 2:

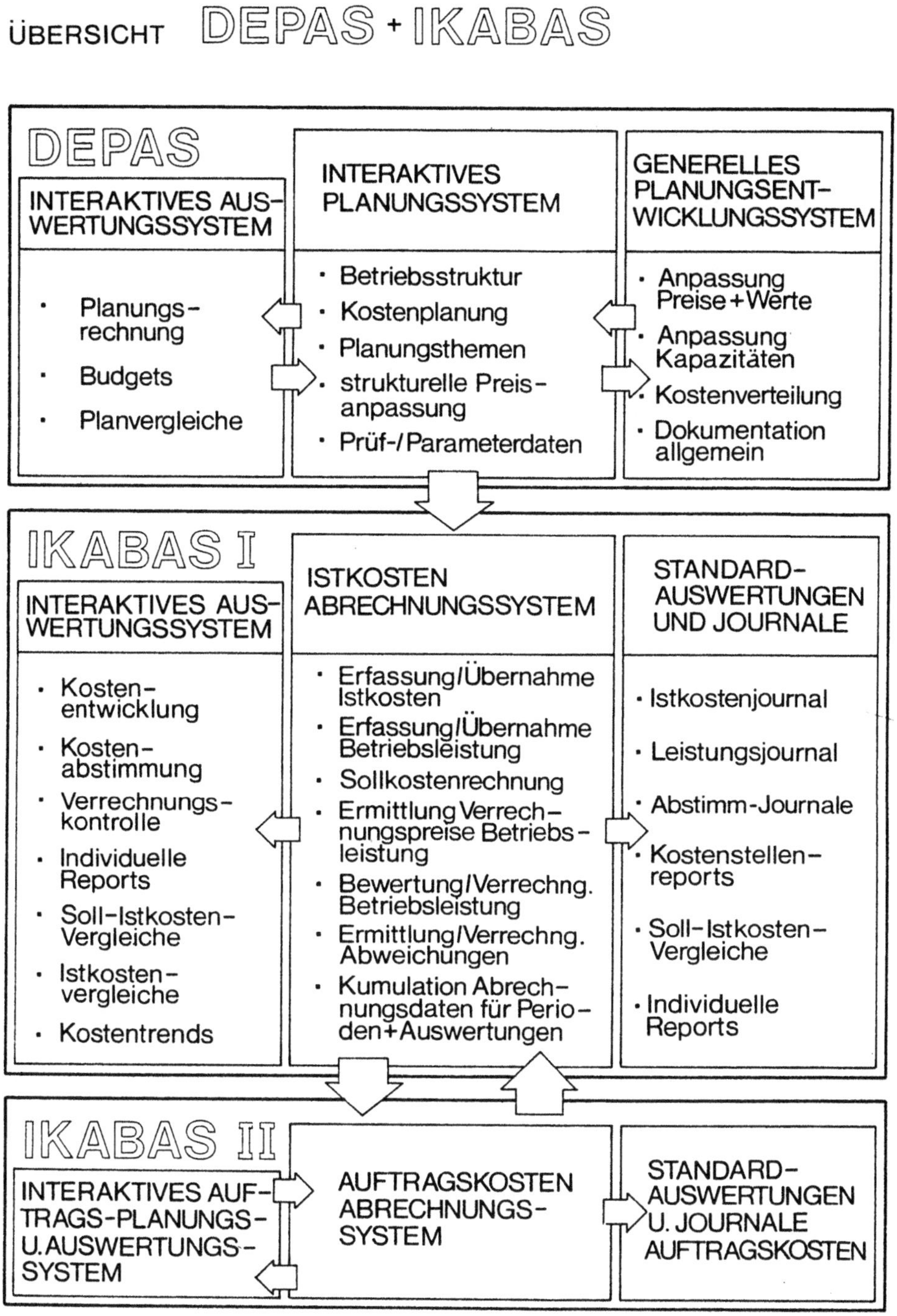
ÜBERSICHT DEPAS + IKABAS
DEPAS
INTERAKTIVES AUSWERTUNGSSYSTEM
· Planungsrechnung
· Budgets
· Planvergleiche
INTERAKTIVES PLANUNGSSYSTEM
· Betriebsstruktur
· Kostenplanung
· Planungsthemen
· strukturelle Preisanpassung
· Prüf-/Parameterdaten
GENERELLES PLANUNGSENTWICKLUNGSSYSTEM
· Anpassung Preise+Werte
· Anpassung Kapazitäten
· Kostenverteilung
· Dokumentation allgemein
IKABAS I
INTERAKTIVES AUSWERTUNGSSYSTEM
· Kostenentwicklung
· Kostenabstimmung
· Verrechnungskontrolle
· Individuelle Reports
· Soll-Istkosten-Vergleiche
· Istkostenvergleiche
· Kostentrends
ISTKOSTEN ABRECHNUNGSSYSTEM
· Erfassung/Übernahme Istkosten
· Erfassung/Übernahme Betriebsleistung
· Sollkostenrechnung
· Ermittlung Verrechnungspreise Betriebsleistung
· Bewertung/Verrechng. Betriebsleistung
· Ermittlung/Verrechng. Abweichungen
· Kumulation Abrechnungsdaten für Perioden+Auswertungen
STANDARD-AUSWERTUNGEN UND JOURNALE
· Istkostenjournal
· Leistungsjournal
· Abstimm-Journale
· Kostenstellenreports
· Soll-Istkosten-Vergleiche
· Individuelle Reports
IKABAS II
INTERAKTIVES AUFTRAGS-PLANUNGS-U.AUSWERTUNGS-SYSTEM
AUFTRAGSKOSTEN ABRECHNUNGS-SYSTEM
STANDARD-AUSWERTUNGEN U. JOURNALE AUFTRAGSKOSTEN

Aufgrund überzeugender Vorteile interessierten sich bisher eine Reihe von Unternehmen verschiedener Branchen für DEPAS. Neben BMW haben mittlerweile drei der Interessenten - u.a. Wacker-Chemie, München - das Planungssystem installiert und arbeiten erfolgreich damit.

Zur Zeit entsteht - in logischer Konsequenz - ein dialogorientiertes, modern strukturiertes Abrechnungs-System (=IKABAS).

Der nachfolgende Beitrag wird sich schwerpunktmäßig mit dem System DEPAS beschäftigen. IKABAS und das Auswertungs-System werden aus zeitlichen Gründen als Ausblick nur kurz behandelt.

Die ---> Abbildung 2 zeigt die wesentlichen Komponenten der beiden Systeme.

4) WAS IST DEPAS ?

D E P A S ist ein interaktives anwenderorientiertes (DE)zentrales (P)lanungsrechnungs- und (A)uswertungs-(S)ystem der Kostenstellenrechnung.

Es ermöglicht dem Anwender eine geschützte, direkte Abwicklung der Planungsrechnung auf 3 Planungsebenen vom Bildschirm aus:

- Planungsebene 1 : Anpassung der in der jeweiligen Abrechnungsperiode aktuellen Planung;
- Planungsebene 2 : Jahresplanung für das Folgejahr;
- Planungsebene 3 : Mittelfristige Planung der daran anschließenden 3 - 5 Jahre.

Abbildung 3:

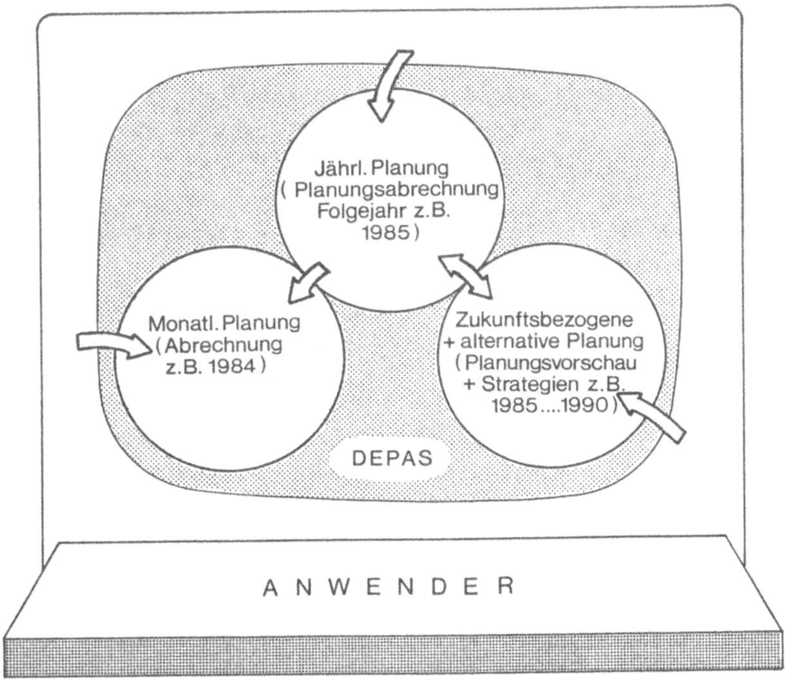

Ein "Durchgreifen" von einer Planungsebene zur anderen bzw. ein "Vergleichen" von parallel geführten Plandatenbeständen ist, vom Kernstück der Planung - der Jahresplanung - ausgehend, über zahlreiche Programmverbindungen möglich.

DEPAS deckt alle Voraussetzungen für eine flexible Plankostenrechnung ab. Aufgrund seines "neutralen" Aufbaus ist dieses System auch als Basis-System für andere Kostenrechnungssysteme und deren Mischformen einsetzbar.

Die im DEPAS verwendeten Datenbanken sind so konzipiert, daß sie sowohl kostenstellenbezogene als auch projektbezogene Plan-, Soll- und Istdaten aufnehmen können. Damit wird im Verbund mit IKABAS eine ebenfalls online-orientierte Istkosten-Abrechnung gewährleistet.

4.1) 13 GUTE GRÜNDE FÜR DEPAS

Die wesentlichen Vorteile dieses Planungssystems sind:

* durchgängiger hochgradiger Bedienerkomfort und praxisorientiertes Detail (DEPAS wurde von Praktikern für Praktiker entwickelt),

* flexible Einsetzbarkeit des Systems (zentral/dezentral) je nach Betriebsstruktur und Kostenverlauf,

* voneinander unabhängige Planungsentwicklungsphasen in den einzelnen Ressorts,

* direkter und mit der Erfassung zeitgleicher Zugriff auf Kostenstellen- u n d Auftragsdaten (Projekte) zusammen mit IKABAS in e i n e m System,

* voll in die Kostenstellen-Rechnung integrierte Auftragsabrechnung (gleiche Bewertungsansätze, Einbezug in Hoch- und Simulationsrechnungen),

* Verknüpfung betriebswirtschaftlich zusammenhängender Funktionen und sofortiges Aufzeigen nachgeschalteter Konsequenzen bei Änderung von sensitiven Plandaten (z.B. Änderung von bestimmten Preisen, Kostensätzen, Kostenverteilungen),

* parallele Führung von aktuellen, zukunftsbezogenen, historischen und simulierten Werteeinheiten bezogen auf einen Planungsinhalt (A/N/S-Darstellung),

* kalendarisierte Darstellung von Plandaten, d. h. Aufriß der jährlichen Planwerte für Beschäftigung und Kosten in periodisch differenzierte Werte (für Saisonbetriebe, Betriebe mit schwankender Beschäftigung, Budget für Verwaltungsbereiche),

* voneinander unabhängige Hoch- und Simulationsrechnungen für Planungsteilumfänge (Werke, Sparten, Ressorts, Mandanten),

* abrufbare Dokumentation, auch von Teilumfängen,

* Formulierung, Abruf und Anzeige von "persönlichen" Auswertungen "ad hoc" am Bildschirm, mit der Möglichkeit, Auswertungsdaten für grafische / sonstige Darstellungen "herauszuschneiden",

* Zusatznutzen durch zahlreiche in anderen (eigenen) Systemen verwendbare Hilfsfunktionen (universelle Systeme für die Zugriffs-Steuerung, das Verwalten von Parametern, die Programm-Dokumentation),

* Anbindbarkeit an individuelle Organisationsformen und Abrechnungssysteme.

4.2) DEPAS SYSTEMKOMPONENTEN

Die folgende ---> Abbildung 4 zeigt die Hauptfunktionen von DEPAS.

Diese Funktionsblöcke gelten für alle drei im DEPAS parallelen Planungsteilsysteme gleichermaßen. Über die Systemsteuerung kann der Benutzer eine unterschiedliche Behandlung dieser Planungsteilsysteme festlegen.

4.3) KOSTENPLANUNG KOSTENSTELLEN

4.3.1 Voraussetzungen

Bei der Einrichtung eines Kostenrechnungssystems fallen wie immer folgende Einführungsarbeiten an:

* Festlegen der Kostenarten,
* Festlegen sonstiger Stammdaten,
* Festlegen Kostenstellenstruktur,
* Festlegen Leistungsbezugsgrößen,
* Festlegen Hierarchien und sonstige Verschlüsselungen.

Abbildung 4:

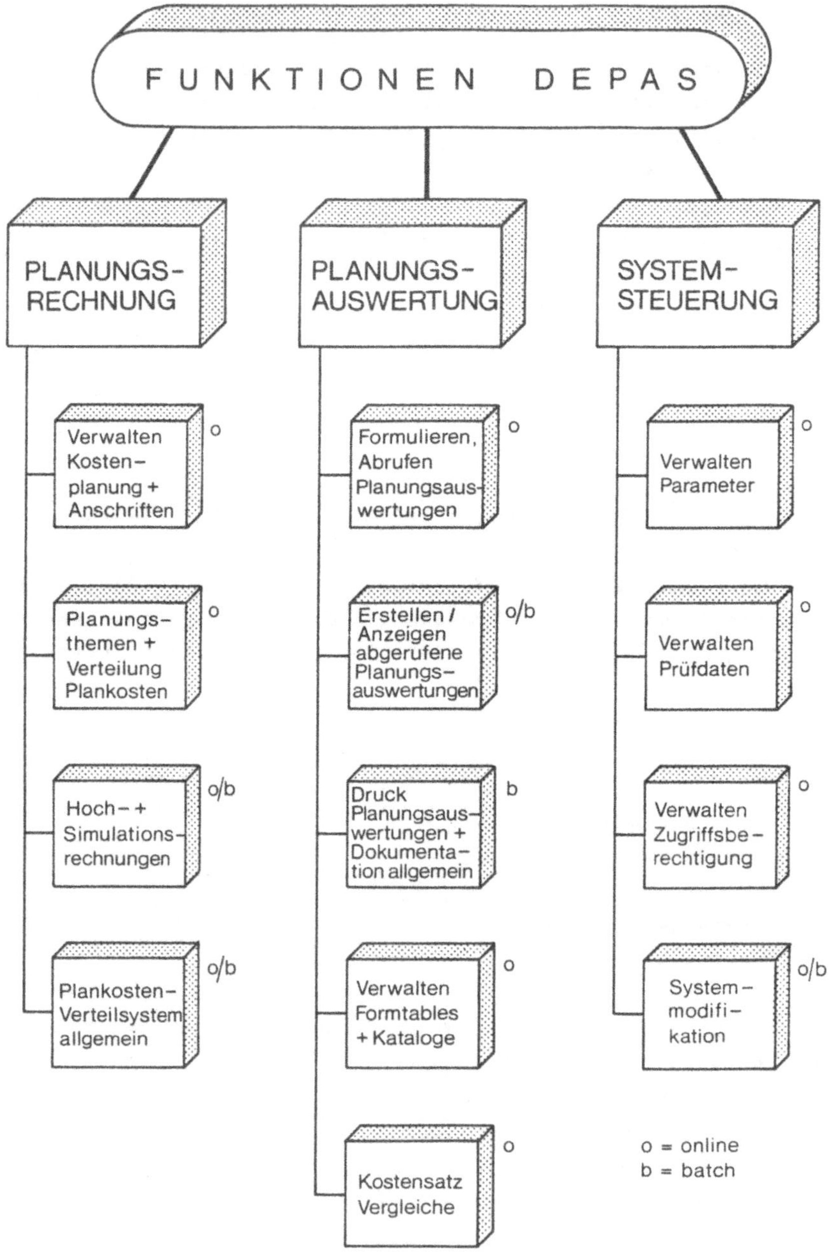
FUNKTIONEN DEPAS
PLANUNGS-RECHNUNG
PLANUNGS-AUSWERTUNG
SYSTEM-STEUERUNG
Verwalten Kosten-planung + Anschriften
o
Planungs-themen + Verteilung Plankosten
o
Hoch- + Simulations-rechnungen
o/b
Plankosten-Verteilsystem allgemein
o/b
Formulieren, Abrufen Planungsaus-wertungen
o
Erstellen / Anzeigen abgerufene Planungs-auswertungen
o/b
Druck Planungsaus-wertungen + Dokumenta-tion allgemein
b
Verwalten Formtables + Kataloge
o
Kostensatz Vergleiche
o
Verwalten Parameter
o
Verwalten Prüfdaten
o
Verwalten Zugriffsbe-rechtigung
o
System-modifi-kation
o/b
o = online
b = batch

4.3.1.1. Kostenarten und sonstige Stammdaten

Für jede in der Planung und in der Ist-Abrechnung verwendete Kostenart (oder Konto) ist ein Stammsatz anzulegen, der ihre Eigenschaft bzw. Funktion beschreibt und zwar -

- Typ der Kostenart,
- Art der Verrechnung,
- Zuordnungskriterien,
- Darstellungskriterien,
- Prozente u. Faktoren, etc.

In DEPAS wird der Kostenarten-Stamm je Werk (Sparte) geführt. Bei BMW sind es ca. 600 Kostenarten je Werk, davon sind 350 kostenstellenorientiert. Ein Werk kann zu einem Haupt- oder Leitwerk erklärt werden, das dann die inhaltliche Gleichartigkeit der Stammsätze bis auf individuell festzulegende Felder steuert.

Neben den Kostenarten werden noch folgende Stammdaten für die Planungsabwicklung vorausgesetzt:

* Buchungs- und Verrechnungskreise;

* Preis- und Mengeneinheiten;

* Preise je Herkunft;
  Darin können alle in der Planung möglichen Detailangaben wie Sachnummern (=Herkünfte) mit Preisen vordefiniert werden. Übernahme aus anderen Sachgebieten ist möglich. Erfolgt keine Vordefinition, entwickelt sich der Stamm automatisch im Rahmen der Planungsarbeiten.

* Kostenartengruppen partiell (KANN-Angabe);

* Stammsatz Texte für Fehlermeldungen, Listköpfe, etc.;

* und andere Steuerungsangaben (Parameter).

4.3.1.2 Kostenstellenstruktur

Bei der Einführung (Reorganisation) eines Kostenrechnungs-Systems wird der vorhandene Kostenstellenplan üblicherweise kritisch überarbeitet. Dabei sind festzulegen:

- Kostenstellen-Code, -Bezeichnung, -Verantwortlicher,
- Art der Kostenstelle (Verwaltung/Fertigung/primär/sekundär, etc.),
- organisatorische und sonstige Zuordnung zu Bereichen,
- Abgrenzungs-Kriterien,
- Kostenstellen-Beschreibung: Funktion, techn. Ausstattung.

Anzahl Kostenstellen bei BMW:

- 3350 insgesamt, davon ca. 1000 Verwaltungsstellen.

4.3.1.3 Festlegen Leistungsbezugsgrößen

Für jede Kostenstelle ist zumindest eine Leistungsbezugsgröße zu definieren.

Dabei sind die Leistungsart, die technischen Kapazitäten (optimale Kapazität, Grundplan, etc.), die geplante Leistung (Jahreswerte, Monatswerte, Durchschnittswerte) samt Mengeneinheit festzulegen.

Auch statistische Bezugsgrößen (Währungsmengen, Umsatzkennzahlen, Mitarbeiteranzahl, etc.) sind als Leistungseinheiten möglich.

Im System wird zwischen primären und sekundären Leistungsbezugsgrößen unterschieden. Letztere werden wiederum in "erfaßbare" und in "maschinell ableitbare" eingeteilt.

<u>Erfaßbare Bezugsgrößen</u>
sind Leistungsmengen, die aus Belegen, Aufschreibungen, Betriebsdatenerfassung oder Lohnabrechnung, usw. direkt erfaßt oder abgeleitet werden können.

Maschinell ableitbare Bezugsgrößen
sind Leistungsmengen, die systemintern durch Aufsummieren der Soll-Verbrauchsmenge der einzelnen Leistungsempfänger ermittelt werden.

Im Zusammenhang mit der Bezugsgrößenart und den sonstigen Systemdefinitionen sind im DEPAS Automatismen vorhanden, die die Planungsarbeiten wesentlich erleichtern.

Bei BMW werden rund 4.000 Bezugsgrößen verwaltet. Bei den Verwaltungsstellen liegt zwischen Kostenstellen und Bezugsgrößen im Regelfall eine 1:1-Beziehung vor. Bei den Fertigungs- und Sekundärstellen ist das Verhältnis ca. 1 : 1,2.

4.3.1.4 Organisations-Hierarchien und sonstige Verschlüsselungen

Für jede im Kostenrechnungs-System gewünschte Summendarstellung, z.B.

- geplante oder angefallene Kosten,
- zu verrechnende Kosten,
- die Darstellung der Betriebsleistung oder
- die Darstellung der Abstimmwerte,

sind (hierarchische) Verschlüsselungen festzulegen.

In DEPAS wird der Aufbau von Hierarchien einschließlich der Knotenbildung im Dialog nach dem Prinzip "bottom up" von der Kostenstelle (Bezugsgröße) aufwärts maschinell unterstützt. Bei der gegenseitigen Referenzierung werden Zuordnungsfehler und Lücken festgestellt.

Zur Pflege aller "Adreßverzeichnisse" im gesamten System gibt es drei spezielle Anwendungen:

- Verwalten Adressen Bezugsgrößen/Leistungsarten,
- Verwalten Adressen Kostenstellen,
- Verwalten Adressen Organisationsstruktur.

Zur Organisationsstruktur zählen die Adressen für

- Unternehmen, Werke oder Sparten (= Mandant),
- 4 parallele Hierarchien für organisatorische Bereiche bzw. Ressorts (a 10 Zeichen),
- 4 parallele Bereiche für eine separate Verschlüsselung der Leistungserbringung (primär/sekundär/Verrechnungswege etc.).

Zur problemlosen und raschen Anpassung von organisatorischen oder verrechnungstechnischen Änderungen, die in Großbetrieben fast an der "Tagesordnung" sind, können diese Adreßverzeichnisse im Dialog nach beliebigen Kriterien - auch selektiv - umsortiert werden.

Beispiel: Kostenstellen nach Produktbereichen, beginnend mit A1..., anstelle der üblichen Sortierung nach Kostenstellennummern.

Über diese Adreßverzeichnisse ist außerdem ein beliebiger Einstieg oder eine selektive Auswahl von Kostenplanungen möglich. Dieser Komfort wird von den Anwendern sehr geschätzt.

Bei BMW werden über 5.000 Bereichsverschlüsselungen verwaltet:

ca. 4.000	Organisations-Hierarchie mit Parallelverschlüsselungen,
ca. 1.000	Produktorientierte Schlüssel (nach Ergebnis- bzw. Kalkulationstitel),
ca. 500	Sonstige Verschlüsselungen (Verrechnungskreise etc.).

4.3.2 Darstellungsformen Kostenpläne

DEPAS kennt zwei Arten von Kostenplandarstellungen -

- Monatsdarstellung
- Jahresdarstellung (= kalendarisierte Darstellung).

Bei der "Monatsdarstellung" werden Kosten und Beschäftigung je Kostenstelle/Leistungsbezugsgröße im Regelfall im Durchschnitt (Jahreswerte/12) geplant und dargestellt. In der gleichen Form können ebenso einzelne Perioden differenziert verwaltet werden. Für die Bearbeitung der kalendarisierten Kostenplanung eignet sich jedoch die "Jahresdarstellung" besser.

Die Abbildungen ---> 5 und ---> 6 zeigen die wesentlichen Merkmale dieser beiden möglichen Kostenplandarstellungen.

Wird eine Kostenstelle kalendarisiert abgebildet, ermittelt DEPAS die dazugehörigen Durchschnittswerte. Umgekehrt werden bei einer Anpassung der Durchschnittswerte die Monatswerte äquivalent verändert. Budgetierte Jahreswerte können bei dieser Darstellungsform über die monatlich unterschiedliche Beschäftigung sehr einfach aufgeteilt werden.

An dieser Stelle sollten einige wesentliche DEPAS-Merkmale hervorgehoben werden:

In allen DEPAS-Anwendungen sind wie im Kostenplan ALT-NEU-Darstellungen möglich, d.h. es ist jederzeit der Bezug zum Ausgangsstand der Planung (= Alt-Werte) einschließlich Beschäftigung, Kostensätze im Dialog und in den Auswertungen herstellbar.

Dieser stets vorhandene und auswertbare Bezug erhöht die PLANUNGSSICHERHEIT wesentlich!

In jedem Dialogschritt sind sämtliche Modifikationen (Ändern/Löschen/Neuaufnehmen) GEMEINSAM möglich. Egal, welche Veränderungen vorgenommen werden, es werden alle logischen Konsequenzen sofort geprüft (einschließlich Folgefehler wie ungleichgewichtige Kostenverteilung) und auch aufgezeigt.

Sämtliche Rechenoperationen werden vom System unterstützt, wie z.B.

- Ermittlung der Planwerte für eine geplante Menge (einschließlich der Prop-Fix-Aufteilung),
- Ermittlung der Kostensätze,
- Ermittlung "maschinell abhängiger" Planwerte wie z.B. kalkulatorischer Sozialaufwand, etc.

Nicht sofort behobene Fehler werden katalogisiert und können später gezielt bearbeitet werden.

Abbildungen 5 + 6:

```
NX ODP02000  PW              LT TIK1A04E DT 12/04/84 14:51:21 SN    1 VN

P1DP020.V06        D E P A S    KOSTENPLAN                     JAEHRLICH   D A/N
U  1 WERK: 40  KOST MBER B: 4912 0001 0 KOART:        MOD: D STAND: A-8212 N-8401
M PLZ KOSTENSTELLENANSCHRIFT  VERANTWORTLICH               KOSTBER.2  KB.3 KBER.4

  090 BST AT/WIEDERINSTANDSET EHRNSTRASSER                 **T4213**2 **** **L421
  PLZ BEZUGSGR.TEXT   PLAN-BGMT ME       VERT.MENGE SF   VS BA BB BC BD IBZ BWK
  910 DM-PROP-KOSTEN      55859  WD        55859,00  100 12 S9 TL L2 LA 02   1  A
  910 DM-PROP-KOSTEN      67123  WD        67123,00  100 12 S9 TL L2 LA 02   1  N
M KOA  K HW HERKUNFT  M E N G E  ME    P PREIS/E.  PLANGES.  PLANPR.  PLANFIX
  4110 1                 857,00  STD        16,158     13847     6923     6924  A
  4110 1                 840,00  STD        16,772     14088     7044     7044  N
  4119 1                  61,00  STD        13,580       828      415      413  A
  4119 1                   9,93  STD        14,001       139       76       63  N
  4139 1                 133,45  VSTD       11,083      1479     1479           N
  4149 1 40 LG4          293,30  VSTD       10,450      3065     2297      768  A
  4149 1 40 LG4          334,25  VSTD       10,872      3634     2843      791  N
  4180 1                  78,63  STD         9,838       774      774           A
  4180 1                  93,48  VSTD       11,083      1036     1036           N

---------------- ---------- FOLGEBLATT ---------- -----------------------------
KO        1,759 GES      1,000 P      0,759 F KO      98262    55859    42403  A
SA        1,616 GES      1,000 P      0,616 F SU     108464    67123    41341  N
```

```
NX ODP06000  PW              LT TIK1A04E DT 12/04/84 14:57:34 SN    1 VN

P1DP060.V06        D E P A S    KOSTENPLAN                     JAEHRLICH   K A/N
U  1 WERK  40  KOST MBER B: 1928 0001 0 KOART:        MOD: K STAND: A-8212 N-8401
M PLZ KOSTENSTELLENANSCHRIFT  VERANTWORTLICH               KOSTBER.2  KB.3 KBER.4

  090 EINRICH.ENERG.BAU.UMWE. SCHMIDBAUER                  **T412***1 **** **W4TT
  PLZ BEZUGSGR.TEXT   PLAN-BGMT ME       VERT.MENGE SF   VS BA BB BC BD IBZ BWK
  910 DM-FIXE-KOSTEN      46888  DM                  000 11 PW TL L1 WT 00   3  A
  910 DM-FIXE-KOSTEN      40955  DM                  000 11 PW TL L1 WT 00   3  N
M              JAHRESSUMME   JAN/JUL  FEB/AUG  MAR/SEP  APR/OKT  MAI/NOV  JUN/DEZ
  KOA  4010 GEHAELTER MASCH.          MENGE:      5,00   PREIS/E:  4718,126
ME: PERS      (    291780 A)   23591    23591    23591    23591    23591    23591
F :           (    283092 N)   23591    23591    23591    23591    23591    23591
  KOA  4020 UEBERSTUNDENGEHAELTER     MENGE:     44,99   PREIS/E:    36,718
ME: STD       (     52584 A)    1652     1652     1652     1652     1652     1652
F :           (     19824 N)    1652     1652     1652     1652     1652     1652
  KOA  4906 KALK.SOZ.KOSTEN GEHALT    MENGE:  25243,00   PREIS/E:      ,430
ME: DM        (    148068 A)   10854    10854    10854    10854    10854    10854
F :           (    130248 N)   10854    10854    10854    10854    10854    10854
  KOA  4599 SONST.GK-MATERIALIEN      MENGE:             PREIS/E:
ME: DM        (       516 A)      43       43       43       43       43       43
F :           (       516 N)      43       43       43       43       43       43
FOLGEBLATT JAHRESSUMME:        562908 A          491472 N          71436-DIFF
```

4.3.3 Plankostensätze

Die Plankostensätze (proportional und fix) werden im Rahmen der Planungsentwicklung mit jeder Änderung ständig neu ermittelt und im Kostenplan informativ dargestellt. Dabei werden auch etwaige "dispositiv" festgelegte Kostensätze berücksichtigt.

Unabhängig von der Art der Leistungsbewertung können die Kostensätze je Leistungsbezugsgröße gesamt und/oder aufgesplittet in frei wählbare primäre Kostenartengruppen dargestellt werden. Bei der Ermittlung der Primärbestandteile von Kostensätzen erfolgt eine vollständige maschinelle Auflösung des Sekundärbereiches.

Zur laufenden Kontrolle der Planungsergebnisse können im Dialog diverse Kostensatzvergleiche angestellt werden.

4.3.4 Kostenverteilung / Leistungsverrechnung

In DEPAS erfolgt die Verteilung von Kosten sekundärer Stellen leistungsbezogen bei der innerbetrieblichen Leistungsverrechnung.

Es kann dabei in zwei Richtungen vorgegangen werden:

- Es wird der Bedarf an Sekundärleistungen (z.B. Energie) differenziert nach leistenden Kostenstellen in den Empfängerstellen geplant. Das System stellt mit jeder Bedarfsmeldung eine evtl. Über- / Unterdeckung zur geplanten Leistung fest und merkt sich diese, wenn sie nicht sogleich bereinigt werden kann. Die benötigte Leistung wird maschinell bewertet.

- Umgekehrt können die Leistungsmengen mit Hilfe einer eigenen Anwendung "Verteilung Plankosten" von der Sekundärstelle ausgehend sehr einfach verteilt werden, wobei die Bewertung bzw. auftretende Verteilerdifferenzen wie vorhin behandelt werden.

Im Regelfall werden es "Mengen" sein, die zu verrechnen sind, wie
- KWH bei Strom oder STD bei Handwerker-/Reparaturleistungen etc.

In den Fällen, in denen eine "mengenmäßige" Verrechnung von Leistungen nicht möglich oder erwünscht ist, können andere Leistungseinheiten (z.B. Prozente oder Währungseinheiten) als Verrechungsbasis festgelegt werden.

Die Kosten müssen bei der Festlegung des Mengenverteilers nicht unbedingt vom Benutzer "manuell" mitverteilt werden. Die wertmäßige Kostenverteilung bzw. die Anpassung der Kostenverteilung an neue Preisverhältnisse erfolgt maschinell durch die Module

- Plankostenverteilsystem (Kostenverteilung, einschließlich Fixkosten sekundärer Stellen),
- Umwertung Preise (Preisanpassung).

Zusätzlich wird der Benutzer bei der Festlegung / Abstimmung bzw. bei der Preisanpassung der Kostenverteilung online mehrfach unterstützt, durch

- permanente Abstimmung Planbezugsgrößenmenge abgebende Bezugsgröße / verteilte Mengen,

- Zur-Verfügungstellung von Verrechnungspreisen einschließlich Ermittlung der Plankosten,

- Umwertungsfunktion bei Preisanpassungen.

4.3.5 Planungsthemen

In der Praxis ist es unerläßlich, <u>themenbezogen</u> auf die in Form des Kostenplanes abgespeicherten Planwerte zugreifen zu können, sei es aus Gründen der Auskunft oder der partiellen Planungsüberholung.

Beim Aufruf eines Themas kann jede beliebige Teilmenge aus den vorhandenen Planpositionen "herausgegriffen" werden.

So können zum Beispiel die Werkzeugkosten selektiv nach den diversen Verantwortungsbereichen behandelt werden:

- Werkzeugkosten insgesamt
- Werkzeugkosten eines Unternehmens
- Werkzeugkosten einer Sparte oder eines Ressorts (auch werksübergreifend)
- Werkzeugkosten eines Fertigungsbereiches
- Werkzeugkosten eines Meisterbereiches, etc.

Themen aus dem Verwaltungsbereich können in der gleichen Weise bearbeitet werden.

Ein Planungsthema kann wie im Kostenplan bearbeitet werden, d.h. es können auch hier beliebige Änderungen, Neueinfügungen oder Löschungen innerhalb einer Anzeige gemischt vorgenommen werden.

Sämtliche Änderungen werden sofort durchgeführt. Danach aufgerufene Kostenpläne enthalten die soeben vorgenommenen Änderungen.

Zur Abstimmsicherheit (Budgetabstimmung) bzw. zu raschen Auskunftszwecken werden die Planwerte ALT/NEU des aufgerufenen Planungsthemas summarisch angezeigt. In der Summe werden dabei alle vorgenommenen Änderungen, Neuaufnahmen, Löschungen sofort berücksichtigt!

Als ein weiterer wesentlicher Vorteil bei der Abwicklung von Planungsthemen ist die Umwertungsfunktion zu nennen, über die eine pauschale Preisänderung für das ausgewählte Thema vorgenommen werden kann.

Die Planungsthemen können sowohl als Durchschnittswerte als auch kalendarisiert (mit Jahressummen) dargestellt werden.

4.3.6 Programmverbindungen Online

Eine wesentliche Stärke von DEPAS sind die zahlreichen anwenderorientierten Programmverbindungen, die es dem Benutzer ermöglichen, funktional übergreifende Anwendungen sofort und direkt zu bearbeiten, direkte Vergleiche durchzuführen oder selektive Zugriffe vorzunehmen. Diese Programmverbindungen sind aus der praktischen Arbeit heraus entwickelt worden.

Abbildung 7:

SWITCH-Möglichkeiten zwischen folgenden Anwendungen

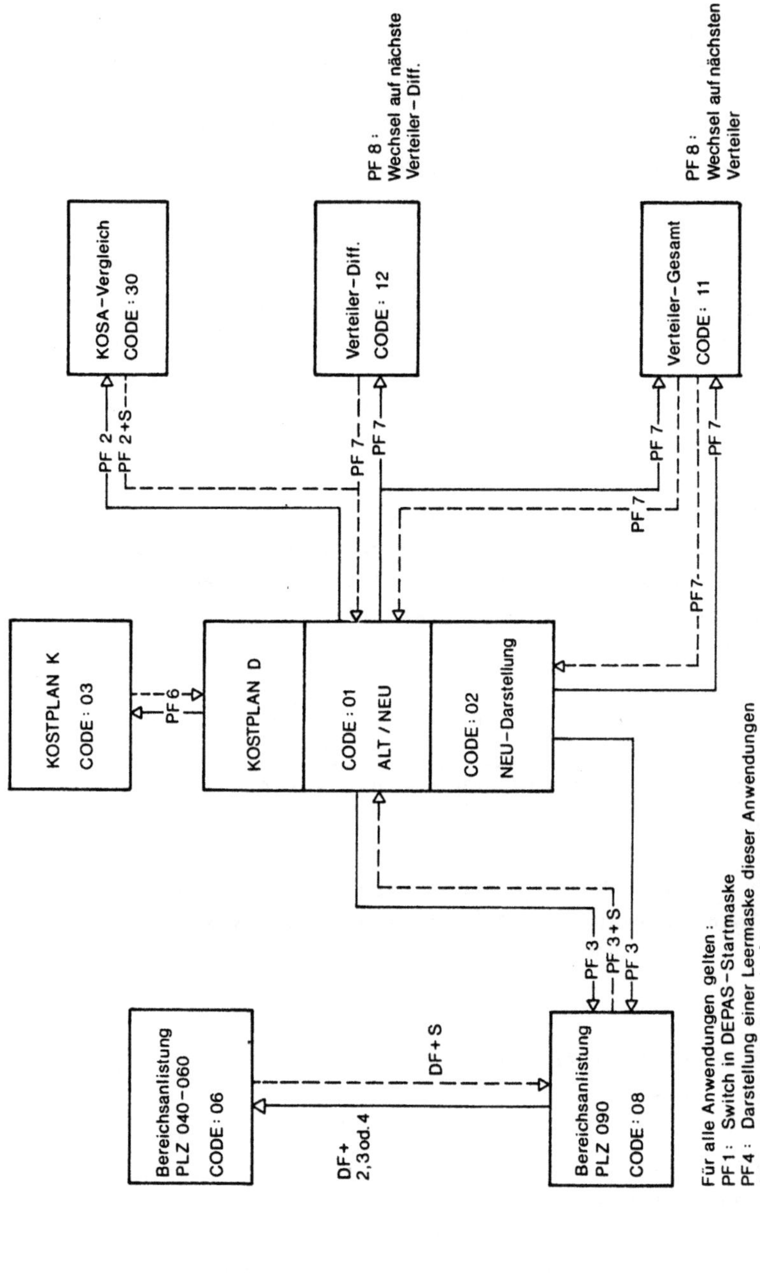

Für alle Anwendungen gelten :
PF 1 : Switch in DEPAS-Startmaske
PF 4 : Darstellung einer Leermaske dieser Anwendungen
PF 5 : Switch Jährliche ⟷ Monatliche DB

Die Programmverbindungen (Switches) werden über Funktionstasten am Terminal (PF-Tasten) hergestellt.

Die ---> Abbildung 7 zeigt die zahlreich vorhandenen Switch- und Selektionsmöglichkeiten in DEPAS.

4.3.7 Umwertungen und Simulationen

Moderne Planungsrechnunssysteme sind ohne maschinelle Planungsumwertungen (Hochrechnungen) und Simulationen nicht denkbar.

Bei der Planungsumwertung werden die fälligen und zu erwartenden Preis- und Beschäftigungsveränderungen in den bestehenden Mengen- und Wertansätzen der Planung unter Einbeziehung aller Folgeänderungen berücksichtigt.

Im Simulationssystem ist die wahrscheinliche Entwicklung der Beschäftigungsverhältnisse, der Mengenplanung und der Bewertungsansätze, evtl. unter Berücksichtigung von Alternativen und Bedingungsparametern, Grundlage zu maschinellen Planungsanpassungen. Eine weitere Aufgabe ist die Ermittlung von möglichen/alternativen zukunftsbezogenen Kostensätzen für Kalkulationen und Ergebnisrechnungen.

Planungsumwertungen werden bei der jährlichen Planungsüberholung zur maschinellen Anpassung an absehbare Preis- und Beschäftigungsverhältnisse im Folgejahr verwendet.

DEPAS kennt zwei Formen von Umwertungs- und Simulationsrechnungen, die für Teilbereiche und auch kombinierbar einsetzbar sind:

* Umwertung/Simulation Preise für Preisanpassungen,
* Umwertung/Simulation Mengen für Beschäftigungsanpassungen.

In allen Rechnungsarten werden die Ergebnisse bzw. deren Auswirkungen auf sekundäre und andere logisch ableitbare Bereiche voll durchgerechnet dargestellt.

Simulationsrechnungen werden als Quasi-Umwertungen in parallel eingerichteten Simulationsdatenelementen durchgeführt. Sie dienen zur Findung/Auswahl der günstigsten Kostenverläufe bei alternativen Produktions- und/oder Investitionsprogrammen und zur Aufbereitung von Grundlagen für Managemententscheidungen.

Die Simulationsrechnungen können zusätzlich mit "Entscheidungsparametern" unterlegt werden, wie Wertgrenzen, Kennzahlen und sonstige Einflußgrößen.

Die alternativen Ergebnisse aus Simulationsrechnungen (Monats- od. Jahreswerte) werden abrufbar festgehalten und können mit denselben komfortablen Werkzeugen wie die aktuelle Planung ausgewertet werden.

Der Anstoß zu diesen Planungsrechnungen, sowie die Erfassung aller dazu notwendigen "Basisdaten", wie Preise, Faktoren, neue Leistungsmengen etc., erfolgen im Dialog. Die eigentliche Rechenarbeit wird im Batch durchgeführt, da es sich hierbei um eine typische Massenverarbeitung handelt. (Durchlaufzeit am Beispiel einer Umwertungsrechnung für ein Werk bei BMW: 16 Minuten.)

4.3.8 Dokumentation Planungsrechnung

Die Kostenplanung ist mit ihren Darstellungsvarianten am Bildschirm stets verfügbar. Sie kann mit den gleichen Darstellungen -

- Kostenplan,
- Kostenverteilung,
- Planungsthemen,
- Organisationsstrukturen, etc.

für eine Abschluß- oder Zwischendokumentation in Listform ausgegeben werden. Der Druck - gesamt oder partiell - erfolgt wie alle Druckausgaben in diesen Systemen nur auf Anforderung (im Dialog).

Für individuelle Auswertungen steht das Auswertungs-System zur Verfügung. Siehe dazu den Punkt 6.

4.4 BESONDERHEITEN MITTELFRISTIGE PLANUNG

Wir leben in einem Zeitalter, in dem sich die wirtschaftlichen und technischen Umweltbedingungen rasch wandeln.

Um Antworten auf die Herausforderungen der vielfältigen externen Einflußgrößen rechtzeitig parat zu haben, sind für Forschung und Entwicklung Ressourcen zur Verfügung zu stellen, Produktionsanpassungen einzuleiten und Marketingstrategien zu entwickeln, die die gesteckten Unternehmensziele (= interne Einflußgrößen) erreichen lassen.

Wichtige Erkenntnisse für herannahende Probleme und Hemmnisse liefern dabei mittel- und langfristige Zukunftsprojektionen der Kosten und Erlöse, bzw. der Kapitalbindung und Ergebnisse des Unternehmens oder seiner Teilbereiche (Werke, Sparten).

Für die Vorplanung der Fertigungs- und der Verwaltungskosten wird das System DEPAS zur Zeit um neue Programm-Module erweitert, die eine im wesentlichen projektorientierte, nach Kostenstellen und Kostenarten gröber strukturierte Planung mit einer Reichweite von 3 bis 5 Jahren (Serienanlauf) ermöglichen sollen. Damit soll die Abstimmung der Zielwerte für Produktkosten und Produktinvestitionen, sowie eine raschere Anpassung bei eintretenden Veränderungen wesentlich erleichtert werden. Es werden damit auch die maschinellen Voraussetzungen geschaffen, den Genehmigungsablauf für die Jahresbudgets in Einklang mit den ursprünglichen Zielsetzungen durchzuführen.

Schwerpunkte dieser DEPAS-Systemkomponente:

* wahlfreie Periodenbildung (z.B. 3 - 5 Jahre);

* Planungsraster gröber, je weiter die Planung in der Zukunft liegt (= jährliche Verfeinerung bis zur Jahresplanung);

* maschinelle Unterstützung bei der Auswahl, Verdichtung, Umstrukturierung vorhandener Plandaten (Kostenstellen - Kostenarten)

* Verzicht auf Leistungsverteilung des Sekundärbereiches (Ersatz durch "Preise und Zielkostensätze", ggfs. nach Primärkostenartengruppen gegliedert);

* Festlegung von Planungsalternativen aufgrund von Investitionsalternativen;

* Festlegung von produktorientierten Leistungsarten (Bezugsgrößen), begünstigt durch den Trend zur Automatisierung der Produktionsvorgänge;

* Unterstützende Programmfunktionen für die Erreichung der Zielwerte für Produktion u. Produktinvestitionen (=übernommene exogene Größen) durch -
  - Auswahl/Vorschlag von Investitionsalternativen (=alternative Planungen),
  - einfache Analysemöglichkeiten im Dialog bei Abweichung von den Zielwerten;

* Simulationsrechnungen auf Stückzahlbasis mit zusätzlichen Parameterangaben (Eck- und Zielwerte);

* Historienbildung
  - Änderungen mit Änderungsgründen
  - Gesamtdokumentation der Planungsentwicklung
  - zusätzliche Report- und Analysefunktionen.

5. WAS IST I K A B A S ?

I K A B A S ist ein interaktives anwenderorientiertes dezentrales (I)st-(K)osten-(AB)rechnungs- und (A)uswertungs-(S)ystem für Kostenstellen <u>und</u> Projekte.

Es ermöglicht dem Anwender eine dialog- und/oder batchorientierte, mandantenbezogene Abwicklung einer permanenten oder periodischen Abrechnung von Istdaten auf Basis der flexiblen Plankostenrechnung.

Werden alle anfallenden Kosten und Betriebsdaten laufend erfaßt, können die Ergebnisse bzw. Zwischenergebnisse in jederzeit abrufbaren Anzeigen dargestellt werden.

Dies mag zwar nicht immer notwendig oder sinnvoll erscheinen, weil eine Reihe von Kosten nur periodisch anfallen. Nützlich ist es in jedem Fall, um zum Beispiel die Entwicklung eines Projektes permanent verfolgen zu können.

Die ermittelten Grundrechnungsergebnisse können zusammen mit den Beleg-Einzelinformationen über beliebig viele Perioden hinweg zur Verfügung gehalten werden. Dabei sind auch verdichtete Abspeicherungen von Quartals-, Halbjahres- oder Jahres-Ergebnissen möglich.

IKABAS stellt zahlreiche, vom Anwender modifizierbare Ergebnisdarstellungen und Standardauswertungen im Dialog oder als Dokumentation auf Abruf zur Verfügung. Darüber hinaus können wie im System DEPAS "persönliche", frei formulierbare Auswertungen und Analysen am Bildschirm abgerufen und angezeigt werden. Bei Bedarf können diese Auswertungen gedruckt werden.

5.1) 13 GUTE GRÜNDE FÜR IKABAS

* Permanente Auskunftsbereitschaft über die Kostenentwicklung bei laufender Buchung (auch während der Abrechnunsperiode),

* die Abrechnungsergebnisse bzw. Auskünfte aus dem System können in Verbindung mit umfangreichen Selektions-, Analyse- u. Vergleichsangaben, sowie einer wählbaren Darstellungstiefe (Verdichtung) am Bildschirm dargestellt werden,

* hierarchische Selektionsmöglichkeit (Aufriß am Bildschirm) von verdichtet dargestellten Daten mit einer stufenweisen oder direkten Auflösungsmöglichkeit bis zum Urbelegsinhalt,

* Abspeicherung beliebig vieler Perioden, die in einer wählbaren zeithierarchischen Verdichtung geführt werden können. Damit sind Daten mehrerer Perioden (z.B. 1 Jahr + Vorjahr) bis zum Belegdetail im direkten Zugriff zur Verfügung,

* einfache Anbindung an andere Abrechnungs-Systeme durch eine anwender-deskriptive Schnittstellenlösung,

* das Systemkonzept, gegliedert nach GRUNDRECHNUNG - ERGEBNISDARSTELLUNG und AUSWERTUNG, entspricht den betriebswirtschaftlichen Anforderungen an eine moderne anwenderorientierte DV-Lösung,

* Formulierung, Abruf und Anzeige von persönlichen Auswertungen ad hoc am Bildschirm bzw. Druck analog DEPAS mit zusätzlichen Analyse- und Zeitreihenfunktionen,

* Möglichkeit, mit einem System auf Daten von Kostenstellen u. Projekten unter Verwendung gleichartiger Funktionen u. Tools zuzugreifen,

* die Mandantenfähigkeit: neben Unternehmen können Werke, Sparten, Ressorts abrechnungstechnisch als Mandanten gelten,

* die flexible Einsetzbarkeit des Systems je nach Betriebsstruktur und Kostenverlauf - dialogorientiert für Einzelverarbeitung und Auskünfte, batchorientiert bei Massenverarbeitung und beim eventuellen Druck der Ergebnisse,

* Hochrechnungs- und Simulations-Funktionen auch für Istdaten,

* last not least - durchgängig hochrangiger Bedienerkomfort und praxisorientiertes Detail - und noch andere mehr.

5.2) SYSTEMKOMPONENTEN I K A B A S

Die Haupt-Komponenten des Systems IKABAS sind -

* Buchungs- und Abstimm-System,
* Abrechnung Kostenstellen,
* Abrechnung Projekte,
* Auswertungs-System.

Das Teil-System "Abrechnung Projekte" enthält die Umfänge der

* Planung und Disposition Projekte.

Die Projekt-Abrechnung kann unabhängig von der Kostenstellenrechnung in Verbindung mit dem Buchungs- und Abstimm-System auch als eigenständiges Abrechnungsmodul eingesetzt werden.

Mehr kann zum Thema IKABAS aus zeitlichen Gründen leider nicht gesagt werden. Detail-Informationen zu diesem System können jederzeit angefordert werden.

6) AUSWERTUNGS-SYSTEM DEPAS + IKABAS

Das Auswertungs-System ist ein sehr komfortables System. Es ermöglicht dem Benutzer aufgrund der gespeicherten Detailinformationen der Plan-, Soll- und Istdaten, beliebige summarische Auswertungen und Auskünfte für seinen augenblicklichen Informationsbedarf am Bildschirm zu formulieren und abzurufen.

Dabei hat der Benutzer praktisch alle Möglichkeiten der

- Selektion von Daten,
- Verdichtung dieser Daten und
- Darstellung.

Die Erstellung der Auswertungen erfolgt über Anweisungen, die der Benutzer selbst in sogenannten "Formulierungs-Tabellen" zusammen mit anderen Format- und Rechenanweisungen im Dialog festlegt. Diese Tabellen werden in der Parameter-Datenbank quasi als Methoden-Bank für ein Kosten-Informations-System abgespeichert und katalogisiert.

Die nachfolgende Grafik (---> Abbildung 8) veranschaulicht den Ablauf einer Auswertungs-Erstellung aus der Sicht des Benutzers:

Abbildung 8:

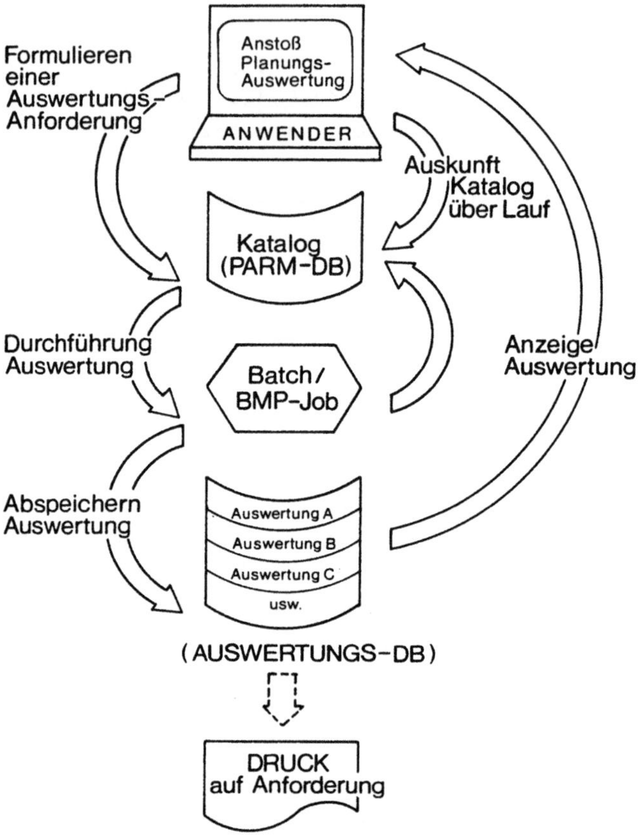

7. ZUSAMMENFASSUNG

DEPAS und IKABAS sind aus der Praxis für die Praxis entwickelt worden. Beide Systeme entsprechen den modernsten betriebswirtschaftlichen und EDV-technischen Anforderungen.

Sie sind im harten Controller-Alltag erprobt und dienen bei einer Reihe von Benutzern diverser Branchen als maschinelle Entscheidungshilfe für das Management.

Eine Besichtigung ist bei BMW oder einem anderen Anwender nach Vereinbarung jederzeit möglich.

Neue Standardsoftware-Lösungen für Vertriebs- und Produktionscontrolling

S. Lorenz, Fachbereichsleiter Kostenrechnung / Dipl. Wirtsch.-Ing. *F.K. Jaeger*, ADV/ORGA F.A. Meyer AG, Wilhelmshaven

Gliederung

Im Rahmen des "Interaktiven Kostenrechnungs- und Erfolgssteuerungssystems IKOS" - advor-110 bietet ADV/ORGA zwei neue Basissysteme an:

AER - für die Aufgaben des Vertriebscontrollings
KTR2 - für die Aufgaben des Produktionscontrollings

1. Betriebswirtschaftliche Konzeption

Für mehr und mehr Unternehmungen in einer zunehmenden Zahl von Branchen ist es in den letzten Jahren immer schwerer geworden, ausgeglichene Ergebnisse zu erzielen. Die dafür zu ergreifenden Maßnahmen werden immer diffiziler und vielfältiger. Sie müssen gezielt und aktuell an denjenigen Stellen im Unternehmen ansetzen, die das Unternehmensziel "Erfolg" beeinflussen. Entsprechend sind die Anforderungen an die Aussagefähigkeit von EDV-Systemen des innerbetrieblichen Rechnungswesens gestiegen.

Erforderlich sind kurzfristig verfügbare entscheidungsorientierte Informationen, die noch während des Produktionsprozesses, bzw. im laufenden Vertriebsgeschehen einen Anstoß zu wirtschaftlich vernünftigem Handeln, zu wirtschaftlich sinnvollen Entscheidungen geben.

Die Konzeption von IKOS geht dabei von den Anforderungen aus, die die Marktbedingungen, der Fertigungs- und Leistungsprozeß sowie die Führungsphilosophie an ein Erfolgssteuerungssystem im Unternehmen stellen. Die Hauptaufgabe des Systems ist es, allen Verantwortlichen eines Unternehmens die von ihnen zu vertretenen Erlöse, Erlösschmälerungen, Kosten und Leistungen sowie deren Ab-Abweichungen von den Planwerten transparent darzustellen, um so bei den Aufgaben des Produktions- und Vertriebscontrollings wirkungsvoll zu unterstützen.

Die einzelnen Basissysteme von IKOS enthalten hierfür jeweils die Elemente
- Planungsrechnung
- Istrechnung
- Abweichungsanalyse

und machen damit das Gesamtsystem zum umfassenden Controlling-Instrumentarium für modernes Erfolgsmanagement.

Alle Elemente des Controlling-Prozesses im Rahmen der Erfolgssteuerung werden vom System unterstützt. Dies sind:

a) <u>Ziele setzen</u>
Aufbau von Detail- Planungsrechnungen für Vertrieb, Einkauf, Betrieb und Verwaltung bis hin zur Ergebnisrechnung für das Gesamtunternehmen. Für die einzelnen Teilaufgaben im Unternehmen sind eindeutige Verantwortliche zu definieren, die in den Planungsprozeß eingebunden sind und sich so mit dem Unternehmensziel "Erfolg" des Gesamtunternehmens und ihres Teilbereiches idendifizieren. Nur unter dieser Voraussetzung kann sichergestellt werden, daß bei Abweichungen auch wirklich korrigierende Maßnahmen eingeleitet werden.

b) <u>Ziele überwachen und Abweichungen analysieren</u>
Das System zeigt in aktuellen Plan-/Soll-/Ist-Vergleichen, die vertriebs-/ und produktionsbedingten Abweichungen nach Art und Verursachung auf.
Dabei ist es entscheidend, daß alle erfolgsbeeinflussenden Faktoren einer Unternehmung gleichermaßen mit dem System geplant und überwacht werden können. Gegliedert nach Verantwortlichkeiten stellen sich diese <u>Erfolgsbestimmungsfaktoren</u> wie folgt dar:

Verantwortungsbereich <u>Vertrieb</u>:
- Bruttopreise der Produkte
- Erlösschmälerungen
- absolute Absatzmengen
- relative Absatzmengen (Produktsortiment)
- (fixe) Regiekosten

Verantwortungsbereich <u>Einkauf</u>:
- Einstandspreise (z. B. Materialpreise)
- (fixe) Regiekosten

Verantwortungsbereich <u>Betrieb</u>
- Einstandsmengen (z. B. Materialmengen)
- Bezugsgrößenmengen (Leistungsmengen der Kostenstellen)
- Kostensätze (Preise der leistenden Kostenstellen)
- (fixe) Bereitschaftskosten

Verantwortungsbereich Verwaltung:
- (fixe) Regiekosten

Das System zeigt einerseits die einzelnen Abweichungen (der Erfolgsbestimmungsfaktoren) je Verantwortungsbereich, andererseits lassen sich alle Abweichungen aus Vertrieb und Produktion in einer geschlossenen Kostenträgerergebnisrechnung zusammenfassen.

c) Steuern

Koordiniertes und zielgerichtetes Handeln aller Verantwortlichen - mit der Kenntnis aller konkret analysierbaren Abweichungen und ihrer Ursachen - ist das Ergebnis in einem nach den Prinzipien des Erfolgsmanagments geführten Unternehmens.

Die Voraussetzungen liefert das Standardsoftwaresystem IKOS. Mit den neuen Bausteinen für Vertriebs- und Produktionscontrolling AER und KTR2 ist es das Komplettsystem für ein geschlossenes innerbetriebliches Berichtswesen.

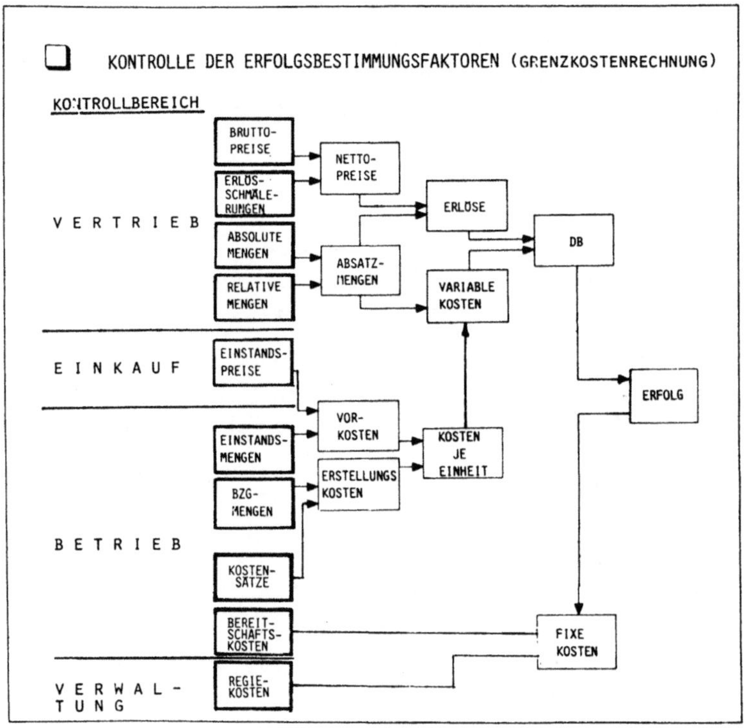

Bild 1: Kontrolle der Erfolgsbestimmungsfaktoren

2. IKOS-Systemüberblick

IKOS deckt in seiner Endausbaustufe alle Teilbereiche des betrieblichen Rechnungswesens ab. Der nachfolgende Überblick über das IKOS-Gesamtsystem zeigt die einzelnen Aufgabengebiete der Planungsrechnung, Istrechnung und Abweichungsanalyse. Diese Controllingaufgaben, die Stammdatenverwaltung und die Bewegungsdaten-Erfassung, - Prüfung und - Verrechnung werden im Dialog abgewickelt. Alle Bewegungsdaten stehen in der Betriebsleistungsrechnung bzw. Vertriebsleistungsrechnung in einer zentralen Belegdatenbank für aktuelle Auswertungen bereit.

Die Ergebnisse der jeweiligen Aufgabengebiete stehen der Fachabteilung außerdem in einem Datenpool für die Übernahme auf einen Personalcomputer (PC) zur Verfügung. Die Fachabteilung kann also als Endbenutzer des Systems vielfältige Aufgaben, wie z.B.:
- Planungssimulationen
- ad-hoc-Auswertungen aus den einzelnen Anwendungen
- Kennziffernbildung, z.B. Sensitivitätskennziffern
- Graphische Darstellungen von Kostenentwicklungen, etc.

mit den Echtdaten der IKOS-Anwendung auf dem Personalcomputer dezentral abwickeln.

Für die Datenübertragung stellt ADV/ORGA die technische Schnittstelle "advor-PC/DB-Link" zur Verfügung.

Die Bestandsrechnung für Lagerbestände liegt außerhalb des Systems IKOS im Aufgabengebiet der Materialwirtschaft. ADV/ORGA stellt hierfür entsprechende Standardsoftware zur Verfügung, die integriert mit IKOS abläuft.

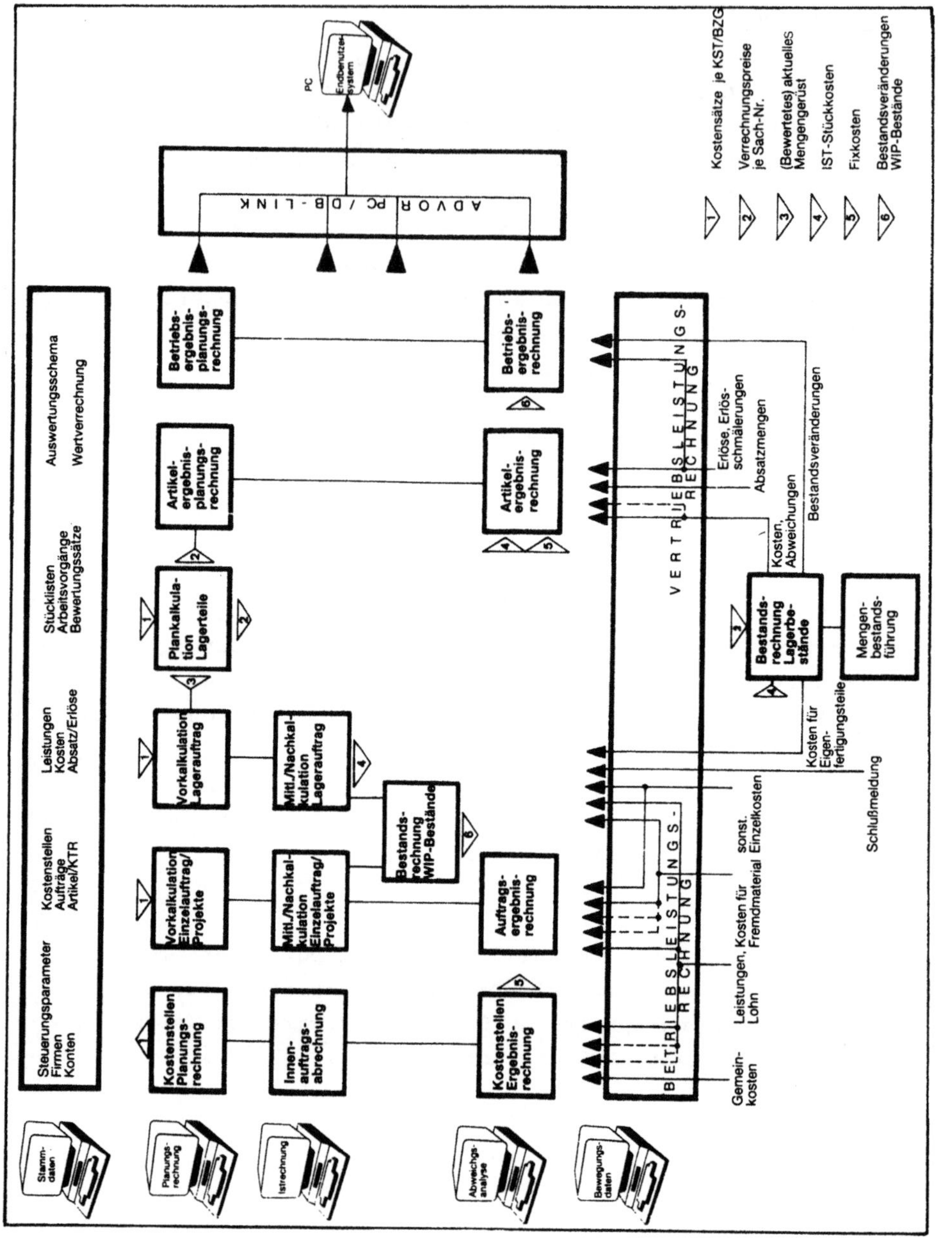

Bild 2: IKOS-Gesamtsystem-Überblick.

Die in Bild 2 aufgezeigten Aufgabengebiete werden in IKOS in sogenannten Basissystemen abgebildet.

Das IKOS-Gesamtsystem besteht aus den vier Basissystemen

<u>KER:</u> für
- Kostenstellen-Planungsrechnung
- Kostenstellen-Ergebnisrechnung mit Abweichungsanalyse
- Innenauftragsabrechnung
- Betriebsergebnis-Planungsrechnung
- Betriebsergebnisrechnung mit Abweichungsanalyse

<u>KTR1:</u> für
- Plankalkulation von Lagerteilen als Jahreskalkulation bzw. als unterjährige Änderungskalkulation

<u>KTR2:</u> für
- Vorkalkulation von Aufträgen (Lageraufträgen bzw. Einzelaufträgen/Projekten)
- Mitlaufende/Nachkalkulation für Aufträge
- Auftragsergebnisrechnung mit Abweichungsanalyse
- Bestandsrechnung WIP-Bestände (Work in process)

<u>AER:</u> für
- Artikelergebnis-Planungsrechnung
- Artikelergebnisrechnung mit Abweichungsanalyse

Zu jedem Basissystem stehen außerdem eine Reihe von Ergänzungsbausteinen zur Verfügung. Die Realisierung kann der Anwender stufenweise durchführen, d.h. das System kann den Anforderungen und Bedürfnissen des jeweiligen Unternehmens schrittweise angepaßt werden. Der Anwender kann die Einführung mit jedem Basissystem beginnen und er kann die einzelnen Basissysteme auch mit eigenen Softwareanwendungen verbinden.

Welche Bausteine werden nun von den einzelnen Unternehmen genutzt?

3. Branchenindividuelle Nutzung des Systems

Die Aufgabe der Kontrolle der Erfolgsbestimmungsfaktoren besteht in allen Unternehmen gleichermaßen und sie ist unabhängig von einzelnen Branchen. Zum Beispiel entfällt bei Handelsunternehmen die Produktionsfunktion.

Da ein Kostenrechnungssystem aber für die Aufgaben des Produktions- und Vertriebscontrolling auch dieses Produktions- und Vertriebsgeschehen zahlenmäßig abzubilden hat, ist diese individuelle Auslegung einer Kostenrechnungsanwendung sehr stark branchenindividuell geprägt. Sie ist abhängig von der Art der Fertigung oder Dienstleistung des jeweiligen Anwenders.

Das IKOS-Gesamtsystem ist für diese branchenindividuelle Nutzung konzipiert. Die zur Verfügung stehenden Basissysteme und Ergänzungsbausteine lassen sich individuell kombinieren. Somit kann die Nutzung und die betriebswirtschaftliche Ausgestaltung des Systems auf die jeweiliegen Anwender ausgerichtet werden.

Nachfolgend sind für folgende charakteristischen Anwendertypen die Merkmale ihres innerbetrieblichen Rechnungswesens, die spezifischen Aufgaben der Kostenrechnung und die Voraussetzungen zur Realisierung mit dem System IKOS beschrieben.

Anwendertyp I
Fertigungsunternehmen mit Auftrags-Einzelfertigung bzw. Projektfertigung;
Dienstleistungsunternehmen mit meßbarer Leistungserstellung (z.B. Stundenverbrauch) für Aufträge.

Anwendertyp II
Fertigungsunternehmen mit Vorfertigung (Wiederholfertigung) von Lagerteilen sowie Kundenauftragsbezogener Wiederholfertigung.

Anwendertyp III
Fertigungsunternehmen mit Lagerfertigung (Serienfertigung) eines standardisierten Sortiments und differenzierter Vertriebsorganisation.

Anwendertyp IV

Fertigungsunternehmen mit Prozessfertigung (ggf. Kuppelproduktion) und differenzierter Vertriebsorganisation.

Anwendertyp V

Dienstleistungsunternehmen, die Leistungen nicht über Aufträge erbringen.

Anwendertyp VI

Handelsunternehmen mit differenziertem Sortiment, mehreren Unternehmensbereichen sowie differenzierter Vertriebsorganisation.

Die Einsatzmöglichkeiten des Systems für die Aufgaben des Produktions- und Vertriebscontrollings werden im folgenden an den Beispielen der Anwendertypen II und III dargestellt.

3.1 Anwendertyp II: Fertigungsunternehmen mit Vorfertigung (Wiederholfertigung) von Lagerteilen sowie kundenauftragsbezogener Wiederholfertigung.

(Schwerpunkt Produktionscontrolling)

a) Merkmale zum innerbetrieblichen Rechnungswesen

Stücklisten und Arbeitspläne für Lagerteile vorhanden.
Plankalkulation für Lagerteile vorhanden.
Fertigung von Lagerteilen erfolgt nach Artikel-Nr. und Los-Nr. über mehrere Stufen.
Keine Lagerbestandsführung für erlösfähige Erzeugnisse.
Stücklisten und Arbeitspläne für Kundenaufträge sind zum Zeitpunkt der Auftragseröffnung nicht oder nur unvollständig vorhanden.
Vorkalkulationen für Kundenaufträge sind zum Zeitpunkt der Auftragseröffnung erstellbar bzw. teilweise erstellbar.
Das Mengengerüst wird nach Fertigungsfreigabe ergänzt, die Vorkalkulationen werden mitlaufend aktualisiert.

b) <u>Relevante Branchen</u>
- Maschinenbau
- Fahrzeugbau
- Telefonanlagenbau
- Elektroindustrie
- Optische Industrie
- Kfz-Zulieferindustrie
- Möbelindustrie

c) <u>Zielorientierte Aufgaben der Kostenrechnung</u>

Dieser fertigungsorientierte Anwendertyp hat schwerpunktartig die Aufgaben des Produktionscontrollings zu lösen. Folgende Aufgaben kann er mit dem IKOS-Gesamtsystem abwickeln:

1. Leistungs- und Kostenplanung für Hilfs- und Hauptkostenstellen, Verantwortungsbereiche und für das Gesamtunternehmen.
2. Betriebsergebnis-Planungsrechnung für das Gesamtunternehmen ggf. gegliedert nach Sparten (Profitcenter).
3. Plankalkulationen für alle Lagerteile auf Basis Stücklisten und Arbeitspläne zum Geschäftsjahresbeginn.
4. Änderungskalkulationen für geänderte und neue Lagerteile unter Berücksichtigung des aktuellen Mengengerüstes. Ausweis von Rationalisierungserfolgen in Plan-/Planvergleichen.
5. Vorkalkulation der Lageraufträge (für eigengefertigte Serienartikel) unter Berücksichtigung des aktuellen Mengengerüstes.
6. Mitlaufende Kalkulation der Lageraufträge im Plan/Ist-Vergleich mit Abweichungsanalyse. Teilenmengenverrechnung an Lager oder andere Aufträge.
7. Nachkalkulation der fertiggemeldeten Lageraufträge im Plan-/Soll-/Ist-Vergleich mit Abweichungsanalyse. Ermittlung der Ausschußkosten und bestandswirksame Verrechnung der Aufträge.
8. Budgetierung (und mitlaufende Vorkalkulation falls ein Mengengerüst verfügbar ist) von
   - erlöswirksamen Einzelaufträgen/Projekten (Kundenaufträge)
   - aktivierungspflichtigen und nicht aktiverierungspflichtigen Innenaufträgen
   - Investitionsaufträgen
   - statistischen Aufträgen
9. Mitlaufende Kalkulation der o.g. Einzelaufträge im Plan-/Ist-Vergleich mit Abweichungsanalyse.

10. Nachkalkulation der fertiggemeldeten o.g. Einzelaufträge im Plan-/Istvergleich mit Abweichungsanalyse. Ergebniswirksame Verrechnung dieser Aufträge.
11. Nachweis der wertmäßigen Bestände und Bestandsveränderungen aller in Arbeit befindlichen Aufträge (WIP-Bestände).
12. Ermittlung der kalkulatorischen Auftragsergebnisse im Plan-/Soll-/Istvergleich unter Berücksichtigung von Teilfakturen und Teilmengenverrechnung.
13. Abrechnung und Kontrolle der Kostenstellen und Verantwortungsbereiche (Erstellung von Soll-/Ist-Vergleichen, Ist-/Ist- Vergleichen zum Vorjahr, etc.).
14. Ermittlung des Betriebsergebnisses im Soll-/Ist-Vergleich mit Abweichungsanalyse für das Gesamtunternehmen, ggf. gegliedert nach Sparten (Profitcenter). Abstimmung zur Gewinn- und Verlustrechnung der Finanzbuchhaltung.

3.2 Anwendertyp III: Fertigungsunternehmen mit Lagerfertigung (Serienfertigung) eines standardisierten Sortiments und differenzierter Vertriebsorganisation.

(Schwerpunkt Produktions- und Vertriebscontrolling)

a) Merkmale zum innerbetrieblichen Rechnungswesen

Lagerbestandsführung der fertigen Produkte, Verkauf von Lager. Arbeitspläne und Stücklisten (bzw. Rezepturen) sind vorhanden. Plankalkulationen sind vorhanden.
Die Fertigung erfolgt auftragsweise nach Artikel-Nr., Los-Nr. (ggf. Charagen-Nr.) über mehrere Stufen.

b) Relevante Branchen

- Markenartikelindustrie
- Konsumgüterindustrie
- Lebensmittelindustrie
- Pharmazeutische Industrie
- Textilindustrie

c) <u>Zielorientierte Aufgaben der Kostenrechnung</u>

Dieser Anwendertyp hat neben den Aufgaben des Produktionscontrollings schwerpunktmäßig Vertriebscontrollingaufgaben abzudecken. Die Aufgaben seiner Kostenrechnung sind:

1. Leistungs- und Kostenplanung für Hilfs- und Hauptkostenstellen, Verantwortungsbereiche und für das Gesamtunternehmen.
2. Plankalkulationen für alle Eigenfertigungsteile und verkaufsfähigen Artikel auf Basis Stücklisten/Rezepturen und Arbeitspläne zum Geschäftsjahresbeginn.
3. Änderungskalkulationen für geänderte und neue Eigenfertigungsteile und Artikel unter Berücksichtigung des aktuellen Mengengerüstes. Ausweis von Rationalisierungserfolgen in Plan-/Planvergleichen.
4. Ergebnis-Planungsrechnung als Einzelplanung nach Artikeln je Kunde (oder als Gruppenplanung und z.B. Artikelgruppen je Absatzbereich). Ausweis der Artikel-Planergebnisse, gegliedert nach vertrieblichen Gesichtspunkten, z.B. nach Kunden, Vertretern, Verkaufsbezirken, Regionen und für das Gesamtunternehmen. Stufenweise Plan- Fixkostendeckungsrechnung und Ermittlung des Unternehmens-Plan-Ergebnisses.
5. Vorkalkulation der Lageraufträge (für eigengefertigte Serienartikel) unter Berücksichtigung des aktuellen Mengengerüstes.
6. Mitlaufende Kalkulation der Lageraufträge im Plan-/Ist-Vergleich mit Abweichungsanalyse. Teilmengenverrechnung an Lager- oder an andere Aufträge.
7. Nachkalkulation der fertiggemeldeten Lageraufträge im Plan-/Soll-/Ist-Vergleich mit Abweichungsanalyse. Ermittlung der Ausschußkosten und bestandswirksame Verrechnung der Aufträge.
8. Budgetierung von
   - aktivierungspflichtigen und nicht aktivierungspflichtigen Innenaufträgen
   - Investitionsaufträge
   - statistische Aufträge
9. Mitlaufende Kalkulation de o.g. Innenaufträge, etc. im Plan-/Ist-Vergleich mit Abweichungsanalyse.
10. Nachkalkulation der fertiggemeldeten o.g. Innenaufträge, etc. im Plan-/Ist-Vergleich mit Abweichungsanalyse. Ergebniswirksame Verrechnung dieser Aufträge.
11. Nachweis der wertmäßigen Bestände und Bestandsveränderungen aller in Arbeit befindlichen Aufträge (WIP-Bestände).

12. Abrechnung und Kontrolle der Kostenstellen- und Verantwortungsbereiche (Erstellung von Soll-/Ist-Vergleichen, Ist-/Ist-Vergleichen zum Vorjahr, etc.).
13. Ergebnisrechnung im Soll-/Istvergleich mit Abweichungsanalyse in Einzeldarstellung für Artikel je Kunde (oder in Gruppendarstellung für z.B. Artikelgruppen je Absatzbereich). Ausweis der Artikel-Ergebnisse gegliedert nach vertrieblichen Gesichtspunkten, z.B. nach Kunden, Vertretern, Verkaufsbezirken, Regionen und für das Gesamtunternehmen. Stufenweise Fixkostendeckungsrechnung und Ermittlung des Unternehmens-Ergebnisses. Sonderauswertungen für die Erfolgsbeurteilung des standardisierten Sortiments (z.B. Rangreihen und Deckungsbeiträge, Kennzahlen, etc.)

Im Bild 3 ist zusammenfassend dargestellt, wie der jeweilige Anwendertyp das System IKOS individuell nutzen kann.

4. Ergebnisse

Alle Auswertungen der einzelnen Basissysteme (KTR2 für die Aufgaben des Produktionscontrolling, AEP für die Aufgaben des Vertriebscontrollings) können als Listen und Dialogtransaktionen genutzt werden.

Eine Auswahl der Systemauswertungen ist nachfolgend zusammengestellt (Bild 4).

	Aufgabengebiete der Kostenrechnung	IKOS-Basissysteme für Anwendertyp I	II	III	IV	V	VI
1.	Kostenstellen - Planungsrechnung	KER-CPR	KER-CPR	KER-CPR	KER-CPR	KER-CPR	KER-CPR
2.	Plankalkulation für Lagerteile	-	KTR1	KTR1	-	-	-
3.	Artikelergebnis-Planungsrechnung	-	-	AER	AER	-	AER
4.	Betriebsergebnis-Planungsrechnung	KER	KER	-	-	KER	-
5.	Vorkalkulation für Lageraufträge	-	KTR2	KTR2	KTR2	-	-
6./ 7.	Mitlaufende Nachkalkulation für Lageraufträge	-	KTR2	KTR2	KTR2	-	-
8.	Vorkalkulation für Einzelaufträge/Projekte	KTR2	KTR2	-	-	-	-
9./10.	Mitlaufende Nachkalkulation für Einzelaufträge/Projekte	KTR2	KTR2	-	-	-	-
11.	Auftragsergebnisrechnung	KTR2	KTR2	-	-	-	-
12.	Bestandsrechnung für WIP-Bestände	KTR2	KTR2	KTR2	KTR2	-	-
13.	Innenauftragsabrechnung	KTR2	KTR2	KTR2	KTR2	KER-IAV	KER-IAV
14.	Kostenstellenergebnis-Rechnung	KER	KER	KER	KER	KER	KER
15.	Artikelergebnis-Rechnung	-	-	AER	AER	-	AER
16.	Betriebsergebnis-Rechnung	KER	KER	-	-	KER	-

CPR: computergestützte Planungsrechnung
IAV: Innenauftragsabrechnung

Bild 3: Anwendertyp-spezifische Nutzung der IKOS-Basissysteme

001 IROS-GMBH		IKT200-02		KTR1 - PLANKALKULATION GESCHAEFTSJAHRES-BEGINN		VOM 02.01.85	APER: 01.85 - 12.85		BLATT: 1
STAND-STUECKL.: 02.01.85		STANDARDLOS : 20		ME: STUECK			IDENT-NR.: 81740		
STAND-APLAN : 02.01.85		EMPFANGENDE KST : 000020000		PE: 1			A N T R I E B S E L E M E N T		
MENGEN-EINHEIT	MENGE	PROZENT VON BASIS-HK GRENZKOSTEN	VOLLKOSTEN	Z-NR	B E Z E I C H N U N G	IDENT-NR./ KOSTENSTELLE	AVG	PLANKOSTEN JE KALK-EINH. GRENZKOSTEN	VOLLKOSTEN
STUECK	1,0000	60,02	60,08	010	BAUGRUPPE 100	81000		4.201,17	5.724,43
STUECK	4,0000	19,00	13,96	020	FLANSCH	81355		1.330,12	1.330,12
STUECK	1,0000	2,15	1,58	030	ROHRBOGEN F-TEIL	04985		150,71	150,71
STUECK	16,0000	4,54	3,34	040	ZYLINDERSCHRAUBEN F-TEIL	04115		318,00	318,00
		85,71	78,96	050	* MATERIAL-EINZELKOSTEN			6.000,00	7.523,26
				060	MATERIAL-MEHRVERBRAUCH				
		1,23	3,77	070	MATERIAL-GEMEINKOSTEN			86,34	359,32
		86,95	82,73	090	** MATERIAL-KOSTEN-GESAMT			6.086,34	7.882,58
STUNDEN	24,0000	7,20	8,66	100	ENDMONTAGE	000010000	01	504,00	825,60
		7,20	8,66	150	* FERTIGUNGS-KOSTEN 1			504,00	825,60
				160	FERTIGUNGS-MEHRVERBRAUCH				
		5,85	8,81	170	FERTIGUNGS-SEK			409,66	820,30
		5,85	8,61	180	* FERTIGUNGS-KOSTEN 2			409,66	820,30
		13,05	17,27	190	** FERTIGUNGS-KOSTEN-GESAMT			913,66	1.645,90
		100,00	100,00	200	*** HERSTELL-KOSTEN			7.000,00	9.528,48
		1,00	8,20	210	VERWALTUNGS-GEMEINKOSTEN			70,00	781,34
		4,20	6,50	220	VERTRIEBS-GEMEINKOSTEN			294,00	619,35
		105,20	114,70	250	*** SELBSTKOSTEN			7.364,00	10.929,17
				300	DAVON-POSITIONEN LFD.STUFE				
		26,93	30,30	310	- MATERIAL			1.885,17	3.203,67
		3,46	2,48	320	- LOHN			242,40	262,20
		0,60	0,62	330	- ABSCHREIBUNGEN			42,00	66,00
		3,14	4,70	340	- FERTIGUNGS-GK			219,60	497,40
				350	ANTEIL-POSITIONEN KUMULIERT				
		56,08	50,97	360	- MATERIAL			3.925,92	5.389,92
		5,47	3,88	370	- LOHN			383,24	410,52
		5,57	5,93	380	- ABSCHREIBUNGEN			389,75	627,55
		9,88	20,10	390	- FERTIGUNGS-GK			691,43	2.125,71

Bild 4: Produktionscontrolling
Plankalkulation zum Geschäftsjahresbeginn

001 IKOS GMBH IKTR72-01 KTR2 - VORKALKULATION VOM 10.04.85 APER: BLATT: 1
VERANTWORTL.: HERR JAEGER

DAT-P:10.04.85 ANTRIEBSELEMENT-XA/100 AA:01 AUFTR: 444-77100 A N T R I E B S E L E M E N T
LOS-P: 20 STUECK 81740

M-EINHEIT	PLAN-MENGE	GRENZKOSTEN SATZ / ME	VOLLKOSTEN SATZ / ME	Z-NR.	B E Z E I C H N U N G	GRENZKOSTEN	VOLLKOSTEN
STUECK	20,0000	4201,1700	5724,4300	010	8100	84,023,40	114.488,60
					BAUGRUPPE 100		
					- ANTEIL - MATERIAL	40.815,00	43.725,00
					- ANTEIL - LOHN	2.816,80	2.966,40
					- ANTEIL - ABSCHREIBUNGEN	6.955,00	11.231,00
					- ANTEIL - FERTIGUNGS-GK	9.436,60	32.566,20
STUECK	60,0000	332,5300	332,5300	010	04110	19.951,80	19.951,80
					FLANSCH		
STUECK	320,0000	19,8750	19,8750	010	04115	6.360,00	6.360,00
					ZYLINDERSCHRAUBEN		
				020	* MATERIAL-EINZEL-KOSTEN	110.335,20	140.800,40
				030	MATERIAL-MEHRVERBRAUCH		
				040	MATERIAL-GEMEINKOSTEN	1.262,97	5.255,78
				050	** MATERIAL-KOSTEN-GESAMT	111.598,17	146.056.18
TR-MIN	10,0000	0,7630	0,7630	060	KST 000020001 AVG 00001	7,63	7,63
TE-MIN	5000,0000	1,8300	1,8730		AVG 00001	9.150,00	9.365,00
MA-MIN	5000,0000	1,1560	3,3350		AVG 00001	5.780,00	16.675,00
					MECHANISCHE BEARBEITUNG		
STUNDEN	360,0000	21,0000	34,0000	060	KST 000010000 AVG 00002	7.560,00	12.384,00
					MONTAGE		
				070	* FERTIGUNGS-KOSTEN 1	22.497,63	38.431,63
				080	FERTIGUNGS-MEHRVERBRAUCH		
				090	FERTIGUNGS-SEK	3.759,20	3.759,20
				100	* FERTIGUNGS-KOSTEN 2	3.759,20	3.759,20
				120	** FERTIGUNGS-KOSTEN GESAMT	26.256,83	42.190,83
				150	*** HERSTELL-KOSTEN	137.855,00	188.247,01
				200	DAVON-POSITIONEN LFD.STUFE		
				210	- MATERIAL	26.311,80	26.311,80
				220	- LOHN	8.790,00	9.302,00
				230	- ABSCHREIBUNGEN	3.455,00	5.555,00
				240	- FERTIGUNGS-GK	10.252,63	23.574,63

Bild 5: Produktionscontrolling
Vorkalkulation für Lageraufträge zum Zeitpunkt der Auftragseröffnung

001 IKOS GMBH IKTR72-02 KTR2 - MITLAUFENDE GRENZKOSTEN-KALKULATION VOM 20.04.85 APER: BLATT: 1
PLAN- (VORK.) IST - VERGLEICH VERANTWORTL.: HERR JAEGER

DAT-P:10.04.85 FG: 85 ANTRIEBSELEMENT-XA/100 AA:01 AUFTR: 444-77100 A N T R I E B S E L E M E N T
LOS-P: 20 STUECK 81740

M-EINHEIT	PLAN-MENGE	IST-MENGE	MENGEN-ABWEICHUNG	Z-Nr.	B E Z E I C H N U N G	PLANKOSTEN	ISTKOSTEN	GESAMT-ABWEICHUNG	VORAUSSICHT ISTKOSTEN
STUECK	20,0000	20,0000		010	81000	84.023,40	93.813,40	9.790,00-	93.813,40
					BAUGRUPPE 100				
					- ANTEIL - MATERIAL	40.815,00	46.538,00	5.723,00-	
					- ANTEIL - LOHN	2.816,80	3.211,00	394,20-	
					- ANTEIL - ABSCHREIBUNGEN	6.955,00	7.930,00	975,00-	
					- ANTEIL - FERTIGUNGS-GK	9.436,60	12.134,40	2.697,80-	
STUECK	60,0000		60,0000	010	04110	19.951,80		19.951,80	19.951,80
					FLANSCH				
STUECK	320,0000	320,0000		010	04115	6.360,00	6.440,00	80,00-	6.440,00
					ZYLINDERSCHRAUBEN				
STUECK		320,0000	320,0000-	010	04721		160,00	160,00-	160,00
					SCHEIBE				
				020	* MATERIAL-EINZEL-KOSTEN	110.335,20	100.413,40	9.921,80	120.365,20
				030	MATERIAL-MEHRVERBRAUCH		322,00	322,00-	322,00
				040	MATERIAL-GEMEINKOSTEN	1.262,97	332,26	930,71	1.289,95
				050	** MATERIAL-KOSTEN-GESAMT	111.598,17	101.067,66	10.530,51	121.977,15
TR-MIN	10,0000	15,0000	5,0000-	060	KST 000020001 AVG 00001	7,63	11,90	4,27-	11,90
TE-MIN	5000,0000	5000,0000			AVG 00001	9.150,00	9.300,00	150,00-	9.300,00
MA-MIN	5000,0000	6000,0000	1000,0000-		AVG 00001	5.780,00	6.936,00	1.156,00-	6.936,00
					MECHANISCHE BEARBEITUNG				
STUNDEN	360,0000	150,0000	210,0000	060	KST 000010000 AVG 00002	7.560,00	3.525,00	4.035,00	3.525,00
					MONTAGE				
				070	* FERTIGUNGS-KOSTEN 1	22.497,63	19.772,90	2.724,73	19.772,90
				080	FERTIGUNGSMEHRVERBRAUCH		235,00	235,00-	235,00
				090	FERTIGUNGS-SEK	3.759,20	3.759,20		3.759,20
				100	* FERTIGUNGS-KOSTEN 2	3.759,20	3.994,20	235,00-	3.994,20
				120	** FERTIGUNGS-KOSTEN-GESAMT	26.256,83	23.767,10	2.489,73	23.767,10
				150	*** HERSTELL-KOSTEN	137.855,00	124.834,76	13.020,24	145.744,25

Bild 6: Produktionscontrolling
Mitlaufende Kalkulation von Lageraufträgen
Plan-/Ist-Vergleich

001 IKOS GMBH IKTR72-03 KTR2 - MITLAUFENDE GRENZKOSTEN-KALKULATION VOM 20.04.85 APER: BLATT: 1
ABWEICHUNGSANALYSE VERANTWORTL.: HERR JAEGER

DAT-P:10.04.85 FG: 85 ANTRIEBSELEMENT-XA/100 AA:01 AUFTR: 444-77100 A N T R I E B S E L E M E N T
LOS-P: 20 STUECK 81740

SONSTIGE ABWEICHUNG	MAT.-PREIS ABWEICHUNG	TARIF- ABWEICHUNG	VERFAHRENS ABWEICHUNG	Z-NR.	B E Z E I C H N U N G	M V B - ABWEICHUNG	GESAMT- ABWEICHUNG	GESAMT- ABW.-PROZ.
	3.790,00-	6.000,00-		010	81000 BAUGRUPPE 100		9.790,00-	11,65-
					- ANTEIL - MATERIAL		5.723,00-	14,02-
					- ANTEIL - LOHN		394,20-	13,99-
					- ANTEIL - ABSCHREIBUNGEN		975,00-	14,02-
					- ANTEIL - FERTIGUNGS-GK		2.697,80-	28.59-
				010	04110 FLANSCH	19.951,80	19.951,80	100,00
	80,00-			010	04115 ZYLINDERSCHRAUBEN		80,00-	1,26-
				010	04721 SCHEIBE	160,00-	160,00-	100,00-
				020	* MATERIAL-EINZEL-KOSTEN		9.921,80	8,99
	4,00-			030	MATERIAL-MEHRVERBRAUCH	318,00-	322,00-	100,00-
	4,03-			040	MATERIAL-GEMEINKOSTEN	934,74	930,71	73,69
				050	** MATERIAL-KOSTEN-GESAMT		10.530,51	9,44
3,82-		0,45-		060	KST 000020000 TR AVG 00001		4,27-	
		150,00-			TE AVG 00001		150,00-	1,63-
					MA AVG 00001	1.156,00-	1.156,00-	20,00-
					MECHANISCHE BEARBEITUNG			
		375,00-		060	KST 000010000 AVG 00002 MONTAGE	4.410,00	4.035,00	53,37
				070	* FERTIGUNGS-KOSTEN 1		2.724,73	12,11
		25,00-		080	FERTIGUNGS-MEHRVERBRAUCH	210,00-	235,00-	100,00-
				090	FERTIGUNGS-SEK			
				100	* FERTIGUNGS-KOSTEN 2		235,00-	6,25-
				120	** FERTIGUNGS-KOSTEN GESAMT		2.489,73	9,48
				150	*** HERSTELL-KOSTEN		13.320,24	9,66

Bild 7: Produktionscontrolling

Mitlaufende Kalkulation von Lageraufträgen

Abweichungsanalyse

001 IKOS GMBH IKTR72-06 KTR2 - GRENZKOSTEN - NACHKALKULATION VOM 22.04.85 APER: BLATT: 1
STUECKKOSTENRECHNUNG VERANTWORTL.: HERR JAEGER

DAT-P:10.04.85 FG:100 DAT-S:22.04.85 ANTRIEBSELEMENT-XA/100 AA:01 AUFTR: 444-77100 A N T R I E B S E L E M E N T
LOS-P: 20 STUECK LOS-I: 18 81740 ID-NR: 81740 FERTIGWARENLAGER

URPLAN JE EINHEIT	PLANKOSTEN JE EINHEIT	ISTKOSTEN JE EINHEIT	Z-NR.	B E Z E I C H N U N G	PLAN - IST ABWEICHUNG	PLAN - IST ABW.-PROZ.	URPLAN-IST ABWEICHUNG	URPLAN-IST ABW.-PROZ.
7.000,00	6.892,75	8.284,39	100	*** HERSTELL-KOSTEN/EINHEIT	1.391,64-	20,19-	1.284,39-	18,35-
			110	ANTEIL-POSITIONEN KUMULIERT				
3.925,92	3.356,34	4.251,77	120	- MATERIAL /EINHEIT	895,43-	26,68-	325,85-	8,30-
383,24	580,34	551,81	130	- LOHN /EINHEIT	28,53	4,92	168,57-	43,99-
389,75	520,50	643,96	140	- ABSCHREIBUNGEN /EINHEIT	123,46-	23,72-	254,21-	65,22-
691,43	984,46	1.172,45	150	- FERTIGUNGS-GK /EINHEIT	187,99-	19,10-	481,02-	69,57-
			160	ABWEICHUNGEN				
			170	- MEHRVERBRAUCH	127,15			
			180	- PREIS	357,39-			
			190	- TARIF	327,53-			
			200	- VERFAHREN	5,83-			
			210	- RUESTKOSTEN	0,21-			
			220	- KOSTENSTELLENVERBRAUCH				
		827,79	230	VERRECHNUNG AUSSCHUSS:				
			240	VERRECHNUNG HK AN:				
			250	- AUFTRAG				
			260	- KOSTENSTELLE				
		7.456,60	270	- LAGERBESTAND				
			280	- KUNDE (ERGEBNIS)				
			290	- UMBUCHUNG				

Bild 8: Produktionscontrolling

Nachkalkulation von Lageraufträgen
Stückkostenrechnung

001 IKOS GMBH IKTR72-11 KTR2 - GRENZKOSTEN VORKALKULATION VOM 10.04.85 APER: BLATT:
VERANTWORTL.: HERR KOENIGSHOFF

DAT-P:10.04.85 AUGUST HARTMANN GMBH AA:05 AUFTR: U-35107 ENTWICKLUNG FILTER
937150000 AUFTR: 777-98440 REINIGUNGSANLAGE

M-EINHEIT	PLAN-MENGE	KOSTEN-SATZ / ME	Z-NR.	B E Z E I C H N U N G	BUDGET G E S A M T	BUDGET 1 9 8 5	BUDGET 1 9 8 6	BUDGET 1 9 8 7
KONST.-STD	45,0000	60,0000	010	KONSTRUKTEURE	2.700,00	2.700,00		
ZEICH.-STD	150,0000	42,0000	020	TECHN.ZEICHNER-	6.300,00	6.300,00		
			030	- KOSTEN KOSTRUKTION				
			040	VORRICHTUNGSBAU	15.000,00	7.000,00	8.000,00	
			050	- KOSTEN VORRICHTUNGSBAU				
E-STD	126,0000	45,0000	060	KST 000030000 LABOR	5.670,00	5.670,00		
E-STD	80,0000	52,5000	070	KST 000031200 VERSUCHSFELD	4.200,00		4.200,00	
			080	- KOSTEN TECHN. VERSUCHE				
			090	* KOSTEN EIGENLEISTUNGEN	33.870,00	21.670,00	12.200,00	
			100	FREMDBEARBEITUNG GALVANIK	35.295,00		35.295,00	
			110	* KOSTEN FREMDLEISTUNGEN	35.295,00		35.295,00	
			120	** ENTWICKLUNGSKOSTEN 1	69.165,00	21.670,00	47.495,00	
			130	FILTER-MATERIAL	12.500,00	12.500,00		
			140	SONST.-MATERIAL	2.200,00		2.200,00	
			150	* MATERIAL-EINZELKOSTEN	14.700,00	12.500,00	2.200,00	
PROZENT	5,0000		160	MGK VON ZEILE 150	735,00	625,00	110,00	
			170	* MATERIAL-GEMEINKOSTEN	735,00	625,00	110,00	
				** MATERIALKOSTEN GESAMT	15.435,00	13.125,00	2.310,00	
				*** ENTWICKLUNGSKOSTEN FILTER	84.600,00	34.795,00	49.805,00	

Bild 9: Produktionscontrolling
Vorkalkulation/Budgetierung von Einzelaufträgen/Projekten

001 IKOS GMBH IKTR72-12 KTR2 - MITLAUFENDE GRENZKOSTEN-KALKULATION VOM 12.04.85 APER:04.85 - 04.85 BLATT:
BUDGET / IST-VERGLEICH VERANTWORTL.: HERR LORENZ

DAT-P:15.11.84 FG:16 AUGUST HARTMANN GMBH AA:06 AUFTR: 777-98440 REINIGUNGSANLAGE
937150000 AUFTR: V-98440 REINIGUNGSANLAGE VERTRIEB

BUDGET A.-BEGINN.	PLAN-AEND. VORKALK.	BESTELL-OBLIGO	ISTKOSTEN A.-BEGINN	Z-NR.	B E Z E I C H N U N G	ABWEICHUNG A.-BEGINN	BUDGET APER	ISTKOSTEN APER	ABWEICHUNG APER
35.000		35.000,00		100	SCHMIEDESTUECKE EIGENFERT.				
25.000			14.400,70	110	GRAUGUSS EIGENFERT.	10.600,00			
20.000		22.000,00		120	MATERIAL KONZERNBEZUG	2.000,00-			
10.000			2.000,00	130	MATERIAL FREMD-BEZUG	8.000,00	2.000,00	2.000,00	
90.000		57.000,00	16.400,70	140	* MATERIAL-EINZELKOSTEN	16.600,00	2.000,00	2.000,00	
800				150	MGK AUF KONZERNBEZUG 4,0%	800,00			
500			100,00	160	MGK AUF FREMD-BEZUG 5,0%	400,00	100,00	100,00	
1.300			100,00	170	* MATERIAL-GEMEINKOSTEN	1.200,00	100,00	100,00	
91.300		57.000,00	16.500,70	180	** MATERIALKOSTEN GESAMT	17.799,30	2.100,00	2.100,00	
15.000			16.380,50	190	BEARBEITUNG FREMD. SPANLOS	1.380,50-	7.200,00	7.440,42	240,42-
15.000		25.800,00		200	BEARBEITUNG FREMD. GALVANIK	800,00-	5.000,00		5.000,00
40.000		25.800,00	16.380,50	210	* FREMDBEARBEITUNG	2.180,50-	12.500,00	7.440,42	5.059,58
600			245,70	220	MGK AUF FREMDBEARB. 1,5	354,30	187,50	111,61	75,89
600			245,70	230	* GEMEINKOSTEN-FREMD	354,30	187,50	111,61	
40.600		25.800,00	16.626,20	240	** KOSTEN FREMDLEISTUNG	1.826,20-	12.687,50	7.552,03	5.135,47
			3.779,12	250	LOEHNE BEREICH WERK				
				260	LOEHNE BEREICH AUSSENDIENST				
23.100			3.779,12	270	** LOHNKOSTEN	19.320,88	15.000,00		15.000,00
35.000			7.788,19	280	FERTIGUNGS-ZUSCHLAEGE	27.211,81	23.300,00		23.300,00
90.000	5.400,00-			290	ENTWICKLUNGSKOSTEN FILTER	84.600,00			
125.000	5.400,00-		7.788,19	300	** SONST. FERTIGUNGSKOSTEN	111.811,81	23.300,00		23.300,00
280.000	5.400,00-	82.800,00	44.694,21	310	*** HERSTELLKOSTEN	147.105,79	53.087,50	9.652,03	43.435,47

Bild 10: Produktionscontrolling
Mitlaufende Kalkulation von Einzelaufträgen/Projekten

001 IKOS GMBH IKTR72-15 KTR2 - AUFTRAGS-ERGEBNISRECHNUNG VOM 12.04.85 APER:04.85 - 04.85 BLATT: 1
BUDGET / PLAN / IST-VERGLEICH VERANTWORTL.: HERR LORENZ

DAT-P:15.11.84 FG: 16 AUGUST HARTMANN GMBH AA:07 AUFTR: V-98440 REINIGUNGSANLAGE VERTRIEB
937150000 TEILFAKT.: 20

BUDGET SEIT	PLAN-TEILF. AUFTRAGSBEGINN	VORAUS. IST. AUFTRAGSBEGINN	ABWEICHUNG AUFTRAGSBEGINN	Z-NR	BEZEICHNUNG		PLANKOSTEN ABRECHNUNGSPERIODE	ISTKOSTEN ABRECHNUNGSPERIODE	ABWEICHUNG ABRECHNUNGSPERIODE
500.000,00	100.000,00	100.000,00		0010	ERLOESE		100.000,00	100.000,00	
		9.000,00	9.000,00-	0020	ERLOESSCHMAELERUNG 1			9.000,00	9.000,00-
10.000,00	2.000,00	2.000,00		0030	SEK VERTRIEB		416,67	416,67	
490.000,00	98.000,00	89.000,00	9.000,00-	0040	* NETTOERLOES		99.583,33	90.583,33	9.000,00-
280.000,00	54.920,00	55.867,76	947,76-	0050	HERSTELLKOSTEN	PROP.	53.087,50	9.652,03	43.435,47
				0060	DAVON:-MATERIAL	PROP.			
				0070	-LOHN	PROP.			
				0080	-ABSCHREIBUNG	PROP.			
				0090	-FERTIGUNGS-GK	PROP.			
210.000,00	43.080,00	33.132,24	9.947,76-	0100	* DECKUNGSBEITRAG 1		46.495,83	80.931,30	34.435,47
65 000,00	12.749,29	12.969,30	220,01-	0110	HERSTELLKOSTEN	FIX.	12.323,88	2.240,65	10.083,23
				0120	DAVON:-MATERIAL	FIX.			
				0130	-LOHN	FIX.			
				0140	-ABSCHREIBUNGEN	FIX.			
				0150	-FERTIGUNGS-GK	FIX.			
145.000,00	30.330,71	20.162,94	10.167,77-	0160	* DECKUNGSBEITRAG 2		34.171,95	78.690,65	44.518,70
5.175,00	1.015,04	1.032,56	17,52-	0170	VERWALTUNGS-GK KTR-GRUPPE		981,17	178,39	802,78
6.900,00	1.353,39	1.376,74	23,35-	0180	ENTWICKLUNGS-GK KTR-GRUPPE		1.308,23	237,85	1.070,38
132.925,00	27.962,28	17.753,64	10.208,64-	0190	* DECKUNGSBEITRAG 3		31.882,55	78.274,41	46.391,86
6.900,00	1.353,39	1.376,74	23,35-	0200	VERWALTUNGS-GK GESCH.BER.		1.308,23	237,85	1.070,38
3.450,00	676,69	688,37	11,68-	0210	VERTRIEBS -GK GESCH.BER.		654,11	118,93	535,18
122.575,00	25.932,20	15.688,53	10.243,67	0220	* DECKUNGSBEITRAG 4		29.920,21	77.917,63	47.997,42
55.200,00	10.827,09	11.013,93	186,84-		FORSCHUNGS -GK UNTERN.GES.		10.465,82	1.902,83	8.562,99
17.250,00	3.383,46	3.441,85	58,39-		VERTRIEBS -GK UNTERN.GES.		3.270,57	594,63	2.675,94
12.075,00	2.368,43	2.409,30	40,87-		VERWALTUNGS-GK UNTERN.GES.		2.289,40	416,24	1.873,16
38.050,00	9.353,22	1.176,55-	10.529,77-		* KALK.ERGEBNIS		13.894,42	75.003,93	61.109,51

Bild 11: Produktionscontrolling
Auftragsergebnisrechnung bei Teilfakturierung für Einzelaufträge/Projekte

001 IKOS GMBH IKTR72-15 KTR2 - AUFTRAGS-ERGEBNISRECHNUNG VOM 12.04.85 APER:04.85 - 04.85 BLATT: 1
BUDGET / PLAN / IST-VERGLEICH VERANTWORTL.: HERR LORENZ

DAT-P:15.11.84 FG: 16 AUGUST HARTMANN GMBH AA:07 AUFTR: V-98440 REINIGUNGSANLAGE VERTRIEB
937150000 TEILFAKT.: 20

BUDGET SEIT AUFTRAGSBEGINN	PLAN-TEILF.	VORAUS. IST.	ABWEICHUNG	Z-NR	BEZEICHNUNG	PLANKOSTEN ABRECHNUNGSPERIODE	ISTKOSTEN	ABWEICHUNG
42,86	43,96	37,23	6,73-	DB-1	IN % NETTOERLOES	46,69	89,34	42,65
29,59	30,95	22,65	8,30-	DB-2	IN % NETTOERLOES	34,31	86,87	52,56
7,77	9,54	1,32-	10,86-	KALK-ERG.	IN % NETTOERLOES	13,95	82,80	68,85

Bild 12: Produktionscontrolling
Auftragsergebnisrechnung, Kennzahlenteil

001 IKOS GMBH IKTR72-07 KTR2 - BESTANDSRECHNUNG WORK IN PROCESS VOM 30.04.85 APER:04.85 - 04.85 BLATT: 1
HERSTELLKOSTEN JE AUFTRAG

ANFANGS- + BESTAND	ZUGANG - B L R	ABGANG - LAGER	ABGANG KUNDE	AUFTRAGS-NUMMER		- ABGANG + AUSSCHUSS	- UMBUCHUNG	END- BESTAND	BESTANDS- VERAENDERG.
				444-77100					
	99.301,68	99.301,68		STANDARD-MATERIAL	GRENZ				
	27.418,69	27.418,69			FIX				
	1.136,67	1.136,67		STANDARD-MGK	GRENZ				
	3.593,53	3.593,53			FIX				
	20.247,87	20.247,87		STANDARD-FERTIGUNG	GRENZ				
	14.340,58	14.340,58			FIX				
	3.383,28	3.383,28		STANDARD-SEK-FERTG.	GRENZ				
					FIX				
	124.069,50	124.069,50		* SUMME STANDARD-HK	GRENZ				
	45.352,80	45.352,80			FIX				
	25.049,52	10.149,31-		ABWEICHUNGEN	GRENZ	14.900,21			
	9.156,61-	3.899,55-			FIX	5.257,05-			
	149.119,02	134.218,81		* SUMME IST-HK	GRENZ	14.900,21			
	54.509,41	49.252,35			FIX	5.257,06			
	203.628,43	183.471,16			VOLL	20.157,27			
				777-98440					
35.042,18	9.652,03			* SUMME IST-HK	GRENZ			44.694,21	9.652,03
8.134,79	2.240,65				FIX			10.375,44	2.240,65
43.176,97	11.892,68				VOLL			55.069,65	11.892,68
35.042,18	158.771,05	134.218,81		** GESAMTSUMME	GRENZ	14.900,21		44.694,21	9.652,03
8.134,79	56.750,06	49.252,35			FIX	5.257,06		10.375,44	2.240,65
43.176,97	215.521,11	183.471,16			VOLL	20.157,27		55.069,65	11.892,68

Bild 13: Produktionscontrolling

Bestandsrechnung WIP-Bestände. Nachweis der Bestände der in Arbeit befindlichen Aufträge

001 IKOS GMBH IKAE70-01 DB - RECHNUNG : PLAN-SOLL-IST-VERGLEICH-APER VOM: 21.08.84 APER: 01.84 - 01.84 BLATT: 1
SORTIERT NACH : ORDNUNGSBEGRIFF PLANSTRUKTUR

110000001 BEREICH : VERTRETER VERANTWORTL.: HERR OBER-EMSIG

P L A N	S O L L S-SORTIMENT	S O L L I-SORTIMENT	I S T		MARKISE TYP-2 MECHANISCH 4712-02	ABWEICHUNG PLAN:IST	ABWEICHUNG SOLL:IST	ABWEICHUNG PLAN:SOLL	ABWEICHUNG SOLL:SOLL
1.000	1.193	2.000	2.000	010	ABSATZ	1.000		1.000	807
100				020	ERLOES				
100.000	119.300	200.000	180.000	030	UMSATZ-BRUTTO	80.000	20.000-	100.000	80.700
1.000	1.193	2.000	2.500	040	-RABATTE	1.500-	500-	1.000-	807-
2.000	2.386	4.000	4.000	050	-SKONTI	2.000-		2.000-	1.614-
3.000	3.579	6.000	6.500	060	-SONSTIGE ERLOESSCHMAELERUNG	3.500-	500-	3.000-	2.421-
94.000	112.142	188.000	167.000	070	UMSATZ NETTO	73.000	21.000-	94.000-	75.858
10.000	11.930	20.000	20.000	080	-GRENZKOSTEN-MATERIAL-EK	10.000-		10.000-	8.070-
2.000	2.386	4.000	4.000	090	-GRENZKOSTEN-MATERIAL-GK	2.000-		2.000-	1.614-
40.000	47.720	80.000	80.000	100	-GRENZKOSTEN-FERTIGUNG	40.000-		40.000-	32.280-
42.000	50.106	84.000	63.000	110	DECKUNGSBEITRAG -1-	21.000	21.000-	42.000	33.894
3.000	3.579	6.000	6.000	120	-GRENZKOSTEN-VERWALT./KONSTR	3.000-		3.000-	2.421-
5.000	5.965	10.000	10.000	130	-GRENZKOSTEN-VERTRIEB	5.000-		5.000-	4.035-
34.000	40.562	68.000	47.000	140	DECKUNGSBEITRAG -2-	13.000	21.000-	34.000	27.438
				150	-FIXKOSTEN -MATERIAL				
				160	-FIXKOSTEN -FERTIGUNG				
				170	-FIXKOSTEN -VERWALT./KONSTR				
				180	-FIXKOSTEN -VERTRIEB				
				190	-FIXKOSTEN -SONSTIGE				
34.000	40.562	68.000	47.000	200	ERGEBNIS -1-	13.000	21.000-	34.000	27.438
				210	-GRENZKOSTEN-NORMALABWEICH.				
				220	-FIXKOSTEN -NORMALABWEICH.				
34.000	40.562	68.000	47.000	230	ERGEBNIS -2-	13.000	21.000-	34.000	27.438
				235	ABWEICHUNG-GESAMT	13.000			
				240	ABWEICHUNG-ERLOES		20.000-		
				250	ABWEICHUNG-ERLOESSCHMAEL.		1.000-		
				260	ABWEICHUNG-ABSATZ			6.562	
				270	DAVON SORTIMENTSBED.				27.438

Bild 14: Vertriebscontrolling

Deckungsbeitragsrechnung im Plan-/Soll-/Istvergleich auf der Planungsebene Artikel je Vertreter

001 IKOS GMBH IKAE80-03 DB - RECHNUNG : PLAN-/SOLL-/IST DB-2-KUMUL. VOM 08.05.85 APER: 01.84 - 01.84 BLATT: 1
SORTIERT NACH : ARTIKEL-GESAMT/ARTIKEL-GRUPPE

111000000 BEREICH : VERKAUF-SONNENSCHUTZ VERANTWORTL.: HERR OBER-EMSIG

P L A N	S O L L S-SORTIMENT	S O L L I-SORTIMENT	I S T		ARTIKEL BEZEICHNUNG	ABWEICHUNG GESAMT	ABWEICHUNG PREIS/ESCHM	ABWEICHUNG ABSATZ	ABWEICHUNG SORTIMENT
34.000	40.562	68.000	47.000		MARKISE TYP-2 MECHANISCH 4712-02	13.000	21.000-	6.562	27.438
136.000	162.180	108.800	102.800		MARKISE TYP-3 MECHANISCH 4713-03	33.200-	6.000-	26.180	53.380-
2.412	2.880	2.520	3.545		ROLLO TYP-1 5811-01	1.133	1.025	468	360-
2.725	3.270	2.670	2.880		ROLLO TYP-2 5812-02	155	210	545	600-
175.137	208.892	181.990	156.225	*	110000 MARKISEN UND SONNENSCHUTZ	18.912-	25.765-	33.755	26.902-
175.137	208.892	181.990	156.225	**	111000000 VERKAUF-SONNENSCHUTZ	18.912-	25.765-	33.755	26.902-

Bild 15: Vertriebscontrolling

Nachweis des Deckungsbeitrages 2 für Artikel je Artikelgruppe je Verkaufsabteilung

001 IKOS GMBH IKAE80-03 DB - RECHNUNG :VJ-VERGLEICH KUMULIERTES IST VOM 22.06.85 APER: 06.85 - 06.85 BLATT: 1
SORTIERT NACH :VK-ABT./ARTIKEL-GR./ARTIKEL

111000000 BEREICH :VERKAUF-SONNENSCHUTZ VERANTWORTL.: HERR OBER-EMSIG

ABSATZ-VJ	ABSATZ-LJ	ABWEICHUNG ABSATZ-EINH.	ABWEICHUNG ABSATZ-PROZ.		ARTIKEL-BEZEICHNUNG	DB-1 - VJ	DB-1 - LJ	ABWEICHUNG DB-BETRAG	ABWEICHUNG DB-PROZENT
1.000	2.000	1.000	100,00		4712-02 MARKISE TYP-2 MECHANISCH	34.000	63.000	29.000	85,29
1.400	1.600	200	14,29		4713-03 MARKISE TYP-3 MECHANISCH	108.300	128.400	20.100	18,56
80	70	10-	12,50-		5811-01 ROLLO TYP-1	4.110	3.545	565-	13,75-
49	49				5812-02 ROLLO TYP-2	2.880	2.880		
2.529	3.719	1.190	47,05	*	110000 MARKISEN UND SONNENSCHUTZ	149.290	197.825	48.535	32,51
2.529	3.719	1.190	47,05	**	111000000 VERKAUF-SONNENSCHUTZ	149.290	197.825	48.535	32,51

Bild 16: Vertriebscontrolling

Deckungsbeitragsrechnung im Vorjahresvergleich für Artikel je Artikelgruppe je Verkaufsabteilung

001 IKOS GMBH IKAE80-01 DB - RECHNUNG : RANGFOLGE -DB 1- KUMULIERT VOM 15.08.84 APER 01.84 - 01.84 BLATT: 1
SORTIERT NACH : DB 1 GESAMT

ABSATZ-LJ	UMSATZ NETTO	DB 1 GES.	DB 1 / EINH.	ARTIKEL BEZEICHNUNG	DB 1 JE EINH.UMSATZ	DB - 1 PROZ.	DB - 1 RANGFOLGE
1.600	294.800	128.400	80,25	4713-03 MARKISE TYP-3 MECHANISCH	0,44	61,87	1
2.000	167.000	63.000	31,50	4712-02 MARKISE TYP-2 MECHANISCH	0,38	30,36	2
42	7.690	7.690	183,10	6001-MARK-ELEKTR-001 MARKISE-ELEKTR-GESTEUERT-TYP-1	1,00	3,71	3
70	3.545	3.545	50,64	5811-01 ROLLO TYP-1	1,00	1,71	4
49	3.200	2.880	58,78	5812-02 ROLLO TYP-2	0,90	1,39	5
20	2.050	2.010	100,50	6101-MARK-ELEKTR-002 MARKISE-ELEKTR-GESTEUERT-TYP-2	0,98	0,97	6
				RUNDUNGS-DIFFERENZ		0,01-	
3.781	478.285	207.525	*	GESAMT		100,00	

Bild 17: Vertriebscontrolling

Deckungsbeitragsrechnung nach Artikeln in Rangfolge nach Deckungsbeitrag 1

Controlling im Handels- und Dienstleistungsbereich

Dipl.-Kfm. Ing. *K. Vikas*, Mitglied der Geschäftsleitung der Unternehmensberatung Plaut AG, Figino/Lugano

1. Zielsetzung und Aufbau

Als vor nahezu 40 Jahren H.G. Plaut seine Tätigkeit als beratender Ingenieur und Betriebswirt aufnahm, widmete er sich - seiner Ausbildung entsprechend - dem Aufbau von Kostenplanungen und der Einführung von Plankostenrechnungen im industriellen Bereich. Seither wurden von Mitarbeitern der Plaut-Gruppe hunderte solcher Projekte realisiert. Die dabei vertretenen betriebswirtschaftlichen Grundsätze, wie z.B.

- analytische Planung der Kosten,
- Trennung der Kosten in proportionale und fixe Bestandteile,
- parallele Verrechnung von Plankosten und Abweichungen,

sind inzwischen auch in der wissenschaftlichen Literatur unumstritten verankert.

Die Einführung einer flexiblen Plankostenrechnung in einem Bankbetrieb wurde zwar bereits Ende der 50er-Jahre erfolgreich abgeschlossen, zu einem weiteren Ausbau der Aktivitäten in diesem Bereich kam es jedoch vorerst nicht.

Auch in der betriebswirtschaftlichen Literatur wurde das Thema "Controlling im Handels- und Dienstleistungsbereich" bisher nur spärlich behandelt.

In den letzten Jahren konnte jedoch ein steigendes Interesse von Handels- und Dienstleistungsunternehmen an entscheidungsorientierten Steuerungs- und Informationssystemen festgestellt werden. Heute ist bereits - mit steigender Tendenz - ca. 25 % der Berater-Kapazität der Plaut-Gruppe mit der Realisierung derartiger Lösungen befaßt.

Über die dabei gewonnenen Erfahrungen soll im folgenden Beitrag berichtet werden. Dabei werden folgende Fragen im Vordergrund stehen:

- Inwieweit decken sich die Aufgaben des Controllings in der Industrie mit jenen im Handels- und Dienstleistungsbereich ?

- Welche Aufgaben des Controllings, wie wir sie aus der Industrie kennen, entfallen bzw. verändern entscheidend ihr Gewicht ?

- Welche Aufgaben des Controllings kommen im Handels- und Dienstleistungsbereich neu dazu ?

Diese Fragen sollen vor allem auf dem Gebiet der betriebswirtschaftlichen Anforderungen, aber auch im Bereich der DV-technischen Lösungen untersucht werden, wobei auch die Einsatzmöglichkeit von Standard-Software aufgezeigt werden soll.

Folgender Aufbau wird dabei zugrunde gelegt:

- Aufgaben und Instrumente des Controllings im Handels- und Dienstleistungsbereich

- Anwendungsbeispiele

- DV-technischer Lösungsansatz.

2. Aufgaben und Instrumente des Controllings im Handels- und Dienstleistungsbereich

"Auf der Grundlage eines entscheidungsorientierten (zukunftsorientierten) Rechnungswesens hat der Controller die entscheidungsrelevanten Informationen zu gewinnen und der Geschäftsführung als Service-Funktion zur Verfügung zu stellen."

Soweit eine Zusammenfassung verschiedener Zitate aus jüngsten betriebswirtschaftlichen Veröffentlichungen. Wie stellt sich deren Umsetzung in die Praxis des Handels- und Dienstleistungsbereiches dar ?

2.1 Planung und Kontrolle der Gemeinkosten

Beim Aufbau der Kostenplanung gilt es, zukunftsorientierte Zielsetzungen, nicht etwa vergangenheitsorientierte Istwerte, zu verwenden. Dieser als "analytische Kostenplanung" in der Industrie bewährte Grundsatz muß hier wegen der gegebenen Kostenstruktur vor allem auf die Personalkosten angewandt werden, da diese sowohl von ihrem relativen Anteil (oft mehr als 70 % der gesamten Gemeinkosten) als auch von ihrer Beeinflußbarkeit her, von größter Bedeutung sind.

Die Kapitalkosten stellen im Handel als Zinsen auf das Umlaufvermögen die zweitwichtigste Kostenartengruppe dar und werden daher häufig gar nicht den Gemeinkosten, sondern als Sondereinzelkosten des Vertriebes den einzelnen Produktgruppen differenziert zugerechnet.

Die Raumkosten sind zwar gewichtig, jedoch, wenn überhaupt, nur langfristig beeinflußbar.

Die Kostenstellengliederung muß vor allem dem Gesichtspunkt der Verantwortlichkeit (Aufbauorganisation) entsprechen und Funktionen getrennt halten, bei denen der Kostensatz der ausführenden Mitarbeiter stark differenziert ist.

Die Wahl geeigneter Bezugsgrößen ist das zentrale Problem im Dienstleistungsbereich. Während im Handel Umsatz- oder Absatzmengen, bei Bedarf nach Warengruppen differenziert, verwendet werden können, ist die erbrachte Dienstleistung in der Regel so vielfältig, daß es schwer fällt, einen gemeinsamen Nenner zu finden und diesen auch noch monatlich als Maßstab für die Sollkostenermittlung zu erfassen (siehe dazu auch "Anwendungsbeispiele" Punkt 3.1).

Die Aufteilung der geplanten Kosten in fixe (zeitabhängige) und proportionale (leistungs- und bezugsgrößenabhängige) Kosten ist je Kostenstelle ebenfalls analytisch vorzunehmen. Dabei treten die bekannten Probleme (Beeinflußbarkeit, Fristigkeit, Betriebsbereitschaft) auf, wobei sowohl im Handels- als auch im Dienstleistungsbereich noch der Begriff der "Leistungsqualität" zu berücksichtigen ist, d.h. welche Warteschlange ist man bereit zu akzeptieren oder welche Anteile reiner Bereitschaftszeit will man vorhalten. Diese Frage ist wegen der

- im Tagesrhythmus
- im Wochenrhythmus
- im Monatsrhythmus
- im Jahresrhythmus

vorhandenen Beschäftigungszyklen von besonderer Bedeutung. Sie kann nur gelöst werden, wenn ein flexibler Personaleinsatz gewährleistet ist, der verhindert, daß der Kostenstellenverantwortliche seinen Personalstand nach der jeweiligen Spitzenbelastung auslegt (siehe dazu "Anwendungsbeispiele" Punkt 3.1).

Dieser flexible Personaleinsatz wird dadurch erleichtert, daß eine Personalsubstitution im Dienstleistungsbereich (z.B. Banken) ungleich einfacher ist, als in der Industrie. Allerdings setzt dieses Verfahren die Anwendung von "Normgehältern" voraus, um nicht ungerechtfertigte "Preisabweichungen" auf jenen Kostenstellen auszuweisen, die zufällig teueren Einsatz angefordert hatten.

Die Organisation der Istkostenerfassung wird daher bei den Personalkosten anspruchsvoll zu gestalten sein. Hier sind Anwesenheitszeiten von Abwesenheitszeiten getrennt zu erfassen und alle Veränderungen im Arbeitseinsatz, die von der Stamm-Kostenstelle abweichen, an die betreffende Kostenstelle zu verrechnen.

Durch die erwähnten Maßnahmen (Kostenplanung, Bezugsgrößenwahl, Istkostenerfassung) wird der monatliche Soll-Istkosten-Vergleich, der je Kostenstelle durch die Datenverarbeitung erstellt wird, ein aussagefähiges Controlling-Instrument, das nicht nur zur Planung und Kontrolle der Gemeinkosten dient, sondern auch die Brücke zur Kostenträgerrechnung (Betriebsleistungsrechnung, Erfolgsrechnung) darstellt.

Zusammenfassung:

- Die Aufgaben des Controllings bei der Planung und Kontrolle der Gemeinkosten sind im Handels- und Dienstleistungsbereich über weite Bereiche deckungsgleich mit jenen in der Industrie.

- Die Kostenplanung hat ihren Schwerpunkt bei den Personalkosten. Sachkosten und Kapitalkosten fallen kaum ins Gewicht.

- Die Bezugsgrößenermittlung ist in Dienstleistungsunternehmen häufig erst aufzubauen, die verursachungsgerechte Erfassung der Personalkosten ist zu organisieren.

2.2 Planung und Kontrolle der Produktkosten

Diese Aufgabe wird in der industriellen Fertigung durch die Kostenträgerstückrechnung in Form der Plankalkulation (bei Serien- und Wiederholfertigung) erfüllt. Dabei werden zukunftsorientierte Leistungsziele in Form der technischen Mengengerüste (Arbeitspläne, Stücklisten) mit Plankostensätzen der Kostenplanung und Festpreisen der Materialwirtschaft bewertet.

Im Dienstleistungsbereich handelt es sich zwar häufig auch um "Wiederholfertigung", da normierbare Dienstleistungen immer wieder erbracht werden. Die Übertragung des Instrumentes der Plankalkulation auf solche Leistungen erfordert jedoch ein gewisses Abstraktionsvermögen.

Trotzdem können gewisse zukunftsorientierte Entscheidungen, wie z.B. die Erweiterung oder Beschränkung des Leistungsangebotes, die Neuaufnahme oder die Liquidierung von Dienstleistungen, nur mit den Aussagen sogenannter "Vorgangskalkulationen", das sind Plankalkulationen, die auf Arbeitsfolgen und Bewertungsansätzen aufbauen (die Stücklisten und Materialbewertungen entfallen), begründet werden.

Der Aufbau von derartigen Arbeitsfolgen hängt eng mit der Bezugsgrößenwahl und Bezugsgrößenermittlung (s.o.) zusammen. Die verbindende Größe stellt der Leistungsstandard dar, der die Bezugsgrößenmenge (meist in Stunden oder Minuten) je Leistungsmenge (z.B. 1 Dienstleistungsvorgang) ausdrückt. Für regelmäßig wiederkehrende Leistungen sind diese Werte als Stammdaten gespeichert, für fallweise Simulationsrechnungen sind sie gegebenenfalls neu zu bilden.

Diese Leistungsstandards werden mit den Bewertungsansätzen der Kostenplanung bewertet. Eine Trennung in fixe und proportionale Bestandteile ist erforderlich, um je nach Fragestellung die jeweils relevanten Kosten nennen zu können.

Neben der fallweisen Bereitstellung von relevanten Kostendaten je Leistungseinheit für zukunftsorientierte Entscheidungen können diese Vorgangskalkulationen auch als Grundlage für die Erfolgsrechnung im Dienstleistungsbereich dienen.

Im Handel liegt der Schwerpunkt des Produktkosten-Controllings auf einer exakten und vor allem aktuellen Kalkulation des Einstandspreises. Da hier stets schwankende Verhältnisse im Bereich der Bezugsnebenkosten, der Währungsparitäten, der Lieferantenkonditionen usw. zu berücksichtigen sind, ist das relativ statistische Instrument der Plankalkulation hier ungeeignet. Flexible Lösungen, die aktuelle fallbezogene Ergebnisse durch direkten Kontakt der Fachabteilung mit entsprechenden Informationsquellen ermöglichen, stellen hier das geeignete Instrumentarium dar.

Zusammenfassung:

- Die Aufgaben des Controllings bei der Planung und Kontrolle der Produktkosten sind im Handel völlig anders, im Dienstleistungsbereich nur geringfügig ähnlich als jene der Industrie.

- Das Instrument der Plankalkulation in reduzierter Form (ohne Einzelmaterialkomponente) kann im Dienstleistungsbereich als "Vorgangskalkulation" nützlich sein. Im Handel tritt eine möglichst aktuelle Einstandspreisermittlung an ihre Stelle.

- Die für die Vorgangskalkulation erforderlichen technischen Daten ("Leistungsstandards") sind häufig erst aufzubauen, wobei der Zusammenhang zur Kostenstellenrechnung (Bezugsgrößenermittlung) zu beachten ist.

2.3 Planung und Kontrolle der Vertriebsergebnisse

Die Absatz- und Umsatzplanung als zukunftsorientierte Zielvorgaben für die Verkaufsabteilungen sind im Handel bereits fest verankert. Dabei werden auch saisonale Bedarfsentwicklungen berücksichtigt und die Planung nach Monaten oder Wochen periodisiert, wobei die Zahl der Verkaufstage, Feiertage und Feste sowie Ausverkaufsperioden berücksichtigt werden.

Ein wirksames Controlling ist allerdings nur über die Verfolgung des Deckungsbeitrages möglich. Um diesen richtig auszuweisen, sind nicht nur aus der Materialwirtschaft die aktuellen Einstandspreise zu verarbeiten, sondern auch die Sondereinzelkosten des Vertriebes (Provisionen, Frachten, Zinsen auf Umlaufvermögen) und die Erlösschmälerungen (Rabatte, Jahresboni etc.) verursachungsgerecht zu berücksichtigen.

Die Deckungsbeitragsrechnung als Vertriebs-Informationssystem zeigt einen stets aktuellen (tagfertigen) Stand der Ist-Ergebnisse nach verschiedenen Betrachtungskriterien (z.B. Produkte, Warengruppen, Absatzgebiete, Vertreter, Filialen) und liefert einen periodischen Plan-Istvergleich mit den Voraussetzungen für eine anschließende Abweichungsanalyse nach

- Preisabweichungen
- Mengenabweichungen
- Sortiments- oder Mixabweichungen der Warengruppe.

Im Dienstleistungsbereich sind diese Lösungsansätze nur sehr bedingt einsetzbar und außerdem nach Branchen sehr verschiedenartig.

So sehr man z.B. im Bankgewerbe an einer "Kundenkalkulation" (besser: Kundenerfolgsrechnung) oder Filialerfolgsrechnung interessiert wäre, mit deren Erkenntnissen strategische Marketingüberlegungen unterstützt werden könnten, so selten sind solche Lösungen zu finden. Dies liegt einerseits daran, daß es für die Problematik der Wertkostenrechnung eine eindeutige betriebswirtschaftliche Lösung wohl nicht gibt (ähnlich wie bei der Bewertung von Kuppelprodukten oder der Festlegung zwischenbetrieblicher Verrechnungspreise hilft hier nur ein dispositiver Ansatz), andererseits scheut man wohl auch den dafür erforderlichen Aufwand. Dabei wäre hier die Frage der Erlöszuteilung noch leichter lösbar als beispielsweise im Verkehrs- und Beförderungsgewerbe, wo z.B. bei der Bahn der Erlös einer Fahrkarte keineswegs einer bestimmten Leistung (einem bestimmten Zug) oder bei der Post der Erlös einer Briefmarke ebenfalls keiner bestimmten Leistung (Inlandsbrief, Auslandsbrief oder Markensammler) zuzuordnen ist.

Zusammenfassung:

- Die Aufgaben des Controllings bei der Planung und Kontrolle der Vertriebsergebnisse sind im Handel nahezu deckungsgleich mit jenen in der Industrie, im Dienstleistungsbereich sind sie stark nach Branchen zu differenzieren und meist völlig individuell zu lösen.

- Die Deckungsbeitragsrechnung als Vertriebsinformationssystem mit Plan-Istvergleich und Abweichungsanalyse ist im Handel voll einsetzbar, wobei der verursachungsgerechten Ermittlung und Abgrenzung von Erlösschmälerungen und Sondereinzelkosten des Vertriebes besondere Bedeutung zukommen.

- Die Erlösaufteilung auf die einzelnen Kostenträger macht in manchen Dienstleistungsbereichen den Einsatz statistischer Verfahren (Repräsentativerhebungen) erforderlich, Probleme der Kostenzuordnung (Wertkostenbereich der Banken) sind oft nur dispositiv lösbar.

3. Anwendungsbeispiele

Die folgenden Anwendungsbeispiele sind der aktuellen Projektarbeit entnommen. Es handelt sich daher nicht in allen Fällen um bereits realisierte Lösungen, sondern auch um Ausarbeitungen im Konzeptionsstadium. Aus Gründen der Vertraulichkeit wurden jene Daten verfremdet, die Rückschlüsse auf die betreffenden Klienten zulassen würden.

Die ausgewählten Fälle werden im folgenden kurz mit ihren wesentlichen Merkmalen beschrieben:

3.1 Gemeinkosten-Controlling

Fall 1: Handelsbetrieb (siehe Anlagen 1 und 2)

Für einen vielschichtigen Handelsbetrieb mit zehn unterschiedlichen Sparten wurde ein einheitliches, konsolidierbares System einer flexiblen Plankostenrechnung eingerichtet.

In den Filialen der Sparte "Lebensmittel-Einzelhandel" wurde als Bezugsgröße der monatliche Umsatz gewählt. Für Sonderleistungen, wie z.B. Imbißabteilungen, waren eigene Bezugsgrößen erforderlich.

Die Kostenplanung einer Filiale ist in der Anlage 1 dargestellt. Die Personalkosten (ca. 50 % der gesamten Kosten) werden aufgrund der tatsächlichen Anwesenheit (Zeiterfassung) mit personenbezogenen Standard-Verrechnungssätzen je Anwesenheitsstunde verrechnet. Damit ist eine verursachungsgerechte Zuordnung der Kosten von Teilzeitkräften und Springern sowie die flexible Handhabung eines möglichen Zeitausgleiches gewährleistet.

Der erste Soll-Istkosten-Vergleich ist in Anlage 2 dargestellt (Echtlauf, Plaut-Software M10). Er zeigt bei niedriger Beschäftigung im Monat Januar (62 %) erhebliche Abweichungen in den Personalkosten; erster Ansatz für Controllingmaßnahmen.

Fall 2: Bankhaus (siehe Anlagen 3 bis 5)

Hier handelt es sich um einen Ausschnitt einer Konzeption. Es wurden Testdaten verwendet. Die Kostenplanung für die Kostenstelle "Börse Ausland" ist in den Anlagen 3 (Dialoganzeigen der ersten Kostenarten) und 4 (Dialoganzeige der Plankostensummen) dargestellt.

Als Bezugsgröße wurde die Anzahl der Börsenabrechnungen angenommen. Dies kann nur bei völlig homogenen Leistungen zutreffen. Häufig sind die Leistungen einer Kostenstelle sehr vielfältig, so daß ein einheitlicher Nenner gesucht werden muß. Am besten bewähren sich hierbei "Standard-Stunden", ermittelt aus der Summe über alle Leistungsmengen mal dem betreffenden Standard-Zeitwert je Leistungsmengeneinheit.

Der Soll-Istkosten-Vergleich ist in der Anlage 5 dargestellt (Testlauf, Plaut-Software M11). Er zeigt auf einer Maske das Gesamtbild der Kostenstelle, unterteilt nach Kostenartengruppen. Weitere Detailinformationen (nach BAB-Zeilen, Kostenarten oder Einzelbelegen) sind im Dialog möglich. Verbunden mit den Auswahlkriterien des Informationssystems (Anzeige aller Kostenstellen mit Abweichungen, die größer sind, als ein gewählter Grenzwert), ist die Abweichungsanalyse im Dialog sehr komfortabel.

Wie schon oben erwähnt, sind die bekannten Instrumente des Gemeinkosten-Controllings (Kostenplanung, Soll-Istkosten-Vergleich) sowohl im Handel als auch im Dienstleistungsbereich voll einsetzbar.

3.2 Produktkosten-Controlling

Fall 3: Transport AG (siehe Anlage 6)

Dieses Beispiel für eine Plankalkulation (Vorgangskalkulation) stammt aus einer Konzeption für ein großes Transportunternehmen. Es wurden Testdaten verwendet.

Die Transportleistung (Zustellung eines Paketes innerhalb einer Stadt) wurde in die einzelnen Arbeitsfolgen zerlegt. Die "Einsatzmengen" entsprechen den Standard-Zeitwerten, die auch für die Bezugsgrößenfindung innerhalb der Kostenstellenrechnung verwendet wurden (siehe Punkt 3.1, Fall 2). Die Kostensätze ("V-Preis prop. und fix") stammen aus der Kostenplanung. Die Kosten der jeweiligen Leistung werden insgesamt sowie nach proportionalen und fixen Bestandteilen getrennt dargestellt. (Testlauf, Plaut-Software M51).

Während also das Instrument der Plankalkulation im Dienstleistungsbereich als "Vorgangskalkulation" sehr wohl nützlich sein kann, ist der Einsatz im Handel auf jene Fälle beschränkt, wo eine eigene Wertschöpfung (z.B. bei Verpackungsstraßen) entsteht und bewertet werden muß.

3.3 Vertriebs-(Ergebnis-)Controlling

Fall 4: Handelsbetrieb (siehe Anlagen 7 und 8)

Im Anschluß an die Einführung der Kostenstellenrechnung wurde im selben Handelsunternehmen (siehe Punkt 3.1, Fall 1) mit der Auslegung der Deckungsbeitragsrechnung begonnen. Die standardmäßigen Darstellungen der Software (Plaut-Software M90) wurden nach den Anforderungen des Klienten modifiziert. Der Umfang der Modifikationen ist aus der Gegenüberstellung der Standardauswertungen (Anlage 7) zur konzipierten Fassung (Anlage 8) ersichtlich.

Deutliche Schwerpunkte sind:

- die differenzierte Darstellung der Erlösschmälerungen und der Sondereinzelkosten des Vertriebes,
- die geringe Bedeutung der einzelnen Herstellkostenkomponenten,
- die zeilenweise Mitführung von Planwerten, um eine detaillierte Abweichungsanalyse zu ermöglichen.

In der modifizierten Form erfüllt diese Deckungsbeitragsrechnung die Anforderungen an das Vertriebscontrolling. Zusätzliche Auswertungen nach anderen Kriterien, wie z.B. Region, Vertreter, Warengruppen u.ä., beruhen auf denselben Ausgangsdaten und werden im Rahmen des Vertriebsinformationssystems dargestellt.

4. DV-technischer Lösungsansatz

Wie schon aus den bisherigen Ausführungen ersichtlich, wird bei der Realisierung von Controlling-Systemen grundsätzlich - wo immer möglich - der Einsatz von Standard-Software empfohlen. Durch die kosten- und terminmäßigen Vorteile eines Einsatzes von Standard-Software hat sich diese gegenüber individuellen Eigenentwicklungen heute auf breiter Front durchgesetzt (siehe Anlage 9).

Bei der Auswahl sind sowohl betriebswirtschaftliche Kriterien als auch solche der DV-Technik zu beachten. Während die ersteren durch das Anforderungsprofil der Fachabteilung definiert werden, müssen bei der DV-technischen Beurteilung im wesentlichen folgende Punkte beachtet werden:

- Hardware: Ist die in Frage kommende Standard-Software auf der vorhandenen DV-Anlage lauffähig ?

  Diese Möglichkeiten sind bei den heutigen Anforderungen an Dialogverarbeitung stärker eingeschränkt als dies bei früheren Batch-Anwendungen der Fall war.

- Software: Wie paßt die in Frage kommende Standard-Software in die vorhandene Umwelt, welche Schnittstellen werden erforderlich ?

  Der Trend geht heute möglichst zu umfassenden Systemen aus einer Hand.

- Verarbeitung: Soll man dezentral (benutzerorientiert) oder zentral (für Konsolidierungszwecke und für die Bewertung zwischenbetrieblicher Leistungen zweckmäßiger) abrechnen ?

  Dieser Frage kommt besonders im Dienstleistungsbereich mit häufig stark dezentralen, flächendeckenden Organisationsformen große Bedeutung zu.

  Sind die vorhandenen Systeme in den einzelnen Ebenen dem zu erwartenden Datenvolumen gewachsen ?

Diese Liste von Fragen läßt sich beliebig fortsetzen. Hinzu kommt allerdings noch, wie die betriebswirtschaftliche Beurteilung gezeigt hat, daß das Angebot von Standard-Software nicht alle Aufgabenbereiche des Handels- und insbesondere des Dienstleistungsbereiches abdeckt, da auf manchem Gebiet mehr branchenindividuelle Lösungsansätze erforderlich sind.

Der Aufbau eines Controlling-Systems stellt daher in diesen Bereichen auch für die Datenverarbeitung eine außerordentlich anspruchsvolle Aufgabe dar.

Anlage 1

HANDEL

7951 FILIALEN HORNY

BEREICHE V0 V1 V2
44 7K 7F

ZEILE	KOST-ART	----BEZEICHNUNG-----	--HERKUNFT-- FA W	AUFTRAG KSTBZ	P L A N K O S T E N GES.PLANK	PROP.PLANK	FIXE PLANK	MENGE	PRZ PRP	---RELATIVZIFFERN--- GESAMT	PROP	FIX
	BZ/1	TSU	10 07	X7000			1.417					
18	50026	LOHN SO.TAETK.NZA	10 07		26.416	6.604	19.812		25	0,11	0,05	0,06
21	99018	KALK.BA LOHN NZA AGA	10 07		13.472	3.368	10.104		25	0,05	0,02	0,03
21	99028	KALK.BA.LOHN %	10 07		633	158	475					
22	76911	S.K.PERS.KO.SPRIN.S7	10 07	7410 1	10.962		10.962	49		0,03		0,03
23	55001	GEHALT NZA	10 07		122.050	30.513	91.537		25	0,49	0,22	0,27
24	55022	UESTD.ZUSCHL.GEH.NZA	10 07		1.703	1.703			100	0,01	0,01	
26	99019	KALK.BA GEH. NZA AGA	10 07		58.163	15.141	43.022		26	0,24	0,11	0,13
26	99029	KALK.BA.GEH. %	10 07		2.846	741	2.105			0,02	0,01	0,01
27	43091	HILFS-BETRIEBSSTOFFE	10 07		10.300	10.300			100	0,07	0,07	
28	43092	VERPACK.ABGRENZ.S7	10 07	M7000	11.300	11.300			100	0,08	0,08	
29	60091	ENERGIEFREMDBEZUG	10 07		25.800	6.450	19.350		25	0,11	0,05	0,06
32	61091	EXT.INSTANDHALTUNG	10 07		5.000	2.500	2.500		50	0,03	0,02	0,01
36	75991	REISEN,SPESEN,SCHUL.	10 07		1.800	900	900		50	0,01	0,01	
37	70091	MIETEN	10 07		42.500	42.500			100	0,30	0,30	
38	71001	FEUERVERSICHERUNG	10 07	V7001	400		400					
39	75992	STEUERN,BEITR.GEB.	10 07		7.200	5.400	1.800		75	0,05	0,04	0,01
40	76091	SO.FR.LIEF.U.LEISTG.	10 07		2.200	1.100	1.100		50	0,01	0,01	
41	66091	WERBUNG	10 07		14.200		14.200			0,04		0,04
42	77099	SONST.VERTRIEBSKOSTE	10 07		9.581		9.581			0,03		0,03
34	75091	VERWALTUNGSKOSTEN	10 07		2.700	675	2.025		25	0,01		0,01
44	65019	KALK ZINSEN AV	10 07	A7001	15.072		15.072			0,04		0,04
44	68019	KALK ABSCHREIBUNG	10 07	A7000	76.433		76.433			0,23		0,23
47	76924	S.KALK.REGIONSKOSTEN	10 07	7583 1	4.751		4.751	1416		0,01		0,01
47	76999	KALK.SEK.FIXKOSTEN	10 07	A7997	10.266		10.266			0,03		0,03
	SUMME KOST/BZ	7951/1			475.748	139.353	336.395					
	K O S T E N S Ä E T Z E				335,743	98,344	237,399					

Anlage 2

Soll-Istkosten-Vergleich

HANDEL FILIALEN

HORNY	JANUAR	7F	7K	Kostenstelle 7951

Plan	Grenzkostensatz Ist Monat	Ist s. J.B.	Vollkostensatz Plan	Ist s. J.B.	0 Z	Bezugsgrößenbenennung	Bezugsgrößenmenge Plan	Ist	Beschäftigungsgrad Monat	s. J.B.
5634	14450	14450	33574	38355	1	TSU	14170	8750	62	62

ABRECHNUNGSMONAT / SEIT JAHRESBEGINN

Istkosten	Sollkosten	Abweichungen 1)	in % 2)		Kostenarten	Istkosten	Sollkosten	Abweichungen 1)	in % 2)
					Fertigungslöhne				
					Löhne f. Transp.-Lager				
38358	23890	14468	61		Löhne f. sonst. Tätigkeiten	38358	23890	14468	61
					Überstundenzuschläge				
					Zulagen, Leistungsprämien				
19300	12757	6543	51	1	Kalk. Bel. Aufw. Löhne	19300	12757	6543	51
18158	10962	7196	66		Lohnarbeit, sonst. Pers. Ko.	18158	10962	7196	66
120173	110379	9794	9		Gehälter	120173	110379	9794	9
	1052	1052-	100-		Überstundenzuschläge		1052	1052-	100-
					Provisionen, Prämien				
60022	54935	5087	9		Kalk. Bel. Aufw. Gehälter	60022	54935	5087	9
8168	6360	1808	28		Hilfs- u. Betriebsmittel	8168	6360	1808	28
6978	6978				Verpackungsmaterial	6978	6978		
29991	23333	6658	29	2	Energiefremdbezug	29991	23333	6658	29
					Heiz- u. Treibstoffe				
					Schwund, Verderb				
11942	4044	7898	195	3	Instandhaltungen, GWG	11942	4044	7898	195
					Innerbetr. Instandhaltung				
14724	2442	12282	503		Porto, Tel., FS, Kopie, Büromat.	14724	2442	12282	503
					Rechts- u. Beratungskosten				
	1456	1456-	100-		Reiseaufw., Spesen, Schulung		1456	1456-	100-
25098	26244	1146-	4-	4	Mieten	25098	26244	1146-	4-
400	400				Versicherungen	400	400		
5910	5135	775	15		Steuern, Beitr., Gebühren	5910	5135	775	15
1774	1779	5-			Sonst. fremd. Lief. u. Leistungen	1774	1779	5-	
1146	14200	13054-	92-		Werbung, Verkaufsförderung	1146	14200	13054-	92-
897	9581	8684-	91-	5	Vertriebskosten	897	9581	8684-	91-
					Warenbezugskosten				
91505	91505				Kalk. Afa + Zinsen, Großrep.	91505	91505		
					Kalk. Zinsen UV, Wagnisse				
				6	Kalk. Raum, Energie, sonst.				
15017	15017				Sonst. kalk. Kosten	15017	15017		
					Kalk. zentr. Dienstl.				
					Betriebserträge				
					Zins- u. Vermögenserträge				
5252-		5252-	*	7	Kostenersätze	5252-		5252-	*
					Sonstige Einnahmen				
464309	422449	41860	10		SUMME 1	464309	422449	41860	10
					Tarifabweichung				
					Preisabweichung				
71		71	*		Abweichung fremder Stellen	71		71	*
464380	422449	41931	10		SUMME 2	464380	422449	41931	10

Istkosten	Sollkosten	Abweichungen 1)	in % 2)		Kostenartengruppen	Istkosten	Sollkosten	Abweichungen 1)	in % 2)
256011	213975	42036	20	1	Löhne, Gehälter, sonst. Pers.	256011	213975	42036	20
45137	36671	8466	23	2	Gemeinkosten, Material	45137	36671	8466	23
11942	4044	7898	195	3	Instandhalt. I-Leistungen	11942	4044	7898	195
47906	35014	12892	37	4	Verschied. Gemeinkosten	47906	35014	12892	37
2043	23781	21738-	91-	5	Einkaufs-Verkaufskosten	2043	23781	21738-	91-
106522	108964	2442-	2-	6	Kalk. Kosten	106522	108964	2442-	2-
5252-		5252-	*	7	Erträge	5252-		5252-	*
464309	422449	41860	10		SUMME 1	464309	422449	41860	10

Prop. Plankosten	Prop. Sollkosten		Besch.-G. Gesamt		Prop. Plankosten	Prop. Sollkosten		Besch.-G. Gesamt
139353	86054		62	Gesamtbeschäftigung	139353	86054		62
Fixe Plankosten	**Gedeckte Fixkost.**	**Beschäftigungsabw.**	**in %**		**Fixe Plankosten**	**Gedeckte Fixkost.**	**Beschäftigungsabw.**	**in %**
336395	207725	128670	38	Fixkostendeckung	336395	207725	128670	38

```
Bankhaus Schaufuss und CO. Zuerich                       19.03.84  15:12:27
Abrechnungssystem:  Kostenstellenrechnung  *  Anzeige  *   K o s t e n p l a n
-------------------------------------------------------------------------------
Kost: 244     BOERSE AUSLAND              H. HUBER          Kzvf: 2 8403 S:  1
Bz  : 1   ABRECHNUNGEN             Plan-Bz-Menge:       2.250  STCK  Bz-Ch:  1
-------------------------------------------------------------------------------
Koart     T  e  x  t
Plz K Herkunft     ME   Plan-Menge Plan-Preis    Plan-Ges  Plan-Prop   Plan-Fix
-------------------------------------------------------------------------------
0011      GEHALT ANGEST
009 1                                              38429      28304      10125
0026      EDV-PROGR.STD
017 1                                                435                   435
0027      DATENERFASSG.
018 1                                               5030       5030
0028      COMPUTER-STD.
019 1                                               9825       9825

===============================================================================
Unt Werk Kostenstelle Bz                                                  Code
1   100  244          1
2006 Folgemaske                                                       KA10020D
```

Anlage 4

```
Bankhaus Schaufuss und CO. Zuerich                               19.03.84  15:15:17
Abrechnungssystem:  Kostenstellenrechnung  *  Anzeige  *   K o s t e n p l a n
-----------------------------------------------------------------------------------
Kost: 244      BOERSE AUSLAND                 H. HUBER           Kzvf: 2   8403
Bz   : 1   ABRECHNUNGEN                  Plan-Bz-Menge:      2.250  STCK  Bz-Ch:  1
-----------------------------------------------------------------------------------

                  Plan-Summen und Plan-Kosten-Saetze
                  ----------------------------------

     Plan-Summen          :          Plan-Ges      Plan-Prop        Plan-Fix

                                      103.962         69.038          34.924

     Plan-Kosten-Saetze   :          Kosa.Ges      Kosa.Prop        Kosa.Fix

                                       46,206         30,684          15,522

===================================================================================
Unt Werk Kostenstelle Bz                                                      Code
1   100  244          1
                                                                          KA10021D
```

Anlage 5

Bankhaus Schaufuss und CO. Niederlassung Zuerich 12.04.84 20:41:59
Informationssystem: Kostenstellenrechn. Anzeigen * Soll/Istkosten

Kostenstelle: 244 BOERSE AUSLAND H. HUBER

01.84

Kostenartengruppen	Istkosten	Sollkosten	Abweichung	in %
1 Personalkosten	61.041	55.694	5.347	10
2 Raumkosten	1.648	1.648		
3 Einrichtungskosten	288	4.405	-4.117	-93
4 EDV-KOSTEN	19.521	17.560	1.961	11
5 Bueromaterialkosten	896	2.886	-1.990	-69
6 Informationskosten	2.530	13.851	-11.321	-82
7 Reise- u. Repraes.kost		750	-750	-100
8 uebrige Kosten extern	375	94	281	299
9 uebrige Kosten intern	2.249	1.552	697	45
Gesamtkosten I	88.548	98.440	-9.892	-10

Unt	Werk	GJ	GM	Kostenstelle	Koagr	SIV-Zeile	Code
1	100	84	01	244	_	__	

KI10020D

Anlage 6

TRANSPORT AG 15.08.85 15.08.85 — P L A N K A L K U L A T I O N — - EINZELNACHWEIS - — JULI 1985 — BLATT 1

DAT.MENGE	DAT.WERT	KSTUFE	DISP.PREIS	VERR.PREIS	KALKEINH.	FERTEINH.	U	A	PRODD IDENT-NR	VKZ
01.08.85	01.08.85	01	0,00	0,00	5 KG	5 KG	1	15	PAKET NEUSTADT	01

FOLGE	A	HERKUNFT BEZEICHNUNG		ME	VKZ EINS.MENGE	FAKT.2 E-FAKT	V-PREIS PROP	V-PREIS FIX	PROP-KOSTEN	FIX-KOSTEN	GESAMTKOST KALK. EINH	GESAMTKOST FERT. EINH
1010	15	603	2	STD	0,0204	1,0000	23,73	10,61	0,48	0,21	0,69	0,69
		PKT-ANNAHME										
1020	15	905	1	KM	4,0000	0,0100		3,50		0,14	0,14	0,14
		ORTSSTELLE										
1030	15	703	1	STD	0,0096	1,0000	30,00	4,00	0,29	0,04	0,33	0,33
		VERTEILEN										
1040	15	706	1	STD	0,0443	1,0000	23,71	17,10	1,05	0,76	1,81	1,81
		PKT-ZUST.										
1050	15	708	1	STD	0,0900	0,0200	30,00	5,00	0,05	0,01	0,06	0,06
		ZUSTELLKASSE										
		SUMME FERTIGUNGSKOSTEN							1,87	1,16	3,03	3,03

Anlage 7

01 GETRIEBEBAU AG M 90.710 04/84 10.05.84 BLATT 10
12...... APR.*KTR* 003.0017

E R G E B N I S R E C H N U N G K T - G R U P P E FIRMA 01

	ABR.PERIODE		GESCHAEFTSJAHR	
	GRENZKOSTEN	VOLLKOSTEN	GRENZKOSTEN	VOLLKOSTEN
BRUTTOERLOES	5002.154,81	5002.154,81	17457.519,78	17457.519,78
- RABATT	546.964,06	546.964,06	1908.904,58	1908.904,58
NETTOERLOES 1	4455.190,75	4455.190,75	15548.615,20	15548.615,20
- VERPACKUNG	32.419,52	32.419,52	113.144,04	113.144,04
- PROVISION	318.787,40	318.787,40	1112.567,86	1112.567,86
- SKONTO / BONUS	67.623,64	67.623,64	236.006,53	236.006,53
- FRACHT / VERSICHERUNG	90.963,59	90.963,59	317.462,93	317.462,93
NETTOERLOES 2	3945.396,60	3945.396,60	13769.433,84	13769.433,84
1 MATERIALKOSTEN	964.087,50	964.087,50	3423.199,50	3423.199,50
2 MGK	55.527,70	55.527,70	197.162,99	197.162,99
3 FERTIGUNGSKOSTEN	1403.320,25	1403.320,25	4982.464,00	4982.464,00
4 SEK DER FERTIGUNG	79.687,20	79.687,20	282.944,84	282.944,84
5 FIXKOSTEN	0,00	615.782,85	0,00	2186.319,42
ERGEBNIS 1 PLAN	1442.773,95	826.991,10	4883.662,51	2697.343,09
1 PD MATERIAL	39.085,58	39.085,58	138.789,56	138.789,56
2 ABW.MGK	63,89	63,89	226,85	226,85
3 ABW.FERTIGUNGSKOSTE	16.502,63	16.502,63	58.598,49	58.598,49
4 ABW.SEK D. FERTIG.	0,00	0,00	0,00	0,00
5 ABW.FIXKOSTEN	0,00	6.100,16	0,00	21.656,62
ERGEBNIS 1 IST	1387.121,85	765.238,84	4686.047,61	2478.071,57
1 KONSTRUKTION/ENTW.	35.549,83	54.572,06	126.221,86	193.761,59
2 VERWALTUNG	73.906,22	231.385,80	262.408,56	821.549,26
3 VERTRIEB	150.689,49	325.334,59	535.016,20	1155.033,42
ERGEBNIS 2 PLAN	1126.976,31	153.946,39	3762.400,99	307.727,30
1 ABW.KONSTR./ ENTW.	903,93	1.084,71	3.209,18	3.851,01
2 ABW.VERWALTUNG	1.627,05	2.530,98	5.776,56	8.985,74
3 ABW.VERTRIEB	6.063,55	7.749,45	21.528,24	27.513,62
ERGEBNIS 2 IST	1118.381,78	142.581,25	3731.887,01	267.376,93
ERG.1 IST IN % NET.ER2	35,2	19,4	34,0	18,0
ERG.2 IST IN % NET.ER2	28,3	3,6	27,1	1,9

-M90710- NORMALES ENDE

Anlage 8

Artikel-Ergebnisrechnung **H A N D E L**	Abrechnungs-periode		Geschäfts-jahr	
Unternehmen/Sparte/Region	Ist	Plan	Ist	Plan
Bruttoumsatz				
- mit Dritten				
- mit Sparten				
- innerhalb der Sparte				
- Sondererlöse				
Erlösschmälerungen				
- Rabatte				
- Boni				
- Skonti				
- Muster (Mengenrabatt)				
+ Stützung				
- Diff. Soll-Istlosung				
- Werbekostenbeiträge				
+ Frachtkostenvergütungen				
- Handelsspannennachlaß				
ERLÖS 1				
Sondereinzelkosten des Vertriebes				
- Frachtkosten direkt				
- Frachtkosten kalk.				
- Pauschalwerbekosten				
- Umsatzmiete				
- Provisionen				
- Verpackung				
- Abfertigungskosten				
Erlös 2				
Planherstellkosten Umsatz				
- Wareneinsatz HW				
- Wareneinsatz Rohstoffe				
- Fertigungskosten prop.				
- Inventurdifferenz				
Deckungsbeitrag 1				
Preisdifferenzen				
- Preisdifferenz Wareneinsatz				
Deckungsbeitrag 2 = Sparten DB zu GHK				
Verwaltung Vertrieb				
- Lagerkosten prop.				
- Regionalvertriebskosten prop.				
- Fuhrpark prop.				
- Expedit				
- Außendienst				
- Zinsen auf Umlaufvermögen				
- Wagnisse				
Deckungsbeitrag 3 = Sparten DB zu GSK				
Fixkosten Produktion				
Ergebnis I				

Anlage 9

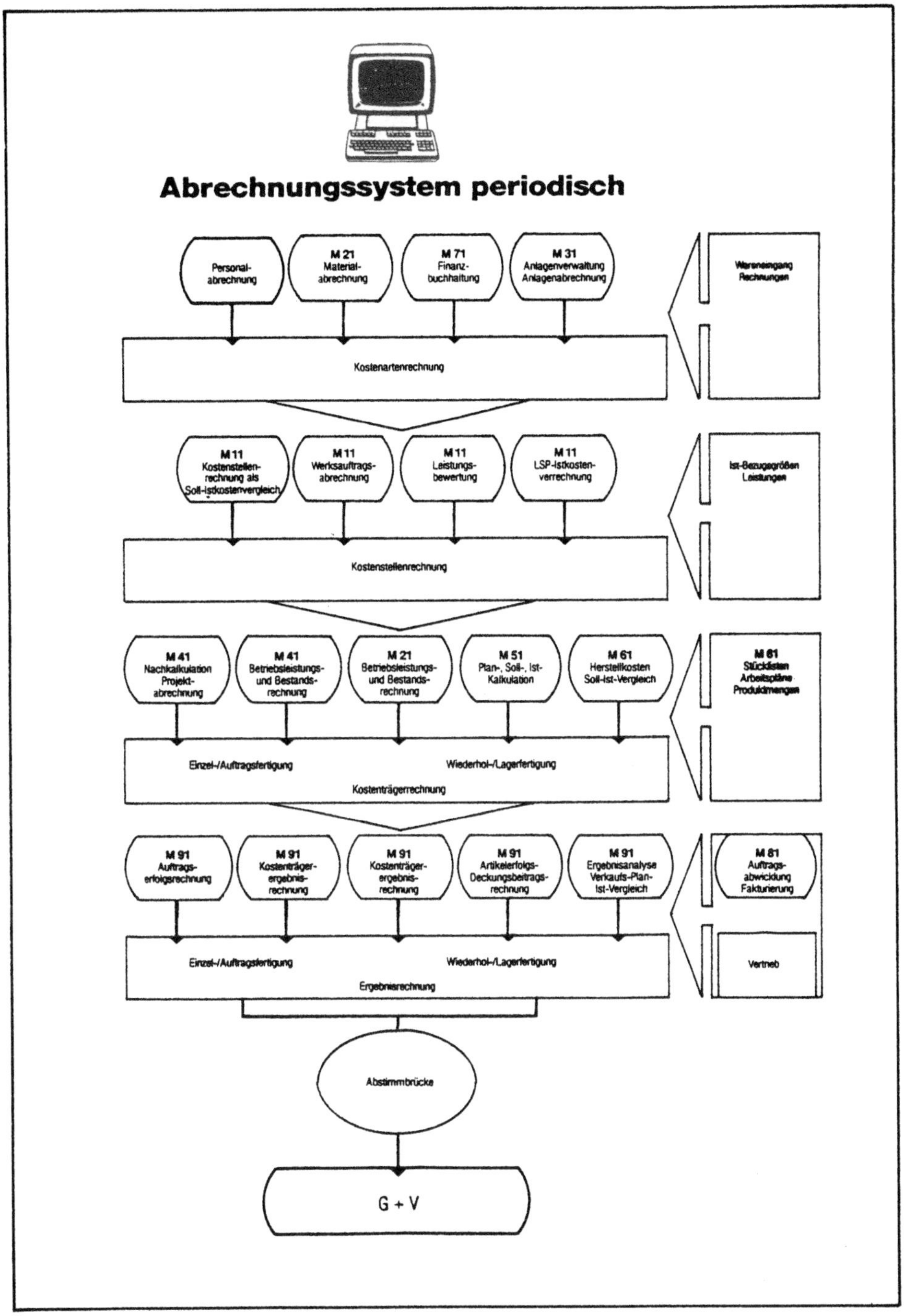
Abrechnungssystem periodisch
Personal-abrechnung
M 21 Material-abrechnung
M 71 Finanz-buchhaltung
M 31 Anlagenverwaltung Anlagenabrechnung
Wareneingang Rechnungen
Kostenartenrechnung
M 11 Kostenstellen-rechnung als Soll-Istkostenvergleich
M 11 Werksauftrags-abrechnung
M 11 Leistungs-bewertung
M 11 LSP-Istkosten-verrechnung
Ist-Bezugsgrößen Leistungen
Kostenstellenrechnung
M 41 Nachkalkulation Projekt-abrechnung
M 41 Betriebsleistungs- und Bestands-rechnung
M 21 Betriebsleistungs- und Bestands-rechnung
M 51 Plan-, Soll-, Ist-Kalkulation
M 61 Herstellkosten Soll-Ist-Vergleich
M 61 Stücklisten Arbeitspläne Produktmengen
Einzel-/Auftragsfertigung
Wiederhol-/Lagerfertigung
Kostenträgerrechnung
M 91 Auftrags-erfolgsrechnung
M 91 Kostenträger-ergebnis-rechnung
M 91 Kostenträger-ergebnis-rechnung
M 91 Artikelerfolgs-Deckungsbeitrags-rechnung
M 91 Ergebnisanalyse Verkaufs-Plan-Ist-Vergleich
M 81 Auftrags-abwicklung Fakturierung
Vertrieb
Einzel-/Auftragsfertigung
Wiederhol-/Lagerfertigung
Ergebnisrechnung
Abstimmbrücke
G + V

Verkaufsplanung und Verkaufssteuerung mit Deckungsbeiträgen in der Papierindustrie

Dr. *P. Breuer*, Leykam-Mürztaler AG, Gratkorn

I N H A L T

1. UNTERNEHMENSDATEN

Die Leykam-Mürztaler AG beschäftigt sich mit der Erzeugung und dem Vertrieb von Zellstoff und Papier. Unsere zwei Produktionsstätten, Verwaltung und Vertrieb befinden sich ausschließlich im Bundesland Steiermark, der Exportverkauf hat seinen Sitz in Wien.

Wir erzeugen folgende Produktlinien:

- Druck- und Schreibpapiere im Werk Gratkorn
- Pressepapiere im Werk Bruck
- Zellstoff im Werk Gratkorn

Insgesamt erzeugen wir

- ca. 315.000 Jahrestonnen Papier auf 5 Papiermaschinen und
- ca. 210.000 Jahrestonnen Zellstoff.

Der Umsatz des Unternehmens beläuft sich auf ca. 5,4 Milliarden ÖS, wovon etwa 30% auf das Inland und 70% auf den Export entfallen. Diese Leistungen werden von ca. 2.400 Mitarbeitern erbracht.
Die Leykam-Mürztaler AG ist mit diesen Daten der größte Hersteller von Papier und Zellstoff in Österreich, europaweit gesehen befinden wir uns im Mittelfeld (an 32. Stelle, gemessen am Umsatz).

Im Segment der holzfreien gestrichenen Druck- und Schreibpapiere zählt Leykam zu den führenden europäischen Unternehmen, diese Position wird durch eine derzeit geplante Kapazitätserweiterung zukünftig noch gefestigt werden. Mit dieser Entwicklung nutzen wir verstärkt den Integrationsvorteil, d.h. die Eigenversorgung mit Faserstoffen, die Wertschöpfung wird deutlich erhöht.

2. STELLUNG DES CONTROLLING IM UNTERNEHMEN

Bevor auf Verkaufsplanung und -steuerung mit Deckungsbeiträgen eingegangen wird, soll die Frage, wie Planung und Steuerung im Unternehmen generell gesehen wird, beantwortet werden.

Planung und Steuerung werden in unserem Unternehmen im Zusammenhang mit allen

Aufgaben der Unternehmensführung gesehen. Unter den Aufgaben der Unternehmensführung subsumieren wir, in Anlehnung an einschlägiges Gedankengut, Zielsetzen, Planen, Entscheiden, Realisieren und Kontrollieren. Diese Führungsaufgaben umfassen alle je nach Zeithorizont relevanten Steuerungsgrößen und ihre Orientierungsgrundlagen.

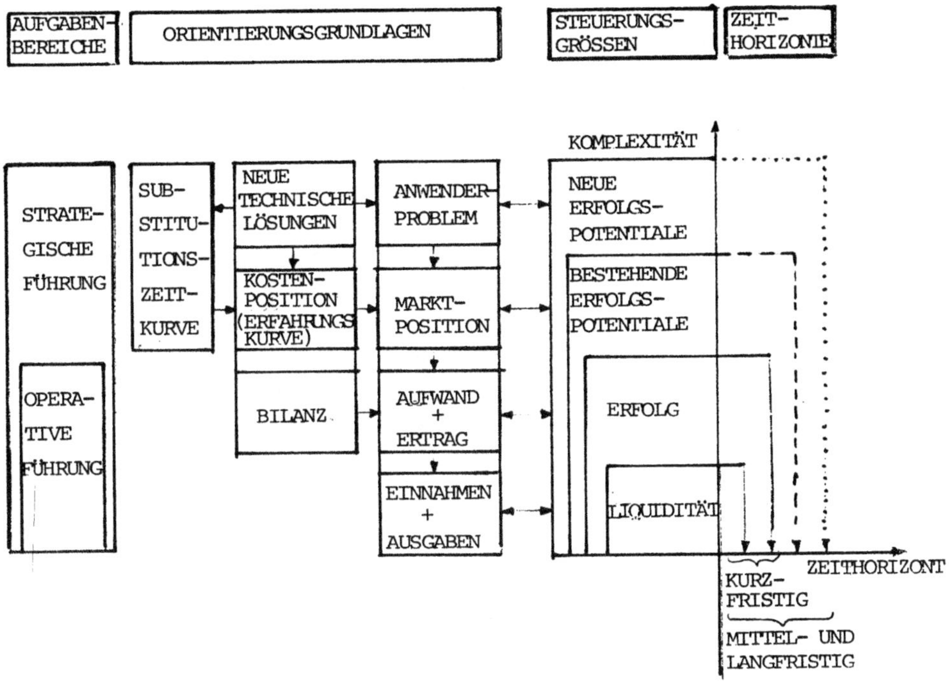

Abb. 1: Orientierungsgrundlagen, Steuerungsgrößen und zeitliche Wirkungshierarchie der Führung (A.Gälweiler)

Die logische Kombination der Führungsaufgaben zur Erreichung der Unternehmensziele funktioniert im Sinne eines Regelkreises, eines in verschiedenen Disziplinen angewandten Begriffes. Dieser Mechanismus der Steuerung soll die betrieblichen Systeme derart unter Kontrolle halten, daß sie jederzeit den gewünschten Zustand erreichen, bzw. aufrecht erhalten.

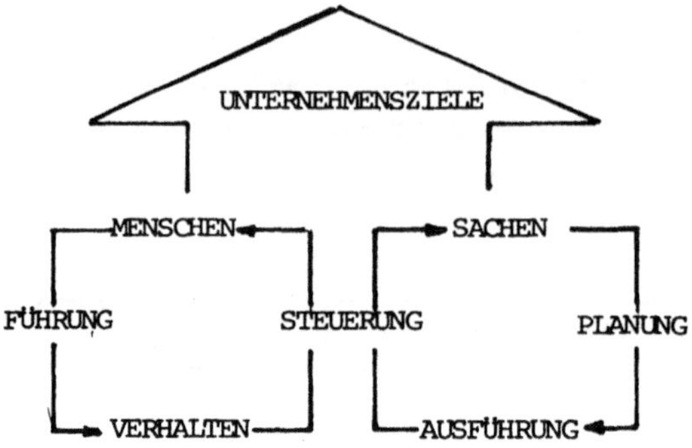

Abb. 2: Unternehmensentwicklung und Steuerung

Es zeigt sich, daß einzelne Führungsaufgaben für sich keine Wirkung im Unternehmen zeigen können. So ist etwa Planung allein nicht ausreichend, es ist vielmehr erforderlich, die erzielten mit den geplanten Ergebnissen laufend zu vergleichen. Festgestellte Abweichungen werden analysiert und in Maßnahmen zu ihrer zukünftigen Vermeidung umgesetzt. Diese Vorgangsweise begründen wir mit der Forderung nach zielgerichteter Unternehmensführung auch bei Abweichung der Realität vom Plan.

3. ORGANISATION DES CONTROLLING

Wir unterscheiden zwischen Controlling als Funktion und als Institution.

Controlling als Funktion wird als Managementaufgabe im Sinne von "to control" - regeln, steuern, lenken, führen - verstanden. Auf Verkaufsplanung und -steuerung übertragen bedeutet das, daß die Verantwortlichen des Verkaufs planen und steuern. Das Planen durch Fachleute sichert das materielle Niveau und die Akzeptanz der Planansätze. Treten Abweichungen auf und sind entsprechende Maßnahmen auszuarbeiten und durchzuführen, geschieht auch das durch die unmittelbar zuständigen Personen.

Diese Vorgangsweise - "Self Controlling" - erfordert ein hohes Planungsbewußtsein, das sich in der Identifikation mit selbst erarbeiteten Zielsetzungen, der Bereitschaft zu laufender Kontrolle der Zielerreichung und der Erarbeitung und Umsetzung der nötigen Aktivitäten zur Zielerreichung zeigt. Die Struktur unserer planenden und steuernden Bereiche ist in nachstehender Abbildung dargestellt:

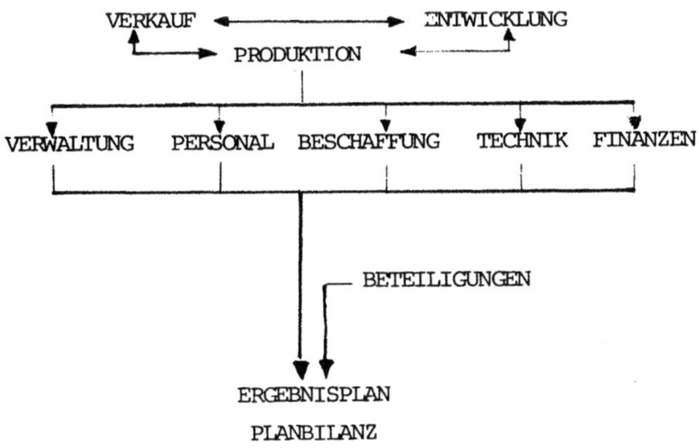

Abb. 3: Struktur der planenden und steuernden Bereiche

Die Dezentralisation der Planung und Steuerung verlangt eine Serviceinstitution, die ein geeignetes Instrumentarium entwickelt und pflegt, es interpretiert und für dessen koordinierten Einsatz sorgt. Dazu sind unter anderen die rechnerische Erstellung der Planung, die Abstimmung zwischen strategischen und operativen Plänen, die Durchführung von Plausibilitätsprüfungen sowie die Terminabwicklung und Dokumentation der Planung erforderlich. Diese Serviceinstitution ist in unserem Fall die Betriebswirtschaft, der Controller als Institution.

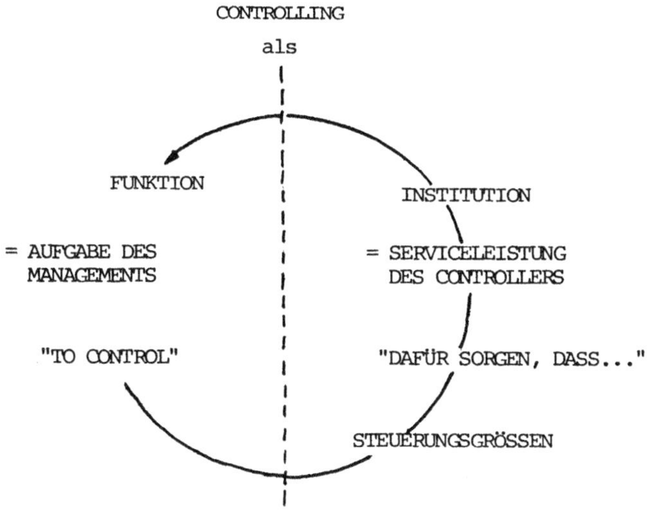

Abb. 4: Organisation des Controllings

In unserem Unternehmen wurde ab 1978 ein geschlossenes System der Kosten- und Leistungsrechnung mit externer Unterstützung eingeführt. Sie umfaßt im wesentlichen folgende Arbeitsgebiete:

- Kostenstellenrechnung als flexible Plankostenrechnung
  . Gemeinkostenplanung
  . Kostenstellen Soll-Istvergleich
  . Ergebnisrechnung

- Plankalkulation für die betrieblichen Produkte

- Produktbezogene Erfolgsrechnung
  . Planungs- und Prognoserechnung
  . Artikelergebnisrechnung
  . Verkaufs Soll-Istvergleich

- Herstellkosten Soll-Istvergleich

- Planungsrechnung für die operativen Planungen, die die Zahlen der genannten Arbeitsgebiete aggregiert und einen Planungshorizont von einem (Budget) bis drei Jahren (Mittelfristplanung) umfaßt.

Darüberhinaus wurde unter Einbeziehung obiger Subsysteme eine stufenweise Deckungsbeitragsrechnung (Fixkostendeckungsrechnung) entwickelt.
Zielsetzung dieser

- Management-Erfolgsrechnung
  ist es, das komplexe Beziehungsgefüge von Orientierungsgrundlagen und Steuerungsgrößen des Ergebnisses
  . zu sortieren
  . zu strukturieren und somit
  . transparent zu machen

zwecks
  . Optimierung des laufenden Geschäftes und
  . Verbesserung und Weiterentwicklung der Planung

mithilfe von Instrumenten, an die folgende Anforderungen gestellt werden:
  . der Organisation folgend
  . managementorientiert (wer kann was wieweit beeinflussen ?)
  . zielorientiert und soll-istvergleichsfähig
  . zu Maßnahmen, Aktionen auffordernd.

Die Management-Erfolgsrechnung zeigt den Einfluß von Produkten, Märkten und Kunden auf das Ergebnis, sie ist ein differenziertes Planungs- und Steuerungssystem des Verkaufs. Nicht verkaufsbedingte Abweichungen werden in anderen Planungs- und Steuerungssystemen, wie etwa den Subsystemen der Kostenstellenrechnung behandelt. Plan, Ist, Abweichungen und Maßnahmen sollen von den zuständigen Fachbereichen des Unternehmens erarbeitet und vertreten werden.

4. SCHEMA DER MANAGEMENT-ERFOLGSRECHNUNG

Ausgehend von den beschriebenen Zielsetzungen der Management-Erfolgsrechnung, der Optimierung von Verkaufsplanung und -steuerung als einer wesentlichen Komponente der gesamten Unternehmensplanung und Steuerung, wird nun kurz auf die Grundzüge der Mangement-Erfolgsrechnung eingegangen.

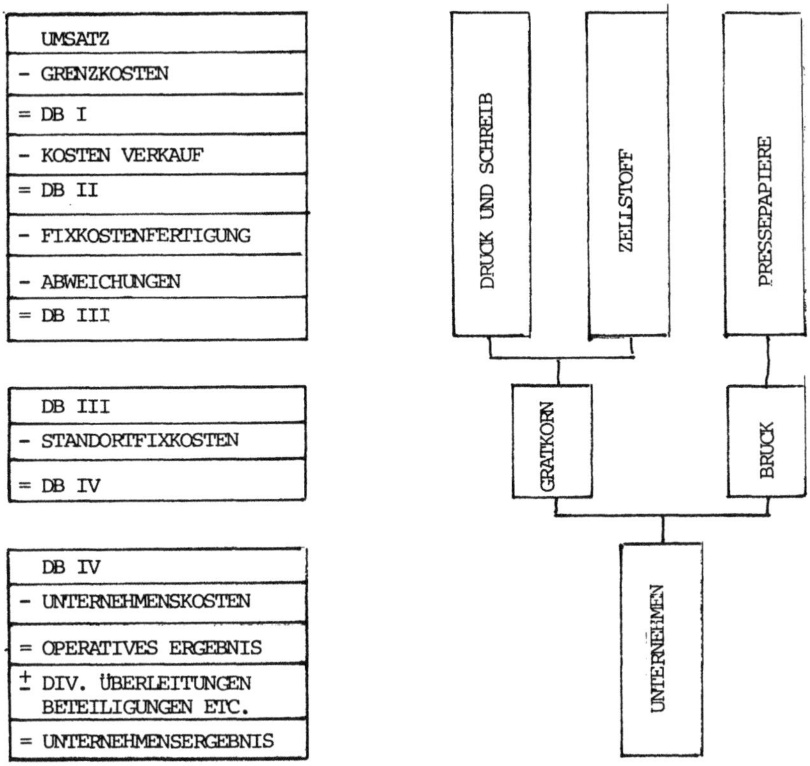

Abb. 5: Schema der Management-Erfolgsrechnung

Dieses gezeigte Schema ist sowohl organisationsorientiert als auch zielgruppenorientiert. Es zeigt die Strukturen von Verkauf, Produktion nach Produktgruppen und Standorten und der Unternehmensverwaltung bzw. die Ergebnisbeiträge von Kunden, Märkten, Produkten und Produktgruppen. Die einzelnen Berichte sind nach folgenden Gestaltungsprinzip aufgebaut:

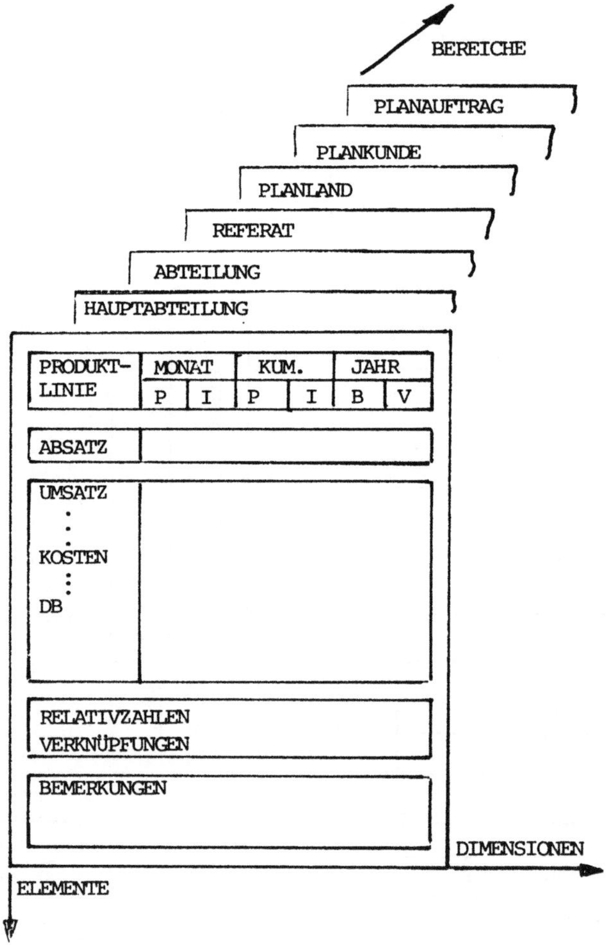

Abb. 6: Gestaltungsprinzip der Management-Erfolgsrechnung

Diese Berichtsform erfüllt die früher genannten Anforderungen an die Instrumente der Management-Erfolgsrechnung, die Berichte

- folgen der Organisation (Produktlinie, Hauptabteilung,...)
- sind managementorientiert, sie zeigen Größen, die vom Empfänger i.w.S. beeinflußt werden können.
- sind zielorientiert und soll-istvergleichsfähig, es werden neben Plan und Ist nicht die Abweichungen, sondern das geplante (Budget) oder das erwartete Jahresziel (Vorschau) gezeigt.
- fordern zu Maßnahmen und Aktionen heraus: im Feld "Bemerkungen" ist Raum für Notizen, Fragen, Maßnahmen... des Empfängers vorgesehen.

Wichtige Zahlen werden außerdem in Graphiken dargestellt, um deren monatliche Entwicklung im Vergleich zum Plan dem Empfänger "auf einem Blick" nahezubringen.

Literatur:

Deyhle/Bösch: Arbeitshandbuch Gewinn Management, München 1979

Gälweiler, A.: Unternehmensplanung, Frankfurt/New York 1974

Kilger, W.: Grenzplankostenrechnung, in Entwicklungslinien der Kosten- und Erlösrechnung, Hrsg.K. Chmielewicz, Stuttgart 1983

5. VERKAUFSPLANUNG

Im Rahmen des gesamten Planungssystems nimmt die Verkaufsplanung - abgestimmt einerseits mit langfristigen Zielen und andererseits mit den übrigen planenden Bereichen wie etwa den Produktionsgegebenheiten - eine zentrale Stellung ein.

Um ihrer Aufgabe als Instrument der Erfolgssteuerung gerecht werden zu können, ist es nötig, die Absatzplanung nicht nur mengen- und umsatzmäßig zu erstellen, sondern ihr Ergebnis in Form von Deckungsbeiträgen nach Produktlinien, Märkten, Kunden etc. darzustellen. So kann der Anteil, den das Produkt, der Markt, der Kunde zum gesamten Unternehmenserfolg beiträgt, gezeigt werden.

5.1. PLANUNGSEINHEITEN

Die erwähnten Einflußfaktoren der Verkaufsplanung - Produkt, Kunde, Markt - werden einmal jährlich vor Planungsbeginn definiert. Sie gelten für das gesamte Planjahr als Planungseinheit und auch als Soll-Istvergleichseinheit. Die Aussagekraft der Management-Erfolgsrechnung und aller Subsysteme, aber auch der aufzuwendende Arbeitsumfang bei Verkaufsplanung und -steuerung hängen vom Detaillierungsgrad der Planungseinheiten ab.

Wir berücksichtigen bei der Festlegung der Planungseinheiten branchen- und unternehmensspezifische Gegebenheiten und bedienen uns der ABC-Analyse als rechnerischer Hilfe. Die tatsächlich vorkommenden Produkte, Kunden und Märkte (Länder) werden nach einer relevanten Größe, wie Tonnen oder Deckungsbeitragsvolumen absteigend in A-, B- oder C-Einheiten sortiert. Als Planungseinheiten werden üblicherweise alle A-Einheiten und zusammengelegte B- und C-Einheiten festgelegt. Weiters führen zukünftige interne und externe Zielsetzungen und Entwicklungen, etwa neue Produkte, Konkurrenzsituationen oder Absatzstrategien zur Festlegung von Planungseinheiten.

Planprodukte sind Produktsegmente, die insgesamt das Produktions- und Absatzprogramm repräsentieren. Ein bestimmtes Produkt (Papier oder Zellstoff) wird durch nachstehende Informationen definiert:
- Sorte
- Flächengewicht
- Oberflächenbeschaffenheit (Glanz, bzw. Glätte)
- Abmessungen (Format oder Rolle)
- Emballierung/Verpackung

Bei der Vielzahl der Kombinationsmöglichkeiten dieser Informationen ist es nicht sinnvoll, jedes echte Produkt zu planen. Daher wird das Planprodukt nur durch die entscheidenden, zusammengefaßten Informationen

- Sortenbereiche
- Flächengewichtsbereiche
- Format oder Rolle

bestimmt.

Plankunden und Planländer stellen absatz- und somit ergebnisbeeinflussende Zielgruppen dar. Ihre Festlegung ergibt sich aus der Bedeutung hinsichtlich Absatzmenge, Erlösniveau bzw. zukünftiger Zielsetzungen.
Die Plankunden setzen sich aus

- Einzelkunden (hauptsächlich "A-Kunden")
- Kundengruppen (meist "B- und C-Kunden") oder
- Ländern (bei unbedeutenden Märkten)

zusammen.

Die Planländer bestehen aus

- Einzelländern und
- Ländergruppen

Es ist ersichtlich, daß es zwischen Plankunden und Planländern Überschneidungen geben kann. Die Systematik der Einheitenfestlegung ist flexibel auf individuelle Anforderungen anwendbar. Derzeit (Budget 1985) arbeiten wir mit 45 Planprodukten, 20 Planländern, 65 Plankunden und ca. 500 Planaufträgen.

5.2. PLANUNGSABLAUF

Die Verkaufsplanung erfolgt schrittweise, sie wird nachstehend in netzplanartiger, aus unserem Planungshandbuch abgeleiteter Darstellung gezeigt.

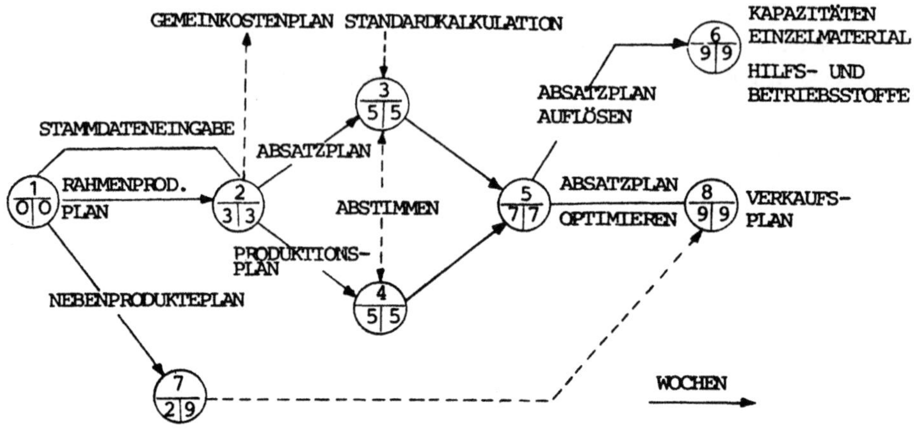

Abb. 7: Ablauf der Verkaufsplanung

Die wegen der Interdependenzen zwischen den einzelnen Planungsschritten erforderliche laufende wechselseitige Abstimmung und Optimierung, wie etwa zwischen Absatz- und Produktionsplan, ist vereinfacht dargestellt. Es hätte im Netzplan zwischen den Kntoen 2 und 8 weiterer Abstimmaktivitäten bedurft, die aber für den praktischen Planungsablauf keine verbesserte Aussage brächten.

Die wichtigsten Planungsschnitte werden im Folgenden näher beschrieben:

Stammdaten: diese werden durch die zuständigen Fachabteilungen erarbeitet. Darunter fallen hauptsächlich die Festlegung der Planprodukte, -kunden und -länder, der Frachtsätze je Destination, der Zollsätze und Währungskurse je Planland, des Zinssatzes für die Verzinsung der Forderungen, der Monatsaufteilung der Jahresabsatzmengen, der Kapazitätstabelle (Bezugsgrößen) für die Kapazitätsabstimmung etc.

Rahmenproduktionsplan, Produktionsplan: der Rahmenplan umfaßt globale Produktionsmengen je Papiermaschine. Er dient zur Festlegung der Planprodukte und wird in deren Informationsstruktur je Produktionsstrang (Papiermaschine und dazugehöriger Ausrüstungsweg) erstellt. Der anschließend mit dem Absatzplan abgestimmt erarbeitete Produktionsplan enthält detailliertere Angaben über Rohstoff- und Halbstoffeinsätze, Sorten und Ausrüstungsvarianten. Aus ihm werden in weiterer Folge auch Abstimminformationen für die Rohstoffplanung und den Kapazitätsabgleich gewonnen.

Erstellung der Verkaufsplanung: sie stellt den kreativen Planungsvorgang dar und obliegt jeweils dem Verkaufsmitarbeiter, der für die Durchsetzung des Plans verantwortlich ist. Istinformationen über das laufende Jahr liegen, strukturiert nach den Planungseinheiten, in der Management-Erfolgsrechnung vor. Zunächst werden die Prämissen der Planung, wie Märkte, Marktanteile, Kunden, Sorten... besprochen und festgelegt. Anschließend wird im Rahmen dieser Top-Down-Vorgaben die Verkaufsplanung erstellt. Dazu werden Planansätze für Absatzmenge und Preiserwartung je Produkt sowie für Erlösschmälerungen und Vertriebseinzelkosten, soferne diese nicht in den Stammdaten hinterlegt sind, eingegeben. Diese Plandaten werden maschinell unter Heranziehung aller nötigen Informationen aus anderen Systemen nach Planaufträgen verarbeitet und nach Plankunden, Planländern, Verkaufsverantwortungen bis zur Produktlinie verdichtet (Bottom-Up-Planung).

Als Output der Verkaufsplanung erhält man einerseits die Planerfolgsrechnung des Umsatzes und andererseits eine retrograde Auflösung des Verkaufsplanes nach Rohstoffen und Kapazitäten (Bezugsgrößen). Diese Auflösung des Verkaufsplanes erfolgt mit dem Mangengerüst (Leistungen und Rezepturen) der Standardkalkulation nach folgendem Schema:

Planmenge des		Material je 100 kg	=	Materialbedarf
Absatzplanes	x	Bezugsgröße je 100 kg	=	Bezugsgrößenbedarf

Der nach Materialien, bzw. Materialgruppen summierte Materialbedarf wird in der Roh- und Halbstoffplanung angewandt. Der nach Kostenstellen und -bereichen verdichtete Bezugsgrößenbedarf dient dem Kapazitätsabgleich. Differenzen können zu Überarbeitungen sowohl des Verkaufsplanes als auch der Planbezugsgrößen führen.

In der Planerfolgsrechnung des Umsatzes werden die Ergebnisse der Verkaufsplanung strukturiert dargestellt. Neben einigen Detail- und Abstimmlisten, wie Erlös ab Werk-Kalkulationen und -übersichten, Verkaufsmengenabstimmungen u.a. werden im wesentlichen

- Planmengen
- Erlöse ab Werk
- Grenzselbstkosten
- Deckungsbeiträge

verdichtet nach den oben erwähnten Planungsstrukturen angedruckt.

Sortierung: Unternehmen
Produktlinie
Verkaufsbereich
Planland
Plankunden
Planauftrag

	Plan-menge	Erlös ab Werk	Grenz Selbstkosten	Plan-DB ÖS	Plan-DB %
Januar	...	...	...	...	...
Februar	...	...	...	...	...
⋮					
Dezember	...	...	...	...	...
Summe					
100 kg-Wert		...	...	...	...

Abb. 8: Plan-Erfolgsrechnung Jahresplanung 1983

Das gesamte Deckungsbeitragsvolumen ergibt, abzüglich diverser Planfixkostenpositionen ein operatives Planergebnis. Nach Berücksichtigung von Überleitungen, Beteiligungen etc. findet man eine Abstimmung mit dem geplanten Unternehmensergebnis (Bilanzergebnis).

LEYKAM BERICHTSWESEN	M E R LEYKAM- MÜRZTALER AG	1 9 8 5		
		BER	POS	BL
		1	20	1

B E Z E I C H N U N G	MONAT		KUMULIERT		JAHR	
	PLAN	IST	PLAN	IST	BUDGET	VORSCH
1 BRUTTOUMSATZ						
2 ERLÖSSCHMÄLERUNG						
3 VERTRIEBSKOSTEN						
4 KALK. ZINSEN						
5 ERLÖS AB WERK						
6 GRENZKOSTEN						
7 DB I						
8 VERKAUFSFÖRDERUNG						
9 VERKAUFSORGANISATION						
10 DB II						
11 HERSTELLKOSTEN FIX						
12 ABW. HERSTELLKOSTEN						
13 DB III (PRODUKTLINIE)						
14 WERKSFIXKOSTEN						
15 DB IV (WERKE)						
16 UNTERNEHMENSFIXKOSTEN						
17 OPERATIVES ERGEBNIS						
18 BEWERTUNGSDIFFERENZEN						
19 A.O. ERGEBNIS						
20 BETEILIGUNGEN						
21 UNTERNEHMENSERG.V.EST.						
22 DRUCK UND SCHREIB						
23 PRESSEPAPIERE						
24 ZELLSTOFF						
25 DB III						

Abb. 9: Management-Erfolgsrechnung, Budget

Das operative Planergebnis wird hinsichtlich der Übereinstimmung mit allgemeinen Unternehmenszielsetzungen, wie etwa Kapitalrendite und speziellen Planungsprämissen, beispielsweise Marktanteile, geprüft. Gegebenenfalls muß die Verkaufsplanung überarbeitet werden. Da die Planergebnisrechnung im Umsatzkostenverfahren erstellt wird, sind die Ergebnisbeiträge der Planungseinheiten bis zum einzelnen Planauftrag bekannt. Eine selektive Optimierung der Deckungsbeiträge durch die Planenden wird zu einer Vergrößerung des Deckungsbeitragsvolumens führen. Dabei sind engpaßbezogene Deckungsbeiträge (DB je Papiermaschinenstunde), bestimmte Marktgegebenheiten (Währung, Entfernung), Konjunktursituation, unsere Position als Lieferant im jeweiligen Markt, Kundenpflege u.a. wichtige Entscheidungshilfen. Wegen des Datenumfanges und der Vielzahl der Einflußfaktoren erfolgt die Optimierung des Planergebnisses schrittweise durch wiederholtes Durchrechnen der Verkaufsplanung. Der letztlich verabschiedete Verkaufsplan stellt die Zielsetzung des Verkaufes für das Planjahr dar und dient als Basis für die Verkaufssteuerung.

6. VERKAUFSSTEUERUNG

Der Verkaufsplan als Ziel genügt für die Verkaufssteuerung nicht, es muß vielmehr in systematisierter Form das erzielte Ist mit dem Plan verglichen werden. Abweichungen von der Steuerungsgröße Erfolg, ausgedrückt durch den Deckungsbeitrag, müssen hinsichtlich ihrer Ursachen und Auswirkungen auf das Planergebnis analysiert werden. Die Umsetzung in steuernde Eingriffe richtet sich nach speziellen Gegebenheiten der Branche und des Unternehmens sowie nach der organisatorischen Kompetenz des Steuernden.

Das Instrumentarium zur Verkaufssteuerung berücksichtigt diese Zusammenhänge: die Management-Erfolgsrechnung weist, wie beschrieben, sowohl eine organisationsorientierte als auch eine zielgruppenorientierte Struktur auf. Inhalt und Gliederung der Berichte ändern sich je nach der Tragweite von Planungs- und Steuerungsentscheidungen des Empfängers. Die wesentlichen Teile der Managementerfolgsrechnung werden im folgenden beschrieben.

In der Artikelergebnisrechnung werden für jeden Auftrag der Erlös ab Werk, die Standardgrenzkosten des Produktes und diverse Deckungsbeitragsinformationen bei der Dateneingabe durch den Verkäufer gerechnet und auf Wunsch am Bildschirm gezeigt und/oder angedruckt.

DECKUNGSBEITRAGS-KALKULATION

KURS: MENGE: LIEFERKOND.:

KUNDE: PRODUKT:

	JE 100 KG	ABSOLUT
VERKAUFSPREIS	....	....
:		
BRUTTOERLÖS	....	....
:		
- ERLÖSSCHMÄLERUNGEN	....	....
- VERTRIEBSKOSTEN	....	....
- KALKULATORISCHE ZINSEN	....	....
= ERLÖS AB WERK	....	....
- GRENZSELBSTKOSTEN	....	....
= DECKUNGSBEITRAG STANDARDKALKULATION	....	....
DECKUNGSBEITRAG VERKAUFSPLAN	....	....

Abb. 10: Artikelergebnisrechnung: Listbild Deckungsbeitrags-Kalkulation

Der Vergleich von Plan- und Istdeckungsbeitrag ermöglicht die Beurteilung des einzelnen Auftrages. Daneben wirken noch zusätzliche Informationen, etwa ob der Auftrag im Verbund mit weiteren Aufträgen eines Kunden zu sehen ist, oder ob eine bestimmte Abweichungsbandbreite des Deckungsbeitrages überschritten ist, bei der Entscheidung zur Auftragshereinnahme mit.

Der Daten- und Informationsbestand der Artikelergebnisrechnung bietet inbesonders gelagerten Fällen weitere Entscheidungshilfen an. So kann zum Beispiel in der wahlweise ausgedruckten Deckungsbeitrags-Kontrolliste erkannt werden, ob in einer bestimmten Erlös- und Kostensituation besser Papier oder Zellstoff verkauft werden sollte. Der Entscheidungsablauf ist in nachstehender Abbildung dargestellt. Allerdings erfordert die praktische Anwendung dieses Modells einen weitreichenden Überblick über das gesamte, von einer derartigen Entscheidung betroffene Umfeld, wie Kapazitätsauslastung, Kosten- und Marktsituation.

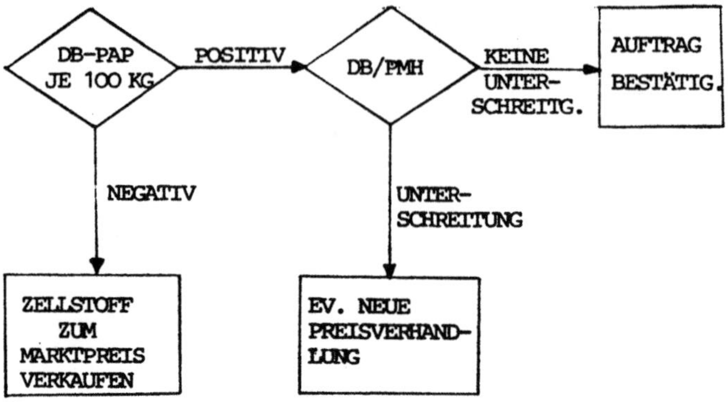

Erläuterungen:

DB-PAP je 100 kg: der allein durch das Papier erbrachte Deckungsbeitrag. Der Zellstoffeinsatz im Papier ist mit einem vom Marktpreis abgeleiteten Verrechnungspreis kalkuliert.

DB/PMH: der Deckungsbeitrag je Engpaßeinheit Papiermaschinenstunde.

Abb. 10: Entscheidungsablauf Zellstoff- oder Papierverkauf

In einer monatlichen Zusammenfassung der Artikelergebnisrechnung werden die Daten der Einzelaufträge in bestimmten Verdichtungen in Listenform ausgegeben. Die Ergebnisbeiträge der gewählten Verdichtungen - Verkaufsverantwortung, Sortengruppe, Standort etc. - werden für das abgelaufene Monat und das laufende Jahr dokumentiert.

VERDICHTUNGEN:

Verkaufsbereich
 Einzelauftrag
Standort
 Verkaufsbereich
  Planprodukt
Produktlinie
 Verkaufsbereich
  Planland
   Plankunde

INFORMATIONEN:

	Liefer-menge	Erlös ab Werk (Werte je 100 kg)	Grenz-kosten (Werte je 100 kg)	DB-ges. DB-Pap. (Werte je 100 kg)	DB absolut DB/PMH
Kunde					
Produkt					
Standort ...		...	...	...	...
PM				...	...

Abb. 11: Monatliche Artikelergebnisrechnung

Die standardmäßig gedruckten Listen dienen als Einzelnachweis für jeden Auftrag und, gegebenenfalls gemeinsam mit speziell angeforderten Listen, wie Auswertungen nach Papiermaschinen und Sorten, zur Erarbeitung kurz- und mittelfristiger Entscheidungen im Verkauf und auch in der Produktion. So können bestimmte Märkte, Kunden, Produkte, Produktionsverfahren je nach der Datenkonstellation und anderen Informationen forciert oder zurückgenommen werden.

Die monatlichen Istdaten der Artikelergebnisrechnung werden in der Management-Erfolgsrechnung den Plandaten gegenübergestellt. Die wesentlichsten Gestaltungsprinzipien (siehe Abbildung 6) dieser Rechnung sind:

- differenzierte Gliederung der Erlös-, Kosten- und Deckungsbeitrags-Elemente je nach der Tragweite der vom Empfänger zu treffenden Entscheidungen

PRODUKTLINIE	HAUPTABTEILUNG	ABTEILUNG REFERAT PLANLAND PLANKUNDE	PLANPRODUKT
1 ABSATZ IN TONNEN	1 ABSATZ IN TONNEN	1 ABSATZ IN TONNEN	1 ABSATZ IN TONNEN
2 BRUTTOUMSATZ	2 BRUTTOUMSATZ	2 BRUTTOUMSATZ	2 UMSATZ S/100 KG
3 ERLÖSSCHMÄLERG.	3 SKONTI	3 SKONTI	3 EAW S/100 KG
4 VERTRIEBSKOSTEN	4 NTR. RABATTE	4 NTR. RABATTE	4 GRENZK.S/100 KG
5 KALK. ZINSEN	5 REKLAMATIONEN	5 REKLAMATIONEN	
6 ERLÖS AB WERK	6 ERLÖSSCHMÄLERUNG	6 ERLÖSSCHMÄLERUNG	
7 GRENZKOSTEN	7 FRACHTEN	7 FRACHTEN	
8 DB I	8 ZÖLLE	8 ZÖLLE	
9 VERK.FÖRDERUNG	9 PROVISIONEN	9 PROVISIONEN	
10 VERK.ORGANISAT.	10 ÜBR.VERTR.KOST.	10 ÜBR.VERTR.KOST.	
11 DB II	11 VERTRIEBSKOSTEN	11 VERTRIEBSKOSTEN	
12 INT.ZF LIEF.TO	12 KALK. ZINSEN	12 KALK. ZINSEN	
13 INTERNE ERLÖSE	13 ERLÖS AB WERK	13 ERLÖS AB WERK	
14 INT.GRENZKOSTEN	14 GRENZKOSTEN	14 GRENZKOSTEN	
15 DB INTERN	15 DB I	15 DB I	
16 DB II EXT.+ INT.	16 PRODUKTWERBUNG	16 EAW S/100 KG	
17 FERT.KOSTEN FIX	17 MUSTERUNG	17 DB I S/100 KG	
18 ABW.HERSTELLK.	18 VERK.FÖRDERUNG	18 DB I S/PM-STD	
19 ABW.MATERIALPR.	19 VERK.ORGANISAT.		
20 DB III	20 DB II		
21 EAW/100 KG	21 EAW /100 KG		
22 DB I/100 KG	22 DB I/100 KG		
23 DB I/PMH	23 DB I/PMH		
24 DB II HA.INLAND			
25 DB II HA.EXPORT			

Abb. 12: Gliederung der Elemente der Management-Erfolgsrechnung

- Die Gegenüberstellung der Plan- und Istdaten erfolgt auf Basis der Planungseinheiten (Planland, Plankunde, Planprodukt). Die Verdichtungen der Planungseinheiten in Verkaufsbereiche bis zu den Produktlinien entsprechen der organisatorischen Struktur des Verkaufs (Referat, Abteilung, Hauptabteilung).

Es liegt somit Identität zwischen Planenden und Ausführenden vor.

- die zeitlichen Dimensionen sind weniger auf Abweichungen sondern auf die Erreichung des Jahreszieles (Budget, Vorschau) abgestellt.

B E Z E I C H N U N G	MONAT		KUMULIERT		JAHR	
	PLAN	IST	PLAN	IST	PLAN	IST

Abb. 13: Zeitliche Dimensionen der Management-Erfolgsrechnung

Abweichungsanalysen dienen eher als Grundlage zur Beurteilung, ob das ursprüngliche Jahresziel erreicht werden kann, bzw. ob und welche Maßnahmen die Zielerreichung gewährleisten. In einem maschinell durchgeführten Verkaufs-Soll-Istvergleich werden Abweichungen der Erlöse, Kosten und Deckungsbeiträge nach ihren Verursachungsfaktoren getrennt:

- die Mengenabweichung zeigt die Auswirkung vom Plan abweichender Istverkaufsmengen

- die Preis/Mixabweichung isoliert die Einflüsse abweichender Isterlöse und/oder unterschiedlicher Produktsortimente in Plan und Ist.
  Derartige Abweichungen wirken sich sowohl auf die Erlöse als auch auf die Standardkosten des Umsatzes aus

- die Kursabweichung eliminiert den Einfluß unterschiedlicher Währungskurse von Planungs- und Abrechnungszeitpunkt. Kursabweichungen sind in unserem Fall wegen des hohen Exportanteils bedeutend.

Als Ergänzung der erwähnten Berichte werden in der Management-Erfolgsrechnung wichtige Kennzahlen grafisch dargestellt, um deren Entwicklungen auf einem Blick zu zeigen. (Vgl. Abb. 14)

Die Management-Erfolgsrechnung stellt für den Verkauf ein wichtiges Instrument zur Planung und Steuerung dar. Bei vorgegebenen Rahmenbedingungen, wie strategischen Zielen und Jahresplan wird man unter Einbeziehung der realen Entwicklungen von Markt und Kosten durch selektives Optimieren der Beiträge von Märkten, Kunden und Produkten trachten, das geplante Deckungsbeitragsvolumen zumindest zu erreichen.

LEYKAM BERICHTSWESEN	MER VERKAUF HAUPTABTEILUNG	PRODUKTLINIE VERANTWORTL.	APRIL		
			BER	POS	BL
			1	21	6

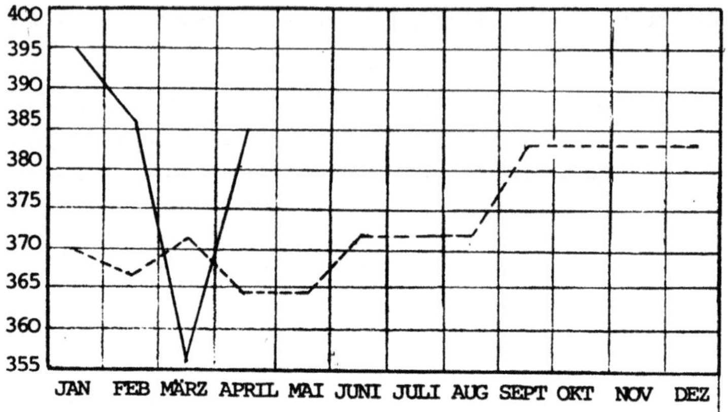

BEZEICHNUNG	JAN	FEB	MÄRZ	APRIL	MAI	JUNI	JULI	AUG	SEPT	OKT	NOV	DEZ
DB I/100 KG IST	395	387	357	385	0	0	0	0	0	0	0	0
DB I/100 KG PLAN	370	367	372	364	364	372	372	372	383	383	383	383

BEMERKUNGEN

PLAN: _ _ _

IST : ____

Abb. 14: Grafische Darstellung von Eckdaten

Zur realistischen Beurteilung der wirtschaftlichen Situation des Unternehmens kann es im laufenden Geschäftsjahr erforderlich sein, vom Jahresplan signifikant abweichende Entwicklungen und ihre Auswirkungen auf das Ergebnis aufzuzeigen. Derartige Prognoserechnungen (Vorschaurechnungen) erstellen wir jeweils nach Ablauf eines Quartales, sie entsprechen in ihrer Systematik weitgehend der Jahresplanung, sodaß eine detaillierte Beschreibung unterbleiben kann.

In die Prognose fließen die Istzahlen des abgelaufenen und die Erwartungen des restlichen Jahreszeitraumes ein. Liegen keine gravierenden Abweichungen vor, wird Planerreichung prognostiziert. Als Quellen dienen das interne Berichtswesen sowie interne und externe Erkenntnisse der Fachbereiche.

Der Jahresplan als Basis für die monatlichen Soll-Istvergleiche wird von der Prognose nicht revidiert. Deren Erkenntnisse stellen eine aktuelle Erwartung der ursprünglichen Jahresziele dar, sie dienen kurzfristigen Finanz- und Liquiditätsplanungen und geben der Unternehmensführung Informationen über die wirtschaftliche Situation.

7. SYSTEMUNTERSTÜTZUNG

Für die Durchführung von Verkaufsplanung und -steuerung mit Deckungsbeiträgen wurden in Zusammenarbeit mit externen Beratern Programmsysteme entwickelt, die auf unsere individuellen Bedürfnisse zugeschnitten sind:

- Planungs- und Prognoserechnung: Stammdatenverwaltung, Übernahme der Planungsdaten, Durchführung der Planungsrechnung, retrograde Auflösung und Ausgabe der Listen.

- Artikelergebnisrechnung: Stammdatenverwaltung, Übernahme der Aufträge und Darstellung der Deckungsbeiträge im Dialogbetrieb, Ausgabe der monatlichen Listen.

- Verkaufs-Soll-Istvergleich: Übernahme des Verkaufsplanes und des Istabsatzes, Verdichten der Istdaten auf Vergleichseinheiten, Rechnen und Andrucken der Abweichungen.

Auf diesen Subsystemen aufbauend wurde, gleichsam als Dach, ein organisations- und zielgruppenorientiertes Berichtssystem entwickelt. Diese Entwicklung erfolgte in engster Zusammenarbeit mit den Benutzern, deren Anforderungen in Workshops gemeinsam erarbeitet wurden:

- Management-Erfolgsrechnung: Übernahme des Verkaufsplanes, des Istabsatzes und der Prognosedaten, Rechnen und Andrucken der monatlichen Listen.

Darüberhinaus werden von nachstehenden Programmsystemen Informationen übernommen und verarbeitet (Schnittstellen):

- Auftragserfassungssystem: on-line-Eingabe der Plan- und Echtaufträge sowie Kundenstammdaten.

- Standardkalkulation: Übernahme der Standardkosten der geplanten und verkauften Produkte.

GPSR Compliance

The European Union's (EU) General Product Safety Regulation (GPSR) is a set of rules that requires consumer products to be safe and our obligations to ensure this.

If you have any concerns about our products, you can contact us on ProductSafety@springernature.com

In case Publisher is established outside the EU, the EU authorized representative is:

Springer Nature Customer Service Center GmbH
Europaplatz 3
69115 Heidelberg, Germany

Batch number: 10816188

Printed by Printforce, the Netherlands